组 织 行 为 学 精 要

（第 2 版）

ESSENTIALS OF ORGANISATIONAL BEHAVIOUR

Second Edition

【英】劳里·马林斯（Laurie J. Mullins）著
高嘉勇　杨春妮　王鹤红　等译

人 民 邮 电 出 版 社
北　京

图书在版编目（CIP）数据

组织行为学精要：第2版/（英）马林斯（Mullins，L. J.）著；高嘉勇等译．—北京：人民邮电出版社，2010.11
ISBN 978-7-115-23904-4

Ⅰ.①组…　Ⅱ.①马…②高…　Ⅲ.①组织行为学—教材　Ⅳ.①C936

中国版本图书馆CIP数据核字（2010）第177604号

内容提要

本书是组织行为管理方面的入门教材，共分三部分12章，从个体、群体和组织的层面把组织行为的研究与对管理的研究紧密联系在一起，为读者提供了涵盖理论和实践的整体观点及有效提升人力资源管理的相关知识与方法。

全书设计巧妙、内容新颖、趣味性强，并且具有很强的实际应用价值。

希望本书不仅适用于商务与管理及其他相关专业课程的学生，而且适合那些立志从事管理工作，并在此领域扩展知识的相关人员阅读。

组织行为学精要（第2版）
ESSENTIALS OF ORGANISATIONAL BEHAVIOUR
Second Edition

◆ 著　【英】劳里·马林斯（Laurie J. Mullins）
译　高嘉勇　杨春妮　王鹤红等
责任编辑　张亚捷
◆ 人民邮电出版社出版发行　北京市崇文区夕照寺街14号
邮编 100061　电子函件 315@ptpress.com.cn
网址 http://www.ptpress.com.cn
北京鑫正大印刷有限公司印刷
◆ 开本：787×1092　1/16
印张：38　2010年11月第1版
字数：580千字　2010年11月北京第1次印刷
著作权合同登记号　图字：01-2009-0824
ISBN 978-7-115-23904-4

定　价：75.00元
读者服务热线：（010）67129879　印装质量热线：（010）67129223
反盗版热线：（010）67171154

译者序

在撰写本书之前，管理学教授劳里·马林斯的著作《管理和组织行为》在英国已大为畅销，深受广大读者的欢迎，自出版以来已再版了七次，并一直保持着该领域图书销售领军者的地位。马林斯此次撰写的《组织行为学精要》一书沿袭了以往的写作风格，即在深刻阐述理论的同时，强调理论在职场中的实际应用，并且从始至终辅以大量与时俱进的管理实例，从而极大丰富和扩宽了读者的视角，有助于引导读者对相关管理理论进行深入的思考。

本书作者马林斯曾担任英国朴茨茅斯大学商学院首席教授，并且一直致力于管理和组织行为领域的研究。此外，马林斯还有着丰富的咨询与人力资源管理实战经验，这使其在撰写本书时能够在以一名学者的身份探讨组织行为学的重要理论和观点的同时，始终将这些理论与管理实践相结合，并借助大量权威的调查结果为读者提供了一幅全面、真实的组织行为画卷。

本书共12章，以个体层面为研究起点，逐步深入至群体，最后将讨论焦点集中于组织层面。内容涵盖了个体差异、知觉、工作激励、员工满意度、绩效管理、群体和团队、领导力的培养、组织战略以及组织开发等众多主题。本书内容丰富、逻辑清晰、语言生动，除此之外，本身还具有以下特点。

1. 设计巧妙

每章开头不仅为读者列出了预期的学习目的，还提出了与每章内容密切相关的思考题，以有效地调动读者学习的积极性，并且使读者的学习具有明确的目的性和方向感。若读者通过之后的学习能够就这些问题发表自己的见解和看法，他们必将收获学习的成就感，从而激励其进一步学习随后的其他相关内容。

2. 内容新颖

每章结尾除了为读者提供相关案例分析外，还创新性地引入了“新闻中的管理”这一模块，旨在向读者呈现当今社会中引人关注的热点问题，如女性在董事会中的地位与职业晋升瓶颈、在线学习在企业培训中的应用、跨国企业的福利方案、企业社会责任等。这些报道绝大多数来自英国《金融时报》，并与每章的核心问题密切联系，而每篇文章后的讨论题又进一步引导读者结合组织行为学的相关理论对文章中提出的问题进行分析和探讨，从而强化了学习效果。

3. 与时俱进

本书与其他管理学及组织行为学领域的相关著作一样，包含了大量详细的案例分析。然而，本书的一大亮点在于案例的实时性极强，并且每一案例的内容无一不体现出作者在选择案例时的独具匠心。这些内容贴近读者的生活，最大限度发挥了案例分析的作用。例如，大家对“博客”一词非常熟悉，而且相当一部分读者已经拥有一个甚至多个个人博客，然而，大家是否思考过博客的风险性？是否听说过有些人因撰写博客而丢掉了工作？相信通过阅读本书中相关的案例分析，你将对“博客”这种便捷、自由的网络日志形式拥有全新的、批判性的认识。此外，国内读者绝不会对案例分析中涉及的国内外知名企业感到陌生，或许大家对英国的维珍航空公司不甚了解，但相信百安居和海尔这两大品牌对于中国读者而言应该是耳熟能详的了。

4. 趣味性强

本书每章中都安排了一些饶有趣味的小测试，在注重趣味性的同时，还强调了团队合作意识，很多任务都需要两个甚至多个成员共同完成。如果在此之前你从没听说过斯特鲁普实验以及投射测试，那么本书中的这些有趣的测试对你将大有裨益。

除上述特色外，贯穿本书的另一显著特点则是对国际化和全球化的关注。当前，国际化和全球化已经成为经济和管理领域最热门的话题之一，而处于经济全球化背景中的企业则无疑正面临着众多与全球化相联系的巨大挑战。在分享全球化带来机遇的同时，各国企业尤其是那些大型跨国企业已经意识到全球化所带来的一系列问题，如全球化中的企业伦理问题、文化冲突问题、员工多元化管理问题、企业社会责任等，本书对这些问题并没有仅仅停留在描述与探讨之上，更多的是引导读者进行深入的思考。

本书不仅是各高校商学院本科及研究生的理想教科书，也是各级管理人员在职培训的最佳教材。在本书的翻译过程中，各译者均投入了巨大的精力和时间，本书可以说是译者们近400个日日夜夜艰辛劳动的成果。高嘉勇翻译了第1章、第2章、第3章和第4章并审校了全书，杨春妮翻译了第6章和第7章，刘伟翻译了第10章和第11章，王鹤红翻译了第9章和第12章，刘星翻译了第5章和第8章，参与本书初稿翻译的还有夏志、任悦、王璐、何勇、曹冶、张丹丹、陈晶莉、李莉、李艳君、吕慧、白晔、王芳、徐嘉仪等。尽管译者会为一个术语的正确翻译花费几个小时查找资料，并竭尽全力使译文完美地表达出作者的原意原味，但译释不当之处在所难免，敬请各位读者和同仁不吝赐教，我的邮箱是 fgaojy@126.com。

高嘉勇

2010年8月

前　言

关于本书

《组织行为学精要》的写作源于我2007年出版的一本畅销书《管理和组织行为学》(金融时报出版社)。此次应读者要求出版《组织行为学精要》。此书与原书相比更具可操作性，内容更精炼，重点更突出。

同《管理和组织行为学》一样，《组织行为学精要》的基本主题是组织的有效性和管理作为一体化活动的重要性。本书的目标和方法也与原书基本相同。

本书的目标是：

· 将对组织行为的研究与对管理的研究相联系；

· 提供同时涵盖理论和实践的整体观点；

· 指明在工作组织中，行为科学的应用性及其对管理行为的影响；

· 指出组织绩效可能通过更好地利用和有效地管理人力资源而得以改进的方法。

只有组织中的人员优秀，组织才会优秀。相应地，本书的主要内容在于展现组织行为的管理方法。

《组织行为学精要》重点在于诠释在特定工作环境下的人员行为，解释管理的主题及其核心概念，以期满足读者的需求。这个问题涉及组织结构及其运作之间的相互作用、管理的过程和组织成员在工作情境下的表现几个方面。

全书分为三个部分，首先是组织背景介绍，然后按照传统的安排，依次进入个体、群体和组织层面的分析。

本书将对技术术语的使用降到最低，结构安排清楚明了。每章的内容如下：

· 简介与预期学习成果；

· 阅读完文章后的评论性反思；

· 新闻报道中的管理案例；

· 本章概要；

· 复习与讨论题；

· 作业；

· 案例分析；
· 详细的注释与参考文献。

第2版

《组织行为学精要》第2版的目标和研究方法与第1版相同。但是，通过对第1版的细致审视，第2版对全书整体内容进行了重新编排，章节内及章节间的结构也有所调整，同时所有材料还进行了编序，这使本书的结构更为清晰。主要改动如下：

· 将组织冲突与压力前移到了第1章；
· 添加了员工多元化管理（第2章）；
· 添加了组织学习（第3章）；
· 将组织价值观和伦理拓展到了跨国公司层面（第9章）；
· 删除了工作动机和工作满意度一章，并将相关材料用于本书其他章节；
· 每章新增选自当代著名管理学者或管理大师的开篇引语；
· 每章以讨论题的形式反映整章的关键内容；
· 每章采用了全新的新闻中的管理和案例分析；

本书的设计、整体排版和外观得到了不断的改进。

关于本书的学习

欢迎广大读者通过完成每章节最后的复习与讨论题来检验对本书内容的理解。这些练习题可以作为复习巩固的基础。每章节最后的作业、新闻中的管理、讨论题以及案例分析把书中的观点、原理和具体工作环境中的管理实践联系起来，为读者提供了一个思考讨论相关问题，并和同事一起探讨不同观点的机会。

希望《组织行为学精要》一书的内容能够引起学习商务和管理的学生，以及学习其他相关专业课程的人士的兴趣。也希望本书不仅适用于那些立志从事管理工作的人士，而且适用于希望在这个领域扩展知识的经理人员和主管们。

衷心地希望本书可以满足读者们的需要，并从中获得阅读的快乐。

劳里·马林斯

目录

导　论

Introduction

第 1 章

人员与组织

> “当员工签订协议或者立下承诺时，更易于使其凡事能以公司的利益为重，也会让公司更省心。从本质上讲，公司信赖签署协议的员工，部分原因是这些人的利益与公司的利益紧密相连。”
>
> 雇员因素战略国际权威——林达·格莱顿（Lynda Gratton）
>
> 摘自《民主企业》，金融时报，Prentice Hall 出版公司（2004）

衡量组织行为的尺度很宽泛，许多相互关联的要素影响着组织内部成员的行为和绩效。管理者需要了解这些要素对工作组织中行为的主要影响，以及个人与组织之间相互关系的本质。认识管理学与组织行为学的主要趋势和主要学者的观点为我们在随后章节要讨论的概念和思想提供了视角。

□学习目的

学完本章后，你应该能够：

- 解释组织行为学的意义和本质；
- 概述对工作和对工作/生活平衡的不同定位；
- 探究工作压力的本质和应对压力的方法；
- 认识组织冲突的本质和对组织冲突的不同观点；
- 评价新心理契约的本质和重要性；
- 了解组织行为学和管理思想发展的主要趋势；
- 评价不同理论与当今组织管理的关联性。

评论性反思

“‘组织行为’一词虽然被广泛使用，但它却不是一个严格的表述：大多数组织中的成员都没有整齐划一的集体行动，可以代表该组织作为一个整体的行为。实际上，我们是在讨论组织中的个体或者小团体的态度与行为。”你同意以上观点吗？你认为在诠释此主题时，用什么术语最佳？

组织行为学的含义

各种形式的组织不仅是我们这个社会不可或缺的一部分，而且满足着我们许多重要的需求。组织管理中的决策和行为，越来越多地影响到个人、其他组织和社会。因此，了解组织的功能及其对个人行为的广泛影响是十分重要的。[1]

组织行为学研究组织内部人的行为，它涉及对人类行为的理解、预测和控制。[2] 人们普遍这样描述组织行为学：通过研究和理解个体行为、群体行为、组织机构模式，来改善组织绩效和效果。[3]

组织行为学与管理理论和实践有着紧密的联系。一些学者将组织行为学和管理学等同起来，这是一种过于简单化的做法，因为管理学还涉及更加广泛的领域。组织行为学没有涵盖管理学的全部内容，因此将它解释为管理学中的行为研究更为准确。

组织行为学的研究

在辅助研究与解释组织行为学时，分若干不同领域进行分析是一条被公认的学术途径。但实际上，组织的活动与管理工作是不可能截然分离的，大多数的行为很可能涉及一定数量相关组织中整体流程的同步职能。[4]

例如，当一个管理者向部门员工布置一项突如其来的紧急任务时，很可能涉及对此任务的目的与目标、组织结构、管理制度、委派与授权的过程、沟通流程、领导方式、激励与控制系统的考虑，部门员工的行为会受到个体、团队、组织以及环境因素的综合影响。

因此，在组织行为学中，各领域的研究不应该被看作是完全独立的。任何一个领域的研究都不可避免地涵盖了多个方面，并在或大或小的范围内被用以证实某几个特定的领域具有的共同特点。用同类研究来阐释管理学与组织行为学的不同方面，有助于修正与完善组织行为学，并激发对其更深的认知与理解。

理论的相关意义

在管理学与组织行为学的研究中，你会遇到许多理论，但是你不必因为看到“理论”这个词就打退堂鼓。大多数理性的决策都是基于某种形式的理论。理论指导管理者如何行事，理论会影响管理实践的态度，实际行为模式也因此发生了改变。理论有助于塑造广泛适用于各种组织或环境的普遍模式。更进一步说，理论为本学科的实际研究提供了概念框架和视角。因此，理论与实践不可分割，它们一起指导我们更好地理解工作组织中影响行为模式的要素及其在管理过程中的应用。[5]

研究框架

我们不能孤立地研究人的行为，因此有必要了解人的行为与组织中其他变量之间的关系。这需要考察组织的正式结构、要执行的任务、工作中使用的技术和方法、管理的过程以及与外部环境之间的相互作用。

因此，对组织行为的研究包括对以下内容的理解：

- 人的行为；
- 管理的过程；
- 管理发生的组织环境；
- 组织过程和工作的执行；
- 与组织外部环境的相互作用。

图 1-1 为我们提供了一个基本而又方便的分析框架。

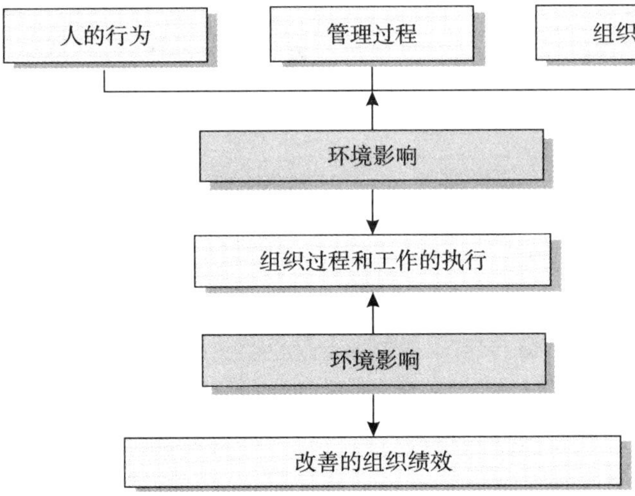

图 1-1　一个方便的分析组织行为的框架

组织行为学是现代普通管理学中最复杂的部分之一，并且也许是目前人们了解最少的学术领域。但是，既然其关注组织中人的行为，它也是最重要的内容之一……它关注的是个体和群体的行为模式，这使其成为处理现代商务复杂行为的重要因素。

摘自《金融时报大师管理系列》[6]

影响行为的因素

前文提到的变量提供了一些参数，这些参数有助于我们识别许多相互关联的维度，包括个体、群体、组织和环境，它们共同影响着组织内部的行为。

个体

组织是由其个体成员组成的，无论是孤立的行动，还是作为群体行动的一部分；无论是对组织期望的响应，还是外部环境影响的结果，个体都是组织行为的中心角色。当个体需要与组织需求产生矛盾时，挫折和冲突就会产生。因此，管理层的任务是将个人和组织整合在一起，并且提供一个既能满足个人需要，又能达到组织目标的工作环境。

群体

群体存在于所有组织中，它对于组织的工作和绩效至关重要。一个组织包含多个群体，几乎组织中的每一个人都是一个或者多个群体的成员。非正式群体产生于组织内部人员的社会需求。群体成员通过多种方式互相影响，并且每一个群体都会有自己的等级制度和领袖。来自群体的压力会对每个成员的行为和业绩产生重大影响。对群体结构和行为的理解是对个人行为认识的补充，并为组织行为学的研究增加了一个更进一步的维度。

组织

个体和群体在正式组织的结构中互相影响。组织结构由管理者创建，其目的是在个人和群体间建立关系，提供秩序和制度，并引领组织进行实现目标的活动。通过正式结构，人们开展各自的组织活动以达到其目标。行为受到多种因素的影响，这些因素包括组织结构的模式、技术、领导风格以及计划、指导和控制组织过程的管理制度。因此，研究组织的关键在于组织的结构和设计以及管理模式对组织中人员行为的影响。

环境

组织作为其所在外部环境的一部分而发挥作用。环境通过科技发展、经济活动、社会文化影响和政府活动等因素对组织产生影响。组织运营的效果反映在其对机会和风险的管理，及其目标是否成功实现中。环境因素变化速度的加快，强调了对组织整体及其试图适应外部需求过程进行研究的必要性。

一个跨学科的研究方法

组织中人的行为还可以通过许多不同的维度来了解，它们为该主题的研究提供了许多路径选择和分析层级。对组织行为的研究，无论使用哪种方法，都不可能在一个学科的框架内进行。因此，我们有必要使用一种跨学科的行为科学研究方法（如图 1-2 所示）。社会科学有许多互相交叉的领域，例如它们的分支与相关学科（经济学和政治学）多有交叉。对行为的研究涉及心理学、社会学和人类学三个学科领域，这三个学科都对组织行为领域的研究作出了重要的贡献。

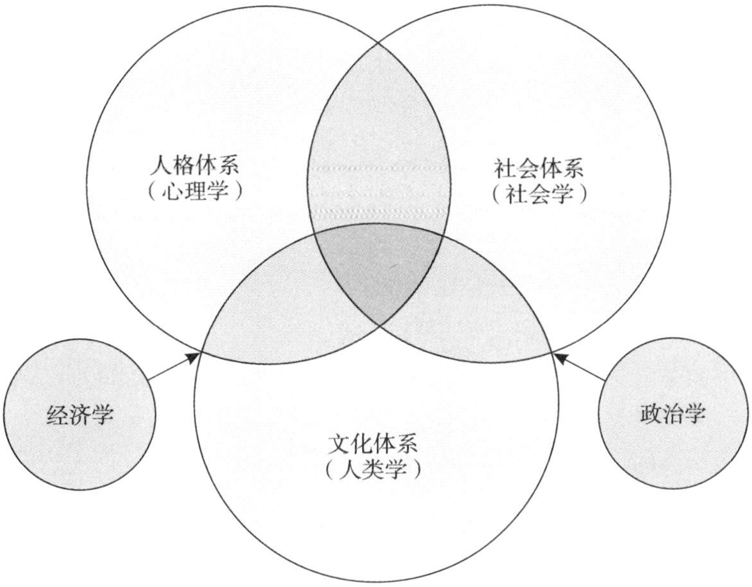

图 1-2　一种跨学科的行为科学研究方法

- 广义而言，心理学家关注对人类行为、个体特征和社会小群体成员的研究，其关注的焦点在于作为完整人的个体，或者所谓的包括知觉、态度和动机等在内的“人格体系”。
- 社会学家更多地关注于对社会行为、社会群体和社会关系以及秩序维持的研究，其焦点在于对社会结构以及这些结构中不同位置的研究。例如，领导者与其下属之间的关系研究。
- 人类学家更多关注的是人类科学，并把人类行为作为一个整体的研究对象。当涉及组织行为时，人类学关注的焦点集中于文化系统、信仰、风俗习惯、群体或社会中的思想和价值观以及不同文化中行为的比较。人们学会依靠自身文化为自己提供安全感和稳定性，因此在不熟悉的环境中，他们能够做出与以往不同的反应。

心理学、社会学和人类学支撑着组织行为学领域的研究。行为科学试图通过对组织构造的研究，来获得最适宜的工作环境。这涉及到组织获得最大生产力的需要与个人实现其潜力的需要之间的调和问题。在将行为科学应用于人员管理方面时，我们也需要考虑哲学、伦理学和法学的相关意义和应用性。

工作的定位与工作/生活平衡

人们的工作方式和习惯，以及对工作的投入程度千差万别。通过关于工作环境、组织参与、投入程度以及组织外生活的信息搜集，哥德索普（Goldthorpe）等学者发现有工具型、官僚型和荣辱与共型三种主要的工作定位。[7]

- 工具型定位不是把工作当成一项人生的中心议题，而是仅把其视为一种达到目的的手段。工具型定位的个人对工作的参与是精于计算的，或者说是经济的。他们把与工作相关的活动与与工作无关的活动之间的界限划分得非常清晰。
- 官僚型定位把工作定义成一项人生的中心议题。官僚型定位的个人对组织工作有一种责任感，并且在职业生涯结构方面的参与是积极的。对他们而言，与工作相关的和与工作无关的活动之间的联系是紧密的。
- 荣辱与共型定位把工作定义成群体活动。这是一种对工作群体的自我参与，而不是简单的组织参与。对于有这种工作定位的个人来说，工作不仅仅是一种达到目的的手段。与工作无关的活动对他们而言，也是与工作联系在一起的。

不同的工作情境

无论工作环境如何，总有些人可以在工作中充满激情。然而，不同的工作环境的确会影响个人对于工作的定位，如缺乏团队合作的机会、不能满足社会期望，这些都会导致工具型的个人的工作定位，使他们只关心报酬等经济利益和工作保障性。当有更好的机会满足其社会需求时，工作群体中的成员关系就会变得非常重要，他们对工作的定位就会大大倾向于荣辱与共型。

文化影响

民族文化也是影响工作定位的一个重要因素。例如，虽然谈话对建立有效的组织关系是重要的，但是这种做法却为英国的工作文化所拒绝。瑞福斯（Reeves）曾对此发表过以下评论。

> 新教徒式的工作伦理在英国盛行，这一伦理要人们埋头苦干、关注议事日程、准时、有效率。在法国和西班牙的一些办公室里，人们用第一个小时来亲吻每一个人，用第二个小时来讨论当地的市井新闻，而第三个小时则溜出去吃茶点。在英国，这些行为被认为是性骚扰、浪费时间和旷工。英国许多公司都设有咖啡室或休息区，然而人们很少使用，因为害怕被认为是在逃避工作。[8]

另外一个例子是作者亲身经历的。在澳大利亚的某些地方，与工作相关的活动经常可以舒服地在当地的咖啡馆里进行，而这并不被视为脱离了工作场所。

道德思考

企业履行社会责任和道德激励（将在第9章讨论）或者出于商业与自我利益的考虑而追求经济效益，这在多大程度上决定了对工作及工作/生活平衡的重视程度？答案是：不确定。

在一个组织的道德关怀或根本价值观中，工作与生活应该各占多大比例才是平衡的？答案并不一致。举例来说，斯特恩伯格（Sternberg）虽然认同以道德关怀员工的重要性，但是并不支持企业经营应以员工的福利为本，或者企业应该鼓励员工对企业抱有不切实际的幻想。

尽管反对之声广为流传，但还是有人认为企业的角色不是赋予员工生命意义或者提供社会福利、终生雇佣制，企业不是家庭、社区、教会或者政府的替代品。[9]

另一方面，布朗宁（Browning）认为一个有意义的工作团体是建立在个体价值与志向、组织价值及现代社会更为广泛的关注与期待三者的交集之上的。员工在工作中通过寻找更多的意义，可以拉近他们与组织的关系，让他们分享并承担组织的愿景与价值观。

我们越来越期望工作单位能提供我们过去生活中更传统的源泉，如社区、宗教和家庭中得到的生活意义。对公司来说，这意味着要平衡商业目标与员工期望，而不是简简单单地用文化二字就草草概括了。[10]

美国资本战略有限公司（ACAS）把眼光锁定在改善组织绩效与提升工作年限这两个目标上，这两个目标并不相互冲突。

除非认真考虑延长工作年限，否则雇主将无法获得雇员们的承诺与忠诚。承诺与忠诚越来越成为企业成功所必需的基石。除非提高绩效，否则雇主无法获得经费来持续延长雇员的工作年限，提高企业绩效是延长雇员工作年限最务实的方法。[11]

组织压力

员工受到组织压力的大小，对工作/生活平衡有至关重要的影响。毫无疑问，工作压力是欧洲公司面临的最棘手的问题之一，也是工作、生活质量和工作绩效的大敌。压力是一个复杂、动态的概念。压力是紧张与挫折感的来源，产生于一系列相互关联的行为影响因素，包括前面提到的个体、群体、组织和环境因素。

健康与安全执行委员会（HSE）把压力定义为："人们对过度压强的不良反应。压力不是一种疾病。但是，若不加控制，任其发展，压力就会演变成危害精神与生理健康的疾病（如抑郁症、精神崩溃、心脏病）。"[12]

然而约克（York）认为，虽然压力一词在职场中已是陈词滥调，但当被问及压力的定义时，人们依然一头雾水。“压力”仅仅是“不愉快”或者“过劳”的新代名词吗？或者“压力”一词仅仅属于我们这个压力过重的时代？约克指出，压力不仅仅是工作劳累或不愉快，更是一种冲突、困惑与挫折感。压力是一种焦虑。它产生在当你有多个任务要完成，而你必须区分轻重缓急之时；当你必须为完成两项相互冲突的任务，而进退两难之时；当你已经精疲力竭却还有太多的事要做，并且也知道从哪里开始勉强为之的时候。[13]

越来越多的调查显示，经推算或实际计算，压力的等级在不断上升。社会上亦出现了一批广为人知的起诉工作压力过重并最终获胜的法律案件。然而，也有一些媒体或文章在报道工作压力时添油加醋，使人们对备受关注的压力问题产生了怀疑。

压力必须规避吗

压力是一种十分个人的经历。这句话正是每个人对压力的回应，也成了人们最好应对压力的因果反应的信条。一定量的压力并不是什么坏事，甚至能帮助人们提升绩效水平。然而，有一点必须牢记：压力具有潜在的破坏力。

应激与压力的区别在哪里？“应激”（pressure）被视作一种积极的要素，能够用来帮助人们应对挑战，提高办事效率。“压力”（press）被视作面对重压或其他要求而个人无力应对时的一种持续消极的反应。

一定的压力可以提升个人绩效，但是压力一旦超过一定限度，个体就会因为无法应付而导致绩效下滑。这一现象的标志就是疲劳、判断力差和不良决策，而这又会导致严重的工作问题。[14]

像英国健康与安全执行委员会这样的组织已经把压力、焦虑与抑郁认定为当今社会最为普遍的疾病。更广泛的研究也表明：由工作紧张和工作与家庭之间的冲突带来的压力，使人更易患病或导致身体状况欠佳。[15]

凡·塞尔科布斯·拉森比（Van Zylkobus Lazenby）的研究发现，当南非的管理者受命实行“反歧视行动”时，他们进入了一个充满压力的环境，而这种环境会滋生违反道德的行为。结果显示，压力过重的后果是把属下的功劳据为己有、包庇同事违反公司规定的行为、给予潜在客户带薪假期、获悉公司的机密信息就立刻购进股份。[16]

> 个体和企业的压力若得不到释放，后果将不堪设想。后果可能包括事故率上升、因病离岗、效率低下、与客户和同事的关系恶化、员工频繁跳槽或病退甚至英年早逝等，压力的代价是巨大的。当企业亟需控制成本、保证有效健康的劳动力时，压力的代价无论对个体还是企业都具有巨大的杀伤力。破除拒绝讨论情感问题的禁忌符合每个人的利益。正是因为有拒绝讨论情感问题的禁忌，才使人们不愿寻求援助。
>
> 撒马利坦会首席执行官西蒙·阿姆森（Simon Armson）[17]

应对压力

个体与组织有多种方法可用来减轻压力的影响，目前有许多技巧可以帮助个体控制压力，如转变观点、找到烦恼的原因、大笑和讲笑话、做减压运动、思考压力有利的一面。[18]然而，对付压力没有“特效药”，主要还得依靠个人的性格。例如，放松疗法虽然能帮助一部分人缓解压力，但终究治标不治本。

维恩（Vine）和威廉姆森（Williamson）指出，诱发压力的原因不易被查明，更难被根除。重点是要了解人们对诱发压力的事物持何态度，以及在一个特定职业中，哪些是最常见的“压力源”。人力资源政策应包括在企业组织中（含管理教育、员工教育、咨询与扶助、紧急事故报告、健全管理）建立压力干预管理机构。[19]

组织还需更加重视人员培训、顾问支持、工作组织与岗位设计。

有效的沟通与谈话

在组织中的所有层级，有效沟通对减少或战胜压力至关重要。除了良好的沟通之外，瑞福斯也指出了谈话对于维持关系的重要性，并且建议开创谈话文化。能展开优质的谈话，越来越成为组织与个人所需的核心能力。谈话不似沟通，谈话本身具有创造性，并且涉猎广泛（私事、办公室的流言蜚语、工作项目等）。谈话是抵御压力和其他精神健康问题的一道有力防线。因此，拥有良好社会关系的人不易受压力或焦虑的困扰。[20]

越来越多的组织开始鼓励员工过一天不用电邮只用电话，或者直接面对面与人交谈的生活。

英国健康与安全执行委员会的压力管理标准

英国健康与安全执行委员会正与众多公司合作研究健康问题，包括与工作相关的压力，以使这些问题在工作场合得到有效的控制。由于大量的企业、专业团体、贸易联盟的投入，该委员会已经研发出了一条解决问题的新途径——压力管理标准，来鼓励雇主与员工通力合作，采取一种双方达成共识的良性管理标准，以防止来自组织的压力。

采用压力管理标准是减少员工因病缺岗的关键要素。这套标准提供了一个能够测度七大职场压力源（文化、控制、人际关系、变化、工作要求、角色与支持、个体）的影响程度的基准体系，并用管理指导行动，改善工作环境。[21]

作为一体化活动的管理

无论个人对工作如何定位，我们都是通过管理的过程来协调、引导组织成员努力工作，以实现组织目标的。管理是组织有效性的基石（如图 1-3 所示）。

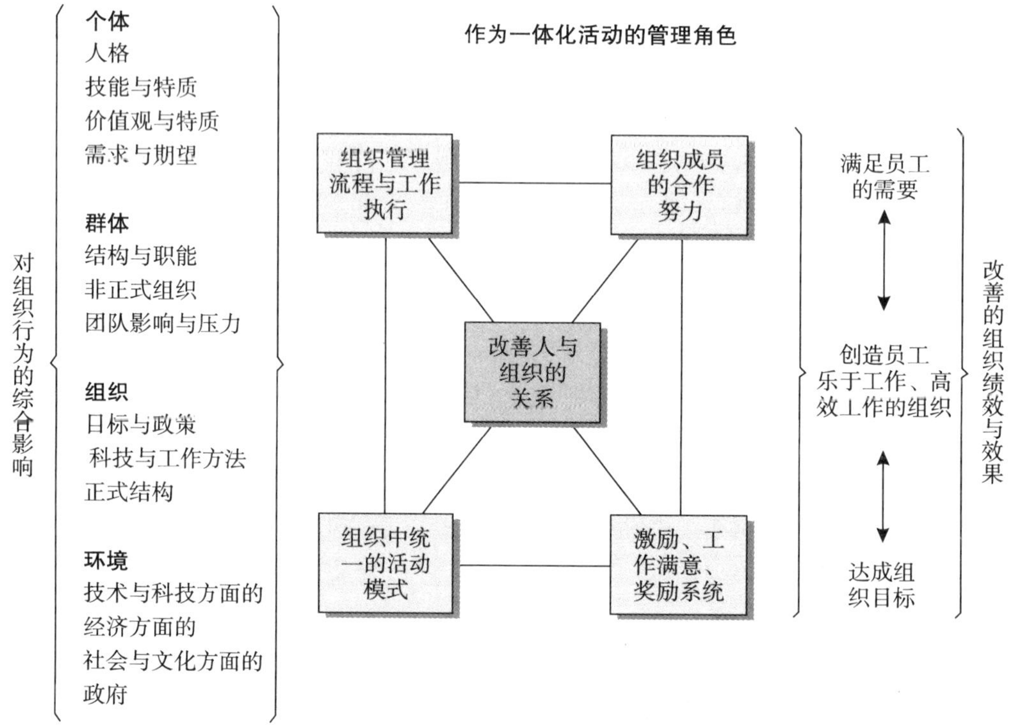

图 1-3　作为组织效果基石的管理

我们应该始终记住：管理的对象是人，必须从人性的角度去考虑。与物质资源不同，人不能被组织所有。对于组织、制度、管理风格、个人职责和工作条件，人们会形成自己的知觉、感觉和态度。成功管理的核心是个人和组织的问题，这要求我们有对人性和组织的了解。[22]

评论性反思

员工的绩效受到社会、文化要素以及其他个体独特行为的综合影响。因此，你是否同意，有效管理的关键在于管理好组织中涉及人的方面；你是否认为，如同组织的非正式结构和非官方工作方法一样，人际关系紧张和冲突、办公室政治在职场上是不可避免的。

提供恰当的平衡

因此，管理层应该努力在构成组织的相互关联的要素之间，创造一种恰当的平衡，并将其融入最适合于组织运营外部环境的连贯的行为模式之中。

因此，注意力应该集中在改善人与组织之间的关系上。管理是一项重要的一体化行为，因为它渗透到组织运营的每一个方面。因此，组织所采取的管理风格可以视为管理者对员工的态度、对人性的本质、对人的行为的观点的表现（将在第 8 章讨论）。

组织发展的一般趋势是更加扁平的组织结构、更加灵活的工作方式和更高的雇员参与度，这种趋势越发强调了一体化的管理风格，而不是等级式的或者控制式的管理风格。

在新千年，管理过程的本质将更加行为化，强调驱动人力资源的关键因素是学习、基于团队的愿景、驱动型人力资源过程、促进成长的激励、整体预算以及积极的控制。[23]

组织环境与文化

有一点必须铭记于心：管理活动都是在组织的大背景下进行的，因此受到组织环境与文化的制约。管理的系统与方式以及管理行为的选择多种多样。图 1-4 所示的简单的五个步骤，给了我们一个基本的研究框架。

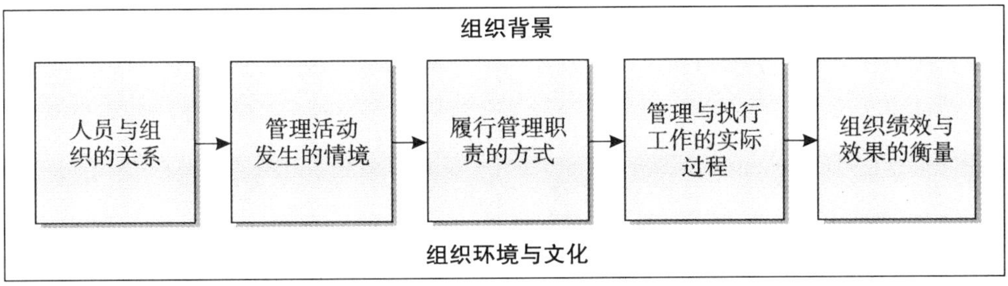

图 1-4　一个基本的研究框架

组织冲突

人们可能会认为，一个健康的组织氛围就一定意味着关系和谐、员工忠诚、同心协力、共赴目标。这种把组织看作“欢乐大家庭”的观点，也许有其价值，并且是可信的理想典范。一部分学者也认同这观点，比如德鲁克写道：

任何一个企业都必须建立一支真正的团队，把每个人的力量凝聚在一起。企业中的每个人都有不同的贡献，但是他们的目标是一致的。他们的努力方向必须一致，他们的贡献必须最终构成一个整体——没有隔阂、没有摩擦、没有无效重复劳动……管理者必须了解工作目标对自己在绩效上提出的要求。而管理者的上级必须了解管理者的能力，知道他能作出什么贡献，并以此来评价管理者。如果工作要求没有达到，那也就是说管理者被误导了。他们的努力也是徒劳的。如果出现这种情况，那将没有团队合作，取而代之的是摩擦、挫折和冲突。[24]

以上的传统视角体现了工作组织的“单一视角”。组织被当作是一个统一的、和谐的整体。而冲突被视作组织运行不良的结果，并可归因于沟通不良、性格冲突或者故意捣乱。若有人接受社会行为学者（本章稍后讨论）的观点以及对工作组织持有“多元视角”，那么组织内部各分支群体之间的冲突将是不可避免的。冲突是组织与生俱来的特点。冲突产生的部分原因正是组织的结构。持多元视角的管理者更倾向于认为，组织内部的冲突需要谨慎处理，并应调和竞争对手之间的利益。

激进视角

激进视角同组织与管理的结构主义理论有联系。[25]激进视角挑战了对冲突的传统观点，并从权力与控制不平衡的角度来观察组织。冲突是组织生活不平衡的本质的外在表现，而且是引起变化的一个手段。[26]冲突是阶级斗争的天然组成部分。组织结构、管理体系、技术选择都是组织内部权力争夺的组成部分。我们应该更加关注组织的正式与非正式方面的相互关系、个体需求与组织需求之间的冲突、员工与管理层之间的冲突。

对冲突的不同观点

冲突通常易于与导致低效率、低效果、运行失调的消极特征与消极环境联系在一起。

传统观点认为，冲突对组织有害。冲突被视为具有破坏性的、反常的，代表一种需要加以控制与矫正的偏离正轨的行为。显然，组织内冲突的极端例子的确造成一些人的不安，甚至悲剧，同时对组织绩效会产生负面影响。冲突会导致过度的精神或生理压力。

积极与消极的影响

然而，冲突并不一定是件坏事。冲突可以被看作一股“建设性”力量，在某些情况下，冲突甚至是受到欢迎和鼓励的。举例来说，冲突可以被视作对组织设置与职能发挥以及对决策过程的一种改善。冲突可以促进组织进步、组织内部与外部的变革。若能合理地加以认识和驾驭，冲突有助于减少影响企业成败的不利因素。

根据一项针对众多实践型管理者的调查显示，这些实践型管理者几乎要花去全部时间的 1/5 来解决冲突问题。据此，施密特（Schmidt）得出冲突的积极与消极的影响。[27]

积极影响包括：

- 产生更好的想法；
- 逼迫人们去寻求新的方法；
- 使长期存在的问题浮出水面，并得以解决；
- 澄清个体观点；
- 激发兴趣与创意；
- 带来测试自己能力的良机。

消极影响包括：

- 有些人感到备受挫折与被贬低；
- 人与人之间的距离感增强；
- 出现不信任与怀疑的氛围；
- 产生个体与群体的本位主义；
- 隔阂增加，团队协作精神削弱；
- 跳槽率上升。

对冲突的广义阐释

目前的普遍观点认为，冲突的范围要比传统观点解释的范围更广。例如，汤森得（Townsend）认为，冲突是一个健康组织的标志。

一个好的管理者不应根除冲突，而是控制冲突，避免它耗费员工的精力……如果你是老板，你的员工因为认为你的观点错误而当众与你争论，那有益于组织的健康。如果你的员工在你面前固执己见，针锋相对，那也有益于组织的健康。但是，你必须保证所有的冲突都光明正大，公私分明。[28]

互动视角（一个新的观点）认为，冲突对优良的绩效有正面及不可或缺的动力。这种观点鼓励在团队中保有最低限度的冲突，以此来鼓励人们进行自我批评、变革与创新，从而避免人们彼此漠不关心，或者过度和睦、明哲保身。[29]

冲突本身并不一定意味着好或坏，而是组织生活中一个不可避免的特征，应根据其对绩效的影响加以评判。不论组织如何谨小慎微地试图避免，或动用一切管理手段，冲突仍会不断出现。

管理冲突的策略

问题的关键并不在于相互竞争的群体和冲突是否是组织结构中不可避免的结果，

而是在于一旦发现冲突的存在，如何去驾驭与管理冲突。虽然，某些组织冲突可能是不可避免的，但是我们依然有许多管理方法来规避冲突的负面影响。根据冲突的本质与源头的不同，采取的方法也相应不同。

- 清晰的目标与目的。澄清以及持续完善目标与目的、角色定位和绩效标准有助于规避误解与冲突。把注意力集中于攸关各个利益冲突方的重要目标，可能有助于化解敌意，加强合作。
- 资源配置。虽然管理者增加资源分配份额的可能性不大，但他们可以用想象力和创造力来帮助克服冲突。例如，通过具体案例使管理水平升级、增加账户科目之间转移资金的弹性、暂停一地的项目以提供给另一地更多的资金。
- 人力资源管理的政策与程序（HRM）。仔细谨慎地审视人力资源管理政策与程序的公平与公正，能帮助减少冲突发生的方面。例如，职业分析、招聘甄选、奖惩措施、申诉、不满与纪律程序、仲裁与调解、认可贸易联盟等。
- 非物质奖励。财务资源有限时，应采用非物质奖励的方法。例如，职务设计、更富趣味与挑战或责任的工作、更多委任与授权、更新设备、弹性工作时间、课程或会议的考勤、非正式的额外待遇或更放松的工作环境。
- 提升人际/团队协作的技巧。这也许有助于使大家更好地认识自己的行为、他人的观点、沟通过程以及解决问题的方式。它可能会促使人们以一种建设性的方式来解决冲突。
- 团队活动。关注团队组成以及影响团队团结的因素，可能会减少组织运行不良造成的冲突。分属几个群体的个人可以成为“链接栓”、项目团队或攻坚团队的队员，这些活动对组织都有益处。
- 领导艺术与管理。更具参与型与支持型的领导和管理行为对冲突管理有辅助作用。例如，表现出尊敬与信任的态度、鼓励个人发展、创造分工合作的环境。参与型的领导与管理方式亦能有助于提升员工忠诚度。
- 组织管理流程。关注职权结构的本质、工作组织、沟通与信息共享模式、组织的民主运行、对官僚程序与官方规定的过分依赖，能减少冲突的发生。
- 社会技术方法。把组织视作一个社会技术体系。体系中，心理与社会要素的发展紧跟结构与技术的需要。这样做将减少因组织运行不良而导致的冲突。

心理契约

心理契约是组织行为学的一个重要组成部分，也是个体与管理过程之间的关系。心理契约不是书面的文件，但是蕴含着一系列个体与组织相互之间的期望和需求的满足。心理契约包括个体与组织之间给予与接受的过程，涵盖了一系列对权利与特权、义务与职责的期望，这些期望并不是正式合约的一部分，但却对人们的行为有重要的影响。[30]

不同个体期望的本质与程度差异很大，而不同组织满足这些期望的能力与愿望亦差异巨大，这些期望并不是法律规定的强加于企业的要求，它们更多的是关于心理契约中管理的社会责任（第 9 章将会介绍）。在表 1-1 中罗列了关于心理契约中个体与组织期望的例子。

表 1-1　心理契约中个体与组织的期望

个体对组织的期望
* 提供安全、卫生的工作条件
* 尽可能提供就业保障
* 提供具有挑战性与令人满意的工作，减少工作中不受欢迎的部分
* 采取公平的人力资源管理的政策与程序
* 尊重产业工会官员与职工代表
* 与员工充分沟通，允许员工真正参与影响他们自身的决策
* 实行有公平机会的政策与程序
* 依据员工的贡献与绩效，实行公平奖赏
* 为个人发展与职业晋升提供合适的机会
* 尊重员工
* 对员工的私人问题持理解与关切的态度
组织对个体的期望
* 维护组织的理念与整体形象
* 工作勤奋，完成组织目标
* 遵守组织的规章、政策与程序
* 尊重高层管理者的合理职权
* 不利用管理层的善意
* 对领导的指令有回应
* 展现忠诚，不背信弃义
* 与同事保持和谐的人际关系
* 不滥用组织设备，如电子邮件或互联网
* 遵守合理的着装、仪表标准
* 尊重和关心顾客与供应商

平衡过程

要把个体与组织的期望都满足是不可能的。这里有一个明里暗里较劲的平衡过程。这些期望的本质没有正式的定义，虽然个人与组织可能没有意识到这些期望的存在，但是它们依然影响了个体与组织的关系以及行为。

心理契约的核心就是雇主－员工关系的本质。例如，埃默特（Emmott）指出，优良的员工管理实践是积极心理契约的基础，这就意味着管理者不得不应对“软性事物”。若能合理地驾驭心理契约，它将为组织打下坚实的基础，提升企业绩效。

各级管理者影响着员工对心理契约的理解，但是最能影响员工期望的是员工与上司的关系。[31]

心理契约不断变化的性质

工作中组织与个体不断变化的性质，迫使人们越来越重视对新式心理契约的需要。高沙尔（Ghosal）等人指出，在一个日新月异的社会背景下，支撑旧式心理契约的主仆法则已经不再适用于现代社会。全球化竞争与突发性变革造成就业不稳定，亦提高了对信任及团队协作水平的要求。新型的管理哲学要求人们签署一份与众不同的道德契约。曾经，人们把员工看作是可以随意占用的公司资产。但是现在，员工被视为企业应负的责任与宝贵资源。同样，新式心理契约也对员工提出要求：雇员应该放弃对稳定的终身雇佣制的幻想，应接受不断学习和对个人终身开发的理念。[32]

英国特许人员与发展研究院认为，目前职场的变化已经促使人们认真对待心理契约。这些变化包括更多的短工或临时工、更多工作被外包、组织精简化、要求苛刻的顾客越来越多、质量与服务水平的提高、作为竞争力来源的人力资源的重要性不断上升、更灵活的组织结构。这些变化的影响是，人们越来越视员工为企业发展的关键推动力。心理契约为监管员工的态度及其工作的轻重缓急提供了一个框架。[33]

组织实践

这里我们将讨论彼得原理和帕金森法则这两套理论，以观测人类行为的本质及其在实践中、在组织中可能发生的情况。虽然这两套理论是以一种讥讽的方式呈现，但是它们对组织的管理与职能发挥以及组织行为学的本质与实践，提出了一个意义重大的观点。

彼得原理

彼得原理主要研究工作的不胜任情况和层级结构。彼得原理是基于对上百个工作不称职案例的分析得出的。它的内容是：

在一个等级制度中，每个员工趋向上升，直到到达他所不能胜任的地位。[34]

如果一个员工由于在原有职位上工作成绩好、胜任力强，他将被提升到更高一级职位；其后，如果他被证明胜任工作，则将进一步被提升，直至到达他所不能胜任的职位。这个原理是基于对各行业（政治、法律、教育、工业）的等级制度中各层级不能胜任的情况，以及员工在等级制度中的晋升和晋升后的情况观察得来的。

彼得（Peter）引用的许多例子来源于教育行业：

甲是一个合格称职、循规蹈矩的学生。当他从事教师工作后，他会因循课本、课程指导、教学计划，一旦没有了规定或先例，他就不知所措。甲从不犯错或违规，但是不会得到晋升，因为他是一个称职的学生，确实不是一名称职的老师。

乙是个称职的学生，也是一名催人奋进的老师，但是不善于文书工作。由于教学出色，乙被提为理科部的主任。理科部的主任负责订购理科仪器设备，并要做大量的会计记录，而乙明显对此不在行。

丙是一个称职的学生、老师、主任，后晋升为校长助理，并由于其机智过人，又被提拔为校长。丙现在必须直接面对更高层的官员。丙全力以赴地管理学校，却忽视了与高层重要的会谈，而且他并不热衷于参与社群组织。因此，丙被认为是不称职的校长。

晋升方式

彼得提出了两个影响晋升率的方法：“拉动”与“推动”。

- 拉动是指通过血缘、婚姻、熟人与等级制度上层的人建立关系。
- 推动体现在对研究的异常兴趣、职业培训和自我提升。

“推动”在小规模的等级制度中，对加速晋升有边际效应；在规模较大的等级制度中，则收效甚微。因此，“拉动”比“推动”更有效。

能坐就别站，能骑就别走，能“拉”就别“推”。[35]

帕金森法则

帕金森法则的主要特征就是“上升的金字塔”，即“增加工作是为了填满完成任务后所剩的多余时间”。[36]有一句谚语也阐释了同样的道理：最忙的人反而最有时间。工作量与工作人数没有丝毫关系。支撑这个观点的是两句几乎不证自明的话：

- 官员要增加的是“下手”，不是“对手”；
- 官员彼此制造工作。

帕金森（Parkinson）讨论的另一些组织实践特征包括选人的原则、委员会的本质、个性甄别、大型金融交易、“琐事法则”（“琐事法则”意为在一个委员会中，讨论议程表上每一个项目所需的时间与项目涉及的金额成反比）、组织行政楼的布局、“妒才心理”（诱发性自卑）。

两个相关的评论

虽然帕金森的写作风格平淡，但是帕金森法则的意义可以在《爱丁堡公爵》一书引言部分的评论里窥见一斑。

这本专为管理学与行政学专业学生出版的书中最重要的一点是：本书阐释了存在于研究人类组织的理性方法和人性非理性的事实之间的巨大鸿沟。帕金森法则应成为所有商学院、管理咨询师的必读书目之一。若不仔细思考人性的事实，管理结构将无法解决任何问题。而关于人性最重要的事实之一就是没有人真心喜欢做决策。同理，层级众多的组织结构可能制造出许多活动，却鲜有有实效的工作。[37]

我第一次接触帕金森法则是在学经济学课程的时候。许多定理直到今天依然有重要的意义。它们包括：如何“驾驭”会议；花在开会上的时间何以与会上讨论的事情的重要性成反比。例子是：原本只是在简短地讨论一座1000万英镑的发电站，而后却变成了一个冗长的关于一个350英镑自行车棚的辩论。是不是似曾相识？……帕金森最有名的法则就是“增加工作是为了填满完成任务后所剩的多余时间”，因为我们都互相制造工作。这句话到今天依然正确。

人力资源总经理莱恩·赫伯特森（Lain Herbertson）[38]

全球化与国际背景

作为组织，尤其是大型组织，采用全球化的视角将会对管理与组织行为在更大范围内产生影响。例如，弗朗塞斯科（Francesco）和戈德（Gold）指出，经济全球化产生了新型组织结构类型，如打破了官僚制度及其他制度结构中权力与专业分工界限的“无边界组织”。“无边界组织”的特征包括项目团队的广泛使用、职能共享的团队、网络、相似结构机制，这样便减少了那些典型地将组织职能与等级层级分开的界限。[39]一个关键的管理挑战是，脱离官僚思维模式影响的组织成员的社会化与培训。虽然某些权力结构、任务、政治界限依然存在，但是这些界限是有弹性的，不再是传统组织中僵化的坐标轴。

正如麦克林（McLean）所言，全球化已经完全改写了管理学的参考术语，引起组织管理思维模式的转变。

通过旨在使商务活动与实践精简化与“国际化”的成熟体系与程序，全球化已经改变了我们的工作方式。通过开拓新兴市场和科技创新，比如互联网上的电子商务，全球化促使公司间的联系愈来愈紧密。全球化竞争加剧，加快了创新的速度，使变革与环境的复杂性、不确定性无处不在。[40]

全球化的未来

“全球化”一直饱受指责，部分原因是它的定义模糊不清，以及规模庞大的组织

（如美国的沃尔玛）在全球范围开展的业务却如此之少，这确实令人困惑。全球化已成众矢之的，并被指责加剧了发展中国家内部的贫富差距并威胁了本土文化。同时，在一些国家也出现了声势浩荡的极端民族主义的逆流。

据查尔德（Child）称，全球化是一种复杂的现象，这个词被如此滥用，以致几乎丧失了其有意义的目的性。全球化是一种风潮，是一个必备的前提条件。全球化在世界范围的分布并不均匀，并已经引起人们潜在的不满情绪。“全球化的趋势锐不可当，但是它究竟能走多远，依然有待观察，因为全球化有实力强劲的敌人。”[41]

无论全球化目前发展到了什么程度，在如何适应管理的国际化以及文化差异上，它依然给予了我们明确的提示。

组织行为学的跨文化研究方法

采用跨文化方法研究组织行为学和广义的人员管理的优势在于，管理者能够意识到在不同文化背景下的个体和群体有不同的工作态度与行为。例如，布鲁克斯（Brooks）指出，国家文化的差异可能关系到组织间如何处理彼此的关系以及拥有多国员工的组织应如何应对其内部行为的差异。[42]若我们同意了以上的基本观点，那么也就意味着，组织行为学中的许多重要内容都可能受到国家文化的影响，因此当我们把模型与概念应用到社会中时，应先对这些模型与概念进行新的评估。

人的重要性与组织行为

无论人们怎样看待组织行为学的本质或规律性，我们应该记得，摩根（Morgan）曾说过，“组织生活的现实通常是包罗万象的！”[43]

海尔利戈尔（Hellriegel）、斯罗卡姆（Slocum）和伍德曼（Woodman）建议：

……认识人们工作行为的一个方法，就是把组织看成是一座冰山。使船只沉没的并不是水手们能够看到的那部分冰山，而恰恰是他们所看不到的那部分。[44]

明显的、形式的方面仅集中在冰山（组织）的顶端。但是，我们应该同样关注水面下隐蔽的、行为的方面，这些方面同样重要（如图 1-5 所示）。

作为《金融时报大师管理系列》丛书的一部分，伍德（Wood）在其关于组织行为本质的讨论中提出，由于组织行为学研究的是工作环境中人的行为方式，因此它可以被看作是整个管理领域的关键。

> 对组织中行为的研究重要吗？我认为至关重要。组织行为学在商学院教育中的地位，如同社会科学、人文学科和艺术在大学教育中的地位一样重要。对管理者的培训技巧性越高，对组织行为的学习就越重要。组织行为学承担着将人类历史的集体智慧带入开发决策过程的重担。这不是一件小事情。[45]

评论性反思

“组织行为的研究，实际上是一门人文艺术，但它却伪装成一门科学，极力制造一些虚假的研究成果，徒劳地试图证明这是一门科学。”你怎么看这段话？你是否认为组织行为学的研究过于主观而无法成为一门科学？

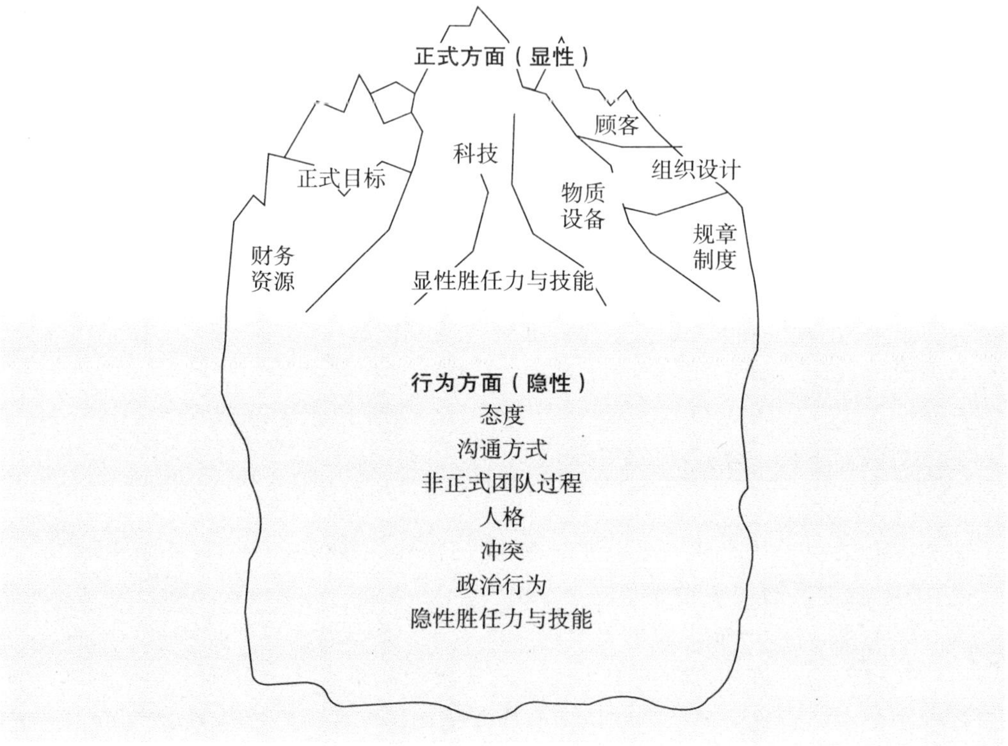

图1-5　我们的人格在多大程度上是固定不变的

资料来源：From Management, 8th edition, by Hellriegel/Jackson/Slocum, 1999, p. 6. Reprinted with the permission of South-Western, a division of Thomson Learning (www. thomsonrights. com/Fax: 800 - 730 - 2215).

管理理论

组织与管理的核心就是管理思想及其管理理论的发展史。理论的应用可以引起实际行为的改变。管理者在阅读本学科著名学者的著作时，可以从这些学者的观点与结论中得到如何处事的启迪。而他们对待管理实践的态度也将受到影响，正如麦格雷戈（McGregor）所言：

每个管理方案都是建立在假设、概括与假说，也就是理论上的。我们的假设总是隐蔽的，有时是无意识的，它们常常会引起冲突。然而，它们决定了我们对未来的预测，若我们做了 a，b 就会出现。理论与实际是密不可分的。[46]

管理理论的研究之所以重要是基于以下原因：

- 它帮助我们认识理论发展、组织行为、管理实践三者的相互关系；
- 理解管理思想的发展有助于理解贯穿管理全过程的原理；
- 历史知识帮助我们理解管理学与组织行为学的本质，以及其核心领域如此被关注的原因；
- 许多早期的理论对管理者具有持久的重要影响，而后期的管理理论倾向于总结早期的思想与结论。

为了帮助大家认识组织行为学与管理学理论发展中的主要潮流，我们通常根据学者们关于组织、组织结构、管理学的观点，将它们分为不同的研究理论派别。虽然分类的过程十分简单，却为学习者提供了一个框架，便于我们直接学习、关注有关改善组织绩效思想的发展与进步史。

分析框架

然而，分类方法五花八门。例如，斯纪普顿（Skipton）把管理理论分为 11 个主要学派。[47]但是无论用何种分类法，我们总是无法将所有的研究方法都囊括在内。我们往往最后发现，有一些理论没有包括在内，或者至少是某些理论的分支被排除在外，抑或是几种理论的交集没有被考虑。因此，选择何种分类法主要由作者自行决定。

以下的分析将会围绕一个包含四大理论的框架（如图 1-6 所示）。

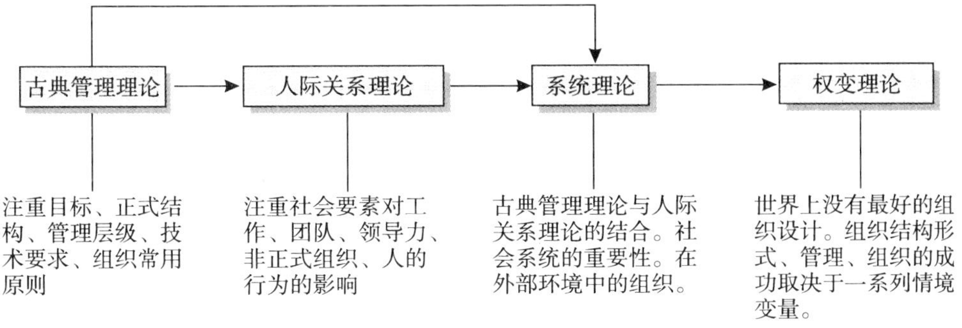

图 1-6　组织、结构与管理的主要研究理论

- 古典管理理论，包括科学管理与官僚制。
- 人际关系理论，包括新人际关系学派。
- 系统理论。
- 权变理论。

然而我们亦关注其他的理论或观点，包括：

- 决策学派；
- 社会行动学派；
- 后现代主义学派（参见 38 页的图 1-7）。

古典管理理论

古典派学者以组织的目的与正式结构来考量组织。他们重视工作计划、组织的技术要求、管理原则以及理性与逻辑行为的假设。这些学者为管理学的综合理论打下了根基。

理解组织如何运营以及如何改善这种运营方式，是清楚理解组织目标的必要条件。明确总体目标可以清楚划分组织各级的目标与责任，进而塑造最有效的组织结构。人们关注工作的划分、职责与义务的明确定义以及分工与合作。古典学派的重点在于管理层级和正式的组织关系。

理论原则

过去，古典管理理论学家认为对组织结构进行优化，可作为提高组织效率的手段。他们侧重组织逻辑结构设计原则的研究，其理论著作也阐述了一些标准和原则。这些标准和原则被视为是一套通用法则，人们可以用它们来解决组织和管理过程中普遍存在的问题。

大多数古典管理理论学家有自己的一套理论，但在公布于世的理论中，法约尔（Fayol）和厄威克（Urwick）的理论最为著名。法约尔认为管理的原则是无穷无尽的，但在他的著作中更提倡管理的 14 项原则。[48]厄威克开始时提出了 8 项原则，但在他后来的著作中被修改为 10 项（见第 10 章）。[49]

对古典管理理论的评价

由于古典管理理论并没有充分考虑到人的个性因素，并且在人们依据这些已建立起来的组织结构对组织进行管理时，仅能有限地对其工作环境加以控制，因此，古典管理理论学家及其所主张的指导管理行为的理论原则受到了广泛的批评。然而较之前人，古典管理理论学家开了运用科学的视角研究管理学的先河。他们试图探索出能够应用于所有组织管理的普遍原则。如今，这些原则仍未失去其存在的意义，当人们对组织结构设计进行效果分析时，这些原则仍作为研究的出发点。应用这些理论时，人们必须充分考虑到不同组织中各类情况的具体差异，以及组织成员个体的心理因素和社会因素。

古典管理理论的两大分支：

- 科学管理理论；
- 官僚组织理论。

科学管理理论

过去，不少古典管理理论学家认为组织通过改善管理可以提高生产率。在那个时期，科学管理学派的研究重点就放在了如何保持个体工人的高效生产。他们认为，通过工作组织技术结构化、金钱激励等方法，可保证工人高效生产。这一激励方法的主要贡献者就是“科学管理之父”F. W. 泰勒（Taylor）（1856 – 1917）。[50]泰勒认为，人们可以借助最先进的机器，同样也可以运用最高效的工作方法，高效率地完成每一项工作。他认为，人们可以科学地将整个工作过程切分成若干的分任务，因此对应每个分任务就可能存在“最优解”，此外也可以将每一项工作分解为若干部分，对每一部分进行工时分析，并利用最高效的工作方法予以完成。

指导管理的原则

泰勒认为，满足合理的经济需求可以起到激励工人的作用。他指出，如果依照他的理论进行管理，劳资双方对工作的满意度都会提高，并且双方都会获益。高额的奖金激励制度可以促进工人们以高效率进行生产。泰勒所考虑的是，如何采取更为高效的方法与措施来协调和控制生产工作。为此，他列举了若干指导管理的原则，这些原则概括如下：

- 对每位工人操作的每一个动作进行科学研究；
- 科学地挑选、培训、开发工人；
- 管理者与工人相互协作，以保证工作都能按照建立起来的方式、方法去完成；
- 管理人员与工人要进行工作和职能上的分工，明确各自的工作和职能。

科学管理理论的相关意义

虽然如今泰勒的理论受到了广泛批评，但是应该记住的是，他所处的那个时代正是工业重组、大型复杂化组织开始出现、新型技术开始应用的时代。他的理论也正是在这个时代背景下提出的，其研究的主要内容是生产效率及管理效率。他认为他所提出的科学管理方法可以改善劳资关系，促进产业效益和繁荣。

泰勒的科学管理方法现在仍未失去其存在的意义，我们现在仍可以看到泰勒科学管理理论的实例，以及基于此理论所进行的管理实践。例如，表1-2是一家美国大型百货公司的“挂钩插入程序”。大型酒店集团一般实施客房配置标准化、员工工作评定标准化。客房服务人员必须了解每间客房的陈设。经过严格的培训，他们熟知每一个工作环节，并提供最优质的服务。在岗时，每位员工所需整理的房间数目是规定好的，同时酒店为了激励员工，也会对那些超额完成工作任务的员工实施物质上的奖励。

表1-2　挂钩插入程序

文键思想

挂钩插入

- 将商品高效率地挂在挂钩上

此项新程序的目的

- 通过将商品准备好以便随时放在地面上，节省仓储空间，并更好地提供客户服务，建立客户信誉
- 提高每小时单位产量
- 尽可能高效地履行工作职责

技术要领

- 把所有必要的货品放在触手可及之处。比如说将垃圾箱放在身旁，钩子放的地方应当可以即用即取，避免浪费时间
- 对于预先包装好的货物的处理：打开包装，或者打开部分预包装产品，产品的数目足够填满手推购物车，撕去所有的塑料包装
将处理好的产品放在指定的货台上。如果是苹果，就除去每个苹果的包装。插入货钩，将货品挂起
- 除去货钩时，将货品放在货台上，从前至后，取出货钩
- 插入货钩时，要按组插入，从后至前插入，按组挂起货物
- 对于大型货物的处理，保持产品密封，一次性除去所有的塑料包装，插入货钩在推车上挂起所有的货物，并除去所有多余的塑料包装
- 如果有可能，在货物吊起后一次性撤掉所有塑料包装，这样做将更有效
- 处理短裤、裙子等小件衣物时，解开商品两旁的货钩，同时将金属回形针别住商品，这样可以节省多余的步骤
- 当短裤在塑料包装中，挂钩必须移动时，先把它们挂起，拿掉挂钩，把短裤平放在桌上，扔掉包装，再插入挂钩
- 当给短裤和裙子系扣时，首先将最上面的排扣系好，这样可以更容易更高效地完成工作
- 将挂钩放在搬运物的表面，并将货台放到身旁

尽管泰勒的理论不是很完善，但他至少推动了管理思想的发展，促进了随后组织行为学的发展。克雷纳（Crainer）和迪尔洛夫（Dearlove）指出，尽管泰勒的理论现在已经过时，但是仍对世界管理学及其他领域产生着深刻的影响。如今，我们仍能够在当今的管理学著作中发现泰勒科学管理理论的痕迹。[51]斯特恩（Stern）进一步说明了这一事实：

泰勒的“科学管理理论”使管理成为了一门科学，开创了一个全新的、科学的、系统的管理学派，其理论能够在许多工业化国家得以应用。作为该领域的创始人之一，他的理论被后人称为泰勒主义。生产率和效率是其理论的核心，它仍会对经营管理思想以后百年的发展产生影响。[52]

官僚组织理论

官僚组织理论是一种可应用于许多大型组织的组织模式，对组织理论的发展起到了举足轻重的作用，被视为古典管理学派的分支，是研究经营管理和工作组织的另一种方法。古典管理学者主要是从实践经验中提炼出理论，然而官僚组织理论学家则更多地从理论的角度出发进行学术研究。

韦伯（Weber）是德国的社会学家，他主要的研究课题是“权力”和”职权”，他提出了“官僚结构”的概念，这是他研究的副产品。[53]他指出，决定官僚组织发展的决定性因素始终是纯技术性优势，这个优势是组织的其他特征所不具备的。韦伯认为，尽管组织中的管理层会发生变动，但是为了能长期对工作程序实施标准化管理，人们需要明确管理结构中任务和职责的分配。

“官僚”这一术语内带有官样的、僵化的消极意义，因此受到人们批驳，但是在组织和管理研究领域中，这个术语表示的是正式组织中的某些结构特点。韦伯并不是从经验的层面上对“官僚组织”进行研究，而是将其作为一种“理想形式”。韦伯通过对所有著名的组织进行研究，总结出最具典型性的官僚组织特点，进而归纳出了“理想模式”。他将发展组织结构视为将社会生活规范化、合理化的手段。

官僚组织理论的主要特点

韦伯并没有明确定义官僚组织是什么，但是他指出了这种组织形式的主要特点。韦伯强调，管理应该基于专业知识的指导（专家规则）与基于惩戒的行政管理（官方规则）：

- 任务分配依照不同岗位的正式职责来进行；
- 劳动分工和高度专业化必须明确；
- 组织的办公室和职位必须依照职权等级来分配；
- 管理者必须应用正式的组织规章制度，这样可以使决策与执行过程相统一。此外，还要运用职权结构以确保组织内各项活动协调进行；

- 管理者在处理客户与其他管理者的关系时，必须是“客观的”，要经过理性的判断；
- 管理者在招聘员工时，必须依据其技术资格水平，并且要为管理者保障终身职业的稳定性。[54]

官僚组织理论由斯图尔特（Stewart）总结为分工专业化、职权等级化、法规系统化及客观化四大特点。

- 分工专业化。专业化分工能使现任工人离岗后，工作还能持续进行。
- 职权等级化。实施职权等级化，划清管理者与被管理者、劳方和资方之间的界线，明确各管理层的职权及职责。这种明显的职能细化在军队中体现得尤为显著。
- 法规系统化。旨在提高运营管理的高效性，不受个人情感影响。即使有些法规会被修改，但是总体来说，整个过程还是稳定的。此外，懂得相关法规知识也是管理者在官僚组织中必备的基本素质。
- 客观化。特权分配并不是任意的行为，而是依据既定的法规进行分配。在更为完善的官僚组织中，存在着一套详细明确的“上诉”程序，当管理者对某些决策产生异议时，可以应用这套程序。斯图尔特认为“客观化”是官僚组织理论区分于其他组织理论最为显著的特点。他认为官僚组织不仅应该是客观化的，而且应该被视为不牵涉个人感情的。[55]

对官僚组织理论的批评

韦伯的官僚理论有许多缺点，因此受到猛烈的批评。

- 过分强调法规、工作程序、保留记录和文书工作，将这些手段看得比目的还重要。
- 管理者会过分地依赖官僚地位、象征和法规。
- 当组织中对某些情境没有相关规定时，组织会扼杀创造性；对变化的外部环境缺乏灵活性和适应性。
- 在官僚组织结构中，职位可能会出现权力滥用、管理程序对外不透明等问题。
- 缺乏人性化的管理会导致刻板的行为以及对个人难题和事故缺乏反应。

阻碍心理的发展

阿基里斯（Argyris）对官僚组织理论给予了猛烈抨击。他指出，官僚组织阻碍了个人的心理发展，会使员工产生失落感、受挫感甚至会产生冲突。[56]阿基里斯还指出，组织环境应尽可能为个人责任和自我控制提供保证，对组织确定的目标、生产率、具体工作内容做出承诺，为员工充分施展其能力创造机遇与平台。

当我们再次回顾上述所讨论的官僚组织的四个主要特点，即分工专业化、职权等级化、法规系统化及客观化时，就会很容易发现阿基里斯在官僚组织理论中所发现的症结。

对官僚组织理论的评价

随着组织规模不断扩大、结构日趋复杂，需要高效的管理予以保证。官僚组织理论就是在这个背景下发展起来的。古典管理理论学家强调组织结构设计的严谨性，明确职责与职能分工。因此，高效的组织结构就是基于不同层级间的授权及合理的组织结构而建立的。同时，为了完善劳动分工，将专业科技知识应用于生产中，就需要严谨的执行程序予以保障。

组织结构解决方案

全球竞争日益激烈，现代信息技术不断发展，这就要求组织具有不同的组织结构及体系以适应时代发展潮流。正如瑞德斯卓尔（Ridderstrale）所说，在 20 世纪，职能层级划分是大型企业最为显著的特点，但这与新时代、新形势下的战略要求不符。官僚组织结构要求由有文化的员工来管理那些无知的工人。然而现在，随着知识的传播，组织需要建立新型的组织结构。瑞德斯卓尔指出，高绩效组织主要通过建立四种组织结构来应对日益复杂的知识体系，并且这些结构区别于传统的官僚组织结构模型。

- 分权程度较高且较为扁平化的组织结构。其目的是使掌握关键知识的层级能够迅速地决策。实现较为扁平化的组织结构的方式为增加管理幅度、削减高级管理层或移除中层管理层。
- 建立多种组织结构。其目的是使知识可以跨越传统的组织结构边界而聚集在一起。如果人们的层级属性的持久性较弱，他们则较容易跨越职能和地理边界而在组织的不同层级间流动。
- 将公司转变成学习型组织，并且使每位员工都同样熟悉公司的人员情况且具备同水平的能力。成功的企业注重人才技能的“储备”。管理者需要了解公司目前所掌握的知识，从而对其进行充分的利用。
- 较为广泛地分享专业技能和知识。这些技能和知识可能位于不存在任何正式职权的组织边缘。管理者需要分享原则，从而来确保合作、鼓励“最小公分母”，以及通过分享所有权和奖励、规范、文化及价值观来培养员工的“部落”品质。[57]

公共部门组织

公共部门组织需要统一的管理及规范化的程序，并且对组织的运营负有责任。这使得组织需要遵守具体的规则和程序。这些规则和程序限制了管理层进行决断的自由。例如，格林（Green）指出，尽管官僚组织结构并不是最佳的选择，但在大多数组织中，官僚组织结构仍占有一席之地，尤其是在公共部门组织中，如机关单位和大学内。经试用及检验的规章和程序有助于保持组织内最根本的价值观和道德观，并且确保组织职能的一致性和公正性。[58]

新型的信息技术可能会改变政府提供服务的过程、行政工作量以及官僚组织结构的性质，如在家中或公共终端进行的电子交易。[59]

对当今的启示

从本质上来讲，官僚组织结构可能会招致人们的批评。例如，个人服务行业中的管理遭遇了一种特殊的困境。个人服务需要具有灵活性、主动性和创造性，并且满足不同个体的需求。然而，官僚组织结构的潜在特征会使个人服务的提供受到限制。[60]人们对于官僚组织结构的很多批评意见都有着充分的根据，但很多意见也有失公正。

斯图尔特指出，如今越来越多的企业都拥有大量的专业人员。尽管这些组织较规章制度而言更依赖于通过赋予员工专业自决权和自我管理的自由来对其进行管理，但它们仍具有一些官僚组织的特点。[61]虽然新型组织形式已经出现，但是正如许多管理学家所言，官僚组织结构仍是当今一种主要的组织结构形式。[62]

评论性反思

不论人们对官僚组织结构的批评正确与否，或者组织需要何种新的组织结构，我们很难想象一家缺少官僚组织特征的大型企业能够高效地运营。例如，就公共部门组织而言，即使不使用“官僚”一词，人们也常常要求增强组织的官僚特征。你要如何为官僚组织结构的好处进行辩护？

结构主义

结构主义（structuralism）是古典（或正式）学派和人际关系（或非正式）学派的综合体。[63]该理论认为早期理论不仅缺乏完整性，而且缺乏足够的理论假设和理论背景。结构主义则从一个激进的视角来研究社会与组织行为。[64]人们应对组织中正式方面与非正式方面的关系、个体需求与组织需求之间的冲突以及劳方与资方间的冲突给予更多的关注。结构主义有时会被归入广义的人际关系理论的范畴。

人际关系理论

古典管理学派的研究重点是组织结构和正式组织，但是在经济大萧条时期（20 世纪 20 年代末），人们把研究重点转移到工作中的社会因素与组织中的员工行为，即人际关系上。

霍桑（Hawthorne）实验

在美国西部电气公司进行的著名的霍桑实验（1924 – 1932）及其研究结果的发表是人际关系运动发展过程中的转折点。[65]埃尔顿·梅奥（Elton Mayo）（1880 – 1949）及其他很多研究人员都对霍桑实验进行了研究和讨论，人们经常将他视为该研究领域的带头人。然而，也有人怀疑梅奥是否亲身参与了霍桑实验，并质疑其对人际关系运动做出的确切贡献。[66]

霍桑实验分为四个主要的阶段：

- 照明实验；
- 继电器装配实验；
- 访谈计划；
- 继电器绕线组工作室实验。

照明实验

实验最初是遵循古典管理方法和典型的科学管理风格进行的，其目的是为了弄清照明强度对生产效率的影响。

然而，照明实验没有得到任何结果。因为生产受到很多因素的影响，但这些因素与工作条件中的变化无关。这促使研究人员继续进行其他一系列与工人生产效率有关的实验。

继电器装配实验

继电器装配工作重复性高，容易让工人感到厌烦。工人们的工作是将很多小部件组装为一个个电话继电器。在实验中，研究人员对他们的工作条件进行了一系列有计划的、受控制的改变，如工作时间、工间休息、免费供应茶点等。

实验过程中，观察员对工人的态度和蔼友善。他们不仅与工人们进行商谈、倾听他们的抱怨，并且随时向他们提供有关实验的信息。

几乎当一种条件发生变化时（当操作工人抱怨过多的工间休息会打乱他们的工作节奏时），生产率就会持续提高。研究人员得出的结论是，管理者对工人的额外关注和关心是促使生产率获得提高的主要因素。

访谈计划

为了解员工对其主管及工作条件的看法，研究人员制订了一个大规模的访谈计划。起初，访谈者所提出的问题都是事先准备好的，这些问题都与工人如何看待他们的工作有关。然而，这一方法收获不大。工人们认为很多问题没有什么意义，而且他们想要谈论的并不只是自己的主管和工作条件。

因此，后来访谈改用了“非指令性的”和开放性的问题。访谈者态度友好，并且具有同情心。他们专注于倾听，而且不偏袒、不吹毛求疵。访谈者发现，这种方法更能让受访者吐露真言。研究人员通过访谈所获取的信息不仅包括工人们对主管和工作条件的看法，而且还包括他们对公司、管理层、工作群体的关系以及一些工作外的因素（如家庭生活和社会）的想法和意见。

继电器绕线组工作室实验

在另一项实验中，研究人员对由 14 名男性工人组成的工作小组进行观察。实验表明，这些工人建立起了自己的非正式组织，其中包含一些小群体和经成员一致同意而选举出的群体领导。此外，这一工作小组会发展自身的非正式社会关系模式和行为准则。

工人们的产量越高，其经济报酬也就越高。尽管有这种经济上的激励，但事实上，工人实际完成的产量远远低于他们能力所及的水平。非正式群体给工人带来的压力超过了管理层的经济激励，因此工人每天只要完成群体认可的工作量就可以了（群体准则和非正式社会关系的重要性见第 6 章）。

对人际关系理论的评价

人际关系理论遭到了严厉的批评。人们指出，霍桑试验并没有充分考虑到环境因素的影响，而且在实验方法上也存在着一些问题。这多少有些事后诸葛亮的嫌疑。另外，人们还认为人际关系理论采用了管理层的视角和一种“单一的参考框架”，而且其理论也过于简单。[67]

此外，还有人指出人际关系理论不够科学，并且观点过于狭隘。它忽视了组织在社会运行方面所起到的作用。

性别权力差异

人们对于霍桑实验的结果有着很多不同的解释，其中就包含两种性别群体间“性别权力差异”的涵义。

在继电器装配实验中，工人们的产量得到了提高，受试者全部为女性。在继电器绕线组工作室实验中，工人们的产量受到了限制，受试者全部为男性。在继电器装配室工作的工人都是年轻的未婚女性，除一人外其他人都具有移民背景，并且都和家人生活在一起。在工厂里，女性工人经常接触到男性主管。因此，“家庭和工厂中的性别权力等级是一致的”。所以，女性员工很愿意与管理层一同参与继电器装配实验。[68]

霍桑实验的重要性

无论人们如何解释霍桑实验的结果，它们确实产生出了很多新的观点。这些观点涉及工作群体和领导力的重要性以及沟通和激励的重要性，并且还对人事管理的重要性进行了强调。古典学派在更大程度上采用了一种管理视角来进行研究，而人际关系学派则是在了解人们在工作中的心理和社会需要的同时，改善组织的管理过程。人际关系理论对工业社会学表示担忧，并且认识到存在于正式组织结构之中的非正式组织的重要性。

新人际关系理论

人际关系理论有许多不足和缺点，并且在霍桑实验中形成的假设并不能被实际经验所证实。例如，如果工人的需求得到满足，那么工人就能进行高效率生产的观点并不总是正确的。但是，霍桑实验的研究结果以及人们随后对社会组织及个体激励理论的关注为此后的进一步研究奠定了基础。在 20 世纪五六十年代，出现了新人际关系理论，该理论更侧重对雇员心理因素的研究。

人们对管理理论有了很多新的认识，而关注焦点则是工作组织中个体的个人调整以及群体关系和领导风格的作用。这些学者的观点经常被纳入“新人际关系理论”的范畴。该范畴内一些主要学者的理论和观点，我们将在以后的章节中进行详细的介绍。

系统方法理论

近来，人们关注于将组织作为“系统”来进行分析，而组织中还包含很多相互联系的子系统。古典管理理论强调的是组织的技术要求及组织的需求。该理论只考虑到了组织，没有考虑到组织中的人员。然而，人际关系理论强调的是心理和社会因素，并且考虑到了人们的需求。但该理论只考虑到了人员，而没有考虑到组织。

系统方法理论试图将这两个理论以及正式和非正式组织的观点进行有机的结合。该理论的关注焦点是整个工作组织、组织内的结构、行为方式和其他一些因素之间的相互关系。这一研究方法与将组织视为由很多独立部分组成的观点形成了鲜明对比。同时，该理论鼓励管理者在将组织视为一个整体的同时，还要将其视为大环境中的一部分。系统方法理论认为，组织内任意一部分的活动都会对其他所有部分产生影响。

企业组织是一种开放系统

企业组织是一种开放系统。它是更广泛的外部环境中的一部分，并且与其存在着持续的相互作用。

系统方法理论研究的是处于整体环境之中的组织，并且强调了多样的相互作用途径的重要性。早期研究方法遭到批评的部分原因是由于该理论试图只从内部环境的角度来研究组织内部的活动和存在的问题。系统方法理论则将组织视为一个有机的整体，并且涉及从技术和社会因素之间的关系的角度来进行组织研究。组织内部某一部分在技术层面和社会层面发生的变化会对组织内其他部分造成影响，并因此影响整个组织。

社会技术系统理论

社会技术系统理论关注组织的转化过程以及组织为实现目标所进行的一系列活动。社会技术系统理论主要研究心理和社会因素、组织内部人员的需求以及组织的结构和技术要求之间的相互作用。

如今，对社会技术系统理论的认同有着特殊的重要性。人员与技术投资同样重要。例如，雷恩等人指出，重要的技术变革使工人的行为及组织对工人的要求产生了巨大的变化。此外，也正是人使得信息沟通技术的好处和机遇得以实现和利用。[69]

权变理论

古典管理理论试图寻找一种最好的组织结构模式和一套能够解决所有问题的普遍原则，而人际关系理论根本没有考虑到组织结构。与此相反，权变理论是从一个全新的角度研究组织结构对组织绩效的重要影响。权变理论可视为是系统方法论的扩展，它强调了对不同的组织结构和管理体系进行区分的方法。世界上不存在一种最佳的组织结构和管理体系。例如，组织结构和组织所取得的成功都取决于任务和环境影响因素的性质。

因此，对于每个特定的组织而言，最适宜的组织结构和管理体系取决于应变所有可能的情况。权变理论指出，组织理论不应寻求一种最佳的组织结构或管理方法，而是要使人们了解影响管理决策的情境和环境因素。

其他组织理论

将管理理论划分为古典管理理论、人际关系理论、系统方法理论、权变理论的这一方法虽然有些简单，但却对我们十分有帮助。对组织及其结构和管理的研究是一个受到广泛探讨的学术领域。除了上述四种理论之外，管理理论还包括决策理论和社会行动理论。

决策理论

系统方法理论涉及将直接与实现目标和识别主要决策领域或子系统有关的职能分离出来。该理论强调组织对于良好的沟通信息及沟通渠道的需要，其目的是帮助组织做出有效的决策。对决策需要和实现目标的认同将人们的注意力集中到决策理论上。我们可以将其视为系统方法理论的一个分支，也可以将其看作一个独立的理论。决策理论关注的焦点是管理决策的制定以及组织在进行决策时对信息予以加工和利用的方式。

成功管理的基础是对组织的内外部变化做出反应。这涉及明确目标、指明问题、寻找解决方法并使问题得到解决。决策理论将组织视为有着无数“决策点”的信息加工网络。了解决策的制定方式有助于我们认识组织中的行为。决策理论的有关学者试图对组织解决冲突和做出各种选择的机制进行解释。

社会行动理论

社会行动理论代表了社会学家对组织研究的贡献。社会行动理论试图从个体成员（行动者）的角度来认识组织。组织中的个体成员拥有自己的目标，并且会从寻求的满足以及工作对于他们的意义两个方面来解释工作情境。个体对情境的知觉会影响他们的目标、选择用来实现目标的方法以及为实现目标所采取的行动。社会行动理论十分注意个体对情境的自我定义，而这种自我定义则是对行为进行解释的基础。该理论将利益冲突视为一种正常的行为，并且把它看作是组织生活的一部分。希尔夫曼（Silverman）认为：

社会行动理论……就其本身而言，并非是一套关于组织研究的理论。我们最好将其理解为是一种对组织中的社会关系进行分析的方法。[70]

对早期理论的批评

社会行动理论的一个要点是对早期的组织和管理理论进行批评，并指出这些理论没能为解释和预测个体行为提供依据。例如，在满足个体成员需求方面，有些理论的研究重点不是组织工作的有效性，而是组织的目标和需求。社会行动理论则对这些理论进行了批评。

人际关系理论的重点是有效管理、群体心理以及工作中所有个体的共同需求，它因此而遭到社会行动理论的批评。而系统方法理论则因未能检验个体成员的组织取向、工作期望或对环境如何影响工作期望的预期而遭到批评。

单一法或多元法

福克斯（Fox）对社会行动理论做出了巨大的贡献。他在给英国行业工会皇家委员会和雇主联盟委员会提交的研究报告（《多诺万报告》）中指出了对产业组织进行知觉的两种主要方法，即“单一”方法和“多元”方法。[71]

单一法将组织视为一个团队。在这一团队中，成员对团队忠诚，并且拥有一个努力重点和一位被全体成员所接受的领导者。而多元法则将组织划分为若干个相互竞争的子群体，每一子群体都拥有各自的目标和领导者，而且成员都对自己所在的子群体忠诚。这些相互竞争的子群体必然会产生群体冲突。

行动理论

鲍维（Bowey）以“行动法”对人类行为进行了研究，并且提出了人类行为理论。[72]她认为行动理论、系统方法理论、权变理论对于组织行为的认识并非相互矛盾。人们可以将不同理论的优点结合在一起形成一套新的理论，这一新理论会建立经验行为模型，并且有助于对组织中的大规模人群进行分析。她的理论以行动理论的三项基本原则为基础，并且包括系统方法理论的四个附加概念。

行动理论的三项基本原则可概括如下：

- 社会学不仅与行为有关，而且还与“有意义的行动”有关；
- 特殊意义通过行动中的重新确认而持续存在；
- 行动也能使意义发生变化。

附加概念

鲍维指出，这三项基本原则主要适用于解释个体行为或小规模群体行为。大规模群体行为分析的基础是源自系统方法理论的四个附加概念。鲍维依据行动法对这些概念进行了重新定义。

- 作用。人们需要使用这一概念来分析组织中的行为。它解释了组织相似情境中不同个体的相似行动以及其他个体的期望。
- 关系。人们需要使用这一概念来解释个体间相互交往的模式及其在他人面前所表现出的行为。
- 结构。组织成员间的关系形成了可被当作“短暂社会结构”的行动模式。支付体系、生产方式和布局陈设等社会和非社会因素共同形成了行为结构。
- 过程。人们可以从过程角度来分析人类行为，并且将过程定义为“连续且相互依赖的一系列行动”。这一概念可以解释组织进行结构变革的方式。

鲍维应用行动理论的三项基本原则并结合系统方法理论的四个概念，以行动研究法分析组织中的行为。此外，她还运用案例分析法，对餐饮行业中五种类型的组织进行了深入研究。

不同的组织管理理论

目前，我们所讨论过的管理理论包括古典管理理论、人际关系理论、系统方法理论、权变理论以及由此派生的其他理论。由此来看，目前我们已经讨论了以下八种管理理论：

- 古典管理理论（包括科学管理理论）；
- 官僚组织理论；
- 人际关系理论；
- 新人际关系理论；
- 系统方法理论；
- 权变理论；
- 决策理论；
- 社会行动理论。

如果将结构主义也算在内的话，我们则总共研究了九种管理理论（如图 1-7 所示）。

后现代主义

上述学者的理论加上小艾尔弗雷德·斯隆（Alfred P. Sloan Jr.，1875－1966，通用汽车公司首席执行官和名誉董事长）等人的实践成果产生了所谓的“现代组织”。[73]随着信息和科技的不断发展，组织和管理理论也进一步发展为一种更新的理论——后现代主义（Postmodernism）。20 世纪 90 年代，克莱格（Clegg）等学者从科学技术决定论、组织结构的灵活性、要求有多技能的职位几个方面的影响作用对后现代组织进行了描述。这种多技能职位的特点是分工不明显、劳资雇佣关系较为复杂（包含分包和网络）。[74]

后现代主义拒绝使用理性的系统方法理论去认识组织和管理或解释社会和行为。后现代组织的基础是具有高度灵活性和流动性的组织结构，这种结构能够为满足当前需求而进行迅速的改变。例如，沃特森（Watson）认为，理解工作组织及其管理的系统控制法理论中所固有的现代主义思想是幼稚且不现实的。是否存在完整而一致的管理理论已越来越受到人们的质疑。

为了以一种更加实际或实用的方式来认识工作组织及其管理，我们必须要首先转变自己对社会的深层假设。这些现代主义假设不可避免地巩固了工作组织及其管理的全部思想。[75]

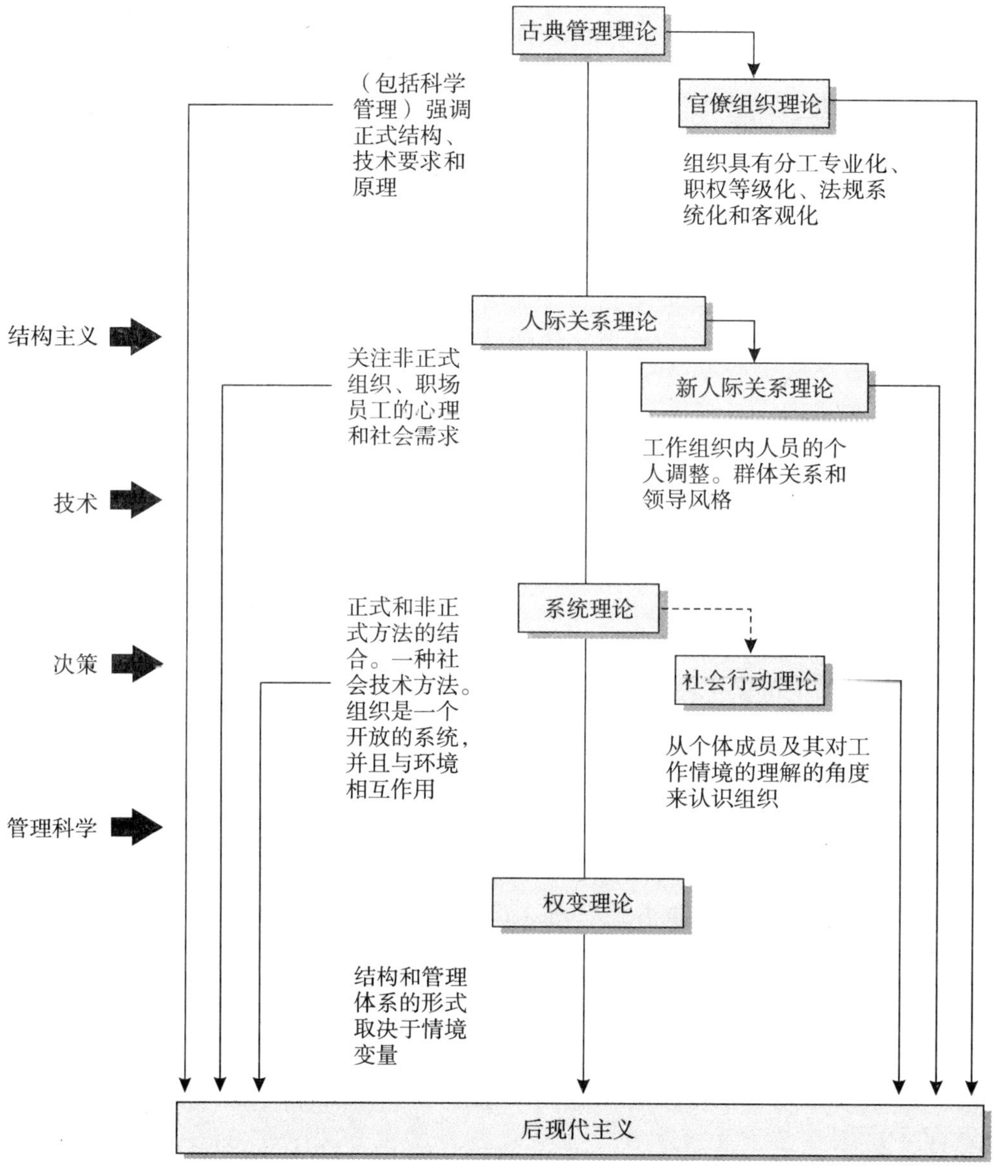

图 1-7　组织与管理理论发展一览图

然而，我们很难对后现代主义观点进行清晰而简单的解释。后现代主义不是一种具体的组织和管理理论，它是一个概括性的社会学概念。人们甚至对这一概念由是否使用连字符而产生的两种不同的隐含意义和理论进行了探讨，[76]因此后现代主义这一概念并不能引起实干派管理者的兴趣或注意。但是，后现代主义组织可以被看作是对传统方法的一个有促进作用的挑战。这一理论在对合理性、可靠性和模糊性进行解释的同时，还提出以一种缜密且具有批判性的视角来认识工作组织中的无秩序，并且向人们指出了对管理和组织行为的认识中的复杂性。

与管理和组织行为相关的问题

不同的分类方法并不一定是件坏事。这些方法说明了管理的散乱和复杂的本质。对某一类别进一步的细分和对不同类别的交叉分类有助于说明很多与管理学和组织行为学相关的研究与实践。对管理理论各种分类方法的探讨以及识别某一特定理论中的学者观点能够使人们更好地认识和理解管理理论。

积极的优势

无论采用何种分类方法，对致力于研究组织和管理理论的相关学者进行分类都具有很多积极的意义。

- 有助于学生安排和研究学习资料。
- 提供了一个用来认识管理领域和单个学者贡献的背景。
- 对那些试图在提高绩效方面，对管理者给予建议的学者的主要思想脉络进行梳理。
- 提供了一个研究框架。人们可以将学者们所阐明的各种原则置于这一框架之中，并且用其对不同的管理实践进行比较。
- 有助于分析组织和识别问题。例如，问题是否存在于结构、人际关系或社会技术过程之中。
- 使管理者能够从不同理论中选取那些最适合特殊工作要求的观点。例如，管理者会采用古典管理理论或权变理论观点来认识和解决组织结构中存在的问题；而就人员管理问题而言，人际关系理论的观点则是首选；如果是环境影响因素方面的问题，那么系统理论观点的帮助作用最大。

需要注意的问题

然而，对于上述内容，我们需要注意以下一些非常重要的问题。

- 不同理论代表了思想的发展，每个理论都以另一个理论为基础并对其进行补充。它们共同为管理思想的发展提供了一种互补性的研究模式。不同理论之间不存在竞争。每个理论都不存在唯一性，而且不可取代早期理论。早期学者提出的许多观点在现代管理实践中仍具有非常重要的意义。
- 任何分类方法难免带有主观色彩，而且我们并不能将所有学者都很好地归入某一类别。这只是一种期望，但在实践中并不能实现。为了跟上管理实践的不断发展和变化，这些学者会详细地解释自己当前的想法和观点。很多人认为他们在不同时期提出了不同的观点，我们应当将这种看法视为对学者的赞赏，而不是批评。

- 即使人们对不同学者所作出的贡献的看法达成了一致，他们对不同理论的实际分类也不尽相同。换句话来说，虽然人们认为有必要建立一个理论发展的框架，但框架形式却难有定论。不同学者会采用不同的形式来阐述管理思想的发展。

当然，管理理论一直是人们谈论和批评的主题。一些批评家认为组织哲学是一种管理时尚，旧理论终将会被新理论所取代。事实上，情况也完全如此。但是，管理理论的发展却是大有裨益的。这是因为，组织和环境都在不断地发生变化，这导致管理实践和技术也会发生改变……管理理论让我们知道如何在管理组织及其动态的运营环境中更加理解雇员以及更具影响力，而且最终取得更大的成就。当然，你也会有不同的看法！

杰奎琳·麦克林（Jacqueline Mclean）[77]

文化背景的重要性

很多学者都试图对普遍的管理理论模型进行定义，而人们对这一做法的批评意见主要集中于他们对国家文化的假设。施耐德（Schneider）和巴尔索克斯（Barsoux）研究了不同的组织理论如何反映出个体的文化背景以及时代对于社会的关注。不同的理论反映出不同的文化假设，例如，对于人类本质以及任务与关系的重要性的假设。[78]

程（Cheng）、斯库里（Sculli）和陈（Chan）也对管理和组织行为理论的普遍性提出了质疑，因为它们并没有充分考虑到文化因素："从传统意义上来说，研究人员最大的愿望就是能够发现客观而具普遍性的行为原则。然而，众所周知，学者在创建这些原则时并没有考虑到文化因素。"[79]研究人员认为，虽然组织结构具有一定的普遍性（例如，任何组织结构都需要某种形式的等级制度），但不同的文化常常赋予这些结构不同的含义。

管理者的收益

认识和理解管理理论有助于人们了解现代工作组织中的复杂性。没有一种组织和管理理论是万能的。对不同理论的对比研究将对管理者大有裨益。[80]当然，现在有大量有关组织行为和管理思想的新观点。但是，它们能够在多大程度上改善组织绩效呢？

毫无疑问，人们对管理专家抱有怀疑和批评的态度。弗洛里斯（Flores）和乌特来（Utley）对技术型组织中人们对管理概念的了解和运用进行了一项长达12年的研究。

他们认为，回顾过去所学过的管理理论和原则可以使人们了解所有新理论的成功之处，并且可以帮助当今的管理者准备好迎接未来的挑战。[81]另外，斯特恩指出："管理学学者还有很多思想和观点。我们不必相信他们的一切想法，但他们的思想至少能够激发我们的思维。他们会使高层管理者不再自满，并且尝试以一种全新的观点来认识问题。[82]

管理涵盖方方面面。世上没有最简单的解决方法和最佳的管理方式。然而，对于管理者而言，对组织、组织结构和管理的研究仍具有很大的重要性，而且也是他们工作中不可或缺的一部分。

评论性反思

"对当今的管理者而言，对不同的组织和管理理论以及组织理论的发展的研究并无任何实际意义；对学生而言，它只是一种奢侈品，他们可以更好地把时间花在其他更重要的课题上。"你将如何反驳这一观点？

从新闻中学管理

专业人员的绩效管理难题

斯特凡·斯特恩（Stefan Stern）

去年春天，当我们的第一个孩子出生时，我和妻子也像所有刚做父母的人一样，沉浸于对孩子未来的构想之中。我本能地产生了传统的期盼：她以后一定会有一个美好的职业生涯，既能获得经济保障，又能受到社会的尊重，并且坚信专业化的职业是不会有错的。我的妻子则不那么守旧，她更现实些。她说："我猜她以后会成为一个很好的水暖工。"

女儿才 15 个月大，甚至还不到参加英国教育部的识字测试和数理能力测试的年龄。所以，现在就去断定她以后的职业方向实在是为之过早。不过，鉴于她在破坏次序方面的天赋，水暖工确实是个很好的选择。

然而，妻子的怀疑让我想到了一些其他的问题：现在成为一名专业人员意味着什么？在过去专业人员只是指法律、医学或会计领域的从业人员，而今天专业人员甚至可以指保安或者合同清洁工。"专业人员"一词的价值是否因其广泛地应用于更多行业而有所降低？专业精神在本质上的变化对员工及其组织而言意味着什么呢？

上个月的一天下午，总部设在伦敦的法国德莫斯（Demos）培训集团汇集了一些专业人员，并且要他们用几分钟来讲述自己在工作中所面临的挑战。这一做法的效果十分显著。在公共部门和私人部门中，管理者都为类似的问题表示担心。当前，是一个目标、监管和绩效管理盛行的时代，专业人员不知道他们对自己的工作还剩下多少自主权。最初，他们因为一种使命感和责任感而成为专业人员。现在，他们却发现自己是在完成老板给他们制定的管理日程，但他们对自身工作的承诺常常与老板不同。伦敦经济学院的教授理查德·施奈特（Richard Sennett）指出，在日常工作中许多专业人员的“行业感”早已消失殆尽。人们会根据他们职位的高低来判断他们的成就，而不是他们的工作内容。然而，正是他们的工作内容让他们感觉自己是名专业人员，也就是他们对自己所从事行业的奉献。

现在，成为一名专业人士意味着什么？实现目标的需要是否破坏了你对行业的献身精神？

理查德说：“我们曲解了质量这一概念以及人们如何从事高质量工作这一问题。对于专业人员来说，最为重要的工作动力就是能够很好地完成工作，而不仅仅是实现目标。如果他们没有了那种能力，他们将会非常不高兴。”

当然，有时职业精神取决于旁观者的看法。这是电影制作人昆汀·塔伦蒂诺（Quentin Tarantino）在1992年制作的犯罪惊悚片《落水狗》中所探求的主题。由于盗窃计划的失败，一伙持枪抢劫犯陷入暴力混乱之中。怀特先生（由哈维·凯特尔扮演）被同伙的残忍所震惊，对他们进行了最为致命的谴责：

“你该做的是办事专业些，”他说道，“心理变态的人并不是什么专业人士。你不能和一个心理变态的人共事，因为你不知道那些笨蛋接下来会做些什么。”

我有点跑题了，太不够专业了。不过，这恰是我的用意所在。21世纪初期，人们对于专业精神的理解面临狭义化和贫瘠化的危险。那些未满40岁的专业人员寻求的是工作的多样性和自主性以及经济报酬，他们不希望失去自己真正的专业精神。

［FT. com，2006 年 7 月 10 日（有所改动）］

讨论题

1. 如同医生和律师，管理者也是一种“专业人员”。指出并回顾那些支持或反对此说法的观点。这些观点在多大程度上可以被看作是“古典”理论和“人际关系”理论间的一种冲突？

2. 本文作者建议如今人们应该在工作中寻求多样性和自主权。运用社会行动理论，讨论在 21 世纪，企业的组织和管理方式具有怎样的涵义？

本章概要

- 组织行为学从广义上讲是研究组织中人员的行为。组织在我们的生活中一直起着十分重要的作用。因此，我们需要了解组织的运营方式以及组织如何对人们的行为产生影响。我们需要利用心理学、社会学、人类学的相关知识并结合其他相关学科和影响因素来研究组织行为。
- 人们在工作参与方式、参与程度和关注程度上存在差异。如今，人们的一项主要任务就是平衡工作和个人投入。影响工作和生活平衡的一个主要因素是组织压力。一定程度的压力是有好处的，但我们要谨记压力的潜在危害也是巨大的。个体和组织可以通过很多手段来减少产生压力的原因和压力的影响。
- 管理是组织工作有效性的基石。人们应该着力改善个体与组织之间的关系。但事实上，管理和组织行为经常存在冲突。这种冲突的情况会造成过度的情感以及身体压力，但是冲突并不一定是坏事。人们对冲突拥有对立的看法，而冲突能够同时产生积极和消极的后果。重要的是，管理层要如何避免冲突的负面影响。
- 个体与组织关系中的一个特殊方面是心理契约的概念。心理契约并非正式的书面文件，而是产生于个体与组织关系的一系列隐含的相互期望和对需求的满足。这些期望会对雇佣关系以及人们在工作中的行为产生巨大的影响。彼得原理和帕金森法则都对人类行为和组织内的实际情况进行了观察与研究。
- 组织行为研究一个主要的内容是管理思想的发展及何谓管理理论。为了辨明组织行为学发展的主要趋势，人们通常根据学者对于组织、组织结构及管理的看法，对他们的理论进行分类。四种主要的理论为古典管理理论、人际关系理论、系统理论和权变理论。此外，人们还注意到了社会行动学者和后现代主义学者的理论与观点。
- 虽然存在一些需要注意的事项，但根据学者在组织和管理方面的不同理论进行分类也存在一些优势。这种方法有助于对组织进行分析、并识别出哪些领域存在问题。

这种方法还探索了学者在实干派管理者改善绩效的方法上的主要思想脉络。组织行为研究的内容非常丰富。认识和理解管理理论有助于应对现代工作组织的复杂性。

利用 www. pearsoned. co. uk/mullins 这一网站上的网络资源来进行知识更新与在线研究。

复习与讨论题

1. 对影响工作组织中行为的因素进行分类，并且指出每一类别的名称。如果可能的话，根据你自己的实际经验，给出实例。

2. 讨论管理作为一项整合活动的作用是什么。作为一名高级管理人员，你可以采取哪些步骤来改善员工的工作生活质量?

3. 管理与组织行为之间的冲突是不可避免的。你在多大程度上接受这一观点?

4. 讨论心理契约不断变化的本质，并举例说明：

（1）你对组织的个人期望；（2）组织的期望。

5. 明确并简要描述管理思想发展的主要趋势。

6. 批判性地评估以下理论对当今组织的重要意义：

（1）霍桑实验；（2）社会行动理论。

7. 在改善组织业绩的理论中，有些以关注技术和结构要求为基础，另外一些则以关注心理和社会因素为基础。对这两种理论进行比较。

8. 批判性地讨论有关组织理论的研究以及管理理论和观点在多大程度上对管理者具有现实意义或益处。

作业

步骤一　对以下理论进行简单的描述，从而阐明其在实际中的运用（如需要可适当进行角色扮演）并进行课堂讨论：

1. 彼得原理；
2. 帕金森法则。

描述要包括两个理论的重要意义及其对其他员工所产生的影响。

步骤二　从以下两个角度观察某一组织的结构、管理和运营的特点：

1. 科学管理理论；
2. 官僚组织理论。

批判性地评论这些理论的实际作用，并举例说明。

步骤三　从这项作业中你得出了怎样的结论?

案例分析

维珍航空公司与瑞安航空公司

本案例将探究两个组织——维珍航空公司与瑞安航空公司，这两个组织既有很多相似点，也存在很多显著的差异。这两个组织的核心技术和系统是非常相似的，但它们的管理本质和风格及其对员工思维、感受和行为方式的影响却营造出了大相径庭的组织文化。那么，两者的相似点是什么，不同点又是什么？

两者最大的相似点是它们都在英国民航运输业中运营。它们的创办时间不长，并且都被看作是这个行业的新生儿。维珍航空公司是由理查德·布兰森（Richard Branson）在1984年间创办的[83]。瑞安航空公司原是吉尼斯·匹特航空公司在1985年间创办的一家小型爱尔兰航空公司，后由首席执行官迈克尔·奥莱利（Michael O'Leary）接管[84]。两者都是在与国家航空公司（分别为英国航空公司和爱尔兰航空公司）的竞争中诞生，并成为它们的主要竞争对手。随着两家公司的发展，其运营规模使它们拥有了数量更多、范围更广的竞争对手。维珍航空公司的竞争对手是美国一些主要的航空公司和其他一些洲际航空公司，如美国航空公司和美国联合航空公司等。瑞安航空公司则与Flybe、EasyJet等公司竞争短途运输市场。布兰森出生于1950年，比奥莱利长10岁。两人个性坚强、独特，热衷于在荧屏上露面，并且在营销活动中充分利用自己的形象。此外，他们已准备好参与广告的拍摄。新闻媒体上关于航空业的新闻中经常能看到他们的身影，他们的面孔和个性无时无刻不与他们的公司联系在一起。

走不同的路线

然而，这两家航空公司存在着很多主要的差异。首先，它们选择了不同的市场。维珍航空公司以长途运输起家，以跨大西洋的航线为主，虽然利润空间巨大，竞争却十分激烈。随着业务的壮大，维珍公司建立了独立的海外分公司，如澳大利亚维珍蓝航空公司、比利时维珍快运航空公司（其总部设在比利时布鲁塞尔，主要飞往除英国以外的欧洲其他国家，并不直接与瑞安航空公司竞争）。

瑞安航空公司自成立之初便一直专注于短途航线，从英国和爱尔兰多家小型机场飞往欧洲各地。两家航空公司的竞争定位也不尽相同。瑞安航空以“廉价”著称。瑞安广告宣传中最引人注目的便是其价格[85]，这也是其企业战略的核心。其“简单朴素”的战略意味着没有任何额外的服务，甚至连飞机上的食物都只有三明治，并且需要额外付费。

相反，维珍则锁定高端航空市场，以优质的体验吸引乘客。维珍的广告宣传强调风格、舒适，提供各种额外服务，包括旅途中的食物、饮料和机上便利用品，如长途飞机上用的短袜、眼罩、唇膏等。

正如之前所说，奥莱利和布兰森都喜欢宣传噱头，而且经常在公关中运用幽默。布兰森通常满脸笑容，举止显示出他富有乐趣和与员工亲密接触的愿望，并且颇受员工、顾客及公众的欢迎。

奥莱利则有些尖酸刻薄，还会在公开讲话中使用一些姑且委婉称作“丰富多彩的”语言。他似乎不大在乎公众对他个人的看法，而且与英国和爱尔兰的广告标准管理部门都有矛盾，因为他不止一次使用“攻击性”的广告语而冒犯了英国航空公司（在1999年《标准晚报》的广告中指责其为“昂贵的杂种”）和天主教会（2000年以教皇为主要人物的名为“法蒂玛的第四个秘密”的广告）。[86]

两家公司的品牌价值也颇有不同。维珍涉足多个商业领域，其中包括铁路运输、化妆品、金融服务以及避孕用品。所有这些企业都通过创办者布兰森及其标志性的红色制服联系在一起。

瑞安则不涉及其他领域，专营航空业。然而，正是这样，它有很多“海盗”行为，如收买欧盟等机构获得有利的竞争政策、收买英国机场管理部门以减少向机场缴纳的费用。

布兰森与英国航空公司之间必然会存在冲突，尤其是20世纪90年代的“不正当竞争”事件。但是，布兰森还不太可能向政府发起挑战。维珍努力通过与品牌相关的服务价值建立客户忠诚，稳定业务关系。

瑞安业务的稳定只是因为廉价，而非品牌价值（对一些客户而言，瑞安的乘机经历只能促使他们产生“绝无下次”的想法）。

这些差异对这两家公司与员工之间雇佣关系的本质和心理契约有着重大的影响。

为理查德和迈克尔工作

两家公司的品牌形象及其对待顾客的方式与他们同员工之间的关系的本质有关，反之亦然。因此，组织行为的各个方面，通过各种相互关联的方式形成具有一致性和差异性的企业文化。

在维珍航空公司，机舱乘务员热情友好、服务周到。他们是品牌形象的重要反映。同时，鼓励顾客至上也是他们的职责，这种顾客忠诚会带来持续不断的利润。员工作为企业价值承载者的重要性在维珍航空的招聘材料及其他声明中得到了清晰的体现：

维珍航空齐聚各类人才，从事各项工作。你们都在一项复杂业务的顺利运营中扮演着重要的角色。不论你们是谁，来自何方，只要加入维珍，你们就当无时无刻不为乘客着想，无时无刻不在思考你们能为乘客们做些什么。从一线的机舱乘务员到幕后的电脑分析师，在座的每一位都对传达维珍的品牌形象起到了一定的作用。这意味着，各位须具有主动性，对自己的行为负责，并且随时准备好为身边的人服务。同样，你们也将付出自己的努力来维持维珍友好和非传统的专业精神，正因为这样维珍才成为了独一无二的理想工作地。[87]

维珍公司的招聘过程漫长，并且包括一个小组面试的环节。这一环节的作用是在发出工作邀请函之前对申请者做进一步的考核。维珍的培训项目在专用培训中心进行，并向全职员工提供全面的福利政策，其中包括每年免费乘机七次、个人养老保险、医疗项目以及维珍集团商品和服务的折扣优惠。

在瑞安航空公司，机舱乘务员为一家叫做航联（Crewlink）的供应商工作。通过回答11个在线问题，你就能知道自己是否有资格申请某项工作。成功的机舱乘务员申请者将在航联的一个培训中心接受培训。培训共计五周时间，每人需一次性缴纳1200欧元培训费用（或缴纳400欧元作为保证金，其余部分从工作第一年的工资中抵消，共计1300欧元。）学员参加课程并无收入。成功的毕业生将与航联签订三年的合同，在瑞安航空轮班工作。瑞安航空的乘务员不能在目的地过夜。税后的起点工资为每月1100英镑（年薪为13 200英镑）。航联表示，若公司对其三年内的工作表现感到满意，他们便可以与瑞安公司直接签订终身合同，年薪达25 000英镑。员工的工作地点具有很大的灵活性，他们必须要在欧洲的15个中心调动工作地点。如果指定一个工作地，航联则不向员工保证工作机会。[88]

与长途线路相比，短途线路返回出发地的时间间隔很短。瑞安公司的要求是20分钟。与维珍公司相比，这就给员工造成了不同的工作节奏和压力。而维珍公司则有更好的人员编制，其员工也能在航班间隔时间在目的地享有更长的休息时间。然而，维珍维持客户关系的难度则可能比瑞安大一些，因为维珍的员工与乘客在一起的时间更长，而其也必须一直保持其品牌形象。

两家公司中的员工都会对工作产生抱怨，并且会经历一些更可怕的事情。然而，工会对瑞安雇佣实践的批评运动更具系统性和组织性。尤其自2004年以来，国际运输工人联合会[89]在其网站上开展了名为“瑞安不公平”的大型运动，其目的是向瑞安管理层施压，使其接受工会代表工人权利的角色。另外，联合会收集了一些过去在瑞安工作的员工对其运营压力和企业文化的不满。

此外，两家公司都获得了成功。虽然航空业容易受到破坏并遭受财政损失，而且已经有好几家公司不复存在（巴兹航空公司、Go航空公司、德邦航空公司），但瑞安已经连续几年在航空业中赢取了大量利润。[90]维珍公司也在商业上不断壮大。[91]虽然促使二者成功的文化和价值观截然不同，但它们无疑都获得了成功。

你的任务

1. 运用古典理论与人际关系理论（包括新人际关系理论），对以上两个组织的企业文化进行评论。你会发现哪些相同点和不同点呢？

2. 从一个或多个心理契约角度对两个组织进行批判性的评价。

3. 指出为实现组织工作的有效性，这两个公司对管理者有何要求（可以参照图1-3）。在每个公司中，管理者的角色和发展具有怎样的含意？

注释与参考文献

1. A summary of some merits in understanding organisational behaviour theory and the role of management is given in Mullins, L. J. ‘The Organisation and the Individual’, *Administrator*, vol. 7, no. 4, April 1987, pp. 11 – 14.

2. See, for example: Luthans, F. *Organisational Behaviour*, Seventh edition, McGraw-Hill (1995).

3. See, for example: Robbins, S. P. and Judge, T. A. *Organizational Behavior*, Twelfth edition, Financial Times Prentice Hall (2007).

4. A similar view is taken by Watson, T. J. *Organising and Managing Work: Organisational, Managerial and Strategic Behaviour in Theory and Practice*, Financial Times Prentice Hall (2002).

5. See, for example: Billsberry, J. (ed.) ‘There’s Nothing So Practical as a Good Theory: How Can Theory Help Managers Become More Effective?’, in *The Effective Manager: Perspectives and Illustrations*, Sage (1996), pp. 1 – 27, and Naylor, J. *Management*, Financial Times Pitman Publishing (1999), pp. 18 – 20.

6. ‘Introduction to Module 6: Organizational Behaviour’, *Financial Times Mastering Management*, FT Pitman Publishing (1997), p. 216.

7. Goldthorpe, J. H., Lockwood, D., Bechofer, F. and Platt, J. *The Affluent Worker*, Cambridge University Press (1968).

8. Reeves, R. ‘Reality Bites’, *Management Today*, March 2003, p. 35.

9. Sternberg, E. *Just Business: Business Ethics in Action*, Second edition, Oxford University Press (2000), pp. 124 – 5.

10. Browning, G. ‘The Search for Meaning’, *People Management*, 29 December 2005.

11. 'Improving the World of Work', ACAS, August 2005, p. 16.

12. 'Work-related Stress: A Short Guide', Health and Safety Executive, November 2001. See also: 'Organisational Interventions for Work Stress: A Risk Management Approach', Health and Safety Executive, 2000.

13. York, P. 'Getting a Grip on Stress', *Management Today*, October 2001, p. 105.

14. 'Managing Stress at Work', Engineering Employers' Federation, 2001.

15. 'Work – life Balance: Evidence from Across the UK', *European Industrial Relations Review*, Issue 380, September 2005.

16. Van ZylKobus Lazenby, E. 'The Relation Between Ethical Behaviour and Work Stress Amongst a Group of Managers Working in Affirmative Action Positions', *Journal of Business Ethics*, vol. 40, no. 2, October 2002, pp. 111 – 19.

17. Armson, S. 'Putting Stress on the Bottom Line', *Management Today*, September 1997, p. 5.

18. Black, O. 'Making Stress Work for You', *Management Today*, December 2001, p. 19.

19. Vine, P. and Williamson, J. 'Run Down, Stressed Out', *The British Journal of Administrative Management*, January/February 1998, pp. 14 – 17.

20. Reeves, R. 'Reality Bites', *Management Today*, March 2003, p. 35.

21. Information kindly provided by HSE Press Office, January 2006.

22. See, for example: Argyris, C. *Integrating the Individual and the Organization*, John Wiley (1964).

23. Chowdhury, S. *Management 21C*, Financial Times Prentice Hall (2000), p. 119.

24. Drucker, P. F. *The Practice of Management*, Heinemann Professional (1989), p. 119.

25. For an account of the Marxist critique, see, for example: Johnston, R. 'Hidden Capital', in Barry, J., Chandler, J., Clark, H., Johnston, R. and Needle, D. (eds), *Organization and Management: A Critical Text*, International Thomson Business Press (2000), pp. 16 – 35.

26. Salaman, G. *Class and Corporation*, Fontana (1981).

27. Schmidt, W. H. 'Conflict: A Powerful Process for (Good or Bad) Change', *Management Review*, 63, December 1974, pp. 4 – 10.

28. Townsend, R. *Further Up the Organisation*, Coronet Books (1985), p. 39.

29. See, for example: Robbins, S. P. *Organizational Behavior: Concepts, Controversies, Applications*, Eighth edition, Prentice Hall (1998).

30. See, for example: Schein, E. H. *Organizational Psychology*, Third edition, Prentice Hall (1988).

31. Emmott, M. 'The Psychological Contract: Managers Do Make a Difference', *Manager: The British Journal of Administrative Management*, September/October 2001, p. 15.

32. Ghoshal, S., Barlett, C. A. and Moran, P. 'Value Creation: The New Millennium Management Manifesto', in Chowdhury, S. *Management 21C*, Financial Times Prentice Hall (2000), p. 122.

33. CIPD, *Managing the Psychological Contract*, Chartered Institute of Personnel and Development, December 2004.

34. Peter, L. J. and Hull, R. *The Peter Principle*, Pan (1970), p. 22.

35. Ibid., p. 56.

36. Parkinson, C. N. *Parkinson's Law*, Penguin Modern Classics (2002), p. 14.

37. HRH The Duke of Edinburgh, 'Introduction', in Parkinson, C. N. *Parkinson's Law*, Penguin Modern Classics (2002), pp. 9–10.

38. Herbertson, I. 'Books', *Management Today*, May 2000, p. 4.

39. Francesco, A. M. and Gold, B. A. *International Organizational Behavior*, Second edition, Pearson Prentice Hall (2005), p. 246.

40. McLean, J. 'Globalisation is Here to Stay', *Manager: The British Journal of Administrative Management*, June/July 2006, p. 16.

41. Child, J. *Organization: Contemporary Principles and Practice*, Blackwell (2005), p. 30.

42. Brooks, I. *Organisational Behaviour: Individuals, Groups and Organisation*, Third edition, Financial Times Prentice Hall (2006), p. 270.

43. Morgan, G. *Creative Organization Theory*, Sage (1989), p. 26.

44. Hellriegel, D., Siocum, J. W. and Woodman, R. W. *Organizational Behavior*, Eighth edition, South-Western Publishing (1998), p. 5.

45. Wood, J. 'Deep Roots and Far From a "Soft" Option', *Financial Times Mastering Management*, FT Pitman Publishing (1997), p. 217.

46. McGregor, D. *The Human Side of Enterprise*, Penguin (1987), p. 6.

47. Skipton, M. D. 'Management and the Organisation', *Management Research News*, vol. 5, no. 3, 1983, pp. 9–15.

48. Fayol, H. *General and Industrial Management*, Pitman (1949). See also: Gray, I. *Henri Fayol's General and Industrial Management*, Pitman (1988).

49. Urwick, L. *Notes on the Theory of Organization*, American Management Association (1952).

50. Taylor, F. W. *Scientific Management*, Harper & Row (1947) (comprises *Shop Management* (1903), *Principles of Scientific Management* (1911) and *Taylor's testimony to the House of Representatives' Special Committee* (1912)).

51. Crainer, S. and Dearlove, D. *Financial Times Handbook of Management*, Second edition, Financial Times Prentice Hall (2001).

52. Stern, S. 'Guru Guide', *Management Today*, October 2001, pp. 83–4.

53. Weber, M. *The Theory of Social and Economic Organization*, Collier Macmillan (1964).

54. Blau, P. M. and Scott, W. R. *Formal Organizations*, Routledge & Kegan Paul (1966).

55. Stewart, R. *The Reality of Management*, Third edition, Butterworth-Heinemann (1999).

56. Argyris, C. *Integrating the Individual and the Organization*, John Wiley (1964).

57. Ridderstrale, J. 'Business Moves Beyond Bureaucracy', in Pickford, J. (ed.) *Financial Times Mastering Management 2.0*, Financial Times Prentice Hall (2001), pp. 217–20.

58. Green, J. 'Is Bureaucracy Dead? Don't Be So Sure', *Chartered Secretary*, January 1997, pp. 18–19.

59. See, for example: Waller, P. 'Bureaucracy Takes New Form', *Professional Manager*, May 1998, p. 6.

60. See, for example: Mullins, L. J. *Hospitality Management and Organisational Behaviour*, Fourth edition, Longman (2001).

61. Stewart, R. *The Reality of Management*, Third edition, Butterworth-Heinemann (1999).

62. See, for example: Wilson, F. A. *Organizational Behaviour: A Critical Introduction*, Oxford University Press (1999).

63. See, for example: Etzioni, A. *Modern Organizations*, Prentice Hall (1964), p. 41.

64. See, for example: Aktouf, O. 'Management and Theories of Organizations in the 1990s: Towards a Critical Radical Humanism?', *Academy of Management Review*, vol. 17, no. 3, 1992, pp. 407–31.

65. There are many versions of the Hawthorne experiments. Among the most thorough accounts is Roethlisberger, F. J. and Dickson, W. J. *Management and the Worker*, Harvard University Press (1939). See also: Landsberger, H. A. *Hawthorne Revisited*, Cornell University Press, Ithaca (1958).

66. See, for example: Rose, M. *Industrial Behaviour*, Second edition, Penguin (1988).

67. Silverman, D. *The Theory of Organisations*, Heinemann (1970).

68. Stead, B. A. *Women in Management*, Prentice Hall (1978), p. 190.

69. Lane, T., Snow, D. and Labrow, P. 'Learning to succeed with ICT' *The British Journal of Administrative Management*, May/June 2000, pp. 14–15.

70. Silverman, D. *The Theory of Organisations*, Heinemann (1970), p. 147.

71. Fox, A. *Industrial Sociology and Industrial Relations*, HMSO (1966).

72. Bowey, A. M. *The Sociology of Organisations*, Hodder&Stoughton (1976).

73. For further information, see: Crainer, S. *Key Management Ideas: Thinkers that Changed the Management World*, Third edition, Financial Times Prentice Hall (1998).

74. Clegg, S. R. *Modern Organizations: Organization Studies in the Postmodern World*, Sage (1990).

75. Watson, T. J. *Organising and Managing Work*, Financial Times Prentice Hall (2002), p. 51.

76. See, for example: Legge, K. *Human Resource Management: Rhetorics and Realities*, Macmillan (1995).

77. Mclean, J. 'Management Techniques and Theories', *Manager: The British Journal of Administrative Management*, August/September 2005, p. 17.

78. Schneider, S. C. and Barsoux, J. *Managing Across Cultures*, Second edition, Financial Times Prentice Hall (2003).

79. Cheng, T., Sculli, D. and Chan, F. 'Relationship Dominance – Rethinking Management Theories from the Perspective of Methodological Relationalism', *Journal of Managerial Psychology*, vol. 16, no. 2, 2001, pp. 97–105.

80. For a critical account on competing views about organisation theory and its applications, see: Perrow, C. *Complex Organizations*, Second edition, Scott, Foresman (1979). For a discussion of British and

American ideas on conceiving and selling management theory, see: Foster, G. 'Management's Missing Ideas', *Management Today*, March 1980, pp. 72-5, 152-6.

81. Flores, G. N. and Utley, D. R. 'Management Concepts in Use - a 12-year Perspective', *Engineering Management Journal*, vol. 12, no. 3, September 2000, pp. 11-17.

82. Stern, S. 'Guru Guide', *Management Today*, October 2001, p. 87.

83. 'All about us' available from Virgin Atlantic's website at: www.virgin-atlantic.com/en/us/allaboutus/ourstory/history.jsp

84. Creaton, S. *Ryanair: How a Small Irish Airline Conquered Europe*, Aurum (2004).

85. For instance, see: Ryanair's website at www.ryanair.com

86. Creaton, op cit. Chapter 15.

87. 'Working for us' available from Virgin Atlantic's website at: www.virgin-atlantic.com/en/gb/careers/workingforus/index.jsp

88. Crewlink at: www.crewlink.ie

89. Visit the International Transport Workers' Federation website at: www.iftglobal.org

90. BBC news website, '*Ryanair Profits Jump on Hot Spots*' available online at: www.news.bbc.co.uk (01.08.06).

91. BBC news website, '*Profit Jumps at Virgin Atlantic*', available online at: www.news.bbc.co.uk (27.05.05).

第一部分

个体

Part One

第2章 个体差异与多样性

> “在我的生活中，不论是家庭还是工作中，总有一些时候，人们觉得我有些神经不正常，因为我强人所难、直言不讳、精力充沛、争强好胜、热情四溢、意志坚定不屈，因为我这种性格不是人们期望在一个亚洲女性身上看到的，因为我的个性与大多数人的个性格格不入，因为人们以为他们比我更了解我自己。”
>
> 美国电视明星　萨拉·卡恩（Saira Khan）

个体差异既能成为工作中创造力、乐趣以及满足感的源泉，亦可变成冲突与沮丧的祸根。我们独一无二的特质与性格组合塑造了我们的价值观以及工作中的奉献与回报观。每个人都是独特的，个体差异是多样性的基石。有效的管理者需要在工作中驾驭好航向，既迎合员工的需要又满足公司的要求。

□学习目的

完成本章后，你应该能够：

- 聚焦工作中复杂多变的各种关系，并且重视个体差异的重要意义；
- 概述个体对组织贡献的重要性和影响行为与绩效的因素；
- 把性格研究的关键要点应用于实际工作中；
- 详述态度的重要意义，并把态度转变的原理应用于实际工作中；
- 阐述多样性管理的本质与重要性；
- 识别多样性的维度，并在商务案例中探索多样性；
- 复习多样性、性别与组织的本质。

评论性反思

工作经历不仅影响我们自身，而且影响我们看待自身的方式。对于一些人来说，工作赋予他们成年身份新的意义，然而对于另一些人来说，工作只是达到目标的一种手段，一个实现其他生活目标的钱袋。工作对你到底意味着什么？

管理工作中的个体

处理好管理工作中的各种关系一直是一项重要技能。然而组织以及外界环境变化速度之快，使得个体始终饱受压力煎熬。撇去组织的规模、类型和本质不谈，能够应对变化、引导他人适应变化是所有管理者必须具备的能力。在这个新时代里，人们生活方式的选择，不断被科技、文化、教育和宗教左右，管理者要如何“准备功课”才能适应这个新时代？

英国总人口日益老龄化，而少数裔的人口数量却不断增加，英国社会因此变得更具多元气息。在过去的35年里，尽管收入差距拉大，然而英国总体家庭收入的增加是不争的事实。科技改变了我们许多人的生活，而我们对于汽车的依赖还从来没有像现在这么强烈。[1]

对个性的认可

在管理过程中有一个不可或缺的部分，即认可优良绩效。管理个体，不仅需要理解个体，还需要认同组织的文化。在一个公司行得通的一套规则，到了另一个公司未必行得通。举例来说，创造力和个性可能在一个企业里受到推崇，但若把它们放在一个官僚作风盛行的组织中，结果可能大相径庭。

正是因为其复杂性与矛盾性，对组织中个体行为的研究与讨论，一直如雾里看花，难成定论。管理者必须独具慧眼，甄选出对组织有价值的个体；必须察言观色，发掘绩效良好、潜力无限的个体；必须能够重视差异，对不同需求反应灵敏；最后必须了解自己，清楚自身的独特之处，并且知道自己的个性对他人的影响。

情绪智力的重要意义

要成为一个高情商的领导者，最重要的就是认识与理解情绪的含义，能够准确评估自身的内在资源、能力和极限。测度情绪变化，是管理者的一项重要技能。管理者必须了解团队中的每个人，并对每个人的交流方式了然于胸。

在团队纳新之际，这项技能显得格外重要。招聘那些个性对组织具有价值的忠诚个体，对于组织的健康发展与效能具有深远影响。录用标准很好地反映出组织的价值观与信条。有人把招募中的筛选过程比作“文化滤器”[2]或是一种重要的控制手段。[3]当然，汤姆·彼得斯（Tom Peters）[4]建议，组织应该重新审视他们的筛选要求，不要去检查每一天、每一秒员工有没有按部就班地做事，而应该重视那些打破陈规、逆向思维、见解独到的求职者。汤姆·彼得斯认为，这些人的个性特质是世界一流组织的重要属性。

然而，这种重视个体的管理方式，与组织所提倡的团队精神存在矛盾。新人入职时，首先要形成“心理契约”。心理契约是塑造员工服从组织需要的基础。管理者的职责就是保证在这个社会化过程中，职场新人能够迅速学会职场规则。在这种情况下，嘉奖正确的表现和态度将会提升团队的协同性，并且进一步激励员工满足组织的需求。

个体差异与组织变革

当一个组织经历变革的时候，管理者对个体需要与差异（尤其是在个体的环境适应能力方面）的反应是否灵敏意义重大。即使变革在表面上看来相对直截了当，事实情况总是更容易变得混乱与复杂。当组织正在经历变革，并且当该变革是由外部环境引起的时候，人力资源管理在敏感度上呈现出新的维度。在这种情况下，组织的态度与信条，需要一种隐性的转变。这样的转变可能会引发新的心态、新的态度和新的认知，使人们应对与适应不同的环境。在这种时候，管理是否有效关系到组织存亡。管理者不仅要理解员工身上的压力，还要调节好自己肩上的压力。

区分个体是可能的。其方法包括理解个性、个体差异的核心、态度的重要性与功能。这些内容本章都会涉及。理解人们的学习方式，对于欣赏个体差异具有根本性的影响，而这些是第 3 章的内容，第 4 章将分析认知的过程，所有这些都有助于我们更好地理解自己和他人。

个体何以相异

我们遗传的个性和社会环境的影响，塑造了我们的自我意识。成长的过程（比如我们的早期家庭生活、我们居住的国家）在我们的身份形成中扮演着至关重要的角色。大多数社会学家认为，遗传与环境因素在我们的发展中十分重要。并且，正是这两种因素的相互作用，影响了我们成年个性的形成。然而，在这两种因素中，哪种因素更重要？科学家们莫衷一是。有些人认为，我们的个性很大程度上受到遗传的影响，很难再改变；而其他人并不这么认为。

但是首先，个体差异指的是什么？它包括：

- 种族；
- 体格；
- 性别；
- 早年家庭经历；
- 社会与文化因素；
- 国家文化；
- 动机；
- 态度；
- 个性特质与类型；
- 智力与能力；
- 认知。

这些因素当中，一些是我们与他人共有的，比如个体来自同一个种族，或者在同一能力水平上，或者有相似的体质特征，比如近视。然而我们的独特性，则是遗传与环境因素之间，以丰富多彩的方式，相互融合与相互作用的结果。

人格

人格可以被看作能够解释一个人独特行为的所有稳定特点的总称。因此像独立、一丝不苟、亲和力、自控力都是人格特点。然而，我们只有通过观察、倾听和审视才能够了解一个人的人格。例如，一个性格独立的人会通过强烈的自信感把这种性格特点表现出来。因此，我们可以指望他具有首创精神，而且不依赖别人。除此之外，如果这种性格特点是“稳定”的，我们便可以认为这是此人行为中持久不变的一部分。如果此人今天表现出自主性和首创精神，而明天这些特点荡然无存，而且办事犹豫不决、拖拖拉拉，我们便会感到惊讶不已。我们可以认为，一般来讲，个人为人处世的方式是固定不变的。

有时我们会对一个人的行为感到惊讶，感到他“有些不太正常”。当然，只有当我们首先了解此人的“典型行为”时，这种情况才会发生。个人可能会张扬或抑制某些性格特点，比如在压力下或药品和酒精的刺激下可能会这样做。显而易见，管理者应学会“把握”人们的行为，以有效地管理人际关系。

一般规律研究法和特殊规律研究法

从广义上讲，对人格的研究可分为一般规律研究法和特殊规律研究法两种。

一般规律研究法是一种可测量的、具体的研究方法，它把人格和品质看作是性格特点的集合。这些性格特点可以被描述、识别和测量，因此可以用观察和测试的方法加以研究。这种方法对甄选、训练和开发个体员工的管理者很有帮助。

一般规律研究法通常忽略环境和社会的影响，而把人格看作一种遗传性的、持之以恒的、不为外界变化所影响的东西。虽然这种方法不会减少测量人格所带来的困难，但它却宣称可以测量和预测不同种类人格在特定情况下的行为方式。

使用一般规律研究法的研究人员总是喜欢做实证主义“科学”研究。（“实证主义研究”指的是一种完全建立在通过观察而不是提问收集到的客观资料的基础上的研究方法。）这种方法把自然科学的研究方法移植到社会科学中。一些心理学家热衷于描述和衡量性格特点，并比较个人的得分。这个人的表现高于还是低于这种独特性格特点的平均水平？这种研究方法的主要目的和成果就是预测行为。

特殊规律研究法是一种全面的、动态的研究方法，它认为管理者必须对员工有“完整”的了解。它还要求走出单纯心理学研究的封闭区域去理解研究对象所处的社会环境。这种研究方法对于理解动机、职业发展和团队关系是非常重要的。

特殊规律研究法与认识个体的独特性和自我概念的发展密切相关。它认为人格的发展是一种不断变化的过程。它认为个体总是与其所处的环境和周围的人相互作用的，而这种相互作用的动态过程对于塑造人格会起到至关重要的作用。它认为性格特点是不能够被衡量的，因为两个个体对外界的反应是没有可比性的。它还认为对人格的评价并不是理解一个人认识和反映世界独特方式的有效方法。一个人人格的深度和广度并不能通过肤浅的问卷调查就可以反映出来。另外，心理学家定义的范畴无论在范围还是在深度上都太狭隘了。

理论与工作的现实

把理论运用到实际工作中并不容易，而且当理论与某些人的经验相悖时，他们就会感到这个过程不可理解。心理调查强调复杂性和个体行为的差异性，而且认为简单的回答和预期在很大程度上是不够的。而对于人格的研究恰恰为把心理学理论应用于实践过程中遇到的难题提供了很好的例证。

比如两个有着相似性格特点的人，他们都是 24 岁，住在同一个区域，他们都在药学方面造诣颇深，而且别人对他们有着相同的人格评价。然而我们仍然可以预测他们二人在工作态度和绩效方面的差异，并且他们与他人交往的方式也有所不同。如果其中一位药学家为男性，并且/或者来自非洲，那么我们还可以作出其他的假设。这些假设并不仅仅包括区别于其他人的特征本身，还包括铸就个人独特行为方式的相互作用。这个过程的复杂性引发了许多令心理学家感兴趣的问题，他们给出了不同的回答（详见表 2-1 和表 2-2）。

表 2-1　早期经验的角色——其影响是什么

环境很重要：特殊规律研究法

上文提到的两位药物学家的人格达到了经验的顶峰。从小，他们的人格就被他们周围的人所塑造。早期家庭生活包括家庭成员之间的关系、家庭的规模、父母对他们的奖励和惩罚，都会对他们现在的人格类型产生影响。换句话说，环境和早期学习经历对他们人格的发展产生了深远的影响。

遗传特征很重要：一般规律研究法

两位药物学家继承了一种基因特征，这种基因特征一直是其人格特征的核心，并且不受变化的影响。虽然早期的经历可以在一定程度上塑造一个人，却不能改变该遗传特征。智力、身体外貌和生理反应是出生时就“设定”的，个体的核心是“被给予的”。

表 2-2　可以“衡量”个体的人格吗

不可以，人格是独一无二的：特殊规律研究法

特殊规律研究法认为，个性特征是不能够被检测的。比较个人的独特性非常困难，甚至不可能。在比较时，使用特征的“力度”这个词合适吗？我们的药物学家并不总是不加掩饰地展示真实的自我，有时他们会被迫“掩饰”他们行为方式的倾向。我们的药物学家可能不会真实地报告他们的行为，或者说他们所说的和我们所看到的存在着差异。对问卷调查持批评态度的人认为，回答“提前设定”的问题，即“强迫”别人回答可能与所调查内容无关的问题。相反，运用开放式问题更合适，这可以确保个人使用他们自己的概念，这可以使我们对他们的动机和行为理由有一个更好的理解。

（续表）

可以，个人特质可以识别：一般规律研究法
识别一个人的人格主要是指识别其特点和类型。性格特征往往是通过人们所做的事情和所表现的行为来被认识的，比如社交。心理学家设计出问卷，要求人们回答一系列的问题。他们认为要求人们报告其感觉和行为的方式是一种评价人格的合法手段。这种自我报告的问卷是一种定量研究方法，可以使一个人的特征得到量化，可以把他与其他人作比较。该信息便成为了预测的基础。例如，如果一个人在外向性方面得分很高，我们就可以预测他在某个特定场合的行为表现。

图2-1所示为人格动态性与人生经历之间的联系。

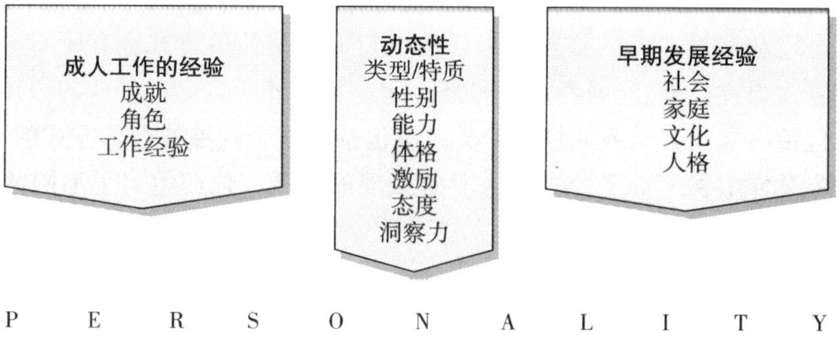

图2-1　我们的人格在多大程度上可以持久不变

独特性与相似性

表2-1和2-2说明了在人格研究中两个至关重要的问题。第一，人格是否终生不变、永远不为外界情况变化所影响？第二，以人格为基础，我们可以在多大程度上衡量和比较个体？第二个问题首先是建立在性格特点是可以被区分出来的假设的基础上的。对于人格本质的探索引发了许多理论的产生，一些心理学家把注意力集中在个体独有的特征上，而另一些心理学家则对个体进行比较或从抱负和目标方面探寻更广泛的相似性。表2-3通过一系列的“水平”表示出了这些不同。

表2-3　人格研究的不同层级

水平	心理学家的研究兴趣
三级：人类的普遍特征	人类的一般志向
二级：一些共有特征——性别、能力	识别、衡量、比较（一般规律研究）
一级：独特的特征组合	“自我”——与世界的独特性相互作用（特殊规律研究）

在工作环境中，我们更有兴趣去了解一个人的人格是什么，而不愿去挖掘其背后的深层原因。另外，理解性格特点和工作绩效的关系也是很重要的。一般规律研究法探索人格是什么，而特殊规律研究法加深了我们对人格“为什么”是这样的理解。

“大五”因素模型

识别人格特征在英国和美国的人格研究中占有举足轻重的地位。有证据表明，有五个维度最能够体现人与人之间的显著不同，我们称之为“大五”因素模型（Big Five），[5] 即：

- 内向/外向；
- 亲善/敌意；
- 认真专注/心不在焉；
- 情绪稳定/不稳定；
- 开明或睿智/思想保守。

有大量研究结果表明，以上五大因素是衡量人与人之间差别的十分重要的维度。[6] 在这五点中，认真专注在许多职业中都与高层级的工作专长和绩效有关。罗德（Lord）和卢斯特（Rust）对“大五”因素模型的作用和价值给予了很高的评价。他们总结说：

诚然，“大五”因素模型是把人格评估组织在一起的关键所在，至少在工作环境中是这样的。没有它，我们如何能够有信心把一个建立在工作基础上的工具的有效性普及到另一个中去呢？除此之外，该模型把人力资源领域对于评估工具的研究与主流心理学中对于人格和相关领域的研究有机地结合起来。在主流心理学对于人格和相关领域的研究中，“大五”因素模型也发挥着至关重要的作用。[7]

然而，有些研究人员对以上描述持批评态度。[8] 本塔尔（Bentall）[9] 认为，“大五”因素模型研究受到了“调查者价值观”的影响。他说：“我怀疑大多数人真得清楚，他们能在神经敏感度、性格内外向、开明、亲善和认真专注这五大维度有所发现。”他在伦理和政治本质方面对“大五”因素模型量表提出了质疑。

共性人格理论的代表人物

因塞克

汉斯·因塞克（Hans Eysenck）认为人格在很大程度上是继承的，我们从一出生就有着不同的心理趋向。他归纳出了两种主要的个体差异（如图2-2所示）。

因塞克的方法受实证主义传统的影响，其研究成果建立在大量研究的基础上。他的目的是通过大量的样本研究得出人格差异的客观证据。[10] 他用两个维度界定了四种不同的人格类型。

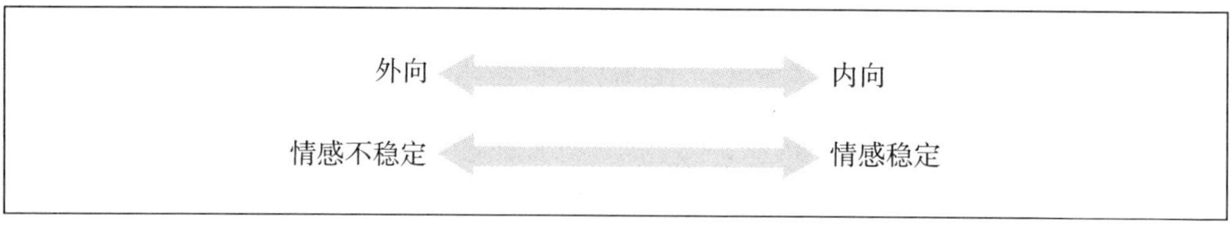

图2-2　因塞克的人格维度

- 稳定外向型（多血型）。特点为健谈、敏感、活泼、平易近人、潇洒。
- 不稳定外向型（易怒型）。特点为易冲动、善变、易激动、焦躁不安。
- 稳定内向型（粘液型）。特点为冷静、脾气舒缓、安静、深思。
- 不稳定内向型（忧郁型）。特点为焦虑、喜怒无常、沉默寡言、悲观。

因此，按照因塞克的理论，每个人都属于以上四种人格类型中的一种。这种人格类型会导致某种特征趋向，而这种特征趋向本身又会引发某种可能的行为。例如，一个外向型的人会就一件事情自始至终开诚布公地谈自己的想法；而一个内向型的人则会在发言之前深思熟虑。因塞克开发了一种被称作因塞克人格问卷（Ensenck's Personality Questionnaire，EPQ）的工具来衡量人格的类型。

支持性研究证据

虽然因塞克的理论看起来很简单，却有大量的支持性研究证据。他的理论一问世，便受到了由于需要甄选或提拔员工而期望预测员工未来行为的组织管理者的欢迎。由于有了人格可以有效地预测行为的证据，在过去的10年中，越来越多的人使用心理测试的方法也就不足为奇了；并且大多数大型企业使用职业测试。[11]（本章后面将会详细说明测试的信息。）

卡特尔

卡特尔（Cattell）研究人格的方法与因塞克相似。他使用定量的、客观的技术分析数据，并沿用传统的科学程序来理解人格的基本维度。[12]他归纳出了两种主要的人格特征类型：

- 表面特质——总是集中在一起而且可以在行为中观察到特征，如自信；
- 根源特质——只能够通过推测得出，如自律，并且支撑和决定着那些“表面”行为的特征。

与因塞克不同的是，卡特尔并没有把个人进行“分类”，而是主要通过“特征”来描述人格。他们在人格的决定因素方面意见也不一致：因塞克认为遗传的心理基础是主要的决定因素；而卡特尔在理解个人人格时，对社会因素更感兴趣。两位理论家都为关于人格结构及其衡量的热烈争论做出了贡献，从而进一步深化了管理者可以使用的甄选技术。[13]

理论方法——个人特质研究法

个人特质研究法强调个体以及个体对其本身看法（自我概念）的发展。个人特质研究法的倡导者对共性研究法持批评态度，他们认为该方法试图在群体数据的基础上对个体进行分类。他们认为整理群体数据时使用的技术值得怀疑，因此得出的结果并不能帮助我们理解人格。对于个人特质研究法的研究者来说，人格是通过个体经验和发展来表达的。我们不能脱离社会环境去研究人格，而是要把对人格的研究建立在个人对于其自身世界领悟的基础上。

个人特质研究法的研究者总是把个人所处的社会环境，尤其是与他人的关系、家庭生活和社会条件考虑在内。一个人童年时期较强的人际关系和无条件的爱对于其以后的成就和心理成熟是至关重要的。卡尔·罗格斯（Carl Rogers）的理论宣称，人格是嵌于人际关系之中的。一个人转变为成年人的过程需要给予和接受无条件关爱的能力。每个人都需要他人的关怀和尊重，无论何人，也无论他们是如何表现的。[14] 库里（Cooley）是最先讨论"镜中的自我"这个术语的人，他用这个短语表明：我们是通过和他人的关系以及他人对我们的反应来认识自我的。[15]

个性研究方法的代表人物

埃里克森

埃里克·埃里克森（Erik Erikson）的理论是个人特质研究方法的一个典型代表。他认为人格的发展是终生持续不断的。他的兴趣点在于人的经历对自我概念发展的影响，以及个人是如何化解人际冲突的。[16]

他认识到了童年对于建立信任、自主和主动这些基本概念的重要性，但他也认为人生的不同阶段会出现不同的紧张和冲突。

紧张和冲突

埃里克森认为人生共有八个不同的阶段，每个阶段都会出现不同的紧张和冲突需要我们来化解（详见表 2-4）。如果我们能够成功地化解这些冲突，就可以建立健康的人格，但是前几个阶段遇到的困难会在后面带来一些问题。埃里克森的理论不仅完全阐释了表面效度（即"感觉良好"的因素）的含义，而且建立了与其他研究的联系，表明管理者的动机和目标会随着年龄的变化而变化（见亨特（Hunt），他归纳出了职业/人生的九个不同的阶段）。[17]

表2-4　埃立克森的人格发展的八个阶段

第一阶段	信任	v	不信任	1岁
第二阶段	自主	v	怀疑	2~3岁
第三阶段	主动	v	内疚	4~5岁
第四阶段	勤奋	v	自卑	6~11岁
第五阶段	自我同一性	v	角色混乱	12~18岁
第六阶段	亲密	v	孤僻	青年人
第七阶段	生育	v	自我关注	中年人
第八阶段	自我调整	v	绝望	老年人

资料来源：Adapted from Erikson, E. H., *Identity and the Life Cycle*, Norton (1980) worksheet table appendix. Copyright© 1980 by W. W. Norton & Company, Inc. Copyright © 1959 by International Universities Press, Inc. Reproduced with permission from W. W. Norton & Company Inc.

互补性方法

有一些研究者并没有简单地采取以上两种研究方法中的一种，而是建立了自己关于人格发展的理论和模式。例如，卡尔·荣格（Carl Jung）的研究和乔治·凯利（George Kelly）的认知方法。

卡尔·荣格

卡尔·荣格的理论的特殊意义在于把心理分析法（为西格蒙德·弗洛伊德所采用）和现代人格测试设计结合起来。他的理论认为人格不仅与过去经历有关，还与未来的希望和目标相关。荣格描述了人格的三个层级：

- 意识层级（每天的现实）；
- 潜意识层级（包含我们独特的情结）；
- 集合潜意识层级（普遍性和进化性经历的集合）。

荣格发现每个人的人格都包含四个大的方面，他称之为原型。例如，他宣称我们都在追求自我实现、都有一个阴暗的自我、都具有刚性和柔性、都具有人格面貌，即我们可以扮演的角色。[18]

麦尔斯－吉尔斯类型指标测试

荣格的最大贡献可能就是他构建了MBTI（Myers-Briggs Type Indicator）人格指标测试的基础。MBTI是由伊莎贝尔·吉尔斯·麦尔斯（Isabel Briggs-Myers）和凯瑟琳·吉尔斯（Katherine Briggs）设计的，她们把严密的系统测试应用到荣格的人格功能和态度中。[19]荣格根据生理欲望能量的流向划分了个体间的差异，如果向外流向外部世界即为外向型，如果向内流向内部世界即为内向型。人格差异还可以通过思想、感觉、情感和直觉等不同的认知功能表现出来。麦尔斯－吉尔斯在此基础上又加了另一个维度——生活方式。人格类型详见表 2-5。

表 2-5　显示与特定人格类型密切相关特性的麦尔斯－吉尔斯类型指标

	感觉类型		直觉类型	
内向型	ISTJ 安静、严肃、依靠工作彻底和稳重取得成功。讲求实际、认真负责。有逻辑地决定应该做什么然后踏实地去做，不受外界的干扰。无论工作、家庭还是生活都喜欢有秩序、有组织。看重传统和忠诚	ISFJ 安静、友好、负责、认真。履行义务时投入、稳定。工作彻底、吃苦耐劳、精确。忠诚、虑事周全、能够注意并记住那些对它们重要的人的细节、在乎别人的感受。在工作和家庭中都努力创造有秩序的、和谐的环境	INFJ 探索思想、人际关系、物质拥有之间的关系。想要理解什么可以激励人，可以洞察别人。对其坚信的价值观孜孜以求、全力投入。非常清楚为公众利益服务的益处。实施其愿景时有条理性和决断力	INTJ 实施其想法和完成目标时有创新的想法和巨大的动力。迅速发现外界事件的规律、迅速开发大范围的诠释性视角。投入某项工作时，组织工作并坚持到底。有怀疑精神、独立、无论对自己还是对别人都有很高的能力和绩效标准
内向型	ISTP 胸怀宽广、灵活、问题出现时能安静地观察，出现之后迅速找出有效解决方案。分析推动事物发展的因素，研究大量数据以找出问题的核心。对原因和结果感兴趣，用逻辑原则组织事实，重视效率	ISFP 安静、友好、敏感、和善。欣赏现状和发生在身边的事情。喜欢有自己的空间，喜欢在自己的时间框架内工作。对自己的价值观和对自己重要的人忠诚而投入。不喜欢分歧和冲突，不把自己的观点和价值观强加给别人	INFP 理想主义者，对自己的价值观和对自己重要的人忠诚。渴望与其价值观相适应的外部生活。好奇、迅速发现可能性，积极实施自己的理想。试图理解别人并帮助别人挖掘潜力。适应力强、灵活、善于接受别人	INTP 试图逻辑地解释他们所感兴趣的一切。理论和抽象性强，对思想比对社会互动更感兴趣。安静、矜持、灵活、适应性强。有超凡的能力集中精力解决在他们感兴趣的领域出现的问题。有怀疑精神、有时候具有批判精神、总是具有分析特质

（续表）

	感觉类型		直觉类型	
外向型	ESTP 灵活、胸怀宽广，讲求实际、追求最快的结果。对理论和概念性解释感到厌倦，他们想精力充沛地用实际行动去解决问题。立足于此时此地、自发性强、欣赏每时每刻，和别人在一起时积极主动。喜欢物质享受。喜欢在实践中学习	ESFP 外向、友好、接受性强。热爱生活、他人和物质享受。喜欢与别人协作共同完成任务。在工作中运用常识和切实可行的方法，使工作变得有趣。灵活、自发性强、能够很快地适应新人和新环境。能够通过和别人一起尝试一项新技能获得知识	ENFP 热情、富于想象力。认为生活中一切皆可能。能够迅速建立起事件和信息之间的联系，并且基于他们所发现的模式自信地取得进展。希望得到别人的肯定、赞赏和支持别人。自发性强、灵活，通常依靠自己的能力临场发挥其熟练的语言优势	ENTP 迅速、有独创性、能激励他人、警觉、坦率。遇到新的棘手问题时有办法解决。善于想出概念上的可能性，然后从战略角度去分析。善于察言观色。不喜欢循规蹈矩。很少用同一种方法做同一件事，经常不断地改变兴趣
外向型	ESTJ 讲求实际。善于做决策，做出决策后立即实施。组织项目和人员完成任务，立足于用效率最高的方式得到结果。关心规律性细节。有一套清晰的逻辑标准、系统地执行这些标准，并希望别人也这么做。矢志不渝地实施计划	ESFJ 热心、认真、有合作精神。希望环境和谐，坚定不移地创建和谐。喜欢同他人协作以精确地按时完成任务。忠诚，即使在小事上也坚持到底。注意他人日常生活中的需要，并尽力满足。希望自己和自己所做的事情得到别人的赞赏	ENFJ 热情、有同情心、反应敏捷、负责任。与他人的情感、需要和动机高度协调。能够发现每个人的潜力，并帮助其他人开发他们的潜力。通过实际行动促使个人和集体进步。忠诚、对表扬和批评都很敏感。善于交际、为组织里的其他人提供方便，是鼓舞人心的领导	ENTJ 坦率、果断、积极承担领导责任。迅速发现不合逻辑和低效的程序和政策，开发并实施综合性系统以解决组织问题。喜欢长期计划和设置目标。通常消息灵通、善解人意、喜欢拓宽知识，并把知识传授给其他人。坚定地表达自己的思想

资料来源：Briggs－Myers, I., *Introduction to Type*, Sixth Edition, CPP, Inc. (1998).

MBTI引起了学术界的很大兴趣，尤其是有关人格类型、职业和管理风格之间相互关系的研究（详见表2-6）。MBTI人格指标认为，人们最容易被那些能够表达和使用其心理偏好类型的工作所吸引，也正是这些工作最容易使人们感到满足。这种搭配使他们更有效地驾驭任务、使他们更有干劲。信心就是该过程的产物。麦尔斯－吉尔斯测试是一种积极的工具，通过使用MBTI获取的知识可以使我们认识并尊重人与人之间的差异，也可以使我们欣赏这些差异所带来的价值。[20]

表2-6 领导类型和麦尔斯－吉尔斯

ISTJ 社会中坚	ISFJ 幕后领导	INFJ 人们的预言家	INTJ 未来设计者
ISTP 活百科全书	ISFP 高贵精神	INFP 价值捍卫者	INTP 思想蓝图描绘者
ESTP 自觉工作者	ESFP 每个人的朋友	ENFP 能量的火花	ENTP 传统创业者
ESTJ 权威型领导	ESFJ 公仆型领导	ENFJ 价值观发言人	ENTJ 大规模组织者

评论性反思

自从问世以来，MBTI时而受到青睐，时而受到冷落，并且人们一直就其相关性和实用性争论不休。你认为MBTI作为一种衡量人格类型的工具有什么价值？你能给出一个能够体现其强项的实例吗？

凯利的个人构念理论

凯利的个人构念理论并不是仅仅考虑人格的发展，而是从感知、态度和目标方面把人作为一个整体来考虑。凯利认为人格是个人分析和探索其所在世界的途径。凯利反对把人格从“整体”的人中分离出来单独研究。

把人格作为微型心理学拿出来单独研究的糟糕效果恐怕在被莫名其妙地称作“个体差异”的研究中得到了最好的体现，该研究实际上是对群体相同性的研究。结果我们关注于建立广泛的维度，所有人都可以在其中找到自己的位置；而没有关注于对每一个人为了组织其本身的世界而开发的维度的研究。[21]

凯利认为从每一个人（特性）身上收集数据，并且采用一种针对要收集的数据的定性本质的技术是非常重要的。他开发了可以衡量个人构念世界的库格（Repertory

Grid）技术，从而凯利可以在个人特质研究法中使用一种明确有效的衡量方法。库格技术是个人特质研究的伟大进步，这种方法也成为一种日益重要的研究工具。库格技术虽然允许人们运用自己构念的世界，但还是一种可以比较和衡量的方式。

工作组织内部的应用

招聘和甄选

在甄选员工的面试中，绝大部分组织都会考虑候选人的人格。有些组织甚至会把人格看作录用或拒绝的主要标准。例如，在服务性行业中，一直在开展关于人格潜力的研究。[22]那么组织是如何评估一位候选人的人格的呢？

尽管面试仍然是一种最常用的甄选手段，但越来越多的组织使用客观的心理测试衡量法。心理测试的兴起有着重要的意义，已有许多研究表明这种方法将会日益流行。[23]人们在关心这种心理工具的使用和滥用。在心理学界，这种衡量方法的有效性一直是人们争论的话题[24]（即这种方法能否衡量我们所希望衡量的东西）。本章后面会详细讨论测试问题。使用任何心理测试都会引发争议和敏感，但在某些情况下对于典型绩效的测试问题会更关注。正如阿纳斯塔西（Anastasi）所说：

> 构建和使用人格鉴定时遇到的困难要远远大于所有心理测试中遇到的一般性问题。在衡量人格时，造假和逃避现象比在能力测试中更为显著。[25]

批评家指责咨询顾问人员和实践者不恰当地使用人格评估，并宣称与工作无关的人格评估和工作绩效之间的效度很低。[26]高斯（Goss）认为人格评估的使用不仅是对个人隐私的侵犯，还会引发组织中的不良后果，最终结果是“克隆”。这种技术可以被看作是一种社会操纵和暗中实施组织控制的形式。[27]意识到这些问题后，英国心理协会为使用心理测试的人制定了一些行为准则。另外，有证据表明当调查问卷被特殊设计，并且与工作特征有关时，预测和效度得分就会比较高。[28]

个人开发和团队协作

如果是为了个人的开发填写问卷，或者当该问卷被用于团队建设的开发活动时，这份人格调查问卷就会有非常高的价值。在此，人们可以自发地讨论个体差异、团队协作中多样性的重要性以及每一种人格类型可以给工作环境带来的动力。于是，人格调查问卷在指导性工作的起始阶段便是一种很有价值的诊断性工具，或是作为团队建设过程的排头兵——强项和弱项的审查官。此时我们可以开展讨论，看看我们是否是一支有着互补性人格、技能和能力的平衡团队。然后我们可以开展群体训练，以发展团队强项、平衡团队弱项。一支高效的工作团队应该非常清楚其自身的强项和弱项。

没有一个人是完美的，但是强项和才能互补的一组人可能是完美的。[29]

文化和人格

尽管人格是管理效果的一个强有力的决定因素，然而工作场所的社会规则和期望也必须被考虑在内。人们了解别人期望他们怎么做，因此会掩盖自己的真实偏好。例如，一位内向的学术讲师喜欢冷静地思考，并且有时间思考，但是他不得不在 200 名本科生面前“表现”，并且要对学生提出的问题立即做出反应。我们可以通过不符合自己人格类型的方式作出反应，而且我们在工作中可能会扮演与自己的人格偏好背道而驰的角色。我们必须学习应付的策略和适应的技能，但这可能会对一些人造成压力。另外，不同的性格可能会在不同时期受到鼓舞，这取决于这种性格当时正处于张扬期还是收敛期。当组织开展奖励性活动或开发产品时，可能会需要具有某一种性格的管理者来激发大家的热情；而当组织处于缓慢发展期或需要注重细节和成本时，可能会需要具有其他人格特征的管理者。格雷（Gray）认为学者绝不可能解决或开发出精确、有效、可靠的绩效衡量。“许多工作或是工作的许多重要方面是不能被量化的。绩效衡量通常具有主观性、模糊性和矛盾性，但这是可以理解的。”[30]

工作场所中的情感

直到最近，工作场所一直被看成是理智的、逻辑的，人们一直忽视或用消极的眼光去看待情感问题。豪赫希尔德（Hochschild）[31]的研究描述了一些工作对于情感的需要，尤其是在服务业中，对顾客的关心就是要使人感觉良好。这种工作被称作情感劳动，并且使表面行为（未经体验而展示情感）区别于深层行为（涉及通过思考和设想来诱导在某种情景下的情感）。布莱纳（Briner）要求心理学家们拓宽他们的研究领域，对工作场所情感的复杂性加以研究。他特别提到：在使命声明中或通过更加微妙的方式，组织要让员工感觉到如果他们在工作中表达适当的情感，他们可以得到奖励或职业提升。然而，他认为我们对工作中情感的出现及其对工作行为的作用知之甚少。下面他给出的这个事例虽然简单，却勾勒出事件的大致次序以及奖励（或没有奖励）和心理健康（或不健康）的力量。

工作情感、思想和行为的顺序

- 简（Jane）被要求完成一项难度较高的工作，通常这项工作都是交给更有经验的同事去做的。她觉得得到了重视、青睐和信任同时也有一些焦虑。
- 在努力完成工作时，她的情感由激动、喜悦转向恐惧、挫折。
- 她出色地完成了任务，感到自豪和放松。

- 简告诉她的老板并把已经完成的工作交给他。
- 老板并没有向她表示感谢，也没有表扬她，反而吹毛求疵地挑出了一些小错误。
- 简感到愤怒，想着再也不“尽心尽力”地为老板做事了，同时感觉受到了剥削。
- 考虑换工作。
- 再也不主动承担其他工作了。
- 开始感到沮丧和失望。
- 重新修改简历，并开始关注招聘广告。

资料来源：Briner, R.，“Feeling and smiling”，*The Psychologist*，vol. 12，no. 1，January 1999 pp. 16－19. Reproduced with permission from the British Psychological Society.

A型人格和B型人格

两名学医的大学生弗里德曼（Friedman）和罗森曼（Rosenman）发现了两种与人格和健康有关的极端行为，他们从那些过早患心脏病的患者身上发现了反复性人格模式。[32]具有A型人格的人喜欢长时间拼命工作，并表现出以下特征：

- 对成就的渴求；
- 极强的竞争力；
- 对阻碍其完成任务的障碍显得不耐烦；
- 进取性强；
- 讲话时语速很快；
- 讨厌无所事事；
- 总是在一刻不停地赶时间。

具有B型人格的人所表现出的特征与具有A型人格的人相反。

弗里德曼和罗森曼认为，具有A型人格的人比具有B型人格的人更容易患心脏病。

工作压力

在第1章里，我们已经讨论了压力的重要意义，要理解压力我们不能不提到人格。具有A型人格的人在巨大的压力下比具有B型人格的人更容易患心脏病。[33]压力是个很复杂的概念。不同的人会给它下不同的定义，而且与个人的感知系统密切相关。每个人都有一个使其感到稳定和安全的舒适的范围。当一个人感到他在这个舒适的范围之外工作的时候，压力就出现了。人们感到不舒适时表现各异。压力所产生的效应也是不同的：对于一些人来说，压力可以激起他们的热情和干劲；而对于其他人来说，压力会使他们萎靡不振。

压力在个人、组织和国家层级上的代价已为人所知。库柏（Cooper）指出，在整个组织中，无论职位高低，压力出现的频率都是很高的。他认为每项工作的压力都有各自的特点。[34]“压力”这个词一直被正确和不正确地使用着。有些人在稍微有些压力和紧张时就会说“被压得喘不过气来”。压力还可以使人产生对地位的联想，例如，一位图书管理员抱怨说别人都认为他的岗位没有什么压力，这就是说“压力大”的岗位同时也是地位高的岗位。

骚扰

骚扰是压力的另一个潜在原因，它不仅使工作生活变得紧张，而且会影响家庭关系。受害者可能会失去对工作的奉献精神，甚至会失去工作动力和对直线领导及同事的尊重，这当然要取决于他们是如何应付骚扰事件的。如果受害者可以证明骚扰行为造成了对感情的伤害，那么骚扰就是一种直接歧视，因此骚扰是一种严重的侵犯行为。

骚扰被定义为：不理智的、不受欢迎的、侵犯性的、造成工作环境充满恐惧、敌意和侮辱的行为。

性骚扰有多种形式，包括：

- 性影射、猥亵话语、暗示性语言和姿态、提出性要求、肉麻的笑话、抚弄或触摸、纠缠别人以引起注意、展示有针对性的材料（如钉在墙上的日历或在墙上涂写）、发送不良电子邮件或登陆黄色网站、不受欢迎的求爱、威胁实施或实施性暴力。

种族骚扰也有多种形式，包括：

- 种族影射或冒犯性语言、种族主义笑话和玩笑、恶作剧、公开展示种族主义出版物、含有种族侮辱的暗示、身体攻击、种族主义专用术语、侮辱性电子邮件、在工作中孤立别人或缺乏合作。

无论该行为是否有意冒犯别人，只要该行为的对象员工认为不能接受该行为或该行为对其造成了损害，那么该行为就属于潜在骚扰。一般情况下，骚扰的特点是发生一个以上的不能为人接受的行为；但有些时候，一个足够严重的行为也可以构成骚扰。[35]

可能性发展

由于压力的本质十分复杂，而且与社会和文化有着密切的联系，因此考虑一下其今后可能的发展方向是很有意思的。是否由于我们的期望还被束缚在几十年前的官僚组织中而使得压力如今仍在支配着我们？我们对于工作的投入在很大程度上停滞在完全雇佣和终身职业的层次上（如 25 年的抵押期和简单的信贷手续），而现在组织对短期和更加灵活的工作模式的要求日益增长。如果我们能够更加深刻地认识工作模式不断变化的本质，并重新组织工作和家庭的接口，就可能会减轻压力，至少也会从一个新的视角去认识它。世界在变化，新一代会有不同的期望，会使他们的生活适应新的秩序和风格，我们是否正处于变化的顶端呢？

评论性反思

“无论一个人的技能、经验和资格如何，人格是甄选面试中以及以后在工作中和他人相处时最重要的标准。”你是否同意这句话？人格能够对一个人的工作能力造成多大的影响？

能力

每个人的智力能力以及将其运用到工作中的程度都不尽相同，不同的职业也需要不同的技能、水平和能力。“快乐”的场景指的是个人能力和其职业的合理匹配，但在实际中并不总是这样。极端的例子包括：对简单的任务感到厌倦的员工变得粗心大意，在工作中连续出错；或是员工被提升到一个他难以胜任的岗位。结果是给不知如何应付的个人造成压力，或是给不得不为其做扫尾工作的同事造成压力。

与人格研究相似，在能力研究领域也出现了不同的思想流派。与人格研究相似，投身于智力研究的研究人员也在某些问题上争论不休。

- 智力可以遗传吗？它是终生不变的吗？它是否取决于我们的人生经历、文化和教育等因素？
- 智力的本质是什么？智力可以被衡量吗？如何衡量？

智力可以遗传吗

先天论者认为智力主要是通过遗传获得的（先天本质），而实证主义者认为是环境塑造了我们的行为和智力能力（后天培养）。豪（Howe）[36]总结了近来一些有力的证据来支持实证主义者。他引用了早期干预试验的证据，如“抢先教育”（Head Start），来表明干预可以对智商产生影响。他总结道：“实证主义研究的结果并不支持低智商及与之相关的问题是不可避免的也是无法改变的这种悲观的结论。”

对智力本质研究的政治含义是非常重要的。一些最早的理论对英格兰和威尔士的教育哲学产生了影响，包括如何为不同类型的中等教育选择学生以及给予有特殊需要的孩子的帮助。

智力的本质问题在心理学家圈内引发了激烈的争论。它是否取决于会对具体活动产生重要影响的一个综合因素？或具体活动之间是否彼此独立？换句话说，如果一个孩子在数学方面表现出很强的能力，这是否取决于他很高的综合能力呢？我们可以把综合能力看成一座发电站，这座发电站把它的一些能量释放到了这个孩子的数学能力上。（对其他孩子来说这可能是个限制因素。）斯皮尔曼（Spearman）[37]提出了智力的双重因素理论，他认为每一项智力任务都会涉及一个智力灵活的层级：综合因素加上具体能力。这种思想经过凡尔农（Vernon）[38]的发展最终成为一种模式，这种模式把各种能力置于一个等级框架中（如图 2-3 所示）。位于等级框架低端的能力更容易和其他能力发生联系，因此如果一个孩子的词汇量很大，那么他很有可能具有较强的阅读和理解能力。

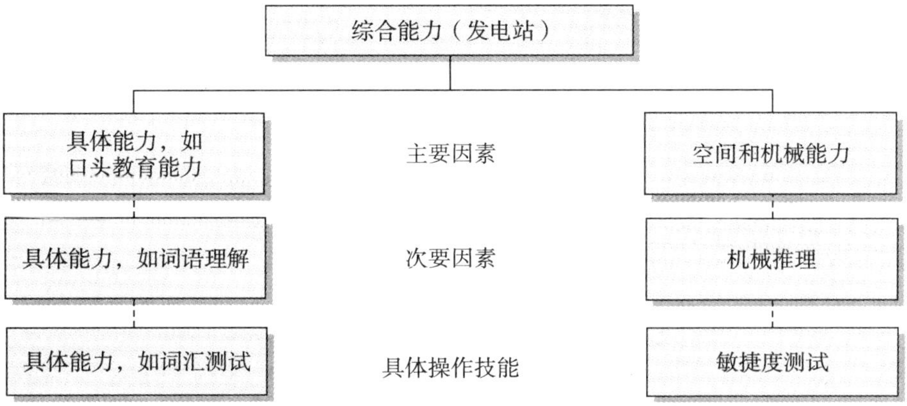

图 2-3　能力的等级

资料来源：Adapted from Vernon, P. E., "The hierarchy of abilities", in Wiseman, S. (ed.) *Intelligence and Ability* (first published 1967, reprinted 1968, Second Edition 1973). This selection copyright © the Estate of Stephen Wiseman 1967, 1973. Reproduced by permission of Penguin Books Ltd.

瑟斯顿（Thurstone）[39]总结出了七种基本智力能力，其中每一项都可以单独拿出来衡量：

- 空间能力；
- 知觉速度；
- 数字推理；
- 词语理解；
- 记忆能力；
- 字词流畅性；
- 归纳推理能力。

智力：一个还是多个

吉尔福特[40]（Guilford）对那些力求将智力简化为某些少量因素的理论进行了批评。他所设计的智力模型明确了 120 种不同的能力。他认为，智力包含以下三个维度，个体需要在其中一个维度中进行思考。

- 内容。个体必须进行哪些思考（如单词或数字的含义）？
- 操作。个体需要进行何种形式的思考（如识别事物、解决问题、评价结果）？
- 结果。需要得出何种结果或答案，如分类或重新排序（如图 2-4 所示）？

吉尔福特对那种要求给出唯一解决方法或答案的测验的收敛性表示担忧。他认为，测验还应检测个体的发散性思考能力。

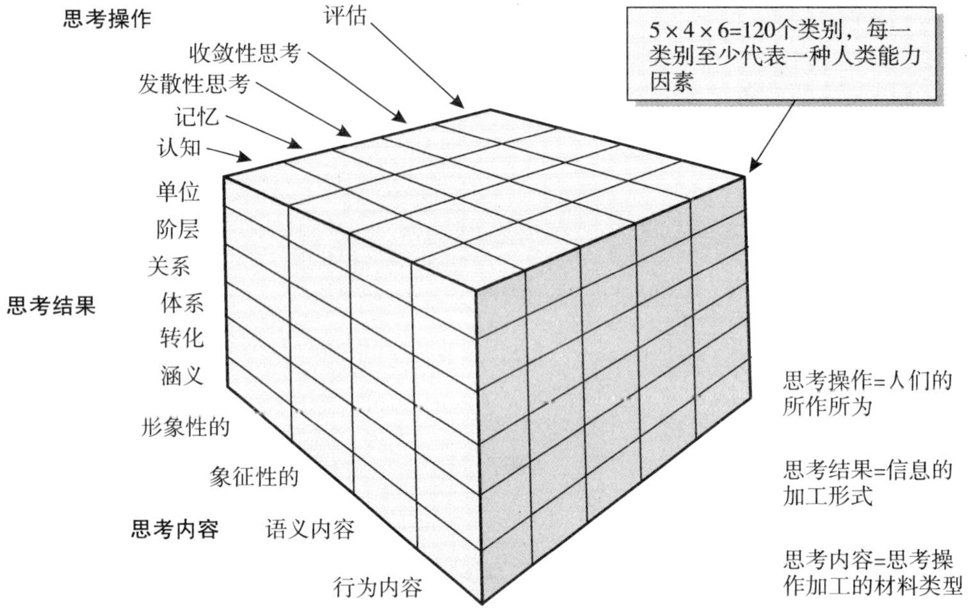

图2-4　吉尔福特三维智力结构模型

资料来源：from Guilford, J. P. ,'Three faces of intellect', in Wiseman, S,(ed.) *Intelligence and Ability* (first published 1967, reprinted 1968, Second Edition 1973). This selection copyright © the Estate of Stephen Wiseman 1967, 1973. Reproduced by permission of Penguin Books Ltd.

多元智力

加德纳[41]（Gardner）认为，这些早期研究都没有考虑到那些人们能够在日常生活中观察到的智力行为。以测量智商来简化智力是不现实的，而且也没有考虑到全部的智力活动。他指出人们拥有多种智力，并且将这些智力分为六类（每一类又可以被进一步细分）。

言语智力 数学智力	与早期研究中所描述的因素类似
空间智力	艺术家和建筑师所显示出的能力
动觉智力	身体方面的能力
音乐智力	音乐技艺方面的能力
个人智力	人际智力——与他人交往的技能 自我认知智力——了解自己

情绪智力

戈尔曼[42]（Goleman）对加德纳的一些观点进行了详细的阐述。他认为，智力的古典理论过于狭隘。人们应考虑到个体的情感素质，它们在智力的日常应用中起到了至关重要的作用。戈尔曼将情绪智力的关键特征明确为一些非常重要的能力，如：

自我激励和不畏挫折，控制冲动和喜悦，调节情绪并防止因痛苦而丧失思维能力，产生共鸣并怀有希望。

在过去几年中，人们十分关注情绪智力（曾在本章开头提到过）这一概念，因为人们已将其视为有效人员管理的一个非常重要的方面。戈尔曼指出，情绪智力预测了人们的最佳绩效，并且对高层领导者杰出绩效的解释率超过了 85%。[43]美国合益咨询公司（Hay Group）指出了构成四种情绪智力的 18 种能力，并且设计了一个用来测量情绪能力的问卷（如图 2-5 所示）。情绪能力问卷将情绪智力定义为："识别自己和他人情感的能力、自我激励的能力以及管理自己和他人情绪的能力。"[44]

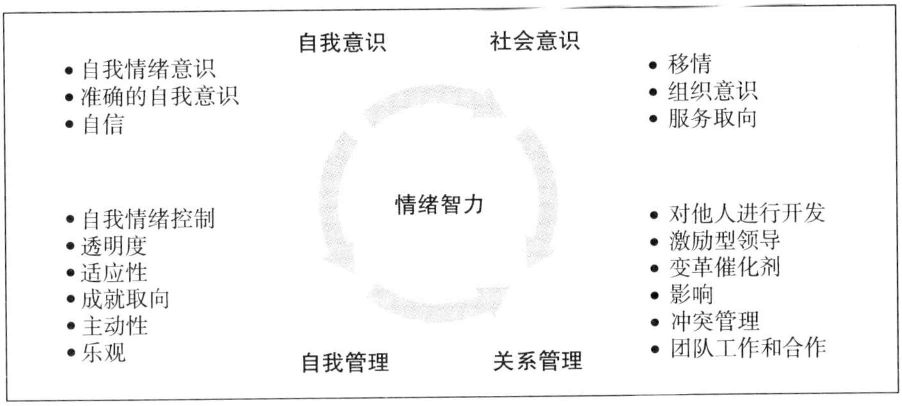

图 2-5　情绪智力能力模型

资料来源：Emotional Intelligence Competence Model from *Emotional Competence Inventory* Version 2© 2002 Hay Acquisition Co. I, Inc. All rights reserved.

有关校园情绪能力政策（emotional literacy policy）的作用的研究证明，感到安全、被人理解以及因自己的良好表现而受到赏识的学生的注意力更加集中，思维也更具开放性，并且更愿意在学校中学习。那些将培养学生的情绪能力放在第一位的学校会取得更加优秀的成绩。培养学生情绪能力的简单方法包括"质量圈时间"、"谈话时间"、"友谊停靠站"、"宁静小屋"。这些学习环境会鼓励学生对非课程问题进行讨论，并且会帮助他们解决问题。其目的是通过培养学生的自我意识和自我价值感，使那些能够让他们成为有效学习者的素质得到发展。此外，这种自我意识和自我价值意识能够被转移至工作情境之中。[45]

测验

早期的智力测验涉及很多心理测试。大部分人在就业之前都做过某种心理测验。学校和大学会对学生进行测验，此外，测验也是工作中选拔评估过程的一部分。测验的使用日益增长，而其使用范围也非常广泛。虽然测验被认为是一种客观的辨别工具，但人们对其仍存在争议。测压也是个敏感度高的话题。

英国心理协会（British Psychological Society）将测验分为以下两大类：

1. 典型表现测验：评估个体对特定情境的典型反应。测试答案无所谓对或错，但它们显示出了人们的选择、偏好以及感受强度。例如，人格评估和兴趣问卷属于此类测验。

2. 最佳表现测验：评估个体在标准条件下做出有效表现的能力。此类测验包括能力和能力倾向测验，测验的答案可以有对错之分。能力测验有很多种形式，并且可以测试人们的一般智力或某种特殊能力（如语言推理能力、数字推理能力等）。

爱丽丝·海姆（Alice Heim）设计出了一系列一般能力测验，即AH系列测验。这些测验被广泛地用来评估人们的一般能力。它们涉及三个方面的能力：语言推理能力、数字推理能力和图表推理能力。例如，测试题目与以下问题类似：

右侧五个单词中的哪一个与左侧的两个单词拥有类似的关系？

		A	B	C	D	E
合理的	噪声	声音	判断	声调	傻的	敏感的

现代职业技能测验（Modern Occupational Skills Tests）是一种特殊能力测验。它们可以对一系列文案和行政技能进行评估，如口头检验、技术检验、数字估算等。此测验可以帮助组织选拔行政人员。测验题目都很简短，它们可以被单个使用或作为一组测验同时使用。测试题目类似于：

左侧的两个图形拥有一个共同的特点。右侧哪一图形缺少这一特点？

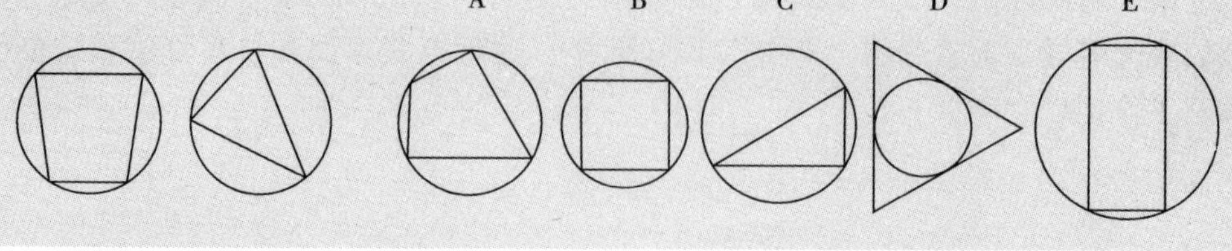

有些测验的受测者为单个个体，而另外一些则适于进行团体测试。然而，某些极

为细小的特征和条件标准却将心理测验与其他形式的非正式评估区分开来。从本质上说，测验是“对一种行为样本所进行的客观的、标准化的测量”。[46]

心理测验的特征

心理测验具有某些标准特征。

1. 测验包含一项标准任务或一组问题，而且拥有标准的评分方法。
2. 技术手册会对测验的测量内容、编制方法以及发放、评分和解释程序进行说明。
3. 手册还将提供测验的效度（是否对预期的测量内容进行了有效的测量）、信度（得出一致性测量结果的能力）以及由数据得出的推论。

测验要想成为一种心理工具必须具备以下特点：客观性、标准化、可靠性、有效性以及鉴别力（而不是歧视性）。测验的选择应当以一些其他的关键特征为依据，例如，可接受性、实用性、时间、费用以及知觉到的和实际的增值。

测验的局限性

所有的测验都具有局限性。测验只能在某一特定时间对行为进行抽样检测。测验提供的信息取决于其是否得到了良好的实施，并且只能成为决策过程的附加根据。测验并不能提供决策结果。有些个体会非常紧张，并且没有表现出他们的最高水平。而有些个体则对必须参加测验感到很气愤。

杰克逊[47]（Jackson）在有关测验的公正性的讨论中，明确了一个最为重要的关注领域。他对结果公正和过程公正进行了区分。在选拔过程中，结果公正暗示着“为工作选择最佳人选”。这取决于对个体之后的表现进行衡量，从而来证实测验的预测效度。如果组织想要确定测验的价值，而且不只是将测验作为一种用来缩短候选人名单的行政手段，那么这些过程则是必不可少的。过程公正指的是测验过程中避免可能出现的错误和偏见。良好地实施测验可以将一些问题限制在一定的范围内，但偏见的其他来源则较为复杂。人们已发现某些测验显示出了男性和女性或者不同人种或种族群体在平均绩效水平方面的差异。费尔萨姆（Feltham）等人认为，测验本身并非有失公正，但使用这类测验会导致不同的选拔结果或结果中人员的不同比例。[48]有些测验会产生负面影响。心理学家需要与人力资源专家共同进行研究，从而使测验过程中的各个部分都具有公正性和客观性。

如果组织对候选人给予不公平的待遇，即向其提供有关结果的反馈，那么这会对组织的声誉产生一种破坏性的影响。测验过程意味着候选人要在一个要求苛刻且存在潜在威胁的过程中花费大量的私人时间。如果候选人感觉受到了尊重，那么即使遭到了组织的拒绝，他们也会维持组织的正面形象。[49]人们不应忘记心理测验具有个人性、侵扰性和威胁性的本质。

为什么要使用心理测验

1. 它们使有关人员的决策
——更加系统化；
——更加精确。
2. 它们预测了人们的未来表现，并减少了不确定性。
3. 它们对人们及其行为进行了更为准确的描述。精确的定义和经测量的变量是进一步研究的基础，并且会提高人们对测验和个体表现之间的关系的认识。然而：
- 人们应仅仅将测验视为一种附加的信息源；
- 测验可能会很昂贵，并且很费时；
- 如果测验没有得到恰当而专业的实施，人们则会误用测验，并且会滥用测验结果；
- 测验会被视为一种侵犯；
- 测验会被认为是不恰当的；
- 测验的实施会影响测验结果。

态度

人们所持有的态度是没有限度的。我们毕生都在习得态度，态度体现于我们的社会化过程之中。有些态度（如宗教信仰）对我们非常重要，并且很难改变。它们是一种核心建构。然而，其他一些次要的态度会随着新的信息或个人经验而改变。某些特定的事件，特别是那些不愉快的事情，如冗员，会对我们的态度产生巨大的影响。

什么是态度？如何将态度与信仰和价值观区分开来呢？态度可以被定义为使人们以某种特定方式来对事物做出反应的一种“准备就绪”的状态或倾向。[50]信念与人们对世界的认识有关，并且以现实为重点。价值观指人们对于正确和美好事物的观念。

格罗斯（Gross）认为：

人们需要借助“价值观”来将信念转变为态度。根据定义，价值观指个体对于美好的、有价值的事物的观念。

格罗斯还指出，成人可能会有数千种信念，但他们也许只有数百种态度和几十种价值观。[51]霍夫斯坦德（Hofstede）将价值观定义为一种“偏好于事物的某些状态的宽泛的倾向”。[52]

态度的功能

凯茨（Katz）认为，态度和动机是相互联系的。态度取决于个体的动机，它主要具有以下四种功能。

- 知识功能。态度的主要功能之一是为新信息的解释和分类提供依据。态度是一个用来存放新信息的知识库和框架。

- 表达功能。态度是一种表达方式。它们使个体能够向他人表明自己的价值观，而且因此来表达他们的自我观念，并且接受某一群体的价值观或是将其内化。
- 工具功能。态度会最大限度地增加奖励并减少惩罚。因此，人们对于他人（或物体）所持有的态度可能是产生于过去的某些积极（或消极）的经验。行为或知识会满足人们的需求，并因此而产生一种良好的态度。
- 自我防御功能。态度可以防止人们的自尊心受到不好的真相或现实的伤害。[53]

对行为的预测

如果我们知道某一个体的态度，我们能够对他或她的行为进行预测吗？研究结果表明，我们不能根据人们的态度来预测他们的行为，也就是说，人们的言行非常不一致。这说明我们不仅能够通过个体的行为来了解他们的态度，个体的想法（尽管人们不会在公共场合流露出自己的想法）和感受也同样能够表露出他们所持有的态度。个体感受的强度表明了态度的重要性，即态度是一种核心建构还是次要建构。

拉比尔（La Piere）的经典研究很好地说明了这一点。拉比尔在与一对华人夫妇一起光顾美国酒店和餐厅时，发现没有人对华人有任何偏见。但是，在随后的态度调查中，人们显示出了显著的种族主义态度。他发现，人们的公开态度和私下态度完全不一致。[54]

这些结果对态度研究具有非常重要的启示，并且向心理学家和管理人员揭示了两个非常重要的问题。

1. 我们无法看到他人的态度，我们只能通过一些方式来对其进行推断。

鉴于员工态度对士气和组织工作的有效性的重要性，信任评估态度强度所使用的测量技巧是十分重要的。由于态度只能被推测，所以人们对他人态度的认识则严重地依赖于评估的精确性。尽管人们可以使用很多技巧来测量态度，但最为常见的技巧还是直接观察和自我汇报。

我们观察他人并依据沟通风格（言语和非言语沟通）和行为来评价他们的态度。这种非正式的评价方式是非系统化的、自发的，并且以理解社交暗示为基础。我们的判断会出现错误。有些学生虽然上课迟到、懒洋洋地坐在座位上且不提任何问题，但他们可能仍然对那门课持有非常积极的态度。管理人员对同事（下属和上级）的假设和看法也会出现错误。他们从未证实过自己的想法，只是自认为它们是正确的。

人们在与来自于不同文化的人交往时会出现一些严重的错误。例如，目光交流在西方国家通常与信心、礼貌和吸引力联系在一起，而在有些非洲国家，人们认为目光交流是种无礼的、对他人不尊重的行为。保加利亚人用点头来表示“不”并用摇头来表示“是”，希腊人则用向上点头或抬眉毛来表示“不”，用向两侧摇头或歪脑袋来表示“是”。缺乏“文化素养”不仅会导致人们对他人做出错误的假设并使人际关系受损，还会使人们无法建立有用的业务联系。[55]

那些使用态度问卷来评价员工态度的组织，正在试图对这些假设进行系统的判定和测量。态度问卷的设计和发放会花费大量的时间。问卷中的问题以及问题的相关性、风格和长度都是决定问卷效度的重要变量。此外，人们在完成问卷时的诚实度也会影响问卷的效度。设计有关公众私下态度的问卷还存在着一定的危险性，因为设计者要预期人们态度的变化。如果没有出现这些变化，人们则会很失望，他们的士气也会下降。[56]态度问卷被许多公司当作检验组织态度氛围的“晴雨表”，并因此而使管理者能够了解员工的想法和感受（详见表2-7）。

表2-7　态度问卷样例

在你认为最能代表你的想法的方框里画勾	非常不同意 1	2	3	4	非常同意 5
我对Org公司努力要达到的目标怀有信心	□	□	□	□	□
我喜欢同不在Org公司工作的人讨论有关Org公司的事情	□	□	□	□	□
我知道我的工作对实现Org公司目标所做的贡献	□	□	□	□	□
Org公司定期向员工传达有关Org公司的好消息和坏消息	□	□	□	□	□
我的价值观和组织的价值观很相似	□	□	□	□	□
现在，我必须留在Org公司中，这也是我的愿望	□	□	□	□	□
我经常在工作中被打扰	□	□	□	□	□
我喜欢我的工作	□	□	□	□	□
Org公司鼓励我寻找新的培训机会	□	□	□	□	□
我的管理者和我讨论可以提高我工作业绩的方法	□	□	□	□	□
Org公司很注重消除障碍以确保机会的平等	□	□	□	□	□
Org公司的员工在工作中经常互相帮助和支持	□	□	□	□	□
我缺少管理者对我的指导	□	□	□	□	□
我们的团队/部门出现问题时，我们会从中吸取经验	□	□	□	□	□
团队内部的交流是积极有效的	□	□	□	□	□
和我的团队一起工作，我对工作非常满意	□	□	□	□	□

2. 态度会被组织成员共享，并因此而体现于组织文化之中。

经典研究表明了更为广泛的社区在形成工作取向中的影响作用。阶级或价值取向上的差异会引起一系列与忠诚有关的问题，并且会使人们对承诺、忠诚和合作拥有对立的认识。不仅个体自身会形成态度，态度还产生于个体与他人之间的相互交往。态度常常是“闭锁的”。人们经常认为态度是显而易见的，而且只是一种常识。人们对态度如此地不以为然，以致会忽视态度。分享他人的信仰体系会产生一些情感结果。如果人们拥有归属感，他们对于在组织中工作就会拥有一种良好的感觉。然而，如果人们在组织中没有归属感，也就是说他们感到自己没有与组织一起分享那些占支配地位的态度和信仰，他们就可能会产生一些消极情绪。

研究人员指出，人们对日常实践所共有的知觉是组织文化的核心。[57] “人们将日常生活的实际情况理所当然地看作是现实。”[58]（第 12 章将对组织文化进行详细的探讨。）

在现实中，正确行为的本质涵义会使个体产生“文化偏见”，这会导致人们对事物持有习惯化的态度。当人们在刻板印象和偏见的基础上形成这些态度时，会出现一些主要的问题。正如斯蒂芬·劳伦斯（Stephen Lawrence）对 1993 年 4 月将一名十几岁的黑人小孩刺伤致死的凶手的调查所证明的那样。

引起种族偏见的原因有很多：缺乏了解、忽视或误解；具有针对性和傲慢的言辞或行动；对来自少数种族社区的人们的行为或文化传统不熟悉；认为黑人是潜在的罪犯或爱惹麻烦的种族刻板印象。这种种族刻板印象产生于人们不加批评的自我认识，而这种自我认识又产生于警方缺乏弹性的“传统”办案精神。此外，这种态度能够在一个团结的社区中获得良好的发展，以致整个社区都没能察觉到这种种族歧视态度，并且也没有将其宣布为非法行为。警察局食堂可以很容易地滋生这种态度。[59]

态度不仅仅产生于组织之中。组织会对社会中固有的态度进行强化和改造。

态度的变化

显然，态度的持久性暗示了态度的变化。在本章开头我们已经指出，虽然那些次要的态度很容易随新信息或经验而改变，但那些与其他认知体系联系在一起的核心态度却很难发生变化。

有关态度变化的理论强调了精神上的平衡和一致性的重要性。

- 海德（Heider）指出，我们会对持有两种相互冲突的态度感到很不舒服，而这也会促使我们为了达到一种平衡状态而对其中一种态度进行改变。[60]
- 当我们的行为方式与我们的真实想法不一致时，我们就会感觉不舒服。这种不适感被称为认知失调。[61]

态度的变化过程取决于很多关键因素，其中最为重要的因素为：

- 为什么人们会持有某种态度；
- 为什么态度应该发生改变；
- 态度的变化会对哪些人带来哪些好处；

- 如果态度没有发生改变会产生怎样的结果。

大量的研究证明了以下变量在一项改变态度的方案中的重要性：

- 劝说者的特征；
- 问题的陈述；
- 听众的特征；
- 群体的影响；
- 改变态度的结果（奖励或惩罚）。

过去的10年使员工及其管理者经历了很多混乱的变革。几乎所有的组织都在结果、产品、流程、哲学体系、文化或所有权方面经历了某种程度的变革。这些变革的实施方式会对员工的态度产生巨大的影响。

评论性反思

我们不可能通过认识他人的态度来对其行为进行可靠的预测。我们无法用肉眼看到他人的态度，我们只能对态度进行推断。态度会受到组织文化和氛围的影响。你认为我们在有关态度的课堂学习中会有怎样的收获呢？

多元化管理

个体差异的一个本质特征则是多元化这一概念。从上文中我们可以了解到人们并不是同质的。多元化的关注焦点是人们之间的差异的多样性，即在异质分组过程中人们的多样性。个体差异是多元化的基础。

肯德拉（Kandola）和弗勒顿（Fullerton）将多元化定义为：

多元化管理的基本概念认为劳动力由不同的人构成。多元化则由可见的和不可见的差异组成，其中包括性别、年龄、背景、种族、残疾、人格和工作风格。建立多元化的前提条件是对这些差异的利用创造一种有益的环境。在这种环境中，所有组织成员都会感觉受到了重视，并且组织正在充分地利用他们的才能来实现组织目标。[62]

近年来，人们对多元化管理给予了更大的关注。其原因包括：

- 劳动力的人口变动；
- 平等就业机会立法；
- 肯定行动和积极性差别待遇计划；
- 越来越多的女性劳动力；
- 多变的社会态度；
- 更加全球化的环境以及国际化的日益增加。

然而，重视个体差异说起来容易，做起来却很难。它意味着与不同的人建立联系并一起工作。这些人拥有不同的观点和想法，具有不同的特点，拥有不同的志向、习俗和传统。个体差异具有挑战性。另外，它们会使个体对人们的观点、知觉和态度表示怀疑，并且需要个体根据一个不同的参照系来观察事物。多元化管理并不意味着管理者要维护自己的价值观，也不意味着他们要试图改变他人的价值观，从而使之与自身的价值观相符！

英国特许管理学会对多元化的定义如下：

多元化概念包含两个或多个人之间的任何差异，其中包括人种、年龄、性别、残疾、籍贯、家庭地位、教育、社会背景。事实上，差异是所有能够影响工作关系和成就的因素。多元化管理涉及战略的实施，而不同个体通过这些战略联合成一种动态的劳动力。[63]

多元化的维度

多元化包括每一个个体身上所具有的大量独特的特征。海尔利戈尔、斯罗卡姆和伍德曼对普通多元化和影响组织行为的多元化进行了区分。[64]第一类多元化指那些影响个体自我形象和社会化的遗传特征，个体对它们的影响力相对较小。

- 年龄；
- 人种；
- 种族；
- 性别；
- 体能和素质；
- 性取向。

第二类多元化指个体在生活中所获得的特征，这些特征不是固定不变的。个体对它们的影响力相对较大。

- 教育；
- 婚姻状况；
- 父母状况；
- 工作经验；
- 宗教信仰；
- 个人风格；
- 收入；
- 地理位置。

从平等机会到多元化管理

多元化管理是对平等机会行动的补充和发展。未来的人口模式为管理者带来了新的挑战。英国平等指导咨询署（Equality Direct）（从属于英国劳动咨询调解仲裁服务委员会）先前曾预言，截止到 2010 年，英国劳动力中将有四成人口超过 45 岁。[65]在过去 10 年中，人们的身份也发生了显著的变化。英国的分权和区域化程度有所增加。同时，矛盾的是，其融入跨国集团（以公司合并和政治日程的形式）的趋势也有所增长，这产生了很多复杂的身份和隶属关系。

试想一位生活在美国的苏格兰人在一家以欧洲为目标市场的日本公司工作，这样的一名管理者会效忠于多个不同的对象。这会影响组织的激励和士气。组合式及合同式工作者的增长会产生一种短期的、工具性的雇佣关系，这种雇佣关系会受到工作结果和绩效的驱动。在这种伙伴式的雇佣关系中，工作者不需要忠诚于组织或是对使命宣言做出承诺。在工作场所内及工作场所外，保护消费者权益运动的兴起增加了人们对“权益”的认识和期望，并且纠正了人们所知觉到的不公正行为。使工作场所中的所有人都受到公平的待遇不仅符合道德和社会要求，而且还符合法律要求。

政府致力于对工作中的个体进行保护，使他们免于遭受性别、残疾或种族歧视。例如，2000年颁布的《种族关系修订法案》规定：公共机构有义务推进服务部门中的种族平等，并且有义务改善雇佣中的平等机会。公共机构的一项专门的义务是制定和公布种族平等方案，并且还要对与种族平等有关的职能和政策进行评估、监控和控制。鼓励劳动力的多元化已被列入政府的首要日程，而法定义务也正迫使组织勉强接受这一规定。此外，政府还出台了一些关于宗教、性取向和年龄的反歧视法规。

哥德汉姆（Guirdham）认为，虽然平等机会政策和培训非常重要，但它们并不足以保障个体贡献的积极价值。组织只有在完全接受多元化的同时，对员工进行相应的培训并通过各种方式向其灌输组织原则时，才能减少子群体间进行良好工作沟通的障碍。

> 有些组织是多元化的“拥护者”，它们非常重视不同个体对组织的积极贡献；有些则容忍多元化的存在，它们只是勉强地遵守平等机会准则；而其他一些组织则将多元化当作一个问题来对待。这些不同的政策和实践显著地影响了个体进行以工作为基础的相互交往的氛围，而这些个体则在性别和种族等方面具有多元性。[66]

多元化的企业实例

多元化导致白种男性新教徒在组织中不再占据统治地位。取而代之的是，我们可以期待一种复杂模式。在这种模式中，组织将重视和称赞个体差异。这是一种理想状态。但无论如何，它们至少会进行平等的机会实践。此外，那些被人们所贬低和忽视的、令人讨厌的个人品质和特点将会被看作是附加值。从长远来看，一项有效的多元化政策应当使人们不再需要实施肯定行动或积极的差别待遇。

接受个体差异

希尔（Hill）指出，组织在追求集体身份和目标的同时，需要接受个体差异。这是组织创造过程中的一部分。

> 创造过程需要多种不同的个体。组织要想通过利用每一个体的才能而从多元化中受益，就需要允许人们拥有各种不同的视角、工作重点和风格。只有让人们享受到公平的待遇，他们才能够让组织了解到自己在这些方面的独特之处。而这种公平的待遇则意味着组织要给予他们不同的待遇。如果组织想要承认成员的多元化并鼓励其拥有不同的观点，它们就必须要培养一种信任文化。在这种文化中，组织成员愿意相互支持。[67]

相对于那些只是简单地顺从多元化政策的组织而言，接受差异和多元化的组织将会在一种激烈的竞争氛围中取得成功。英国顶尖零售集团Littlewoods首席执行官巴里·吉布森（Barry Gibson）指出：

如果我们拒绝接纳女性、少数族裔和残疾人，那么我们在挑选尖端人才时则会流失很多优秀的候选人。作为服务型组织，我们应当考虑到所有性别、肤色、宗教信仰、年龄和残疾的消费者的风格、品位和想法。文化多元化会增强公司的品质，并且使我们成为一家更为外向型的公司。[68]

诺德斯特姆（Nordström）和瑞德斯戴尔（Ridderstråle）认为，由于多元化可能会改善公司的氛围并促进平等，人们经常对其表示赞许，尽管如此，管理者还是由于经济原因而被劝说改变公司中的人员组合。“那些纠缠于种族、性别、年龄、性偏好、外貌等问题的组织将会在泥潭中陷得更深。”[69]

然而，克尔顿（Kirton）和格林纳（Greene）认为，人们应扩展“企业实例”的范围使其包括社会公正和社会责任两个更为宽泛的问题。[70]里夫（Liff）和卡梅隆（Cameron）指出，组织文化需要发生根本性的转变，从而真正地赢得组织成员的认同，而不仅仅是勉强的服从。他们以女性为例对此进行了说明，并且指出在传统的平等措施中确实存在着一定的危险。女性由于存在一些需要使用特殊方法来解决的特殊问题而成为了人们关注的焦点，这使管理者产生了怨恨和防御性的态度。里夫和卡梅隆认为，变革的首要步骤之一是思考组织文化以及将其发展为一种平等文化的方式。[71]

积极作用和消极作用

2005年，英国特许人事和开发学会（Chartered Institute of Personnel and Development）的一份报告指出，多元化的主题是“把每个人都当作个体来重视”。同时，该报告还指出，越来越多的证据表明，在对人员的重视与商业中的价值创造之间存在着一种令人信服的联系。多元化计划需要对文化及组织进行变革，但组织很难对这些变革进行管理。然而，多元化的劳动力能够带来很多好处，其中包括以顾客为关注焦点、创新、创造性和学习、业务流程优化、财务底线。

毫无疑问，越来越多的实证证据和轶事证据证明，良好的多元化管理能够改善企业绩效。在这一过程中，企业会适当地考虑商业环境和市场条件。相反，发展薄弱且与企业不匹配的多元化实践会对企业造成损害：创新不能获得收获，期望不能付诸于实际行动，成本的增加不能换来利润。[72]

该报告对测量多元化这一想法进行了介绍，并且建议采取“平衡计分卡”这一方法使多元化融入到企业战略和运营活动之中。平衡计分卡提出了多元化的积极作用和消极作用。

多元化的积极作用为：

- 促进低成本、高效的雇佣关系；
- 增强顾客关系；

- 提高创造性、灵活性及创新性；
- 促进持续发展和企业优势。

多元化的消极作用为：

- 降低文化关联性；
- 需要对灵活性进行财务支持；
- 破坏工作场所的和谐；
- 组织在裁员和扩招人员时可能会存在冲突。

董事会的贡献

英国贸易与工业部（Department of Trade and Industry，DTI）指出，组织要发展最佳实践并采取广泛的行动，而这些行动的目的是使董事会中有更多人拥有做出有效贡献所需的技能和才能：

多元化的企业实例都与董事会更加有效地发挥其自身作用有关。技能、知识、经验、年龄、性别、种族和个人背景方面的多元化会提高人们的能力和创造性。有些董事会有机会广泛地听取不同的观点，并且就公司所面临的问题展开丰富的讨论。它们更可能预见到公司未来所要面临的问题，而且更可能在出现问题时找出高质量的解决方法。[73]

多元化行动规划

多元化管理需要有效地核查和规划组织的行动。例如，英国国家统计局（Office of National Statistics，ONS）对行动进行了如下的规划。执行管理小组（Executive Management Group，EMG）明确了为促进国家统计局中的多元化而需要采取的八项重点行动：

1. 提高高管的多元化意识；
2. 努力实现国家统计局在高级公务人员构成上的多元化目标；
3. 建立国家统计局多元化论坛，并且支持员工多元化网络；
4. 对招聘政策和实践进行调整以实现多元化；
5. 辅导（员工开发中的一部分）；
6. 改善有关多元化管理信息的质量；
7. 重新设计平等机会培训，从而将重点多元化行动纳入考虑因素之中；
8. 确保其他部门中的政策制定者以及那些负责提供公共服务的人员能够对已有的多元化统计数据进行有效的利用。

目前，英国国家统计局正在实施这一行动规划，并且将会不时地对其进行更新。[74]

多元化著作

希尔顿酒店集团（Hilton Hotels Corporation）的多元化行动旨在产生可测量的定性结果，这些结果超越了只是建立和维持一种多元化的劳动力。我们已将多元化原则融入到企业运营的各个方面：雇佣、培训和辅导、市场营销、社区支持以及管理绩效测评。

虽然成功的多元化方案能够使我们获得很多的奖状、奖章和奖杯，但我们所关心的要比积累的这些硬件多得多。我们在多元化方案中取得的成就以及对其所给予的重视都体现于组织的灵魂和精神之中，即我们是谁、我们象征着什么。

我们欢迎并感激社会承认我们在多元化方面取得的成就。我们会找地方来放置更多的奖章和奖杯，它们都是对我们工作的认可。我们坚信多元化行动会增强公司的竞争力和商业价值，这远远超越了奖章和奖杯所带给我们的自豪感。因此，让我们引以为豪的是“多元化在希尔顿酒店集团颇具成效”。

希尔顿酒店总裁和首席执行官斯蒂芬·博伦巴赫（Stephen F. Bollenbach）[75]

多元化培训

要想获得有效的组织绩效，组织就需要了解多元化并对其做出反应。这需要组织营造一种尊重全体员工及其个体差异的工作氛围。组织只有在公司范围内进行多元化培训并将其视为组织核心价值中的一部分，才能使之具有成效。组织需要以一种有益于全体员工的幸福的方式来进行多元化管理。多元化培训应涉及：

- 提高多元化的价值并增强员工的多元化意识；
- 了解不同成员的文化和价值观；
- 与全体员工、顾客以及供应商进行有效沟通的能力；
- 发展进行有效的多元化管理的技能；
- 指出偏见和刻板印象。

社区商业协会（Business in the Community，BITC）是英国的一家独立慈善机构，它通过使企业看到多元化的竞争情况来帮助其接受包容性文化。当前，该机构活动的重心是劳动力市场歧视、宗教信仰、性取向、一般多元化和平等。[76]又如，英国劳动咨询调解仲裁服务委员会（Advisory，Conciliation and Arbitration Service，ACAS）关注于残疾人管理以及直线经理对组织文化和绩效管理的贡献的重要性。对管理者的人员管理技能进行培训并培养一种包容文化是非常重要的。[77]此外，组织还需要对高层管理人员给予关注。阿金（Arkin）认为，在公司总部，高层管理人员不仅全是白种人，而且都是体格健全的中年男性。组织在培养尖端人才时并没有考虑到多元化问题。[78]

有效的多元化管理还需要对组织流程和工作实施进行检查。例如，不是每个人都：

- 拥有相同的职业道德或追求相同的目标；
- 对工作于一种官僚结构之中做出同样的反应；
- 在自我管理型群体或者在更大程度上具有参与式管理风格的群体中能够更好地工作；

- 获得同样的心理测量成绩；
- 适合同样的激励方式；
- 对不同形式的控制做出同样的反应。

多元化和刻板印象

多元化还会向很多传统的刻板印象（见第4章）进行挑战。刻板印象认为从属于某一类别的人具有相同的特质或特征。刻板印象是对他人的一种简单的判断，它不会对一系列单个刺激进行处理。刻板印象将某一类别的整体特征或倾向强加到这一类别中的所有个体身上。多元化管理的一个重要特征是对克服不准确刻板知觉与归因的意识和培训。

管理者的态度、价值观和信仰

管理者如果想成功地进行多元化管理，就需要具有更高的情绪智力。这说明管理者需要意识到，并且要了解自己的态度、价值观和信念的内容及来源。克莱门茨（Clements）和琼斯（Jones）认识到这一过程会让人感到不适：

> 一个良好的多元化培训模型会使我们认识到：在探索自己的态度、价值观、信仰和偏见的过程中，人们会觉得很不自在。有些人会发现一些令他们感到痛苦的事情，而学习者的紧张感也常常与他们应该如何做出反应有关。[79]

拥有最佳绩效的组织

越来越多的组织认可了多元化的企业实例。在私有企业中，英国劳埃德信托储蓄银行（Lloyds TSB）因其方法而得到了人们的赞扬，而英国贸易与工业部则是拥有最佳绩效的公共部门组织之一。

劳埃德银行的员工对多元化拥有很强的组织承诺。董事会和集团执行委员会赞成多元化方案，同时，由集团中的10位总经理组成的多元化委员会负责对方案的实施情况进行监督。这与明确的行动规划一同使劳埃德银行在绩效方面获得了相当大的改善。[80]比如，该组织2002年的种族战略包括对以下10种关键活动进行密切和具体的关注。

1. 回顾种族或多元化的领导力和企业实例，包括实施组织平等和重点多元化行动的责任。

2. 资源供给、开发以及定制培训项目，包括辅导、职业教练式辅导和职业发展方案。它们是对全体少数族裔员工进行培训的工具。

3. 政策和计划，包括与多元化委员会和董事会一起定期地对政策和流程进行检查。

4. 招聘和培训，包括与英国国家招聘中心（National Recruitment Centre）一起找出改善劳动力的少数族裔构成的方式。

5. 分享所有权，包括与少数族裔员工、白人员工、从事人力资源工作的员工和直线经理进行磋商。直线经理会积极地参与战略的实施。

6. 沟通，包括与组织中的全体员工就政策和行动进行沟通。

7. 市场营销和顾客，包括所有常务董事在发展其特许经营权时所采用的一系列指导原则。

8. 社区参与，包括企业社会责任、同来自黑种人社区及少数族裔社区的人一起工作。

9. 与少数族裔企业一同工作，包括领导小型企业组织并支持少数族裔企业的发展。

10. 结果和影响，包括对改善员工队伍的关注。

资料来源：Lloyds TSB Equality and Diversity Team, reproduced with permission.

英国贸易与工业部集中开发一项支持其员工多元化的基础设施。多元化是绩效评价体系中的一个组成部分，而且在企业的不同部门中都存在着众多多元化的拥护者。另外，由雇员领导的平等雇佣咨询小组也一起就广泛的政策和变革问题进行探讨。英国贸易与工业部还会对种族、性别和残疾的影响作用进行评估，从而确保他们所制订的计划不会对劳动力的多元化造成负面影响。[81]

> 多元化管理可能会使组织在社会责任、成本、资源的获得、市场营销、创造性、问题的解决和组织弹性几个方面受益。然而，为了获得这些好处，组织必须要重视价值观，并且使每位员工在做出贡献和取得成功两个方面拥有平等的机会。
>
> 弗朗西斯科（A. M. Francesco）和戈德（B. A. Gold），《国际组织行为学》[82]

批评和局限性

尽管多元化管理有一些潜在的好处，但它还是遭到了人们的批评，并且存在着很多局限性。人们过于关注多元化管理对于企业的优势，而忽视了较为广泛的道德或社会问题。人们对以“强迫”推进平等雇佣机会为目的的立法和政府行动的不断增加表示担忧。多元化管理不仅需要人们投入大量的时间和精力，而且其经济成本也很高。此外，人们普遍感到对于多元化行动的管理不善会对组织造成危害，而且这种危害会大于组织获得的收益。多元化管理需要组织拥有一套哲学体系和组织承诺，并且对组织文化以及管理和培训的支持体系进行变革。

英国特许管理学会（CMI）指出，识别劳动力的多元化使组织能够更加积极地利用雇员这一组织中的主要资源。然而，尽管多元化管理有很多潜在的优点，但它也存在着一些缺点：

- 如果组织在进行多元化管理时没有顾及到员工的感受，多元化方案则会侵犯员工的隐私；
- 从短期来看，实施多元化管理的经济成本很高；
- 那些根深蒂固的偏见会被公开，从而造成一种短期的紧张感；
- 方案的执行不力会产生冲突并令人反感。[83]

个性和群体

社会交往是人类行为的一个自然特征，而群体工作则是组织生活的一个主要特征。强大而具有凝聚力的群体能够对组织产生有益的影响，但它们也存在一些潜在的缺点。由于需要同时将员工看作个体和群体成员，因而群体和劳动力多元化存在一种潜在的冲突。群体成员的一致性或相似性程度越高，群体发展其亚文化的危险也就越大。群体成员会对群体外的人或其他群体中的成员表现出一种批评态度。在鼓励发挥个性的同时，期望进行群体合作和团队工作可能会产生一种紧张的局面。

评论性反思

“尽管人们对多元化表示赞赏并认为其具有很多优点，但人们仍旧更多地关注于多元化对企业的好处，而不是道德或社会问题。无论如何，事实上，它不过是另一种形式的政治正确（即一种为避免在公共领域造成种族、性别、残疾等各种歧视所使用的婉转语），而且大多数普通劳动力都对它表示怀疑。”你对这种观点有何看法？

多元化、性别和组织

多元化管理最重要的方面之一是性别平等和劳动力中的性别构成。

“机会就在眼前”组织（Opportunity Now，原名为“机会2000”）主张进行一种鼓励性和积极的运动，从而将“性别留在日程之中”。该组织总共有355名成员，其中有216名成员参与了标杆管理方案。另外，该组织指出，工作场所中的性别平等问题已经取得了一些实际的进展。该组织会对在以下三个方面取得进展的组织授予最佳实践奖，这三个因素与其多元化变革模型有关：

- 激发组织及其成员进行多元化行动的积极性；

- 为发展和重视多元化采取行动；
- 评估多元化行动的影响并从中学习，从而重新激励组织并设定未来的目标。

组织必须要给评估人员留下深刻的印象：向评估人员说明其拥有明确的行动目标，证明其行动产生了可测量的结果，证明这些结果处于组织的监控之中。[84]

里夫和卡梅隆指出，这种政策包含以下两个方面的措施：

- 确保女性得到与男性相同的待遇；
- 指出使女性在工作场所中处于劣势地位的突出特征。

里夫和卡梅隆认为，第二类措施会使人们认为女性身上存在缺陷并与男性不同，而且还会认为她们需要他人的“帮助”。但是，这种特殊待遇会遭致男性的反对和不满。它可能会产生强烈的反响。[85]

然而，只关注“女性问题”而不去考虑改变男性地位的做法是毫无价值的。与性别平等有关的政策在很大程度上都只考虑到了女性。但是，性别平等需要男性和女性共同进行积极的参与。欧洲性别平等学会（European Institute for Gender Equality）正在提高人们对于男性的认识，例如，让男性在家庭生活中发挥更加积极的作用，鼓励男性抚养子女，允许男性休父母假（也称育儿假）。[86]组织的作用是观察其在保持生活平衡方面对男性和女性所给予的鼓励。此外，组织不能孤立地看待性别问题，它们应将其看作是多元化管理中的一部分。

欧盟委员会（European Commission）使人们注意到了在将工作和家庭生活相结合时会出现一些问题，这些问题妨碍了人们的职业生活。该委员会强调，帮助男性和女性实现良好的工作和家庭生活平衡是迎接性别不平等、低就业率和老龄化问题的挑战过程中的一个至关重要的步骤。[87]

组织行为和性别

我们对他人最初的知觉和分类就是识别他们的性别。

- 这种知觉会对我们的行为产生怎样的影响？
- 如果男性（女性）在我们的工作群体占支配地位，情况会有何不同？
- 女性和男性在工作经验上存在差异吗？
- 如果组织是理性和中立的，那为什么性别应该很重要呢？
- 很多经典理论都是由男性研究人员以男性为研究对象而得出的。这重要吗？
- 多元化政策对工作行为以及女性在组织中的地位有何影响？

此部分将探索如何通过观察性别来更好地认识组织行为。传统上，这一领域已被人们所忽视，而由此产生的结果直到最近才成为人们所关心的一个问题。埃维森（Alvesson）和杜（Due）认为：

性别视角暗示着对男性和女性的思维、情感、价值观和行为方式的重要性、意义和结果进行分析。此外，它还暗示着对保持劳动力在性别间的分配的组织实践进行分析。[88]

他们认为，认识和理解这些观点对于充分地分析组织行为是非常重要的。组织会强化思维模式和行为，而个体则会维持和鼓励这些模式。个体和组织间的关系是动态的，而且人们会通过许多微妙的、明确的以及公开的方式来对其进行重新确认。例如，一位到餐桌前提供服务的女服务员会通过高效和女性化的服务而赚取小费。这对该服务员的服务及其对顾客的关怀起到了强化作用，并且她会学着关注某些能够赚取更多小费的行为。比如，她可能会对男性顾客提供特别周到的服务。

情感、政治和性别

性别问题被情感和政治问题所包围。埃维森和杜认为，有些人对性别过于敏感，并且会将所有的负面评论都解释为一种性别歧视。同样，有些人会对性别不敏感，并且组织也会对日常的歧视和曲解情况中的性别问题熟视无睹。虽然实现适当的平衡（既不过分地敏感，也不否认性别问题的普遍性）并不容易，但它却是对工作中的男性和女性进行管理的一项重要技能。[89]

性别研究说明了思维和行为的矛盾本质。尽管刻板观点试图使我们的世界具有一些简单的一致性和预言性，但我们的实际行为却使问题变得混乱不堪。例如，那种认为女性比男性更加情绪化，且更会关心他人的刻板印象有根据吗？

- 男性和女性在情感的表达方面真的存在着如此大的差异吗？某一性别并非在快乐、压力和攻击等情绪中占据支配地位。对工作中的男性和女性的观察揭示了情感反应的差别。
- 女性真的比男性更会关心人吗？有些男性难道不比一些女性更容易动感情吗？但人们会对这样的行为做出相似的解释吗？

矛盾和困惑

性别研究充满了矛盾和困惑。虽然很多证据对女性在组织中的职位、地位和（缺乏）权力这几个可被测量的方面进行了证明，但人们对于工作生活的主观认识和定性认识却十分模糊。认为所有男性和所有女性都具有完全相同的属性并不能对我们的认识起到帮助作用。不仅两性间存在着差异，在同一性别中也存在着同样多的差异。社会阶层、种族和年龄不仅会影响人们的态度、信念和价值观，还会影响人们对于性别的认识。早期的组织研究都是由男性研究人员完成的，并且在很大程度上都以对男性行为的观察为基础。尽管这些研究会因此而遭到人们的批评，但中产阶级的白人女性还是在相当多的女性研究中占据支配地位，她们认为人们应该维护女性的价值观。

工作取向和激励

许多有关工作取向和激励的经典研究都忽视了女性工作者，而认识到这一事实对人们是非常有好处的。早期研究倾向于完全以男性为关注的焦点（如泰勒的理论），或者避免对性别上的差别进行解释（如第 1 章有关霍桑实验中的性别权力区别的讨论）。当然，性别研究本身就存在着一些固有的危险，这在激励研究中得到了很好地体现。显而易见，并不是所有女性（或所有男性）都拥有相似的动机。两性之间以及同一性别中的不同个体之间都存在着差异。

研究人员在澳大利亚进行的一项研究很好地说明了这一点。该研究以女性兼职工作者为研究对象。在传统上，人们认为这一群体的相似性最大。虽然大部分人都对自己的工作时间以及有时间照看孩子表示满意，但并非所有的研究对象都拥有家庭责任感，有些人（样本中的 20%）甚至更喜欢全职工作。该研究使人们注意到对兼职工作的不同激励方式。[90]

领导力、管理和女性

对于一种更加女性化的领导风格而言，组织结构和管理方式上的变革是个好消息（见第 3 章）。如果组织需要通过一种促进式及参与式的管理风格来实现其工作的有效性，那么这应当很好地说明了女性偏爱社会化程度较高而等级化程度较低的管理模式的原因。很多事实都证明，灵活的组织形式正在鼓励一种新的管理和领导方法。这种新的管理和领导方式与传统方式相比，其男性化程度较低。诸如身份、具有凝聚力的团队、社会整合等主题都说明了一种非男性化的工作取向。“如果人们认为那种参与程度较高、非等级化的、灵活的群体导向型管理风格适合组织的发展，而这种管理风格又被确切地表述为女性化的管理风格，那么，女性则能够成为组织中担任管理者的合适人选。”[91]

组织所需要的现代领导风格不仅要颇具远见并考虑成员的个体因素，还要能够增强参与意识并支持成长和自尊。艾利默 · 麦特卡夫（Alimo Metcalfe）的研究支持了这一观点。她认为，女性管理者具备“温暖、善解人意、支持自尊、诚实正直”等品质。[92]她在之后的另一篇文章中指出，领导力并不是做个了不起的女性（或男性），而是：

- 重视员工的个性；
- 鼓励个体挑战现状；
- 具备正直和谦逊的品质。

艾利默 · 麦特卡夫认为，有关领导力的神话是危险的，因为这种观点认为领导力是稀有的、只存在于组织的最高层级之中，而且领导者都是超人。[93]她指出，这使她的研究与美国那些倾向于以“远距离领导者”为重点的研究区分开来。远距离领导者的特点与“邻近领导者，即顶头直线经理”不同。尽管他们具有远见、号召力且非常勇敢，但下属在其邻近领导者身上发现了友善、开放和体贴的品质。艾利默·麦特卡夫在其研究中对这些特点进行了高度的评价，并且发现在14项特点中，女性有11项得分比男性高。

维持现状的推动力——男性领导者

人们对于“新领导”研究及变革型领导的兴趣集中于“英雄”和号召力的本质上。很多研究都以公共人物，特别是男性为焦点。戈菲（Goffee）和琼斯认为，激励型领导具有以下四种品质：

- 他们会有选择性地暴露自己的缺点；
- 他们非常依靠直觉来判断合适的行动时机和行动方向；
- 他们会用“冷静的移情”来管理员工；
- 他们会展示自己的与众不同，并且会利用自己身上的独特之处。

然而，戈菲和琼斯指出，性别差异会导致刻板印象和双重束缚。他们认为，女性会“主动扮演”人们对她们的刻板印象。她们会通过变得“更加男性化”而让自己成为“隐形人”，或者刻意扮演“孩儿妈妈”的角色，又抑或是通过在工作场所中参加权利运动而使自己显得别具一格。无论选择何种方式，女性都是在主动地扮演着一种负面的刻板印象。戈菲和琼斯问道：“女性领导者能够忠于真实的自我吗？”[94]

积极方法

有关女性职位和地位的评述及文章都在结论部分告诫组织，要引进并推广一些对女性给予积极帮助和支持的方案。女性代表了一种相对而言尚未被开发的人力资源，而这一观念中所蕴含的良好商业意识则是形成引进这些方案想法的基础。相当多的媒体都对女性在工作中的作用进行了夸张的宣传，但最近的统计数据却并没有显示出这一作用的进展。此外，改善女性的“命运”还会引起男性的反感。

或许最积极的办法就是让组织接受不断变化的员工工作模式，并且思考对一种多元化劳动力进行整体管理的最佳工作实践。组织不能机械性地完成这一过程，它们应当对自身及劳动力进行分析。组织需要对它们那些非书面的假设和期望进行分析、讨论和质疑，从而揭示其组织文化中固有的偏见。通过分析组织如何通过一些琐碎的细节来表述自己的文化，它们会对人们的知觉和态度有所认识。只有在进行充分的分析之后，组织才能确定是否应当发展更多的平等主义实践。

许多机构都认为，工作生活平衡是实现性别平等的关键所在。英国平等就业指导咨询署的兴趣是成为“底线”：

如果企业对其最有价值的资源进行了利用，它们就会取得成功。这种最有价值的资源指的是员工的能力和技能。反过来，如果企业员工能够使工作和业余生活保持适当的平衡，他们就会获得健康的成长。[95]

人们对于平等的关注焦点已经从女性的需要转变为对性别的包容性。性别的包容性观点颇具说服力，因为它避免了由选择性地以女性需要为关注焦点而引起的敌对和反感。性别问题并不是一个“女性问题”。该观点认为，人们应当将性别“主流化”。性别包容应该成为企业的一项核心实践。平等机会委员会指出，性别主流化实践需要人们对男性和女性在社会中的传统地位进行重新的思考：

简单地说，性别主流理论挑战我们对男性和女性的假设和刻板印象以及他们在社会和经济中的地位。它意味着我们要制定有根据的政策。这是一种良好的意识。有针对性的政策意味着更好地利用资源并实现政策目标。这些政策会考虑到男性和女性不同的时间安排方式或与商品及服务建立联系的方式。在政策的制定过程中，社会和经济中的不平等将会受到挑战。[96]

实现性别平等的方法——比较

澳大利亚的一项研究对不同平等机会政策与女性管理者数量之间的相关性进行了探索。这明确了实现性别平等的四种方法。

- 经典差异。进行平等待遇实践，但人们扮演着性别化的角色。
- 反歧视。鼓励平等结果。
- 肯定行动。帮助弱势群体并采取特殊行动（建立女性群体/女性网络/制定女性辅导方案、与正式的女性投诉机制）。
- 性别多元化。通过文化和组织体系中的变革来弥补劣势；鼓励灵活的体系；不鼓励对某一群体给予特别的待遇，例如，工作分享、兼职工作。

研究发现，那些采取肯定行动的组织在所有管理层级中都显著地拥有更多的女性管理者。然而，人们在那些性别多元化的组织中并没有观察到这一现象。弗兰奇（French）指出：“对于这种现象的一种解释是，多元化战略的广泛应用所产生的实际结果是十分有限的。换句话说，一切的努力都是徒劳的。另一种解释则是，实现实际平等的多元化方法会花费长达 25 年的时间。这是因为如果不利用直接肯定行动策略，文化变革和结构变革的速度则会非常缓慢。”[97]

离弹性工作实践成为我们“正常生活方式”中的一部分还存在着一定的差距。实际上，组织的政治和文化本质是进行工作实践选择中的一个主要因素。那些选择从事兼职工作的员工以及害怕因选择在家里办公而错过晋升机会的人员似乎感到很见不得人。因此，即使组织中的所有成员都拥有弹性工作机会，实际上，组织的政治和文化本质也会阻止那些雄心勃勃的个体来进行这种选择。（第12章将对组织中的文化过程进行更加全面的介绍。）

IBM——多样性使员工团结在一起

1935年，当IBM决定使从事相同工作的男性和女性获得同样的薪酬，并且认为他们应拥有平等的责任和职业机遇时，IBM成了报纸的头条新闻。IBM对包容性工作场所的重要性的认同为当今人们对于多元化的关注奠定了基础。人们对于多元化的关注焦点是鼓励所有员工以最佳的状态工作，并且对他们所持有的不同观点表示欢迎和感激。

IBM公司[98]

评论性反思

我们知道，每个人都是一个个体。但是，很多组织行为学理论和模型仍然具有普遍的适用性。你认为这些理论和模型具有怎样的价值？我们是否不应去观察人们之间的相似性，而是应当更多地去关注有关个体差异的研究？

从新闻中学管理

挪威打碎了玻璃天花板，这会推进女性的事业吗

苏茜·莫苏（Susie Mesure）

首先是挪威，现在轮到了法国。在欧洲，由于政府开始拯救那些因性别原因而与公司高级职位失之交臂的女性，法律的触角正在小心翼翼地探入董事会这一领域。目前，挪威已实施了新型管理制度两个月。这一新制度规定，若上市公司董事会中的女性董事人数在下一年年底未能达到政府所规定的配额，那么该公司将会被关闭。截止到2007年底，挪威奥斯陆证券交易所的上市公司董事会中的女性比例至少要达到40%，否则公司将会被交易所摘牌。与之相似，为了改善国内女商人的命运，上个月，法国政府规定截止到2011年，女性董事人数必须达到董事会总人数的20%。同时，西班牙政界正在制定一项草案，其目的是禁止工作中的性别歧视。欧洲大陆到处回荡着玻璃天花板的破碎声。

这一破碎声在挪威商界产生了强烈的反响。挪威企业联合会（Confederation of Norwegian Enterprise, NHO）估计，挪威的 500 家上市蓝筹公司将不得不为了达到配额而如同变戏法般地变出 600 名女性董事。最近，一项有关公司经理的调查发现，大部分经理都认为缺少合适的候选人。挪威拥有 450 万人口，这一立法剧变延续了挪威长期的性别平等传统。在挪威，19 名内阁成员中有九名为女性。同样，挪威有 1/3 的议员为女性。

因此，英国要如何实现性别平等呢？今年，英国企业界接到了来自平等机会委员会的警告。平等机会委员会将用 40 年的时间来使女性在“富时 100 指数”（FTSE 100）公司中获得与男性同等的地位。福西特协会（Fawcett Society）致力于为女性争取更大的机会。该协会预言，它将用 80 年的时间使全职女性与男性在薪酬上获得平等。立法是实现平等的方法吗？

就职于汉森格林招聘咨询公司的前保守党领袖的妻子菲昂·海格（Ffion Hague）指出：“我不支持通过立法来解决性别平等问题，因为我们还没有丧失择优任命的理由。如果人们不再从同一个圈子里挑选任命的人选，我们就会有很多潜在的女性候选人。”

一种解决方法是执行辅导方案，它试图绕过仍统治着人们生活的传统“旧势力”。辅导方案正在取得收获。该方案试图在位于“富时 100 指数”前列的公司中处于支配地位的男性经理与在其他蓝筹公司中处于较低地位的女性之间建立一种联系。汇丰银行（HSBC）、阿斯利康制药公司（Astra Zeneca）、苏格兰电力公司（Scottish Power）等都参与了该方案。统计数字显示，“富时 100 指数”公司的董事会中，女董事的人数只占总人数的 11%。虽然这一数字令人十分沮丧，但很多有抱负的女高管都看到了一丝希望。一旦在工作场所中安顿下来，公司就会使女性员工在怀孕期间的离职变得更为容易，而至关重要的是，她们在产后更容易回到岗位上。美国投资银行雷曼兄弟公司（Lehman Brothers）热切地希望让休完产假的新妈妈们在重返工作岗位时能够在公司中拥有更高级的职位。

英国没有追随挪威进行立法干预。《女性在董事会中占有一席之地》一书的作者潘妮娜·汤姆森（Peninah Thomson）指出：“事实正在证明，政府的告诫加之富时 100 指数中的工业巨头为我们树立的良好榜样很好地促进了变革，我们不需要政府进行干预。”

资料来源：Mesure, S. ‘Norway shatters the glass ceiling – but will it promote women’s cause?’ *The Independent*, 8 March 2006.

讨论题

1. 批判性地讨论上文所描述的立法方法，比较男性和女性在工作需求上具有怎样的相似性或差异。

2. 这里所说的配额设置的理由是什么？你可能会考虑两种主要的理由：伦理理由和现实理由。

本章概要

- 组织的基本要求之一是在实现共同目标的工作氛围中发展和鼓励个性。成功管理人员的与众不同的特点是能够使员工展现并认识到他们身上最大的优点，并且能够重视个体差异和多元化。对雇员关系进行良好的管理取决于认识到员工的能力、兴趣和动机，它还取决于有效的社会技能和情绪智力。
- 要确保组织的很多角色和功能得以有效地实现，认识并提高个体的才能和潜力是非常重要的。然而，个体差异也会产生一些问题和冲突。人们会出现人格冲突，而态度和价值观的差异还会导致两极分化和歧视。尽管心理学家对某些因素的重要性并没有表示赞同，但我们还是可以从一般规律研究法和特殊规律研究法中获得很大的收获。
- 工作绩效的一个主要影响因素是员工的能力。不同职业需要不同的技能、胜任力和能力。人们的争论涉及智力的本质及其遗传程度。人力资源的一个重要过程是通过恰当的心理测验来确保为工作挑选合适的人选，并且确保他们能够有效地利用自己的智力。然而，心理测验并不能解决一切问题，而且如果使用不当，还会使雇主产生一种错误的安全感。
- 人们所持有的态度是没有限度的。态度和动机有很多功能，并相互联系。态度的评估在挑选潜在员工和未来管理者中发挥着至关重要的作用。考虑到态度测量的困难以及人们对行为预测的怀疑，对态度的评估存在着很多的问题。态度可以具有持久性，而维持这种持久性的则是组织的文化，态度也因此而难以改变。此外，人们应当认识到态度的影响力，特别是对组织的新成员及其发展的影响。
- 个体差异的本质特征是多元化。人们不是同质的。多元化包括每一个体身上的很多独特特征。但是，重视差异说起来容易，做起来却很难。多元化管理对雇佣机会平等行动进行了补充和发展。多元化关注的焦点是人们之间差异的多样化。越来越多的组织认可了作为创造过程一部分的多元化的企业实例。
- 对多元化的认识需要组织营造一种尊重全体员工及其个体差异的工作氛围。多元化挑战了很多传统的刻板印象，组织需要以一种对全体员工的福利有益的方式来进行多元化管理。多元化管理最重要的方面之一是性别平等和劳动力的性别构成。尽管多元化管理有很多潜在的好处，它还是存在着很多的局限性并可能遭到人们的批评。

利用 www.pearsoned.co.uk/mullins 这一网站上的网络资源来进行知识更新与在线研究。

复习与讨论题

1. 你认为对工作关系进行有效管理的主要问题是什么？

2. 讨论个体差异在工作中的主要表现方式。

3. 对自己所在的学习或工作小组中的一名组员进行访谈，从而来评估他们的人格。你会向这名组员提出哪些问题？你觉得你的评估的准确性如何？

4. 为什么人们很难测量和改变态度？设计一份简单的问卷来调查同事对于工作压力的态度。

5. 你在多大程度上认为平等机会和有效的多元化管理之间存在着明显的差异？

6. 人们过于关注企业从多元化管理上获得的好处，而不是一些更为宽泛的道德或社会问题。批判性地讨论这一观点。

7. 你将如何计划并实施一项以克服不准确的刻板知觉和态度为目的的培训项目？

8. 准备一份关于组织行为学、性别和工作经验的讨论材料。

作业

创建你自己的库格

	自己	母亲	父亲/配偶/伴侣	兄弟/姐妹	前男友/前女友	反对人士	具有威胁性的人	概念
1	○	○	×	○	×	○	×	害羞的（×）外向的（○）
2								
3								
4								
5								
6								

在每一栏最顶端的方框内填写一个重要人物的姓名。首先是你自己，其次是母亲、父亲、配偶、男朋友、女朋友、最好的朋友。

我们已经为你列出了一些人名，但你可以添加一些自己的选择。这取决于你所认为的重要人物包括哪些人。

从方框中任选出三个人，确定其中两个与另外一个有何差异。例如，也许你认为：你和你的父亲都很害羞，但你妈妈却不是。这是你的第一个概念。将它写在右侧的方框中。暂时不要画“×”。

选择另外三个人重复上面的过程。将第二个概念写在第一个构念下一行的方框中。

你可以一直继续选择其他组合来重复这一过程，但我们在这里为你提供一些建议。心里学家通过使用凯利的方法发现，它们对人们很有帮助。想要得出多少个概念取决于你自己，但六个是一个很好的开始。这些概念说明了你观察世界的角度。

你可以停在这里，但如果你想要向前再迈进一步的话，观察概念1左侧的内容，然后决定表中的每个人是否具有此特征，例如，每个人都害羞吗？对的画“×”，错的画“○”。

当你用所有概念对每一个人都进行了评价后，你可以看看哪里出现了对勾。上面的表格可以对你进行帮助。首先观察第一行和第二行，数一下每个人在每一行中有几个“×”和“○”。把这些数字相加，得到的结果就是你的匹配结果。例如，第二行和第六行中的匹配数最多，那么在你来看，符合概念2中特征的人也将符合概念6中的特征。所以，在你对世界的看法中，这两个概念是相互联系的。这可能是因为这两个形容词很相似，例如，你觉得和蔼的人也大方，但有时结果却显示我们观察世界的方法与我们所认为的稍有不同，这大大出乎了我们的意料。

我们对你都有哪些概念以及是否出现了让你吃惊的情况很感兴趣。你可以给我们写信：allinthemind@ bbc. co. uk

资料来源：From All in the Mind, BBC Radio 4 website(www. bbc. co. uk/radio4/science/allinthemind_20021009. shtml).

案例分析

百安居——多元化的企业实例

百安居是英国最大的自助连锁商店，主要销售家居装潢和家庭园艺所需的材料及设备。1969年，公司创始人理查德·布洛克（Richard Block）和大卫·奎尔（David Quayle）在英国的南安普敦市开办了他们的第一家店面。将近20年后，该公司被伍尔沃思公司（Woolworth）收购。现在，百安居已成为英国翠丰集团（Kingfisher Group）的一员。翠丰集团旗下还拥有Brico、Castorama和Hornbach DIY几大零售品牌，并且在法国、西班牙、意大利、波兰和俄罗斯拥有很高的市场地位。目前，百安居公司总部仍在英国汉普郡，其店面遍布英国和爱尔兰。

百安居经常从中国制造商手中进货（现在，中国是其自助产品的最大供货商），并因此从一开始便与远东建立了稳固的联系。这些联系将百安居的销售业务扩展至远东市场，并于1996年入驻中国台湾地区。1999年，百安居通过在上海开设分店而正式打入了中国内地市场。现在，百安居在中国内地总共有六家分店，并且已经在中国内地市场中站稳了脚跟。北京百安居是中国内地最大的一家分店，其业务也以销售家具和家装材料为主。此外，中国房地产市场的特性也使该公司为入住新建公寓的顾客提供安装和装修服务，并从而通过一项纵向整合战略使其业务得到了扩展。

2006年，公司在英国300多家分店中雇佣了38 000多名员工。然而，2006年3月，公司指出其在英国的税前收益下降了50.4%，这在很大程度上是由于2005年期间消费者在自助产品上的支出出现了显著的下降。[99]

百安居和“人口时间炸弹”

正如本章开始所述，英国人口正在步入老龄化，而且在20世纪80年代晚期，这种所谓的“人口时间炸弹”所产生的影响开始引起了人们特殊的兴趣。由于劳动力市场在某些方面存在着一定的缺陷，人们由此而对公司间年轻工作者的激烈竞争表示担忧。一些企业，如百安居，对它们的雇佣实践进行了批判性的检查。这对于一家像百安居一样的发展中公司来说是非常重要的，劳动力的短缺会严重影响公司的扩展计划。因此，1989年，百安居管理层对其劳动力进行了审查，并且指出，不仅青年员工在公司中占据统治性地位（大部分员工的年龄为16～26岁），而且年龄在18～20岁之间的员工的离职成本也非常高。此外，管理人员还指出了顾客对其高龄员工的积极反馈。这些高龄员工能够提供更好的顾客服务，部分原因是由于他们拥有丰富的自助知识。

公司管理层决定通过挑战人们对于雇佣高龄员工的缺点和问题的看法，来解决这一问题。最初，百安居董事会对以劳动力市场中的高龄人群为雇佣目标的提议表示担忧，并且很自然地对这一人群工作的效果持谨慎态度。“1990年，公司普遍雇佣高龄员工，但这却产生了很多刻板印象和问题。人们需要打破这些神话。”[100]

有关高龄员工的担忧和神话与其他一些相关研究的结果相符，比如，研究人员于1993年向英国人事管理学会（现在改名为英国人事发展学会）报告的研究结果。[101]研究结果表明，高龄员工同时具有一些正面和负面特征。例如，人们认为高龄员工比青年员工更加可靠、忠诚、尽责、努力；同时，人们也认为他们的适应能力比较差，尤其是对新技术的适应能力，并且他们的学习和接受培训的能力及积极性也比较差。其他研究说明，人们对高龄员工的刻板观点都与低水平绩效（包括由与年龄有关的身体损伤所导致的低绩效）、缺勤和离职率三个问题有关。[102]此外，人们还对青年员工与高龄员工间的关系表示担忧，特别是青年管理人员与高龄员工之间的关系。

因此，百安居公司的管理人员决定，如果想要得到公司股东的支持，他们就需要收集一些确凿的证据。1990年，百安居在马克勒斯菲开设了一家新的分店，店中的员工年龄均在50岁以上。英国华威大学（Warwick University）的一家研究团队对该实验进行了监控。研究人员在该分店开张的第一年以其他的四家相似分店为基准对其绩效进行了衡量。研究结果十分显著：该分店获得了更高的利润，员工离职率相当低，缺勤率的下降幅度超过了1/3，库存缩减额（由于员工和顾客的破坏或偷窃而导致库存流失）降低了将近2/3。[103]这一研究结果消除了董事会的担忧，并且支持了劳动力多元化的企业实例。因此，百安居开始采用一种积极的方式来招聘和雇佣不同年龄的劳动力。此后十多年，英国才实行了相关的立法。1995年的研究证实了最初的研究结果，使公司再次肯定增加劳动力多元化的必要性。显然，无论从何种意义上来说，劳动力多元化政策的目的是为了良好的企业绩效。2000年，公司成为年龄问题雇主论坛（EFA）的创始成员之一。[104]该论坛包括来自英国的200家公司，这些公司支持劳动力年龄多元化，并且从事劳动力年龄多元化的推进运动。

百安居公司中的多元化——项正在发展的项目

百安居不仅成功地雇佣了50岁以上的员工，而且还认识到了更为宽泛的多元化的价值。公司网站上包含了大量有关社会责任的信息，其中包括对人员多元化的尊重：

我们相信，多元化的劳动力使企业拥有多种不同的人才，这使我们成为了一家成功的企业。我们希望人们可以在百安居“很好地工作和购物”。公司的政策致力于消除歧视并促进就业中的平等机会，这样一来，年龄、性别、肤色、种族或国籍、文化、宗教、残疾、婚姻状况、政治面貌或性取向都不再是人们在百安居工作和购物的障碍。[105]

百安居的多元化经理向公司首席执行官进行了直接的汇报，而且现在，董事会对多元化战略非常感兴趣。如今，公司的多元化战略非常重视文化多元化和残疾人的雇佣。公司试图使这些战略在其广告和宣传材料以及人事和管理政策中得以体现，并因此使多元化成为企业品牌价值和公共形象中的一个非常重要的部分。

1998年，公司正式制定了残疾政策。与年龄政策一样，残疾政策将理解残疾问题的重要性与将其融入企业战略的重要性联系在一起。该政策的目标是消除那些对残疾人在百安居中工作和购物造成困难的障碍。与之相似，百安居的文化多元化战略超越了只是简单地确保公司不违反政府法律。

2001年，公司发现1000多名员工掌握两种语言。除英语外，员工们总共会说 60 多种语言，其中包括英式手语。公司积极地鼓励员工使用英语以外的其他语言来帮助他们理解并满足顾客的需要，很多员工都通过佩戴语言徽章来向顾客说明其所具备的语言能力。百安居在商店中为顾客提供了很多文化多元化的信息。此外，公司还设置了宗教和文化节日日历，这不仅有助于员工理解顾客，而且还会帮助管理人员进行工作安排。

百安居的下一步计划

如上所述，英国百安居在 2005 年遭受了严重的挫折，这致使公司对其企业战略进行检查。在零售业务利润下降的同时，2006 年 3 月，公司的首席执行官宣布百安居将开始提供更多的服务，如粉刷和装潢（公司已经增添了厨房和浴室设备），这反映出了公司在中国所实行的纵向整合战略。然而，技能的短缺阻碍了这一发展计划的实施。公司正在计划通过将目光指向波兰劳动力市场来解决这一问题，其目的是招聘大量能够在英国工作的粉刷工和装修工。[106]

你的任务

1. 百安居为什么采取现有的多元化战略？你在多大程度上同意或不同意这些原因，为什么？

2. 使用有关人格理论来检查百安居的策略，哪些理论能够最好地解释公司的策略？

3. 百安居的多元化方法如何鼓励人们（员工和顾客）对组织绩效做出贡献？

4. 百安居的业务很特殊：零售自助建筑与园艺材料和设备。它的多元化策略适用于其他类型的组织吗？例如，在线或电话零售保险公司（如销售汽车、旅游或家庭保险）、汽车制造公司或者国有学校或医院？

主要资料来源

B&Q company website – http://www.diy.com. You can read about its diversity policies in the ‘About Us’ and ‘Social Responsibility’ sections.

The Employers Forum on Age (EFA): – http://www.efa.org.uk – is an independent group of over 200 UK employers, including many major companies, which sets out to campaign for and support the cause of employing an age-diverse workforce.

Kingfisher Group – http://www.kingfisher.co.uk

BBC News: website – http://news.bbc.co.uk

Age Positive; website address http://www.agepositive.gov.uk – Government team within the Department for Work and Pensions which is responsible for promoting the cause of the employment of older people in the labour market. Information about the campaign, together with a number of case studies including that of B&Q, can be found on the website.

Department of Trade and Industry – http://www. dti. gov. uk – is responsible for disseminating details about the Employment Equality (Age)

Regulations which came into force on 1 October 2006. Full details of the regulations, together with reports based on consultation exercises in the run-up to October 2006, can be accessed here.

注释与参考文献

1. Social Trends 36, 2006 edition http://www. statistics. gov. uk.
2. Turner, B. *Exploring the Industrial Sub-culture*, Macmillan (1977).
3. Salaman, G. 'Organisations as Constructions of Social Reality', in Salaman, G. and Thompson, K. (eds) *Control and Ideology in Organisations*, MIT Press (1983).
4. Video 'Management Revolution and Corporate Reinvention', BBC for Business (1993).
5. McCrae, R. R. and Costa, P. T 'More Reasons to Adopt the Five-Factor Model', *American Psychologist*, vol. 44, no. 2, 1989, pp. 451-2.
6. Bayne, R. 'The Big Five versus the Myers-Briggs', *The Psychologist*, January 1994, pp. 14-17.
7. Lord, W. and Rust, J. 'The Big Five Revisited: Where are we now? A brief review of the relevance of the Big Five for Occupational Assessment', *Selection and Development Review*, vol. 19, no. 4, August 2003, pp. 15-18.
8. Mount, M. K., Barrick, M. R. and Strauss, J. P. 'Validity of Observer Ratings of the Big Five Personality Factors', *Journal of Applied Psychology*, April 1994, p. 272.
9. Bentall, R. P. 'Personality Traits May Be Alive, They May Even Be Well, but Are They Really Useful?', *The Psychologist*, July 1993, p. 307.
10. Eysenck, H. J. *Eysenck on Extroversion*, Crosby, Lockwood Staples (1973).
11. Mabey, B. 'The Majority of Large Companies Use Occupational Tests', *Guidance and Assessment Review*, vol. 5, no. 3, 1989.
12. Personality tests have been debated by: Bartram, D. 'Addressing the Abuse of Personality Tests', *Personnel Management*, April 1991, pp. 34-9; and Fletcher, C. 'Personality Tests: The Great Debate', *Personnel Management*, September 1991, pp. 38-42.
13. Howarth, E. 'A Source of Independent Variation: Convergence and Divergence in the Work of Cattell and Eysenck', in Dreger, R. M. (ed.) *Multivariate Personality Research*, Claiton (1972).
14. Rogers, C. *A Way of Being*, Houghton Mifflin (1980).
15. Cooley, C. 'The Social Self', in Parsons, T., Shils, E., Naegele, K. D. and Pitts, J. R. (eds) *Theories of Society*, The Free Press, New York (1965).
16. Erikson, E. H. *Identity and Life Cycle*, Norton (1980).
17. Hunt, J. W. *Managing People at Work: A Manager's Guide to Behaviour in Organisations*, Third edition, McGraw-Hill (1992).
18. Jung, C. G. *Analytical Psychology: Its Theory and Practice*, Routledge & Kegan Paul (1968). See

also: Jacobi, J. *Psychology of C. G. Jung*, Seventh edition, Routledge & Kegan Paul (1968).

19. Myers, Isabel Briggs *Introduction to Type*, Sixth edition, Consulting Psychologists Press (2000); and Myers, K. D. and Kirby, L. K. *Introduction to Type Dynamics and Development*, Second edition, Consulting Psychologists Press (2000).
20. Hirsh, S. K. and Kise, J. *Introduction to Type and Coaching: A Dynamic Guide for Individual Development*, Consulting Psychologists Press (1994).
21. Kelly's theory as described by Bannister, D. and Fansella, E, in *Inquiring Mind: The Theory of Personal Constructs*, Penguin (1971), pp. 50 – 1.
22. Stone, G. 'Personality and Effective Hospitality Management', Paper presented at the International Association of Hotel Management Schools Symposium, Leeds Polytechnic, Autumn 1988; and Worsfold, P. A. 'Personality Profile of the Hotel Manager', *International Journal of Hospitality Management*, vol. 8, no. 1, 1989, pp. 55 – 62.
23. Bartram, D. 'Addressing the Abuse of Psychological Tests', *Personnel Management*, April 1991, pp. 34 – 9; Newell, S. and Shackleton, V. 'Management Selection: A Comparative Survey of Methods Used in Top British and French Companies', *Journal of Occupational Psychology*, vol. 64, 1991, p. 23.
24. Kline, P 'The Big Five and Beyond', Conference Paper given at the British Psychological Society Occupational Psychology Conference, University of Warwick, January 1995.
25. Anastasi, A. *Psychological Testing*, Macmillan (1988), p. 560.
26. Blinkhorn, S. and Johnson, C. 'The Insignificance of Personality Testing', *Nature*, 348, 1990, pp. 671 – 2.
27. Goss, D. *Principles of Human Resource Management*, Routledge (1994).
28. Gibbons, P., Baron, H., Nyfield, G. and Robertson, I. 'The Managerial Performance and Competences', Conference Paper given at the British Psychological Society Occupational Psychology Conference, University of Warwick, January 1995.
29. Platt, S, with Piepe, R. and Smythe, J. '*Teams*': *A Game to Develop Group Skills*, Gower (1988).
30. Gray, M. J. 'Personality and Performance', *Selection and Development Review*, vol. 19, no. 1, February 2003, p. 4.
31. Hochschild, A. R. *The Managed Heart: Commericialization of Human Feeling*, University of California Press (1983).
32. Friedman, M. and Rosenman, R. *Type A Behavior and Your Heart*, Knopf (1974).
33. Rosenmann, R., Friedman, F. and Straus, R. 'A Predictive Study of CHD', *Journal of the American Medical Association*, vol. 89, 1964, pp. 15 – 22; and in Warr, P. and Wall, T. *Work and Well Being*, Penguin (1975).
34. Cooper, C. 'Papering over the cracks: individual strategies or organizational intervention in dealing with stress at work', Conference paper given at the British Psychological Society Occupational Psychology conference, University of Warwick, January 1995.

35. http://www.equalitydirect.org.uk [accessed 3 September 2003].
36. Howe, M. J. A. 'Can IQ Change?', *The Psychologist*, February 1998, pp. 69 – 72.
37. Spearman, C. *The Abilities of Man*, Macmillan (1927).
38. Vernon, P. E. 'The Hierarchy of Abilities', in Wiseman, S. (ed.) *Intelligence and Ability*, Second edition, Penguin (1973).
39. Thurstone, L. L. 'Primary Mental Abilities', *Psychometric Monographs*, no. 1, 1938.
40. Guilford, J. P. 'Three Faces of Intellect', in Wiseman, S. (ed.) *Intelligence and Ability*, Penguin (1959).
41. Gardner, H. *Frames of Mind*, Second edition, Fontana (1993).
42. Goleman, D. *Emotional Intelligence*, Bloomsbury (1996), p. 34.
43. Goleman, D. *Working with Emotional Intelligence*, Bantam Books, New York (1998).
44. Boyatzis, R., Goleman, D. and Hay/McBer, *Emotional Competence Inventory Feedback Report*, Hay Group (1999).
45. Freely, M. 'Love one another is the first lesson', *The Observer*, Sunday 31 August 2003.
46. Anastasia, A. *Psychological Testing*, Macmillan Publishing (1988), p. 23.
47. Jackson, C. *Understanding Psychological Testing*, BPS Books (1996).
48. Feltham, R., Baron, H. and Smith, P. 'Developing Fair Tests', *The Psychologist*, January 1994, pp. 23 – 5.
49. Inman, M. *Participants' Perceptions of Assessment Centres*, Unpublished MSc Personnel Management dissertation, University of Portsmouth (1996).
50. Ribeaux, P. and Poppleton, S. E. *Psychology and Work*, Macmillan (1978).
51. Gross, R. D. *Psychology: The Science of Mind and Behaviour*, Edward Arnold (1987).
52. Hofstede, G. *Culture's Consequences: International Differences in Work-Related Values*, Sage (1980).
53. Katz, D. 'The Functional Approach to the Study of Attitudes', *Public Opinion Quarterly*, Issue 21, 1960, pp. 163 – 204.
54. La Piere, R. T. 'Attitudes versus Action', *Social Forces*, Issue 13, 1934, pp. 230 – 7.
55. Gidoomal, R., Mahtani, D. and Porter, D. *The British and How to Deal With Them*, Middlesex University Press (2001).
56. Sykes, A. J. M. 'The Effect of a Supervisory Training Course in Changing Supervisors' Perceptions and Expectations of the Role of Management', *Human Relations*, 15, 1962, pp. 227 – 43.
57. Hofstede, G., Nevijan, B., Dhayu, D. D. and Sanders, G. 'Measuring Organisational Cultures: a qualitative and quantitative study across 20 cases', *Administrative Science Quarterly*, vol. 35, 1990, pp. 286 – 316.
58. Berger, P. L. and Luckmann, T. *The Social Construction of Reality*, Penguin (1966) p. 37.
59. MacPherson, Sir William *The Stephen Lawrence Inquiry*, The Stationery Office, February 1999.
60. Heider, F. 'Attitudes and Cognitive Organization', *Journal of Psychology*, vol. 21, 1946, pp. 107 – 12.
61. Festinger, L. A. A *Theory of Cognitive Dissonance*, Row, Peterson and Co. (1957); Reissued by

Stanford University Press and Tavistock Publications (1962).

62. Kandola, R. and Fullerton, J. *Managing the Mosaic Diversity in Action*, IPD (1994), p. 19.

63. 'Implementing a Diversity Management Programme' Checklist 152, Chartered Management Institute, July 2005.

64. Hellriegel, D., Slocum, J. W. and Woodman, R. W. *Organizational Behavior*, Ninth edition (2001).

65. Equality direct can be found at http://equalitydirect. org. uk.

66. Guirdham, M. *Interactive Behaviour at Work*, Third edition, Financial Times Prentice Hall (2002), p. 67.

67. Hill, L. A. 'Leadership As Collective Genius', in Chowdhury, S. *Management 21C*, Financial Times Prentice Hall (2000), p. 53.

68. 'Littlewoods: Increasing diversity, Increasing profits' *Equal Opportunities Review*, no. 81, September/October 1998, pp. 20 – 7.

69. Nordström, K. and Ridderstråle, J, 'Funky Inc.', in Crainer, S. and Dearlove, D. (eds), *Financial Times Handbook of Management*, Second edition, Financial Times Prentice Hall, (2001), p. 63.

70. Kirton, G. and Greene, A- M. *The Dynamics of Managing Diversity*, Butterworth- Heinemann (2000).

71. Liff, S. and Cameron, I. 'Changing Equality Cultures to Move Beyond Women's Problems', *Gender, Work and Organization*, vol. 4, no. 1, January 1997, pp. 35 – 46.

72. 'Managing Diversity: Linking Theory and Practice to Business Performance' CIPD, May 2005.

73. 'Building Better Boards', DTI, December 2004.

74. Reproduced with permission of the Copyright Department, ONS.

75. http://hiltonworldwide. hilton. com [accessed 1 March 2006].

76. Information on BITC can be found at http://www. bitc. org. uk.

77. 'Managing Diversity' *Employment Relations Matters*, ACAS, Issue 3, Spring 2005.

78. Arkin, A. 'Hidden Talents' *People Management*, vol. 11, no. 14, 14 July 2005, p. 26.

79. Clements, P. and Jones, J. *The Diversity Training Handbook*, Kogan Page (2002), p. 45.

80. Information kindly provided by the Equality and Diversity Team at Lloyds TSB.

81. 'Public Sector: Diversity', *Personnel Today*, 8 March 2005, p. 32.

82. Francesco, A. M. and Gold, B. A. *International Organizational Behavior*, Prentice Hall (1998), p. 236.

83. 'Implementing a Diversity Management Programme' Checklist 152, Chartered Management Institute, July 2005.

84. Opportunity Now awards 2003, Opportunity Now London. Can also be accessed http://www. opportunitynow. org. uk.

85. Liff, S. and Cameron, I. 'Changing Equality Cultures to Move Beyond Women's Problems', *Gender, Work and Organization*, vol. 4, no. 1, January 1997, pp. 35 – 46.

86. 'Setting up an EU institute for gender equality', *Social Agenda*, The European Commission's magazine on employment and social affairs, Issue 11, May 2005.

87. 'Tackling demographic change', *Social Agenda*, Issue 12, The European Commission, October 2005.

88. Alvesson, Mats and Due Billing, Yvonne *Understanding Gender and Organization*, Sage Publications (1997).

89. Ibid.

90. Walsh, J. 'Myths and counter-myths: an analysis of part-time female employees and their orientation to work and working hours', *Work, Employment and Society*, vol. 3, no. 2, June 1999, pp. 179-204.

91. Alvesson, Mats and Due Billing, Yvonne *Understanding Gender and Organization*, Sage Publications (1997).

92. Alimo-Metcalfe, Beverley 'Leadership and assessment', in Susan Vinnicombe and Nina L. Colwill (eds) *The Essence of Women in Management*, Prentice Hall (1995).

93. Alimo-Metcalfe, Beverley and Alban-Metcalfe, John, 'The Great and the Good', *People Management*, no. 10, January 2002.

94. Goffee, R. and Jones, G. 'Why Should Anyone be Led by You?' *Harvard Business Review*, September-October 2000, pp. 62-70.

95. http://www.equalitydirect.org.uk.

96. EOC Examples of mainstreaming in practice, http://www.eoc.org.uk/EOCeng/EOCcs/[accessed 5 September 2003].

97. French, E. 'Approaches to Equity Management and their Relationship to Women in Management', *British Journal of Management*, vol. 12, 2001, pp. 267-85.

98. 'IBM in the UK 2005', IBM Corporation, 2005, p. 41.

99. Rigby, L. 'B&Q weighs down Kingfisher', *Financial Times* 22 March 2006.

100. B&Q *Is Age a Barrier to Employment? Equality and Diversity; Achieving a Balanced Workforce available* in pdf format from the B&Q website, www.diy.co.uk[accessed 25 March 2006].

101. Warr, P. and Pennington, J. *Views about Age Discrimination and Older Workers*, Institute of Personnel Management (1993).

102. Stoney. C. and Roberts, M 2003 *The case for the older worker at Tesco: An examination of attitudes, assumptions and attributes.* Carleton University School of Public Policy and Administration Working Paper No. 53. Available in pdf format from www.carleton.ca/spa/Publication

103. B&Q *Is Age a Barrier to Employment? Equality and Diversity; Achieving a Balanced Workforce.* Available in pdf format from the B&Q website, www.diy.co.uk [accessed 25 March 2006].

104. The Employers Forum on Age can be found at www.efa.org.uk.

105. B&Q Statement of Social Responsibility, www.diy.com [accessed 25 March 2006].

106. Wallop, H. 'B&Q may bring over thousands of Poles' *The Daily Telegraph* on-line www.telegraph.co.uk [accessed 25 March 2006].

第3章

学习的本质

> “当人们把学习当成一种工作时，学习是不会有所成效的。对于这点，看看那些硬着头皮‘被迫’去参加培训课程的主管们就知道了。有效的学习拥有一种探索和玩耍的乐趣。很多管理者都参加过头脑风暴研讨会（一种集体讨论式的研讨会），在大约一个小时的学习过程中，那种愉快、欢乐的氛围会使管理者受益匪浅。未来的企业需要找到可以将员工的有效学习时间从短短的一个小时扩展到一整个工作日的方法，使员工的学习贯穿于整个工作过程之中。”
>
> 《泰晤士报》专栏撰稿人　斯图尔特·克雷纳（Stuart Crainer）和戴斯·迪尔洛夫（Des Dearlove）
>
> 《金融时报管理手册》（第三版）

学习是人类基本生存条件的一部分，我们对这一过程都很熟悉。管理者必须不断发展自身的技能，从而来满足市场日益增加、瞬息万变的要求。技术不仅对企业的运营方式产生了重要的影响，并且为人们带来了很多获取、恢复和分享信息的新方法。要想对组织进行有效的管理，领导者需要能够管理好组织生活中各种隐含的复杂性和矛盾因素。他们需要意识到自己的身份、自身具备的价值以及如何将自己对个人发展的抱负与组织目标保持一致。

□学习目的

学完本章后，你应该能够：

- **解释学习在组织行为和管理他人中的重要性；**
- **对于新技术对学习和发展的影响以及知识管理进行概述和讨论；**
- **给出学习型组织的定义，并对与其有关的难点进行评估；**
- **了解个体差异和人们的学习方式，其中包括古典学习理论与行为主义学习理论；**
- **将学习运用于自我开发和他人的开发；**
- **对学习过程中创造的重要性进行评价。**

评论性反思

“无论个体的技能和知识有多么重要，学习的动机和能力无疑是更重要的。”你对此有什么看法？如果不学习，人们将无法应对变革，而组织也将无法生存。学习对于你意味着什么？你是如何使自己的学习效率和效果达到最佳状态的？

学习的意义和本质

学习是一种相对持久的改变。人们的行为可能会因为疲惫或饮酒等短期因素而发生改变，这些暂时性的变化与学习过程给人们带来的改变在本质上是截然不同的。

请想象一下这些情景：

- 一名学生参加一个行动学习小组；
- 一名管理人员填写一份学习档案；
- 一名护士第一次测量血压；
- 一名培训生观察经理如何应付一名怒气冲冲的顾客；
- 一个玩电脑游戏的小孩试图得到一分。

这些情景有一个共同的特点，即学习已经发生或正要发生。它们证明了人们对于学习的讨论不仅涉及知识和技能，还包括态度和社会行为。学习意味着一种不同的内在状态，这种内在状态会导致新的行为、行动（如测量血压等新技能）或者新的理解和知识（如金融等新科目）。有时行为与知识能够保持一致（例如，学习一门语言和读懂有关信息技术的材料或书籍），有时人们学习以某种方式行动，但却并不了解其原理（例如，在不了解机械知识的情况下开车）。学习可以是一个刻意的、正式的过程，也可以是一种自然进步的无意结果。

学习是一个正式的过程

当人们有意识地“学习”时，通常都会通过种种考核来测试自己对知识和技能的理解和掌握水平。这种“正规的”学习情境会基于人们是否达到了一个公认且可测量的标准来对他们的资格进行测试、评分、并授予文凭。测试经常以人们的学习“内容”为基础，而不是他们“为什么”学习或者“如何”学习。对学习“内容”进行测试的这种测验方式在我们的社会中已经根深蒂固，并且在很大程度上说明了人们对他人进行比较和判断的方式。

学习是一个自发的过程

然而，在我们所学到的东西中，有很多是没有经过任何必要的仔细思考或考核的。

我们可以把学习看作是一个发生在社会情境中的持续、自动的过程。小孩子们在玩耍时会模仿和仿效周围人的行为和态度。通过观察小孩子的这一行为，我们便可以认识到学习的自发性本质。学习具有一种积极、动态的本质。作为积极的参与者，我们参与到周围人当中并和他们联系在一起。学习的这种功能对于人类是非常重要的。我们知道动物也可以学习，但是人类学习所具有的复杂性在动物的学习中是完全不存在的。对有些人而言，尽管他们的情况很糟糕，但他们还是会情不自禁地投入到学习中去（如阅读 Fourth Estate 出版社于 1997 年出版的《潜水钟与蝴蝶》一书。此书的作者让·多米尼克·鲍比生前曾是法国著名时尚杂志《ELLE》的编辑，在身患严重的脑中风后仅靠唯一能动的左眼皮反复地学习如何与外界进行沟通）。我们的学习能力会受到我们与生俱来的潜能和社会经历的影响。我们并不只是一只要去载满知识的船，我们是与周围的世界进行互动并联系在一起的积极参与者。

因此，学习将个体与社会世界联系在一起。它不仅是一种个人经历，还是一种社会经历。学习常常是一件与他人一起分享的事情。在学习过程中，人们会刻意地与他人分享信息或对他人的行为进行引导。例如，在父母和子女的关系中，父母努力让孩子适应社会生活，使他们的行为能够被他人所接受；在组织中，组织会安排员工学习一些在接听电话时应该使用的开场语。通常，人们会在同一学习过程中分享彼此的学习经验，这使得人们的学习过程变得富有价值和挑战性。通过他人的支持，人们可以获得学习的力量，并取得收获。

伴随性学习

学习发生于很多层面，并且存在多种不同的方式。人们会直接、明确地获取信息或技能，同时培训师也会间接、暗含地传达出自身的价值观和态度。学习是一种丰富的经历。有时，学习会在我们自动地获得、加工和记忆信息时“无意地”发生（如玩类似于《谁想成为百万富翁?》的益智问答游戏，它说明了伴随性学习的范畴）。

令人惊讶的是，有些组织并不对员工进行专门的培训。它们希望员工能够在工作实践中学习到有关行为、态度和技能的知识。直到现在，高校通常都不会对教师进行职位描述或培训。它们希望教师能够“了解”自己的教学任务和行政工作的内容，比如身为课程负责人或辅导员的任务和职责。如今，高校非常重视开发教师的领导力。2004 年，英国创建了“高等教育领导力基金会”（Leadership Foundation for Higher Education），旨在对优秀的领导力培训工作进行可观的捐助。高等教育领导力基金会对杰出的领导和管理典范给予积极的支持，并且制定、任命和实施高质量的培训项目。[1]

学习和情感

学习意味着人们经历了“一些事情”。人们会把这些经历储存起来，并且能够在之后的某个时间谈及并（或）运用它们。学习与记忆力紧密地联系在一起。很多因素都会影响到学习的进度和乐趣（如图3-1所示）。无论是现在还是未来，我们在过去所受到的表扬和批评都会对我们的学习动机和学习态度造成影响。而他人的期望及周围环境的氛围则决定了我们对于学习的意愿。

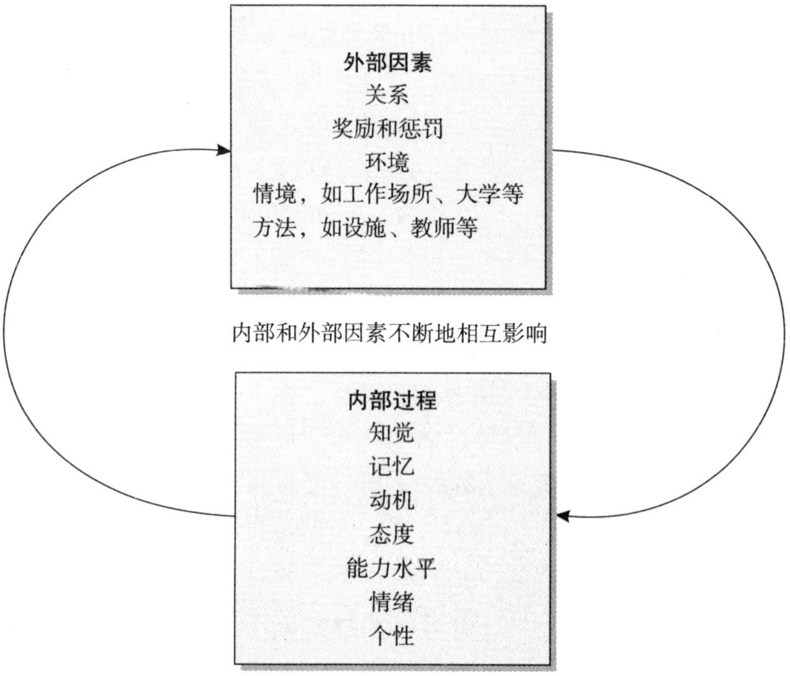

图3-1 学习过程的影响因素

人们在学习过程中所产生的感受具有非常大的作用，并且常常会让人感到心情愉悦。人们在完成某一学习过程后经常会产生一种成就感，这种成就感可以增强人们的自我价值和自尊心。然而，另一方面，学习也会让人感到不舒服、不自在。学习会“动摇人们的自在区”，使人们以新鲜、惊人的视角来认识世界，打乱人们的生活并使人们产生焦虑。当存在偏见时，那些多样性方面的培训师需要对个体的态度和知觉进行挑战。他们对学习的这种负面作用进行了说明：“学习了解多样性甚至是一个非常痛苦的过程。认识到我们身上存在着某些需要解决的偏见并不是一个让人感到舒服的经历。让人痛苦的是，我们发现自己对于世界的看法只是众多看法中的一种，而且那些其他的观点也同样有着充分的根据。”[2]

学习的重要性

学习必然会涉及检验变革是如何发生的。目前，与组织有关的文献在如何应对动荡和变革方面为组织提供了很多的建议，而学习则是人们讨论的重点。本章的第一部分将介绍组织如何管理学习这一过程。在对有关知识管理的方法及学习型组织的概念和现实进行讨论后，我们将对这些问题进行评论性回顾。

对人们是如何学习的认识可以使我们领悟人类的成长、发展和退化过程。对于心理学家而言，学习是一个非常重要的研究领域，并且在心理学的发展过程中，学习一直是一个令心理学家非常感兴趣的问题。学习又是一个非常复杂的过程，这为心理学在选择适当的研究方法和技巧方面带来了很多挑战。学习是我们大脑内部工作的一种功能，而学习的这种不可见性为其研究方法的选择带来了很多困难。本章的第二部分将介绍心理学家是如何对学习过程进行研究的。人们在学习能力、学习风格和创造性反应上都存在着很大的个体差异。本章还将讨论如何将学习理论应用于对工作场所中的个体进行管理。

有关学习的声明

组织研究中，约翰·伯格恩（John Burgoyne）、兰·卡宁汉姆（Lan Cunningham）、鲍勃·加勒特（Bob Garratt）、彼得·哈尼（Peter Honey）、安卓·梅奥（Andrew Mayo）、艾伦·曼福特（Alan Mumford）、迈克尔·波恩（Michael Pearn）、麦克·佩德勒（Mike Pedler）（在学习这一领域中的八位杰出学者）共同发表了一项声明，简要地表明了他们对于学习的本质、益处以及人们对学习应该采取的行动的观点。[3] 他们指出，在21世纪，学习对于个体、组织以及整个社会来说是一个非常重要的过程。他们认为人们常常对学习不以为然，并把学习看作是人类基本生存条件的一个必然的组成部分。他们还指出，人们很少对学习进行组织或者计划、评估。人们通常不会去检查他们的学习经历对他们的行为有何进步或改变。表3-1列出了此项声明中的两个部分。

表3-1　有关学习的声明

学习：21世纪最重要的问题	益处
在我们的个人经历和集体经历中，学习是一种作用最为强大、最迷人、对我们最有益处、最令人愉快的经历。在21世纪中，最为重要的问题是能够认识学习并对学习过程进行控制。 一般来说，我们对于学习的认识局限于正规的教学和培训，常常认为学习与日常生活和工作无关。有时，人们会利用认证体系对他人进行不公正的区分，而这些认证体系常与现实需要无关。政策制定者和领导者所错失的最大机遇是没能对人们的集体学习能力进行利用。	学习拥有在道德上可以被人们所接受的目的和结果。 **对个体而言** • 学习是发展个体潜能的关键 • 学会学习是进行有效学习的关键 • 学习可以使个体满足变革的需要 • 学习能力是一项永远不会被废弃的资产 • 学习有助于个体承认学习不只局限于正规教育和培训 **对组织而言** • 学习提高了人们为组织贡献自己力量的能力

（续表）

组织领导者需要利用相关的知识和经验来使整个组织和组织中的人员进行更加有效的学习。同样的原则适用于社区、国内和国际中的各种组织。凡是可以将这一原则内化并奉行这一原则的个人、团队及组织都可以生存并取得进步。 这项声明并没有涵盖学习的全部内容。然而，它确实很好地体现了八位学者对于学习的看法。此项声明的目的在于促进和鼓励对话。	• 学习使组织更有效地实现目标 • 学习通过阐明目的、愿景、价值观和行为来使组织释放能量 • 计划性和非计划性、正式和非正式学习可以为组织中的问题带来更多的解决方法 • 学习有助于组织在长期效果和短期效率之间获得更好的平衡 **对社会而言** • 社会通过学习获得生存和繁荣 • 获取和分享学习可以使社会更加团结 • 个人学习和集体学习强化了那些可以使民主得以巩固的选择，这些选择是精明的、有意识的、敏锐的 • 学习有助于提高人们创造一个更加愉快的社会环境的能力

资料来源：Burgoyne, J., et al., 'The debate starts here', in *People Management in Perspective: A Collection of Key Articles Published in the Last Year on Training and Development*, IPD, April 1999, pp. 16 - 17. Reproduced with permission from Chartered Institute of Personnel and Development (CIPD).

组织与学习管理

如果学习真的能够为人们带来伯格恩（Burgoyne）等人在表3-1中所列出的那些益处的话，那么组织要怎样才能实现这些结果呢？显然，组织最感兴趣的是确保其能够利用所有员工的知识和技能。在英国国家经济社会研究委员会（Economic and Social Research Council, ESRC）上发表的报告中，研究人员发现人们在工作中所学到的知识和技能只有一小部分来自于正规教育和培训。[4] 大部分学习都来源于工作的“自然要求”，即解决问题、与同事和客户进行合作等。这些学习都是通过实际工作中的经验来获得的。这种经验式学习极少得到人们的认同或欣赏。研究人员指出：

相比之下，人们对支持下属的学习、分配工作、组织工作以及创造一种能够促进非正式学习的氛围并不重视。[5]

研究人员在对公共部门工作性质的转变进行观察时发现，工作氛围对组织有影响。研究不仅指出了工作场所氛围对创新范围的影响，还强调了经理和主管们对员工学习可以做出的积极贡献。

他们对于员工的学习意愿和学习需求的看法会受到某些因素的影响，如年龄、性别或职业发展的可能性。这些直线经理控制着员工的瞬时工作环境和有关学习机会的信息的流通。另外，他们拥有解雇员工的权力，而能否成功地对员工进行鼓励也将对员工的学习动机造成影响。[6]

因此，若不考虑员工、管理者以及组织整体氛围这三者之间的关系，则很难弄清学习究竟是如何发生的。

过去，组织在很大程度上依赖于知识传播结构的稳定性。通常，管理者知道哪些人可以为其提供建议，哪些年长且有经验的员工能够帮助其解决问题。这些通过多年工作经验的积累而获得的知识和智慧是一种非常珍贵的信息储备。然而，人们很少用文字或言语将这种信息储备正式地表达出来，而是在一种非正式的基础上将其传达给他人。这种“内隐知识”[7]会在无形中传递给下一代员工，并且是组织文化和社会化过程的一个重要的组成部分。年长的员工不仅拥有丰富的知识，而且还能帮助年轻员工选择正确的前进方向。很多年长的员工都充当着非正式辅导员的角色，而且会得到年轻下属的赏识。下面这段话引自一项关于酒店管理者的态度的研究报告，下面这几句话恰当地说明了这一点：

我认为过去在所有部门中都存在着一名优秀且经验丰富的老员工，他愿意将自己拥有的知识与他人分享。这确实会有助于我理解学习过程以及是什么使组织保持良好的运营。他只是喜欢跟我谈论公司的事情，而我也从中学到了很多东西。现在，这一时代已经一去不复返了。[8]

诸如裁员和外包等举措对组织中这些拥有丰富工作经验的员工产生了非常大的影响。组织重构不仅打乱了组织中原有的关系，而且还有可能使这种作用强大的、重要的知识储备遭到彻底破坏。

评论性反思

如今，在新型的数字文化中，应用于学习领域的电脑游戏正在快速发展。这些电脑游戏可以提高人们的读写及解决问题的能力，促进手眼动作的协调。来自不同国家、不同时区的人可以通过电脑游戏联系在一起，并且可以参与制作一部数字电影。有人认为未来的学习一定会充满乐趣，你同意这种观点吗？我们是否应该鼓励学生通过电脑游戏来进行学习呢？

知识管理

许多组织正在开始认识到知识的重要性，一些组织还在建立自己的企业大学。例如，摩托罗拉大学正在通过运用学习方案来解决一些重要的企业问题，并且正在努力使培训始终与企业需求相一致。摩托罗拉将学习看作是其企业文化中一个非常重要的组成部分。[9] 又如，英国优派物流公司（Unipart）已经真正地认识到，学习应牢牢地扎根于企业之中。同样，优派公司也建立了自己的企业大学。该大学拥有一个学习中心和众多的员工开发方案以及必要的结构和支持。[10]

那些能够有效利用其智力资产的企业拥有很多突出的优势。下面这段话反映了这一观点：

如果组织能够对知识管理进行反思和关注、并酌情将变革与支持因素恰当地结合起来，那么，有效的知识管理则会使企业进行重建、学习，并使企业发生转变。同时，知识管理还会给股东们带来巨大的价值。[11]

创造新的知识

野中（Nonaka）是这一观点的支持者。[12]他认为，企业竞争优势的基础是创造新的知识并将其转化为创新行为的能力。野中指出："知识是企业持久竞争优势的一个来源。"并对组织中的各种知识以及将知识转化为行为的方法进行了描述。野中将那些易于传达的、可量化的系统知识称为外显知识，即信息技术系统或新产品所需要的知识。而内隐知识则更类似于之前所提到的那种无法用言语表达的、只可意会不可言传的知识。虽然内隐知识因不易传播而存在更多问题，但它却与外显知识同样重要。在野中看来，那些有能力同时利用外显知识和内隐知识的企业将会造成创造性的突破。

他认为，知识创造型企业应该确保外显知识和内隐知识可以共同完成一个知识螺旋。通过言语的表达，内隐知识转变为外显知识，而人们又通过内化过程将外显知识用于自身的认知理解。以往的学习理论对内部因素和外部因素的这种动态的相互作用给予了支持。科尔布（Kolb）[13]的学习周期理论（见本章后面的认知理论部分）对思维和行为周期进行了描述，而皮亚杰（Piaget）[14]的认知发展理论则将内部过程（内化）与外部调节（顺应）结合在一起。

尽管人们对"知识管理"进行了一些言过其实的宣传，将其赞誉为企业获得竞争优势的途径，但是正如杰弗里·唐（Jeffrey Tan）指出的那样，知识管理是企业在21世纪的重要课题。他认为：

一个成功的企业应该是一个知识创造型企业，即一个可以创造新的知识、将知识在整个企业中进行传播并迅速地将知识体现在新的产品或服务中的企业。[15]

为什么知识管理如此重要

桑得萨斯（Santosus）和塞迈克兹（Surmacz）[16]认为："创造性地知识管理（KM）可以提高工作效率和生产率，并增加企业的经济收益。"

研究人员在研究中发现知识管理对组织和员工有着非常多的益处，这无疑使人们对于知识管理的兴趣骤然增加。科尔（Kerr）[17]指出了导致知识管理如此重要的七点原因：

- 企业在创新方面的压力；
- 跨组织规划（如合并、收购等）；
- 网络化组织和对分散于不同地区的群体进行协调的需要；
- 日益复杂的、高知识含量的产品和服务；
- 竞争过度激烈的市场（生命周期和营销时间的缩短）；
- 企业环境的数字化和信息技术革命；
- 对由员工的流动性、流失率及退休率的增加而造成的知识流失的关注。

因此对于组织来说，一个重要的诀窍是了解如何分享知识以及如何从他人的经验中学习知识。不同的组织对知识管理感兴趣的原因有所不同，组织在实际的知识管理实践中更是存在着非常广泛的多样性。研究人员在航空航天业对知识管理进行了一项全面的研究。科尔认为，在工程设计过程中，有必要将知识管理的社会方法与技术方法结合起来。也就是说，不仅要知道“为什么”（设计理论基础和推理），还要知道“谁”（绘图的专门知识和技能）和“怎么样”（为在动态环境中进行学习而鼓励人们组成实践社群）。英国华威大学的企业流程资源中心（Business Processes Resource Centre）总结出了知识管理实践的四种类型。

- 重视知识。将知识看作智力资本并承认其价值。
- 利用知识。拥有雄厚的研究和开发基础的组织会寻求新的、非传统的方法来利用其现有的知识基础。
- 项目学习。确保在项目中获取知识，而且将获取到的知识为他人所用。
- 管理知识员工。认识到知识员工的需求，并且找到可以激发员工创造性和积极结果的新的管理方式[18]（有关对知识员工进行激励的详细介绍见第5章）。

人们对于那些用来获取知识且有助于增强其影响的信息系统的使用尤为关注。

可以促进知识管理的手段

可以促进知识管理的重要手段包括专家系统、知识库、桌面服务工具以及内容管理系统、维客（wiki）、博客等技术。由于协作式信息技术设备的增多，未来将会不断产生出更多类似的技术手段。麦克埃尔罗伊（McElroy）[19]认为，人们需要对知识管理进行发展，使其成为以知识创新为重点的新一代知识管理。他指出，独自分享的知识无法使人们产生创造性思维，而更加灵活、积极的知识管理可以使人们与他人分享自己的想法，并对自己的观点进行分析和修正。协作式软件解决方案可以收发信息、举办论坛等，这种知识管理方法近似于将未来所需的知识贡献出来，并和他人分享。

实践社群（Communities of Practice，COP）指的是这样的一群人，他们鼓励新知识、激励创新、分享内隐知识。当他们拥有共同的兴趣并且能够在一段时间内相互合作，从而来分享彼此的观点、寻找解决问题的方法时，他们便可以进行有效的工作。温格

(Wenger)[20]的研究重点是社会参与性学习，也就是说，人们只有在和他人联系在一起并成为其学习社群的成员时才会建立自己的身份。

新兴技术和学习

现代工作环境强烈地要求教育体系改变学生的学习方法和考核方式。扎维拉（Järvelä）对未来的学习和工作情境需要怎样的知识提出了疑问，并指出学习的个性化已迫在眉睫。她认为，发展个性化学习增强了人们的自我监控技能，并且体现了学习的价值。所以，个性化学习是教育政策中的一种学习方式。在个性化学习中，每个学生都非常重要。扎维拉认为先进的技术设施可以帮助人们进行合作学习：

通过将合作学习与网络技术相结合，这些方法的目的是将教室变为社团，将学习情境变为富有挑战性和趣味性的、带有真实问题的专题。这种探究活动为学习者提供了一个有价值的环境，使他们能够获取和弄清不同领域的知识并对其进行运用。[21]

同时，扎维拉认为，移动设备和教育无线网络使用的不断增长以及它们在教学上的应用都将是未来的一个挑战。

在对有关技术如何改变学习的回顾中，英国教育通信与技术署（British Educational Communications and Technology Agency，BECTA)[22]指出："我们正在由媒体消费者转变为媒体创造者和制作者。"诸如伊拉克市民的战争博客和有关伦敦爆炸事件的手机视频表明，人们已经抓住了成为数码制作者的时机。从语音博客，又称播客，到卫星定位系统，移动学习可以给人们带来很多好处，特别是可以使人们接触到一些平时很难接触到的环境。不同设备之间的相互结合和交流可以提高人们的学习质量，例如，蓝牙和紫蜂（ZigBee）技术。

技术设备之间的这种相互联系使人们能够创造和开发新的环境。因此，人们可以在教室中用手提电脑、耳机和一些特殊的传感器在视觉、听觉和嗅觉上创造出一个全新的环境。通过使用传压垫和传感器的多通道交互使人机互动的复杂性日益增加。多通道交互是指电脑对人们的感觉、情绪和音调做出反应。

随着技术复杂性的增加，人们对技术的期望和依赖性也有所增长。彼得斯在提到"9·11事件"时（2001 年9 月11 日），有力地说明了建立快速而有效的联系的必要性：

美国联邦调查局（FBI）、中央情报局（CAI）以及大量的坦克、航空母舰和核潜艇都不是合作通信的对手。恐怖分子设想出了终极"虚拟组织"，那是一个快速、狡诈、灵活而坚定的组织。尽管存在很多的疏忽和失误，恐怖分子称他们还是使用了卫星电话和加密电子邮件。而全副武装的美国网关却只靠纸笔和陈旧的电脑系统来防范恐怖分子的入侵。他们的电脑系统甚至没有联网。[23]

网络正在制造令人兴奋的未来。在那样的未来里，联网的"聪明的物体"不仅能够对数据进行加工，而且还能与其他物体进行交流。“未来我们不仅可以为汽车加油，而且还可以给它们输入新的数据。你只需将车停在加油站，然后你的汽车就会自动地通过无线局域网（WLAN）或类似的系统到当地的服务器进行注册。汽车将彼此联网，互相交换路况和潜在的危险等信息。”[24]

未来的网络化学习

2004 年，一个由专家和策划师组成的小组对未来技术对学习和学习者造成的影响进行了预测。同年 2 月，在国际网络化学习世界峰会上，与会代表就网络化学习（E-learning）在未来 10 年的发展进行了展望。此次会议的一个成果则是爱丁堡情景（Edinburgh Scenarios）。[25]代表们利用情景规划技术对未来的一些重要的不确定性因素以及未来会对人们造成怎样的影响进行了探索。专家组指出了网络化学习所面临的两个最不确定、最重要的问题。他们认为可能发生的各种情景具有潜在的挑战性和可信性。图 3-2 对这四种情景进行了描述。

	技术赋予人们权力		
老牌机构和传统机构占支配地位	**理想世界** 技术的进步使人们有可能获得所有的信息和新的学习机会。由于权力集中在老牌机构中，所以信息的获取和使用几乎都被大企业、政府和国际性大学所控制	**信心网** 联系性日益增强。技术取得巨大的、有效的进步。人们可以以新的方式共同工作和学习。权力会从大型组织中转移出去，因此新鲜的想法可以有很多不同的来源	
	重返未来 技术的复杂性以及对技术的困惑和害怕导致对网络学习的完善丧失信任。 强大的老牌机构都重新采取那些更为“传统的”教学价值观和教学方法，在动荡的世界中寻求低风险的可预测性	**你的选择** 虽然新技术妨碍了人们的工作和生活，但人们找到了新的方法来挑战权威，并在更大程度上对生活的很多方面进行控制，其中也包括学习。 因此，人们注意力的焦点从技术和大型机构的身上转移到地方性的重要问题上	自我组织和新兴组织占支配地位
	技术妨碍了人们		

图 3-2　爱丁堡情景

管理带来的问题

网络技术不仅改变了人们的交流方式，也改变了人们对于知识和信息的范围、本质和类型的期望。正如科恩（Cohen）所说：

信息不再是自上而下地传播，而是向所有能够想象得到的方向传播。信息会从信息的创造者流向信息的使用者。在过去，有些信息只对组织中的少数重要人员开放，而现在，所有的员工都能够获取这些信息。[26]

网络化企业能够与合作伙伴建立联系，并且能使过程透明化，这在10年前是难以想象的。如今，人们分享知识的方式发生了改变，而这一变化与组织中的其他变化紧密地联系在一起。在英国的皇家邮政（Royal Mail）集团中，传统的职能直线结构被一个蜘蛛网的设计所取代。[27]这一变化打破了群体间的障碍，形成了新的横向关系。同时，集团还建立了可供员工获取项目信息并进行学习的知识设施。然而，对于这种知识设施及其他知识管理项目的成功来说，最为重要的则是员工进行参与并分享其经历的意愿。由于组织之间的相互依赖性越来越强，人们对于有效程序的需求变得十分明显，同时，组织间也显然存在一些与共享职责、责任和信任有关的潜在问题。可见，不同的过程和工作方式会带来不同的压力和问题。

知识管理中存在的问题

最近，很多管理文献都建议并鼓励组织成为学习型组织[28]，而且还对将知识看作是一项必不可少的企业资产的好处进行了赞扬。尽管如此，进行“知识管理”还是存在一些困难。“知识就是力量”这句话的意思是指组织中那些希望保持自己的权力和控制力的人会感到非常不安。[29]一些人纷纷撰写了相关的文章来帮助组织管理信息[30]并为其提供建议。而其他的人，如哈里森（Harrison），则对人们能否轻而易举地实行知识管理表示怀疑：

不同的个体和组织开发知识的方式不同。个体和组织在很多方面都存在着差异，例如，知识的形成、开发和变化；将数据、信息和知识联系在一起的过程的确切本质；个体、群体和集体学习之间的关系；以及这种关系会对组织的知识基础、竞争能力、绩效和进步造成怎样的影响。[31]

以下是知识管理方案在实现企业利益中存在的挑战。[32]

1. 招募新员工。忽视知识管理中的人员和文化问题以及内隐知识的重要性是一个非常重要的挑战（见下文有关知识管理方案失败原因的叙述）。

2. 让技术来指挥知识管理。虽然技术是知识管理的重要支持，但它不应该成为知识管理的起点。在提出“什么”、“谁”、“为什么”的问题之前，应该首先思考“怎么样”的问题。

3. 没有一个特定的目标。必须有一个潜在的企业目标，否则知识管理就没有任何意义。

4. 知识管理不是静止的。相反，由于人们不得不更新知识，因而知识管理是一个不断变化、发展的过程。

5. 并不是所有的信息都是知识。知识的数量不等同于知识的质量。组织应避免出现信息超载的现象。

马勒赫塔（Malhotra）[33]还指出，知识管理体系应确保知识管理过程与外部知识的创造模式相一致。他认为，从长远来看，那些可以促进知识管理的手段会成为人们适应企业环境和对体系进行发展的制约条件。

不同的组织部门会有不同的知识问题。由于高校的商业和工业合作伙伴都向其寻求“知识”，知识产权的构成则成为高校正在试图去解决的一个非常棘手的问题。虽然企业将研究和开发外包的做法受到很多高校的欢迎，但它还是存在着一些问题，特别是在文化冲突和成果的所有权方面。学者们希望将自己的研究成果进行发表，而工业企业则希望对其进行保密。另一个问题则是人们对“与金融产权有关的知识产权”的重要性以及智力资本的所有权和保护缺乏认识。迈克布瑞提（McBrierty）和金塞拉（Kinsella）提出了其中一些问题的解决方法，并且指出了高校与工业企业的合作为双方带来的好处。[34]

“知识管理”这一新术语与“员工是组织的人力资产”这一观点相一致。它获取到了人们的经历和智慧的精华，并且表明企业需要对有用知识进行利用。对哈里森而言，传达一致观点是进行有效知识管理的一个主要的原则。她认为，频繁的对话和允许挑战与创新的文化对于从知识管理中受益而言是至关重要的。[35]梅奥[36]指出，一个有效的知识管理体系需要包括五个过程：

- 通过学习来对新知识的产生进行管理；
- 获取知识和经验；
- 分享、合作并交流；
- 对信息进行组织使其容易被人们获得；
- 利用已有知识并在此基础上对知识进行发展。

其中，许多过程的成功取决于组织的文化及其分享学习和知识的优先次序。“知识管理”的很多观点和概念都根源于学习型组织。

学习型组织

学习型组织（Learning Organisation）指的是什么？彼得·圣吉（Peter Senge）将其定义为这样的一个场所：

它能使人们的创造能力得到扩展。它鼓励新颖且具有扩展性的思维模式。在学习型组织中，人们对于集体的渴望获得了解放，并且不断地学习如何与他人一起学习。[37]

人们引用得最多的是佩德勒（Pedler）、波依德（Boydell）和伯格恩的定义：

学习型组织指的是一种能促进组织中所有成员的学习并不断地进行自我转变的组织。[38]

学习型组织听起来非常的理想化。在那样的组织中，每个人都乐于工作。学习型组织具有高度的灵活性和开放性。它能够不断地改变自己并从经验中获得学习，因此总是做好了对不断变化的外部条件进行利用的准备。学习型组织重视个体的发展、开放的交流和信任，并且适合于扁平、开放及网络化的结构。（有关组织结构对工作中的行为的影响见第10章。）在学习型组织中，学习不是一系列偶然发生的、彼此分离的活动，而是一个刻意的、最为重要的过程。约瑟夫·蓝佩尔（Joseph Lampel）指出了学习型组织的五个基本原则。

1. 学习型组织从失败中学到的知识与从成功中学到的知识在数量上相等。

2. 学习型组织拒绝接受“东西还没坏的话，就别急着去修它”这句谚语，因为它总是不断地对事情的处理方式进行审查。

3. 学习型组织认为那些亲自参与产品的设计、生产、分配和销售的管理人员和员工对这些活动的了解要比他们的主管多。

4. 学习型组织会积极地将知识从组织中的一部分转移到另一部分，从而确保相关知识能够在组织中找到最需要它的那一部分。

5. 学习型组织会花费大量的精力来探索其知识范围之外的领域。

许多组织并不是在口头上宣称自己是学习型组织，而是切切实实地在努力成为学习型组织。[39]

一般来说，人们认为学习型组织的结果是积极的，有人甚至认为它几乎有些不切实际。例如，加勒特（Garratt）[40]认为，学习型组织可以使人们获得解放并充满活力，它对于组织的生存和发展是非常重要的。伯格恩认为，学习型组织为企业提供了一个新的发展重点，并且指出了有助于企业进行战略规划的人力资源管理日程。他认为学习型组织存在以下四种新角色：

- 继续对作为利益相关者的员工进行管理，但把员工看作是顾客和伙伴；
- 寻找新的利益相关者，并发展新的联系和联盟，特别是在发展过程方面；
- 成为新的组织发展方案的重点和集体学习过程的来源；
- 让作为利益相关者的员工了解有关的政策信息及战略的实施情况。[41]

越来越多的文献都在对“成为学习型组织的旅程”进行描写。表3-2给出了三个典型实例。这些文章首先对不同的企业在定义和衡量学习型组织中遇到的困难进行了解释，然后对为推进变革日程所做出的决定进行了描述。所有的文章都同时给出了定量和定性数据来支持自己的决策，并且指出了在他们的组织文化中所发生的积极变化。

表3-2　不同企业的学习经历

组织	步骤	结果
Club24[42]	楼梯方案：为“收集部门”制订的经验式学习计划	更高的士气 改善出勤和提高效率 改变文化
英国自然保护署[43]	设置参照企业	提升对于不同学习方法的意识 引进一系列可以加强学习和行动之间联系的计划 回顾对项目和资金给予的支持
合益管理咨询公司[44]	文化审计	加强了对客户的重视 团队工作的增加

如果学习型组织有助于将人力资源管理重新定位为一个中心战略的话，这一概念无疑将会受到人事专家的欢迎。在这一动荡时期，组织会利用一切手段来应对持续不断的变化。因此，学习型组织这一概念也就毫无疑问地受到了越来越多的关注。

学习型组织这一概念的难点

一些学者担心学习型组织这一概念会在实际运用和严谨性方面存在很多问题。加尔文（Garvin）[45]认为，要想有效地推行这一概念，需要解决以下三个非常重要的问题：

- 含义（或定义）；
- 管理（或实际的行动建议）；
- 衡量（评定工具）。

虽然他认为学习型组织会给组织及个体带来很多好处，但他也对一些尚未得到解答的问题表示担忧。

- 例如，管理者要如何确定自己的企业已经成为了学习型组织？
- 组织需要在行为上进行哪些具体的改变？
- 需要制订哪些政策和计划？
- 你如何从这里到达那里？

哈里森[46]也对这一概念的“不严谨性”进行了评价。她指出，个体学习的总和并不等于组织学习。组织中的各种过程和体系需要对个体学习进行有效的利用。曼福特（Mumford）指出：

无论学习型组织的定义是什么，一个缺乏个体学习者的学习型组织都是令人无法想象的。学习型组织完全依赖于个体的学习技能、方法以及对于学习的投入。[47]

政治和控制

另外，曼福特还指出学习机会赋予了个体支配自己命运的权力。但哈里森指出，虽然有些个体享有这种权力，对学习的控制权与组织的权力基础仍然处于组织的高度控制之下。她认为，任何对于组织的激进质疑都会被看作是对管理规范的真正挑战。

库皮（Coopey）[48]认为，在有关学习型组织的文献中存在着一些严重的漏洞。他指出，人们忽视了控制和政治活动在组织中的重要性。另外，他还对人们所持有的一元论观点以及他们所提出的精英模型进行了批评。他指出，有关研究表明：在动荡时期，政治行动有所增加。并且，他得出学习型组织注定是一种“既有利也有弊”的管理控制机制的结论。他认为差别权力会降低个体学习和集体学习的潜能。

组织的结构和文化

萨拉曼（Salaman）和巴特勒（Butler）对组织中政治的重要性进行了讨论。他们认为管理者会抵触学习。他们指出，这种抵触情绪有很多不同的来源：

> 它可能来源于组织的结构和文化、对组织的专长进行区分的方法、团队工作中存在的问题，甚至可能是个体本身。在组织层面上，最重要的因素是权力的运用方式以及获得奖励和受到惩罚的行为。[49]

成为学习型组织的道路是永无止境的。加勒特对伴随高层管理人员的言行不一所出现的一些问题表示担忧：

> 现在，虽然高层管理人员口口声声地说“员工是我们的主要资产”，但他们并没有把这句话贯彻到行动中去。[50]

他指出，要想使组织营造出一种学习氛围，高层管理人员必须认识到学习是一个持续不断的过程，它发生在组织的所有层级中。在政治上很难允许信息流向需要它的地方，但这无疑是衡量组织有效性的一个最为关键的标准。为对学习型组织中的领导能力进行开发，加勒特提出了高层管理人员开发过程中的六个阶段。

1. 就职阶段。向其介绍工作场所、同事、工作。
2. 接纳阶段。一个难以察觉却至关重要的过程，即被群体所接纳。
3. 胜任阶段。技术能力的高低取决于被群体接纳程度的大小。
4. 开发阶段。在此阶段显现出创造性和个人发展。
5. 高原阶段。工作起来游刃有余，一切运营良好。
6. 转移阶段。转移到另一个角色。

重视人员开发

梅奥认为，组织应该为自己寻找一个参照组织，并对成为学习型组织需要采取的行动进行诊断。[51]梅奥所设计的指数说明了成为学习型组织过程的复杂性。强烈希望成为学习型组织的企业需要考虑对组织文化给予支持的因素（如政策和策略、领导力、人员管理过程、信息技术）以及学习对个体、团队和组织所带来的影响。最后衡量的重点是学习结果以及学习为企业带来的价值。

梅奥的衡量标准强调了学习的影响力和集中性。有些行为方式内嵌在制度化的组织中。规则、常规和程序可以变得固定、自动。对组织文化的了解是认识组织对学习重视程度的一个非常重要的因素。有些组织结构则更鼓励信任、开放和创造性，有些组织会对通信系统进行更多的投资并对网络给予支持。人力资源战略和政策的类型也与鼓励学习的氛围有关。员工是否觉得他们对学习和开发所付出的努力得到了奖励？组织是否鼓励员工具有创造性和创新性？如果是的话，组织是如何对员工的努力进行奖励，又是如何鼓励员工的创造性和创新性的呢？员工害怕出错吗？或者说他们在乎出错吗？

到目前为止，本章就宏观的组织学习进行了讨论，但学习必须从个体开始。个体是如何进行学习的？学习的过程是什么？如果我们把关注的焦点放在学习内容上的话，如行为、知识和态度，我们能识别出学习过程中的差异吗？个性和气质以及能力和文化对学习过程具有怎样的影响？在这部分内容中，我们将探讨学习与个体心智的其他方面之间的相互作用。学习风格与个性类型、智力及动机有着明显的联系。比如，人们能否通过学习来提高自己的情绪智力？

很多心理学家对将个性与学习风格联系在一起非常感兴趣。例如，他们发现内向型个体与外向型个体在对惩罚和奖励的反应方面存在差异。[52]一些研究通过使用麦尔斯－吉尔斯个性类型指标揭示出了这16种个性类型在学习喜好上所存在的差异。[53]（有关内容稍后将进行介绍。）

科尔布[54]、哈尼（Honey）和曼福特[55]提出将学习风格运用于管理行为。他们的研究说明了个体所偏好的学习风格中的变量是如何对学习过程造成影响的（有关内容将在本章后面部分进行详细介绍）。

评论性反思

“抽象的学习理论和观点如果不能被转化为有意义的实际行动，则对人们毫无益处。”有人认为人们在教室外学到的东西比在教室中学到的东西多，你同意这种观点吗？“对学习进行衡量并不会让人们学到知识，而是导致争吵。”你将如何反驳这一观点？

人们是如何学习的

我们先来看看有关学习的早期经典研究。这些研究对简单的学习情境进行了解释。

实验所得出的原理也适用于对组织行为进行认识。奖励和惩罚的作用（对行为进行塑造和矫正的方式）在理解人们的动机和组织文化方面是相当重要的。这些理论被称为行为主义理论。

对于早期理论的不满使研究人员开始对更加复杂的学习情境进行研究。“认知理论”尤其可以被应用于对学习情境中的个体差异进行理解。认知理论中的模型可以对学习过程进行解释，并且考虑到了个体不同的偏好和风格。

行为主义

学习理论根源于心理学。心理学家的一些早期实验将动物的学习作为他们研究的重点，并且热衷于创立学习定律。他们只对那些可被客观测量的行为感兴趣。他们所设计的实验拥有极好的实验控制。在这些早期研究中发展出了一个心理学学派——行为主义。顾名思义，研究人员的兴趣是对行为和那些可以被观察、测量和控制的行动进行研究。他们认为无法对人脑中的想法和思想进行客观、科学的测量，所以便将它们排除在研究范围之外。

练习和联结

沃特森（J. B. Watson）创立了练习和联结定律（law of exercise and association），它是指将两个反应联系在一起，并对其进行重复性练习的过程。沃特森尤其对固定的习惯和常规感兴趣。[56]在组织生活中，我们可以在工作习惯和常规中看到这种固化习惯。这些行为是文化生活中的一部分，它们可以成为“闭锁”行为，即完成某项特定任务的“唯一方法”，就好像它们被牢牢地固定住了似的。人们的话语可以对常规习惯进行进一步的说明。问候语的可预测性确认了我们的存在。当人们说“你好吗?”时，他们并不希望你对他们汇报你的病史。这个反问句实际上是说：“你好，我看到并认出了你，而且在跟你打招呼。”

经典条件反射理论

生理学家和心理学家巴甫洛夫（Pavlov）[57]创立了经典条件反射理论（classical conditioning）。他的实验示范了如何对本能反应进行“制约”，使其能够对新的情况和刺激做出反应，如分泌唾液（如图3-3所示）。通过反复的实验研究，巴甫洛夫指出了联结的强大作用。但是，如何将这些有关狗的实验与人们在工作中的行为联系起来呢？有时我们身体的反应速度比我们的大脑要快。我们对某个情境所做出的第一反应可能是恐慌，但实际上我们当时并不知道为什么会这样。当处于让人感觉有压力的情境中时，人们会在心理上对这些情境做出反应，我们的身体会处于一种准备逃跑的状态（对打架或飞行的反应）。[58]

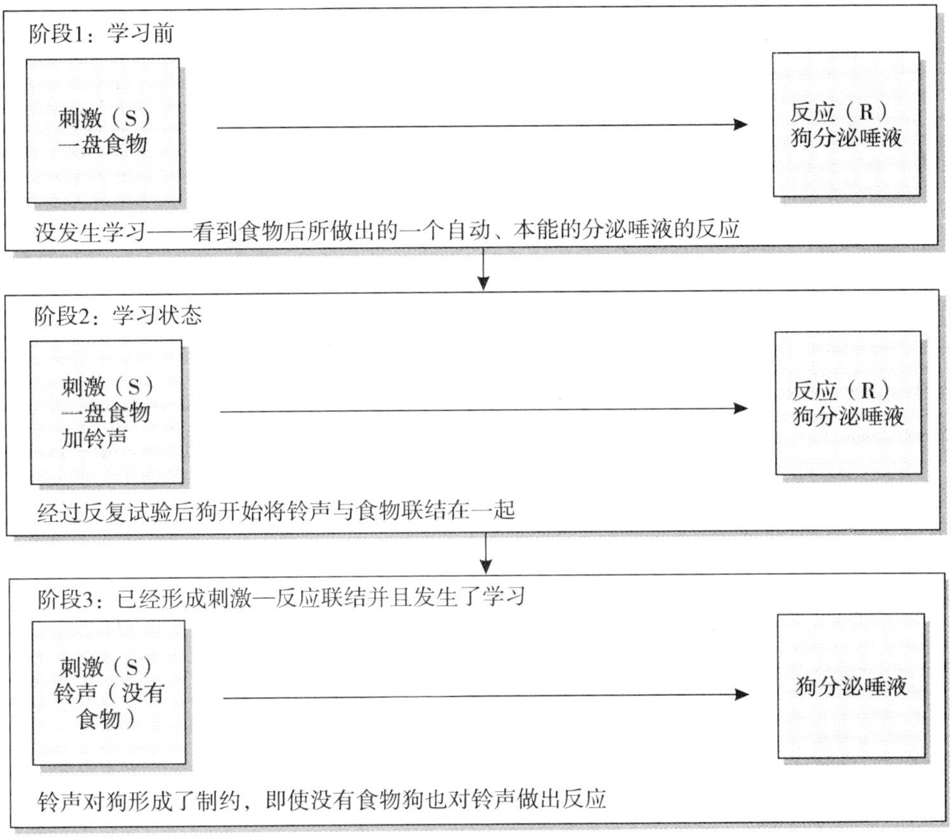

图 3-3　经典条件反射理论

通常，我们的反应会因之前对疼痛、过错或害怕的联结而被“制约”。气味和声音特别能引起人们对过去经历的回忆，并使人产生一些心理反应，这些反应与巴甫洛夫实验中的反应类似。因此，当人们坐在牙医诊所的候诊室里听到牙医用牙钻为其他病人钻牙的声音时会血压升高、心跳加快。这与人们的实际病痛无关。到学校开家长会会让我们产生“恐惧”或“愉悦”的感觉，这取决于我们儿时上学的经历和与其有关的一些联结。有些职业培训取决于人们经过学习而形成的联结以及他们的自动反应，例如，初期的军事训练。要想在消防训练中取得成功，人们则必须能够对铃声或汽笛声做出迅速的反应。

学习的结果

桑代克（Thorndike）提出的效果律引起了人们对于学习结果的关注。[59]他对处于新鲜环境中的动物进行了观察，并指出了它们是如何学习适应新的环境的。桑代克指出，在他的实验中，动物们的学习并不是突然发生的，而是要经过反复地试验和不断地摸索。久而久之，它们就会把这些正确的反应“牢牢地铭记”在脑子里。如果某个行为能够获得成功并得到奖励，那么这个行为则更有可能反复出现。

操作性条件反射

斯金纳（Skinner）对桑代克的想法进行了发展，并且撰写出了一篇关于操作性条件反射的学术论文。[60]斯金纳的动物实验证明了奖励和惩罚对于动物学习的作用。与经典条件反射不同，动物在做出正确反应后会得到奖励。斯金纳证明了当动物的行为反应与某一奖励（或强化）联结在一起时，它们就会学会这种反应；而当它们的行为反应与惩罚联结在一起时，它们就会停止做出这种反应（如图3-4所示）。

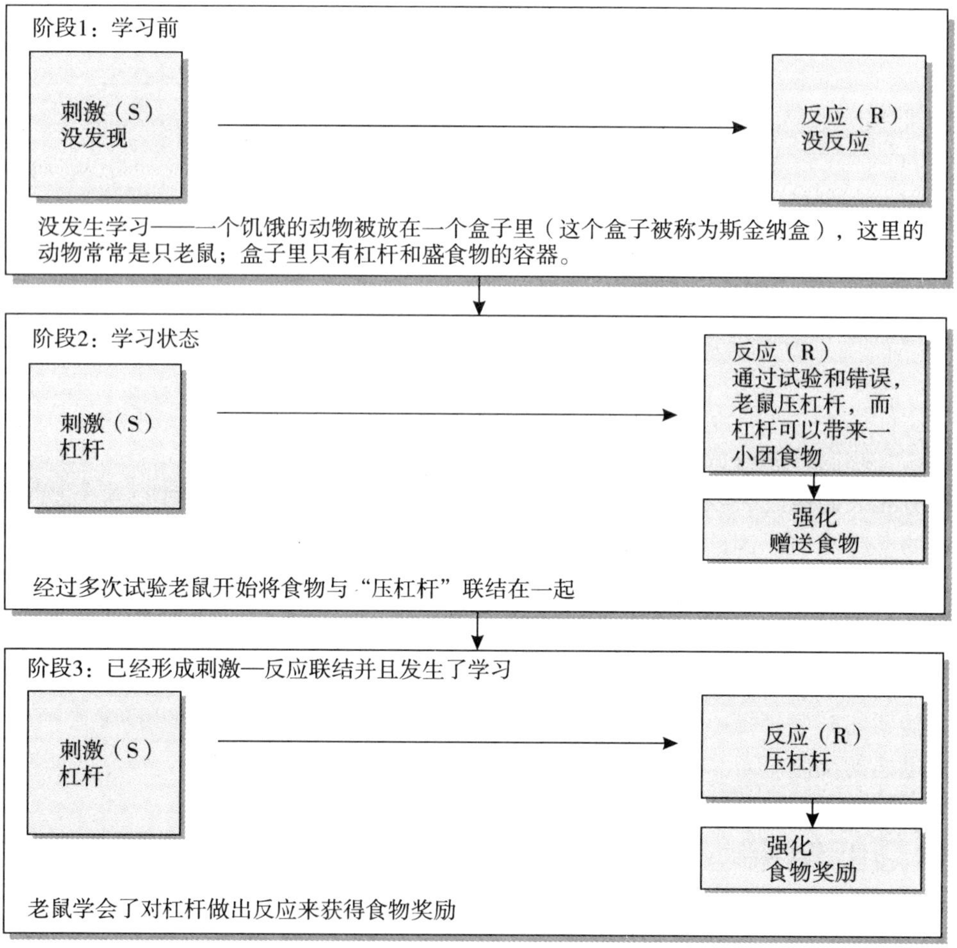

图3-4 操作性条件反射

老鼠一旦知道了一压杠杆就会有食物降临，就会对杠杆做出一致的反应。老鼠的行为被“制约”为一种特殊行为方式。有时，老鼠会学到一些多余的动作，比如在压杠杆前转上几圈，而这些动作也会被重复。斯金纳将这些反应称为“迷信的”反应，因为动物会认为好像是这些行为使它们获得奖励。

斯金纳对强化过程进行了实验。

- 如果动物不是在每次试验中都能得到奖励的话，情况将会如何呢？
- 部分强化对学习速度有何作用？

他发现部分强化加强了刺激－反应联结，而行为也更不容易消退。间歇性奖励似乎比持续性奖励更为重要。

负强化也具有非常大的作用。斯金纳的这些实验证明了刺激－反应联结的重要性，但奖励变成了避免痛苦或危险的事情发生。老鼠学会将刺激（也许是一盏灯）与发生危险的事情（也许是电击）联结在一起，并且会跑开（反应），从而来避免痛苦。不被电击是此类实验中的奖励。因此，老鼠对某一刺激的反应被制约，并形成了刺激－反应联结。负强化并不是惩罚。惩罚是为了打破刺激－反应联结。例如，如果动物压杠杆后会受到电击，那么它很快就会学会不去压杠杆，而刺激－反应联结也就被打破了。

操作性条件反射的应用

斯金纳和研究人员将操作性条件反射广泛地应用于许多实验之中。他证明了其学习原理的作用和控制力：识别刺激及在成功做出反应后所得到的奖励。他能够通过一个“塑造”的过程，来训练动物做出各种复杂的动作。斯金纳通过一系列小的、连续不断的步骤以及对那些可以最大程度地实现其理想结果的反应给予奖励，来对动物的行为进行塑造。就这样，动物的行为逐渐距离他的最终目标越来越近。斯金纳对将他的学习原理应用于复杂的实际情境非常感兴趣。毫无疑问，人们可以将这种塑造技巧（矫正和控制行为）以及对刺激－反应联结的识别应用到工作情境中去。奖励的作用体现在各种工作组织中：奖金、因达到销售目标而颁发的奖品或奖金、“当月最佳员工”奖等。

斯金纳的另一项研究成果是间歇性强化。如果员工经常得到奖励的话，奖励的价值会变小吗？斯金纳的研究结果显示，持续性的奖励确实会降低奖励的价值。在沟通分析理论中也存在类似的情况，即人们将过多的正面口头评价（人们称之为安抚）称为“向别人丢果汁软糖”。[61]

将操作性条件反射理论应用于工作情境

奖励

人们在运用操作性条件反射理论时遇到的最大的问题存在于与这一理论有关的定

义之中。斯金纳在实验中用到的都是一些“饥肠辘辘的”动物。对于它们来说，吃是一个明显的驱动力，因此一盘食物无疑是一种奖励。而对人们的奖励则比这要复杂得多。我们会对“奖励”有着不同的定义。虽然对于一些员工来说金钱可能是一种奖励，但其他员工可能会更喜欢给予他们“工间休息”或者可以对他们所完成的工作做出一个象征性的手势来表示肯定。组织有时会将得奖人的照片贴出来展示，有些人会对此感到自豪；而对于有些人来说，这种奖励则会让他们感到非常尴尬。组织对员工的奖励方式体现了组织会对哪些方面给予重视。不同形式的奖励会对组织和个体绩效造成怎样的影响是奖励管理的一个非常重要的方面。[62]

惩罚

惩罚原理也适用于人们对惩罚的知觉。在工作场所不恰当的行为会受到直接的惩罚，例如，不给予奖励或执行企业的纪律程序。有些管理行动被人们视为惩罚，如送某人参加培训课程、不派某人执行某项国际任务等。无论惩罚是真实存在的还是人们所知觉到的，它们都会使员工产生一种怨恨情绪。因此，惩罚会给员工在心理上带来负面的后果。虽然员工会听从组织的要求，但这种怨恨情绪会导致愤怒和（或）对工作的漠不关心以及报复心理。所以，组织应该利用奖励管理来对员工的行为进行正面的控制。通过将斯金纳的动物实验与工作场所中的情境进行比较，我们可以发现早期操作性条件反射研究的局限性。组织生活的现实情境在心理方面所具有的复杂性是斯金纳的基本概念中所缺乏的。

塑造

一些组织努力地对员工的语言和行为进行严格的控制。对新员工进行培训是对行为进行“塑造”的一种形式，这与组织的书面培训目标相一致。当员工证明了他们的反应时，他们会获得奖励，如培训框中的一个对勾或是一个佩戴在衣服上的“徽章”。将任务分为几个小目标并分别给予奖励，这能使人们进行一种递增式的学习。有时，在培训过程中，同伴们的评价会促进人们矫正自己的行为，这同样会使人们的行为得到塑造。

很多学校都使用行为矫正的方法来塑造学生的行为，特别是在学生的早期教育中。有些中学也使用一些创造性的方法来使逃学的学生重返课堂。这些学校并不对学生进行惩罚，而是采用对出勤进行奖励的方法来吸引学生重返校园。电视中的一些教育节目也会向家长传授类似的技巧，比如“小天使节目”。心理学家对行为矫正技巧进行了示范，并鼓励家长意识到他们所采取的奖励或惩罚方法。精神病院也利用塑造技巧来鼓励病人恢复正常的行为方式。他们使用“奖券”来奖励病人，这些奖券可以被兑换成某些特殊的待遇或特权。

我们可以想想在自己身上存在的一些操作性条件反射的例子。我们因某些行为而得到奖励会使我们不断地重复这些行为，而这些行为也因此而变得一成不变。习惯和常规变得固定且难以改变，而我们的行为也变得“自动化”。也就是说，我们被“制约”了，我们也会顺便学到一些多余的或迷信的行为。例如，我的一个亲戚在每场足球比赛上都会戴一条特别的“幸运”围巾！组织会对我们的行为进行有效的控制，因为我们渴望得到奖励（或用斯金纳的话说，我们渴望得到强化）或者将“奖励”视为对我们所付出的时间和努力的补偿。

社会学习

人们通过观察他人来进行学习。米勒（Miller）和多拉德（Dollard）[63]创造了“示范”和“角色楷模”两个词。“示范”的意思是可以通过模仿他人来学习，而“角色楷模”指的是那些被他人当作优秀榜样的个体。因此，学习如何修理汽车或如何做舒芙蕾（一种法式甜品）的培训生会对他们的角色楷模的行为进行模仿。人们也可以通过观察来学习人际沟通技巧。新员工可以通过观察他人来学习周围人的习惯和技巧。米勒和多拉德的研究使人们注意到了思维、知觉、注意力和记忆力的认知功能。因此，例如，一名正在接受培训的员工在观察主管是如何解决顾客的不满时需要留意这名顾客的情绪、观察主管的反应，以及学习如何将此次学到的知识运用到其他情景中去。这一过程依赖于人们复杂的认知过程，其中包括注意、回忆和理解。个体的智慧和判断在他们决定是否要重复这一行为时会起到一定的作用，他们可能会决定不采取其主管的解决方式。这种决定取决于个体的智力、思维能力以及结果的“公平”程度。

行为主义学派的局限性

只关注行为确实对人们很有帮助，但也存在一些局限性。人们大脑内部的思想与理解人们的学习方式、内容和原因有着非常特殊的关系。性格、知觉、动机和态度都会有助于或阻碍人们的学习过程。葛维（Gallwey）在他的“内心游戏”丛书中讨论了自我人格的内在世界对绩效的影响作用：

一旦我意识到了自体1（Self 1），它就会变得越来越明显。自体1就像位训练长官一样在我的脑袋里轻声地做着各种判断。但是，对于我的网球比赛来说，它并不是最佳的帮手。自体1所起到的妨碍作用要比帮助作用大。然后，我开始寻找减少自体1干扰的方法，并且开始留意：如果我相信自体2的潜能，情况将会怎样。[64]

认知因素

行为主义很难解释人类与生俱来的好奇心以及对于学习、认识环境和在活动中觉得自己很能干的强烈渴望。行为主义也无法解释伴随性学习的范畴。观察行为中的变化只是学习过程中的一部分。要想理解人们的学习方式和原因，我们必须要考虑到大量的个体因素，其中包括计划、志向、目标等等。

认知理论

研究人员在20世纪中叶所进行的一项研究强调，学习过程比简单的刺激－反应联结要复杂得多。科勒（Kohler）证明了动物在解决问题时使用了它们的理解力。[65]托尔曼（Tolman）的研究表明，老鼠能够学习看懂迷宫图形（认知图），它们在之后的某个时间能够使用这个图形。[66]瑞士心理学家皮亚杰[67]指出，简单的行为主义理论无法对人们在儿童的发展过程中所观察到的学习进行解释。他提出了儿童智力发展的四个阶段。皮亚杰的理论对智力思维和智力发展的成熟进行了非常清晰的阐述。他的研究介绍了“学习的周期性”这一观念以及儿童和成人是如何适应其所处环境的。

很多认知理论都认为，学习就是人对信息进行一系列连续加工的过程。其中信息的加工可以分为三个阶段。

- 第一阶段，对信息进行知觉。人们会注意到环境中的刺激。
- 第二阶段，对信息进行理解。人们的大脑进行积极的判断。
- 第三阶段，对信息进行重组和储存。

虽然本书并不对思维和学习之间的关系进行讨论，但一些研究人员已经对人们的心智构建有了一定的了解。例如，格拉泽（Glaser）[69]将其描述为“支架”。这种比喻说明了这种结构能够进行发展并存在个体差异，同时也意味着力量和支持。个体在学习方式上存在差异的部分原因是基于他们的“支架”和其他个人特质。

学习新的技能——反馈的重要性

瑜珈是印度哲学的六大体系之一。人们对瑜珈有着不同的解释。艾扬格（Yogacharya B. K. S. Iyengar）大师就是一种瑜珈的创始者。[68]

学习一项身体技能，如艾扬格瑜珈，可以对以下几个方面进行很好的说明：

- 学习的持续循环；
- 学习阶段的重要性；
- 信息和反馈的重要性；
- 身体、社会和精神方面的支持结构的重要性。

瑜珈体式具有挑战性。它需要人全身心的投入和集中，否则，人们可能会摔倒在地。老师会非常清楚地告诉学生如何摆姿势，学生则会对这些信息进行同化并模仿老师的动作。起初，要运用那些长期不活动的肌肉是很困难的！

在练习完一系列的“分体式”后就到达了最终的体式。每一个分体式都是逐步发展而来的，并且变得更加复杂。在每一个阶段，学生必须记住前一个体式的“感觉”，从而来确定：新的体式是建立在已学体式的基础之上，并且正在向更加具有挑战性的体式前进。因此，学习这些体式需要学生积极地注意老师以及自己对于体式的内部反馈。

艾扬格瑜伽学习者的目标是做出高质量的体式，并从这一运动中受益。所以，无论是身体具有局限性还是四肢不够灵活，所有的学生都能在辅助器具的帮助下从每个体式中获得最大的收获。这里的辅助器具也许是一个用来支撑大腿的带子或是支撑后背的椅子。每个学生都有自己的练习速度和辅助器具。老师也会告诉学生他们的体式是否需要改进，也许在手下面放块砖就能使学生的体式达到完美了。老师要利用他们的创造性去识别某些学生的特殊需要。在学习环境中，群体支持个体、老师在重要的时刻为学生提供信息、个体全心投入对完美的追求、老师对学生进行鼓励、支持并通过动作示范来带领学生进行学习。

资料来源：Judith Jones and Carol Batterson，Iyengar Yoga Teachers，Hampshire. Reprinted with permission.

学习周期

有些认知理论家强调学习的周期性和学习的积极本质。戴维斯（Davis）[70]指出，“经验性学习是思维和行为的结合与交替。”科尔布的学习周期（如图3-5所示）是此领域中具有代表性的理论之一，并且也是在管理文献中引用率最高的理论。[71]它向人们提供了对于学习本质的认识。

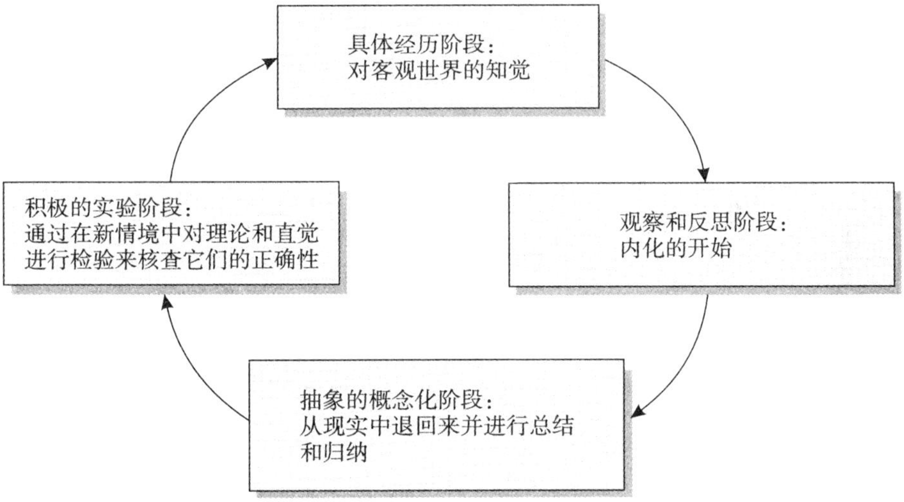

图3-5　科尔布的学习周期

- 它证明了学习是永无止境、不断循环的。
- 学习不是被动地接受，而是对环境进行积极的探索和测试。
- 它指出了反思和内化的重要性。
- 它可以帮助人们识别学习过程中存在的问题。

这一理论强调了将个体的行为与对行为的评价相结合的重要性。对所学知识的反思是学习过程中一个极为重要的组成部分，而反思的目的则是为了对新情境进行试验并意识到新的可能性。在一个学习周期中，学习者对学习进行运用、反思和检验，这正是行动学习的核心和本质。它鼓励人们养成符合终生学习观念的习惯。因此，科尔布认为，经验性学习将使管理者能够应对工作中的变化和复杂性。他指出：

战略管理发展的一个重要功能就是为管理者提供知识和关系网，这些知识和关系网可以帮助他们进行终身学习，并应对不断变化的环境中所存在的问题。[72]

科尔布和他的同事们认为，教育和工业企业的伙伴关系应该建立一种反馈循环，这种反馈循环可以使想法和行动产生相互作用。当然这里所说的想法指的与前面提到的学习型组织和知识管理相符合的想法。

这一学习模型与组织行为之间还存在着一些其他的联系。要告诫组织的是，组织需要将员工发展为“思想者”。因此，我们需要强调思维和行动之间的重要联系。南希·克莱恩（Nancy Kline）的研究核心是思维。通过掌握克莱恩所说的“思维环境”，人们可以丰富自己的生活和关系，而组织则可以用更少的时间创造出更多的想法并取得更好的业绩。克莱恩的“思维环境”由以下十个部分组成：

- 注意力——倾听他人的想法并对他人的观点表示出尊重、兴趣和着迷；
- 清晰而明确的问题——去除那些限制人们想法的假设；
- 平等——人们视彼此为“思维同伴”、给予人们平等的机会和关注、保持一致和边界；
- 欣赏——欣赏和批评的比例是5∶1；
- 轻松——给予处理紧急事件的自由；
- 鼓励——超越竞争；
- 感受——允许为了恢复思维而充分释放情绪；
- 信息——使人们对现实拥有全面、准确的把握；
- 场所——创造一种让人们觉得自己受到了重视的硬环境；
- 多样性——由于人们存在个体差异而增加的属性。[73]

克莱恩认为，员工需要不断学习如何在能够真正地倾听，并允许他人发表意见的环境中进行独立思考。这不仅可以使组织在会议上收获更多的雇员想法，还会加强与员工之间的关系。

同样，人们还需要关注反思在帮助学习过程的重要性。如今，档案评估变得更为平常。档案评估的形式包括证书和提供员工职业开发的证据。当个体进行档案评估时，会被要求对他们的学习经历进行“反思”。例如，他们都学到了什么？他们接下来要学什么？反思过程要求雇员将自己作为重点，并且强化了学习的循环过程。它认为学习不是一个结果或某种“产品”，而是一个持续的、永无止境的过程。反思对于进行变革管理来说是必不可少的，而且“对于人们的学习和成长也是至关重要的”。[74]然而，反思并不那么简单，因为它需要人们挑战自己的思维模式，并以全新的方式来审视各种情境，这会使人们对自己现有的视角进行重新定义，从而来发展新的思维和行为方式。可以改善这一过程的方法之一是行动学习小组。

什么是行动学习小组

行动学习的重点是行动和促进改变。考夫兰（Coghlan）和布兰尼克（Brannick）[75]指出："（行动）研究的目的不仅是对环境进行描述、认识和解释，而且还要对其进行改变。"而改变环境的途径则是收集数据、讨论、行动规划、反思和回顾。

行动学习小组由5~6人组成，他们都希望通过解决当前的某一重要问题来使自身得到发展。小组中的成员会轮流汇报自己的行动，并对取得的进步进行反思。当某一成员进行汇报后，小组中的其他成员会对汇报者的行动表示支持，并会提出具有挑战性的问题，从而来帮助其弄清并决定接下来的行动内容。

温斯坦（Weinstein）指出了行动学习的益处：

- 解决现实的企业问题；
- 改善社会过程；
- 对员工进行授权；
- 提高领导质量；
- 提高应对变革的能力。

然而，除此之外，参与者还出乎意料地发现了行动学习的一些其他价值。温斯坦指出："这种出乎人们意料的学习不再以技能、行为和知识的学习为重点，而是一种以价值观、信仰和意识为基础的学习。"[76]在行动学习中，学习帮助他人、倾听、思考和反思都是非常重要的。

行动研究可以被描述为一个学习和行动螺旋（如图3-6所示）。[77]

学习风格

当将学习周期运用到有关个体差异的研究中时，科尔布指出：个体会偏爱某一阶段，而那正是他们的学习风格所在。他的学习风格理论被应用于管理行为领域，而哈尼和曼福特[78]对科尔布的理论进行了发展。科尔布提出的四种学习风格分别为：

- 调适型——强烈偏好具体的经历和积极实验；
- 分散型——偏好具体经历和从不同视角进行反思；
- 同化型——偏好反思和抽象概念，并利用归纳推理来发展新的理论；
- 聚敛型——偏好运用想法，会将某一想法付诸实践，并且对其进行检验。

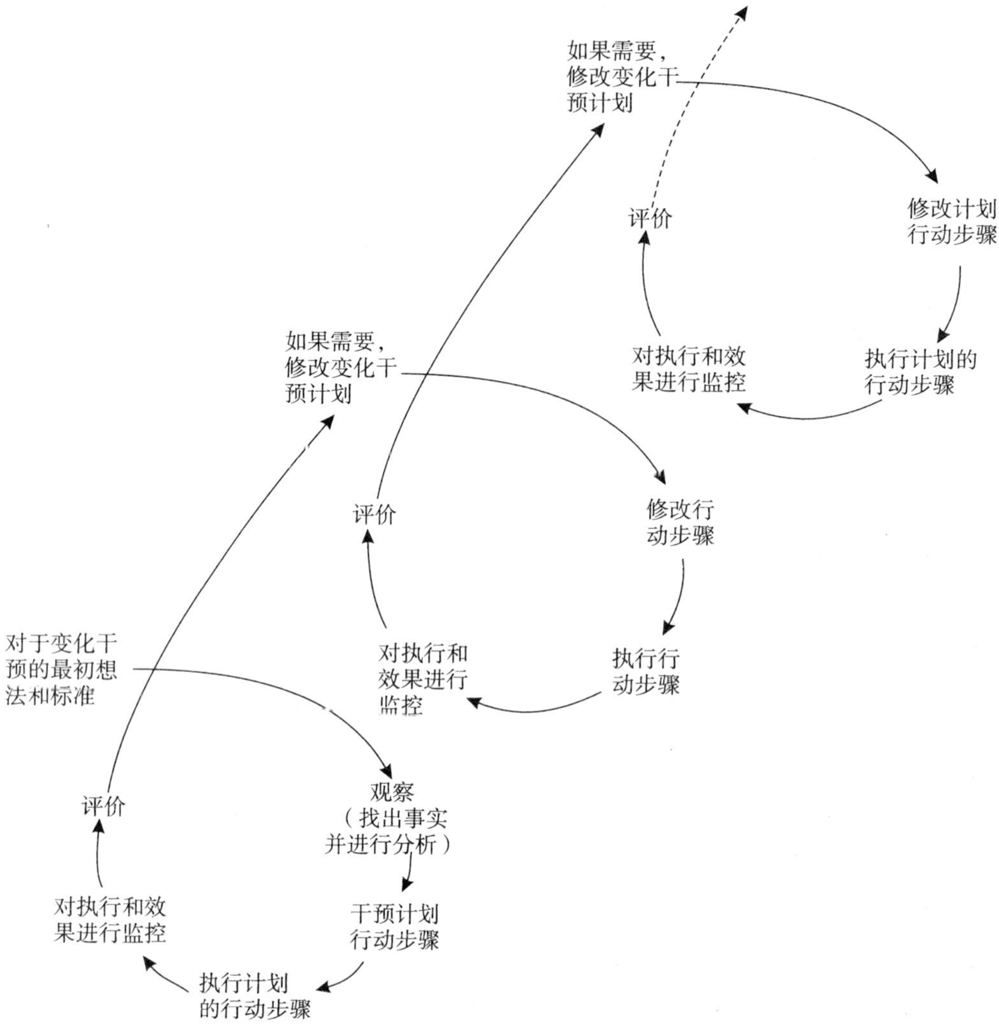

图3-6　行动研究螺旋

资料来源：From *Managing Change: A Human Resource Strategy Approach*, Thornhill, Lewis, Saunders and Millmore, Financial Times Prentice Hall (2000), p. 289. Reproduced with permission from Pearson Education Ltd.）

哈尼和曼福特将科尔布的学习周期进行了简化，并改进了他设计的学习风格问卷，这使管理者可以识别出自己主要属于哪一类学习者：

行动型	有什么新点子吗？我什么都愿意尝试。
反思型	我想考虑一下。
理论型	这个是如何与那个联系在一起的？
实用型	我如何将它运用到实践中去？[79]

研究人员指出，了解一个人的学习风格会提高学习的效果，不管这个人是一名培

训生还是一名教师。综合、有效的学习者会学习管理这四种风格，即使他们可能偏好于其中的某一种。

其他的一些研究也发现了个性和学习之间的联系，例如，内向型人和外向型人在惩罚和奖励方面存在着差异。内向型人比外向型人更有可能受到惩罚的影响，而奖励会使外向型人的绩效得到提高。[80]他们在对短期和长期材料的记忆力上也存在差异。外向型人的短时记忆力较好，而对于内向型人来说，情况则恰恰相反。

同样，那些使用了麦尔吉－吉尔斯个性类型指标的研究发现，这16种个性类型的人在学习偏好上也存在着差异。这些差异说明，对于内向型人来说，如果他们能够在参与前思考或在完成任务或者练习前能够提问的话，他们的工作效果和效率就能达到最佳水平；而对于外向型人来说，如果他们能够在一个小群体内与他人进行互动并（或）向他人讲述自己的经验，他们的工作效果和效率就能达到最佳水平。然而，一些有关培训师和学员之间互动的研究发现，那些外向且感觉敏锐的（有关不同MBTI人格类型的叙述见第2章）培训师会忽视那些喜欢思考、反思并具有抽象性思维的学员。[81]这些研究强调了培训师不仅要对学员的个性需求非常敏感，而且还要意识到自己的个性对学员学习经历的影响作用。

梅奥认为，组织需要认识到人们在学习方式上存在着很大的差异，并且需要采取以下的这些行动：

- 让员工有机会发现自己最自然的学习风格；
- 为不同学习风格的员工提供适合他们的学习机会；
- 认识到人们需要完成一个完整的学习周期；
- 帮助员工将学习周期转化为不断向上盘升的学习螺旋。[82]

复杂的学习模型

因此，考虑到学习的复杂性，管理者如何才能对理论、概念和框架进行理解呢？学习模型都是非常复杂的模型（如图3-7所示）。但是，学习模型会促使人们提出一些有用的问题，并能帮助人们准备和设计学习计划。例如，我们是否对以往的经验、员工的能力、学习风格、背景、方法及使用的风格进行了充分的考虑？[83]

创造性

创造性是一种管理能力。在过去的10年中，它的重要性已经逐渐被列入管理教育日程。摩根在他的文章中指出，管理者要想带领他们的组织进入下一个千禧年，需要具备六种新能力，其中包括创新性和实施变革的能力。[84]另一项研究表明，管理者的实际行为与人们的传统认识不同。事实上，管理者所参与的活动即便不是创造性的，也必然是直觉性的。[85]

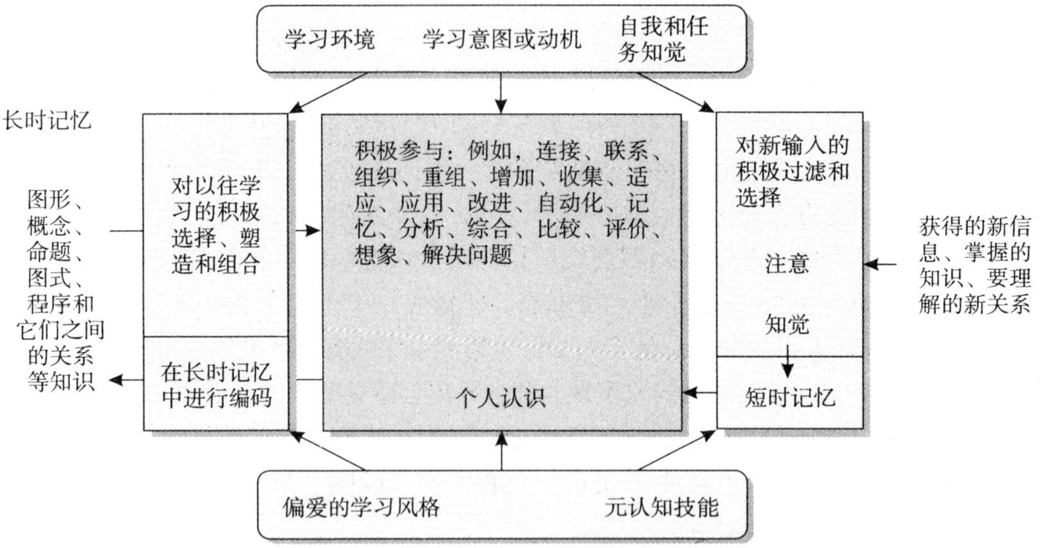

图3-7　学习的一个认知模型

资料来源：From Atkins, M. J., Beattie, J. and Dockrell, W. B., *Assessment Issues in Higher Education*, Department of Employment (October 1993) p. 51. © Crown Copyright 1993. Crown copyright material is reproduced with the permission of the Controller of Her Majesty's Stationery Office (HMSO).

组织要想具备创新性，则需要能够创造性地解决问题。这种说法与有关学习型组织的研究相一致。威斯特（West）对于学习型组织的看法如下：

有些组织和团队会进行反思，并且准备好不断通过创新过程来对他们的组织角色、目标和准则进行挑战和重新定义。这些组织和团队会对自己的角色进行更加综合、敏锐地描述。它们能对问题进行更好的预期和管理，将冲突作为组织中有价值的过程资产，鼓励效果、成长和发展。那些最具反思性的组织会进行各种各样的活动、辩论、争论和创新，并且能真正做到让全体员工都参与其中。[86]

什么是创造性

创造性指的是运用想象思维，这些想象思维可以使人们以创新的方式来解决问题。[87]

想象思维可以使人们以新的方式来看待新鲜事物。博登（Boden）认为，这些想法要么具有个体创造性（对个体而言是新颖的），要么则具有人类创造性（对整个人类历史来说是新颖的）。[88]有关创造性的研究总是带有一种神秘色彩，好像瞬间的领悟或灵感象征着某种特殊的力量或天赋。然而，博登[89]却认为：

创造性利用的是我们的普通能力。人类对事物的注意和记忆、看、说、听、理解语言和识别事物的相似性等天赋都是非常重要的。

博登的研究兴趣是对人们的这些日常认知机能进行理解。

所有人都具有创造才能，那为什么有些人能比其他人想出更多的点子呢？亨利（Henry）发现，那些具有创造性的个体具有很多特质：能够忍受含糊和不明确的情况、敏感性、独立思考、想象力和适当的智力水平。[90]古德曼（Goodman）指出：

具有积极创造性的人能够找到问题的核心或关键，他们不会被细节及求助于标准方法的需要所迷惑。[91]

相关文献都一致认为，这些具有创造性的个体都渴望具有独创性。他们不希望循规蹈矩，而且渴望有机会进行实验并表达自己的新想法。但是，个体的创造性也有所不同。有些人能够创造出大量的新想法，而有些人则具有创业才能并且能够将想法市场化。

创造过程的阶段

创造性思维过程分为四个阶段。[92]

1. 准备阶段——有意识地试图理解和收集信息。
2. 酝酿阶段——意识被集中于其他地方，但想法不断地被潜意识结合在一起。
3. 启发阶段——问题的解决方法突然在头脑中出现，即顿悟。
4. 核实阶段——有意识地对解决方法进行检验。

很多心理学家都认为，理解这些阶段是个体对自身的创造性进行认识和欣赏的必要起点。威斯特[93]指出，管理者对他们的创造能力缺乏信心，而且组织也设立了大量的潜在障碍。因此，创造性受到了抑制和贬低是可以理解的。很多研究人员都鼓励人们通过一些练习和活动来学习让自己具有创造性，这些练习和活动可以用疯狂和新颖的方式来拓展人们的想象力。

创造性的障碍

古德曼[94]认为个人创造性存在六种障碍。

- 知觉障碍——习惯性反应、刻板印象和对以往知识及经历的依赖。
- 情感障碍——害怕、对在他人面前出丑或出错的焦虑。
- 过程障碍——缺乏过程技巧或技能，缺乏迅速抓住解决方法的技能。
- 沟通障碍——风格、方法或技能不适合解决问题。
- 环境障碍——设施、压力因素、他人的阻碍反应的思维模式。
- 文化障碍——具有阻碍性的文化和态度，风险性和开放性过高。

我们可以将古德曼所列出的这六种障碍划分为两大类。前四种为一类，它们都是有关个体的心智或技能方面的障碍；后两种为一类，它们是有关组织文化功能方面的障碍。如果组织不具有一种创造性的文化，并对重建不感兴趣，那么个体就不会为了组织而利用自己的创造性，而是在组织外或是为了反对组织而利用自己的创造性和才智。

这些障碍可以被泛化到很多学习情境中去，而且不只是那些需要创造性反应的情境。参与新的教育课程的学生们会经常对以上的六种障碍表示担心，尤其是如果他们在学业中有过中断的话。另外，很多学生指出学术环境外的关系也很重要，变革过程不仅对学生有影响，而且还经常会对家庭和伙伴造成影响。

营造创造文化

现在，战略管理方面的研究人员指出，管理者将需要超越他们的理性或逻辑思维并利用感觉、创造性和直觉来为未来创造企业。创新型管理模型是：

> 建立于一个哲学假设的基础之上的，即组织周围的现实世界是一个由组织中的成员长期建立的动态的世界。组织成员要求组织拥有这样一个不同的群体，这一群体由高级管理人员组成。他们虽然以不同的视角来认识世界，却能够参与超越这些不同的想法来构建一个复杂的组织现实的过程。[95]

这种观点认为性格、敏感性、创造性和沟通技巧都是对下个千禧年中的管理者所提出的要求。（有关管理战略和对变革的抵触的详细叙述见第12章。）

管理者还需要主动寻找问题产生的根本原因，并在解决这些问题时富有想象力。阿基里斯[96]对组织战略和变革中的单循环学习及双循环学习进行了区分。单循环学习关注问题的表征，而双循环学习则试图找出问题的深层原因。这两种学习在解决问题的策略上存在差异。用来解决表面问题的方法往往涉及加强控制，而双循环策略则需要人们采取提问的方式。这些观察会对现状带来挑战，对阿吉里斯而言，这种开放式的询问是一种解决企业问题的方法。这种询问态度与有关学习型组织的研究以及创新管理学派的理论相一致。

人们对于将艺术和创造性纳入管理计划的兴趣日益增长。虽然人们认为创新对于组织来说是必不可少的，但他们却经常将参与和开发创造性搁置在一边。如果他们认为组织需要在传统分析与产生创新想法的创造性之间进行“航行”的话，情形又会怎样呢?[97]他们认为缺乏创造性会减缓企业和个人的成长，并降低满足感。人们对于创造性的兴趣在一系列活动中得到了开发，这些活动包括：准备舞台道具、开发音乐项目、讲故事、诗歌写作等。这些活动可以为人们提供：

- 有关创造过程及培养或抑制创造性方法的知识；
- 同时开发“软技能”和“硬技能”的方法；
- 促进对组织的分析能力；
- 使用左脑思维和多感官的感知方法平衡了右脑思维和经验学习。[98]

图3-8所示的概念图概述了人们是如何学习的。

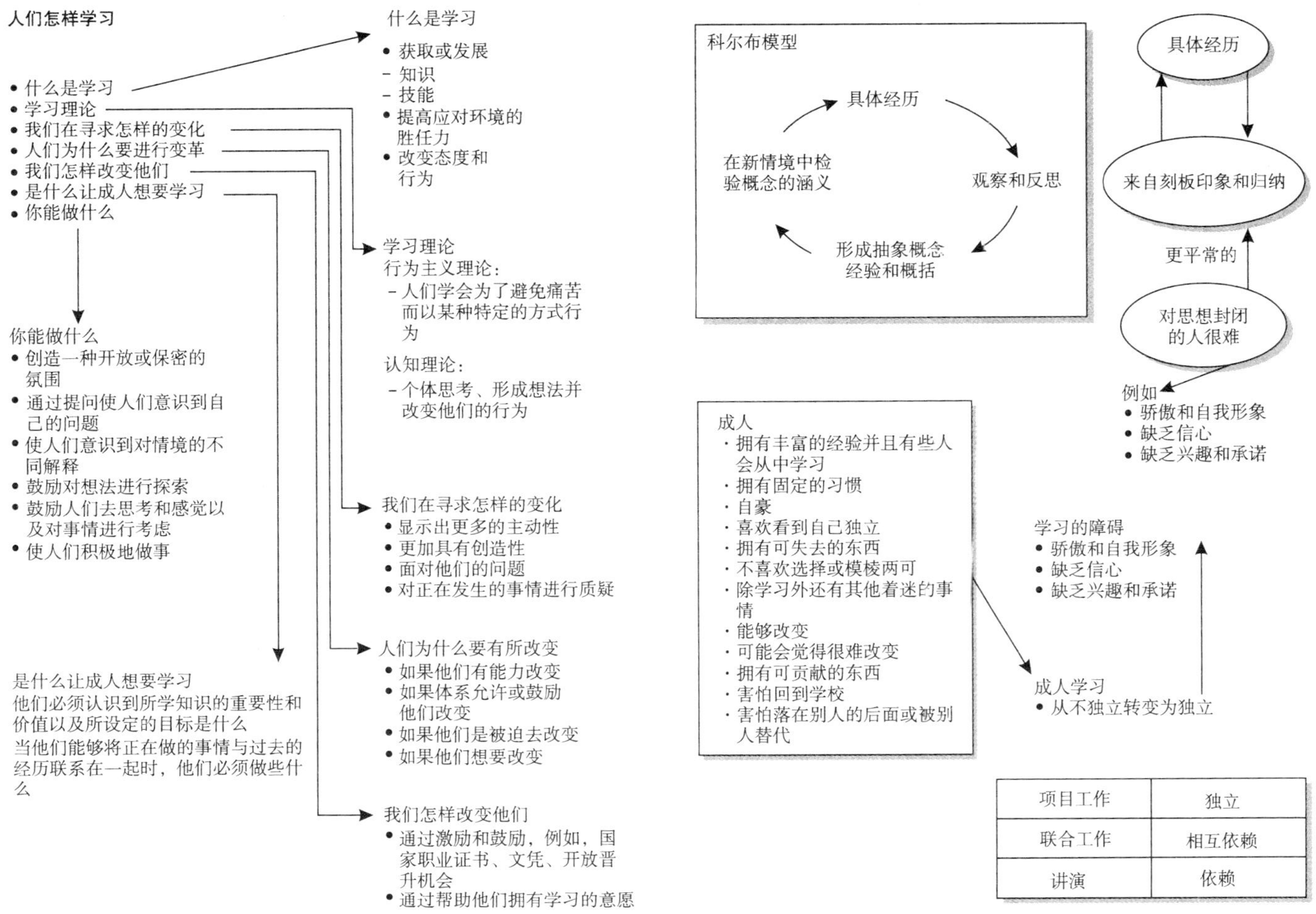

图3-8　关于人们如何学习的概念图

资料来源: Training Learning Consultancy Ltd, Bristol, England. Reproduced with permission.

评论性反思

教练式辅导自称对个人和组织有很多好处，包括从提高生产率到改善雇佣关系和生活质量。它还声称：完成教练式辅导的人会变得更加灵活，并且更容易适应变化。和一名训练有素的教练进行交谈真的有这么多益处吗？还是很难去收集进行评估的证据？

促进学习

组织需要为员工提供可以同时对其进行挑战和支持的发展机会以及能够使员工利用其潜能的有效体系和过程，这就需要将创造性和勇气用在感情上诱导人们发挥他们的极限。那么，管理者如何学习并获得那些成为有效管理者所必须具备的技能呢？现在，人们所提倡的两种管理发展方法是辅导与教练式辅导。管理他人的乐趣之一在于，你帮助别人获得了发展和成长。管理者一直都是非正式的辅导员和教练：有些具备所需技能的管理者从这种角色中获得了乐趣，有些则比较犹豫不定；而有些管理者却起到一种负面作用，并阻碍了下属的发展。

近来，相关文献都对成为一名有效的辅导员和教练所需的技能非常地关注，而且有关这一话题的研究也将会受到人们的欢迎。这两个概念与“学习型组织”的想法相符，并且也与那些赞扬行动学习和自我发展的优点的学习原理相符。它们的基础是那些接受培训的员工能够认识到他们的培训需要，并渴望积极主动地参与到培训过程中去。正如克拉特巴克（Clutterbuck）和韦恩（Wynne）所说：

辅导和教练式辅导代表了一种可以帮助个体对其学习进行控制的新趋势：获取知识和技能的首要控制者是员工；教练或辅导员在学习过程中对员工进行引导和鼓励，并且与员工分享自己对事物的认识和理解。[99]

教练式辅导和辅导

组织中的个体在对这两个概念的解释上存在着非常多的困惑，而且不同的员工对它们的解释也存在着巨大的差异。“教练式辅导”是一种支持关系，它的目的是创造理解、方向和行动。教练式辅导不仅能够促进学习，而且还具有挑战性。教练并不“修理”别人或亲自为他们解决问题或是装出一副“专家”的姿态，而是试图将自己的知识和智慧传授给员工。“辅导”与教练式辅导相同，也是一种具有支持性和挑战性的关系。但是，辅导员往往是某一领域的专家或某一组织的领导。他们能够为员工提供意见、指导和支持。在辅导关系中，辅导员可能会选择使用教练式辅导技巧。与员工建立一种融洽和谐的关系对于进行有效的教练式辅导和辅导是非常必要的。

根据这些定义，我们可以归纳出教练式辅导和辅导之间的相似点和不同之处。

教练式辅导

- 使用演绎技巧。
- 教练不必是此领域内的专家。
- 组织通常会事先计划，并在一个固定的时间段内组织开设教练式辅导课，如在12个月内开设6堂教练式辅导课。

辅导

- 综合使用归纳和演绎技巧。
- 辅导员必须是此领域内的专家。
- 辅导会议是临时决定或未经事先计划的。
- 必须要对辅导员在此领域内所拥有的知识表示尊重。

迈克伦南（McLennan）[100]重申了组织发展教练式辅导文化的益处，他认为教练式辅导可以使组织恢复生机，并对组织起着非常重要的作用。凯力诺卡斯（Kalinauckas）和金（King）也指出，那些希望在未来获得成长的组织应该对主管们一对一式的教练式辅导进行投资：

如果企业希望一直走在其竞争者的前面，就必须拥有可以持续不断地改善员工和企业发展的战略，其中就涉及到教练式辅导。[101]

在过去的几年，拥有个人教练的潮流得到了发展。哈丁汉（Hardingham）[102]认为，与起支持作用的组织以外的人进行交谈对管理者非常有帮助。这为他们提供了空间和时间，来理解在工作中收集的各种信息。例如，组织要求一名管理者与其他管理者合作，但组织中的文化却是一种竞争文化，并且没有团队建设的机会。哈丁汉认为，在这一情境中，管理者的角色并不明确，并且推断这些管理者已经落在了复杂组织结构的后面。这使他们陷入了一种“做也不是、不做也不是的境遇”，不仅受到了“双重束缚”，而且“毫无胜算”。

教练式辅导可以帮助人们取得进步。它的目的在于使人获得改变，而其注重的是改变后的结果。因此，很多组织都正在借助这一方式促进员工和组织的发展。斯达（Starr）[103]指出教练需要遵循以下原则。

- 遵守对个体给予支持的承诺。
- 在真实、开放和信任的基础上建立教练式辅导关系。
- 接受教练式辅导的员工对自己产生的结果负责。
- 接受教练式辅导的员工能够产生比现在更好的结果。
- 注重员工的想法和经历。
- 员工可以找到完美的解决方案。
- 对话以平等为基础。

倾听是一项必不可少的技能。斯达对不同层次的倾听进行了描述，包括从表面倾听（好像在倾听，实际上注意力在其他的地方）到深层倾听（更加关注于对方的想法，对对方进行认识和理解）。提问、提供支持性的反馈以及运用直觉都是教练对员工进行教练式辅导的工具。大部分的教练式辅导都有一个框架结构。一个常见的教练式辅导模型是GROW模型。[104]

- 目标——接受教练式辅导的员工想要实现什么？他们希望在接受教练式辅导后有怎样的感受？
- 现实——情景是什么？环境是什么？问题是什么？问题得到了怎样的处理？
- 选择——可能的行动有哪些？最有吸引力的行动是哪个？过去做过些什么？
- 完成——需要采取哪些行动？成功看上去是什么样的？若采取行动事情将会怎样？

管理者很容易采取习惯性的思维和行为方式。有些问题会使人们不停地重复同一思维循环。有力的提问可以停止这一循环并帮助人们取得进步。教练式辅导是一种有助于人们改变其思维和行为方式的机制。格兰特（Grant）和格林纳得出了这样的结论：

> 在教练式辅导中，我们学习对过程进行操控和在必要的时候改变方向。当我们取得了阶段性成果时，我们需要庆贺自己的成功。持续、审慎的行动是一切的关键所在。[105]

教练式辅导也引起了批评家的关注。他们认为，如果教练式辅导过程没有相关的依据作为基础的话，它便是一种“非常规、非结构的、（潜在的）不道德的过程”。[106]查普曼（Chapman）[107]在她的文章中希望，心理学家能够尽快地检验教练式辅导对员工的绩效和行为所产生的作用。

辅导需要一整套技能，其中也包括教练式辅导。克拉特巴克和韦恩[108]对辅导员的四种角色进行了定义：咨询顾问、网络建立人、促进师和教练。他们认为“辅导员最简单的角色就是帮助对方进行学习”。然而，有关辅导的研究表明，组织需要充分实现这一想法并确保个体已做好充分的准备，从而来避免一些问题的突然出现。实施辅导的好处是非常明显的，其中包括可以提高管理的有效性、改善沟通、促进平等机会和自学。

应用于学习技巧的学习理论

有效学习技巧具有如下三个基本特征：

- 良好的组织；
- 主动的课程规划；
- 心理准备。

组织

当人们尽可能地以各种不同的方式对学习材料进行分类和组织时，学习则变得非常简单。当你做笔记时，你还可以利用一些其他的感觉方式，例如，视觉（画地图、计划表和海报）和听觉（制作并播放复习磁带）。有效利用资源（时间、图书馆、导师）的重要性显而易见。它非常必要，但却又经常被人们所遗忘。

主动的课程规划

当你对学习时间进行分配并避免进行突击式学习时，学习效果就会得到提高。你可以进行合理的休息和回忆。在学习中始终保持一种积极的学习态度是非常重要的，即确保你能够理解学习材料并且保证你不是被动地、不假思索地反复抄笔记。除此之外，不断地对知识进行检测并对材料进行复习对你的学习也非常有帮助。

心理准备

设定目标对于人们的学习意愿非常重要，并且可以避免时间的拖延。通过以实现某一目标为目的来设定你自己的心理契约、明确自己的学习计划，并且当达到目标时对自己进行奖励都可以成功地促进人们的学习意愿。同样，环境也可以起到同样的作用，坐在同一房间或同一座位可以鼓励人们拥有一种积极的学习态度。对于人们来说，拥有积极的态度、摆脱焦虑和情绪因素也许是最为困难的，但它们也是心理准备过程中最为重要的部分。

学习理论在组织中的应用

下面所列出的内容并非十分全面，却包括了学习理论在应用中的主要领域。

1. 自我开发

- 学习“做”什么（如技能和知识）。
- 学习如何“成为”（角色行为）。
- 掌握诀窍（社会化过程和文化）及社会规则（准则和态度）。

2. 对他人的开发

- 对个人进行开发——对他人进行培训并开发他们的潜能（包括辅导、评价、建议和教练式辅导技能）。
- 对有计划的学习事件进行开发。

3. 学习文化的发展

- 开发政策——为成为学习型组织、应对变革和发展、使员工能够拥有“自由”思维、创造性思维和横向思维而开发组织政策。

评论性反思

“人们应该减少对课堂知识考试的关注，并且应该对生活技能、个人开发、技术的使用以及适应变化的能力等方面给予更多的重视。”你认为现在所使用的对学生进行评定的方法过时了吗？你会向人们推荐什么样的评定形式？

从新闻中学管理

在线学习时代已经来临

琳达·安德森（Linda Anderson）

英国华威大学商学院MBA学习资源主任雷·欧文（Ray Lrving）指出：“新技术使组织可以进行零距离的远程学习。”

可以肯定地说，创新意味着相对于传统的面对面、以教室为基础的学习，网络学习工具使远程学习成为了一种切实可行的学习方式。而且对于一些人而言，它是比传统方式更好的选择。在亚洲，网络学习已经拥有了巨大的市场潜力。而在美国，远程或网络学习也正在蓬勃发展。去年11月发表的研究报告“逐渐成长：美国2005年的在线教育”十分看好在线教育。报告指出，2003年美国的在线注册人数为198万人，一年后则增至235万人，其增长速度比国家教育统计中心所预测的普通高等教育学生人数增长率高出了10倍多。此项研究由依琳·艾伦（Elaine Allen）和杰夫·希曼（Jeff Seaman）共同主持完成。巴布森学院统计学和企业管理学教授依琳·艾伦认为，在线教育成功的原因在于网络。她还指出，“我们正在成为一个全球化的社区，所以我们可以吸引来自世界各地的学生。在线教育即使对于那些老牌大学来说也是一个尚未开发的市场。”

欧洲网络化学习行业集团总裁里查德·斯特劳布（Richard Straub）也发现了市场的转变。首先，他认为，起初网络学习像是一个建在只读存储器上的教室，它非常僵化。但随后他指出，“网络学习已经从这种正式信息转变为一种更加非正式的、综合的学习方式。”技术的进步使得人们的需求也随之增长。如今，从同步视频会议和异步视频会议到博客和即时消息，技术的灵活性使学校在创造和设计远程学习课程时能够发挥它们的想象力。例如，在华威大学，语音博客这一技术使学者访谈的音频文件上传到网上，这样参加者可以在网上将这些音频文件下载到自己的可携式播放器中。

与此同时，西班牙企业学院开办了“全球社区MBA”，该课程针对的是那些不愿中断职业生涯的年轻职员。在世界的任何地方，人们都可以上这门课程。然而，其课程设计者认为，该课程比其他远程学习课程略胜一筹的原因是由于其对虚拟社区进行了创新利用。这些社区（包括企业学院的校友和企业界的高管）所关注的是具体的地区、产业、功能或其他兴趣领域。学生可以加入任意多个社区，并且会从来自世界各地的导师和顾问身上受益。这些社区使用博客和视频会议等技术进行互动。即便在完成课程之后，学生仍然是这些社区的成员。也就是说，企业学院的学生可以从终身学习中获益。

对于那些不愿依赖于学校学习和培训课程的企业来说，企业大学，即内部培训，仍然很受欢迎。戴姆勒·克莱斯金融服务公司首席学习官什洛莫·宾虚（Schlomo Ben－Hur）表示，该公司的企业学院正在蓬勃发展。当他在2000年接任这一职位时，该学院更像是一个培训点。“我们尝试着去合并学习方案。我们需要将发展和学习方案与个体的需求相结合。”

虽然与商学院有密切的合作，但企业显然不能将领导力、继任规划和组织开发等领域的项目外包。然而商学院将继续发挥其关键作用，商学院和企业大学间的合作是未来的发展方向。

资料来源：Anderson，L.，“Online learning comes of age”，*Financial Times*，20 March 2006. Copyright © 2006 The Financial Times Limited，reproduced with permission.

讨论题

1. 组织中的网络学习有哪些优点和缺点？它是只适用于像文章中所描述的管理学习，还是有一些其他的应用？

2. 网络学习是否仅仅是经典的条件反射？根据本章所概述的一些学习理论来对网络学习方案进行评价，如科尔布的学习周期模型（如图3-5所示）。

本章概要

- 学习是所有人类活动的一个特征。它显示出了我们的人性以及个人、组织和社会的发展水平。学习是一种丰富的经历。它发生于很多层面，并且以多种不同的方式存在。学习会不可避免地涉及检验变革是如何发生的。由于社会的变化以及技术对我们的生活产生了巨大而深远的影响，我们必须不断地学习和发展。学习是一个积极、动态的概念。学习与心理学、社会学、技术、政治和教育联系在一起。

- 过去，组织在很大程度上依赖于知识传播结构的稳定性。现在，通过学习来改善态度和资源已经成为了一项政府战略。教育界对个性化学习的兴趣是当务之急。任何社会的发展都需要个体发展新的技能，并且拥有一种应对未来挑战的灵活态度。

- 确保信息和知识准确地在正确的时间流向组织的正确地点。人们应通过恰当地使用信息技术来帮助完成该项管理任务。有效且有能力的组织的一个显著特征是拥有一项用来应对知识管理的战略。合作学习、网络化群体和实践社群是目前应用于知识管理的想法和概念。它们都根源于学习型组织理论。
- 管理者需要通过营造鼓励学习、自我开发的氛围，来向下属证明自己的尽职尽责。反思和评价是这一过程中非常重要的两个方面。经典学习理论很早就提出了表扬和鼓励的重要性，因为它们能够比惩罚和批评带来更多积极、有效的结果。然而，很多管理者并不使用这些基本的原理，因为员工们经常指出他们的管理者只注意到他们的错误。
- 创造性是一种管理能力。在过去10年中，其重要性已经被纳入了管理教育日程。为了使组织具有创新性，组织需要拥有创造性的解决方法。想象性思维会使人们以新的方式看待事物。这种新颖性可能是对个人而言，也可能是对于某一时期而言。管理者需要利用他们的感觉、创造性和知觉来为未来创造企业。
- 通过利用辅导和教练式辅导的好处，有效地鼓励个体对自己的学习负责，并有助于营造一种学习氛围。辅导需要一整套技能，其中也包括教练式辅导。但是，对于管理者来说，他们所面临的主要挑战是把培训和发展作为推动实现组织战略的主要手段。这是创造和建立一种学习文化的唯一途径。

利用 www.pearsoned.co.uk/mullins 这一网站上的网络资源来进行知识更新与在线研究。

复习与讨论题

1. 解释学习的含义和性质。
2. 讨论新技术是如何提高个性化学习的。
3. 你对“实践社群”的理解是什么？评价实践社群在保障组织的竞争优势方面的重要性。
4. 以你所在的组织为案例，列出其要想成为一个学习型组织需要经历哪些过程，并指出组织需要经过哪些重要环节。
5. 为什么档案评估正在成为一种受人们欢迎的对学习和发展进行评估的方法？
6. 用工作和大学中的实例对以下的学习概念进行举例说明：

   a. 奖励　　b. 惩罚　　c. 塑造
7. 解释学习周期的含义、性质以及与组织行为的联系。
8. 为什么在组织中，教练式辅导和辅导正在成为一种更加普遍的学习管理形式？

试讨论其涵义。

作业

1. 对下列学习情境进行比较和对比。

a. 学习骑自行车/开汽车。

b. 学习手语。

c. 学习一篇学术文章。

d. 学习做一名销售员。

e. 学习自我意识。

你觉得哪个学习情境最舒服或最不舒服？哪个最让人感到满意或最不让人满意？为什么？与同事一起分享并讨论你的答案。你从这个作业中得出了什么结论？

2. 角色扮演。

角色扮演——经理（主管）

你是会计部门的一名经理。格雷姆（Graeme）是部门中最有活力的一名员工。他请求占用你的一点时间，并且几分钟后就会过来见你。你并不确定他的来意，但你很乐意借这个机会来跟他谈谈他的工作量问题。格雷姆会完成一切需要的工作，并且总是第一个主动愿意参与新项目的员工。在过去的几个月中，他一直是这么努力，而你则开始关心他的健康问题。他当时看上去精疲力竭。

显然，你希望他能够对工作保持较高的热情，但你又不愿意他为了工作而精疲力竭。你将要如何解决这一问题，并让他减少工作量？

角色扮演——员工（格雷姆）

你已经在会计部门工作了五年，并且十分热爱你的工作。事实上，当你一年前与你的搭档分开后，你就积极地投入到了工作之中。工作到深夜和周末加班对你来说不算什么。工作中有很多让你兴奋的事情，你没有足够的时间把你想做的事情都做完。同时，你没有什么社交生活，也从来不会迷上任何一种兴趣爱好或娱乐活动。

你的经理总是对你的表现进行表扬，并且总是对你的目标给予很高的评价。你在部门中也取得了飞快的进步，但最近你感到有些精疲力竭。

你要求见经理，跟他谈论你听到的一项令人兴奋的新工作。你确实很希望能够参与这项工作，但是你也不愿意放弃手头上的其他工作。

案例分析

为英国“电子政府（e-government）”所提供的管理知识

在管理教材中，经常会以地方政府为例对那些可以表现私人（商业）企业与政府部门之间的差异的组织进行讨论。虽然这两种组织类型间的相似性比20年前要多，但两者仍然存在着非常大的差异。其中包括：

- 政治和财政因素在战略管理和运营管理中的重要性；
- 服务多样性的责任。有些服务（如健康和体育设施）的运营与私人企业间存在竞争，而其他一些必须消费的服务则被政府所垄断（如垃圾收集）；
- 许多服务必须是免费的（不单独收费），这意味着不能使用价格机制，而必须实行一些其他的需求管理形式（如排队或实行特定的资格标准）；
- 与服务使用者有着非常复杂的关系。他们可能是付费顾客、索偿者或市民，有时或许三者都是；
- 在决定服务的设计与提供方式以及处理服务使用者的反馈方面，管理者和员工（地方政府官员）与选举代表（议员）之间的关系；
- 国家政府在地方政府服务的性质、范围、资金和实施方面干预的复杂性；
- 额外的运营复杂性，导致这种复杂性的原因是过去20年所广泛实行的服务外包。

国家政府为这一系列复杂的服务和关系引进先进的技术系统（称为电子化政府），其目的在于提高地方服务的有效性、效率和可用性。英国国家政府对地方电子政府所进行的测试包括以下内容：[109]

- 以对顾客有意义的服务方式进行组合；
- 用电子化的方式来实施或支持服务，使服务变得更快、更可靠、更好；
- 在适当的地方通过地方和地区伙伴关系共同实施服务，并且与国家基础设施相结合；
- 完美地提供服务，这样顾客就不会被一再地要求提供相同的信息，而且服务的提供者也能更好地识别和满足服务使用者的需要；
- 开放、负责的服务，这样人们就很容易免费获得有关目标、标准和地方服务提供者的表现以及他们的选举代表的信息；
- 通过有效地推广新型可用技术，并且帮助市民获取因特网的使用技能来使电子市民使用政府的电子服务。

从某种程度上来说，政府部门的任务与一些私人企业类似。这些企业试图开设一条以互联网为基础的渠道，从而使顾客能够找到、选择和购买他们想买的产品。同时，企业能够对顾客所选择的产品进行挑选（或装配），然后将其运往顾客所要求的目的地，而且他们能够处理随后的任何顾客服务查询。正如很多企业所认识到的那样，这种对要求的简单说明很难传达出去：顾客从各种不同的渠道上网，而且使用网络的能力也不同，他们可能并不明白那些看似简单的屏幕指令是什么意思。将任务转化为一系列复杂的地方政府服务使其更加具有挑战性。

• 服务使用者的年龄不同、社会经济的背景不同、来自不同的种族群体，他们掌握的计算机知识和使用计算机的能力也各不相同。他们使用计算机设施的途径并不全面。地方政府的道德与民主责任以及常用的融资方式意味着，每个需要服务的人都能获得服务。

• 对于很多地方电子政府的潜在使用者来说，他们对政府提供的服务的认识和了解非常有限，例如，有关建筑资质要求的范围。居民会意识到他们需要这些文件（比如当他们卖房子的时候），但他们仍不确定到底需要什么文件、会涉及到哪些内容。这种复杂性可以很容易通过电话或面对面的解释加以解决，但是开设一种自动查询服务则具有很大的挑战性。这是因为一些使用者可能更多地是去亚马逊购物网站上逛逛，而不是去打电话或上门查询。

• 这一比较为地方电子政府提出了另一个问题：商务网络服务的使用者习惯了优质的服务、可靠的递送和对货款的重视，当电子服务在这些方面做得不如商务网络服务时（一个有吸引力的网站为了迎接地方政府的挑战只能做这些），使用者不会欣赏电子服务在可获得性上的优势，而是变得没有耐心并且非常失望。

电子政府和进行知识管理的需要

如上所述，英国地方政府置于强大的中央指挥之下。地方政府的大部分资金不是来自于地方，而是来自于中央。地方电子政府项目也是如此。国家政府没有对上千个地方项目进行支持，而是冒着多变、不协调结果的风险，对大量由中央开发的核心电子政府项目进行了赞助。地方政府可以在全国范围内采用并引进这些项目。2004年，副首相办公室为地方电子政府创办了22个国家项目，主要分为以下四种类型：[110]

• 服务的获得，包括对有效的地方政府网站进行开发，并使用数字电视频道来传播地方政府信息；

• 顾客管理，采用私人企业的顾客关系管理经验来提高地方政府前台处理查询的能力；

• 电子优先服务，包括电子贸易标准、电子收益和电子支付等为各种服务进行付费的服务；

- 后台办公支持，包括知识管理项目，这一项目的目标是鼓励分享经验、帮助识别，并交流地方政府的最佳实践。

显然，对于那些由地方所实施的国家服务来说，重点项目的开发非常有意义。然而，每一地方政府区域的人口和社会经济档案都是独特的，因为它是地方政府长期以来的经验，并且是长期的地方民主所取得的效果。政府需要对国家所开发的项目进行微调以符合地方条件，但也需要一个不断的组织学习过程，来使地方电子政府获得最大的收益。在一段较短的时期后，期望对所有的地方服务进行自上而下的彻底检查是难以做到的。但是，在这种复杂的发展过程中，早期的成就并不会让使用者满意，反而会让他们失望。例如，以因特网为基础的帮助服务能够立即、有帮助地、专业地回复公众的网络邮件，但如果运营的其他部分不能快速地处理提出的问题，或者继续优先处理其他更为传统的程序，这种帮助服务就很容易被破坏。

地方政府组织与他们的伙伴、供应商以及服务使用者能够获得大量的信息，这种信息包括大量有关执行经历的报告，并且这些报告可以提供有关任务的重要信息。在过程的早期阶段，康士廉技术公司（Consilium）对280个地方政府进行了调查。[111]这些机构都正在取得快速的进步，特别是那些大型机构。但是，报告对于支持这些广泛开发项目的资金及获得必要的信息技术和相关技能的可能性表示担心。英国机构网站（此网站为地方电子政府提供新闻和信息服务）中的一个案例分析引用了Compuware服务有限公司英国技术主管的一段话：

现在，英国服务正在从单独提供社区服务向提供以市民为中心的综合服务转变。这意味着不只是一个部门要以市民为中心，而是所有部门都必须有同样的工作重心，所以部门之间需要分享信息。这需要广泛使用商业流程来简化市民将会使用的服务，并且确保所有相关部门都对情况了如指掌。[112]

地方政府战略规划指出了一些必须纳入有效电子政府发展中的细节：例如，2004年，卡尔德达尔报告就西约克郡五个地方政府的电子政府战略在整个项目上的实施方法进行了解释，然后又回顾了开发项目取得的进步和存在的关键性问题。[113]其中的一些问题显示出了电子政府具有怎样的深远作用：例如，为了使顾客能够得到标准的服务，人力资源政策需要在五个机构中保持一致。“文化和培训问题”的产生原因是信息由物理控制转变为电子信息流。同时，报告期望组织将那些妨碍与组织分享信息的职能外包。显然，决心在电子政府方面取得成功并进行彻底转变不仅仅要在信息技术方面进行投资，对整个组织的工作方式进行反思也是至关重要的。

你的任务

1. 指出并讨论地方政府组织的特征。这些特征是如何促进或阻碍组织进行变革的能力的?(你可以你自己的地方政府机构为基础来进行讨论。)

2. 对知识管理和学习型组织概念在有关引进电子政府的规划中的重要性进行评估。

3. 地方政府中的高层和中层管理人员在推行此类转变时，主要遇到了哪些问题?在学习和开发活动中，如何将这些问题告诉地方政府的雇员?

4. 如果电子政府方案取得了成功，（地方或国家）政府要如何解决服务使用者（市民、居民、索偿者）对于学习的需求?

注释与参考文献

1. www, lfhe. ac. uk for further information.
2. Clements, P. and Jones, J. *The Diversity ' Training Handbook': A practical guide to understanding and changing attitudes*, Kogan Page (2002), p. 9.
3. Burgoyne, J., Cunningham, I., Garratt, B., Honey, P., Mayo, A., Pearn, M. and Pedlar, M. 'The debate starts here', in *People Management in Perspective: A collection of key articles published in the last year on Training and Development*, IPD, April (1999), pp. 16 – 17,
4. Eraut, Michael 'Managers Hold Key to Developing Knowledge and Skills', *Professional Manager*, March 1998, p. 41.
5. Ibid.
6. Rainbird, H., Munro, A., Holly, L. and Leisten, R. *The Future of Work in the Public Sector: Learning and Workplace Inequality*, Working Paper no. 2 (Second edition), ESRC Research Programme on the Future of Work, 1999, p. 68.
7. Nonaka, I. 'The Knowledge Creating Company' in Starkey, K. (ed.) *How Organisations Learn*, International Thomson Business Press (1996), pp. 18 – 32
8. Hicks, L. *Gender and Culture: Attitudes Displayed by Managers in the Hotel Industry*, Extract from an interview with hotel manager for unpublished doctoral research (1991).
9. Van der Linde, K., Horney, N. and Koonce, R 'Seven Ways to Make Your Training Department One of the Best', *Training and Development*, vol. 51, no. 8, August 1997, pp. 20 – 8.
10. Pickard, J. 'Learning That is Far From Academic', *People Management*, 9 March 1995.
11. Coulson-Thomas, C. 'Knowledge is Power', *Chartered Secretary*, January 1998, pp. 24 – 5.
12. Nonaka, I. 'The Knowledge Creating Gompany', in Starkey, K (ed.) *How Organizations Learn*, International Thomson Business Press (1996), pp. 18 – 32.
13. Kolb, D. *Experiential Learning*, Prentice Hall (1984).
14. Piaget, J. *The Origins of Intelligence in Children*, Norton (1963).

15. Tan, J. 'Knowledge Management – Just More Buzzards?' *British Journal of Administrative Managament*, March – April 2000, pp. 10 – 11.

16. Santosus, M. and Surmacz, J. 'The ABCs of Knowledge Management', http://www.cio.com/r-esearch/knowledge/edit/kmabcs.html (p. 1).

17. Kerr, M. 'Knowledge Management', *The Occupational Psychologist*, no. 48, May 2003, pp. 24 – 6.

18. http:bprc.warwick.ac.uk/kmweb.html *Knowledge Management* [accessed 4 February 2001].

19. McElroy, M. W. *The New Knowledge Management: Complexity, Learning and Sustainable Innovation*, Butterworth-Heinemann (2002),

20. Wenger, E. *Communitiess of Practice: Learning, Meaning and Identity*, Cambridge University Press (1998).

21. Järvelä Sanna, 'Personalised Learning? New insights into fostering learning capacity in personalising learning', OECD, 2006, p. 40.

22. 'Emerging Technologies for Learning' A BECIA review of how technology is changing learning, May 2006.

23. Peters, T. *Re-imagine*, Dorling Kindersley (2003) p. 13

24. Belhoula, A 'My Car Understands Me', *Pictures of the Future*, Siemens, Fall 2005, pp. 56 – 8,

25. Bell, M. and Steward, C. 'The Edinburgh Scenarios: Global scenarios for the future of e-learning' Elearn International World Summit, Edinburgh 2004, www.elearninternational.co.uk.

26. Cohen, S, 'Knowledge Management's Killer App', *Training and Development*, vol. 52, no. 1, January 1998, pp. 50 – 7.

27. Baker, M. 'The Knowledge People', *The British Journal of Administrative Management*, March – April 2000, pp. 18 – 19.

28. See, for example: *Personnel Management* articles, September/October 1995.

29. Cohen, S. 'Knowledge Management's Killer App', *Training and Development*, vol. 52, no. 1, January 1998, pp. 50 – 7.

30. Koulopoulos, T. *Smart Companies, Smart Tools*, Van Nostrand Rheinhold (1997), p. 54.

31. Harrison, R. *Employee Development*, Second edition, Institute of Personnel and Development (2000), pp. 405 – 6.

32. Santosus, M. and Surmacz, J., op. cit.

33. Malhotra, Y. 'Why Knowledge Management Systems Fail: Enablers and Constraints of Knowledge Management in Human Enterprises', in Holsapple, C. W. (ed.) *Handbook on Knowledge Management 1: Knowledge Matters*, Springer Verlag, Heidelberg Germany (2002), pp. 577 – 90. Can also be accessed http://www.brint.org/whyKMSFail.htm.

34. McBrierty, V. and Kinsella R. P., 'Intellectual Property in a Knowledge Society – The Role of the Universities', *Industry and Higher Education*, vol. 11, no. 6, December 1997, pp. 341 – 8,

35. Harrison, op. cit.

36. Mayo, E. *The Social Problems of an Industrial Civilization*, Routledge & Kegan Paul (1949).

37. Senge, P. *The Fifth Discipline*, Doubleday (1990), p. 1.

38. Pedlar, M., Boydell, T. and Burgoyne, J. *Learning Company Project: A Report on Work Undertaken October* 1987 *to April 1988*, Sheffield, Training Agency (1988).

39. Mintzberg, H., Ahlstrand, B. and Lampel, J. *Strategy Safari*, Prentice Hall Europe (1998).

40. Garratt, B. *The Learning Organization*, HarperCollins (1994).

41. Burgoyne, J 'Feeding Minds to Grow the Business', *People Management*, 21 September 1995, pp. 22 – 5.

42. McCormack, B. and McCormack, L. 'Experiential Learning and the Learning Organisation' (Case 26), in *Cases in Organisational Behaviour* Pitman Publishing (1994), pp. 280 – 7.

43. Dolan, S. 'A Different Use of Natural Resources', *People Management*, 5 October 1995, pp. 36 – 40.

44. Heracleous, L. 'Spinning a Brand New Cultural Web', *People Management*, 2 November 1995, pp. 24 – 7.

45. Garvin, D A. 'Building a Learning Organization', *Harvard Business Review*, July – August 1993, pp. 78 – 91.

46. Harrison, R. *Employee Development*, Second edition, Institute of Personnel and Development, (2000)

47. Mumford, A. 'Individual and organizational learning: the pursuit of change', in Mabey, C. and Iles, P. (eds) *Managing Learning*, The Open University/Routledge (1994), pp. 77 – 86.

48. Coopey, J. 'Crucial Gaps in The Learning Organization. Power, Politics and Ideology', in Starkey, K (ed), *How Organizations Learn*, International Thomson Business Press (1996), pp. 348 – 67.

49. Salaman, G and Butler, J. 'Why Managers won't Learn', in Mabey, C. and Iles, P. (eds) *Managing Learning*, The Open University/Routledge (1994), pp. 34 – 42

50. Garratt, B. *Learning to Lead*, Fontana (1991).

51. Mayo, A. and Lank, E. *The Power of Learning: A guide to gaining competitive advantage*, IPD (1994).

52. Eysenck, M. 'Learning, Memory, and Personality' in Eysenck, H. J. (ed.) *A Model of Personaliy*, Springer (1981), pp. 169 – 209.

53. Hirsch, S. K. *Using the Myers- Briggs Type Indicator in Organisations*, Second edition, Consulting Psychologists Press Inc. (1991)

54. Kolb, D. *Experiential Learning*, Prentice Hall(1984).

55. Honey, P. and Mumford, A *The Manual of Learning Styles*, Third edition, Honey (1992).

56. Watson, J. B *Behaviourism*, JB Lippincott (1924).

57. Pavlov, I, *Conditioned Reflexes*, Oxford University Press(1927).

58. Selye, H. *The Stress of Life*, McGraw- Hill (1956).

59. Thorndike, E. L. *The Fundamentals of Learning*, Teachers College, New York (1932).

60. Skinner, B. F. *Science and Human Behaviour*, Macmillan (1953) and Skinner, B F. *About Behav-*

iourism, Jonathan Cape (1974).

61. Stewart, S. and Joines, V. *TA Today. A New Introduction to Transactional Analysis*, Lifespace Publishing (1987).
62. Armstrong, M. *Employee Reward*, CIPD, May 2002.
63. Miller, N. E. and Dollard, J. C *Personality and Psychotherapy*, McGraw-Hill (1950).
64. Gallwey, W. T. *The Inner Game of Golf*, Jonathan Cape (1981), p. 19.
65. Kohler, W. *The Mentality, of Apes*, Harcourt, Brace and World (1925).
66. Tolman, E. C. *Purposive Behaviour in Animals and Men*, The Century, Co. Appleton – Century Crofts (1932).
67. Piaget, J. *The Language and Thought of the Child*, Harcourt, Brace and Co. (1926).
68. http://www.bksiyengar.corn [accessed 10 October 2003].
69. Glaser, R. 'Learning Theory and Instruction', Paper for International Congress of Psychology 1992, cited in *Assessment Issues in Higher Education*, report produced for the Department of Employment by Atkins, M. J., Beattie, J. and Dockrell, W. B. (1993).
70. Davis, L. *Experience-based Learning within the Curriculum*, Council for National Academic Awards (1990).
71. Kolb, D. A. *Experiential Learning: Experience as the Source of Learning and Development*, Prentice Hall (1985).
72. Kolb, D. A., Rubin, I. M. and McIntyre, J. M *Organizational Psychology: An Experiential Approach to Organizational Behaviour*, Prentice Hall (1984).
73. Kline, Nancy *Time to Think*, Ward Lock (2001), p. 35.
74. Hamblin, B., Keep, J, and Ash, K. *Organisational Change and Development: A Reflective Guide for Managers, Trainers and Developers*, Financial Times Prentice Hall (2001), p. 5.
75. Coghlan, D. and Brannick, T. *Doing Action Research in Your Own Organization*, Sage Publications (2001).
76. Weinstein, K. *Action Learning: A Practical Guide*, Gower Press (1999), p. 187.
77. Thornhill, A., Lewis, P., Millmore, M. and Saunders M. N. K. *Managing Change: A Human Resource Strategy Approach*, Financial Times Prentice Hall (2000).
78. Honey, P. and Mumford, A. *The Manual of Learning Styles*, Third edition, Honey (1992).
79. Honey, P. 'Styles of Learning', in Mumford, A. (ed.) *Handbook of Management Development*, Fourth edition, Gower (1994).
80. Eysenck, M. 'Learning, Memory and Personality', in Eysenck, H. J. (ed.) *A Model of Personality*, Springer (1981), pp. 169–209.
81. Hirsch, S. K. *Using the Myers-Briggs Type Indicator in Organisations*, Second edition, Consulting Psychologists Press Inc. (1991),
82. Mayo, A. and Lank, E, *The Power of Learning: A Guide to Gaining Competitive Advantage*, IPD (1994) pp. 135–6.

83. Atkins, M. J., Beattie, J. and Dockrell, W. B., *Assessment Issues in Higher Education*, Department of Employment (October 1993), p. 51.

84. Morgan, G. 'Emerging waves and challenges: the need for new competencies and mindsets', in Henry, J. (ed.) *Creative Management*, Sage Publications (1991), pp. 284 – 93.

85. Agor Weston, H. 'The Logic of Intuition: How Top Executives Make Important Decisions', in Henry, J. (ed.) *Creative Management*, Sage Publications (1991), pp. 163 – 76; and Isenberg, D. 'How Senior Managers Think', *Harvard Business Review*, November 1984, pp. 81 – 90.

86. West, M. A. *Developing Creativity, in Organizations*, BPS (1997), p. 135.

87. Goodman, M. *Creative Management*, Prentice Hall (1995), p. 86.

88. Boden, M. *The Creative Mind*, Abacus (1992).

89. Ibid., p. 245.

90. Henry, J. 'Making Sense of Creativiry', in Henry, J. (ed.) *Creative Management*, Sage Publications (1991), pp. 3 – 11,

91. Goodman, M, *Creative Management*, Prentice Hall (1995), p.86.

92. Wallas, G. *The Art of Thought*, Cape (1926).

93. West, M, A. *Developing Creativity in Oranizations*, BPS (1997).

94. Goodman, M. op. cit.

95. Hurst, D. K., Rush, C. and White, R. E. 'Top Management Teams and Organisational Renewal', in Henry, J. (ed,) *Creative Management*, Sage Publications (1991), pp. 232 – 53.

96. Argyris, C. *Strategy*, *Change and Defensive Routines*, Ballinger – Harper & Row (1985).

97. What If! Ltd, *Sticky wisdom – How to Start a Creative Revolution at Work*, Capstone Publishing (2002).

98. Hadfield, C. 'A Creative Education: How creativity and the arts enhance MBA and executive development programmes', *Art and Business*, July 2000.

99. Clutterbuck, D. and Wynne, B. 'Mentoring and Coaching', in Mumford, A. (ed.) *Handbook of Management Development*, Fourth edition, Gower (1994), p. 156.

100. MacLennan, N. *Coaching and Mentoring*, Gower (1995).

101. Kalinauckas, P. and King, H. *Coaching*: *Realising the Potential*, Institute of Personnel and Development (1994), p. 11.

102. Hardingham, A. 'Moments of Clarity', in *People Management in Perspective*: *A collection of key articles published in the last year on Training and Development*, IPD, April 1999, p. 13.

103. Starr, Julie *The Coaching Manual – The definitive guide to the process*, *principles and skills of personal coaching*, Pearson Education (2003), p. 30.

104. Whitmore, J. *Coaching for Performance*, Second edition, Nicholas Brearley (1996).

105. Grant, A. M. and Greene, J. *Coach Yourself – make real change in your life*, Pearson Education (2001), p. 18.

106. Williams, D. I. and Irving, J. A. 'Coaching: An unregulated, unstructured and (potentially) un-

ethical process', *The Occupational Psychologist*, vol. 42, April 2001.

107. Chapman, M. 'Foreword – Towards a Psychology of coaching', *The Occupational Psychologist Special Issue: Coaching Psychology*, vol. 49, August 2003.

108. Clutterbuck, D. and Wynne, B. 'Mentoring and Coaching', in Mumford, A. (ed.) *Handbook of Management Development*, Fourth edition, Gower (1994), p. 156.

109. Summarised in 'The e-Government Strategy for West Yorkshire' 2004; A report availablern at http://www.calderdale.gov.uk/council/information/corporate/ e-government/e-gov-yorkshire.pdf [accessed 24 July 2006].

110. National Projects Summary 2005 available as a pdf file from the website of the Department of Communities and Local Government, www.communities.gov.uk via the local e-govt sub-site, http://www.localegovnp.org/webfiles/National%20Projects/NP%20Summary%20(final).pdf [accessed 25 July 2006].

111. Consilium Technologies 2002 'Councils Join Forces to Tackle eGovernment' New Consilium Report http://www.consiliumtechnologies.com/info_tank.asp? sct = 2&artid = 12 [accessed 25 July 2006].

112. UKauthorITy.com 'On the Road to e-Government' Feb/March 2002. http://www.ukauthority.com/casestudy/case125.html [accessed 27 July 2006].

113. 'The e-Government Strategy for West Yorkshire' 2004 http://www.calderdale.gov.uk/council/information/ corporate/e-government/e-gov-yorkshire.pdf [accessed 24 July 2006].

第 4 章

知觉过程和沟通

> “万事万物都不同于它们的表象。预测人们身上将要发生什么的能力并不容易，却很简单。你只需要将所见所闻与所处的环境相结合，就能得出可能的结论。然而，大多数人只看到了事物的表面现象。”
>
> 著名国际人际关系专家　艾伦（Alan）和芭芭拉·皮斯（Barbara Pease）
>
> 选自《身体语言的密码》第二页

知觉到的现实并不是真正的现实，而是理解行为的关键。我们对自己和他人的知觉是我们行动和行为的基础。对知觉过程的理解以及对其复杂性的认识对管理他人十分重要。我们的话语和肢体语言都体现出了我们对世界的看法。为了有效地建立同他人的关系，我们应认识并理解知觉过程对行为的引导作用。

□学习目的

学完本章后，你应该能够：

- 解释知觉过程的本质以及在注意力和知觉上的选择性；
- 详述为个体提供信息的内部及外部因素；
- 检验对刺激的安排和组织以及知觉错觉；
- 识别人们知觉中的问题、扭曲以及失误；
- 检验知觉和交际之间的联系，其中包括交际语言和肢体语言；
- 理解女性在组织中的地位；
- 评价管理者对知觉和沟通理解的重要性。

评论性反思

“为了帮助对他人的行为和意图进行解释，管理者需要对知觉有所了解。”

“没错。但是要记住，那种认为世上不存在大家都认同的现实的想法是有道理的。也就是说，世上只存在单个人对于现实的知觉或解释。”

你认为管理者怎样才能避免那些由知觉差异造成的组织问题呢？

知觉过程

在知觉过程中，个体差异的重要性尤为明显。我们在看待事物的方式上存在着差异，我们对于“现实”世界有着自己独特的看法。知觉过程是一个复杂而动态的过程。我们并不是被动地接收来自于世界的各种信息，而是对这些信息进行分析和判断。我们会认为某些信息是重要的，同时认为其他信息是没有价值的。我们会受自身期望的影响而看到我们期望看到的事物，听到我们期望听到的声音。虽然知觉的一般理论是于20世纪被首次提出的，但是如今，对知觉过程的理解比过去更为重要。知觉是所有组织行为的基础，我们可以从知觉的隐含意义来对所有的情境进行分析。例如，让我们来考虑以下的情境。

管理团队中的一名成员分别向四个部门经理递上了一份备忘录，要求他们给出其部门在上半年中员工加班的统计数字及对下半年的预测。对这一举动不同的反应会导致：

- 其中的一位部门经理可能认为这种要求是非常合理的，而且非常欢迎这样的要求，认为这样有助于改善今后的人员编制。
- 另一位部门经理则可能认为这种要求是不合理的，并认为这样仅仅是想让管理层对部门中的活动实行更为紧密的监控。
- 第三位部门经理可能并不反对提供所要求的信息，但却怀疑这样会扰乱部门的正常运行。
- 最后一位部门经理可能会将此举看作是一种积极的举动，认为此举可以对降低成本、提高效率的方法进行调查。

每位部门经理对这份备忘录的知觉都是建立在其自身经历的基础之上的，因此他们对这份备忘录有着不同的知觉。而他们所知觉到的现实以及对于情境的理解导致他们对同一个事物产生了不同的反应。

个性

我们都是独特的。世界上只有一个劳里·马林斯和一个琳达·希克斯，而你在这个世界上也是独一无二的。我们都有自己的“世界”，我们拥有自己看待周围环境及环境中的人的方式。两个个体对同一情境的解释可能存在着非常大的差异。例如，一个人可能认为热闹的酒吧是极佳的聚会场所，而另一个人则可能认为酒吧里的环境过于喧闹和嘈杂。同样，对同一产品而言，一个人可能认为它使用起来非常方便，而另一个人则可能认为它过于简单和初级。人们对于具有完全相同物理特性的事物的知觉会存在着很大的差异，这是因为个体对于物体/环境/人拥有他们自己的解释、判断以及评价。

注意力和知觉的选择性

要理解知觉就必须考虑知觉的感觉基础。我们不能将注意力集中于环境中的所有事物上，我们的感觉系统是有限的。因此，我们的注意力和知觉都具有选择性。心理学家早期的探索性研究揭示了知觉过程的普遍规律，即我们会不自觉地寻求环境的意义以及对环境的理解。我们对这种感官信息的分类和组织建立在一系列不同因素的基础之上，其中包括我们目前的状况、情绪状态以及我们对于过去相同或相似事情的经历。

我们可能会认为一些信息非常重要，并且会立即对其采取行动或发表言论。然而，这些信息也可能被“寄存”起来，或是被一些其他的想法所同化。知觉和记忆过程之间有着非常明显的联系。一些被我们“寄存”起来的信息可能会被我们遗忘，或是随着时间的流逝而被我们改变或重建。[1]

我们应该意识到自己在意识阈之下的知觉过程中所做出的假设。我们已经学会了对环境中某些恒定不变的事物不以为然。我们认为世界的特征是保持不变的，所以，我们觉得没有必要花费时间和精力去重新审视周围的事物。因此，我们在知觉过程中做出了许多推断。虽然这些推断可能会省下很多的时间，并且会加速知觉的过程，但是它们也会导致知觉的扭曲和不准确。

知觉是对信息的加工

人们通常将知觉的几个阶段描述为一个信息加工体系。如图 4-1 所示，在过程的一端，（自上而下）信息（刺激）（方框 A）先是被筛选（方框 B），然后被解释（方框 C）、转化（方框 D），最后导致行动或思维模式（方框 E）。然而，要注意的是，这一模型对知觉过程进行了简化。虽然这种模型有助于我们对知觉的过程进行理解，但它却无法展现出知觉过程的复杂性和动态性。在某些情况下，由于对世界分类方法的不同，我们也会从环境之外进行信息的筛选。图 4-1 中的虚线说明了这一“自下而上”的过程。

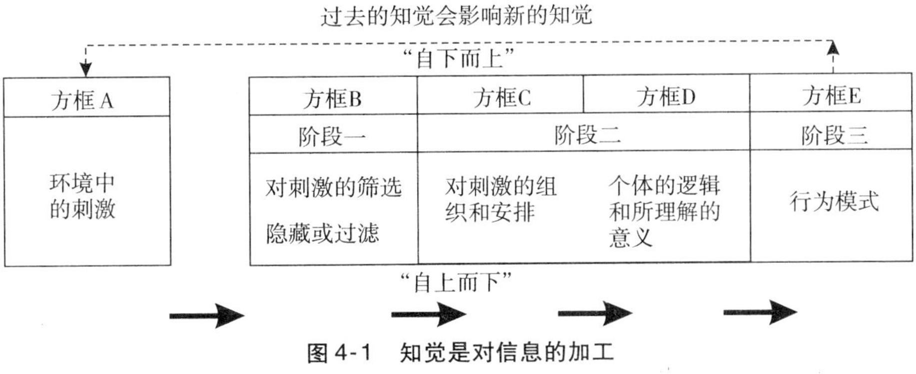

图 4-1　知觉是对信息的加工

例如，如果一名管理者从同事那里了解到，有一名特殊的培训对象具备管理潜能，那么他就会特地去证实这种看法的正确性。这个过程就是一种“自上而下”的过程，因为认知过程对个体筛选信息的知觉意愿造成了影响。这强调了知觉过程的本质是非常积极的，我们不是被动地从感觉中吸收信息，而是主动地注意并找出某些信息。

个体所理解的意义

知觉过程解释了个体如何通过筛选和组织信息（即刺激）来获取意义。知觉是一种大脑功能，它会对形状、颜色、动作、味觉、声音、触觉、气味、疼痛、压力以及感受等刺激给予重视。知觉会使个体对特殊的情境做出行为上的反应。

尽管人们可能会用“肉眼看到”相同的事物，但每个人所知觉到的现实都是不同的。例如，在图4-2的画面中（希尔于1915年11月6日发表在美国《Puck》杂志上的一幅漫画），你看到了什么？你看到的是一个年轻的、有吸引力的、穿着讲究的少女，还是一个贫穷的老妇人？或者现在你两者都能看到？有谁能够肯定地说只存在一种“正确”的答案？

图4-2　希尔所画的一幅漫画

内部因素和外部因素

知觉过程的第一个阶段是筛选和集中注意力。我们之所以会将注意力集中在某些刺激而不是其他刺激上，是因为我们的知觉过程受到以下两个重要因素的影响：首先是与个体状态有关的内部因素，其次是个体外部的环境和影响。因此，内部因素和外部因素都是知觉筛选过程的基础。

内部因素

我们的感觉系统是有限的，我们无法看到无穷远的物体，也无法听到音量过低或过高的声音。我们所有的感觉都有专门的神经，这些神经会对我们所接收到的能量形式做出不同的反应。例如，我们的眼睛会接收光波，并将其转换成电子信号，而这些电子信号则会被传送到大脑的视觉皮层，并被翻译为现实意义。

我们的感觉系统会进行调节，从而对环境中的变化做出反应。这对于我们知觉世界的方式有着特别的含义，并且解释了为什么供暖系统所发出的嗡嗡声常常被我们所忽视，而电话铃声却可以马上引起我们的注意。“习惯化”一词可以用来描述那些熟悉的事物是如何被我们忽视的。

感觉阈限

个体在感觉阈限上存在着差异。有些人不戴眼镜就无法在安全距离内看清汽车牌照上的数字。人们不仅在绝对阈限上存在差异，而且在对刺激进行区分的能力上也存在差异。例如，从未接受过专门训练的人不可能辨别出茶的等级，但这对于一位训练有素的品茶师来说却是手到擒来。我们可以学习对不同的刺激进行区分，并且可以对我们的感觉进行训练，使其可以区分刺激之间细小的差别。除此之外，我们还可以适应并学会应付非自然的环境。[2]

我们需要不同数量的感官信息来达到我们自己的舒适平衡。有些人不喜欢聚会或演奏会上喧闹的音乐，认为那样的音乐会让他们感到很不舒服，然而有些人则把那种音乐当作是一种享受。同样，长期缺乏感官信息也会让人感到不适和疲倦。研究表明，事实上，如果大脑缺乏感官信息的话，那么大脑将自己制造信息，这时幻觉将会产生。[3] 因此，我们可以说，个体的感觉阈限是知觉过程的基础。

心理因素

心理因素也会影响知觉。诸如个性、学习、动机等的内部因素会导致对某种刺激进行知觉的倾向以及以某种方式进行反应的意愿，即个体的知觉定势（如图 4-3 所示）。在麦尔斯 - 吉尔斯个性类型指标中，一共有四个维度，其中的一个维度则是个体在习得信息的方式上的差异（见第 3 章）。他们对那些“趋向于接受当前工作的实际而现实的人”（感觉类型）和那些在感受信息的基础上去寻找可能的模式、意义以及联系的人进行了区分。这些“本能类型”的人可以看到新的可能性以及做事的新方法。麦尔斯和吉尔斯不仅强调了这两种类型的人的价值，还强调了互补性技能和多样性在所有成功企业或和谐关系中的重要性。[4]

威特金（Witkin）等人的经典实验对个性和知觉的场依存与场独立进行了测试。测试结果表明，场依存型个体依赖于刺激的背景以及情境中的暗示；而场独立型个体主要依赖于其自身的内部暗示，他们对环境的依赖较少。威特金将实验结果泛化到实验室外的场所之中，并且指出，个体使用并需要环境中不同的信息来理解世界。[5]

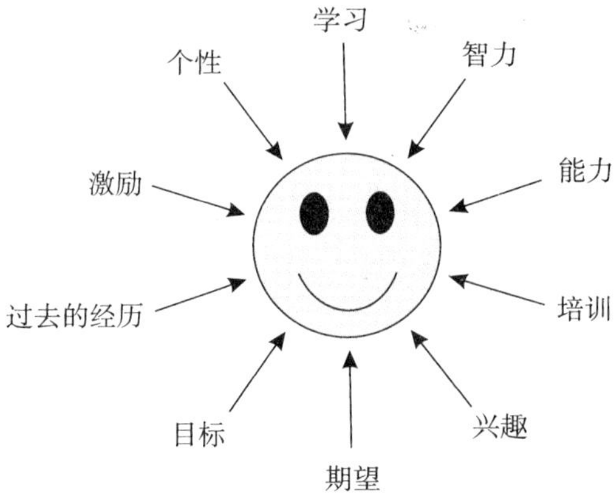

图4-3　影响个体知觉定势的因素

个体的需求

个体的需求会对其知觉造成影响。例如，一名专注于准备一项紧急报告的管理者会忽视电话铃声、电脑发出的响声、人们的谈话声以及隔壁房间中移动家具的声音，但却会对冲泡咖啡所散发出的香气做出迅速的反应。那些最想要的以及最紧急的需求会对个体的知觉过程造成必然的影响。

按照“波莉安娜法则”（Pollyanna Principle），相对于那些不愉快的信息而言，人们可以更快、更准确地对那些令人愉快的信息进行加工。然而，必须注意的是，强烈的内驱力会导致人们对情境（或人）的知觉的扭曲，并使人们不愿接收那些让人感到痛苦的信息。此内容将在本章中稍后讲到。

人们会从其先前的经历中获得很多经验，这些经历在知觉过程中的所有阶段都起着非常重要的作用。首先，它们会影响人们所知觉到的刺激；其次，影响人们理解并加工刺激的方式；最后，影响对刺激做出的反应。例如，一名初次参观学校的维护工程师所注意到的事物可能会与参加面试的老师以及第一天上学的学生所注意到的事物有所不同。人们在过去的经历中所学习到的知识会对他们所看到的事物以及对信息的加工造成影响。

语言的重要性

我们的语言对我们知觉世界的方式起着非常重要的作用。语言不仅可以对环境进行描述和区分，还会构建和引导我们的思维模式。例如，即使我们滑雪滑得很熟练，我们也没有多少可以用来描述雪的质地的词语，而只是靠罗列形容词来对其进行描述。然而，在爱斯基摩人的语言中，用来描述雪的词语一共有13个。语言是人类文化中的一部分，而我们通常对这些文化不以为然。文化差异是非常重要的，因为它强调了社会学习对知觉的影响，这里的知觉包括对人的知觉和对人所处环境的知觉。

因此，语言不仅反映出我们的经历，也反映出我们所经历的内容以及造成这种经历的原因。语言会影响我们同他人以及环境之间的关系。例如，试想一下一名来自东亚的学生第一次在一所英国大学的图书馆中借阅图书。在东亚的语言中，“请”这个字是包含于动词及语调之中的，也就是说，东亚人不单独使用“请”这个字。所以，当这名学生向图书管理员请求帮助时，管理员会认为他/她很无礼，因为他/她没说“请”这个字。而这种冒犯使这名学生无辜地影响了图书管理员的知觉。

在人们的交流中，词语的使用以及词与词之间的停顿都起着非常重要的作用。在英国，人们之间的对话是暗示性的，并且包含了很多的习语。

Make no bones about it.（意思是直截了当）。

Sent to Coventry.（意思是被孤立）。

而且行动常常被蕴含于话语之中，而不总是直接地说出来：

I hope you won't mind if...（意思是“我将要……”）。

I'm afraid I really can't see my way to...（意思是“不”）。

文化差异

文化差异也会决定人们的交往方式，而且文化差异往往会被误解。当情感界限被打破时，人们会感到尴尬和不适。在美国，研究者对第一次来美国的日本学生所进行的一项实验证实了这一点。研究者认为，这些初次来美国的日本学生在适应新文化方面面临着相当大的挑战。日本学生们则指出，他们对美国人在社会交往方面的一些习惯感到有些吃惊：

在美国，人们会随便地在半夜到室友那里作客或打电话给室友，这种情况在日本是不会出现的。当看到情侣在公共场所牵手或接吻时，他们也感到非常惊讶……男性会亲自下厨做饭或上街购物，父亲们会与孩子一起玩耍，而且夫妻会常常做出亲密举动，这些对于日本学生来说都是闻所未闻的。[6]

个体的文化背景以及在幼年时期所接受的教育决定了他们说话的方式以及对共识的假设。例如，在一些国家的文化中，人们习惯将事情的细节解释得非常清楚、明确而且直接（如美国），而在其他文化背景下成长起来的人则会认为没有必要将细节一一说清，并且觉得这样让人感到很尴尬。例如，在法国，人们的用词非常地含糊、巧妙，他们通过理解彼此的言外之意来进行交流。霍尔（Hall）指出了低语境文化和高语境文化之间的区别，即在低语境文化中，人们之间的交流非常直接、清楚；而在高语境文化中，揣测对方说话的含义和非言语符号是非常重要的。[7]

我们认为，那些能够创造一种对（由于忽视、偏见或傲慢而产生的）不利的知觉过程进行挑战的组织更能够吸收新的信息并对变革做出机智的反应。然而，拓展我们的思维说起来简单，实践起来就要难得多了。为了了解造成这一情况的原因，那些影响知觉过程的因素值得我们去关注。其中，最为根本的因素是我们的价值观和信仰。这些因素也会对我们所看到的事物以及我们如何对事情进行解释造成影响。考虑到这一点，对我们自身的价值观如何对决策造成影响进行反思是非常重要的。

丹堤（P. Dainty）和安德森（M. Anderson），“管理者的思维定势”[8]

外部因素

对某一情境或先前的经历的了解、熟悉或期望会对知觉造成影响。外部因素指刺激的本质和特点。人们通常趋向于对这样的一些刺激更加重视，例如：

- 大的刺激；
- 运动着的刺激；
- 强烈的刺激；
- 响亮的刺激；
- 对比的刺激；
- 明亮的刺激；
- 新鲜的刺激；
- 重复性的刺激；
- 醒目的刺激。

在某一时间或情境中，可能会存在一个或多个这样的因素。因此，刺激的全部模式连同其发生的背景都会对知觉产生影响。例如，虽然那些新鲜的或不熟悉的刺激更加显而易见，但人们在一群身着相同式样的制服的人中更容易知觉到他们所熟悉的面孔（如图4-4所示）。[9 10]人们对一家制造工厂地板上的叉车标志的知觉和对一所大学走廊中的叉车标志的知觉会存在很大的差异。在不同的背景下，人们对“terminal”一词的知觉也不同。比如，在医院、机场或电脑公司中，人们对“terminal”一词就会有不同的知觉。消费者心理学家及市场专家通过运用这些知觉原理，在其产品的销售中取得了非常大的成功。

图4-4 每个人都是快乐的吗

评论性反思

我们经常伪装自己的真实感受，掩盖自己的真实情绪并且言不由衷，因此，在与他人打交道时，我们需要超越自己的所见所闻并在表面现象下进行深层的挖掘。你认为我们如何才能对他人真实的信念和意图进行最佳的判断？

对刺激的组织和安排

由马科斯·韦特默（Max Wertheimer）为代表的格式塔心理学派（The Gestalt School of Psychology）认为，知觉过程的组织和模式是与生俱来的。格式塔心理学派将知觉过程描述为一种拥有内嵌式场效应的过程。换句话说，人的大脑能够充当一个动态的物理场，而元素间的相互作用则是其中一个固有的部分。格式塔心理学派创建了一系列原理，这些原理至今仍然适用。其中最为重要的原理包括：

- 图形和背景；
- 归类；
- 闭合性。

图形与背景

图形－背景原理认为，人们都是在背景的衬托之下看到图形的。这里的图形不一定是一个物体，它可以仅仅是一个几何图形。很多纺织品都被认为是图形－背景关系。正如图 4-5 中的图形所示，这些关系经常是可逆的。你看到了什么？你看到的是画框中间的那个白色的高脚杯（或那个小的直立的图形）？还是画框两侧那对相对的黑色双胞胎图形？现在再看一遍。你能看到另外的那个图形吗？

图 4-5　你看到了什么

图形－背景原理可以应用于所有的工作情境中。员工应该了解，并能够注意到工作中那些重要的方面（图形），同时，将工作中的其他方面视为环境背景。早期培训的目的是识别并将注意力集中于任务的重要方面。人们所选择的那些需要优先处理的事项（图形）还可以用来对管理的有效性做出判断。那些无法确定哪些工作需要给予优先处理以及无法对重要和次要任务进行区分的员工必然会有压力感。工作的“全貌”让他们感到不堪重负。

归类

归类原理指的是人们在图形的相近或相似性的基础上，迅速地将图形或形状归类为有意义的类群或图形的倾向。人们往往会将那些在时间或空间上具有相近性的部分一起进行知觉。例如，在图4-6（a）中，人们更可能认为图中的工人是九个彼此独立的工人，然而，在图4-6（b）中，由于相近性原理，人们会认为这九个工人分别从属丁三个不同的群体。

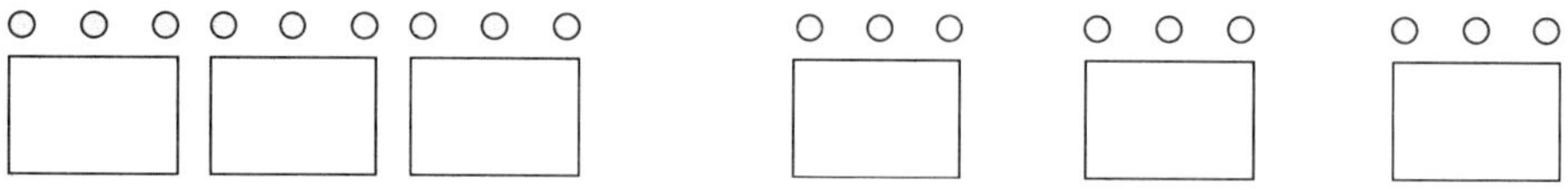

（a）　　　　　　　　（b）

图4-6　归类原理举例

出租车公司经常利用归类原理来展示他们的电话号码。在下面的例子中，（a）、（b）或（c）哪个电话号码最容易被人们记住？

347 474	347474	34 74 74
（a）	（b）	（c）

人们往往将那些具有相似性的部分一起进行知觉，因为它们形成了一个为人们所熟悉的类群。在下面的例子中，人们倾向于将其中的符号看成是由一行叉号和一行圆圈相间排列所组成的图形。这是因为，通常，水平相似性要比垂直相似性大。然而，如果我们将书侧转过来的话，那么我们看到的图形仍是由几行符号组成，不同的是每行符号由相间排列的圆圈和叉号组成。

× × × × × × × ×

○ ○ ○ ○ ○ ○ ○ ○

× × × × × × × ×

○ ○ ○ ○ ○ ○ ○ ○

有意思的是，很多人将此图形描述为是由一行圆圈和一行叉号相间排列所组成的图形，而不是由一行叉号和一行圆圈相间排列所组成的图形。

另一个例子则是关于我们之前所提到的“文化差异”的作用。此书的作者之一曾在美国负责过一项教学交换项目，并且在一个由美国学生组成的班级进行了这一练习。不出所料，学生们正确地将这一水平图形描述为由一行叉号和一行圆圈（或零）相间排列所组成的图形。对这一现象的解释则是美国人对“（圈叉游戏）”一无所知，他们将这一游戏称为“tic-tac-toe”。

闭合性

人们还具有一种将不完整的图形变成完整图形的倾向，即（在大脑中）将图形中的空白填补完整并将图形看作是一个整体。这使得人们看到的是一个完整的、有意义的图像，而不是一系列毫无关联的线或圆点。

在图 4-7 所示的图例中，大部分人都可能会将这些圆点看成是字母 B 或数字 13，这可能取决于他们当时是否对文字材料或数字更为关心。但是，一些人可能仍会将这一图形看成是 11 个不连续的圆点或其他一些（对他们）有意义的图形或物体。格式塔理论认为，知觉的组织是一个即时的、自发的过程。我们无法阻止自己对我们的环境做出有意义的假设。格式塔心理学家对元素间的相互作用的方式进行了强调，并且指出人们所知觉到的新图形或结构具有其自身的特点，由此有了“整体不仅仅是各部分的总和”这句名言。

图 4-7　数字 13 或字母 B

资料来源：King, R., *Introduction to Psychology*, Third Edition, McGraw-Hill (1996) Reproduced with permission from the author, Professor Richard King, University of South Carolina and the McGraw-Hill Companies, Inc.

知觉错觉

这里有一些可以帮助你对自己的知觉技巧进行判断的例子。

试着大声地读出下面所列的四个单词。你可能会发现自己“陷入”了一种知觉定势之中，这意味着在读“machinery”这一单词时，你的发音会具有一种倾向，好像它也是一个苏格兰姓氏似的。

M－A－C－D－O－N－A－L－D
M－A－C－P－H－E－R－S－O－N
M－A－C－D－O－U－G－A－L－L
M－A－C－H－I－N－E－R－Y

在图4-8中，A和B两个图形中央的黑色圆圈哪个更大些？虽然你可能会猜到事实上这两个位于中心的圆圈大小相等，但是右侧（B）的那个圆却显得更大些，因为它被一些更小的圆圈所包围。

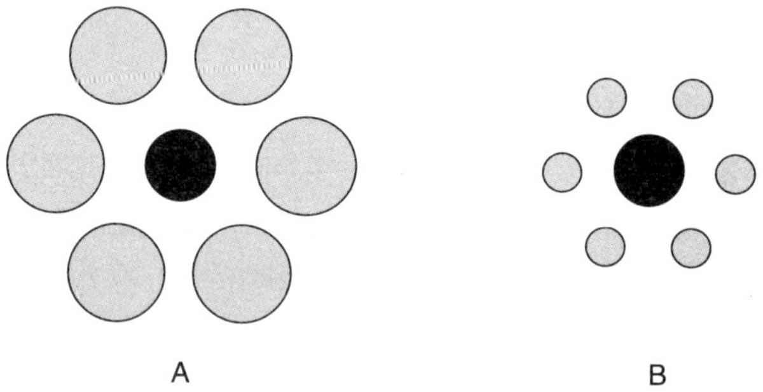

图4-8　哪个黑色圆圈更大

虽然我们已经对知觉的生理学本质进行了简单的探讨，但它却在有关知觉错觉的讨论中具有很大的重要性。在图4-8中，为什么位于右侧图形中央的圆圈看上去更大些？这说明了我们的大脑是如何被愚弄的。我们确实会对世界做出一些假设，这些假设超越了我们的大脑所接收到的那些纯粹的感觉。

超越现实

知觉超越了感觉信息，并会将这些信息转换为一个我们所理解的三维现实。正如我们所能看到的那样，人在这一转换过程很容易被欺骗。我们可能意识不到自己正在做出的推断，因为它们是我们条件反射和学习的一部分。斯特鲁普试验（Stroop experiment）对此进行了完美的解释。[11]（见本章最后的作业1。）对不可能三角的错觉说明了我们对刺激进行自动反应的方式（如图4-9所示）。

图4-9　不可能的三维图形

资料来源：Gregory, R. L., *Odd Perceptions*, Methuen (1986) p. 71. Reprinted by permission of the publishers, Routledge, a division of Taylor & Francis Ltd.

甚至当我们知道三角是不可能时，我们仍无法阻止自己去完成那个三角并试图使其有意义。于是，我们会超越已知信息并对世界做出假设，而这些假设在某些时候是大错而特错的。心理学家和设计师会正面地利用这些假设来为产品或环境设计积极的形象。比如，颜色能够使建筑物产生某种氛围，而壁纸的图案或窗帘的质地可以用来营造一种宽敞、舒适的感觉。产品的包装会产生放大的视觉效果，使某些东西看上去更大或者更珍贵。

意识、无意识和生理之间的联系

知觉过程表明了我们的意识自体、无意识自体和生理之间是结合在一起的。

- 意识自体（Conscious self）。指我们对于周围事物的即时认识、我们在决定行动时的思维状态以及对世界所赋予的意义。

- 无意识自体（Unconscious self）。这与我们在没有进行任何积极思考的情况下执行任务的方式以及我们习惯性地、自动地处理事情的方式有关。这些习惯允许意识思维自由地对那些新颖的决策进行评定。习惯对我们来说非常重要，因为我们不愿意对自己做的每件事都进行思考。但是，当我们想要对习惯进行改变时，习惯却起到了阻碍作用。在神经语言程序学中，“心锚（anchor）”使习惯固定不变。[12]

心锚就像衣服、人和汽车一样，是肉眼可见的。它们可以是有声的，比如一段特别的音乐、一段广告歌或是一个好朋友的声音。它们可以是具有感觉的，比如你穿上心爱的衣服的感觉、坐在扶手椅上的感觉，或是泡热水澡的那种温暖的感觉。它们可以是具有气味或味道的，比如医院的气味，或者是咖啡、巧克力的味道。心锚可以是文字，因为它们可以唤起人们的想法。你的名字对于你的身份而言是一个有力的心锚。心锚可以唤起人们的情绪状态，而且大多数时候我们并没有注意到它们，而只是注意到了自己的情绪状态。有些心锚是中立的，有些使我们处于良好的状态之中，而其他那些则使我们处于糟糕的状态之中。[13]

- 生理（Physiology）。我们已经对知觉与生理之间的相互联系进行了解释，而且现在有越来越多的研究致力于对大脑和身体之间的联系进行识别。斯皮策（Spitzer）解释道：

人类的大脑包含了一千亿个（10^{11}）神经元。每个神经元拥有多达 10 000 个联系，其中，最多每 10 个联系中有一个是与同一个神经元之间的联系。这样一来，每个神经元就都与另外的 1000 个神经元相连接。因此，人脑中有大约 100 兆个（10^{14}）联系。[14]

每个想法和行为都相当于一种神经元活动模式。通过重复同样的想法和行为，我们对神经元联系进行了强化。因此，意识思维、无意识思维与生理自动地联系在了一起。它们彼此相互影响，而我们的情感则对三者都起着影响作用。

框架

“框架”一词可以用来说明我们是如何对某些特殊情景进行解释的。它很像一个相框，我们将自己对事物的某些特殊的观点、关注的焦点以及立场都置于这个框架之中。所以，如果我们感到快乐，我们的经历就会被以一种积极的方式“框住”。框架之中的内容取决于被滤进或滤出的内容。我们会将某一困境看作是一个“问题”还是一个机遇，又或者我们会将一次失误看作是一次失败还是一个学习的机会，都取决于我们如何对这些经验进行了“框架”。如果我们心情好的话，我们可能只会从环境中过滤进一些对我们的情绪状态进行肯定的信息。我们会进行一种内心对话，我们内心的声音会再次对我们感到如此愉快的原因进行肯定。我们还会对一种成功的情景进行想象，而且这些想法会建立神经通道。帮助人们对情景重新进行框架，可以作为教练式辅导过程的一部分。

肯定式探询

肯定式探询是一种重新框架技巧，它已经被管理者在领导变革中广泛使用，并产生了积极作用。这种技巧最初是由库珀瑞德（Cooperrider）、斯里瓦斯塔瓦（Srivestva）和他们的同事[15]于20世纪80年代提出的。它创建了一种名为“肯定式探询”的理论。这一理论提出了一种建设性变革观点。他们研究的假设是：每个人都通过自己的个人“过滤器”来观察世界，而与他人分享自己对于世界的认识是大有益处的，因此人们应该重视不同认识间存在的差异。对于每个组织而言，团队或个体都能良好地运作，并且值得进行建设和推广。我们所理解的现实产生于我们所关注的焦点，而我们就是在那一刻创造了现实。

库珀瑞德、斯里瓦斯塔瓦和他们的同事对语言的重要性进行了强调。语言是我们创造现实的方式。因此，我们可以利用语言来创造很多现实。向组织、群体和个体进行提问意味着他们都受到了某种影响，而且当人们将过去那些最有帮助和价值的经验化为自身优势时，他们则会更有信心向未来前进。对差异的重视是非常重要的，因为我们通过自己的个人过滤器来观察世界，而我们的个人过滤器常常与那些共享现实不同。所以，在肯定式探询方法中，团队所面对的是一个对变革进行分析和评估的不同的框架和思维模式。

哈蒙德（Hammond）[16]对解决组织问题的两种不同的步骤进行了描述。

传统的解决问题式方法：

- “感到需要”——识别问题；
- 分析原因；
- 分析可能的解决方法；
- 行动规划。

肯定式探询方法：

- 对“是什么”给予肯定或重视；
- 对“可能是什么”进行预见；
- 对“应该是什么”进行磋商；
- 对“将是什么”进行创新。

根据作者的经历，团队中那些体验过肯定式探询技巧的个体会觉得自己被赋予了权力和创造性。

对他人的知觉

当我们对他人进行知觉时，我们的想法会存在冲突和差异。这还有什么疑问吗？我们看待他人的方式、我们所养成的习惯、建立的联系以及所做出的假设导致我们在知觉他人时会出现失误和扭曲。接下来的部分将重点讨论人们的知觉及其对员工的管理和发展所产生的影响。

之前所介绍的有关知觉差异的原理和例子也适用于我们对他人进行知觉的方式。下面列举了一些例子。

- 归类。指管理者看待一些员工的方式：例如，工作地点距离非常近或具备一些共同的特征，比如，他们都从事文书工作、都在接受管理训练或者都是黑人员工。他们具有相同的属性，而不是各自有着不同的身份和特点。
- 图形与背景。管理者会注意到新员工，并且会因其外貌或身体特征等特点认为其与群体中的其他成员不同。
- 闭合性。指对一致性的知觉程度，并且在认为员工意见已经达成一致的情况下进行决策或采取行动，而实际上，一些员工可能对决策或行动持反对意见。

管理者对劳动力（员工）的知觉会对其处理人际关系的态度、管理风格造成影响。管理者对人、人的本质以及工作的看法决定了他们的工作方式和对待下属的态度。例如，建立在麦格雷戈（McGregor）的X理论和Y理论的基础之上的管理风格。在对他人进行判断时，我们应该尝试着对他们隐含的意图和动机进行知觉，而不仅仅是去知觉他们的行为或举动。

对刺激的组织会影响对人们的表现的知觉。例如，在招聘面试中，面试官容易受对比效应的影响，对于一名应聘者来说，在其之前接受面试的应聘者的分数也会影响到面试官对该应聘者的知觉。对于中等水平的应聘者来说，若在其之前接受面试的应聘者的资历比较低，那么他们所得到的分数则会相对较高；相反，若在其之前接受面试的应聘者的资历比较高，那么他们所得到的分数则会相对较低。[17]

对假设进行检验

对假设的识别和检验需要我们进行高水平的评论性反思。很多领导力和管理开发课程都以一种“自我意识和诊断”模块作为起点，它旨在帮助课程参与者理解并认识到他们的风格和偏好以及他们的风格对他人所产生的影响。那些更加具有挑战性的课程会鼓励管理者对他们现有的思维框架进行质疑，并且会激励他们不断地对自己的目的、策略和行动进行重新评估。此种课程采取的是一种行为问询方法[18]，领导力检验（Testing Out Leadership）课程往往以自我意识为出发点。

检验假设[19]

行为问询：扩展我们的注意力

下意识假设会使我们的学习受到限制。正如我们之前所相信的那样，也许在大多数情况下是失败使我们意识到假设，至少是那些错误的假设仅仅是假设而已，它们并不是事实。我们越晚发现我们所做出的那些错误的假设，失败的后果也就越痛苦，例如，离婚、失业等等。

我们无法意识到所有的假设，而且不得不将我们的假设付诸行动。但是，学会在行动中对我们的假设进行检验是非常重要的。通过学习检验假设，我们会营造出这样一种氛围：

1. 组织中的其他人会更加意识到他们也在做着各种假设；

2. 他人会更加愿意帮助我们对我们所做出的假设进行检验（有时甚至会在我们自己意识到自己正在做假设之前）；

3. 他人也会逐渐地愿意对自己所做出的假设进行检验。

假设一旦形成便会使我们无法注意到进行问询的必要性。因此，我们的行为方式需要能够揭示行动中的未知因素。培养自我意识是行动问询和自我或组织转变中的一个非常重要的部分，是一种终身实践。培养自我意识并让他人看到你投身于这样的行动之中，你就能更加有力地影响他人也进行同样的行动。

我们所做出的那些未被检验的假设会限制我们的注意力、知觉和行动。

- 我们的注意力并不会记录下大量的事情。它具有选择性，并且在任何时候都会受到注意力框架的限制。
- 我们的语言、思维定势和参考系往往会对我们经验的某些方面进行强调，并且会使我们以某种方式来观察事物，即个人障碍。
- 我们的很多想法是由行动所产生的。但我们却常常意识不到行动是如何通过影响他人及他人的反应来扭曲我们的想法的。
- 通常，我们所拥有的有关世界的信息都是过去的信息，而不是现在的信息。它们严重地缺乏系统性和完整性，而且我们也很少会对其有效性进行现场检验。科学方法只能证明命题不成立，而无法证明其成立。因此，我们经常依赖于假设来简化事物。

不是所有的假设都会被检验或被很好地检验。很多假设都会被检验并且会产生学习、带来成功并提高士气，同时，也会最大限度地减少失败和低沉的士气。对假设进行勇敢、机智、有能力的检验的组织拥有超越那些在同一领域中不对假设进行检验的组织的巨大竞争优势。

人际知觉的动态性

对人的知觉与对某一现实存在的物体的知觉不同，他人会对你做出反应，并且会被你的行为所影响。人际知觉的动态性是非常重要的。下面的话阐明了这种相互作用：

我感到脖子有点疼，于是用手去捏脖子上的肌肉，目的是使疼痛得到缓解，可结果我的脖子疼得更厉害了。[20]

因此，个体之间的相互作用增加了知觉的复杂性。我们所注意到的暗示、我们的期望、假设以及反应模式，都会增加知觉错误和知觉扭曲的可能性。我们并不仅仅在进行知觉刺激（即他人），我们也在对他人的反应进行加工；与此同时，他人也在对我们的反应进行加工。

所以，对人的知觉与对物体的知觉有所不同。这是因为：

- 对人的知觉是一个不断变化着的、动态的过程；
- 知觉者是这个过程中的一部分，他们会对情境中的其他人造成影响，同时，也会受其他人的影响（如图 4-10 所示）。[21]

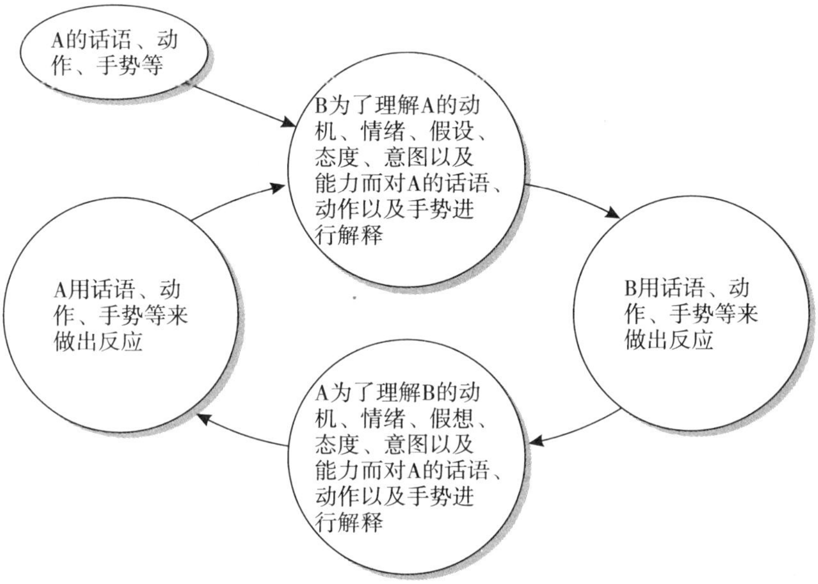

图 4-10　知觉和行为的循环

资料来源：From *Interactive Behaviour at Work*, Third Edition, Guirdham, M., Financial Times Prentice Hall (2002), p. 162. Reproduced with permission from Pearson Education Ltd.

场景和环境

场景会影响我们对于他人的知觉。同样，对于在人与人之间建立一种融洽、和谐的关系而言，环境也起着非常重要的作用。例如，参加一项由公司内部开发中心举办的会议时，请考虑表 4-1 所列的因素，它们都会对你的知觉过程造成影响。

评论性反思

受欢迎的体育或电视名人对知觉、沟通和行为的影响力远远超过了任何教科书、管理者或培训课程。你认为为什么会这样？这是件坏事吗？

表4-1　参加会议对知觉过程产生影响的因素

原因	参加会议的目的和动机	会议对于参加者而言可能很重要，它可能是一个获得晋升的契机，并且象征着新的、重要的发展机遇。 是一个展示自我、证明自己的技能和能力的机会。 是与其他管理者进行联络的机会。所以，参加者的情感代价很高。
人物	地位/重要性/年龄/性别/种族群体/外貌/个性/兴趣/态度	参加者对会议所做的准备会受到所列出的因素、其先前参加的所有聚会中的经历和遭遇的影响。
时间	时间、会议的日期	会议的时间尤其会受到工作场所外的事情的影响。所以，如果参加者有责任感的话，那么会议的时间则会非常重要。如果参加者被要求在某一宗教节日期间出席会议，那么时间则具有非常重要的意义。
地点	环境/文化	为了保持客观和中立，组织经常在远离“正规的”工作场所的地点举行发展型会议。 会议的举行方式、结构和手续的数量、反馈的方式、权力和控制的表现都展现出一个组织的文化。
方式	过去的经历、和谐的关系	参加者的期望会对参加会议的经历造成影响。如果参加者是第二次参加这样的会议，那么他第一次参加此类会议的经历将对他的知觉造成影响。如果这是他第一次参加此类会议，那么他的知觉会受到先前参加类似会议的经历或别人参加此类会议的经历的影响。

人际沟通

我们很难在不对人们的沟通方式进行评论的情况下，考虑人际知觉过程。沟通和知觉紧密地联系在一起。我们对同事、老板、下属、朋友和伙伴的知觉、与他们交往的经历、我们的情绪状态等都决定了我们与他们进行交际的方式。菲茨赫伯特（Fitzherbert）认为，只有当你能够使对方对你的话语和行为感到信服时，你才能同他人进行有效的沟通。以下为沟通的四条基本规则。

1. 任何沟通的框架都由你所产生的期望和知觉所决定。

2. 威望、气氛和环境、欲望会增强或削弱期望和知觉。

3. 只有在沟通双方对有关信息了解的基础上，才能对信息进行有效的记录。

4. 大脑会将接收到的大部分信息过滤掉，只保留其认为重要的信息。[22]

反馈是沟通过程中至关重要的组成部分。我们会对信息的接收者进行错误的判断，并认为沟通没有取得成功。但除非我们从对方那里得到一些反馈，否则我们将永远无法知道我们的言语或行为是否按照我们的意图传达给了对方。它能重新肯定或促使我们重新审视我们对他人的知觉。我们在与那些较为高级的员工打交道时，沟通过程会显得特别重要，其中包括非言语沟通、姿势以及语气。[23]（肢体语言的重要性稍后将在本章中讲到。）

人际沟通的两种方法为神经语言程序学和沟通分析理论。这两种方法也可以对人际沟通进行解释。

神经语言程序学

约翰·葛瑞德（John Grinder）和理查德·班德勒（Richard Bandler）在 20 世纪 70 年代创建并发展了神经语言程序学（NLP）。[24]这一名称起源于与人们的交际有关的神经学、语言学和程序学三门学科。

- 神经学，指将肢体与思想联系在一起的过程。
- 语言学，指对词语、人们对词语进行理解和交流的方式的研究。
- 程序学，指个体的行为和他们所使用的策略。

最初，葛瑞德和班德勒研究了一些著名的心理治疗师给病人治疗的方式。他们的目的是找出可以帮其他心理治疗师提高业绩的“规则”或模式。这种模式的重点是一对一的沟通和自我管理。后来，神经语言程序学的应用从治疗转移到了工作组织中，为组织内的交流和管理他人提供了明确的方法。神经语言程序学强调知觉过程的重要性以及信息以何种方式被主观地过滤和解释。这些解释受他人和我们所生活的世界的影响。个体逐渐学会如何应对，他们的反应和对策也变得程序化、内置化、自动化。

从根本上来说，神经语言程序学关注意识和变革。初步了解和观察自己的行为对于知觉过程来说是最基本的，这样人们才能自觉做出不同的反应。人们可以从一系列的言语行为和非言语行为中做出选择，这样就能控制自己的反应，从而使“自动的”反应上升为自觉的选择程序。许多不同的方法和技巧被吸收进神经语言程序学。部分方法和技巧侧重在身体动作、呼吸方式或语音节奏方面能反映并符合交流的细微技巧。另一些所关注的目标是设定的“思考结果”中所需要的积极思维以及实现目标所需要的个人资源。

很多人支持神经语言程序学（例证见 http：//www. nlpu. com），并对此进行了广泛宣传。例如，一位医生说“它能使你的交流技巧突升”。神经语言程序学的独特之处在于：“在你与他人进行良好的沟通的同时，它能使你身临其境，看你所看，听你所讲。”[25]

神经语言程序学的一些观点已经被纳入其他关于沟通的知识体系。例如，在葛瑞德和班德勒的研究基础上，麦卡恩（McCann）创造了心理言语交流技巧。[26]斯通（Stone）指出了神经语言程序学的价值，即它对于影响他人的能力非常重要，特别是那种为了理解他人的观点、洞察力或动机而建立亲和力的能力。同时，神经语言程序学对于沟通方式和想要取得的结果也很重要。[27]

沟通分析理论

在解释人际沟通的动态性方面，沟通分析理论（transactional analysis，TA）是最流行的方法之一。沟通分析理论最初是由艾瑞克·伯恩（Eric Berne）提出，现在已经发展为一种成熟的理论。此理论涵盖个性、知觉和沟通。虽然伯恩最初把沟通分析理论应用于心理治疗，但是现在作为一种培训与发展规划，这种理论已被很多组织采用。[28]

沟通分析理论有两个基本的假设。

- 所有人们曾经经历过的事件和情感都储存在大脑中并可以再现，所以人们能再度感觉过去的事件和情感。
- 个性是由三种自我状态组成的。这三种自我状态以独特的行为方式表现出来。这些自我状态就像是人们体内不同的自我，可以从人们的手势、音调和动作中显示出来。

伯恩把这三种自我状态归纳如下。

- 儿童自我状态（Child ego state），是一种显示人们所记忆的童年时代的情感的行为倾向成分。这种状态可能和玩要、冲动、叛逆、自发的行为和情绪反应有关。
- 成人自我状态（Adult ego state），是一种影响人们思维过程和处理事实和信息过程的行为倾向成分。在这种状态下，人们在寻求信息和接受事实时可能会变得客观、理性、合理。
- 父母自我状态（Parent ego state），是人们的态度、情感和行为受外在因素影响而产生的一种行为倾向成分。外在因素主要是来自父母。这种状态主要是指人们对于对和错的感受和人们如何关心他人。

伯恩认为，这三种自我状态具有普遍性，但是这些状态的具体内容因人而异。人们可能意识不到我们所处的自我状态，可能会从一种状态转到另一种状态。人们在不同时期都会受同一状态的支配。虽然在某个时期，一种状态可能会占主导地位，但是这三种状态是同时存在于个体中的。

首选自我状态

每个人都会有一种首选自我状态，人们会回到这个自我状态。有的人会不断地给他人提出建议或批评他人（这属于恒常父母自我状态）；有的人善于分析，只重事实而不相信感觉（这属于恒常成人自我状态）；有的人自始至终有强烈的情感、易怒或是顽皮（这属于恒常儿童自我状态）。伯恩强调这些自我状态没有优劣之分，他们只是不同而已。对自我状态的分析会解释为什么沟通不能顺利进行，或者为什么个人会感觉受别人支配或是被利用。

伯恩认为，我们可以从他人交流时的言语、声音、手势和态度上辨别出，他处于哪种自我状态。举个例子，如果一名管理者说出以下的话，人们就能识别他（她）是处于哪种自我状态：

“把最近销售额的有关资料递给我。”

“你认为我们应该如何提高安全纪录？”

（以上是成人自我状态）

“让我来帮你，我看得出来你做得挺费劲的。”

“看吧，这事应该这么做。还要我告诉你多少次……？”

（以上是父母自我状态）

“太好了，星期五了。谁去酒吧喝一杯？”

“好主意，我们去吧！”

（以上是儿童自我状态）

我们不但可以从自我状态方面分析一段对话，还可以从沟通是否能产生互补反应或交叉反应来分析。互补反应是指自我状态是否能产生一个预期的或是首选的反应。例如，我们来看第一句话：“把最近销售额的有关资料递给我”，下属可能会这样回答：“当然可以，在这儿”（成人自我状态），或是“你不能自己找吗？我一个小时以前才给你”（父母自我状态）。

第一个回答是互补反应，第二个是交叉反应。有的时候交叉沟通很重要。看这个例子：“让我来帮你，我看得出来你做得挺费劲的。”（父母自我状态）。管理者可能习惯了放下架子来帮助下属，但这让下属觉得反感。如果下属充满感激地回答并接受帮助，这只会加强管理者对他的看法和态度。如果下属回答说：“我自己可以做得很好，你怎么会认为我做得很费劲呢？”这可能会使管理者在成人自我状态下做出反应，这就改变了他们的自我位置。

理解人类行为

理解沟通分析理论能使雇员在处理潜在的困境时受益。在大多数工作状况下，人们在“成人－成人自我状态”下沟通可能是常见的。[29]当同事在成人自我状态下理解并做出反应时，这样的沟通极有可能会促使他们做出理性的分析，找到解决问题的方法，这样就会减少情绪冲突的可能性。

但愿工作中总是充满理性和逻辑！但是，现实工作以及生活中的交流有的时候很混乱。这会使人们有不好的感觉，觉得事物变化不定。伯恩描述了一种带有功能障碍的沟通。当一条信息能在同一时间被发送到两种自我状态时，这种沟通就发生了。例如，一个人可能会说“我上周给你的那篇文章，你读了吗?”这看起来似乎是一种“成人－成人自我状态”下的沟通，但是这个人的音调、面部表情却暗含了另一种自我状态。潜在的信息是说“你还没有看……你知道我有多忙。我都有时间看!”这实际上是在用儿童自我状态说话。在这种“含有隐藏信息的沟通”中，社会信息主要表现为成人对成人状态，但隐藏的心理信息受“父母－儿童自我状态”或“儿童－父母自我状态”的指导。

考虑到工作压力的影响范围，对沟通加以分析可能是理解工作中冲突的一种方法。通过把焦点放在工作中的相互配合上，沟通分析理论能帮助理解人的行为。通过分析一个人的自我状态和在哪种状态下能做出最合适的反应，可以帮助我们提高沟通技巧。这能使我们在处理顾客关系以及上下级的关系上获得提高。因此，沟通分析理论为我们理解社会情境和人们在工作组织内外的活动提供了一个有价值的工具。

沟通分析理论强调知觉和沟通的密切联系，并指出知觉和沟通是怎样相互影响的。然而，它并没有回答我们首先应该如何构建我们的社交世界，我们所考虑的是什么和为什么要考虑这些，或者为什么我们对一些人有积极的看法，而对另一些人有消极的看法。要回答这些问题，我们可以集中看知觉过程的阶段：选择和注意与组织和判断，并把这些用于对人的知觉上。[30]

选择和注意

我们选择什么样的信息？为什么要这样选择？社会情境包括言语信息和非言语信息。非言语信息包括：

- 身体接触；
- 交谈距离；
- 朝向；
- 点头；
- 面部表情；
- 手势；
- 体态；
- 注视方向；
- 穿着和外貌；
- 言语的非言语方面。

当事人往往意识不到，言语符号和非言语符号相互协调组成规则的序列。人们对行为的反应做过研究，称为“姿势呼应（postural echoing）”。[31]大量的证据表明：每个人都不断地影响别人并同时受别人的影响。[32]

库克（Cook）提出，在任何社会交往中都有以下两种信息。

- 静态信息（static information），指在交往中不会改变的信息，如颜色、性别、身高和年龄。

- 动态信息（dynamic information），指可以改变的信息，如情绪、姿态、手势、表情。[33]

文化和社会化

人们认为非言语符号的意义和人们的文化以及先前经历的社会生活有关。因此，人们在理解这些符号上有显著的差异，也就不足为奇了。例如，人们着装的方式是不同的。施耐德和巴尔索克斯总结了一些有趣的文化差异：

北欧的管理者往往在穿着方面没有拉丁的管理者正式。来自斯堪的那维亚的管理者不会穿着便服去开会，而来自法国的管理者却喜欢穿着夹克，打着领带。对这些来自拉丁的管理者来说，个人的风格很重要，而盎格鲁和亚洲的管理者却不愿意在着装上打扮得显眼或以此来吸引目光。盎格鲁的女管理者可能认为法国的女管理者的着装不适合办公。反过来，令法国人觉得奇怪的是，她们认为美国的女管理者穿的西装太男性化（有时候还穿着跑鞋）。[34]

印象管理

在一些情况下，人们会特别注意自身的外表，并试图通过外表来影响别人对我们的态度、个性和能力的判断。这被称为“印象管理”（Impression Management）。[35]面试就是一个明显的例证。当一种印象形成后，某些信息会比另外一些信息更具有决定性作用。看来有一些中心特质在决定我们的知觉上比其他的特质更重要。

这些中心特质之一是个体所表现的热情或冷漠的程度。[36]获得信息的时间在我们形成的印象中起关键作用。例如，最先听到的信息往往会和后来矛盾的信息相抵触。换句话说，俗语“第一印象至关重要”是经过研究证实了的，第一印象产生的效应被称为“首因效应”（the primacy effect）。[37]负面的第一印象很难转化为积极肯定的印象。[38]然而，如果交往中断后人们会记住最近的信息，即“近因效应”（the recency effect）。

与他人交往

人们在知觉别人时，会产生大量的问题。部分问题产生的原因是因为我们在选择和处理问题上有局限性。这种选择性产生的原因可能是：

- 人们已经知道自己所需要的，因此开始只接受符合我们最初想法的信息；
- 以前受到的训练和经验使我们走了捷径，只看到某些行为；
- 人们把特征分类，并对它们的相似性做出假设。

格式塔原则既适用于对人的知觉，同样也适用于对物的知觉。例如，如果人们住在同一地区，我们不但可以对他们的财富和住宅类型做出假设，还可以对他们的态度、政治观点，甚至是个性类型做出假设。

为了与他人进行有效的沟通（展示自己、进行恰当的沟通、影响他人、与他们在交往及群体中一起工作），我们必须理解他人的想法和感受，其中包括他们的动机、信仰、态度和意图。在社会知觉中，知觉的准确性和差异是最基本的，但也是最困难的。直觉的准确性和差异与人们认知建构系统的复杂性有关。

莫林·歌德汉姆（Maureen Guirdham），《工作中的交际行为》[39]

组织与判断

对于人们如何组织，并对已经感知的事物做出判断，在很大程度上是以我们以前的经验和知识为依据的。在这点上我们要知道，人们做出的推论和假设会超出人们的已知信息。人们不会总是意识到预先做出的假设，但是这些假设会指导人们如何理解他人的行为。已经有人对内隐个性理论的影响做了大量研究。[40]用同样的方法，人们对物质世界做出假设，这些假设超出人们已有的信息，人们同样可以推断出人的个性和可能做出的行为。

比起B类型的人，管理者可能对A类型的人了解更多。A类型的人是已经和管理者成为好朋友的职员，在各种社交场合都能看到他们。B类型的人和A类型的人在同一个部门，从事同样的工作，但是和管理者只是工作上的关系，社会上的熟人也很有限。这种在个人关系上、信息上和社交上的不同可能会影响管理者的知觉。例如，在评价A类型的人和B类型的人的工作表现就会有所不同。

人们对他人的判断也会被一些有刺激作用的知觉所影响，如：

- 角色或地位；
- 职业；
- 体格因素和外表；
- 非言语沟通和肢体语言。

身体特征与外貌

在一次关于人员管理及管理模式的讨论中，格林提出了一个问题：管理者是如何对他们的员工进行判断的？包括积极和消极的信息。

在我的个人调查中，人们承认某些身体特征会传递积极信息，而有些则相反。例如，某些人认为以下特征会传递一些消极信息：染红色头发，男人戴耳环，身上有某种香味或臭味，个子太高或太矮，身体有残疾，某个特定民族的人等等。与之相似的是某些积极因素，如适合的发型与得体的着装等，则会给人们的判断以积极的影响。[41]

相关特征

一个人对他人的知觉往往会首先在人的头脑中有一个综合整体反映。与被知觉者相关的其他信息以及被知觉者是否处于完整的背景信息之下都会影响人们的知觉判断。在一次实验中，教授把 110 名美国学生平均分成了五组，然后将一位陌生的访客介绍给他们。[42] 教授是以五种不同的方式把访客介绍给各个小组的学生的：

1. 英格兰先生，剑桥大学的学生；
2. 英格兰先生，剑桥大学心理课示范者；
3. 英格兰先生，剑桥大学心理学讲师；
4. 英格兰博士，剑桥大学高级讲师；
5. 英格兰教授，来自剑桥大学。

介绍完毕之后访客就离开了。然后教授要求学生们估量一下访客的身高，要精确到英寸。教授也离开房间之后，学生们还被要求估量一下他的身高。对每组学生来说教授的身份是固定的，所以各个小组对其身高的估计相差无几。然而各个小组对访客身高的估计却因为被告知的身份不同而有所差距：学生们所估计的访客身高值随其先赋学术身份的提高而有所增长（详见表 4-2）。

表 4-2　根据先赋学术身份而估计的身高值

小组	先赋的学术身份	所估计的身高平均值
1	学生	5 英尺 9.9 英寸
2	示范者	5 英尺 10.14 英寸
3	讲师	5 英尺 10.9 英寸
4	高级讲师	5 英尺 11.6 英寸
5	教授	6 英尺 0.3 英寸

资料来源：Adapted from Wilson, P. R., ‘Perceptual distortion of height as a function of ascribed academic status’, *Journal of Social Psychology*, no. 74, 1968, pp. 97 – 102. Reproduced with permission from Helen Dwight Reid Educational Foundation, Published by Heldref Publications, 1319 Eighteenth Street NW, Washington DC 20036 – 1802. Copyright© 1968.

一些很受欢迎的调查和报纸文章对身材高大的男性比身材矮小的男性更有可能在职业上取得成功并得到更高的薪水这一看法表示支持。（我们让你自己来对这种说法进行判断！）

非言语沟通和肢体语言

我们之前曾经提到过肢体语言与非言语沟通的特殊重要性。人们的姿势、个人空间入侵、眼神交流、语音语调以及面部表情等都会传递一定的信息。人类会说话、会笑、会哭，这是其他动物所不具备的。动作往往比言语更具有说服力，因而人类更多地依靠肢体语言来传达他们的真实情感与意愿。[43] 人类是如何创造性地把自己的情感融入到电子邮件信息当中的呢？如果注意观察一下，这是非常有趣的。人类利用键盘上的符号进行重新组合从而创造了一种新的网络交际语言，如符号：）表示高兴，：-C 表示不开心，@〉---〉则表示送你一朵玫瑰，这些符号语言把情感与文字融合到了一起。随着符号语言的流行，越来越多的网页上布满了诸如此类的例子。

梅拉宾（Mehrabian）的研究表明，在人们面对面进行沟通时，关于自身情感与态度的信息仅有 7% 来自于语言内容，有 38% 来自于语音语调，另外的 55% 则是来自于肢体语言，其中包括面部表情。不仅如此，当肢体语言（如手势、语音语调等）与言语所传达的信息产生冲突时，人们往往更侧重于非言语信息。[44]

尽管具体的数字可能略有不同，但很多人都认同这一观点。比如，毕普塞维克（Pivcevic）曾经说过："人们普遍认同有 80% 的交流是非言语交流；信息主要是通过人们的姿势与手势、语音语调、说话的节奏与力度等来传达的。"[45]此外，麦圭尔（McGuire）认为，当言语与非言语信息发生冲突时："据专家公认在这种情况下人们应该依靠非言语信息，因为无声语言所显示的意义通常要比有声语言多得多，而且无声语言往往能够以某种特殊的方式传达人们的态度与情感信息，而有声语言有时却做不到这一点。"[46]

詹姆斯（James）认为从某种意义上来说，我们都是肢体语言方面的专家，因为这是人们生存本能的一部分。

即便是处于一个安全可靠的环境当中，如办公室或会议室，每当有人走进房间的时候，人们总是会忍不住看上一眼。而且不管是否出于你的本意，你会在三秒之内对走进来的人做出判断。你试图公正客观地评价别人，但往往做不到，因为这时候潜意识通常会战胜人们有意识的行为。喜欢、讨厌、信任、爱或欲望所有这些情感都会在一瞬间涌上来。事实上，人们的大部分反应都是建立在第一印象基础之上的。[47]

因此，在我们对他人进行知觉判断时，注意并仔细观察对方的非言语行为是非常重要的。尽管人们可以通过肢体语言来判断他人的性格特征，但是如果仅仅关注某一个动作所传达的信息而忽略掉其他相关动作，这样很容易使人们的判断发生错误。例如，弗莱彻（Fletcher）认为："人们不会特意去学习如何准确解释他人的肢体语言。因为不必学习，很自然地人们便会利用自身的肢体语言来达到最佳表达效果。但是如果你有意识地每天花半个小时来分析人们的潜意识行为，很快你就可以学会如何做了，这几乎是无意识的。"[48]然而，曼恩（Mann）指出，如果人们对肢体语言方面的知识稍有了解，就会对他人的身体语言产生自觉意识。某些姿势与手势可以揭露骗子的真实面目，但是人们不能由此认为每个避免眼神接触或者摸鼻子的人都是骗子。尽管如此，对需要掌握良好沟通技巧的管理者以及其他从业人员来说，理解非言语交流还是很有必要的。[49]

文化差异

在非言语沟通中，身体接触的程度以及对肢体语言的理解与解释因文化而异。比如说，意大利人以及南美人倾向于通过夸张的肢体语言来表达自身情感；而日本人则往往会掩饰自身的情感，而且在人际沟通中会尽量避免明显的肢体语言。与他人进行交谈时，英国人会时不时地把目光移开；而挪威人则会盯着对方的眼睛，一刻也不移开。在荷兰，用食指敲太阳穴是表示很有头脑的意思，但是在其他文化中这个手势并没有明显的褒义。

在多数欧洲国家中，人们问候他人时习惯于在对方的脸颊上亲吻三四下，如果在此时转过头去则会被认为不礼貌。关于个人空间与“自在空间”，不同文化背景的人对此也会有不同的观点。例如，通常阿拉伯人与他人交谈时会站得离对方很近；与之相反，大多数美国人与陌生人初次见面时，会在与对方握手之后退后几步，以给彼此留出适当的自在空间。[50]

与他人交往的概念图如图 4-11 所示。

医院努力通过民族书籍来完善服务

“员工们收到了一本书，它是指导员工照料来自不同文化的病人的一本指南，”塔尼亚·约翰逊（Tanya Johnson）写道。

对于护士来说，用触摸的方法来安慰病人是最自然的手势之一。但是，对于一名正统的犹太教徒来说，异性护士的触摸则是一种无礼的举动，因为犹太教不欢迎这种安慰方式。同样，触摸或摘掉锡克教徒的头巾也会对其造成冒犯，因为他们的头巾有着很深的精神和道德意义。

现在，有了一本可以用来帮助普茨茅斯市各家医院中的员工了解少数民族群体间的差异的书。它还可以帮助这些医院中的员工避免在无意中冒犯他们。这本书的书名为《少数民族手册》，它包含了医生及护士在与拥有不同宗教信仰的病人打交道时所需要掌握的全部信息。

这本书的作者是普茨茅斯市各家医院的国民医疗保健服务基金会协调人弗洛瑞斯·艾莉特（Florise Elliott）。艾莉特认为：“对人们来说，意识到他人的文化是非常重要的。这使员工能够意识到其他的文化以及不同的生活方式。”

书里包括了不同宗教的内容，而其编撰工作也得到了来自各个文化的代表们的帮助。

书中还包括一些有关饮食、语言、文化、死亡和验尸的指南。如果医院中的医务人员需要听取一些相关的意见，可以拨打在每部分中附有的联系电话。其中的一名联系人是犹太教发言人朱利叶斯·克莱（Julius Klein），他是普茨茅斯和南海犹太教会的一名成员。克莱对这本书表示欢迎。他说：“这本书非常有用。在人们住院时，他们所面临的一个困难就是试着让医务人员接受与自己的文化和生活有关的某些事情，而这些事是医院所需要了解的。任何可以帮助护理人员对少数民族进行了解的事物肯定都很好。”

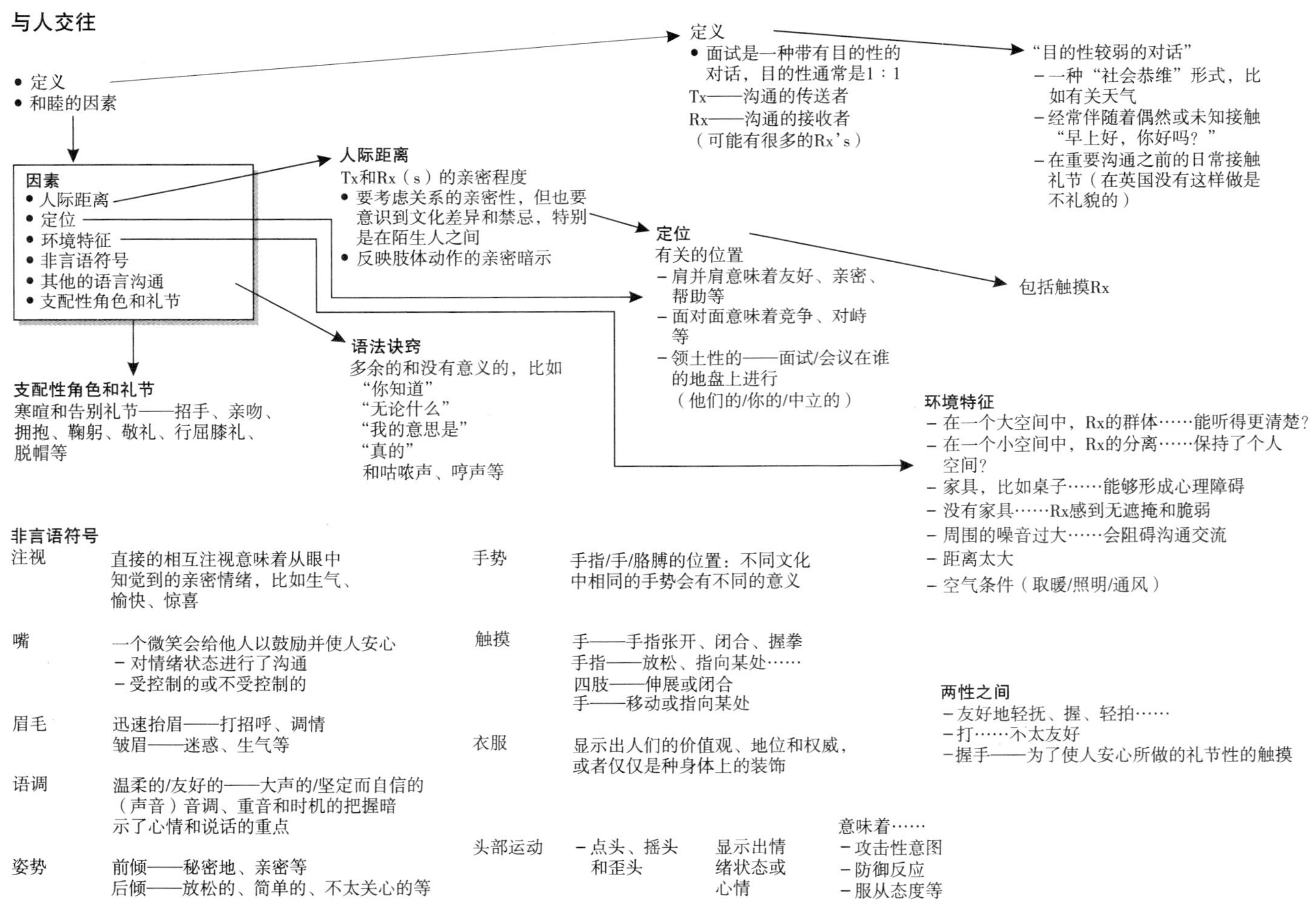

图4-11　与他人交往的概念图

资料来源：Training Learning Consultancy Ltd Bristol, England. Reproduced with permission.

在克斯汉的亚历山德拉王后医院和米顿的圣玛丽医院中的每一间病房，都放有一本《少数民族手册》。这是由医院的服务策划经理佩特罗内拉·瓦森督博（Petronella Mwasandube）发起的。医院每年所处理的 37 500 起事件中有大约 1500 起与少数民族群体有关，而且这还不包括急诊。

资料来源："Hospitals set to play it by ethnic book", *The News*, Portsmouth, 16 February 1999. Reproduced courtesy of *The News*.

评论性反思

非言语沟通有很多种形式的暗示，其中既有一些有意图的暗示，也有一些没有意图的暗示。人们对于这些暗示的解释方式也有很多。另外，还有各种各样的文化规范，它们影响了人际交往的本质意义和背景。因此，你认为从人们的肢体语言来进行正当的推理没有什么现实价值吗？肢体语言的使用不应该得到人们的鼓励吗？

归因理论

在知觉他人的过程中，我们会归结他人的特点。人们会依靠以往的知识来判断他人的行为及其目的，并将其与自己熟知的人进行比较，人们通过这样的方式推断他人行为的意义。这就是所谓的归因理论。

所谓归因，即归结行为原因的过程。人们普遍认为，海德最早提出了归因理论（attribution theory）。海德认为人们的行为是由内部原因和外部原因共同决定的。[51]

- 内向归因是指个体自身所具有的特征，包括个体的能力、技术、努力以及疲劳程度等。
- 外向归因是指环境因素，包括组织规则与政策、上级的态度以及天气状况等。

人们在工作时的行为可以通过控制焦点（focus of control）来解释，即人们认为结果是由个体自身所控制的或是由外部因素决定的。采用内向归因抑或外向归因还会影响人们对他人的判断。

归因的基本标准

凯利（Kelley）认为，在进行归因以及决定选择内向归因或外向归因时，人们可以遵循三个标准，即特殊性、共同性、一致性。[52]

- 特殊性（Distinctiveness），指的是在某一特定任务或情境中发生的行为与在一般情境下发生的行为有何不同。
- 共同性（Consensus），指的是该行为与其他人在相同情境下做出的行为是否一致。

- 一致性（Consistency），指的是该行为是由个人性格决定或某种动机引起的稳定持久行为，还是由某种外部因素引起的特殊行为。

凯利发现，当人们认为自身的行为具有低特殊性、低共同性与高一致性时，人们会采用内向归因或者个人倾向归因，而当人们认为自身的行为具有高特殊性、高共同性与低一致性时，则会采用外向归因或者情境归因（如图4-12所示）。

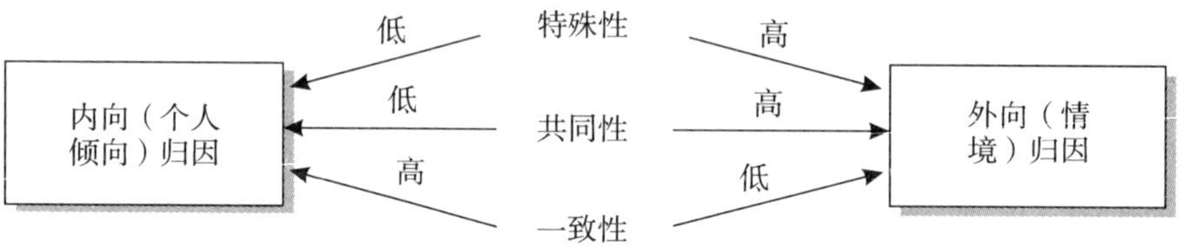

图4-12 归因理论示例

举例来说，有一位学生在期中考试中某门功课不及格。如何利用归因标准来分析这一问题，请看表4-3。

在一个组织环境中评估人们的工作表现时，人们还需要考虑该行为是由稳定因素还是非稳定因素引起的。

表4-3 归因标准示例

	特殊性	共同性	一致性
内向归因	这名学生期中考试的所有科目都不及格	全班只有这一名学生功课不及格	这名学生期末考试也不及格
外向归因	这名学生期中考试的其他科目成绩很高	这个班里的所有学生成绩都很差	这名学生在期末考试中成绩很好

资料来源：Adapted from Mitchell, T. R., *People in Organisations*, Second Edition, McGraw-Hill(1982), p. 104.

- 稳定因素（Stable factors），是指个人能力、任务的难易等。
- 非稳定因素（Unstable factors），是指努力程度、运气等。[53]

如果对一个人的工作表现从内向归因与外向归因，稳定因素与非稳定因素四个方面加以综合考虑的话，我们可以得出四种解释（详见表4-4）。

表4-4 对工作表现的归因分类

	内向归因	外向归因
稳定因素	能力	任务难度
非稳定因素	努力	运气

归因理论的含义

具有内控倾向的员工通常相信，他们可以依靠自己的能力、技术以及努力程度来控制他们的表现水平；而具有外控倾向的员工则往往认为他们的表现是由自身所无法控制的外部因素决定的。

研究表明，与具有外控倾向的员工相比，具有内控倾向的员工往往对自己的工作更加满意，更容易胜任管理职位，也更愿意实行参与式管理模式。[54]总之，内控型的管理者往往能够比外控型的管理者实行更有效的管理，当然也有特例存在。[55]

拥有强烈成就动机的人往往认为，他们的成功是由内向归因引起的，包括他们自身的能力以及努力，而不是由任务的难易决定或者靠运气。如果员工没有很好地完成任务，他们会认为失败是由外向归因引起的，因而在之后的工作中会减少努力的付出。从另一方面来说，假如员工的表现很好，但管理者认为员工是因为工作简单或靠运气才获得成功的，就不会给予员工相应的认可及奖励。而此时，如果员工认为他是凭自身的能力以及努力才获得成功的，但却没有得到应有的认可及奖励，这样会严重打击员工的积极性。

知觉扭曲与偏差

知觉差异导致不同的人对同一刺激的观察结果不同，而且所赋予的意义也不同。人们都以自己的方式来观察事物。当人们认为自己所知觉到的信息是事实时，这种知觉差异就会导致误解。能否对人际关系和他人做出正确的判断受到以下因素的影响：

- 知觉者与他人关系的性质；
- 知觉者可运用的信息数量和信息接受的次序；
- 知觉者与他人相互影响的程度和性质。

在处理与他人的关系时，知觉偏差会造成一定的困难，从而引发知觉问题、偏见或扭曲。知觉偏差主要有以下五种：

- 刻板印象；
- 晕轮效应；
- 知觉防卫；
- 投射效应；
- 自我实现的预言。

知觉矛盾

在知觉过程中，知觉具有选择性。这使得人的认知问题有所增加。我们不喜欢生活在一个充满不确定因素的世界上，而我们的认知系统则要将能量消耗降到最低。我们所储存的记忆和经历会引导我们，因此，我们不必每天从零开始。

矛盾是：这一过程也是我们的失败之处。错误和偏见是这个系统所固有的，尽管规劝可以让我们更加意识到自己的偏见，多花些时间做判断以抵制我们惯用的快速认知系统。

刻板印象

这是根据一般分类和知觉相似性，把正面的或负面的特征归咎于一个人的倾向。对这个人的认知更多的是建立在某些期望特征的基础上，而不是把这个人看作个体来认知的基础上。刻板印象简化了知觉过程和对他人的判断，使人们对复杂对象的认知变得简单。当把某个人归类到某一类别之中，然后将这一类别群体所具有的特征都归集到这个人身上时，就产生了刻板印象。因此，人们通过刻板印象会对某个个体做出先入为主的判断。事实上，我们并不知道这样的判断是否正确，或许它是大错特错的。

普通的刻板印象可按以下因素划分成不同的类别。

- 国籍：如德国人勤奋守法，澳洲人喜欢板球。
- 职业：如会计师都很枯燥无趣，图书管理员都很认真、谨慎。
- 年龄：如年轻人不可信赖，而老年人因循守旧。
- 身体特征：如红头发的人脾气暴躁，胖人懒。
- 教育：如大学生很聪明。
- 社会阶层：如失业者很懒惰，移民不愿学英语。
- 政治立场：如工党支持强大的工会，而保守党则支持私有制。

尽管刻板印象压缩了我们所需知的信息，使我们能够处理大量的信息流量，但结果还是导致了消极的影响。

社会含义

刻板印象暗示某一类别的所有成员都具有相同的特点和特征。因此，刻板印象的一个重要的社会含义是对以某一特殊群体按以下特征分类：

- 性别；
- 种族；
- 性取向；
- 伤残；
- 宗教信仰；
- 年龄。

刻板印象的最大危害是：它阻断了人们对个体或个体情况的正确认知。刻板印象可能会引起潜在的偏见或歧视，例如，对HIV或艾滋病毒携带者的认知。[56]刻板印象会对某一特定的群体产生消极的或积极的影响。例如，有相当一批雇佣者仍对年龄较大的员工的能力和培训持有消极和错误的刻板印象。但是，诸如家居装饰建材连锁店百安居等一些公司规定，在一些店面要雇佣50岁以上的员工。

晕轮效应

晕轮效应（the Halo Effect）是人在知觉过程中，用某个单一的有利的或不利的特点或印象对他人进行认知的倾向。它掩盖了个体其他的相关特征。

- 衣着整齐、友好可亲并准时到达的应聘者会给负责人留下美好的印象，从而使他减少对应聘者的技术能力、资格和经验的关注。
- 人们认为在第一次主要任务中表现出色的新员工是最有可能升职的。即便这次任务不是员工通常要去承担的。
- 某个单一的特点，如较高的出勤率和遵守时间，可能会成为判断一个人能力和绩效的重点，而不是其他的方面，如工作的数量、质量和准确性。

晕轮效应的危害是当知觉者根据已知的刺激快速做出判断时，他可能就会对随后出现的与原始知觉不一致的刺激视而不见，并且（通常是无意识地）只关注那些支持原始判断的特点。

恶魔效应

和晕轮效应相反的是恶魔效应（rusty halo effect），即对人的某一品质，或对物品的某一特性有坏的印象，会使人对这个人的其他品质，或这一物品的其他特性的评价偏低。如应聘者在面试时迟到。求职者可能有充分的迟到理由，而且迟到也不是他的特点。但是，根据这一事件，这个求职者可能被认为不遵守时间、不可信赖。再如，在第一次重要任务中表现逊色的新员工。这可能是由不寻常的环境造成的，而且也不是这位员工的典型行为，但人们会认为该员工不能胜任这个工作。

知觉防卫

为了保护自己不受到威胁性刺激的侵扰，人们会自动地抑制对这些负性刺激的知觉和反应。人们倾向于选择利于他们观点的信息，而不是那些相反的信息。例如，一名管理者不顾同事的反对建议，决定提拔一名员工，就有可能只选择有利的信息而忽视不利的信息。

投射效应

在知觉过程中，把个人的情感、动机、特点归集或投影于他人是进一步的扭曲。当他人与知觉者有很多相似的特点或容易被知觉者所认知时，知觉者对他们的判断可能会更为有利。投射效应可能导致知觉者夸大他人的不良特质，而知觉者对自身的缺点却视而不见。

情绪和情感可以扭曲知觉。例如，一名管理者很关心问题，那么他会认为其他的管理者会更关心。在对他人的知觉过程中，由于知觉者把自己的感情或特点投射给他人，因此会有对他人产生不利认知的倾向。又如，主管们总是抱怨，他们的管理者没有为部门争取更多的资源，而事实上主管们没有向管理者提供相关的信息和数据。

弗洛伊德（Freud）在描述防御机制时认为，投射效应是将本属自身的某种不快的思绪、动机、欲望或情感，投射到他人或他物身上的自我保护性措施。例如，某管理者认为他的下属不忠诚可能就投射了他自身的一个特点。第6章将讨论对“自我”的知觉以及人们如何看待和认识自己，并对自己进行评估。

自我实现的预言

社会交往的一般特征是“自我实现的预言”这一概念，有时也被称为“皮格马利翁效应（Pygmalion effect）”。通常，人们认为这一概念是由默顿（Merton）提出的。[57]预言的本质是：由于做出了预言，所以人们才努力使预言成为了现实。人们努力地去证实自己的那些与现实无关的知觉。人们的信念或期望影响着他们的行动和行为，以便使信念或期望更有可能实现。如果员工相信了他们在可预见的未来不可能获得晋升或拿到奖金的谣言（预言），那么他们的行为方式则使他们的绩效不该得到晋升或奖金（即使谣言是假的）。

罗森塔尔（Rosenthal）和雅克布森（Jocobsen）在对美国学生进行的一项研究中使用了心理测验，来预测他们的学业成就水平。研究人员向老师们指出某些学生“脑子很快”。然而事实上，他们将学生随机地分到高潜力组和控制组。结果，在学年结束时，那些被分到高潜力组的学生与被分到控制组的学生相比，其智力和阅读水平都得到了显著的提高。[58]

管理者的期望严重地影响着员工的行为和绩效。如果管理者对员工绩效的期望值很低的话，他们就不会尽全力地努力工作。因此，管理者需要在组织的各个层级中建立一种可以加强对绩效积极期望的组织框架和支持性文化。同时，管理者也要鼓励员工通过以一些普通目标为方向努力工作，来对自己的绩效拥有一个较高的自我期望值。

理解组织过程

知觉过程具有选择性和主观性。我们通常以自己的观点来观察世界，并且希望这个世界符合我们的构想。通过我们自己的选择，我们已学会如何从附加信息和上下文中区分提取重要的信息。当我们加入新的组织或在同一组织中从事新工作时，这一过程就会重复发生。适应组织包括：从不明显的信息（背景）中选择必要的信息（图形）。有时，这个过程可能被扭曲，我们也会被我们所观察到的世界所欺骗。

尽管有些组织存在对女性的歧视，但本书认为：对女性的认知并不是蓄意的。它们经常是自发的无意识行为，就像我们可能被视觉错觉所迷惑一样。事实上，用知觉错觉来理解组织过程对女性的影响，是一种非常正确的方式。“艾姆斯屋”（the Ames Room）可用来解释这一现象。[59]尽管经过布置和装修，这个房间看起来像一个矩形，但事实上它并不是一个规则的房间。它的一边比另一边要长。如果两个身材相同的人站在对角线相对的角落里，一个人站在最远的角落里，另一个人站在最近的角落里，这时就产生了视觉错觉。我们的深度知觉被蒙蔽了，站在远处的人看起来小了（如图 4-13所示）。

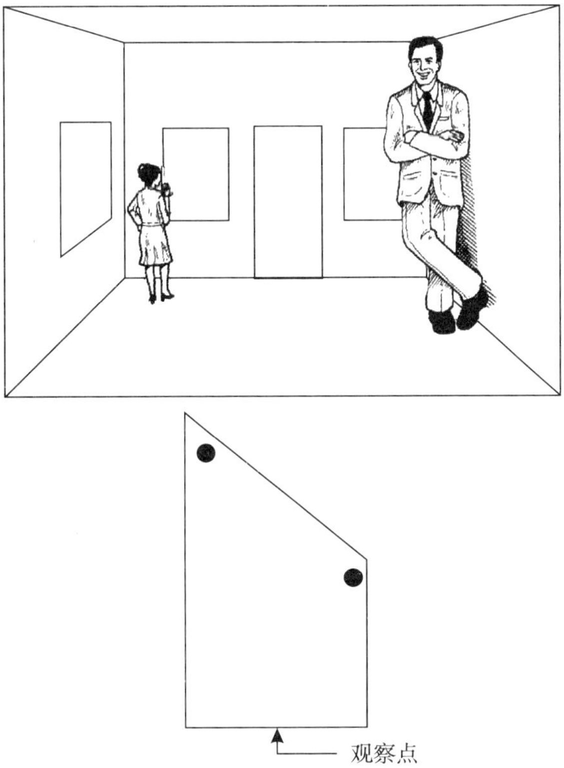

图 4-13　“艾姆斯屋”

资料来源：Hicks, L.,“Gender and culture: a study of the attitudes displayed by managers in the hotel world”, unpublished doctoral thesis, University of Surrey, 1991, p. 303.

相似地，把房间看作被信仰和传统包围的组织文化，而不是墙上的画。这似乎是正确合理，符合逻辑的。站在屋里远角上的人可看作女性，最近的是男性。两个人都在文化包围的房间里。但是，男性距离观察者最近，也最容易被看到。被观察到的男性居于不同的有利地位，而女性则处于相对次要的位置。如果女性待在房间的后面而处于一个从属地位或离开房间，那么她无疑是加强了这个组织对于女性的看法。

然而，一些女性的确成为了管理者。这些不同寻常的女性可以站在男性角落里，其形象似乎变得高大，也更清晰了。但是，知觉的扭曲是完全的。因为这个孤立的女性可以被合法地看作是一个“诡计”，一个幻影。对于男性，他们的职位适合。他们要做的只是去证明他们有能力胜任这个职位而已。他们的成功将被反馈到组织系统，并再次确认人们所持的对男性有利的观点。

任何组织要有效运作，它必须确保员工们能胜任工作，并对“心理契约”感到满意。这势在必行（参看第1章的相关讨论）。管理者的一部分作用是挑选和培训那些他们认为有能力成功履行职责的人员，并为将来的晋升监测并评估他们的能力。相应地，管理者应意识到他们对女性的偏见和假定，这似乎尤为重要。开拓渠道、鼓励和开发所有的员工、将对女性的信任反馈到系统。只有这样，公平才会开始，刻板印象才可能会消失。

评论性反思

很多人并不会花时间来对社会交往的对象进行思考。他们用自己的世界模型对现实加以理解，并且认为他人对世界的认识和判断也来源于同一个世界模型。但是，人们常常没有足够的时间来从如此多的视角观察世界。因此，你认为相信自己的判断在多大程度上更为有效？

从新闻中学管理

企业上层的硬汉

莎莉·比伯（Sally Bibb）

英国大东电报公司（Cable & Wireless）英国部门负责人约翰·普鲁思洛（John Pluthero）在为其员工所写的备忘录中直言不讳。

由于我们缩减顾客数量、解决一些悬而未决的问题、削减管理层级，我们对于员工的需求量将变得更小……如果你担心实施以上措施很难，那么你该离开公司了。我们的公司不是为胆小鬼而开办的。

他需要解决一些严重的问题，并且要足够的公平。很多公司都削减成本并且裁减人员。然而，他的讲话方式表明，在领导员工渡过困难时期这点上，他要学习的还很多。他可能认为采取这样一种男子气概风格是很好的公关策略，并且会打动整个伦敦城。就像英国广播公司（BBC）出品的电视节目《学徒》中的艾伦·休格（Alan Sugar）一样，普鲁思洛因缺乏移情而给人留下深刻的印象。很难想象像普鲁思洛和休格一样成功的男人，在不了解如何通过变革来成功地领导员工的情况下，能够取得现有的成就。进行移情的能力是关键所在。拥有移情的本事不仅仅是件好事，它对于企业而言是一种至关重要且非常复杂的技能。很简单，没有了移情，我们会削弱自己影响他人和获得支持的能力；没有了移情，我们会制造出不必要的冲突和抵抗，并且肯定不会使他人对我们忠诚。

所以，考虑到普鲁思洛所作评论的潜在消极后果，他的话有什么意图呢？也许，他并没有考虑过还有哪些可能的沟通方式。要是他看了吉米 · 柯林斯（Jim Collins）的《从优秀到卓越》一书的话，他会做得很好的。此书的作者一开始就对“一个优秀的公司能成为一个卓越的公司吗？如果能的话，要如何做呢？”这一问题进行了解答。作者和他的研究团队对1435家财富 500 强公司进行了研究，并对研究结果进行了综合，从而来识别由一个优秀公司转变为一个卓越公司的驱动因素。他们揭示了使这些公司的累积股票收益为股市平均收益的 6.9 倍的关键性因素。他们发现，这些公司的创办者为某一特定的领导类型，他们都“非常谦逊，而且有着强烈而美好的职业愿望”。

柯林斯引用了吉列公司自 1975 年到 1991 年的首席执行官考尔曼 · 莫克勒（Colman Mockler）的例子来对此进行说明。在莫克勒任职期间，吉列面临过三次收购竞标。这三次收购竞标都威胁着吉列做大做强的机会。莫克勒坚持自己的观点，并为公司的生存与发展而斗争。但是，他的斗争方式是文明的、有效的。他与数千名个体投资者进行了联系，与他们中的很多人通过电话，之后获得了他们的支持，并取得了斗争的胜利。柯林斯是这样描述莫克勒的：“他是一个安静、缄默的人，总是彬彬有礼……人们称莫克勒非常的和蔼、慈祥，几乎是一位贵族绅士。”然而，他并不是一个容易击败的对手。他的成功是通过了解如何从具有重要性的人们那里得到支持而获得的。

对那些与《学徒》中的主管们一样的管理者而言，如果他们放弃使用硬汉战术的话，会更快地取得更好的结果吗？他们必然会赢得更多的忠诚，并吸引到才华横溢且思想独立的人，这些人愿意为自己喜欢而又尊敬的人工作。对有些人而言，恐惧能够激励他们。但是，将那些真正伟大、印象深刻、不可能的事情转化为现实的，是成功的希望，不是对失败的恐惧。

资料来源：Bibb, S. “Tough at the top”, *The Guardian*, 4 March 2006. Copyright © 2006 The Guardian News and Media Limited, reproduced with permission.

讨论题

1. 对约翰 · 普鲁思洛的话进行评论性的回顾，并且解释人们是如何产生本章中所描述的知觉扭曲和知觉错误的。

2. 利用图 4-12 中的“知觉和行为的循环”模型，讨论并解释这篇文章的主要观点。你在多大程度上同意文中最后的总结性评论？你能拿出什么样的证据来反驳那些观点？

本章概要

● 知觉过程将我们的生理和意识思维、行动、无意识习惯和假设联系在一起。通过了解我们观察世界的方式，并同他人分享我们的想法，我们与他人一起分享了相同的社会世界。虽然我们都是通过自己的“有色眼镜”来观察世界，但是通过了解他人的观点并拓展我们对他人观察世界的方式的认识，我们知觉世界的深度和多样性得到了发展，偏见和曲解也被尽可能地减少。知觉是一切组织行为的根本，任何情境都能通过知觉涵义方式来分析。

● 对知觉的了解对于管理者来说是必需的。这可以确保管理者警惕在知觉注意和知觉选择过程中产生的问题。知觉过程以固有的模式组织起来，以便为人们提供有意义的认知。知觉过程是建立在内部和外部因素基础之上的。对刺激的组织和安排受到三种重要因素的影响：图形和背景、分组和封闭。察觉可能的知觉错觉是非常重要的。

● 知觉他人的一部分过程是把一些特征归因到他们身上。人们通过已有知识，加之拿已知的人与他人比较，从而判断他人的行为和意图。在特定情境下，知觉会引起个人的行为反应。知觉差异原则反映的是人们认知他人的方法。这些原则也是许多管理问题的根源。在工作环境中，知觉过程和刺激的选择可以影响一位管理者同其他职员的关系。

● 对交际的重要性和人际互动方式的评价不要过高。因为，这些社会经历的性质可能会影响人们的健康和士气。交际和知觉之间存在着紧密的联系。人际沟通的两个主要的理论是神经语言程序学（NLP）和沟通分析理论（TA）。神经语言程序学能够对认识领域进行清楚的解释，并有助于改善沟通技巧。沟通分析理论的内容包含了个性、知觉和沟通。

● 人们如何把知觉到的信息组织起来并做出判断，这很大程度上取决于他们以往的经历和知识。同时还要注意，人们做出的推论和假设往往会超出他们的已知信息。对他人的判断还受到以下刺激的影响：角色或地位、职业、身体因素和外表，以及身体语言。社会情境包括了言语和非言语信息，非言语沟通中的文化差异尤其值得关注。

● 知觉他人的一部分过程是把一些特征归因到他们身上。所谓归因，是指人们对已认知的行为原因进行解释的过程。伴随人际知觉会出现大量潜在的困难。引起知觉偏差的五种主要特征是：刻板印象、晕轮效应、知觉防卫、投射效应和自我实现的预言。知觉过程具有选择性和主观性。对组织过程进行认识是十分重要的。

利用 www.pearsoned.co.uk/mullins 这一网站上的网络资源来进行知识更新与在线研究。

复习与讨论题

1. 解释为什么对知觉的了解对于管理和组织行为的学习来说很重要。

2. 讨论在知觉过程中影响选择和注意的因素。举例说明语言和文化差异的重要性。

3. 解释影响刺激的组织和安排的最重要原则。结合自身的实例说明每条原则。

4. 你对人际知觉的认识是什么？解释在知觉他人时，可能发生的主要知觉偏差，并以实例来支持你的答案。

5. 讨论有效人际沟通和知觉的重要性。你认为神经语言程序学和沟通分析理论有什么实际益处？

6. 你认为人们应该在多大程度上重视非言语沟通和肢体语言？

7. 解释归因理论的原则以及其对于管理的重要性和启示。将这些原则应用于你的工作生活之中。

8. 你认为知觉偏差的主要原因和启示是什么？

作业

1. 斯特鲁普：例证实验

（此处对图 4-10 进行了发展，并使我们能够进一步地回顾可能出现的知觉扭曲。）

a. 用毡制粗头笔分两列写出 20 种颜色的名称。第一列的颜色名称用对应颜色的笔写（例如，用蓝色笔写“蓝色”二字）。选用任何颜色的笔重复以上过程。

b. 用不对应的颜色笔写出第二列的颜色名称（例如，用红色笔写“蓝色”二字）。

c. 现在让某个同伴大声读出每一个颜色词所用的颜色（而不是颜色词本身）。比较你的同伴读完每一列所用的时间。在第二列上他很有可能花费更多时间，并且有更多错误和迟疑之处。

威廉姆·斯特鲁普（William Stroop）创造了这一实验。他指出，实验中的任务受到了预期行为的干扰。要让你不读出单词的意思是很困难的，而这则直接影响了我们对任务的完成。

2. 组成一个小组，组中的每个成员完成下面的练习。

沟通

1. 在动手之前先阅读所有的指示。

2. 在纸的右上角的方格处写上你的名字。

3. 将上一句中的“名字”一词用圆圈圈起来。

4. 在纸的左上角画 5 个小方格。

5. 在你所画的每个小方格中画上一个“×”。

6. 用圆圈将每个方格圈起来。

7. 在标题的上面及左边写上你的名字。

8. 用圆圈将句子 6 和句子 7 圈起来。

9. 在纸的背面写上 70×30 的运算结果。

10. 将句子 4 中的“纸”这个字用圆圈圈起来。

11. 现在请大声说出自己的名字。

12. 如果你觉得你仔细地遵守了这些指示，请大声地说：“我已经仔细地遵守了指示。”

13. 将 107 与 278 相加，然后立即在纸的背面，将运算结果写在你之前写的第一个数字的下面。

14. 将反面的数字用圆圈圈起来。

15. 以正常的声调从 1 数到 10。

16. 说“我是领导者!”，如果别人都没这样说的话。

17. 现在你已经很认真阅读了上述所有的指示，请只完成句子 1 和句子 2 中的指示。你从此项练习中得出了什么结论？

案例分析

你所说的就是你所得到的

显然，有关知觉和沟通的问题是复杂多样的。所有的文化和个体因素都会经常成为我们所见所闻的媒介。这些因素会扭曲并改变我们对于正在发生的事情的认识，并且影响着我们对其所做出的反应。所以，组织中人们的沟通方式以及人们对沟通的知觉和遵照知觉进行行动的方式会对个体的成功、团队的成就以及个人的职业道路产生非常重要的影响。这一问题通过男性和女性的不同职业道路和成功率不断地出现在学术管理文章和有关管理生活的媒体报道中。对于知觉的疑问虽然无法完全地说明女性在组织生活中的地位，但它们确实是可以说明一些问题的。很多女性没有能力、甚至不愿意去对社会和工作组织中占统治地位的男性典范进行挑战（这种男性模范的统治常常被称为父权制）。然而，有关知觉和沟通的性别差异的信息有助于个体（既包括男性也包括女性）提高其工作生活的有效性。

巴黎 Diafora 咨询公司和欧洲职业女性网络

2006年8月，英国《金融时报》（*Financial Times*）撰稿人艾利森·梅特兰（Alison Maitland）对在巴黎户外一条大道上为20名女性高级主管举办的培训进行了报道。[60]这项课程的开办者为坐落在巴黎的 Diafora 培训咨询公司。[61]它已通过公司的创始合伙人阿维娃·维滕贝格·考克斯（Avivah Wittenberg-Cox）与欧洲职业女性网络[62]相连。正如课程所描述的那样，这些女性管理者在练习明确地向一名想要将自己未完成的工作移交给她们去做的男上司说"不"。她们在学习着使用"男性化"的语言。课程提出了一个由女性和男性趋向于学习使用不同的说话方式而产生的问题，而这些不同的说话方式则反映出了有关沟通目的的各种不同的假设。

人们发现女性与他人进行沟通的目的往往是让他人感到舒适自在，拉拢他人并营造一种和谐感和融洽感。然而，男性与他人进行沟通的目的则往往是阐明自己的观点或进行争辩。这是社会化过程的一部分，其基础是有关女性和男性社会角色的传统观念，它导致了男性和女性在使用的语言、语言结构和习惯上存在着差异。美国语言学教授黛博拉·坦南（Deborah Tannen）对沟通模式的本质进行了广泛的研究，并撰写了大量的文章。她指出，女性往往会在句尾使用更多的"附加"疑问句，其作用是试图将对方带入进一步的讨论。[63]而男性在阐述观点时，则不会去使用这些鼓励对方进一步讨论的谈话机制。例如，当一位女士说：

"我认为约翰就苏黎世办公室中存在的问题所作的报告观点很明确，你不这样认为吗？我们应该按照他的建议来采取行动吗？"时，

男士则会很简单地回答：

"约翰所作的有关苏黎世的报告观点非常明确。我们会听取他的建议。"

实际上，他们所希望传达的信息是相同的：报告的观点很明确，提出的建议也很合理。然而，那位女士所使用的语言旨在使对方表达自己的观点或

对她的观点给予确认，对于“男性”听话人而言，她的语言听上去显得具有不确定性或犹豫不决的意味。相反，对于女性听话人而言，那位男士的语言则显得有些粗鲁或傲慢，并且让她觉得自己的观点无关紧要。总之，这两种话语模式背后所传达的下意识信息都会损坏说话人在其同事心目中的形象。

坦南还指出，女性在对话中使用“没有分量的”字词和短语的可能性远远高于男性。

一名女主管在知道其秘书会按其命令行事时，会对她的秘书说：“能帮忙把这封信马上打印出来吗？”然而，她的男上司听到她的话时会认为这名女主管不觉得自己所享有的权威是应得的。[64]

另一个例子则是“对不起”这个短语。女性经常使用它的目的是使对话变得顺利或者表达对已经发生的事情的悔意，并尽量减小事情所带来的不良后果，而不是承认错误。对于男性而言，让他们说“对不起”则比较困难，那等于承认自己的错误并为之道歉。因此，那些“经常道歉”的女性给人留下的印象是：她们无法胜任工作。

学习给他人留下印象

Diafora咨询公司指出，对女性所进行的拒绝不合理要求的培训只是日程中的一部分。加强女性的语言有助于她们将一些日常知觉损害限制在一定的范围之内。而加强女性语言的目的则是避免她们使用类似于“尽快”、“我不知道，但是……”以及“我想我可以……”等短语。但是，我们还应该考虑到其他一些更为根本的问题。其中的一个问题是女性的自我推销以及她们在事业上取得成就的方法。由于人们相信能力是晋升的一个公平的基础，所以在很多公司中都存在着下意识障碍。维滕贝格·考克斯根据她的咨询及职业经验在文章中对此进行了讨论。

人们的知觉使能力变得复杂。我们都相信男性和女性是平等的，并且应该获得相同的待遇。所以，管理者们就是这样做的。他们给予每个人同样的待遇，而且期望每个人都有相似的行为。然而，女性的行为常常与在由男性来统治公司的世纪中所制定的规范不同。[65]

维滕贝格·考克斯发现，很多青年男性在他们开始从事自己的事业时已经学习了20/80法则，即你在工作中应该把80%的时间用在工作上，而剩余的20%则应该用于就自己的成就与他人进行沟通并获得知名度上。

这对于课程中的女性而言似乎是新闻，而她们办公室中的男同事们对此却熟悉得多。男同事们对我说过这条规则，就好像他们在吃母乳时就学会了一样。[66]

克兰菲尔德大学女性企业领导发展中心的高级研究员瓦尔·辛格（Val Singh）博士的研究结果支持了这些有趣的发现。这一中心已经与欧洲职业女性网络相连接。辛格博士在撰写有关印象管理的文章时指出，在其一研究样本中，青年男性学会利用印象管理的时间要比他们的女同事早，因此，他们在职业阶梯上可能走在了女性的前面。[67]例如，在她的样本中，60%的中年男性会为建关系网而积极地找出关键人员，而这样做的女性却很少。

有些男性和女性相信，正式的人力资源系统会提供职业机遇，他们低估了非正式网络的重要性……

女性采取印象管理策略的时间较晚，她们通常是在注意到与其具有相同能力的男同事获得了越来越多的快速晋升后才开始使用印象管理的。克兰菲尔德大学指出了印象管理的三种类型：以自我为中心的印象管理（对自身进行包装并形成“品牌”）、以管理者为中心的印象管理（以一种相当有帮助的方式来建立并维持关系）、以工作为中心的印象管理（创造超高水平的工作绩效）。男性较女性更容易采取以工作为中心的印象管理，即使他们并不怎么喜欢。另外，一项惠普公司进行的内部研究表明，男性会更早地申请晋升。

在申请公开工作职位过程中，女性只有在认为自己百分之百地符合职位标准时才会进行申请，而男性在觉得自己满足60％的要求时就会提出申请。她指出，更糟糕的是招聘主管也会这样。当女性候选者百分之百地满足职位标准时，管理层才会对其进行聘用，而男性候选者只要满足60％的标准就能被聘用，而且女性招聘人员对女性候选者的要求比男性招聘人员更加苛刻。[68]

女性主管和文化差异

作为一个组织，Diafora咨询公司认为，两性间存在的文化差异与不同种族间的文化差异一样切实地存在着，并且应该受到相同的待遇。这一群体希望能够鼓励男性和女性在寻求管理才能和工作成就时能够成为“性别双语者”。国家之间的文化差异会对人们的知觉和行为造成影响，它确实不应被人们所遗忘，也不一定会对女性造成伤害。一些研究人员正在对管理的有效性和人们对于如何成为一名优秀管理者的知觉进行研究，这些研究正在开始揭示在不同文化中所存在的不同水平的性别刻板印象。周[69]的研究指出，在中国香港特别行政区的金融和通信企业中，男性和女性对于有效的企业领导者所具有的特点的知觉基本上不存在性别差异。

在未来的中国香港特别行政区的组织中，对于位于管理职位的女性领导者来说，一种更加个性化、更加倡导性别平等主义的文化会让人感到愉快，并且这是一种女性友好文化，特别受到那些渴望成为领导者的女性的欢迎。

最近，维滕贝格·考克斯察觉到法国女性管理者与美国或英国女性管理者在坚持女性气质的方式上存在差异。现在，女性在有很多实力非常雄厚的企业的CEO出席的会议上重新穿上了高跟鞋，她对这一现象表示祝贺。她观察到高跟鞋表示的不再是“去年的金发哑巴玩物”，而是权力。但是，迄今为止，对于法国女性而言：

美国女性在掌控权力时被迫过多地去适应男性模范……与英国女性一样，法国女性从来不会被要求在家庭和事业以及女性气质和权力之间做出选择。尽管人们认为拉丁男性具有男子气概，但法国却是世界上仅存的几个有很多孩子（在欧洲、法国是出生率第二高的国家，仅次于爱尔兰）的全职女性(25～30岁的人数占到80%）仍旧在各方面都具有女性气质的国家之一。[70]

你的任务

1. 使用归因理论和刻板印象的概念对这一案例中出现的问题进行分析。

2. 知觉定势的概念对此案例分析中所描述的工作环境中男性和女性在行为上所存在的潜在差异有何启示？

3. 对组织为什么要使用由Diafora咨询公司和克兰菲尔德大学女性企业领导发展中心所提供的以女性为中心的培训进行讨论。组织会如何确保职业发展的公平机会？为什么这对于组织的有效性来说非常重要？

注释与参考文献

1. Bartlett, F. C. *Remembering Cambridge*, Cambridge University Press (1932).
2. Kohler, I. 'The Formation and Transformation of the Visual World', *Psychological Issues*, vol. 3, 1964, pp. 28–46, 116–33.
3. Bexton, W., Heron, W. and Scott, T. 'Effects of Decreased Variation in the Sensory Environment', *Canadian Journal of Psychology*, vol. 8, 1954, pp. 70–6.
4. Briggs-Myers, I. *Introduction to Type*, Oxford Psychologists Press (1987).
5. Witkin, H. A., Lewis, H. B., Hertzman, M., Machover, K., Meissner, P. P. and Wapner, S. S. *Personality Through Perception*, Harper & Row (1954).
6. Ling, C. and Masako, I. 'Intercultural Communication and Cultural Learning: the experience of visiting Japanese students in the US', *The Howard Journal of Communications*, vol. 14, 2003, pp. 75–96.
7. Hall E. T. 'The Silent Language of Overseas Business', *Harvard Business Review*, vol. 38, no. 3, 1960, pp. 85–7.
8. Dainty, P. and Anderson, M. 'Mindset for Managers', in Chowdhury, S. *Management 21 C*, Financial Times Prentice Hall (2000), pp. 109–10.

9. Block, J. R. and Yuker, H. E. *Can You Believe Your Eyes?*, Robson Books (2002).

10. Morgan, C. T. and King, R. A. *Introduction to Psychology*, Third edition, McGraw-Hill (1966), p. 343.

11. Stroop, J. R. 'Studies of Interference in Serial Verbal Reactions', *Journal of Experimental Psychology*, vol. 4, no. 18, 1935, pp. 643 – 62; and Penrose, L. S. and Penrose, R. 'Impossible Objects: A Special Type of Illusion', *British Journal of Psychology*, part 1, February 1958.

12. O'Connor, Joseph and Lages, Andrea, *Coaching with NLP*, Element (2004).

13. Ibid., pp. 114 – 15.

14. Spitzer, M. *Brain Research and Learning over the Life Cycle in Personalising Education*, OECD (2006).

15. Cooperrider, D. L., Srivestva S., 'An invitation to Organizational Wisdom and Executive Courage', in Srivastva, I. S. and Cooperrider, D. L. (eds) *Organisational Wisdom and Executive Courage*, San Francisco, CA, The New Lexington Press (1998).

16. Hammond, S. A. *The Thin Book of Appreciative Inquiry*, Second edition, Thin Book Publishing Company (1998).

17. Wexley, K. N., Yukl, G. A., Kovacs, S. Z. and Sanders, R. E. 'Importance of Contrast Effects in Employment Interviews', *Journal of Applied Psychology*, vol. 56, 1972, pp. 45 – 8.

18. See for instance www.lhfe.ac.uk for senior leadership courses using action enquiry.

19. Torbert, W. R. *Managing the Corporate Dream*, McGraw-Hill (1987) See also Breakthrough Consultancy www.breakthrough.ie.

20. Laing, R. D. *Knots*, Penguin (1971), p. 30.

21. Guirdham, M. *Interactive Behaviour at Work*, Third edition, Financial Times Prentice Hall (2002).

22. Fitzherbert, N. 'Magic tricks in communication', *Professional Manager*, vol. 14, no. 5, September 2005, pp. 32 – 3 and www.fitzgerald.co.uk (reproduced with permission).

23. See, for example: Pivcevic, P. 'Taming the Boss', *Management Today*, March 1999, pp. 68 – 72.

24. Bandler, R., Grinder, J., Dilts, R. and Delozier, J. *Neuro-Linguistic Programming Volume I: The study of the structure of subject experience*, Meta Publications (1980).

25. Leading Edge Communications Ltd. *How to become an irresistible and hypnotic communicator*, p. 2. http://www.nlpandhypnosis.com【accessed 1 December 2003】.

26. McCann, D. *How to Influence Others at Work*, Second edition, Butteiworth-Heinemann (1993).

27. Stone, K. 'Influential People', *Manager: The British Journal of Administrative Management*, June/July 2005, pp. 22 – 3.

28. Berne, E. *Games People Play*, Penguin (1966).

29. See, for example: Stewart, I. and Jaines, V. *TA Today: A New Introduction to Transactional Analysis*, Life Space Publishing (1987).

30. For a summary of NLP, TA, and other thoughts on business psychology, see: Butcher, D. 'Buyer's Guide to Business Psychology', *Management Today*, May 2005, pp. 54 – 7.

31. Kendon, A. 'Some Functions of Gaze Direction in Social Interaction', *Acta Psychologica*, vol. 26, 1967, pp. 22 – 63.
32. Mehrabian, A. *Nonverbal Communication*, Aldine Atherton (1972).
33. Cook, M. *Interpersonal Perception*, Penguin (1971).
34. Schneider, S. C. and Barsoux, J. *Managing Across Cultures*, Second edition, Financial Times Prentice Hall (2003), p. 29.
35. Goffman, E. *The Presentation of Self in Everyday Life*, Penguin (1971).
36. Asch, S. E. 'Forming Impressions on Personality', *Journal of Abnormal and Social Psychology*, vol. 41, 1946, pp. 258 – 90.
37. Miller, N. and Campbell, D. T. 'Recency and Primacy in Persuasion as a Function of the Timing of Speeches and Measurements', *Journal of Abnormal and Social Psychology*, vol. 59, 1959, pp. 1 – 9.
38. Hodges, B. 'Effect of Volume on Relative Weighting in Impression Formation', *Journal of Personality and Social Psychology*, vol. 30, 1974, pp. 378 – 81.
39. Guirdham, M. *Interactive Behaviour at Work*, Third edition, Financial Times Prentice Hall (2002) p. 161.
40. Gahagan, J. *Interpersonal and Group Behaviour*, Methuen (1975).
41. Green, J. 'When Was Your Management Style Last Applauded?', *Chartered Secretary*, December 1998, p. 28.
42. Wilson, P. R. 'Perceptual Distortion of Height as a Function of Ascribed Academic Status', *Journal of Social Psychology*, no. 74, 1968, pp. 97 – 102.
43. See, for example: Torrington, D. *Face-to-Face in Management*, Prentice-Hall (1982).
44. Mehrabian, A. *Tactics of Social Influence*, Prentice Hall (1970).
45. Pivcevic, P. 'Taming the Boss', *Management Today*, March 1999, p. 70.
46. McGuire, T. 'Don't Just Listen', *Chartered Secretary*, September 1998, p. 24.
47. James, J. *Body Talk at Work*, Judy Piatkus (2001), p. 3.
48. Fletcher, W. 'Let Your Body Do The Talking', *Management Today*, March 2000, p. 30.
49. Mann, S. 'Message in a Body', *Professional Manager*, November 2000, pp. 32 – 3; and Ribbens, G. and Thompson, R. *Understanding Body Language in a Week*, Institute of Management and Hodder & Stoughton (2000).
50. For other examples of cultural differences, see Schneider S. C. and Barsoux, J. *Managing Across Cultures*, Second edition, Financial Times Prentice Hall (2003).
51. Heider, F. *The Psychology of Interpersonal Relations*, John Wiley (1958).
52. Kelley, H. H. 'The Process of Causal Attribution', *American Psychologist*, February 1973, pp. 107 – 28.
53. Bartunek, J. M. 'Why Did You Do That? Attribution Theory in Organizations', *Business Horizons*, September – October 1981, pp. 66 – 71.
54. Mitchell, T. R., Smyser, C. M. and Weed, S. E. 'Locus of Control: Supervision and Work Satis-

faction', *Academy of Management Journal*, September 1975, pp. 623 – 31.

55. Durand, D. E. and Nord, W. R. 'Perceived Leader Behaviour as a Function of Personality Characteristics of Supervisors and Subordinates', *Academy of Management Journal*, September 1976, pp. 427 – 38.
56. Goss, D. and Adam-Smith, D. *Organizing Aids*, Taylor & Francis (1995).
57. Merton, R. K. *Social Theory and Social Structure*, Free Press (1957).
58. Rosenthal, R. and Jacobson, L. *Pygmalion in the Classroom*, Holt, Rinehart & Winston (1968).
59. Ames, A. 'Visual Perception and the Rotating Trapezoidal Window', *Psychological Monographs*, vol. 65, no. 7, 1951.
60. Maitland, A. 2006 'Learn the masculine imperative', FT. com, 1 August 2006.
61. www. diaforaconsulting. com.
62. www. europeanpwn. net.
63. Tannen, D. *Talking from 9 to 5: Women and Men at Work*, HarperCollins (2001).
64. Tannen, D. 'The Talk of the Sandbox; How Johnny and Suzy's Playground Chatter Prepares The for Life at the Office' *The Washington Post*, 11 December 1994.
65. Wittenberg-Cox, A. *Women in Leadership: A Business Issue Not a Women's Issue Diafora* Newsletter editorial Winter 2006 www. diaforaconsulting. com [accessed 10 August 2006].
66. Maitland, A. 'Learn the masculine imperative' FT. com, 1 August 2006.
67. Singh, V. *Impression Management* from Cranfield Centre for Developing Women Leaders (2000).
68. Wittenberg-Cox, A. *Europe Wakes Up to Women* Diafora Editorial, Fall 2005 www. diaforaconsulting. com [accessed 10 August 2006].
69. Chow, I. 'Gender differences in perceived leadership effectiveness in Hong Kong', *Women in Management Review* vol. 20 no. 4, 2005, pp. 216 – 33.
70. Wittenberg-Cox, A. 'High heels scale new heights' European Professional Women's Network (2005) www. europeanpwn. net/tht_wob/articles/new_heights. html [accessed 10 August 2006].

第5章

激励与报酬

> “如果员工表现良好，你就要对他们进行表扬。然后一遍遍不停地重复，把这些表扬的话写下来，交给他们，让他们能够一直保存着。并且把它写在公司的新闻简报上，将他们的良好表现记录在档案中。总之，要让组织中的人都知道他们的表现。这种对团队进行表扬和激励的方式具有见效快、成本低的特点。同时，组织中的所有成员都会知道你正在对他们进行监控、赞扬和激励。”
>
> 英国知名畅销作家　理查德·谭普勒（Richard Templar）
>
> 《主管就要懂管理：管理高手的黄金准则》（2005）

组织与其成员之间的关系受到两个因素的影响：组织成员的工作动机以及他们从工作中获得的报酬及成就感。工作安排、工作设计以及工作内容会对员工的满意度和绩效产生巨大的影响。管理者需要明白如何获得员工最大程度的合作，并能引导员工实现最佳绩效，以实现组织目标。

□学习目的

学完本章后，你应该能够：

- 解释激励的内涵及其深层含义；
- 详细描述员工需求与期望的分类；
- 解释受挫行为以及员工面对工作挫折时可能出现的反应；
- 对主要的激励理论进行检验，评估它们对于特定工作情境的重要性；
- 评估工作满意度的意义、本质和维度；
- 评述工作设计的方式；
- 评估激励、工作满意度和工作绩效之间的关系。

评论性反思

“使组织成员认同组织的价值观以及对他们进行真正的认同和赞扬是最重要的激励方式。它们比高薪或良好的工作条件更重要。”你同意这种观点吗？你认为最重要的激励方式是什么？

激励的内涵

从本质上讲，激励是对于人们为何表现出特定行为的研究。更深层次的问题是“为什么人们要这样做?”[1] 概括地讲，激励的目的是保持人们行为的方向性与持久性。它所研究的是为何人们表现出某种特定行为，而非其他行为；当人们面对困难与问题时，为何能够长期持续这一特定行为?[2]

在对激励理论进行研究之后，米切尔（Mitchell）总结了激励的四个特征。[3]

- 激励表现为一种个体现象。每个人都有其独特之处，主要的激励理论都以不同方式说明了这一点。
- 激励通常是有目的性的。人们假定员工可以控制激励，员工的行为受激励的影响。例如，个人付出努力的大小就被视为是个人行为的选择。
- 激励是多方面的。其中最重要的两个因素是：（1）激发人们行为的因素（激发性）；（2）促使个人投身于特定行为的因素（行为倾向或选择）。
- 激励理论的目的在于预见行为。激励并非行为本身，也并非个人表现出的绩效。激励研究个人行为以及影响个人行为选择的内在和外在力量。

基于以上特征，米切尔对激励的定义为：个体针对特定行为的选择及其决心大小。

激励的深层含义

激励的深层含义即：促使个人达到目标，以满足某些需要与期待的内在驱动力。激励的深层含义导出了激励的基本模型，如图5-1所示。

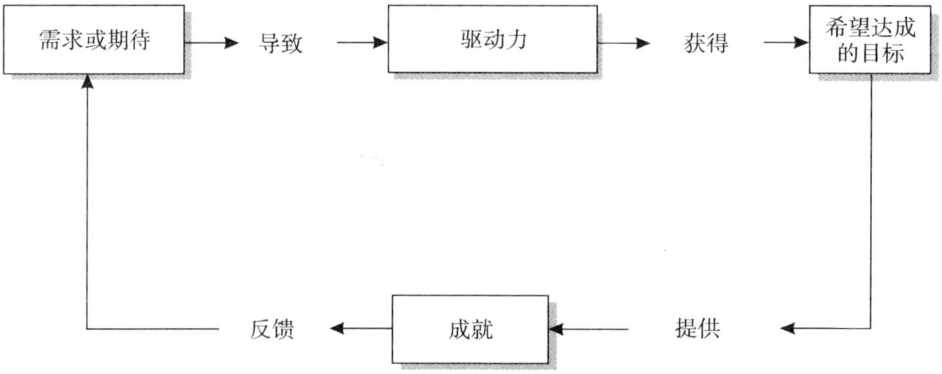

图5-1 激励的简易模型

人们的行为由动机决定。绩效是能力水平与激励共同作用的产物。

绩效 =f（能力×激励）

克雷奇（Kreitner）等人认为，尽管个人绩效需要激励的驱动，但激励并非实现个人绩效的唯一因素。同个人能力一样，激励是一个多因素结合体，包括个人技能水平、完成任务所必需的知识、情感与情绪以及不受个体所控制的便利条件与困境等。[4] 然而，有一点很明显：如果管理者希望改善组织工作，就有必要关注组织成员受到激励的情况。管理者必须鼓励员工以他们的努力（即员工的驱动力）达成组织目标。

工作中的需求与期望

但是，究竟什么是驱动力？人们的需要和期望又是什么？它们又对人们的行为和工作绩效将产生怎样的影响？激励很复杂，它是个人性质的，但又受到很多变量的影响。法伦（Farren）提出了人类的 12 种需求，从有历史记载的那一刻开始，这些需求就一直伴随着人类：家庭需求、对个人健康与幸福的需求、职业的需求、经济需求、学习需求、住房需求、社会交往需求、精神需求、社团需求、闲暇休憩需求、迁徙流动需求、环境稳定或安全需求。“即使人类已进入新千年，这些需求依然会伴随人们的工作与生活。”[5]

我们可以将员工在工作中的需求与期望分为不同类型，工作动机也就可以相应地简单划分为生理动机与社会动机；或者分为外在激励与内在激励。

外在激励与实际的报酬相关，如薪资与额外福利、职业保障、晋升、工作合同、工作环境与工作条件等。这些实际的报酬通常由组织规定，管理者个人一般无法控制。

内在激励则与心理报酬有关，如发挥个人能力的机会、工作的挑战性及成就感、获得的赏识与肯定、受到关注、受到细心体贴的对待等。与外在激励不同，心理酬赏往往是由管理者的行为决定的。[6]

对于激励的更高需求

凯茨·德·弗里斯（Kets de Vries）认为，拥有最优绩效的公司通常拥有一系列的价值观，可以创造出有利于高水平绩效的条件与氛围。但他也同样提出质疑：在这样的公司中，是否也有某些因素能够促使员工更好地发挥个人职能，以达到更高绩效？这里强调的重点是公司能够使员工更自主地进行选择，而非屈从于某些无法觉察的力量。而为员工提供的这些选择的基础则是一定的激励需要。凯茨·德·弗里斯认为，除去生理需求、感官与享受需求、抵抗危机的需求之外，公司有必要帮助员工产生更高的激励需求。这正是那些拥有卓越绩效的组织的特点。这种较高级的激励需求体系如下。

- 依恋与归属，指员工参与及分享的需要、员工的集体感和对公司的归属感。
- 探索与坚定自信，指工作和娱乐的能力、感觉到愉快和有乐趣、对自我肯定的需求以及进行选择的能力。[7]

激励的主要类别

在了解了需求与期望的复杂性及多变性之后，这里提供一个简单实用的分类，以帮助读者了解激励的有关内容（如图5-2所示）。

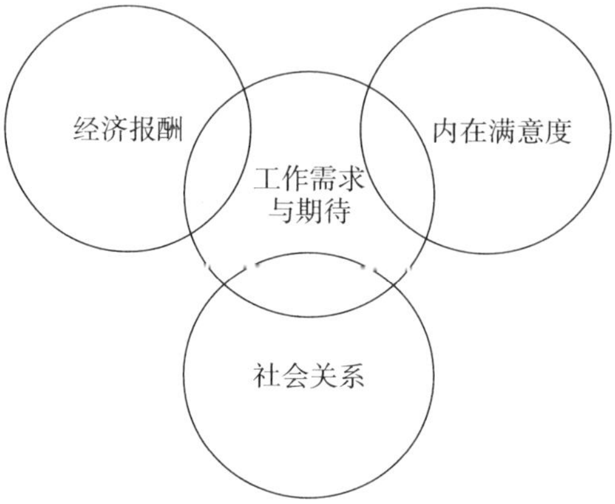

图5-2　人们在工作中的需求和期望

- 经济报酬，如工资、额外福利、养老金权利、物质奖励及工作保障。经济报酬属于基础性的激励因素，主要考虑生活所需。
- 内在满意度，由工作本身的性质、工作中的乐趣以及个人成长和发展等因素决定。内在满意度是个人性质的激励因素，主要考虑自我意愿。
- 社会关系，如友谊、团队工作、从属需求、地位及依赖性。社会关系属于相关性的激励因素，主要考虑与他人的关系。

个人对以上需求与期待的需求强度，及其得到满足的程度都会影响个人受到激励的大小、工作满意度以及工作绩效。例如，有的员工会主动选择放弃对内在满意度和社会关系的需求，以换取较高的经济报酬。这种情况多出现在从事短期工作，或刚刚开始工作的员工身上。而有的员工则乐于接受相对较低的经济报酬，以享受工作带来的较高内在满意度和丰富的社会关系。对于很多人来说，社会关系是一个重要的激励因素，特别是对那些身处服务行业的组织成员来说，这一点尤为明显。在这些行业中，与他人的互动、组织成员之间的互助关系以及良好的团队合作至关重要，这些都是激励组织成员的重要因素。[8]

更为宽泛的激励因素

新闻报道指出，一些更为广泛的激励因素的重要性正在日益增加。例如，工作生活平衡、弹性工作机会、职业发展和个人成长以及对组织价值观的认同感。另外，工作环境的不断变化以及组织和员工间的“心理契约”（见第1章）也会对工作激励产生影响。

如今，对于管理者而言，诸如挑战和目的感等内在报酬比薪酬更能调动他们的工作积极性。组织中那些关键的价值观对管理者起着驱动作用，如以顾客为中心和专业化。然而，最能够激励其工作积极性的是那种能够鼓励创新、员工发展和信任感的环境。

英国特许管理学会，“激励问题”[9]

受挫行为

如果一个人的工作动机或驱动力受阻，个人的需要和期待无法得到满足，会出现什么样的情况？这会对个人的工作绩效产生怎样的影响？在这种情况下会出现两种结果：建设性行为或受挫（如图 5-3 所示）。

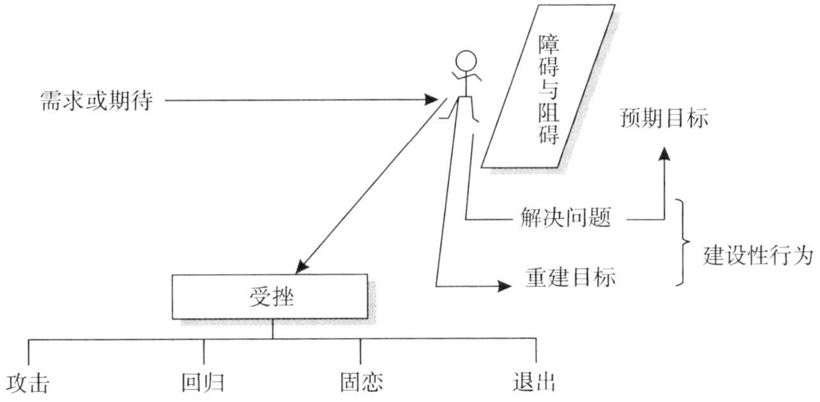

图 5-3　受挫行为基本模型

注意：即使个体在面对阻碍时采取了积极的建设性行为，个体此时的状态仍然可称为“受挫”，尽管这只是一个小挫折或短时间内受挫。然而，挫折这个词通常被理解为是个人遇到阻碍而难以实现预期目标时的消极反应。

建设性行为

建设性行为，即个体在实现目标的过程中遇到阻碍时所做出的一种积极反应。主要有解决问题和重建目标两种形式。

- 解决问题是指消除所遇到的障碍，例如，修好一台损坏的机器，或者回避一位不太合作的上级。
- 重建目标，或者称为妥协，是指以备选目标替代原有目标，但此备选目标的标准可能低于原定目标的标准。例如，由于晋升失败，个人可能会选择再做一份兼职工作。

受挫（消极反应）

受挫是个体在实现目标的过程中遇到阻碍时的一种消极反应，常表现为防卫行为。在个体无法达成预期目标时，就会产生受挫感，并由此出现不同反应。人们把这些可能出现的反应归结为四大类：攻击、回归、固恋、退出。[10]然而，这四类反应并非各自独立，工作中的受挫行为大多表现为进攻、回归、固恋三者的结合体。

攻击即对他人或物进行身体攻击或言语攻击。例如，殴打上司，语言粗鲁或带辱骂性，毁坏设备或文件，说上司坏话等。这类行为可能是针对某个人或某个目标，通常是实际的障碍或者是受阻的环节，因为受挫者认为这是其受挫的原因。然而，如果受挫的原因不够明确具体，或者受挫者惧怕令其受挫的目标，比如面对一位很有权力的上级，受挫者便无法实行上述直接攻击，而是将这种攻击性行为转向其他人或物。

当遇到这种受挫情绪转移的情况，受挫者会寻找一个可以向其发泄的目标，也就是一个替罪羊，向其发泄受挫后的消极情绪。例如，与同事争吵、对下级发脾气、冲清洁工大喊大叫或者踢废纸篓。受挫者也会采取另外一些相对积极的形式，来发泄这种转移后的受挫情绪，比如拼命工作或运动，独处时或者在某位体贴的同事的陪伴下大声喊叫或者咒骂。

回归即回复孩童行为，这是一种较初级或较幼稚的行为。例如，恼怒、哭泣、发火、踢打已经坏了的机器或设备。

固恋也称固着，即坚持实施某种行为，这种行为没有任何调适意义，受挫者不停地重复这种行为，却没有任何积极的结果。例如，拒不接受改变或新的想法，一台机器已经无法使用，却反复尝试；即使受挫者根本无法胜任本职工作，却坚持提交升职请求等。

退出即冷漠、放弃或辞职。例如，迟到早退、无心工作、旷工、拒不承担责任、回避做出决定、将工作推给同事或者完全放弃工作。

影响受挫行为的因素

有很多因素会决定个人受挫后的反应，以下为主要因素：

- 个人需求的强烈程度（以马斯洛需求理论为例）；
- 对预期目标的依恋程度；
- 动机的强烈程度；
- 对所遇到的障碍或阻碍的认知程度；
- 个人的性格特质。

通过以下方法，管理人员可降低潜在挫折对员工的影响，这一点对管理者而言十分重要：

- 进行有效的招募与甄选，使其社会化更完全、更有效；
- 培训与发展；
- 工作设计与工作组织；
- 公正的人事政策；
- 认可与报酬；
- 有效沟通；
- 参与式管理；
- 尝试了解员工对于当前情况的认知。

适当地注意激励员工，关注员工的需求与期待可以帮助员工克服厌倦情绪以及受挫行为带来的影响。

金钱激励

早期理论家，如泰勒，对经济报酬的激励效果十分推崇。如果能通过效率最高、产出最高的工作方式获得最高报酬，员工会认为受到了激励，但生理疲劳会限制员工工作绩效。对于泰勒而言，激励是个相对简单的问题，他认为员工最想从雇主那里得到的就是高工资。这种方法称为激励的理性经济概念（Rational - economic concept of motivation）。关于经济报酬作为激励因素的效果及其对员工生产力的影响，管理学界一直存在争论，泰勒的这种理性经济激励理念，及其后来发展的激励方式为这种争论提供了材料。

某些工作本身毫无乐趣可言，既无法为员工提供职业晋升的机会，也不能为个人带来挑战或发展。从事这些工作的人们所受到的主要激励就是经济报酬，尽管这并非唯一的激励因素，但它的激励作用不可小觑。例如，韦弗（Weaver）认为，对于从事服务行业的钟点工人（如洗碗工、侍者、家庭保洁员等）来说，即使在不同的公司，他们的工作差别也不大，因而员工与某一特定公司的联系并不紧密。对于这样的员工，韦弗提出了 M 激励理论，该理论认为，对中上绩效的员工给予中上的现金报酬可以产生激励效果。此研究的百分比是从员工的平均绩效中计算而来的。

然而，那些杰出的商务人士则经常指出，对员工的激励绝不局限于金钱。[11]

> 工作就是要让人们了解自身及努力工作的重要性，并且要让他们知道自己表现得非常好。事实上，这种认同有时比金钱更重要。
>
> 联邦快递首席执行官 盖里·库新（Gary Kusin）[12]

简言之，对于绝大多数人来说，金钱是一个重要的激励因素，但此因素所能产生的效果大小和能够达到的激励效果，则取决于个人境况以及他们能从工作中获得其他满足的情况。当然，这个问题的底线是金钱能在多大程度上激励人们努力工作，发挥他们全部的能力。尽管报酬可以促使人们努力工作，但还存在很多其他的激励因素。对许多人而言，获得认同和重视比金钱更能够使他们愿意留在自己的工作岗位上。（见下文的赫茨伯格双因素激励理论。）

金钱之外的激励因素

正如霍奇斯（Hodges）与格瑞森（Grayson）所指出的，在过去，员工的忠诚度取决于他们所得到的薪酬。雇主为员工提供在公司逐步上升的机会、适当的薪水和工作保障，以换取员工的辛勤工作。“激励已不再限于经济奖励，它越来越多地以其他的价值标准作为基础。”[13]就此，桑德斯（Saunders）也提出了相似的观点：

如果在20世纪80年代，员工工作都是为了钱，那他们的表现就会以所得到的奖金为标准。近些年来，出现了新的价值观发展趋势，如时间成为新的报酬方式，人们逐渐将追求生活质量作为自己的工作动力等。那些可以强化员工心理契约的福利变得越来越有价值。所以，管理人员们正在考虑将假期、职业暂休、弹性工作时间以及家庭办公作为激励方法。[14]

一项来自经济与社会研究咨询委员会（Economic & Social Research Council）的研究分析了那些影响员工行为及生产力的因素，并由此提出了一个问题：如果员工不仅仅受到金钱上的激励，而同时受到社会规范的激励，效果会怎么样？将社会规范与经济激励相结合，也许会对组织绩效产生更大的影响。[15]

评论性反思

“无论如何，在现实世界中，人们对于金钱的需求最大，金钱也最能够激发人们的工作积极性。”你同意这种观点吗？

“当谈及基本问题时，有关工作激励的一切观点和理论都是多余的。”只要让员工感觉自己的工作受到威胁，他们就会对一切工作都具有很高的积极性。你相信这种说法吗？

激励理论

人们提出了很多理论来说明激励的本质，有些甚至是相互矛盾的。这些理论也许在一定程度上是正确的，并且能够解释特定时间段中特定人群的行为。组织中常常存在三类不同的员工群体：刚刚开始职业生涯的员工、已经到达职业生涯中期的员工、已经很难再得到晋升或职业发展机会的员工。激励理论能够很好地解释这三类人群的行为。对于雇主来说，寻求兼顾短期与长期利益的激励方法似乎是很困难的。激励的复杂性是毋庸置疑的，现在也并没有一个万全的解决方法或是标准答案保证能够激励人们努力工作，所以对于管理者而言，各种不同的激励理论都十分重要。这些激励理论说明，影响个人行为与绩效的因素多种多样。总体来说，这些激励理论为管理者提供了一个框架，使得管理者能够了解如何最大限度地激励员工自觉高效地工作。

批评和质疑

这里有必要强调一下，这些不同的理论并非是结论性的，它们仍然有发展余地。不同的理论，特别是内容型激励理论，都受到过不同的批评；或者是有研究结论证明了与原理论本意相反的观点。很多理论最初并非刻意标榜自身的意义，而是由其他学者随后硬加上去的。想要找出一个事例来推翻那些激励理论中带有普适性的观察结论是很容易的。然而，这些不同的理论为日后的研究和讨论打下了基础，也为决定何为最有效的激励方法提供了参考（如图 5-4 所示）。

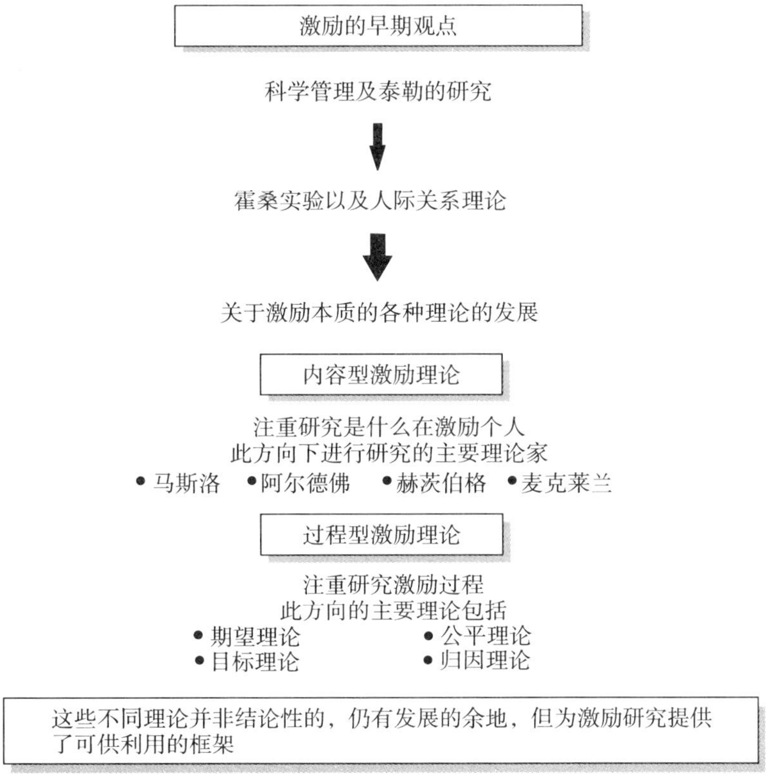

图 5-4　主要激励理论

> 你并非激励个人，而是为他们提供了一个可以自我激励的环境。能否自我激励由个人决定，但为他们提供恰当的环境则是管理者的职责所在。
>
> 凯希·斯高菲尔德（Kathy Schofield）
>
> HFC 银行（现已并入汇丰银行）人力资源总监[16]

因此，管理者必须能够判断这些不同理论之间的联系，了解怎样利用这些理论，懂得如何将这些理论运用到特定的工作情境之中。最起码，管理者有必要了解主要的激励理论。

内容型激励理论与过程型激励理论

研究激励的一个普遍方法是了解个人内在的认知过程，也就是了解人们的所感所想。对于个人内在认知的了解可以帮助管理者在既定情境下预见员工可能出现的行为。这些关于激励的认知理论通常可以分为内容型激励理论与过程型激励理论两类。

- 内容型激励理论试图解释激励个体工作的具体因素。此类理论主要是明确了人们的需要及其强度，明确了人们为满足这些需要而追求的具体目标。内容型激励理论着重于研究个体需求的本质以及能够起到激励作用的具体因素。
- 过程型激励理论试图确认激励变量之间的关系。此类理论主要研究个体行为是如何产生、怎样受到引导以及如何持续的。过程型激励理论着重于研究实际的激励过程。本章稍后会继续讨论这些理论。

内容型激励理论

内容型激励理论主要包括：

- 马斯洛的需求层次理论；
- 赫茨伯格的双因素理论；
- 阿尔德佛的需求层次模型；
- 麦克莱兰的成就激励理论。

马斯洛需求层次理论

马斯洛的研究是一个很好的起点，他的个人发展与激励理论最初发表于 1943 年。[17] 马斯洛的基本观点是人类是有需求的生物，人类对于需求的渴望从未停止，他们的进一步需求取决于他们目前已拥有什么。马斯洛认为，人类的需求是按一定层次分布的，按照需求的重要程度呈现出阶梯形态。

马斯洛定义了八种本能的需求，包括认知和理解需求、美学需求以及超越需求。

然而，马斯洛的需求层次理论通常只显示出五个主要的需求层次，最低层是生理需求，然后依次是安全需求、社交需求、尊重需求，最顶层是自我实现需求。需求层次理论表现为一系列的层级，通常以金字塔的形式出现（如图 5-5 所示）。这是一种恰当的表现形式，因为它表现了人类的需求在逐渐上升的同时也逐渐减少。

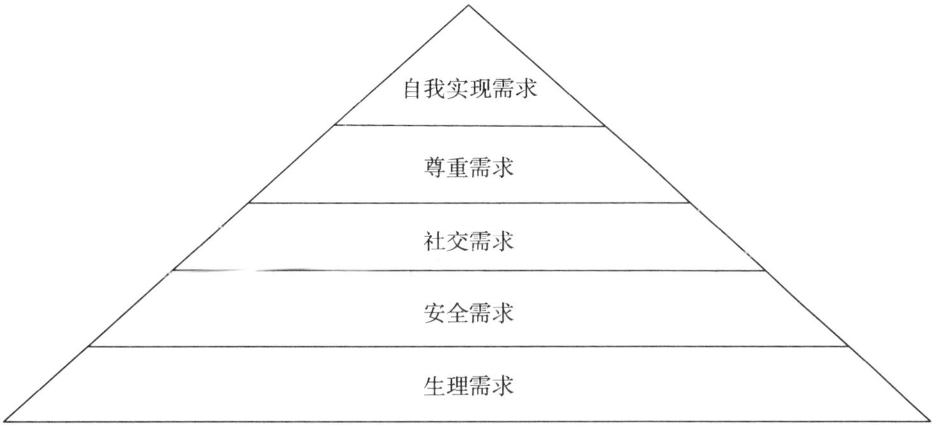

图 5-5　马斯洛需求层次模型

- 生理需求，指维护自身现状、保持身体正常机能的需求，包括：对吃、喝、氧气和恒温的需求；对睡眠、感官满足的需求；活动需求；母性行为需求；性需求。
- 安全需求，包括：安全与保障需求；避免疼痛、人身攻击的需求；远离危险与保有所得的需求；对未来能够有所预见的需求；对秩序的需求。
- 爱的需求（通常称为社交需求），包括：对关爱的需求；对归属感、社会活动、友谊的需求；给予与接受关爱的需求。
- 尊重需求，有时也称为自尊需求，包括：自我尊重和尊重他人。自我尊重包括对信心、实力、独立、自由以及成就的需求；尊重他人包括对名誉、声望、地位、认可、关注以及赏识的需求。
- 自我实现需求，即发展和实现个人潜力的需求。马斯洛这样定义自我实现需求："人类能够达到的，人类就必须达到，或者说要人类想要最大程度地达到个人能力所及"。自我实现不一定表现为强烈的创新意愿，而是因人而异，有不同的表现形式。

一旦个人的较低层需求被满足，这一层需求的激励作用也就不再那么强烈。下一个更高层次、有待满足的需求就会发挥激励作用。只有尚未满足的需求会激励个体，正如马斯洛所言："需求一旦得到满足，这种需求也就不再成为激励因素了。"

并非固定次序

尽管马斯洛提出大多数人的这些基本需求存在以上的先后次序，但他也同时清楚地指明人类需求的层次并非是固定的。需求的层次也有很多例外。对于某些人来讲，需求层次是颠倒的。

• 对某些人来说，对自尊的需求高于对社交的需求。这是最常见的需求次序颠倒的例子。这种颠覆通常建立在这样的信念基础上：人们最重视的是实力、自信以及能否赢得尊重。抱有这种想法的人希望能在社会交往中展现自己的抱负与自信。他们追求自尊的真正目的是为了爱的需求。

• 对于天生具有创造性的人来说，即使某些基本的需求得不到满足，他们的创造欲望以及自我实现的需要依然很强烈。

• 对于那些一直满足于低层次需求的人来说，他们对高层次的需求就不那么明显。例如，长期失业的人往往会满足于低层次的需求。

• 对于那些在童年时期被剥夺关爱的人来说，可能会永久经历丧失爱的需求。

• 人们对于一些长期以来得到满足的需求会缺乏强烈的需要。例如，从没有经历长期饥饿的人可能会低估它的威力，并且认为食物无关紧要。有强烈高层次需求的人则会认为，满足那些基本需求并不重要。

• 那些拥有远大理想和崇高价值观的人可能会为了追求信仰而放弃一切，甚至是自己的生命。

马斯洛指出，这套需求层次理论在不同的文化中具有一定的普适性，但他也同时承认，在特定文化中，个人的激励内容有所不同。

满意度

马斯洛指出，需求层次理论可能会给人一种假象，即只有在一种需求被完全满足之后，另一种需求才会出现。马斯洛提出，对于需求层次理论的一个更准确地描述应该是：随着需求层次的上升，个体所期望的满意度百分比会下降。例如，对于一般人来说，生理需求占全部需求的85%，安全需求占70%，社会需求占50%，尊重需求占40%，自我实现需求占10%。随着低层次需求得到满足，个体会逐渐出现高层次的需求。随着个体的心理发展，各层需求对于个体的重要性会发生变化。后来马斯洛修改了他的理论，提出对于高度激励的个体来说，自我实现需求的满足会使得个人的其他需求继续增加而非消减。接下来，马斯洛进一步提出，即使个人的低层需求长期得不到满足，他的高层需求也仍然会出现，而不是仅在低层需求得到满足之后，才会出现高层需求。

评价马斯洛需求理论

基于马斯洛的理论，一旦个人的低层需求，比如生理和安全需求得到满足，那么继续满足个人的这些低层需求则不会起到激励作用。当某一层级的需求得到满足之后，个体就会要求高一层的需求得到满足。因此，想要通过激励改变员工的行为，管理者就必须注意满足员工的更高一层需要，如社交需求。

马斯洛需求理论在工作情境中的应用

要将马斯洛的理论与实际工作情境相联系仍然存在问题，主要问题如下。

- 在工作情境中，人们并不一定要求所有的需求都得到满足，特别是那些高层需求。人们会在生活的其他领域中使这些需求得到满足。因此，管理者有必要全面了解员工的私人与社交生活，而不是仅仅关注员工在工作中的表现。
- 在低层需求得到满足之后，人们需要多长时间才会出现高层需求，对于这一点人们还存有一定的疑问。
- 由于个体有差别，个体对于同样需求的重视程度不同。例如，有一部分人会认为在官僚机构中工作的保障性更高，即使在另外一个组织中，个体可以得到更高的职位和更优厚的薪酬，但这一部分人也仍然会选择在官僚机构中工作。
- 工作中的报酬与结果可以满足个体的多层需求。例如，高薪和晋升基本上就可以满足个体的各层需求。
- 即使不同的人都有同一层级的需求，激励因素也是因人而异的。个体寻求满足的方法和渠道各不相同，例如，寻求自尊的满足，个人的渠道便不尽相同。
- 马斯洛将需求满意度看作是个体行为的主要激励结果，但工作满意度并不一定会带来工作绩效的提高。

评估的有效基础

尽管在最初提出理论时，马斯洛并未要将此理论应用于工作情境之中，但需求层次理论作为激励理论仍然被广泛接受。需求层次理论因其局限之处也曾受到批评和质疑，但此理论对于组织管理风格、激励方式以及组织设计都产生了重要影响，使得组织能够更好地满足员工需求。需求理论作为一个便利的框架，便于管理者认识员工的需求及期望以及这些期望的层次高低，有助于管理者了解应当以什么样的激励因素来满足不同需求层次的员工。

马斯洛的理论使得管理者关注不同的激励因素，同时也引发了针对激励因素的相关研究。需求层次理论为评估工作中的激励效果提供了良好基础。例如，斯蒂尔斯（Steers）和波特（Porter）提出了一系列报酬以及组织因素来满足员工的不同需求（详见表5-1）。[18]

桑德斯认为，尽管提出的时间很早，马斯洛的理论仍然是很严密的。

当史前人类第一次在山洞中找到一个避难所，第一次点起火把时，他的最低级需求就得到了满足，即满足了生理及安全需求。当一位佛教徒达到涅磐的境界，他的第五层，即最高的一层需求也就得到了满足，即他达到了自我实现……在今天，史前人类的山洞可能就是一套半独立式公寓，带三个卧室、花园，还有临街的停车位。但有一个事实依然成立：一旦我们获得足够的果腹之食、蔽体之物以及一处遮风避雨的居所，金钱对于大多数人来说就成了一个很低层次的激励因素。人们以往对于金钱的渴求转变成了对认可、地位的期望，并最终变成对通过工作发挥专长的渴望。尽管马斯洛认为大多数人无法达到这么高的层次，但这终究是事实。[19]

表 5-1　马斯洛需求层次理论的应用

需求层次	一般报酬	组织因素
1. 生理需求	食物、水、性需求、睡眠	a. 基本工资 b. 舒适的工作条件 c. 自助餐厅
2. 安全需求	安全感、保障、稳定、保护	a. 安全的工作条件 b. 公司福利 c. 职业保障
3. 社交需求	爱、关爱、归属感	a. 有凝聚力的工作团队 b. 友好的上级 c. 专业的助手
4. 尊重需求	自尊、自重、威望、地位	a. 社会认可 b. 工作职称 c. 地位高的工作 d. 从工作中得到反馈
5. 自我实现需求	成长、进步、创造力	a. 有挑战性的工作 b. 发挥创造力的机会 c. 工作成就 d. 在组织中的提升

资料来源：Steers, R. M. and Porter, L. W., *Motivation and Work Behaviour*, Fifth Edition, McGraw- Hill (1991), p. 35.

阿尔德佛的需求层次模型

阿尔德佛（Alderfer）对需求模型进行了发展。[20]这一模型将马斯洛的五个需求层级归纳为生存需要、关系需要和成长需要（ERG 理论）（详见表 5-2）。

- 生存需要是指维持人的生命存在的需要，包括生理和安全需要。
- 关系需要是指个体对与社会环境之间的关系的需要，包括爱、归属以及安全、受到尊重的有意义的人际关系。
- 成长需要是指对潜能进行开发的需要，包括自尊和自我实现。

表 5-2　马斯洛、阿尔德佛和赫茨伯格的激励理论

马斯洛需求层次理论	阿尔德佛的 ERG 理论	赫茨伯格的双因素理论
心理需求	生存需要	
安全需求		保健因素
爱的需求	关系需要	
尊重的需求		激励因素
自我实现的需求	成长需要	

需求的连续统一体

像马斯洛一样，阿尔德佛也认为个体在较低层次的需求得到满足后会继而追求较高层次需求的满足，即从生存需要向关系需要再向成长需要逐步发展。但是，阿尔德佛指出，这些需要在更大程度上是一个连续统一体。个体可能会同时渴望得到两种甚至三种需要的满足。另外，个体的需求也可能沿高层次需求向低层次需求发展，即受挫回归。例如，如果个体在试图满足成长需要的过程中持续受挫，那么关系需要将会被重新看作是最重要的需要。个体会将较低层次的需要作为其努力的重心。

阿尔德佛提出了很多关于这三种需求之间联系的基本观点。有些观点与马斯洛理论的观点一致，有些则正好相反。研究人员以不同类型组织中的不同个体为样本对这些观点进行了检验。研究的结果是多样的。例如，在全部的六个样本中，结果都验证了生存需要满足的程度越低，个体对它们的渴望也就越大这一观点的正确性。然而，生存需要的满足会促使人们追求关系需要的满足这一观点在研究中没有得到任何验证。

需要的满足

与马斯洛理论不同的是，阿尔德佛的研究结果表明，较高层次的需要在成为激励因素之前不一定要求较低层次的需要得到满足。然而，在较低层次的需要得到满足之后，其激励的强度就会减弱。ERG 理论认为，个体会渴望满足一个或多个层次的需要。因此，如果个体某一层次需要的满足受到了阻碍，那么个体就会将注意力集中于满足其他层次的需要。例如，如果下属成长需要的满足由于缺乏充足的个人发展机遇而受到了阻碍，那么管理者就应为下属提供更多用来满足其生存和关系需要的机会。

赫茨伯格的双因素理论

赫茨伯格最初的研究包括对来自不同行业的 203 位会计师与工程师的访谈。选择这些样本的理由是他们在美国匹兹堡地区的商界日渐重要。[21]他采用了关键事件法，实

验要求被试者说出在他们的现任或前任工作过程中，感到特别满意或特别糟糕的时刻并说明原因。被试者还被要求描述导致这种感受的事件，并将其排序。访谈的结论基本一致，表明一般存在着两类因素，会影响员工所受到的激励效果及其工作绩效。这次实验引出了双因素理论，以及工作满意度的概念。

保健因素与激励因素

第一类因素是保健因素，如果缺乏这类因素，会导致员工不满意。这些因素与工作情境有关，主要是关于工作环境以及工作本身以外的因素。保健在这里的意思与医药学中的类似，表示“预防性的”和“环境的”等意思。这类保健因素用来消除员工的不满意。另一类因素称为激励或成长因素，这类因素能够激励个人更加努力，以获得更高绩效。这类激励因素与工作内容相关，激励因素的存在或缺失会使得员工感觉到满意或者没有满意，但不会使得员工感到“不满意”。与不满意相对的并不是满意，而是没有不满意（如图5-6所示）。

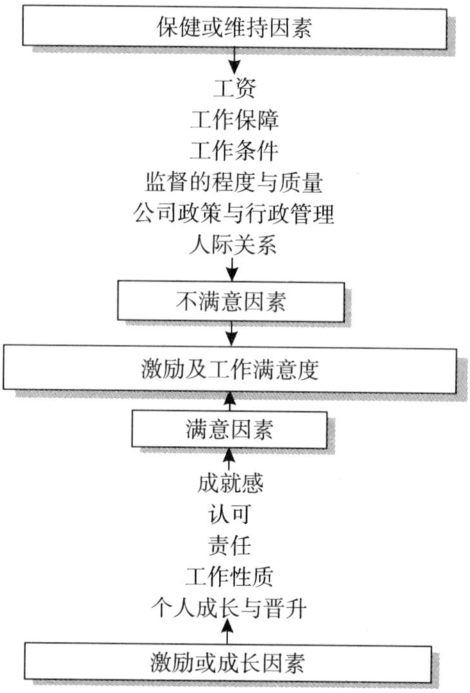

图5-6　赫茨伯格的双因素理论

双因素理论中的保健因素与马斯洛需求理论中的低层需求相关，而激励因素则与需求理论中的高层需求相关（详见表5-2）。管理者希望员工尽全力工作，就必须注意用激励因素来激励员工。赫茨伯格强调，保健因素并非“低等因素”，它们与激励因素同等重要，只是重要之处有所不同。保健因素是必要的，它可以消除工作中的不满意，并且可以杜绝不公平待遇。管理的职责在于避免使员工在工作中受到不公平待遇。激励因素与员工自主性及员工工作体验有关。这些都是真正激励员工的变量。赫茨伯格的理论表明，良好的工作绩效会产生工作满意度，而不是工作满意度产生良好的绩效。

对赫茨伯格双因素理论的评价

赫茨伯格的理论也同样引起了不小的争论，也有不少研究对该理论进行过测试，但结论却并不相同，既有支持的证据，也有反对的理论。对于赫茨伯格的双因素理论的批评意见主要有两种：一种意见认为，这种理论不适用于激励体力劳动者；另一种意见认为，双因素理论的研究方法存在问题。

一类常见的批评意见认为，双因素理论不适用于那些技术含量低的工作，也不适用于内容无趣、重复单调、范围有限的工作。而管理者面对的最大问题，却往往正是如何激励这一类人。有些工人似乎对他们的工作内容并无多大兴趣，对于激励或成长因素也并不怎么关心。

对于双因素理论的另外一类批评集中在该理论的研究方法上。这类意见认为关键事件法中被试者对于导致良好或糟糕感觉事件的描述会对结果产生影响。当工作中有让人感觉良好的事情出现时，人们总是倾向于将其归功于内部因素；而工作中那些让人感觉糟糕的事情，人们总是倾向于将其归咎于外在因素或是他人。这些来自被试者的反馈需要面试者重新整理。这无疑给清楚区分不同因素带来了困难，另外面试者难免带有偏见。

尽管存在这样的批评，也有不少证据证明了这一理论的激励效果。克雷纳与迪尔洛夫认为：

> 赫茨伯格的理论对于公司如何提供报酬与薪资产生了不可忽视的重要影响。近来出现的新趋势是由公司提供一系列的福利，供员工选择。员工可以选择那些能够使自己受到激励的福利。而对于自我发展、职业管理、自我学习管理的关注也是最新出现的趋势之一，这也同样可以看作是脱胎于赫茨伯格的理论。[22]

无论双因素理论的有效性如何，对于此理论的批评者大多自己也是事后诸葛亮，而赫茨伯格至少曾经针对工作激励和工作满意度尝试着作过一番实证性研究。另外，赫茨伯格的理论使得人们注意到了工作设计在“工作生活质量”中的重要性。

麦克莱兰的成就激励理论

曾有一项研究调查个体的饥饿程度与其对食物的渴求程度之间的关系，麦克莱兰的理论最早便脱胎于此。在后续研究过程中，麦克莱兰定义了四种主要动机，这四种动机以刺激为基础，并在社会生活中得到发展：

- 成就动机；
- 权力动机；
- 归属动机；
- 回避动机。[23]

前三种需要与马斯洛的自我实现需要、尊重需要以及社交需要大致对应。而这些激励因素的相对强度则因人而异，也因职业不同而有所不同。例如，管理人员的成就需要就高于归属需要。麦克莱兰认为，对于国家经济发展与成功来说，成就需要是最为关键的。成就需要与企业家精神、可利用资源的开发有关。

应用投射测试

麦克莱兰的研究应用了一系列的投射测试，即主题统觉测试（Thematic Apperception Test，TAT）以测量个体所受到激励的效果。例如，测试方会将一些图片给被试者看（10到15秒），图片描述了一些行为或活动，并要求被试者在简单看过之后，描述自己所看到的场景，图片中人物的想法，以及是什么事情导致图片上行为的发生。[24]本章末作业4中的图片就是一张应用于投射测试中的图片。在个体对图片内容进行描述的基础上，人们可以对个体动机的强度进行分析。

高成就需要人群

尽管判断有明显的主观性质，多数研究都支持主观统觉测试的信度，并认为这套测试可以作为衡量个体对成就需要的指标。[25]麦克莱兰曾作过数年的实证调查，发现了具有高成就需要人群的四大特征：倾向于选择中等难度的任务，愿意对绩效负责，反馈的需要，具有革新精神。

- 高成就需要人群倾向于选择中等难度的任务，并将完成任务作为成就激励。因为这正是证明他们可以表现更好的最佳机会。如果任务难度过高或风险过大，成功的机会与需求获得满足的可能性就会相应减小；而如果任务过于简单，风险也较小的话，完成任务就没有挑战性可言，即使完成任务，他们也很难从成功中获得满足。
- 高成就需要人群愿意对自己的绩效负责。这类人希望能凭借自己的能力和努力获得成功，而不是希望借由团队或不受自身控制的因素获得成功。通过完成任务，他们可以获得个人的满足，获得来自他人的认可。
- 高成就需要人群需要明确的反馈。他们需要明确地知道自己的表现如何，因为只有在一定的时间内知道结果，才能让他们做出自我评估。反馈可以使得他们明白自己是否成功地达成了目标，并且能够从中获得满足。
- 高成就需要人群更具有革新精神。正如他们总是选择那些难度适中的任务一样，这一人群总是希望能做那些稍带挑战性的工作。在寻求捷径时，他们更愿意投机取巧。这一部分人更倾向于追求多样化，寻求解决问题的新方法。他们不愿安于现状，不愿意做例行公事的杂务，也更喜欢出公差。

成就激励的特征

成就激励的强度因人而异。有些人总是希望比旁人获得更多的成就，他们更看重成就所带来的激励。这类人会接受机遇的挑战，并且会更加努力地工作以达成目标。与之相反，另外一部分人并不看重成就带来的激励，他们并不在乎能否获得高于旁人的成就，也没有获得成就的强烈愿望。对于受到较高成就激励的人来说，金钱并不是激励因素，他们将金钱看作是对个人绩效的反馈。如果组织不能针对这类人群的出色绩效给予较高的报酬，那么这类人也不会在该组织中待很长时间。金钱对于高成就需要人群来说也许很重要，但他们往往更倾向于将金钱看作是成功达成目标或做出高绩效的象征。

麦克莱兰的研究尝试着分析高成就需要人群的特征，他提出成就需求并非遗传，而是源于环境的影响。麦克莱兰曾经作过调查，想知道是否有可能培训员工具有高成就需要。[26]麦克莱兰提出，在尝试发展员工的成就需求时，一般有以下四步。

- 鼓励员工积极获取关于个人绩效的反馈。对于成功的强调可以激励个人获得更优绩效。
- 鼓励员工努力赶超那些已经获得出色绩效的员工，并进而开发出成就模型。
- 帮助员工尝试改变自我认知，让员工认为自己需要挑战与成功。
- 适度控制员工的空想，帮助员工从更积极的方面进行自我思考。

麦克莱兰关注欠发达国家的经济增长，他曾经设计了培训项目，意在提高管理者的成就需要，增加管理者具备企业家精神的行为。

麦克莱兰曾经提出，高效的管理者要成为成功的领导者，能够影响他人，就需要具备较高权力需要。[27]然而，高效的管理者自我压抑也较严重。这里的权力是指代表他人行使权力，为组织考虑，关心集体目标。这是“社会化”的权力，区别于个人化的权力。个人化的权力表现为通过驾驭他人满足自我，以及个人权力膨胀。

过程型激励理论

过程型激励理论也称“外在激励”理论，过程型激励理论的目的是确认组成激励的各动态变量与影响雇员行为的举措之间的关系。这一理论能帮助我们了解激励的复杂性。大多数过程型激励理论并非由一人发展完成，但这一领域中同样存在主要的流派与主要理论家：

- 期望理论——弗鲁姆（Vroom）、波特、劳勒（Lawler）；
- 公平理论——亚当斯（Adams）；
- 目标设置理论——洛克（Locke）；
- 归因理论——海德、凯莉（见第 4 章）。

期望激励理论

期望理论建立的基础是人们对于特定行为所带来的结果会存在某种期望，并且会受这种期望的影响。激励是以下各因素之间关系的函数。

1. 个体所付出的努力以及个体预计可以达到的绩效水平。
2. 个体认为绩效与报酬的联系。

在满足上述两项的同时还要，

3. 认为在工作后会获得报酬。

这些因素之间的联系决定了“激励性联系”的强度（如图5-7所示）。

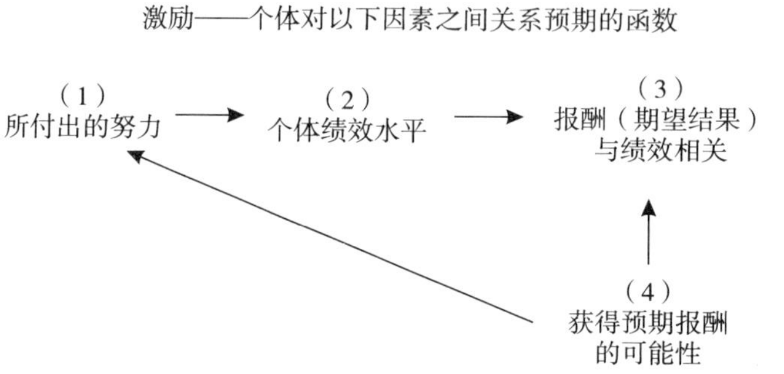

图5-7 期望理论：激励因素之间的联系

个人绩效的高低取决于个人认为付出多少努力才能获得所期待的结果。例如，如果员工认为出色的绩效可以使自己得到晋升，他就会受到这种强烈期望的影响，从而努力工作。然而，如果员工认为晋升只是以年龄和服务的年限长短为准，那么个体就会因缺乏动力而无法做出高绩效。对不同的行为结果进行评估后，个体会得到一系列的不同结果，而个体所选择的行为正是根据这一系列比较进行有意识选择的结果。个体对于行为的选择，正是基于对结果不同的期望值。

期望理论是激励理论类别之一，并不能将其归于某一位特定理论家名下。此理论存在不同译本，其中也存在一些相对复杂的模型。一般认为弗鲁姆、波特、劳勒的研究成果是对期望理论的最新研究。

弗鲁姆的期望理论

弗鲁姆是第一个提出将期望理论与工作激励具体结合的学者，[28]他所建立的模型基于效价、工具性、期望值三个关键变量。此理论的出发思想是人们期望从自身行为中获得某些结果。如果可以达到预期结果，他们会获得满足感。

效价

对于特定结果的主观感受称为效价。即某种特定结果对于个体的吸引力，或者说个人对这一特定结果的偏爱程度。弗鲁姆区分了效价与价值的异同。一个人想要得到一件物品，然而得到之后并没有获得多少满足感。或者，一个人有时会尽量避免实现某一个目标，但随后却发现在这一过程中获得了意外的满足感。效价是指从结果中获得的期望满足感。与效价相比，价值的不同之处在于它是特定的结果所提供的实际满足感。

特定结果的效价或许源于自身，但在大多数情况下效价源于特定结果所能带来的其他结果。一个明显的例子是金钱。某些人认为金钱有其内在价值，并会从财富的积累中获得满足感。然而，大多数人认为金钱会带来其他价值，并因此而获得满足感。

工具性

结果的效价来源于其工具性，这样就导致了一级结果与二级结果的区分。

- 一级结果与绩效有关，指产出的数量或相对绩效水平。一些人或许会“为了工作本身”尽力做出良好绩效，而不考虑他们的行为所带来的结果。然而，情况常常是这样的，绩效要求效价，因为个人会对自我绩效产生相应期待，认为绩效会给自己带来其他的收益，而这正是预期满足感的来源——二级结果。
- 二级结果与个人需求相关，来源于个体一级结果得到满足，即来源于个体所达成的良好绩效。很多与需求相关的结果主要依赖于个体的实际绩效，而不是个体所付出的努力。通常情况下，人们会因所达到的成就获得酬赏，而不会因个人所付出的努力或者因为曾经努力尝试而获得酬赏。

以弗鲁姆的期望理论为基础，可以建立一个行为模型（如图 5-8 所示）。

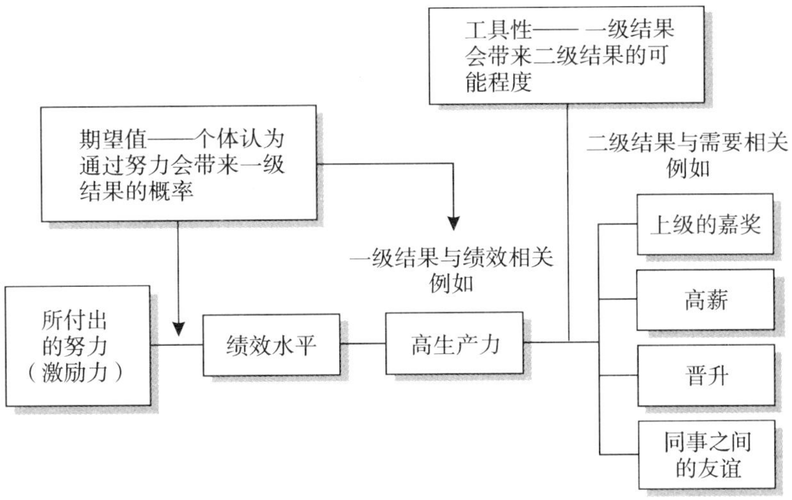

图 5-8　以期望理论为基础的行为模型

期望值

选择不同的行为会产生各种不确定的结果，当个体面临这样的选择时，往往会受到不止一种因素的影响。这些因素包括：对于某种特定结果的偏好和获得这种结果的可能性。对于因选择特定行为而达成期望结果的可能性，人们会有一定感知，即期望值，也就是人们所选择的行为方式与这种行为预期结果之间的关系。期望值与个体为达成一级结果所付出的努力有关。期望值的范围从 0 到 1，即从认为特定行为不可能带来相应结果到认为特定行为必然导致特定结果的概率。

激励力

效价与期望值共同决定了个体所受到的对某种特定行为的激励程度，即激励力（motivational force）。激励力不受毫无效价的结果影响，也不受那些被认为不能从特定行为中获取的结果的影响。如果用公式来表示这几个因素之间的关系：动机强度（M）等于所有结果的效价总和（V）乘以获取成果的期望值（E）。因此，如果效价和期望值同时为零，或任一个为零，则动机强度为零。个体对于行为的选择取决于结果对个体的吸引程度。

$$M = \sum^{n} E \times V$$

对于某一特定行为，可能会产生几种不同的结果，因此，E × V 的值是通过计算可能产生的结果的总量，是一个数据，人们可以用它来衡量个体所选择行为的吸引力。

波特与劳勒的期望模型

波特与劳勒发展了弗鲁姆的期望/效价理论。[29] 他们所建立的模型并未局限于激励力，而是将绩效纳入整体考虑。波特与劳勒指出，个体所付出的努力（激励力）并不会直接导致绩效的产生。绩效还受到个人能力与特质、个体对自身角色的感知的影响。他们引入报酬作为中间变量，将激励、满意度、绩效作为单独的变量，并且尝试阐述这几个因素之间的复杂关系。波特与劳勒的模型指出，个人对工作的满意度取决于个人绩效，而并非个人绩效取决于个人满意度。

关系阐释

各因素之间的关系可以用图更清晰地进行阐述（如图 5-9 所示）。人际关系理论认为，是工作满意度帮助个人绩效的提高。波特与劳勒则提出了与之相反的观点，他们认为工作满意度是绩效的结果而并非绩效的诱因，即绩效引出工作满意度。

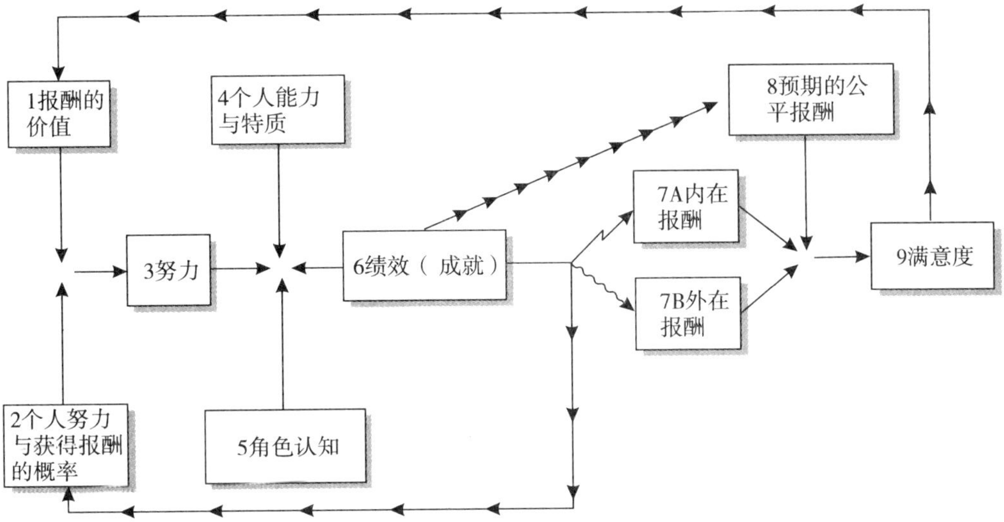

图5-9 波特与劳勒的期望模型

资料来源：From Porter, I. W. and Lawler, E. E., *Managerial Attitudes and Performance*. Copyright © Richard D. Irwin Inc. (1968) p. 165.

- 报酬的价值（框1）。与弗鲁姆理论模型中的效价类似。人们希望从工作中获得的报酬各不相同，报酬的价值则取决于人们对它的渴求程度。

- 努力－报酬的期望概率（框2）。与期望值类似。它指人们对于付出一定程度的努力就可以获得相应结果（报酬）的可能性的期待程度。

- 努力（框3）。即人们努力的程度，人们在某一特定行为上消耗的能量。这与人们是否成功履行某一行为无关。人们为某一特定行为所消耗的总能量取决于两个因素的相互作用，即报酬的价值这一投入变量与对努力－报酬关系的认知。

- 能力与特质（框4）。波特与劳勒认为，个人付出的努力并不直接导致绩效。个人付出努力的多少要受到个人性格特征的影响。智力高低、技术水平、知识多少、受训程度、个人特征等因素都会对个人能否履行特定行为产生影响。

- 角色认知（框5）。即个人对于自己工作及其所扮演角色的认知。这会影响到个人所付出的努力。对于个人角色的认知会影响个人努力的方向与水平高低，而人们普遍认为这两个因素是产生高水平绩效的必要因素。

- 绩效（成就）（框6）。绩效不仅取决于个人付出的努力，也受个人能力与特质、个体对于自身角色认知的影响。如果个体缺乏适应工作的能力与个人特质，对于工作所要求的对自身角色的感知也不准确，那么即使个人付出了很大努力也未必能够做出优良绩效，或者完成任务。

- 报酬（框7A与7B）。即个人所希望得到的结果。内在报酬来源于个体自身，包括成就感、责任感与获得认可的感觉（以赫茨伯格的激励因素为例）。外在报酬来自于组织以及其他个体的行为，包括薪水、工作条件、监督等（以赫茨伯格的保健因素为例）。绩效与内在报酬的关系像是一条波浪线，这是因为两者之间的相关度取决于工作本身的性质。如果工作本身富于变化并具有挑战性，就能够促使员工好好表现来回报自己，这时绩效与内在报酬之间存在直接关系；如果工作本身并不包含变化与挑战，则绩效与内在报酬之间没有直接关系。绩效与外在报酬之间的波浪线说明，外在报酬与绩效并不直接相关。

- 预期的公平报酬（框8）。这是人们认为在达到绩效标准时，理应获得的报酬的高低。多数人对于自己应当获得的报酬水平有一个潜在的认知，他们认为，在达到工作要求并做出相应贡献之后，自己应当获得与之相匹配的报酬。个体对于自我绩效高低的认定与预期获得的公平报酬直接相关。自我认为绩效水平高，则个体预期获得的公平报酬水平也高；自我认为的绩效水平与预期报酬之间的重重箭头连线表明，两者之间关系密切。

- 满意度（框9）。满意度与激励不同，满意度是个体的一种态度，一种内在状态。满足感由两个因素决定：个体实际上获得的报酬与个体预期组织所提供的报酬。如果个体对于组织所提供的报酬的预期高于实际获得的报酬，个体就会感到不满意。只有在实际获得的报酬达到或者超过了预期报酬水平时，个体才会产生满足感。

劳勒的期望模型

劳勒对原始的期望模型进行了发展（如图5-10所示）。[30]他指出，人们在决定行为吸引力的过程中，需要考虑到两种类型的期望：努力–绩效期望（E→P）和绩效–结果期望（P→O）。

努力–绩效期望（E→P）是指一定程度的努力可能获得目标绩效的概率。期望值从0到10。努力程度和绩效水平之间的关系越紧密，该期望值就越高。

绩效–结果期望（P→O）是指一定水平的绩效可能产生与需求相关的结果的概率。期望值也是从0到10。绩效和结果之间的关系越紧密，该期望值就越高。

激励力

期望值的大小取决于努力–绩效期望与绩效–结果期望的总和的乘积。激励力（或称努力）的大小取决于努力–绩效期望、绩效–结果期望与结果效价的乘积。

$$E(\text{Effort}) = (E \rightarrow P) \times \sum [(P \rightarrow O)\ V]$$

这两种类型的期望因决定条件的不同而有所差异。努力–绩效期望一部分取决于个人能力和自信心的大小、以往的经验和任务的难度。绩效–结果期望取决于结果对于个体吸引力的大小以及是由个体本人还是他人来控制结果。

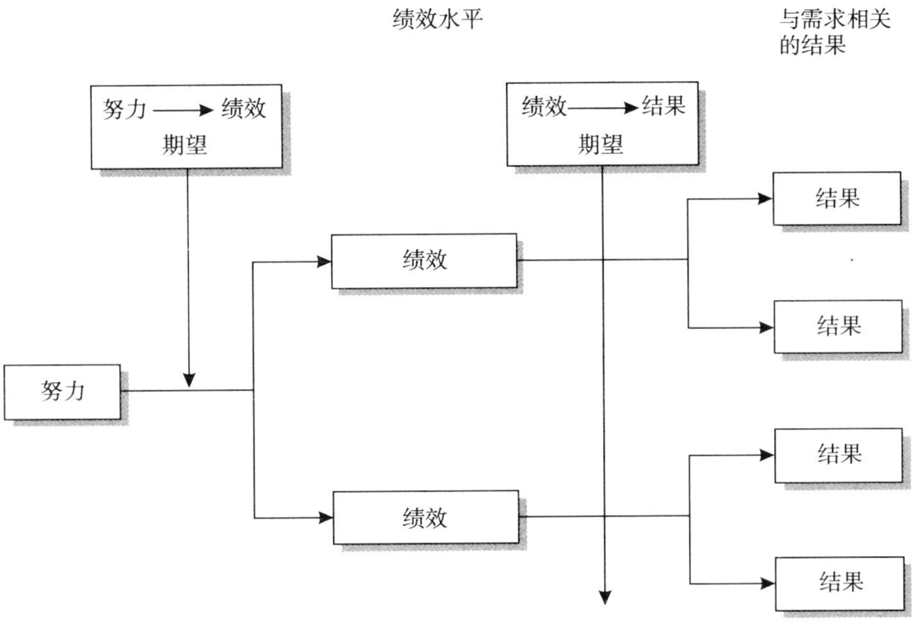

图 5-10　劳勒的期望模型

期望理论对管理者的启示

对于期望理论，尽管学者们有不同的阐释，然而各种阐释的主要元素是相类似的。这种现象表明，学术界已经发展出了一套诠释期望理论的通用方法。有相当数量的研究对期望理论的模型进行了测试，而结果大多是为期望理论提供了支持。但这些研究同时也指出了期望理论中某些概念及方法的难点所在。无论是理解或者应用期望理论，都有一定困难。实际情境中有很多变量会影响工作中的个人行为。而当某一理论试图涵盖众多变量，或者试图定义出某一工作情境中最适宜的变量时，必然会出现某些问题。

尽管如此，期望理论还是成功地引起了学者们对于工作激励复杂性的关注。期望理论为解释工作情境中的个人行为与激励的本质提供了进一步的信息，同时有助于确定员工绩效中出现的问题。期望理论指出，管理者们必须注意以下因素：

- 根据员工绩效给予恰当报酬。可以将具有高效价的报酬作为提高绩效的激励因素。
- 尝试在努力－绩效与报酬之间建立清晰关系，并让个体对此关系建立内在预期。
- 建立评估个人绩效的程序。

• 关注那些参与变量，如个人能力与特质、角色认知、组织程序、支持设施等。尽管这些变量并不一定能够成为直接激励因素，但同样会影响个人绩效。

• 高水平的绩效有时也会引发一些管理者们希望避免的结果，如职场事故、来自同事的嫉妒。而有一些结果即使没有高水平的绩效也会出现，如工作时间被减少及失业等。以上所有的结果管理者都应当尽力将其影响最小化。

波特与劳勒强调，期望理论模型仅适用于分析那些受个人自我意愿控制的行为。组织中受到个人自我意愿控制影响的行为有以下两大类型。

1. 个人所付出的努力及为之消耗的能量。

2. 完成个人工作的态度及方式。

> 即使你不能选择自己的工作，你还是可以对自己的工作方式进行选择。你能够选择自己的工作态度。
>
> 闻名世界的派克市场（Pike Place Fish Market），西雅图[31]

评论性反思

“期望激励理论在课堂中颇具意义，学生们可以就这一问题展开一场有趣的学术讨论。但是，实践中管理者们并不注重期望理论。”对此你有什么看法？你会如何解释期望理论对管理者的潜在好处？

公平理论

波特与劳勒的期望理论模型中的一个主要变量是预期的公平报酬，由此可以引出过程型激励理论体系中的公平理论。公平理论是由亚当斯研究并提出的。[32]

公平理论关注于人们是否能够感觉到公平，即在与他人所受到的待遇进行比较之后，个人是否能够感到得到了公平待遇。公平理论以交换理论为基础。人们的社会关系中也包括类似的交换过程。例如，某个员工在实现组织目标的过程中做出了很大贡献，或投入很多，他会期待自己能够得到晋升。人们会先对自己职位的公平程度有一个认知，并将自己的职位与他人的进行比较。人们在以自己的贡献或投入换得一定的结果之后，会将所受到的待遇与他人所受到的待遇作比较，人们的公平感会受到这种比较的影响。大部分交换会涉及到多项投入与结果（译者注：这里结果等同产出）。根据公平理论，人们会先对自己的投入与结果有一定认知。当人们实际的投入 - 产出比率与他人的比率相等时，人们就会感到公平；而当实际比率与他人比率相比不平衡时，人们就会感到不公平。

不公平待遇可能带来的影响

不公平的感受会引发紧张感，这是一种负面情绪。当不公平的感受出现时，会激励人们主动驱除或降低这种不公平感以及由此导致的紧张感。人们所感受到的不公平的程度决定了人们会由此感受到的紧张程度，紧张程度又决定了人们会受到的激励的强度。亚当斯列举了因感到不公平而可能产生的六大行为（如图 5-11 所示）。

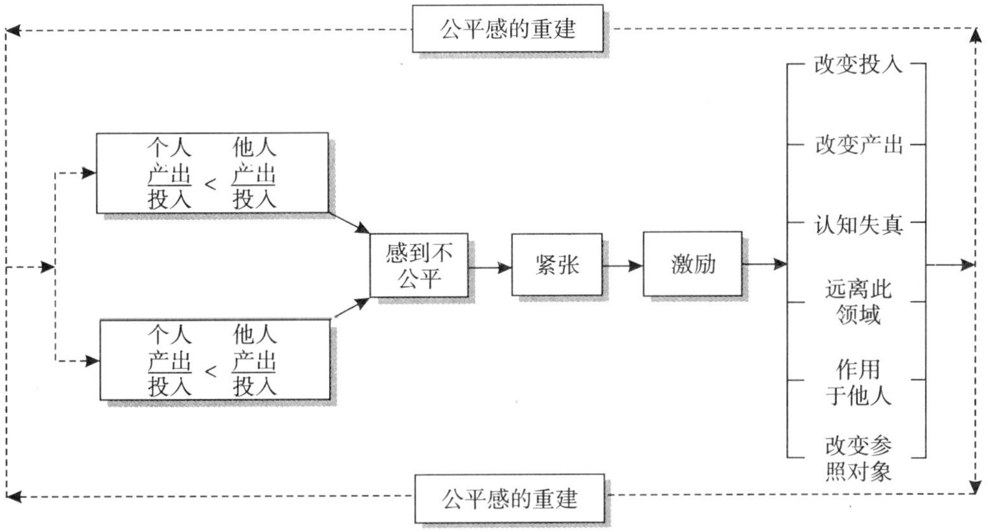

图 5-11　亚当斯公平理论示意图

- 改变投入。个体会提高或降低自己的投入，如改变工作数量或质量、缺勤或者免薪加班。
- 改变产出。个体可能会在投入不变的前提下尝试改变获得的结果，如尝试改变薪水、工作条件、地位、他人的认可等因素。
- 对于投入与结果的认知失真。与实际改变相反，人们有时会在认知层次上改变对投入与结果的认知。亚当斯指出，人们很难将有关于自己的事实混淆视听，但在一定限度内，人们却可以曲解以下因素的效用，如自己在完成工作时的努力程度、是否具备一定资格、在工资既定的条件下他们能否完成任务等。
- 远离此领域。为了寻求更好的平衡，个体也许会尝试寻找一个新的情境。例如，在个体认为自己受到了不公平的待遇时，可能会采取的措施包括旷工、要求轮岗、辞职甚至离开工作组织等。
- 作用于他人。在受到不公平待遇时，个体可能会尝试通过改变他人而获得平衡。例如，通过降低他人的投入，或者力争获得更高的收益。个体也可能尝试着对他人的投入与结果混淆视听。正如个体可能会远离本职工作领域，个体也会尝试着作用于他人，使得他人离开此领域。

- 改变参照对象。即改变比较的参考群体。例如，在某一参考群体中的人们拥有相类似的投入－产出率，却能在无须做出更大贡献的前提下获得更多的报酬，那么个体可能会将这一类人归属为组织中的另外一个层级，而放弃与其进行比较。这种参考人群也不一定就是与比较者有着相同投入与产出的人，比较的重点在于双方有类似的投入－产出率。

受到管理者的控制

为了消除或减少员工的紧张感与不公平的感觉，管理者可能会尝试着影响员工的某些行为，例如，尝试着帮助员工改变个人投入或者鼓励员工改变参照对象。然而，目前似乎仅有两类行为是直接受到管理者控制的。可以通过以下方法改变员工产出：加薪或者增加额外报酬，为员工改善工作条件；或者鼓励员工通过转岗、离职甚至解雇的方式离开此工作领域。

目标理论

在提及工作激励时，常常涉及的一条理论就是目标理论，或称为目标设置理论（如图5-12所示）。这一理论主要是基于洛克的研究。[33]目标理论认为，个体在决定所要采取的行为时，个人目标与意图扮演了十分重要的角色。与期望理论所提倡的类似，洛克认同预期价值的重要性，并且提出这些预期价值会引发个人的感情与需求。人们为满足自身的情感与需求会努力达成目标。目标会引导个人反应与行为，也会影响工作表现与绩效，同时也会引发一定的结果与反馈。洛克随后指出，与其说目标设置理论是一正式的激励理论，不如说它是激励方法更为恰当。[34]

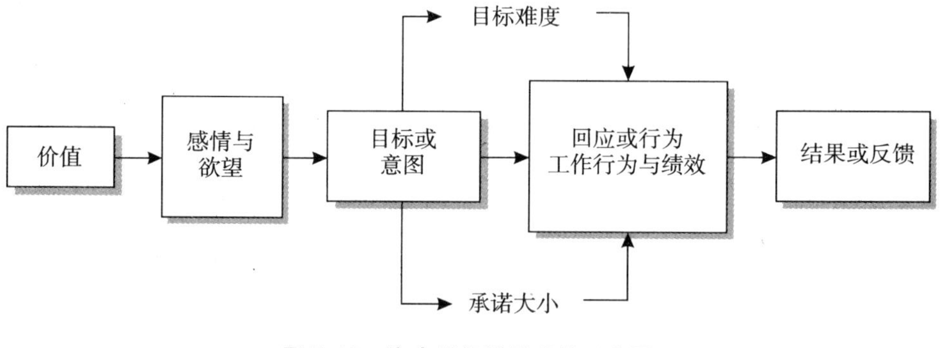

图5-12　洛克目标设置理论示意图

目标设置与绩效

目标本身的难度以及个人为实现目标所做出的承诺共同限制了个人愿意为之付出的努力。拥有定量目标的人会比那些没有设定目标或者仅仅有一个模糊的目标的人有更出色的绩效。定量的目标包括绩效水平标准、完成任务的期限等；而模糊的目标则包括“尽最大努力”等。那些拥有一个难以达成的目标的人的绩效往往优于那些拥有简单目标的人。

格莱顿所谓的“扩展目标”是雄心勃勃的，这种说法重点强调将抓住机会作为提高绩效的切入点。这些目标应当来自严格的指示，来自公司内部的深入讨论，来自各种协作力量内部或之间的联合与协作，而这样的目标则应该能够帮助个人行为与特质得到发展，以便达成目标。[35]让那些缺乏积极动力的人们为自己设定具体目标，定义与本职工作直接相关的任务，或者设立可衡量的时间或绩效标准，都可以帮助他们获得更好的产出，得到更大的成就感。

目标理论为管理者们提供的实际启示

目标理论为管理者们提供了一些实际启示。

- 应当系统地设定具体的绩效目标，以引导员工行为，并保持他们的工作动机。
- 目标的设置应当具有挑战性，但又合乎实际。较高难度的目标有助于员工做出较好的绩效。然而，如果目标设置过高，甚至被员工认为是不可能实现的，那么员工绩效必将受到负面影响，这种影响在长时间内很难改变。
- 完整、准确、及时地反馈以及对结果的了解有助于员工产生高水平绩效。反馈为检查目标完成情况提供了方法，并为完善修正目标打下了基础。
- 目标的设置者可以是上级，也可以是员工自己。即使目标是由他人制定的，只要能够参与其中，员工同样会觉得目标的可接受性很强。员工参与目标制定往往能够带来高水平绩效。

目标设置理论中的很多内容都与目标管理体系（见第 8 章）有关。尽管目标管理的形成与发展远远早于目标设置理论的发展，但目标管理仍然常常被看作是目标设置理论在实践中的应用。但目标设置理论仍然为研究工作激励与工作绩效提供了有效方法。汉纳根（Hannagan）甚至提出：“目标设置理论是目前适用于所有文化的、最有影响力的激励理论之一。”[36]

归因理论

归因理论是对工作激励的一项近期研究。归因即人们解释产生特定行为原因的过程。在第 4 章中我们已经讨论过归因理论。

激励理论的实用性

由于现存的激励理论都是多年之前提出的，所以在当今的工作环境中，这些理论的适用性问题就值得再次探究了。例如，瑞斯（Reis）与潘纳（Pena）就曾经提出，用100多年前提出的激励理论来激励21世纪的员工们，这是否有些不切实际？他们提出，问题的关键在于当今商界的管理者们有必要对那些过时的激励因素重新考察，并将适用于21世纪工作环境的激励因素引入组织当中。这些新的激励因素应当以友谊、工作和尊重为基础。[37]

然而，从上文的讨论中我们可以得出一个结论，那些相对陈旧的理论仍然能够得到普遍的支持。特别是那些早期理论，比如马斯洛、赫茨伯格、麦格雷戈等人的理论，仍然能得到普遍支持。一项权威的管理调查列出了一份清单，表明这些理论在今天仍然是正确有效的。“我们仍然有必要对这些经典理论的主要准则有个基本的了解，这对营造出一种诚实、公开、充满信任感的氛围的帮助是无法衡量的。”[38]曾有一项研究调查管理概念在技术性组织中的应用情况，这项长达12年的研究的主要研究人是弗洛里斯与乌特莱。他们发现，马斯洛、麦格雷戈等人的理论仍然是最为大众所接受的激励理论，他们还提到马斯洛与赫茨伯格理论之间的关系，以及质量体系的成功执行。[39]

针对知识型员工的激励

通信技术与科技知识的发展使得管理者越来越关注组织中员工的知识与技术以及员工的创造能力。坦普（Tampoe）提出，产业发展的中流砥柱是知识型员工，也就是那些能够将理论与实际的知识应用于某一特定领域，并创造出具有商业、社会、个人价值成果的员工。对于知识型员工绩效的判定应当基于两个方面：员工理念的优秀程度，其知识的商业价值与适用性。员工的创造性是必需的，管理者们也应当鼓励员工的创造意识，但这些创造性必须以组织所面对的商业现实为基础，这就给管理者们提出了一个新的挑战：如何激励那些知识型员工。[40]

坦普提出，对知识型员工的个人激励应当以他们对从工作中获得报酬的重视程度为基础。除了自我激励之外，对知识型员工绩效的判定应当基于四个要素（如图5-13所示）：

- 完成任务的能力；
- 来自同事与上级的支持；
- 任务与角色的清晰程度；
- 合作意识。

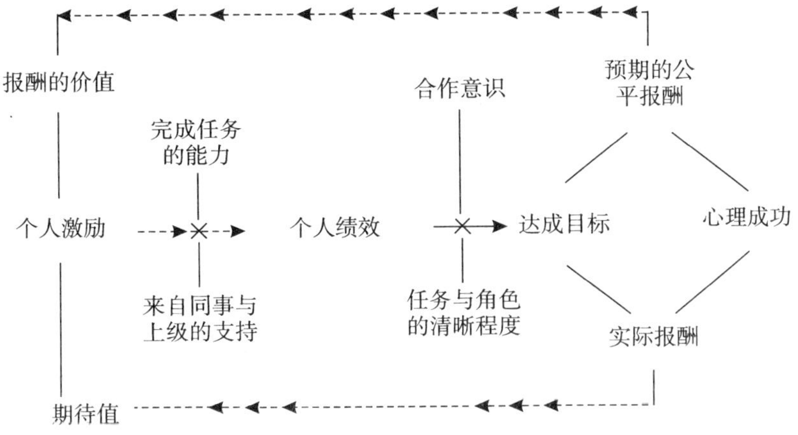

图 5-13　对知识型员工的激励

资料来源：Reproduced with permission from Tampoe, M. , ' Knowledge workers – the new management challenge' , *Professional Manager*, Institute of Management, November 1994, p. 13.

激励知识型员工的挑战在于管理者必须保证以上四个要素的有效性，并且认可员工自我管理与监督的必要性，管理者还必须认识到知识型员工对于工作报酬的要求较一般员工更高。

鼓励创造性的氛围

卢卡斯（Lucas）提出，在新千年到来之时，雇主面临的最大挑战是缺乏技术与技能。为了吸引并保留那些有能力的员工，也就是所谓的“知识型”员工，组织不能仅仅简单地依赖于增加工资或现金奖励，而必须以更有创造性的方法为知识型员工提供报酬。最常用的报酬策略仍然是提供与绩效相匹配的报酬，但管理者们同时也应注意利润分享、以能力计薪酬、以团队绩效计报酬的激励方法，与此同时，那些非金钱的激励方式（如礼品赠券等）也进入了管理者的视线。但卢卡斯也指出，对于员工来讲，特别是对于那些高级员工来讲，管理者们应当将工作的挑战性、有趣程度以及自由程度放在激励因素的首位，而不是将那些与绩效相关的报酬以及其他现金报酬作为首选激励因素。“研究指出，大多数组织并未意识到确认并利用员工个人激励因素的必要性。”[41]

一份来自英国特许人事与开发协会的报告将人们的注意力引到了对知识员工的管理问题上，这份报告强调了给予知识型员工自我监管权力的重要性。这份报告同时指出，要让知识型员工参与到组织价值形成的过程中，使知识型员工获得富有挑战性的工作。随着新兴技术的发展，激励员工主动获取、分享并转移知识显得越来越重要。[42]

维特莫（Whitmore）提出，为了在员工之中营造出富有创造性的氛围，必须重视个人的两种需要。无论员工的种族、信念、文化有何不同，这两种个人需要都十分重要：所有的员工都有获得自我信念、发展情商的需求；所有的员工都有获得生活意义与追求的需求。“员工只有在拥有自我信念，获得有意义的工作时才会有良好的工作绩效。这两项需求是工作绩效的基础。当然，工作报酬与工作环境也十分重要，但这两项员工需求的重要性却很少得到应有的重视，商业领袖们总是忽略了这两项员工需求的重要性。”[43]

激励的跨文化维度

无论激励理论如何受到人们的欢迎，人们还是对它们的普遍适用性表示怀疑，因为这些理论都没有充分地考虑到文化这一因素。[44]激励理论普遍地适用于不同社会吗？在不同社会中，工作或生活中的激励是否存在着有意义的差异？许多读者都能够发现外在激励、内在激励和人际关系激励在不同文化中的变化。工作态度和工作行为中的相似性是否比两者的差异性要大？很多作者都怀疑在某一文化中产生的激励理论和模型能否适用于世界中的其他文化。弗朗西斯科（Francesco）和哥尔德（Gold）检验了美国的激励理论在其他国家中的适用性程度。

当论及马斯洛的需求层次概念时，弗朗西斯科和哥尔德认为：“在国际背景中，某一特定文化的经济状况和价值观会对需求的次序和重要性产生影响。个人主义和集体主义价值观可以使等级具有或多或少的重要性。”[45]弗朗西斯科和哥尔德在对麦克莱兰的成就激励理论进行评估的过程中对成就的含义能否在世界范围内被人们正确地理解表示怀疑：“对于学习需求理论而言，我们所关心的另一个问题则是成就这一概念很难被翻译为英语之外的其他语言。”[46]

对内容型激励理论的批评集中于这一理论在不同环境中的相对适用性，并且认为这一理论在不同文化中会发生变化。然而，同样，人们也批评过程型激励理论拥有文化局限性。由于过程型激励理论的研究焦点是过程而非内容，所以，它们在不同文化背景中具有更强的适用性。尽管如此，人们认为过程型激励理论本身就包含某些源于文化的假设。

阿尔德（Alder）指出，激励的期望模型认为个体相信：他们能够在某种程度上控制自己所处的环境，并且影响自己的命运。在相信命运的文化中，如中国，如果人们不具有内部归因感，那么期望模型的激励力和适用性则较弱。亚当斯的公平理论被应用于全世界并有各种不同的解释。[47]陈（Chen）认为，个人主义文化非常重视公平，而集体主义文化则更重视平等。虽然某条激励理论可能在原理上具有有效性，但文化会对这一理论在不同社会中的解释产生影响。[48]

工作满意度的含义和本质

想要理解工作满意度的本质及其对工作绩效的影响并非易事。工作满意度是一个复杂的概念，它包含很多方面的内容，相对于不同的个体，它的含义也不同。工作满意度通常和动机联系在一起，但这种联系的本质还不是很清楚。满意度与动机不同，工作满意度不仅仅是一种态度、一种内在状态，它还可能与人的成就感有联系，这种联系可以是定量的，也可以是定性的。

工作满意度对获得高水平的动机和绩效是必不可少的。然而，虽然工作满意度的水平可以很好地影响动机的强弱，但情况并不总是这样。

工作满意度和绩效之间的关系是人们一直在讨论和争论的问题。一种与早期的人际关系理论相联系的观点认为，满意度导致绩效。另一种观点认为，绩效导致满意度。瑞福斯注意到了工作成就与“更加努力地工作”的需要之间的关系。

忙碌和压力并不是工作辛苦的标志，而是浅层工作的标志。人的本性受人对于完成事情的欲望的驱动。因此，在工作中我们完成工作的机会越少，我们越可能努力地劝自己和他人说我们的工作是有目的的、是重要的。[49]

工作满意度的维度

对于工作满意度是由单一维度还是由几个独立的维度构成的问题，还存在一定的疑问。有些员工可能会对其工作的某些方面表示满意，而对其他方面表示不满。工作满意度本身就是一个复杂的概念，很难客观地去衡量。工作满意度受与个人因素、社会因素、文化因素、组织因素和环境因素有关的变量的影响。

- 个人因素，包括个性、学历、智力、年龄、婚姻状况、工作定位。
- 社会因素，包括与同事之间的关系、群体工作和规范、合作机会、非正式组织。
- 文化因素，包括内在的态度、信仰和价值观。
- 组织因素，包括组织的性质和规模、正式结构、人事政策和程序、雇员关系、工作性质、技术和工作组织、监管和领导风格、管理体系、工作条件。
- 环境因素，包括经济、社会、技术和政府的影响。

这些不同的因素都在某一特定的情况下对某些个体的工作满意度产生影响，但在其他情况下则不一定对其产生影响。

契约的五个方面

曼福特（Mumford）以两种方式来检验工作满意度。

1. 用组织要求和雇员需求的匹配程度来检验工作满意度。

2. 用雇员需求和他/她的实际所得的匹配程度来检验工作满意度。

在总结有关工作满意度的各种学派观点的基础上，曼福特提出了可以用来检验组织/员工关系的契约五个方面的内容，即知识契约、心理契约、效率/奖励契约、伦理契约和任务结构契约（详见表5-3）。[50]

表5-3 与工作满意度相关的契约的五个方面

	公司	员工
知识契约	公司有效率地运营需要员工具有一定水平的技能和知识	希望自己的技能和知识能够被利用和开发
心理契约	需要有积极性的员工	希望公司能保障他们获得成就感、认同、职责、地位
效率/奖励契约	需要实施全面的产出及质量标准和奖励体系	希望付出的努力能够得到应有的奖励，并需要合理的、能被接受的监管控制
伦理契约	需要员工接受公司的价值观和道德观	希望公司的价值观与自己的价值观并不抵触
任务结构契约	需要员工可以接受那些导致任务专门化或任务区别化的技术或其他方面的限制	希望任务能够符合自己对任务区别化的要求，例如，多样性、兴趣、目标、反馈、任务一致性和自主性

资料来源：Mumford, E., ‘Job satisfaction: a method of analysis’, *Personnel Review*, vol. 20, no. 3, 1991, p. 14. Reproduced with permission from Emerald Group Publishing Limited.

工作环境

工作环境和工作场所设施的本质是影响工作满意度的一个越来越重要的问题。汉迪（Handy）指出，鼓舞人心的工作场所会造就士气昂扬的员工，工作氛围、办公楼和办公室的质量以及建筑风格对工作绩效也很重要。[51]

最近，英国特许管理学会进行了一项研究，研究报告指出了英国管理者对他们的工作硬环境的态度和感受。研究随机选取了4000名来自不同层级、部门和规模的组织的管理者作为样本。研究的主题涉及工作时间、通勤和旅游、弹性工作制、已有的和偏爱的办公室布局以及新技术的使用。人们对缺乏安静的办公区、会议室设备不完善、缺少足够的会议空间、办公室不能给客户和来访者留下好的印象这些问题表示担忧。将近一半的被调查者会为了拥有一间更好的办公室而放弃一周的年假，相当多的人会为了拥有一个高度现代化的工作空间而放弃1000英镑的薪水或个人医疗保险。而且，即使没有更好的职位、薪水和福利，45%的被调查者也会为有个更好的工作环境而考虑更换公司。[52,53]

乐趣是维珍公司（Virgin）成功的秘诀。我意识到那种认为商务应该是既有乐趣又有创造性的观点是与传统格格不入的，而且，这种观点也与一些商学院中所教授的商务知识不同。商务并不是件苦差事，也不意味着“贴现现金流”和“净现值”。对我们来说，员工是最重要的。如果你的劳动力感到快乐并有很高的积极性，你就极有可能让顾客感到满意。这对我而言是种常识，而因此获得的经济利润必定会乐坏了股东。

理查德·布兰森（Richard Branson），《失去童贞》（*Losing My Virginity*）[54]

工作中的疏离

工作满意度主要通过挫折感（frustration）和工作疏离（alienation）得以体现。工作满意度可以被看作是与对工作的失望相对应的（见第5章）。疏离是指人从他或她的工作角色中脱离出来。布劳纳（Blauner）对“疏离”这一概念进行了扩充。[55]他从四个方面对“疏离”进行了描述：无力感、无意义感、孤立感和自我疏离感。

- 无力感指的是员工对管理政策、迅捷的工作过程或雇佣条件缺乏控制。
- 无意义感源于劳动的标准化和分配。它指的是无法理解已完成的工作的目的或无法确认整个生产过程或已完成的产品。
- 孤立感指的是不属于一个整体的工作群体或社会工作组织并且不受群体的行为规范的指导。
- 自我疏离感指的是无法将工作视为其本身的目的或一个首要的生活问题。员工感受到一种失去个人化的脱离，他们仅仅是将工作完成而已。

近年来，人们对于工作满意度的关注与改善工作设计和工作安排的方法、工作生活质量、压力和工作生活平衡更加紧密地联系在一起（见第1章）。

评论性反思

工作满意度是一个非常主观的概念。很多变量都会对其造成影响，其中包括工作中的未知情况以及个体在工作外的人际关系。建立工作满意度的管理模型完全是在浪费时间。你同意这种观点吗？你认为工作满意度最重要的影响因素有哪些？

更为宽泛的提高工作满意度的方法

这些方法旨在通过让员工对工作的计划、执行及控制拥有更多的自主性和职权来改善授权，并使其工作丰富化。工作丰富化关注的是人们的内在满意度。它增加了工作的复杂性，并为人们提供了一项更有意义和挑战性的工作。此外，工作丰富化还使人们更有机会获得心理上的成长。

实现工作丰富化的主要方法如下。

- 允许员工有更多的自由，并且可以在更大程度上控制其工作的进度和速度。
- 允许员工承担一个完整的任务循环、制造或装配一件完整的产品或零部件，或是提供一套完整的服务。
- 为员工提供可以挑战其能力并能够充分利用他们所接受的培训、专业知识和技能的任务或工作。
- 给员工以更大的自由，让他们在自我管理型团队中工作。这样一来，他们对自身绩效的监管有了更大的职责，而直接监管则被减到了最小。
- 给员工提供更多的与客户、消费者或者产品或服务的使用者进行直接联系的机会。

> 在组织中，授权意味着每位员工都有责任创造组织文化。没有什么方法比让员工有机会运用和表达自己的想法更能激发他们的工作积极性。
>
> 阿妮塔·罗迪克（Anita Roddick），《不寻常的商务》[56]

工作丰富化的综合模型

要想改善内在激励，人们不仅要考虑到工作特征，还要考虑到个体差异和特质以及人们的工作取向。哈克曼（Hackman）和奥德曼（Oldman）创建了工作丰富化的综合模型（如图5-14所示）。[57]这一模型从增强以下五个核心工作特征的角度来认识工作丰富化：技能多样性、任务同一性、任务重要性、自主性和工作反馈。这些核心工作特征使人们产生了三种心理状态：

- 感受到工作的意义；
- 感受到对工作结果的责任；
- 了解工作的实际结果。

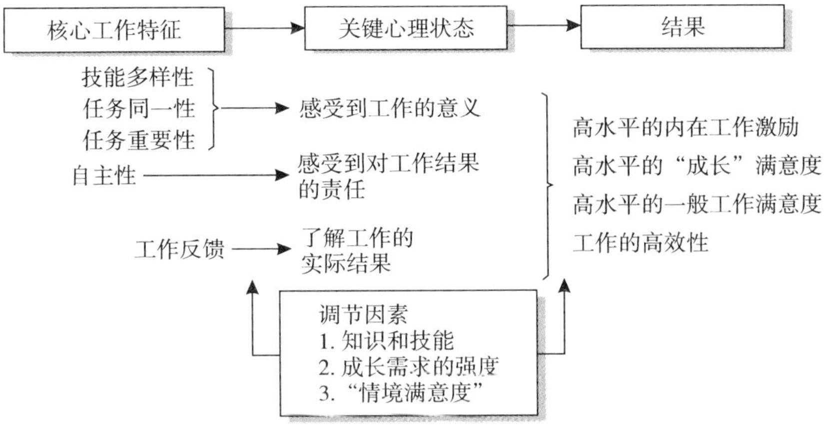

图 5-14　激励的工作特征模型

资料来源：Hackman，J. R. and Oldham，G. R.，Work Redesign，Addison-Wesley Publishing Company，Inc.（1980），Figure 4.6，p. 90.

五个核心维度

五个核心维度可以归纳如下。

- 技能多样性是指工作要求人们运用各种技能和才能并从事多种不同活动的程度。
- 任务同一性是指工作要求人们完成一项完整的工作，并得到可见结果的程度。
- 任务重要性是指工作对组织内或组织外的人造成有意义的影响的程度。
- 自主性是指工作赋予人们在工作的计划和执行方式方面的自由、独立性以及自主权的程度。
- 工作反馈是指工作活动为人们提供有关工作绩效有效性信息的程度。这种信息是直接而清晰的信息。

有些工作的丰富化程度很低，例如，生产流水线上的工人或洗碗工的工作。丰富化程度低的工作的五个核心特征都很不显著。有些工作的丰富化程度则较高，例如，牧区牧师的工作。牧师需要具备广泛的社会技能和才能，而且通常能够完成整个任务。牧师的工作具有明确而重要的意义。丰富化程度高的工作具有很高的自主性，并且拥有直接而清晰的反馈。

激励潜能指数

哈克曼和奥德曼根据这五个核心工作特征提出了一个计算个体工作资历（job profile）指数的公式。通过完成工作诊断调查表（Job Diagnostic Survey，JDS）并指出每个工作特征的强度（从 1 到 7），人们可以计算出工作丰富化的总体程度，即激励潜能指数（Motivating Potential Score，MPS）。

以下是工作诊断调查表中的一些测试题。

- 你的工作的多样性如何？
- 你的工作的整体性和可识别性如何？
- 你的工作的重要性如何？
- 你的工作的自主性如何？
- 你的工作在多大程度上为你提供了有关工作绩效的信息？

激励潜能指数 =（技能多样性 + 任务同一性 + 任务重要性）/3 × 自主性 × 反馈度

由于技能多样性、任务同一性以及任务重要性这三个工作特征共同使人们感受到工作的意义，因此该公式采用了这三个特征的平均值来进行计算。自主性和工作反馈度则采用其本身的数值。因为技能多样性、任务同一性以及任务重要性是相加的关系，所以如果其中一种特征的数值为零，那么其他两个特征的数值则可以将其抵消。然而，如果自主性和工作反馈度中有任何一个为零，那么激励潜能指数则为零，因为这两个特征是相乘的关系。此时，工作就对个体没有激励潜能。

模型的实证支持

哈克曼和奥德曼认为，工作丰富化程度高且工作诊断调查表得分高的个体具有较高的工作满意度和内在激励。技能多样性、任务同一性以及任务重要性三个特征共同预测了人们感受到工作意义的程度。自主性和工作反馈度与责任感和对结果的认识之间不存在明确的联系，其他的一些工作特征同样能够很好或者更好地预测这些心理状态。然而，总的来说，哈克曼和奥德曼的研究结果表明，核心工作特征程度高的工作与高水平的个人结果和工作结果联系在一起。

李·罗斯（Lee Ross）以位于大雅茅斯的六家酒店（拥有35～65间客房）中的季节工为样本，对工作诊断调查表的信度进行了检验。通过对163份调查表进行数据分析，李·罗斯指出，调查表的信度值与哈克曼和奥德曼给出的信度值相一致。这一研究表明，工作诊断调查表同样可以很好地适用于酒店员工。[58]

在将哈克曼和奥德曼的工作特征模型与马斯洛需求层次理论相结合的基础上，罗（Roe）等人提出了工作激励的一般模型，并且以保加利亚、匈牙利以及荷兰三国的工人为样本对模型进行了检验。该模型表明，情境特征会产生工作参与和组织承诺两个主要的激励因素。这两个激励因素会导致努力和工作满意度，而努力和工作满意度又会对绩效、压力以及离职倾向造成影响。这三个国家的检验结果存在着一些差异，这些差异使人们注意到了工作激励中的文化变量。尽管如此，三个国家的检验结果还是有着很大的相似性。[59]

弹性工作安排

激励和工作满意度的一个日益重要的方面是弹性工作。英国特许人事与开发协会认为："这与组织在工作时间、工作地点和工作模式方面的工作安排有关。"[60]增加员工的工作弹性使员工有机会对自己的工作安排拥有更多的自由和控制，并且会对他们的工作满意度和绩效产生显著的影响。

工作设计的情境因素

不同的工作设计方法之间并不一定是彼此分离、互不相关的。它们是相互联系、彼此重叠的。例如，设定目标有时就被看作是工作设计的另一种方法。目标的设定涉及在工作结构中制定目标、反馈和激励。另外，还有许多其他的相关（情境）因素会对工作设计造成影响。例如，组织文化、组织结构、管理体系和领导风格、工会、人力资源政策和程序、沟通、群体规范、工效学（ergonomics）、变革管理以及工作环境。

管理风格和文化

如果我们只关注工作本身，改善工作设计的潜在好处就不可能实现。工作再设计的实施过程与工作本身是同样重要的。由此，我们便可以认识到管理风格和组织文化的重要性。[61]参与式及开放式的管理风格是提高工作生活质量的重点，它使员工可以参与对其有影响的决策，其中也包括了对技术的设计或选择。人们应该通过管理这一手段在组织的全体成员及部门之间建立一种相互信任的关系，并且使工会成为组织的伙伴。

工作满意度与人力资源管理

有关工作激励和工作满意度的理论对管理体系和领导风格以及人事政策和程序的发展产生了影响。人力资源管理的职能以人在组织中的工作需求以及工作如何促进或阻碍这些需求的满足为中心。[62]现代人力资源管理的实践方向是为人们提供能够让其自愿、有效地工作，并为组织的成就做出贡献的条件，这就涉及对员工激励和工作满意度的关注。

如图 5-15 为工作满意度的概念图。

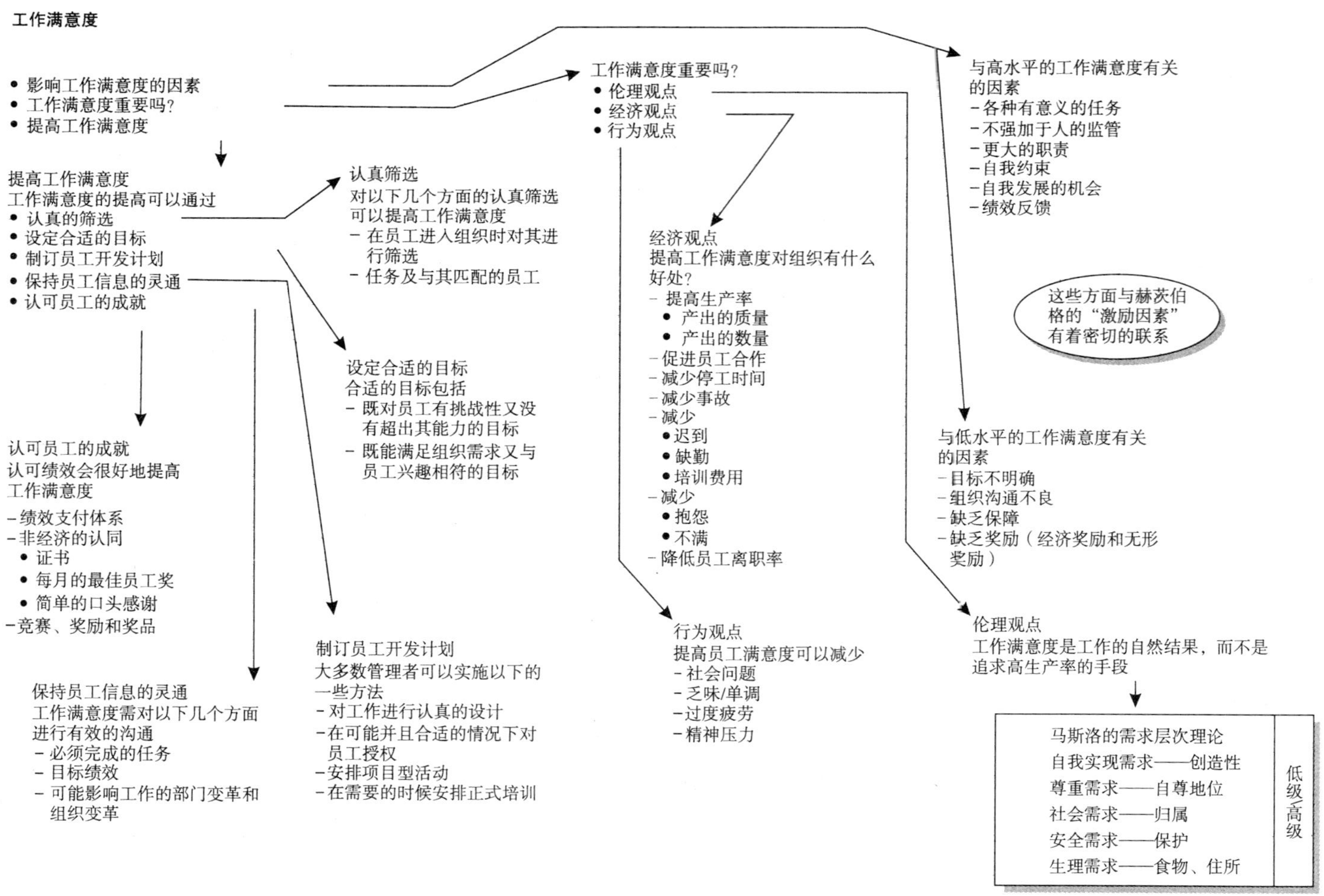

图5–15 工作满意度的概念图

资料来源：Training Learning Consultancy Ltd, Bristol, England. Reproduced with permission.

从新闻中学管理

微软计划用额外福利留住员工

理查德·沃特斯（Richard Waters）

为了提高员工士气，微软将在公司淋浴间提供免费毛巾、改善员工食堂的伙食质量并提供洗衣服务，因为微软要与谷歌（Google）及其他一些后起之秀进行一场人才争夺战。互联网“福利战争”的爆发标志着微软想要保留其作为一家快速发展的硅谷创业公司的地位，同时，该公司也在更多地接纳其他发展较慢的大型蓝筹公司的优点。

谷歌已成为硅谷文化的典型代表。谷歌员工可以在公司内的高级自助餐厅内享用免费食物，同时还可以享受公司提供的一系列园区服务，从按摩到汽车加油应有尽有。谷歌的目的是吸引员工并将他们留在公司中。科技企业用这些福利政策来犒劳那些经常长时间工作的员工，并用它们来留住那些有意离开公司的员工。

微软决定为员工提供一些额外的福利。起初，这一决策只在西雅图总公司执行，并最终推广至全世界的其他分公司。这一决策标志着微软之前的成本削减政策已经发生了转变。两年前，微软曾决定取消免费毛巾服务，这引起了员工的不满。当时的人力资源总监肯·迪皮埃特罗（Ken DiPietro）下令取消了很多的员工福利并试图制订一条新的、更加严格的财务纪律。

一年前，利萨·布鲁梅尔（Lisa Brummel）接替迪皮埃特罗就任人力资源总监一职，这一人事变动表明：微软希望提高员工的士气。在本周初寄给员工的一封内部电子邮件中，布鲁梅尔女士公布了公司薪酬制度和其他管理制度中的一些变革，其中包括将公司每年作为奖励而授予员工的限制性股票额增加15%。最近，微软决定取消员工股权，这使其在与谷歌等快速发展的公司的竞争中处于劣势地位，而这些公司都在尽力使用激励方式来吸引人才。

布鲁梅尔女士称，过去管理者每年必须评定出一些不合格员工，现在微软将废除这一制度并对其薪酬制度进行调整，从而留住公司中的“尖端人才”。微软的新福利政策包括提供食品的送餐服务以及“由名厨沃尔夫冈·帕克（Wolfgang Puck）主理的晚宴”。这些福利的目的是缓解快节奏生活为员工带来的压力。

资料来源：Waters, R.,‘Microsoft plans perks to retain staff’, *Financial Times*, 20 May 2006.

讨论题

1. 参考图5-2，评估微软在多大程度上满足了员工的需求和期望。

2. 讨论组织的成功在多大程度上是使员工需求和期望获得满足的原因，或者员工需求和期望的满足在多大程度上对组织的成功产生影响。

3. 微软的经验对公司与员工间的“心理契约”有何揭示？

本章概要

- 从本质上讲，对于激励的研究就是对人们为何表现出特定行为的研究。激励的深层含义是个体内在的驱动力。人们凭借这种驱动力去达成某种目标，满足自己的期待与需要。人们的期待与需求往往是多变的，也常常是互相矛盾的。人们总是以各种各样的方式来满足这些需求与期待。如果个体的动机驱动力受到了阻碍，致使他们无法满足自己的需要与期待，在这种情况下会出现两种结果：建设性行为（即解决问题的行为）及受挫行为。

- 很多激励理论都试图说明激励的本质，其中有些理论甚至相互矛盾。这些主要的激励理论通常可以分为两类：内容型激励理论与过程型激励理论。内容型激励理论阐述那些激励个体工作的具体因素。此类理论主要明确了人们的需要及其强度，明确了人们为满足这些需要而追求的具体目标。内容型激励理论主要包括马斯洛的需求层次理论、阿尔德佛的需求层次模型、赫茨伯格的双因素理论以及麦克莱兰的成就激励理论。

- 过程型激励理论着重于研究实际的激励过程。过程型激励理论阐述那些组成激励的变量之间的关系。此类理论主要关注于研究个人行为是如何产生、怎样受到引导以及如何持续的。过程型激励理论主要包括：期望模型、公平理论、目标设置理论、归因理论。

- 这些激励理论并非是结论性的，仍有发展的余地。然而，正是因为激励的复杂性，这些激励理论对于管理者来说才显得至关重要，很多学者仍在详细阐述这些理论在当今的适用性。他们尝试着定义影响人们工作行为的种种动机。并且，他们提供了一个研究框架，以帮助管理者们了解如何通过激励与报酬的手段，最好地激励员工自觉高效地工作。人们对激励理论的普遍适用性表示怀疑，因为它们没有充分地考虑到文化这一因素。

- 要想弄明白工作满意度的本质以及它与工作绩效的关系并不容易。虽然工作满意度的水平会影响积极性的大小，但情况也并不总是如此。工作满意度不单单是一种内部状态，它可能与其他的一些因素有关。例如，个人成就感。工作满意度是一个复杂的概念，而且其水平也不能被客观地测量。工作满意度的水平受个人、社会、组织以及文化因素的影响。

- 提高工作满意度的宽泛方法旨在通过使人们对工作拥有更大的自由性和控制来改善授权和工作丰富化。同时，人们还对工作丰富化的综合模型和工作的五个核心特征给予了关注。工作弹性的增加会对员工的工作满意度和绩效产生显著的影响。尽管已经有很多关于工作满意度和绩效之间的关系的理论和研究，但人们却仍旧无法确定要如何对组织进行管理才能让员工同时具有高的工作满意度和生产率。人们需要考虑到与工作设计有关的情境因素，其中包括管理风格、文化以及人力资源管理的发展。

利用 www. pearsoned. co. uk/mullins 这一网站上的网络资源来进行知识更新与在线研究。

复习与讨论题

1. 解释你对激励涵义的理解。概述组织在对员工进行激励时，应该主要考虑员工的哪些需求和期望。

2. 你认为什么是受挫行为？请分别对受挫行为的每种主要形式举出一个实例，最好是根据你自己的工作经验来进行举例。

3. 评估马斯洛需求层次模型对改善激励的实际价值。举例说明这一理论在多大程度上适用于你所在的组织中的员工。

4. “员工的工作积极性不仅仅取决于高薪和良好的工作条件。”请对这一观点的正确性进行讨论。

5. 解释你对于激励的期望理论的理解。任选一种期望理论，并使用简单的示意图来对其进行解释。期望理论对管理者有何启示？

6. 对以下激励理论的适用情境进行举例：（1）成就激励；（2）公平理论；（3）目标理论。

7. 说说你对工作满意度的理解。工作满意度的主要维度有哪些？根据你的经历来对引起工作满意度的因素进行举例。

8. 评估激励、工作满意度和有效工作绩效之间的联系并说明理由。

作业

1. 对你而言，最重要的需求和期望有哪些？将它们按等级次序列出来（不能包括基本心理需要，如对口渴或饥饿的满足或对最低住房标准的满足）。

2. 简要地说明目前这些需求和期望在多大程度上获得了满足，并且（或者）说明你希望它们在未来能够在多大程度上获得满足。

3. 回想你所有的工作经验，哪怕是短期工作、假期工作或兼职。对工作和（或）经验中起到以下作用的方面进行简要的描述：

（1）激励你好好工作并激发你的最佳工作能力；

（2）打击你的工作积极性。

准备好在班级讨论中分享你的感受和意见。

4. 简要描述你认为图中的三个人正在做些什么？他们未来会怎样？

5. 完成上一任务后，将你的描述和同事们的描述进行对比。

案例分析

别发疯了，上网吧

2005年，“博客（blog）”一词首次被收录于《牛津英语辞典》中。博客指的是在线日记或网络日志，博客作者会定期对其日志进行更新。研究人员和其他互联网管理机构的研究数据显示，截止到博客一词成为辞典词条为止，全世界已有约3000万个博客，而且这一数字还在以每天70 000个的速度持续增长。[63]并非所有的博客都与人们的工作有关。但是，对很多人来说，工作生活是其生活中非常重要的一部分。这一事实意味着很多博客除了记录日常琐事以及对新闻事件的看法以外，还会记录下作者对工作、上司、同事和客户的看法。许多人都专门在博客中记录下自己对于工作的看法。通常，当员工由于公开了对于组织的看法而遇到麻烦时，他们的博客往往会成为头条新闻。

人们为什么要将其对于工作的看法写在博客上呢？从一种层面上来说，

写博客和闲谈没什么两样。很多博客作者都希望能拥有一些听众，这些听众可能和他们持有类似的观点并拥有相似的经历。博客中的内容和与同事在茶水间所进行的谈话或与朋友在酒吧或俱乐部的谈话内容非常相似。大多数博客作者都会在自己的博客中附上电子邮箱的地址，并且会欢迎浏览者对博客内容进行在线讨论。因此，大部分博客既包含了作者的私人日记，也包含了很多博客浏览者留下的评论。一些作者写博客的目的是让他人了解自己的工作生活，例如，对某种很多人都知道但却很少有人真正了解的工作进行探讨。在英国，至少有一位警察局局长和很多急救服务人员写了博客，而内容则主要与他们的工作有关。[64]然而，许多人认为写博客是一种用来发泄对于工作的不满的方式，而令他们不满的可能是组织、管理人员、同事以及公众（特别是客户）的行为。[65]因此，写博客具有一定的风险性，博客作者可能会因为博客上的日志而被公司炒鱿鱼。

博客会让你丢了饭碗

2004年，艾伦·西蒙尼提（Ellen Simonetti）博客事件成了头条新闻。[66]西蒙尼提是美国达美航空公司（American Delta Airlines）的一名空姐。她在名为“空中女王（Queen of the Sky）”的博客中张贴了自己身穿制服斜躺在飞机座位上的“不雅”照片，并因泄露了公司身份而被解雇。[67]达美航空认为这些照片损害了公司的声誉。2005年1月，位于英国爱丁堡的沃特斯通连锁书店（Waterstones）拥有11年工龄的乔·戈登（Joe Gordon）在其博客（Wolamaloo Gazette）[68]中诉说对“魔鬼上司”的不满。虽然他将书店的名字化名为“Bastardones”，但却足以让人认出他所指的是“Waterstones”。最后，沃特斯通书店以严重失职为由将戈登炒了鱿鱼。[69]

“doocing”一词特指因员工撰写博客而将其解雇的这一现象。2006年7月，凯瑟琳·桑德森（Catherine Sanderson）以“La Petite Anglaise”为笔名在博客中恶意中伤上司和同事，她所在的英国迪克森威尔逊会计公司（Dixon Wilson）巴黎分公司因其行为的“真实性和严重性”将其解雇。但实际上，她一直是以匿名的方式来撰写日志的。[70]和西蒙尼提一样，桑德森也在博客中张贴了自己的个人照片。迪克森威尔逊公司也正是因为认为其照片透露了公司的身份而决定对其采取行动。

学着爱上博客

并非所有的组织都对撰写博客的员工怀有敌意。前面曾经提到的警察局局长和急救服务人员所撰写的博客则能被其组织所接受，甚至得到了组织的支持（警察局局长的博客就设在北威尔士警察局的官方网站上）。同样，微软公司的罗伯特·斯考伯（Robert Scoble）因撰写博客（Scobleizer）而成为了网络名人。同时，他的博客还使微软的企业形象更加人性化。[71]其他组织也都积极地接受了博客文化，并尝试对其进行充分利用。在英国，吉百利史威士有限公司（Cadbury Schweppes）决定将博客作为一种工具应用于毕业生招聘计划中。2005年，公司允许新招聘的毕业生职员在博客中写下自己的工作经历，从而将有关公司工作生活的信息传达给潜在的求职者。[72]美国电脑巨头戴尔公司也创建了自己的博客（one2one），并且将其作为一种处理顾客意见的方式。其他企业也在博客潮流中获得了发展。市场警卫公司（Market Sentinel）向其他公司提供互联网监控服务（与通讯社提供的服务非常相似），这一服务可以帮助公司们了解博客中有哪些与其有关的信息被写成了博客，并使他们警惕那些可能破坏其品牌形象的潜在威胁。

然而，博客社区对企业创建博客的这一举动感到有些不舒服。例如，沃尔玛通过爱德曼国际公关公司在那些著名的博客网站上撰写一些有关公司的“正面”文章。这一举动遭到了人们的批评。[73]其他组织虽然发现他们不可能控制员工的私人博客，但却向员工提供了相关的指南和规范，并将其作为制定公司政策并对可接受行为进行界定的一种方式。例如，IBM为员工制定了11条行为指南。以下几条为其中一部分内容的概要。[74]

- 了解并遵守IBM的企业行为指南。
- IBM员工要对他们的帖子负责。
- 你必须要清楚你的一切言论都只代表你个人的观点，与IBM无关。
- 尊重版权，合理利用财务披露法。
- 禁止泄露IBM或其他公司的机密信息或其他专利信息。
- 禁止种族中伤、人身攻击、对他人进行猥亵等。要对他人的隐私或诸如政治或宗教等令人反感或具有煽动性的话题采取谨慎的态度。
- 禁止挑衅。要在第一时间纠正自己的错误，不要擅自更改以往帖子的内容。如更改，要进行相关说明。
- 尝试着让你的言论具有价值，提供有价值的信息和观点。

组织结果：可能性和挑战

人们越来越认为那些关心博客的组织应效仿IBM制定行为指南。它能防止组织采取粗暴或压制性的手段，避免那些由解雇事件而引起的不利宣传，并阻止组织向法律进行挑战，例如，不公平的解雇或限制员工的言论自由。西蒙尼提、戈登和桑德森均就公司的解雇决定向雇佣或相关法庭提出了诉讼。

这一行为使人们开始对因博客而解雇员工这一举动的合法性表示怀疑。如果员工在违反了公司相关行为指南的前提下因撰写博客而被公司解雇，那么这些企业行为指南则可以为公司的解雇举动进行辩护。

英国特许人事和开发学会认为，在有些情况下，虽然博客内容违反了公司的相关纪律，但公司并不能因此而解雇员工。例如，法庭认为工人在博客中发表对公司设备和工作时间的不满并不能成为公司解雇工人的理由，除非博客内容损害了公司的声誉和利益。[75]但是，泄露公司机密的行为则严重违反了公司的资料保护政策，而因诽谤性言论而解雇员工的举动也会经受住法庭的审判。与之相似，如果员工通过博客而不是通过非正常的（并且在英国也是法定的）申诉程序来公开对工作的不满时，公司则很可能合理地将其解雇。然而，人们有必要思考员工通过博客来发泄不满的行为在多大程度上说明了组织的申诉程序或其他的员工反馈机制（如态度调查等）在运作上存在问题。另外，人们还要思考员工的这种行为又在多大程度上说明了组织忽视了员工士气和工作满意度的重要性。

最后，人们还有必要思考博客在多大程度上可以被接受为一种揭露不良行为的方式，而那些通过博客来揭露组织中不良行为的员工是否应该得到相关立法的保护，比如英国在1998年颁布的公共利益揭露法案（Public Interest Disclosure Act，PIDA）。公共利益揭露法案可以保障不良行为揭露者的利益，但是，这些揭露者必须在向公众进行检举之前已经通过组织内部的相关程序向组织提出了他们的意见。博客对组织中的高管有着巨大的价值。这些高管对工作生活进行监控的能力非常有限，而其监控的目的则与员工士气和企业的社会责任有关。

一位匿名的博友向《当代人事》杂志（*Personnel Today*）指出：

对我而言，写博客是一种发挥创造性和公开个人想法的非常简单的方式。博客有着上百万的潜在观众。尽管我并不像戈登那样有个“魔鬼上司”，但我还是对自己的工作很不满意。另外，最近公司的重组和管理决策导致了员工士气的下降，我对此感到很不高兴。在我的博客中，那些与工作有关的日志大多数都是一些日常的琐碎小事，比如抱怨同事有多么让人讨厌或是工作有多么乏味，但我并不害怕偶尔对自己感兴趣的问题发表些激烈的言辞。[76]

你的任务

1. 使用一个基本的期望模型（如图5-8所示的模型）或目标设置模型（如图5-12所示的洛克的模型）对促使员工撰写与组织有关的博客的激励因素进行评估。

2. 对一些人来说，撰写网络工作日志可以被看作是一种受挫行为。写博客可以被看作是一种表达工作满意度的方式，批判性地回顾撰写博客的整个过程。管理者应该对受挫员工所撰写的与工作有关的博客做出怎样的反应?

3. 此案例中所列出的组织对员工博客的反应可分为三类：怀有敌意的反应（解雇和提起诉讼）、接受性反应（控制和监控）、创造性反应（鼓励和利用）。分别指出使用每种反应方式来处理如西蒙尼提、戈登和桑德森的案件中的基本方针。记住你的处理方案对博客作者和其他员工所产生的激励作用。

注释与参考文献

1. See, for example: Pate, L. E. 'Understanding Human Behaviour', *Management Decisions*, vol. 26, no. 1, 1998, pp. 58 – 64.
2. Krech, D., Crutchfield, R. S. and Ballachey, E. L. *Individual in Society*, McGraw-Hill (1962).
3. Mitchell, T. R. 'Motivation: New Directions for Theory, Research, and Practice', *Academy of Management Review*, vol. 7, no. 1, January 1982, pp. 80 – 8.
4. Kreitner, R., Kinicki, A. and Buelens, M. *Organizational Behaviour*, First European edition, McGraw-Hill (1999).
5. Farren, C. 'Mastery: The Critical Advantage' in Chowdhury, S. *Management 21C*, Financial Times Prentice Hall (2000), p. 95.
6. See, for example: Rudolph, P. A. and Kleiner, B. H. 'The Art of Motivating Employees', *Journal of Managerial Psychology*, vol. 4, no. 5, 1989, pp. i – iv.
7. Kets de Vries, M. 'Beyond Sloan: trust is at the core of corporate values' in Pickford, J. (ed.) *Financial Times Mastering Management 2.0*, Financial Times Prentice Hall (2001), pp. 267 – 70.
8. For a fuller discussion, see: Mullins, L. J. *Hospitality Management and Organisational Behaviour*, Fourth edition, Longman (2001).
9. Cook, P. and Jackson, N. 'Motivation Matters', Chartered Management Institute, October 2005, p. 11.
10. See, for example: Brown, J. A. C. *The Social Psychology of Industry*, Penguin (1954 and 1986).
11. Weaver, T. 'Theory M: Motivating with Money', *Cornell HRA Quarterly*, vol. 29, no. 3, November 1988, pp. 40 – 5.
12. Kusin, G. 'A 360-Degree Spin', *Hemisphere United*, October 2005, p. 76.
13. Grayson, D. and Hodges, A. *Everybody's Business: Managing risks and opportunities in today's global society*, Financial Times (2001), p. 76.
14. Saunders, A. 'Keep Staff Sweet', *Management Today*, June 2003, p. 73.
15. Huck, S., Kubler, D. and Weibull, J. 'Social Norms and Economic Incentives in Firms', Economic & Social Research Council, 5 March 2003.
16. Cited in Crainer, S. 'Re-engineering the Carrot', *Management Today*, December 1995, p. 66.
17. Maslow, A. H. 'A Theory of Human Motivation', *Psychological Review*, 50, July 1943, pp. 370 –

96 and Maslow, A. H. *Motivation and Personality*, Third edition, Harper & Row (1987).

18. Steers, R. M. and Porter, L. W. *Motivation and Work Behaviour*, Fifth edition, McGraw-Hill (1991).
19. Saunders A, 'Keep Staff Sweet', *Management Today*, June 2003, p. 75.
20. Alderfer, C. P. *Existence, Relatedness and Growth*, Collier Macmillan (1972).
21. Herzberg, F., Mausner, B. and Snyderman, B. B. *The Motivation to Work*, Second edition, Chapman & Hall (1959).
22. Crainer, S. and Dearlove, D. (eds) *Financial Times Handbook of Management*, Second edition, Financial Times Prentice Hall (2001), p. 361.
23. McClelland, D. C. *Human Motivation*, Cambridge University Press (1988).
24. For examples of pictures, see: Osland, J. S., Kolb, D. A. and Rubin, I. M. *Organizational Behaviour: An experimental approach*, Seventh edition, Prentice Hall (2001).
25. See, for example: Spangler, W. D. 'Validity of Questionnaire and TAT Measures of Need for Achievement Two Meta-Analyses', *Psychological Bulletin*, July 1992, pp. 140 – 54.
26. McClelland, D. C. 'Business Drive and National Achievement' *Harvard Business Review*, vol. 40, July – August 1962, pp. 99 – 112.
27. McClelland, D. C. and Burnham, D. H. 'Power is the Great Motivation', *Harvard Business Review*, vol. 54, March – April 1976, pp. 100 – 10.
28. Vroom, V. H. *Work and Motivation*, Wiley (1964) Also published by Krieger (1982).
29. Porter, L. W. and Lawler, E. E. *Managerial Attitudes and Performance*, Irwin (1968).
30. Lawler, E. E. *Motivation in Work Organizations*, Brooks/Cole (1973).
31. Lundin, S., Paul, H. and Christensen, J. *Fish!: A Remarkable Way to Boost Morale and Improve Results*, Hyperion Press (2001), p. 37.
32. Adams, J. S. 'Injustice in Social Exchange', in Berkowitz, L. (ed.) *Advances in Experimental and Social Psychology*, Academic Press (1965): Abridged in Steers, R. M. and Porter, L. W. *Motivation and Work Behavior*, Second edition, McGraw-Hill (1979), pp. 107 – 24.
33. Locke, E. A. 'Towards a Theory of Task Motivation and Incentives', *Organizational Behavior and Human Performance*, vol. 3, 1968, pp. 157 – 89.
34. Locke, E. A. 'Personal Attitudes and Motivation', *Annual Review of Psychology*, vol. 26, 1975, pp. 457 – 80.
35. Gratton, L. *Living Strategy: Putting people at the heart of corporate purpose*, Financial Times Prentice Hall (2000), p. 193.
36. Hannagan, T. *Management*, Fourth edition, Financial Times Prentice Hall (2005), p. 363.
37. Reis, D. and Pena, L. 'Reengineering the Motivation to Work', *Management Decision*, vol. 39, no. 8, (2001), pp. 666 – 75.
38. 'Motivating Your Staff in a Time of Change', *Management Checklist* 068, Chartered Management Institute, 2001.

39. Flores, G. N. and Utley, R. 'Management Concepts in Use – a 12-year perspective', *Engineering Management Journal*, vol. 12, no. 3, September 2000, pp. 11–17.

40. Tampoe, M. 'Knowledge Workers – The New Management Challenge', *Professional Manager*, November 1994, pp. 12–13.

41. Lucas, E. 'Turning on the Knowledge Workers', *Professional Manager*, May 1999, pp. 10–12.

42. 'Managing Knowledge Workers: the HR dimension', Chartered Institute of Personnel and Development, January 2002.

43. Whitmore, Sir John 'Breaking Down the Barriers to Management Creativity', *Manager*, *The British Journal of Administrative Management*, May/June 2002, pp. 24–6.

44. See, for example: Cheng, T., Sculli, D. and Chan, F. S. 'Relationship Dominance – Rethinking management theories from the perspective of methodological relationalism', *Journal of Managerial Psychology*, vol. 16, no. 2, 2001, pp. 97–105.

45. Francesco, A. M. and Gold, B. A. *International Organizational Behavior*, Second edition, Pearson Prentice Hall (2005), p. 126.

46. Ibid., p. 129.

47. Adler, N. J. *International Aspects of Organizational Behaviour*, Third edition, South Western College Publishing (1997).

48. Chen, C. C. 'New Trends in Reward Allocation Preferences: A Sino-US Comparison', *The Academy of Management Journal*, vol. 38, no. 2, 1995, pp. 402–28.

49. Reeves, R. 'Reality Bites', *Management Today*, May 2003, p. 37.

50. Mumford, E. 'Job Satisfaction: A Method of Analysis', *Personal Review*, vol. 20, no. 3, 1991, pp. 11–19.

51. Handy, C. 'Boring Workplace, Boring Worker', *Management Today*, November 1997, p. 29.

52. 'The Workplace Survey', Chartered Management Institute, March 2003.

53. Myerson, J. 'Workspace Heaven?', *Management Today*, June 2003, pp. 53–61.

54. Branson, R. *Losing My Virginity*, Virgin Publishing (1998), pp. 431, 444.

55. Blauner, R. *Alienation and Freedom*, University of Chicago Press (1964).

56. Roddick, A. *Business As Unusual*, Thorsons (2000), p. 70.

57. Hackman, J. R. and Oldham, G. R. *Work Redesign*, Addison-Wesley (1980).

58. Lee-Ross, D. 'The Reliability and Rationale of Hackman and Oldham's Job Diagnostic Survey and Job Characteristics Model among Seasonal Hotel Workers', *International Journal of Hospitality Management*, 17, 1998, pp. 391–406.

59. Roe, R. A., Zinovieva, I. L., Dienes, E. and Ten Horn, L. A., 'A Comparison of Work Motivation in Bulgaria, Hungary and the Netherlands: Test of a model', *Applied Psychology: An International Review*, vol. 49, 2000, pp. 658–87.

60. 'Flexible Working: The Implementation Challenge', CIPD, October 2005, p. 6.

61. See, for example: Cartwright, J. *Cultural Transformation*, Financial Times Prentice Hall (1999).

62. See, for example: Torrington, D., Hall, L. and Taylor, S. *Human Resource Management*, Sixth edition, Financial Times Prentice Hall (2005).

63. 'Blogging: Waste of time or corporate tool?', *Personnel Today*, 21 March 2006 available at www.personneltoday.com [accessed 26 July 2006].

64. Richard Brunstrom, Chief Constable of North Wales at http://www.north-wales.police.uk/nwp/public/en/blogs/; and two blogs by members of the London Ambulance service Random Acts of Reality (www.randomreality.blogware.com) and Nee Naw (www.neenaw.co.uk).

65. E.g. waiterrant.net, youareworthmore.org (Wal-Mart employees).

66. BBC News website 2004 'US Blogger fired by her airline' at http://news.bbc.co.uk dated 3 November 2004 [accessed 26 July 2006].

67. Queen of the Sky; Journal of a (fired) Flight Attendant http://queenofsky.journalspace.com.

68. 'Don't blog your way into trouble', *Personnel Today*, 17 January 2005, available at www.personneltoday.com [accessed 26 July 2006].

69. The Wolamaloo Gazette, www.wolamaloo.org.uk.

70. Smith-Spark, L. 'How to Blog and keep your job', BBC news website 20 July 2006, http://news.bbc.co.uk published [accessed 26 July 2006].

71. Watkins, D. 2006 'How big business barged in on the bloggers' *The Guardian*, 20 March 2006.

72. Paton, N. 2006 'This is what I did at work today...', *Daily Mail*, 29 January 2006.

73. Watkins, D. 2006 'How big business barged in on the bloggers' *The Guardian*, 20 March 2006.

74. For the full guidelines and discussion about how they should be managed, visit the IBM website http://www.128.ibm.com/developerworks/blogs/dw_blog_comments.jspa?blog=351&entry=81328.

75. Spencer, S. 'Illegal blogging', *People Management*, 27 January 2005.

76. 'Don't blog your way into trouble', *Personnel Today*, 17 January 2005, available at www.personneltoday.com [accessed 26 July 2006].

第二部分

群体与领导

Part Two

第6章

工作群体与团队

> “要组建一支出色的团队，就需要一批具有各种能力的员工……优秀的管理者应该充分意识到员工的多元化和优点，并且意识到管理者的主要工作之一就是处理人才多元化所带来的问题。在任何一群人才中，你都会碰到人际关系紧张问题，因此，对团队里的所有不同技能和个性表现出尊重，这显得尤为重要。”
>
> QinetiQ 公司一线经理　尼克·裴林（Nic Peeling）
>
> 《卓越的经理：最佳管理者的知识、行为与语言》

群体与团队是组织生活的重要表现形式。工作组织和它的子单位均由群体组成，组织中的大部分活动要求群体与团队在某种程度上的协调运营。如果管理者想对工作中的员工行为产生影响，那么理解群体的本质对于他们来说至关重要。因此，管理者有必要了解人际关系的本质，并清楚群体与团队的互动关系及运营情况。

□学习目的

学完本章后，你应该能够：

- 解释工作群体与团队的含义及重要性；
- 区别群体和团队、正式群体和非正式群体；
- 解释形成群体与团队的主要原因；
- 分析对群体凝聚力和群体绩效产生影响的各种因素；
- 分析角色关系和角色冲突的本质；
- 详细说明主要的互动关系和不同的团队角色；
- 评估个体、群体、团队的工作绩效。

评论性反思

“群体是组织结构中极为重要的部分，但是‘团队工作’只不过是个时髦词汇，管理者用它向员工夸大工作的重要性和将它用于授权。事实上，强调团队工作可能仅仅是组织为了让员工做更多的工作、享有更少的自由，甚至让员工更牢地相互控制。”你在多大程度上同意这种观点？你自己的团队工作经历是怎样的？

群体与团队的含义与重要性

群体是任何组织的一个基本特征。个体通常不会与其他人隔绝而孤立地工作。工作本身就是一个以群体为基础的活动。如果一个组织想要有效地运营，那么组织内员工间的协作则是必不可少的。虽然，目前对于群体还没有一个单一的、普遍认可的定义，但是大部分人对群体的组成还是十分清楚的。其基本特征就是组织成员将自己看做是群体的一分子。有下面这样一个从心理学角度、非常流行的对群体的定义：

即任何数量的人，他们（1）与其他人进行互动，（2）在心理层面上相互了解，（3）把他们自己看成是一个组织内的成员。[1]

对于工作群体的另一个十分有用的定义是，群体是一些人的集合，他们至少在以下方面有很多共同之处：

- 能显示群体成员的特征；
- 有共享的目标；
- 进行互动；
- 有团队意识；
- 相互依赖；
- 具备独立工作的能力。[2]

工作组织的基本特征

群体是所有社会关系中最常见的表现形式，几乎组织中的每个人都是一个或多个群体的成员。群体工作、群体对内部成员所形成的影响，是人际行为和组织绩效的重要特征。群体内部成员必须相互配合，以便顺利完成工作任务，管理者自己也在群体内工作。群体内的成员在许多方面相互影响，群体也会建立自己的等级制度和领导选择机制。群体压力能够影响个体成员的行为和工作绩效。

群体与团队的差别

在日常使用和相关文献中，包括在本书中，群体与团队两个术语是可以互换使用的。把这两个术语区别清楚也并不是一件易事。例如，古佐（Guzzo）和迪克森（Dickson）指出，将团队从群体中区分出来可能毫无意义，并且具有或大或小的难度。[3]

霍尔普（Holpp）指出，尽管有许多人都在谈论团队、团队工作、授权和自我管理，其他人却对此不甚热衷。他提出了这样的问题：“什么是团队？”这是一个相当简单的问题，但是却没有人提问过。直觉上，我们都认为自己知道团队是什么。再猜猜！回答下列问题能帮助大家对团队的构造有所了解。

- 团队是自然形成的，还是以项目或任务为导向组成的？
- 团队是自我管理的，还是需要指导的？
- 团队应由多少人组成？谁来负责？

- 如果团队形式是盒子型而不是环形，也不是什么其他的新型组织形式，那么它将如何融入组织结构中？

霍尔普还提出了另外一个问题："组织为什么需要团队？"如果团队只是一个管理者组织不同员工工作的更加简捷的方式，而之前员工只不过是被安排在不同管理者之下，那么就没必要这么做了。但是，如果团队真的能够在工作中发挥重要作用，并提供在其他任何地方都无法获得的所需的知识，那么就赶快行动吧。[4]

团队工作——一个时髦术语

近几年，"团队"这个词的使用变得越来越时髦。例如，克雷纳认为，"团队工作"这个词在近几年变得非常时髦。原因是人们越来越多地关注跨职能的工作，这也与授权趋势相匹配。尽管关于团队和团队工作，学术界有大量的文献，但是人们关于团队工作的基本动力（basic dynamics）还是模糊、不确定的。

当一定数量的人有一个共同目标，并且意识到个人的成功依赖于他人的成功时，团队就形成了。成员是相互依赖的。实践中，这意味着在大多数团队中，成员会贡献互不相同的个人技能。这还意味着人类行为的张力和制衡也需要在团队中表现出来。[5]

凯恩（Cane）提出，组织有时并不确定他们所拥有的是团队或只是简单的一组在一起工作的人。

可以肯定地说，不知道自己是团队成员的人不只一个。要想成为一个团队，团队内的个体需要有一个强大的共同目标，并且共同合作来达到那个目标，他们还要相信相互合作要比独立工作更有成效。[6]

然而从定义上看，所有的团队都是群体，但并不能说所有的群体都是团队。

贝尔宾（Belbin）指出，"团队"现在已经成为一个非常时髦的术语。它已经开始取代更为通用的"群体"，而且现在几乎每项活动都被称为"团队工作"。他还提出，从词汇上区分群体和团队并不重要，重要的是要保留优秀团队的工作原则。贝尔宾提出了区分群体与团队的几个要素（详见表6-1）。它们最大的区别是规模：群体可以由任何数量的人员组成；而团队要小一些，理想的团队是由4至6人组成的。对于一个小型的平衡团队，成员共享或轮流享有领导权，然而一个大型的群体则通常会有专门独立的领导者。[7]

贝尔宾使用"群体"与"团队"这两个词时，"群体"这个词似乎带有更笼统、广泛的意义，而"团队"这个词则更加具体。下文继续根据具体的关注内容来相应地称呼"群体"或"团队"，同时也会结合其他作者对两个词汇的选用。

另一种区分基于群体的发展和成熟度，例如，从塔克曼（Tuckman）的模型看（在本章下文，"群体发展和成熟状况"的标题下将予介绍），群体经过了形成、规范和震荡阶段，并成功到达执行阶段时，它才会成为一个团体。

表 6-1　团队与群体的差异

	团队	群体
规模	有限	中型或大型
选择	重要	不重要
领导	共享或轮流	单独设立
知觉	了解共同知识	关注领导者
风格	角色之间相互协调	汇聚一致观点
精神	互动	共同排斥反对意见

资料来源：Belbin, R. M. , Beyond the Team, Butterworth-heinemann, (2000). Copyright © 2000, reproduced with permission from Elsevier. Ltd.

群体价值和规范

组织和管理的古典管理理论忽视了工作中群体和社会因素的重要性。泰勒等人的观点使“贼民假设”概念流行起来，这种观点认为：人们在工作时只是作为孤立的个体被组织激励；个体不受他人影响。然而，人际关系理论（在第 1 章已讨论过）将工作组织看做社会组织，并从群体对工作行为的影响方面认识到群体、群体价值及规范的重要性。

在一个实验中，专家观察了在银行配线系统观察室工作的 14 名工人。可能大家对此实验还有印象，这些工人自发形成了自己的小团体，随着团体成员看法达成一致，各个小团体的领导也就自然而然地出现。尽管企业中实行多劳多得的奖励政策，但这个群体只把每天的产量定在 6000 件，不多也不少！事实上，这比他们实际所能生产的数量要少得多。可见，群体对于个体员工的压力要比企业推行的经济激励政策大得多。

非正式社会关系

群体内部按照自己的非正式社会关系、行为准则或是规范来行事。

- 不要做个“赶工鬼”。同其他成员相比，不要做得太多，或者不要超过群体内的生产限额。
- 不要像个“混饭吃”的。不要缩减产量，相比其他成员，也不要做得太少。
- 不要做“告密者”。不要向上级或管理者透露任何有害于群体内其他成员的信息。
- 不要“耍官腔”。群体内的领导不要以地位压人，或是刻意同群体成员保持距离。

如果有人没有遵守群体规范，群体则有自己的一套惩罚办法，包括冷嘲热讽、破坏违反者完成的工作、藏匿工具、拿监督者开玩笑，或是把违反者排斥于群体之外。有时，群体也会对违反者实施体罚，如击打那个人的胳臂。这种体罚是群体内部控制冲突颇有效的办法。

团队绩效

里奇斯（Riches）认为，提高工作绩效的一个方法是建立团队运营的行为规范或准则，而且成员要严格遵守这样的规范。人们可以将规范理解为：个体成员对于团队的责任、工作绩效的评价方式、成员在一起工作的方式、激励制度的设计、成员同顾客的关系以及使成员的行为同团队规范保持一致的机制。[8]

近期，英国经济与社会研究院（Economic & Social Research Council）开展了一项研究，着重关注员工中社会规范的重要性。研究人员提出，员工不仅受经济奖励制度激励，也同样受来自群体内部同伴的压力的制约。“从直觉上讲，如果团队内部成员的薪金是依赖于整个群体表现，而不是单纯依赖个人突出表现的话，那么成员内部的社会规范一定是相当重要的。”[9]（这与在上面介绍过的银行电线系统观察室的实验有相似之处）。

图6-1对群体规范进行了小结。

正式群体和非正式群体

作为正式组织结构的一部分，群体是被管理机构刻意计划并创建的。然而，群体也会从社会交往和非正式组织中产生。非正式组织是从组织内工作人员的相互交往和群体的发展中自然产生的，而且非正式组织中有自己的关系和行为规范。这种关系和行为规范与正式组织的有所不同。这是正式和非正式群体间的主要区别。

正式群体

群体是由于组织结构模式以及工作分工而产生的，例如，将日常工作分到不同部门；群体也可以是由于员工使用的专门技术及完成工作方式的不同而产生，例如，将一些人专门安排到流水线上做操作工；群体还可以由组织内同等水平或地位的人员组成，比如工业组织中的车间领导、主管。人们创建正式群体来完成特定的组织目标，并且关注工作活动的协调。在组织的内部结构中，人们是根据特定的角色加入到群体中的。工作本质是正式群体的重要标志。群体目标是由管理者、群体中的规则和已经确立的关系及行为规范共同确立的。

虽然正式群体中也有人员的变动，但相对而言，正式群体延续的时间要更长一些。不过，管理者也可能会创建一些临时的正式群体，比如在矩阵式组织中使用的项目研发团队。正式的工作群体同非正式的群体在一些方面会有所区别，比如人员的构成、需完成的任务、所采用的技术以及群体在组织结构中的地位等。

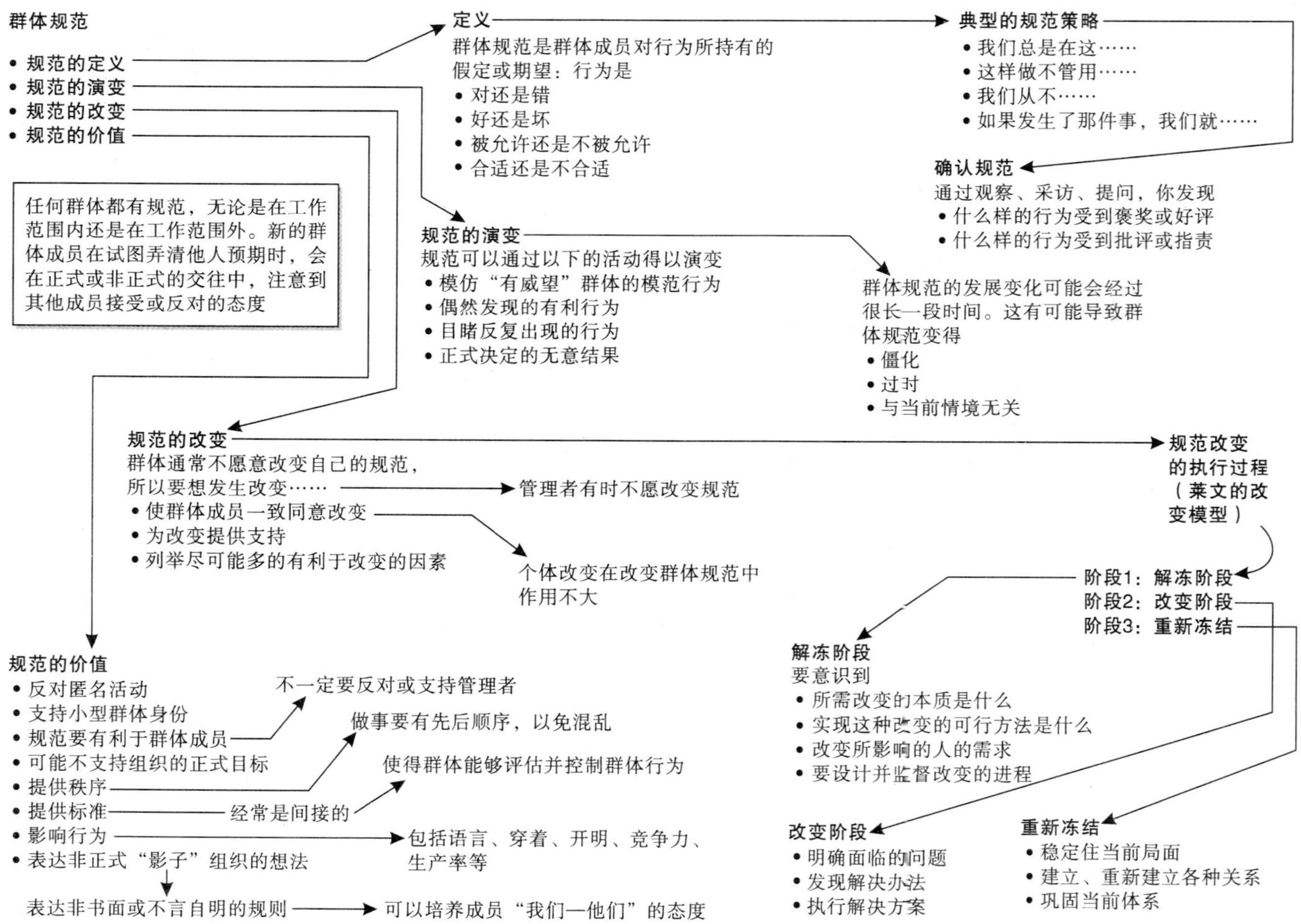

图6-1　群体规范的概念图

资料来源：Training Learning Consultancy Ltd, Bristol, England. Reproduced with permission.

精英团队

博因顿（Boynton）和费希尔（Fischer）注意到，精英团队是专门为组织里的重大变动而组建的。精英团队是由卓越的个体或精英组成，有着单一、清晰、宏伟的目标，而不是因为多个目标和项目而聚集的。

精英团队需要专门的领导，能够让每位精英做出各自最大的贡献。虽然大多数组织很少会组建这样的团队，但是当组织面临巨大变革、同以前的运营和组织运营方式大不相同时，组建这样的团队则是必需的。美国“曼哈顿”工程、托马斯·爱迪生的“发明工厂”及罗尔德·亚孟森（Roald Amundsen）的南极探险都是一些因重大变革而组建的团队。[10]

非正式群体

组织的正式结构、角色关系、行为规范和处事程序，都可以在非正式的交往互动中得到扩大。非正式群体（Informal Groups）更多的是以个体之间的私人关系为基础，而且他们互有默契，达成一致，并不是靠规定的角色关系来行事。非正式群体可以满足成员的心理及社会需求，它并不一定与承担的工作任务有关。因此，群体可以设计多种方法来满足成员对于相互交融和其他社会交往等方面的需要，而这些在工作中往往是被忽视的。非正式群体的成员可以打破正式组织结构的限制。其成员可能是来自组织内不同部门的个体，也可能来自组织的不同管理层面；既可以是纵向的，也可以是斜向的，还可以是横向的。一个非正式群体可能和一个正式群体是一样的，也可能只是某个正式群体的一部分（如图 6-2 所示）。

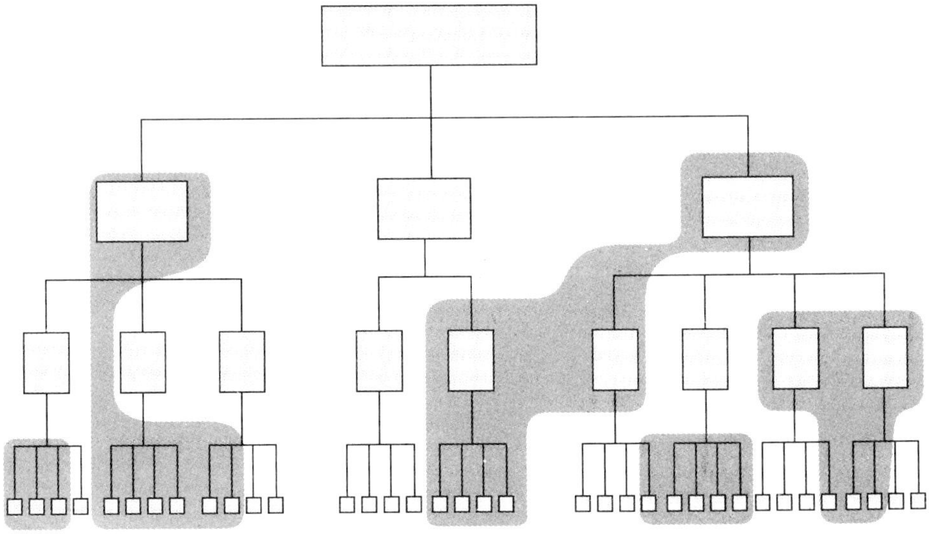

图 6-2 组织的正式结构内的非正式群体

非正式群体成员会在达成一致的基础上指派自己的领导者，这个领导者可能是反映群体内成员态度和价值观的人、有能力解决内部冲突的人、带领群体实现目标的人或是同管理层和群体外其他成员保持良好关系的人。非正式群体的领导者会因内部面临的不同问题而时常更换。有时候，非正式群体的领导者与组织委派的正式群体的领导者是同一个人，但大多数情况下不会有这种巧合。

非正式群体的主要功能

莱森斯（Lysons）提出了组成非正式群体的四点主要原因。

- 非正式群体“文化”的永存性。这里所讲的文化是价值、准则和信念的总和，它为群体的行为提供指导。除非你在很大程度上认可群体文化，否则你就会被群体所排斥而成为“外人”或“被孤立的人”。
- 维持沟通体系。群体成员想了解影响他们福利的所有信息，无论是正面的，还是负面的。如果他们无法得知行动背后的政策或动机，他们就会通过正式的沟通渠道打探信息，并在成员间传播信息。
- 执行社会控制。群体会运用嘲笑、排斥和暴力等手段对群体文化加以维护。例如，上文中提到的银行电线系统观察室的例子，就讲到了群体规范是如何维护群体行为的。
- 提供生活的兴趣与乐趣。许多工作都很单调乏味，无法吸引员工的注意力，而且有的工作也没什么前途。于是雇员便会利用群体内的人际交往来弥补工作中的缺陷，他们会利用聊天、赌博、开玩笑、喝酒等方法来消磨时间。[11]

> 人类是倾向于群居的，我们喜欢聚集在一起建立自己的社交网，这对组织的创造力及革新来说通常是关键的。但是许多经理没有意识到，那些看似没有意义的社交网对人们的互动方式以及完成工作的过程起到的重要作用。
>
> 苏·洛（Sue Law）[12]

非正式群体的一个例子

在正式群体中，明确指导和清晰指令的缺失会导致人心惶惶，流言四起。由于缺少确切信息，流言便开始传播，此时组织中的非正式群体会发挥它的作用，传播相关的负面消息。

下面讲一个工业组织的具体实例，该企业正处于一个竞争十分激烈的市场环境中，营业额每况愈下。两名高级管理人员突然离职，也没有对下属做任何解释，公司还是每隔一天开一次例行董事会。虽然管理人员没有做具体的解释和说明，但员工普遍感觉将有什么不测发生。

午餐时间，来自不同部门的三名员工，一女两男，坐在一起说话。这名女员工似笑非笑地对其他两人说，她得到的消息要比他们两个的多得多。她私底下听经理说有一个部门会因出色完成订单而受奖，而其他部门会因没有完成任务、也没有接到多少订单而被合并，这样一来公司就会裁员。其他两人信以为真，回到各自部门后也像真事一样谈论着这件事。那么结果呢？组织内部疑云四起，员工的工作热情和干劲都大不如前。而事实上，根本没有合并这回事。组织只是在进行细微的结构调整，鼓励员工提前退休，而不会有直接的裁员举动。由此可见，对于高层管理者而言，要想有效地制止流言，重建员工的信心和士气，可不是件容易的事。

评论性反思

考虑到社交网络对员工的道德、工作满意度及工作绩效具有明显的重要性，你认为对组织行为的研究是不是应该主要放在非正式组织的运行和有效管理上？

组建群体或团队的原因

个体之间会因工作表现和社会关系等不同原因，组建成正式或非正式的群体与团队。

- 一些工作只能靠全体成员的共同努力来完成。个体所具有的不同经验及专长可以解决现代组织中日益繁杂的问题。
- 成员之间的协商可以把工作安排得更容易让人接受。比如，让成员共同分担或轮流承担不愿意做的工作，这样个体成员就有机会发挥其自主性和创造力。
- 同事之间的朝夕相处以及相互的了解和支持。这一点在解决工作困难、缓解工作压力方面发挥着重要作用。
- 群体或团队能给个体提供归属感。这使得组织内成员之间的角色和地位得以确认，给成员某种身份确认的感觉。
- 指导成员行为。它可帮助成员分清各种模糊不清的状况。比如，在实际工作中，上级的规定和命令要在多大程度上予以遵守，游戏规则是什么样的，以及正确的行为标准是什么。但非正式组织可能会给组织内成员施加压力，使他们抵制上级的要求或规定。比如，抵制上级对他们提高产量或改变工作方式的要求。成员对群体和团队的忠诚也是一种控制个体行为的手段，如果有人违反规范，就会有上文中提到的银行电线系统观察室的“惩罚”措施。
- 保护群体内部成员。内部成员通力合作，来确保他们的利益不受外部压力和威胁的侵害。

群体成员的期望

个体成员对于从群体中获取的利益抱有不同的期望值。群体的潜在优势在于能激发员工动力，使员工享有工作满足感，因此，这也是组织高绩效工作的决定因素。然而，在群体中员工可能耗费大量时间光说不干。群体与群体之间也可能相互盲目地竞争，其实这就是一个平衡问题。可见，对于管理者来说，了解群体的成因，并预见某些因素会给组织带来积极（或消极）的影响，这是十分重要的。

群体凝聚力与群体绩效

社会交往是人际行为的自然特征，但是要保证和谐的工作关系和高绩效的团队工作也并非易事。管理者主要考虑的就是群体成员如何相互配合，以便达到预期结果。

在统一的、高凝聚力的群体中，成员之间的合作更为有效。对于个体而言，在高凝聚力群体中工作是一个收获颇丰的经历，同时高凝聚力的群体也能提高士气，鼓励创造力。人们在士气较高的群体中工作时更倾向于把自己视为群体一员，工作起来也更有效率。可见，强大的、高凝聚力的工作群体对组织具有十分有益的影响。影响群体凝聚力和绩效的因素可以被归纳为四大方面，如图6-3所示。

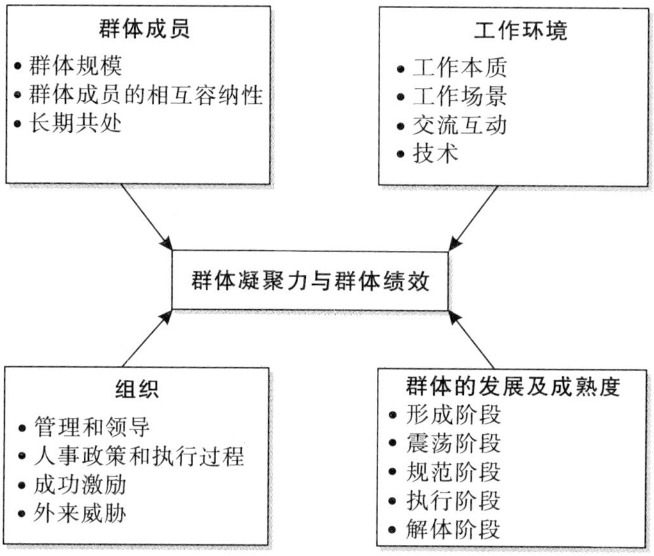

图6-3　影响群体凝聚力和群体绩效的因素

群体成员

群体规模

随着群体规模的增大，内部交流及协调的问题也就随之产生。大规模群体更难管理，因此需要更高水平的监管。大规模群体中的旷工现象也时有发生。倘若一个群体过大，它就会分裂成亚群体，亚群体之间也会发生摩擦。

目前，学术界还很难说出一个理想群体的成员人数。一些关于这个领域的研究与报道也是相互矛盾的，还需要借助其他的变量来衡量。但是一个普遍认可的观点是，当一个群体人数超过 10 ~ 12 人的时候，凝聚力就很难维持了。[13]群体若超过此规模，便会分裂成多个亚群体。5 ~ 7 人组成的群体称得上是最佳规模，因为每个成员都可以充分参与群体活动。

许多读者也许还会对 1957 年的经典影片《十二怒汉》（*Twelve Angry Men*）记忆犹新，在影片中，一名陪审员最终说服其他 11 名成员改变对被告谋杀罪名的宣判。这充分说明了群体内部会有各种矛盾冲突，在一个超过 10 人的大群体中，想要使意见达成一致是很困难的。

凯恩提出了这样的问题："团队应有多少人？"

> 不同的组织对于最佳人数的回答有所不同，因为所参照的变量不同。最普遍的说法是人数应保持在 4 ~ 15 人之间。15 人是群体的最大规模，超过这个人数，成员之间将无法进行有效的沟通。而如果一个群体少于 4 人，那么这个群体的创造力和多元化就都会有所损失。十分有趣的是，最大人数和最小人数都和体育运动中的团队人数相一致，也许这不只是一个巧合。[14]

群体成员的相容性

群体成员在背景、兴趣、态度和价值观等方面越同质，就越容易形成群体凝聚力。其他的个体差异，如性格和技能的不同，可以使成员之间相互弥补，从而也能促使凝聚力产生。而另一方面，这些差异也可能导致矛盾冲突。当成员处于高度竞争的环境中，同质性群体也会产生矛盾。比如，为激励个体工作而设立的薪金奖励制度，就会是冲突的一个诱因。

群体成员的长期共处

群体精神和成员关系是需要时间来发展的。只有群体成员在一起工作一段时间，且没什么人员变动时，凝聚力才会产生。频繁的人员调动会给员工士气和群体凝聚力造成不利影响。

工作环境

工作本质

当工人们投入到一份相似的工作中，需要共同完成一项任务，或面临相同的问题时，凝聚力就会产生。相同的工作本质可以把人们聚在一起，因为要想完成自己的工作，人们需要和其他人进行交流互动，如研发团队里的成员就是如此。即使群体成员平时在不同的地方工作，而如果工作本质需要成员进行频繁的交流与接触的话，他们之间也会产生凝聚力，比如，保安虽然在不同的地方巡逻，但是他们会定时地相互联系。然而，如果当工作需要一套独立的操作或个体活动时，比如，流水线上的工人。这样的话，要建立凝聚力就困难了。因为个体成员只会和两边的同事接触，他们几乎没有机会发展统一的群体感觉。

工作场景

当群体成员工作在同一地点，或彼此非常接近的时候，有助于建立凝聚力。然而，情况并不总是如此。比如，在大的办公室里，工作人员会被书桌、室内植物等所隔断，从而形成交流障碍。在这个例子中，办公室的大小和成员的人数都是重要的考虑因素。再有，同群体的其他成员相隔离，也有助于一部分人建立凝聚力，如经常倒班的几个人便是如此。

交流互动

成员之间交流越容易，群体凝聚力产生的可能性就越大。成员之间的交流受工作环境、工作本质和技术的影响。例如，某些生产制度会导致交流困难，这种制度把工人局限在固定地点，使得行动受到限制。即使员工之间有机会进行交流，某些外在的工作条件也可能限制有效的交流。比如，特殊的技术设计或流水线上的噪音会防碍工人的交流互动，而社会交流的限制会阻碍群体的内部统一。

技术

不难发现，技术和工作方式都对凝聚力产生重要影响，且这两个因素也与工作本质、工作场景和交流互动紧密相关。当工作流程需要某些特殊技能，或以某种技能为基础的特殊“技术”时，持有这种特殊技术的人员就会产生凝聚力。然而，就像上文中提到的，机器流水线上的工作则难以产生凝聚力。技术对于群体的工作流程和各种行为具有深远影响，本章稍后将会对此有详细的介绍。

组织因素

管理和领导

管理形式和领导风格会影响群体与组织的关系，因此也是群体凝聚力的重要影响因素。一般来说，凝聚力会受到下列因素的影响，比如管理者如何给予群体引导和鼓励，如何给予帮助和支持，如何为员工提供参加群体活动的机会，如何解决冲突以及管理者对雇员关系和工作问题的关注程度。麦肯纳（Mckenna）和梅斯特（Maister）指出，群体领导者在员工中建立信任是很重要的，管理者要告诉员工什么样的行为能够赢得同事的信任。“群体领导者的工作就是鼓励员工赢得其他人的信任，并且努力把这种信任转化为更强的责任心、更大的创造力、更高的满意度和更好的工作绩效”。[15]

人事政策和执行过程

如果企业能够建立良好、公平的员工政策并处理得当的话，那么群体内部的和睦与凝聚力是不难建立的。管理者要重视奖励制度、纪律制度、晋升制度以及个人发展机遇给群体成员带来的影响。

成功对员工的激励

群体越成功，就越具有凝聚力，而且高凝聚力的群体也更容易获得成功。员工对于成功的渴望会对自己的工作起巨大的激励作用。每个人对于成功都有不同的理解。例如，他们会把通过相互合作后圆满完成一项任务视为成功，或将上级表扬视为成功；或感觉自己有高人一等的地位，或在同其他群体竞争时颇有收获，或是得到奖金时感到有成就。

外来威胁

当员工要通过合作来抗击一个共同的外来威胁的时候，凝聚力就会增加。例如，当他们要被迫改变工作方式，或要共同应对新来的部门经理的时候。即使这种威胁随后会日益消失，群体内的凝聚力也会比威胁产生前要强大许多。不同群体之间的矛盾冲突也会提升每个群体各自的凝聚力，而且群体间的界限也会越来越明显。

群体发展和成熟状况

群体的凝聚力也会受群体在各个发展阶段的不同状况的影响。群体的发展需要时间，而且有时对员工而言这也是相当痛苦的，巴斯（Bass）和瑞特邦德（Ryterband）划分了群体发展的四个不同阶段：

- 群体成员相互接受阶段；
- 相互交流，制定决策阶段；
- 激励员工，鼓励生产阶段；
- 控制群体，协调组织阶段。[16]

另一种由塔克曼提出的更为流行的模式，对组织发展和组织关系划分了形成阶段、震荡阶段、规范阶段、执行阶段和解体阶段。[17]

- 阶段1：形成阶段。这是群体最初的形成阶段，在这个阶段，个体成员随着对群体目标、群体组成和权责范围了解的加深，而逐渐结合在一起。在此过程中，群体内部的等级结构、领导方式、个体角色和责任，以及行为准则都是倍受关注的。成员在树立形象、相互试探和建立群体身份的过程中很有可能会产生焦虑。

- 阶段2：震荡阶段。当群体成员得以进一步相互了解，他们就会更直接、更强烈地阐明自己的观点。此时，他们对于早期阶段的工作本质和工作安排会产生不同意见。这会导致冲突与不和。然而，震荡阶段是至关重要的，因为成功的震荡阶段会使成员内部就工作的重组、改革与安排进行讨论，从而就今后群体内的结构组织以及活动进程等方面达成一致意见。
- 阶段3：规范阶段。随着矛盾冲突得到控制，群体成员接下来会建立一套内部的行为规范。这个阶段能够很好地满足成员之间相互合作的需求，他们会相互配合来设计工作标准，完成工作目标。但有时，成员之间配合默契，并且认真遵守群体规范反而会使工作效率降低。例如，读者可能还有印象，在霍桑的研究中有关于银行电线系统观察室的实验，正是群体规范限制了每个工人的产量。
- 阶段4：执行阶段。当群体已经成功地通过以上发展阶段，那么作为一个高绩效团队，它已经创建了群体结构，并产生了凝聚力。在此阶段，群体只需关注如何最有效地达成目标和完成工作。
- 阶段5：解体阶段。在此阶段，由于任务完成，成员离开组织或是接受新任务，群体解体或解散。一些成员可能会在一项大型或长期的群体项目结束时产生强烈的失落感，为自己要回到个体生活感到沮丧、焦虑。管理者们可能需要为以后的群体项目及由此产生的团队合作做准备。

还有学者提出，新建立的团体要经历以下阶段。

- 阶段1：相敬如宾，礼貌待人。
- 阶段2：知道我们为什么在这儿，我们要做什么。
- 阶段3："权力"阶段，谁来领导。
- 阶段4："建构"阶段，成员之间有了分享与合作。
- 阶段5："统一"阶段，这通常要经过数周的时间，成员之间在一起吃饭、交谈。[18]

强大的、高凝聚力群体的潜在劣势

虽然高凝聚力群体存在一些潜在劣势（见下文），但是他们能促进成员间的互动、相互帮助，提高社会满意度，并减少人事变动及旷工，通常还可提高产出。[19]

如果管理者想要建立有效工作群体，那么他应对影响群体地位和凝聚力的诸多因素有所了解。然而，一个发展壮大的、高凝聚力的群体，在管理方面也存在潜在劣势。高凝聚力群体不总是有高生产率。群体对组织目标的接受或拒绝程度会影响它们的工作绩效。再有，在某些情况下，群体虽具有较高凝聚力，但他们的生产率却在下降。

群体的工作产量是与内部规范有关的，在群体规范的要求下，群体会把产量定在一个合理的范围之内。大家可能还记得霍桑实验中在银行电线系统观察室里的研究，群体规范限制了工人的产量。

一旦群体发展成熟，并建起凝聚力，管理者要想成功地改变群体的态度和行为就更加困难了。因而，重要的是，管理者应该在规范形成阶段对群体施加影响。在这个阶段，员工们正在建立一系列的标准、准则及行为规范。当一个群体已发展壮大，建立了自己的群体文化，要改变成员的态度和行为就难上加难了。

群际冲突

一个强大的、高凝聚力的群体会对群体之外或其他群体成员产生一种苛刻，甚至是敌意的态度。例如，当群体凝聚力是建立在共同地位、特有资质、技术专长或专业水平等的基础之上时，情况就会是如此。群体凝聚力也同样会导致群体内部成员缺乏同非群体成员的合作，或者对非群体成员的排斥，而群际之间的不满情绪和矛盾冲突会损害组织的整体利益。管理者要想阻止或克服这种非建设性的群际冲突，就要试图激发群体与群体之间的交流与互动，使之保持和谐发展。

另一方面，群际之间的竞争也是一种助长群体凝聚力的手段。因为，群际之间的竞争氛围有利于使群体趋于统一。然而，群际之间的竞争是需要小心应对的。管理者应该尽力避免创造“非输即赢”的局面。员工所该关注的应该是组织的总体目标。这些目标是凌驾于群体冲突之上的，因而要想达到目标，就必须有群体之间的竞争与合作。

有效工作群体的特征

有效群体的特征有时并不是很明显。最主要的特点就是合作精神。在此精神的指引下，群体成员通力合作，而且保持着和睦友好、相互支持的关系。当群体成员表现出以下特点时，就足以说明问题。

- 群体成员有共享目标。
- 群体成员有群体责任感。
- 群体成员接受群体价值和规范。
- 感觉成员之间相互信任，相互依赖。
- 群体成员全部参与活动，决策过程要求意见统一。
- 信息可以自由流动，交流可以自由进行。
- 开诚布公地表达情感或发表不同意见。
- 成员自行解决冲突。
- 员工离职、旷工、事故、错误及抱怨都少有发生。

然而，布鲁克斯（Brooks）指出，因为团队处于群体的高一级组织结构中，这些条目所反映的应该是“有效的工作团队，而不是工作群体”。[20]

技术的影响

技术对群体运行和行为模式有重大影响。工作组织可能会限制群体成员交流互动的机会，因此，个体不会把自己视为高凝聚力群体中的一员。这反过来也会影响员工的工作态度和对工作的满意程度。例如，许多在流水线上工作的工人，他们之间的关系取决于工作本质、具体负责的工作任务及工作循环时间。

ACAS（英国仲裁调解咨询处）对技术进步的影响进行了关注，并介绍了新技术如何能使产品快速地适应顾客个性化的需求。

大批量生产技术把工作分解为若干的简单任务，这已经不再适应以顾客为中心的新型制造业的需求，也无法满足高水平企业对产品的期望。现在的组织需要工人更加灵活，能同组织上下的其他员工、主管和管理者相互合作，掌握高级技术，且具有较强的适应能力。再有，工业、商业和服务业内部运营的复杂性使得个体不可能有足够的能力控制全局。在这种情况下，团队工作不仅是十分可取的，而且是非常必要的。[21]

信息技术的影响

信息技术会影响工作群体的模式，而且也会影响群体的形成与结构，进而影响人们在何时何地进行交流互动。由大规模的集中组织向小工作单位的转化，可以帮助建立一种成员相互依赖的工作环境。例如，电信技术的进步使得员工不用局限在生产车间里面；另一方面，先进的通信方式也使得员工可以在家、办公室或宾馆办公，甚至是与机器一起工作，而不用同其他人一起工作。[22]

虚拟型团队

全球一体化的发展和信息交流技术的广泛发展使人们更加强调对虚拟型团队的需求。不同于面对面的活动，虚拟型团队是由一组身处五湖四海却仍在一起密切工作的人组成。在虚拟型团队中，成员主要是靠电子信息和网络手段实现交流与互动。[23]这使得组织可以在工作时间以外继续工作，而且即使员工身处异地，工作也能照样进行。计算机信息系统和无线联络的运用为虚拟型团队工作进一步创造了条件。基于这种特质，虚拟型团队很可能在很大程度上是自我管理。

霍尔指出，虚拟型团队融合了成熟型团队和管理型团队的优势，是未来团队发展的趋势。

我饶有兴趣地关注着虚拟型团队的发展，但对其将来是否能真正成为“第三种团队”而持怀疑态度。团队的建立必须以成员之间的交流为基础，视频会议和网络交流是不能代替成员的情感交流的。当然，一旦团队组建起来了，因为成员之间相互熟悉，他们可以利用媒体进行工作，但那不是最重要的。团队的真正建立是在形成阶段、规范阶段和震荡阶段实现的。[24]

交流和领导技能

然而，帕克（Parker）却强调，远距离工作也同样会给组织造成影响，成员之间会感觉日益疏远。“远距离工作不是仅仅保证成员拥有笔记本电脑和电话线这么简单，还要保证他们使工作持续进行。这种新型工作文化所要求的管理和交流技能也是群体成功的关键。”[25]诺瓦尔（Norval）提出了类似观点，他认为许多远距离工作的成员会感到孤立、觉得组织忽视了他们，这都会影响他们的工作动力。没有办公室里的视觉感受和非正式的交流，管理者需要更加有意的去构建和睦关系，并重新考虑他们的管理风格。[26]

塞蒙斯（Symons）提出，虚拟型团队的一个优势就在于，当人们无法面对面地进行交流的时候，使用媒体工具可以把信息传播得清楚、充分。在跨文化群体中，情况更是如此。然而，在虚拟型团队中，领导无法施加自身的影响，等级差异也消失殆尽，要管理这样的团队需要一系列微妙的、与众不同的领导技能。建立相互信任，实施民主决议是很重要的，领导最好能体现出一种教练的管理风格。“领导需要在群体内建立一种‘威信’，因为在虚拟型团队中，‘职权’的影响力并不是很大”。[27]

文化多元化

全球日趋一体化和团队成员在不同国家工作和生活是虚拟型团队发展的原因之一。这就引起了文化多元化的潜在问题。例如，弗朗西斯科和戈德指出，一个虚拟型团队的成员文化越不相同就越难管理。文化多元化问题将越来越普遍，加上由于价值、习俗及传统的不同导致虚拟型团队管理的复杂性，将导致使用直接领导力的能力降低，这就需要更多领导力的投入。[28]

莫瑞（Murray）认为，虽然虚拟型工作会带来一些意料之外的好处，但是在工作场所管理多元化员工队伍对企业领导而言是一项艰巨的任务，使具有不同背景的主管在世界各个不同地方一起工作更加困难。虚拟型工作并没有消除在面对面的工作环境中产生的各种文化误解：“面对面的工作环境中所出现的文化或行为差异在虚拟型团队工作中会恶化，尤其是在群体成员拥有不同文化背景时。”[29]

评论性反思

个人利益和机会主义是人类行为的自然特征，并且通常优先于群体或集体合作的最大利益而被人们要求获得。你如何针对这一看法提出反对观点？你准备在多大程度上把工作群体的利益置于你个人的利益之上？

角色关系

为了使组织能够实现其目的、目标，个体成员应相互联系，并融合在连贯的活动与关系中，这就要通过组织中的“角色结构”来实现。

角色（role）是指处于某一地位的个体根据他人的期望所表现出的一套行为模式，它也表明个体如何看待自己现有的工作状况。“角色”的概念对于了解群体运营过程、群体活动、群体行为有重要作用。群体内部的工作群体结构和关系结构，正是通过角色差异得以确立的。群体发展需要每个成员都扮演不同的角色，有些结构形式需要团队工作及成员之间的相互配合。角色的概念有助于理清群体的结构和了解群体内部复杂的关系模式。

正式组织关系（直线型、职能型、员工型和横向型）可以被看作是几种角色关系形式，本书将在第10章中予以详细介绍。这些个人所承担的角色将决定与其他角色交流的模式。

个体成员在群体内部承担的角色受以下几个因素的影响。

- 环境因素，如工作要求、领导方式、个人在沟通网络中的位置等。
- 个人因素，如价值观、态度、动机、能力和性格。

个人在某个群体中承担的角色会与他在其他工作群体中的角色大相径庭。然而，群体中的每个成员都要求以某种特定方式来行事，以符合某种角色期望。

个人的角色组合

群体成员除了与内部人员持有某种角色关系外，如同级、上级、下级，个体同群体外部成员也持有一系列角色关系，如其他群体成员、工会官员、供应商和顾客。这就是一个人的“角色组合”。它是指一个人在扮演角色的过程中，要同周围人进行一系列的联系与接触（如图6-4所示）。

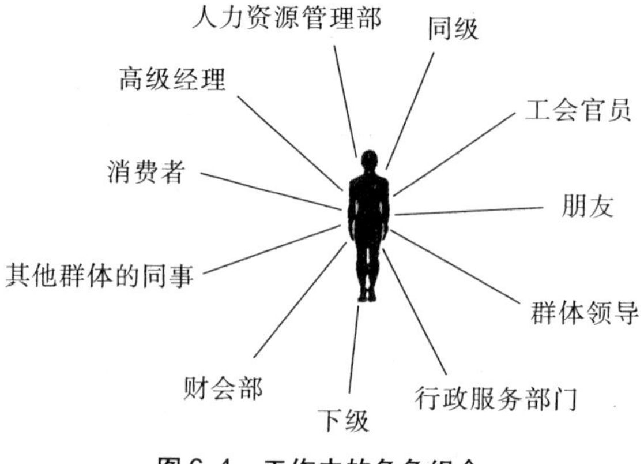

图6-4　工作中的角色组合

角色失调

角色关系的一个重要特征就是“角色失调（Role Incongruence）”。当成员在某一方面享有较高地位，而在另一方面却没有这样的地位的时候，角色失调就产生了。这种失调与组织的群体形成情况和各种关系有关。工作中有各种各样的工作关系，包括医患关系、上下级关系，这些关系都能引发地位和责任的潜在不平衡。

在员工的上下级关系中，角色失调引发的冲突也时有发生。例如，如果一个人事部的小职员通知一个高级部门经理，说后者所推行的建议与组织的整体政策不相符，这时矛盾就会产生。还有另外一个例子是关于员工关系的。例如，地位较低的私人助理把经理的命令传给了比经理地位更高的管理者[30]，或者一个私人助理要想方设法切断比他级别高的员工同经理的联系，这时矛盾也会出现。

角色期望

许多角色期望（Role Expectation）都有正式的规定，它暗示一个人应如何按照他人的期望行事，包括职责和责任。正式规定为一个人的行动提供行为准则，在“有机”组织中，这样的正式规定更为常见。例如，工作合同、规则规定、工作标准、政策决定、工作说明或上级指令。正式角色期望也可能由工作本质演化而来，也有可能部分地由正式的法律文件所规定，如《工作场所健康与安全法案》；又如在《公司法案》中有对秘书责任的规定；在《政府法案》中有对地区查账员的规定等。

然而，并不是所有的角色期望都是正式规定的。也有一些行为模式，虽然没有被正式地规定出来，但是群体成员也要遵守。这些非正式的角色期望可能会由群体自己规定，或是由群体成员之间彼此口头相告。例如，这包括基本的行为举止、同事之间的相互支持、对于上级的态度、交流手段、日常穿戴等。尽管成员有时对这些非正式的角色期望并没有十分清醒的意识，但它们却是员工行为的重要决定因素。我们可以用在第1章讨论过的心理契约的概念来理解它。心理契约包含了个体与组织之间大量的角色期望，这些期望涵盖了一系列的权利与特权、职责与责任。它们会对成员的行为产生深远影响。

有些成员可能有机会决定自己的角色期望，例如，有的时候正式期望规定得不是很明确，或只是从大概的意思上加以规定。身居高位的人更有机会进行自我角色规定。当然在一些专业的、技术的或科学群体中，这种情况也是常见的，还有就是当群体中需要成员发挥创造力和艺术才能的时候。在“有机”组织中这样的机会会多一些，这同样也受领导方式的影响，如自由放任（无干涉）领导方式的运用。

角色冲突

行为模式是由角色和个性所形成的。角色的概念把注意力放在独立于个体性格之外的个体行为上。行为方式不仅取决于角色，也取决于性格。当人们对自己的角色定义得不准确，或没能区分需求与性格的时候，角色冲突（Role Conflict）就产生了。这种冲突来自两个人或多个人之间的矛盾，尽管他们对各自的角色都有十分清楚的认识。在现实生活中，一个人的实际行为可能和别人期望他所做的行为不一致，这种不一致就会产生角色冲突。角色冲突是一个泛指的词，包括以下几个方面：

- 角色不相容；
- 角色模糊；
- 角色负荷过度；
- 角色负荷不足。

与角色期望相关的问题如图6-5所示。

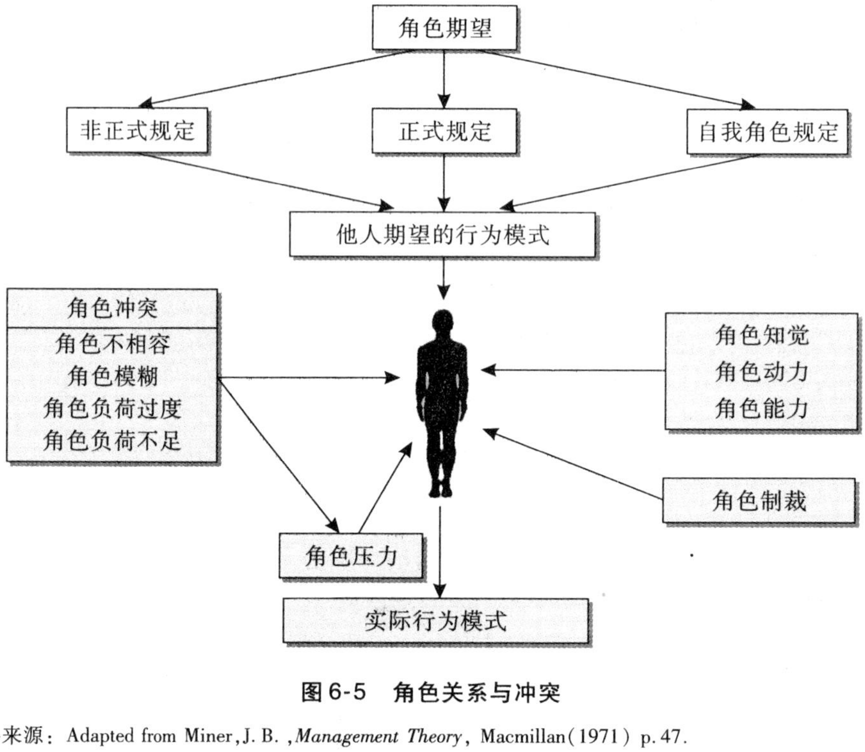

图6-5 角色关系与冲突

资料来源：Adapted from Miner, J. B., *Management Theory*, Macmillan(1971) p.47.

- 角色不相容。当一个人面对迥然不同或相互矛盾的情境时，就会出现这种状况。如果要完全遵守一套角色期望的话，就无法遵守其他的期望，而通常这两个期望是相对立的。一个典型的例子就是处于“中间地位”的人，比如像主管或部门经理，他们通常要面对来自工人和上级管理者的相互对立的角色期望。还有，比如一个经理所采用的是 Y 管理理论，认为宽松的、有助于员工积极参与活动的领导方式更为有效，而他的上级却相信 X 管理理论，更愿意采用一种更为正式、更为严格的领导方式，并且希望该经理也采用这种方式，这时就会产生角色不相容。

- 角色模糊。是指人们不清楚对角色的确切要求，因此不知道要干什么。人们对于自己角色的理解会与他人的期望有所不同，这是因为角色的相关信息不够充分。角色模糊可能是由于缺乏对工作的正式规定所导致的。这种现象在大型的、分散的、处于时常变动的群体中时有发生。角色模糊通常与对于工作方式、个人权利和责任、工作标准和工作评估方法等的不清楚有关。
- 角色负荷过度。是指个人面对太多不同的角色或期望。个人不可能全面充分地满足所有期望，势必要放弃一些，以满足另一些。这就要权衡轻重。有人对角色负荷过度和工作超负荷进行了区别。角色负荷过度从角色组合的概念来讲，是指一个人身负过多不同的角色而无法处理，而如果对于一种角色有太多期望的话，那就是量的问题，就是工作超负荷了。
- 角色负荷不足。是指所规定的角色期望不如一个人自身对角色的预期大。一个人可能会感觉他的工作并不繁重，他还有能力担负更大、更新或更多的角色。当一个新成员被委派来做一些工作的时候，可能会产生角色负荷不足的现象。

角色冲突和矩阵式组织结构

角色冲突经常会发生在矩阵式组织中（将在第 10 章讨论），有时会发生在灵活多变的企业项目研发团队中。当团队成员暂时性地从其他群体调来，或者只是来做一些兼职工作，这就会产生权利与责任的双向流动。

除非成员的不同角色得以明确划分，否则就会产生角色冲突。它一方面来自于成员本身群体的管理者，另一方面来自企业项目研发团队的管理者（角色不相容）。同时这也会导致成员对所担负工作的具体要求认识不清（角色模糊）。再者，来自两方面管理者的共同期望也可能会导致角色负荷过度。

角色压力

角色冲突会导致角色压力。正如第 1 章谈到的，尽管一定的压力可以被看作是一件好事，特别是在管理层，它能够带来高水平的绩效，然而角色压力也具有潜在的危险性。压力是产生紧张、挫败感与不满的源泉。它会导致交际和人际关系不畅，同时还会影响员工的工作士气、效率及健康状况。

在管理中，有多种方式可以避免或降低角色冲突和角色压力。

- 加强规范并明确规定角色的期望值。例如，将目标与政策书面化、使用手册、制定程序、引进合理的规章制度以及具体的工作规定。然而，这些措施可能会限制员工独立行动，减少员工个人发展的机会，从而导致更多的角色冲突。

- 增加成员数量、提高选择质量，并将特定的角色要求与员工的能力、动机、利益以及个性相匹配。
- 组织应该注意员工社会化培训、工作培训与再培训、职业发展规划培训。
- 医疗检查与健康筛选能够使潜在的相关压力问题尽早显现。
- 创造新角色或同化现存角色。任务和责任的再分配或重新改组。明确重要角色，消除或忽略小角色。
- 对于可能发生的事情给予预先关注与解释。例如一项必须亟待完成的、额外的、任务繁重的工作。在可能与合适的情况下，给员工提供锻炼机会。
- 关注那些能够改善团队结构与团队内聚力，并且能够帮助克服跨团队冲突的因素。
- 检查组织结构、信息流通及组织沟通网络。例如，一个雇员要向多个主管负责的情况。

对行为的其他影响

即使不存在角色冲突与角色压力，一个人的实际行为也会与人们所期望的行为模式有所不同。迈纳（Miner）列出了三种原因来解释这种不同。[31]

- 个人不能按照角色规定的要求感知工作。这是一种角色模糊，而这种模糊并不是由于角色规定本身不明确造成的，而是由于个人误解或曲解了角色规定的意思。
- 缺少工作动机，且个人不想按照规定工作。
- 个人没有能力（包括知识、智力和技能）按照角色规定的要求行事。

制裁的运用

组织使用大量鼓励制度或制裁措施使其成员的表现与组织所规定的角色保持一致。典型的例子有：增加薪水或工资、晋升、组织结构中的平行或降级调动、免职。

组织也可能会采取一些不太直接的制裁方式。包括：办公室或工作区域的划分大小、不受欢迎的工作的分配、从事耗时工作的几率、监督与授权的层级、所给信息的数量或咨询的范围、特权的授予与限制。

角色制裁还可以使用在非正式组织的运行过程中。团队成员可以对违反团队规定或不符合期望行为标准的个人实施制裁或进行惩戒。

团队工作的重要性

人们在团队中的行为表现与他作为个体时的行为表现同样重要。和谐的工作关系与良好的团队工作能使员工产生斗志，提高工作绩效。高效的团队工作是现代管理行为的基本要素，现代管理行为包括授权、质量圈和全面质量管理以及群体如何应对变革。在任何组织中，团队工作都是十分重要的，而在服务行业意义则尤为重大，例如，招待性行业的服务质量会对顾客的满意程度产生直接影响。[32]

根据 ACAS 的介绍，团队很早就出现了，几乎没有组织不使用这个术语。普遍来讲，当人们想强调合作的效能并需要利用雇员的各种力量时，就会谈论到团队工作。具体来讲，团队工作包括实施工作方式的重新改组。可通过以下几个方面增强团队工作的竞争力：

- 提高生产力；
- 提高质量，鼓励创新；
- 抓住科技进步带来的机遇；
- 提高雇员的激励与责任。[33]

组织结构的扁平化、控制结构的宽泛化、中层管理的简洁化以及雇员授权扩大化的总体趋势都强调团队工作的重要性。毋庸置疑，高效的团队工作对于组织朝着比其竞争对手更好、更快、更优的方向努力起着至关重要的作用。[34]

高效团队工作的技能

在最近一项关于欧洲顶级公司的研究中，赫勒（Heller）指出，在变化莫测的环境中，企业需要新型的管理者和新的方法，对培养新型管理者的一个关键策略就是："使团队工作有效地进行，这是一种新的、不可或缺的技能。"赫勒提到了翰尼肯的快乐团队。翰尼肯的部分文化优势就是意识到"组织文化中最优秀的文化就是团队文化"，"任何一个强大的组织都是由团队组成的团队，在团队中共同工作的人员也必须以团队为整体进行思考"。[35]赫勒还列出了翰尼肯"专业团队思维"的图表（详见表 6-2），他也坚持认为"与这 11 条中的任何一条进行争辩都是荒谬的"。

歌德汉姆提出，团队工作的增多使人们对工作中交往技能的兴趣日益增长。

> 当代组织中，特别是拥有高技术与高质量服务的企业，越来越多的工作需要团队完成。专责小组、项目研发组以及委员会是现代企业的主要组成部分。团队工作不仅依赖于组成团队成员的技术能力，还要依赖于他们的"凝聚力"。为了能够更好地开展团队工作，团队成员仅拥有团队精神是不够的。他们还需要协作技能以彼此支持，并且要以一种建设性的方式处理冲突，而不是以一种破坏性的方式。[36]

阿什莫斯（Ashmos）和南森（Nathan）对此问题也做过类似的阐述："团队已被广泛使用，来应对具有竞争性的挑战。事实上，人们在新的团体中工作所需要的最普通的技能之一就是团队工作的能力。"[37]

评论性反思

群体和团队工作是组织工作中重要的、不可或缺的部分，但是人们注重自己的个性、身份及自我表达的权利。因此，管理的真正技巧应该是充分利用人们的个性为群体这一整体牟利。你同意这种观点吗？你认为管理者如何能最好地接受培训，以提高群体绩效及贡献？

表 6-2　翰尼肯专业团队思维表

1. 团队目标是达成最优的决策，而不是匆忙地得出结论或简单地达成一致。团队领导通常对所采取的决定的质量负有最终责任，因此，他/她要积极引导团队思维，使之做出最佳决策
2. 为了产生最优的专业团队思维，团队领导必须保证撇开个人思想、小团体思想和事不关己的僵化思想。团队中只应存在思想间的竞争，而不是团队成员间的竞争
3. 团队思维首先必须确保最佳的问题要得到清楚地回答（包括完整的执行计划）
4. 团队思维过程是反复性的，而非线性的。因此，提出的问题在以后可能会有变动，讨论过程也可能会重复
5. 团队领导要确保成员在评估问题的时候做到充分地讨论，预见各种可能的结果
6. 团队领导应该这样问："我们还有什么选择？"而不仅仅是"答案是什么？"
7. 团队领导应该意识到在表达他/她的看法或偏好之前，先寻求或倾听团队成员的意见
8. 任何专业团队思维过程中，想出的方法总比使用的方法多。但是任何被拒绝的方法都应得到礼貌地、明确的解释，说明其被拒绝的原因。如此行事并非天真，而是很有分寸、很聪明的做法
9. 在做任何重要的决定之前，应明确风险/回报的因素，以及成功的可能性
10. 一旦做出了专业性的决策，团队必须专业地贯彻执行
11. 思考的时候认真思考，实践的时候努力实践

资料来源：From Robert Heller, *In Search of European Excellence*, Profile Book（1997）, p. 231. Reproduced with permission.

成员互动

我们以前提到过，一个人在群体中的行为与表现，同他作为个人的行为表现同样重要，我们也要把目光集中于团队工作的重要性上。在本章中，我们主要关注在职场中群体或团队中工作的人们以及他们的实际角色、行为和表现。然而，我们还必须清楚，"群体"和"团队"这两个术语在很多时候是可以替换使用的。

群体要想获得成功，并高效率地工作，就必须有团结一致、相互合作的精神。团队中的成员要通力配合。正如克瑞纳指出的，在大部分团队中，成员都持有不同技能。然而，他在提及欧宾（Obeng）[38]的著作时也指出，只是把个体技能简单地拼凑在一起是不可取的。

团队中有不同行为的成员必须要相互契合来实现目标。要想让成员在团队中成功工作，需要员工以某种方式来行事。有人需要关注手头工作（实际工作操作者）。有人需要能提供专业的知识（专业知识拥有者）。当问题出现的时候，还需要有人能解决问题（问题解决者）。同时需要有人能确保团队运行正常，每个成员都在为团队做奉献（监督检查者）。还需要有人保证团队的凝聚力（团队维持者）。[39]

正如 ACAS 所指出的，“想要维持组织的竞争力，无论这个组织是想繁荣发展，还是想保住生存地位，都要对设备和人员进行充分合理地利用。从广义上说，当人们强调相互合作，或要充分利用员工的不同特长的时候，就会谈到团队工作。”[40]

要想理解群体的功能和运行过程，就有必要了解人们见面时的所作所为、个体成员的行为表现、人们所扮演的角色、群体内部成员的互动或各种力量的作用方式以及对于个体和群体绩效的影响力量。例如，歌德汉姆指出：

一些帮助我们理解工作关系中的互动行为的概念，如角色行为、规范与合作、竞争、冲突以及冲突解决等，也同样能帮助我们理解群体中的互动行为。我们对于群体工作的理解可以应用到决策型的群体与团队中去，当然这两者也有各自对应的问题，但是并不是说团队不能解决问题。[41]

贝尔宾提出的团队角色

对于工作群体或团队中的个体角色最深入人心，最被广泛采用的分析研究，出自梅雷迪思·贝尔宾。在几年的钻研和实证研究中，贝尔宾对群体得出了这样的结论：倘若一个群体完全由精明的或有相似性格的人组成，那么这个群体通常会产生负面结果，而且也缺乏创造力。能够一直处于成功地位的群体会有许多角色包含在内，而且这些角色被不同成员所担任。群体的组成本身就是群体成功的一个重要变量。[42]在此之前，贝尔宾指出了八种对于团队的贡献方式，或者说是团队角色。

团队角色被描述为某种行为模式或成员之间相互联系的方式，且成员的表现对于团队的整体工作进程起推动作用。在贝尔宾随后出版的书中，他继续讨论了团队角色，这部书中有些观点相悖于原来的观点，并增加了第九个团队角色。[43]对于某单一角色的全力倾注自然会产生某些方面的缺陷，而这些都是允许范围内的缺陷，成员不会对这九种团队角色都很擅长。表 6-3 描述了这九种团队角色。

表6-3 贝尔宾提出的九种团队角色

角色名称	优势与贡献	可容许缺陷
创新者	富有创造力、想象力、不墨守成规。善于解决复杂问题	容易忽视细节，不能与其他成员进行有效沟通
资源调查者	外向、热情、好交际。善于寻求机会与他们建立联系	过于乐观，通常只会维持三分钟热度
协调者	成熟、自信，是一个很好的领导，能认清目标，改进决策过程。能选贤任能或任人唯贤	喜欢操控别人，同时干预私人工作
塑造者	喜欢应对挑战、活力充沛、能化压力为动力。有力量、信心克服困难	会挑衅他人，伤害他人感情
监督评估者	善于全面分析所有被选方案，并能准确做出判断	缺少激励他人的能力，过于苛刻
协作者	富有合作精神、性格温和、理解力强、做事谨慎。善于倾听，可能会与他人产生摩擦，但也能避免摩擦，是润滑剂	在紧要关头缺乏主见，很容易受他人影响
执行者	原则性强、可靠、保守、高效，善于把想法付之于实践	不灵活，对新情况应对缓慢
完成者	工作勤奋努力、小心谨慎，有时会对工作产生焦虑。善于排除工作中的失误，能按时完成工作任务	会表现出过度焦虑，不愿授权
专家	思想单一、信息独享、工作专注。能够在专门的生产领域提供知识和技术	只在某一领域做贡献，对专业技术的依赖性强，不太顾全大局

资料来源：Reprinted with permission from Belbin, R. M., *Team Roles at Work*, Butterworths Division of Reed Elsevier (UK) Ltd/Belbin Associates (1993) p. 23.

这些人物类型都是起重要作用的团队成员，也组成了一个非常全面的团队角色表。同时他们也是最主要的团队角色，包含了成功团队的基本特征。富有创造力的团队需要能对上述角色保持平衡，也要求成员之间能有互补性。“一个人不可能是完美的，但是一个团队却可以表现完美。”贝尔宾指出，虽然一个团队并不需要上述所有角色，但是如果一个角色能做到极致的话，它完全可以应对各种挑战。有些成员可能由于个人个性而深受欢迎，例如，有幽默感。但是经验表明，已经指出的九个团队角色已够全面了，无需再增加了。

候补团队角色和职能角色

成功的团队内部有各式各样的团队角色，他们对团队起到平衡作用。一个人在群体中所承担的角色不是固定不变的，会根据环境的变化而改变。个体成员可能会有自己的“候补角色”，相对于成员在团队中担负的主要角色而言，他们对候补角色更驾轻就熟。如果成员的某些角色没有发挥作用，他们就会承担起候补角色。

团队角色的概念与贝尔宾所称的“职能角色”是不同的。这些角色要求成员有特别的技术专长。承担职能角色的团队成员是以经验为基础选定的，而不是靠个人特长或才能。

贝尔宾开发了一套“自我评价量表”（Self-Perception Inventory），为群体成员提供简单的方法，评估他们的最佳团队角色。

贝尔宾团队角色表的价值

尽管人们对贝尔宾的团队角色表尚有疑虑，但它仍然是检验和比较团队角色的行之有效的方法。例如，为了检验地方政府管理者是否与民营部门管理者不同，阿罗巴（Arroba）和韦德伍德（Wedgwood）对两组管理者和贝尔宾的团队角色表进行了对比。两者之间有很多相似之处，但有两项不同，分别是给员工的评分和更愿意承担的团队角色。双方管理者在个人特性方面也不尽相同。数据表明，地方政府管理者更关注于组织目标的完成，但是他给团队员工的打分较低，这说明管理者高度关注组织工作，但对成员之间的相互交流重视不足。在地方政府中，管理者十分重视工作的激励和热情，但是却忽视了激发员工的想法和建立建设性的人际关系。[44]

英国管理者的团队角色分布

费希尔前已有等人在参考贝尔宾的团队角色表之后，进行了一项对管理者角色分布的研究。在过去的 15 年中，许多管理阶层被削减，管理的中间空隙被越来越多的团队所填充。

此项研究的参与者由 1441 名男性管理者和 355 名女性管理者组成，所有人都有一定的管理经验。他们要完成一项关于性格的问卷，并且每个人都是民营或公共部门的管理职位的候选人。

此项研究的数据由 ASE/NFER 出版公司提供，所得结果与贝尔宾的团队角色表进行了对比，两者结果大致相同。

研究者得出这样的结论，尽管对于团队我们还有一些未知的问题，然而值得欣慰的是，对于贝尔宾的团队角色表我们找到了进一步的有利支持。对于团队工作我们还有一些尚待解决的问题，但是这些问题可能存在于招聘员工的实际工作中，而不在关于团队的理论中。[45]

沟通形式

群体或团队成员之间的互动交流程度受沟通渠道结构的影响。巴瓦拉斯（Bavelas）[46]和之后的里威特（Leavitt）[47]等人就对一系列沟通网络进行了研究。这些沟通网络基于五人组成的群体，成员被要求解决某些问题。成员只被允许通过便条相互交流，而且成员间不能随意相互交流。

有五种主要的沟通网络类型：轮式沟通（Wheel）、环式沟通（Circle）、全通道式沟通（All-Channel）、Y式沟通（Y）和链式沟通（Chains）（如图6-7所示）。

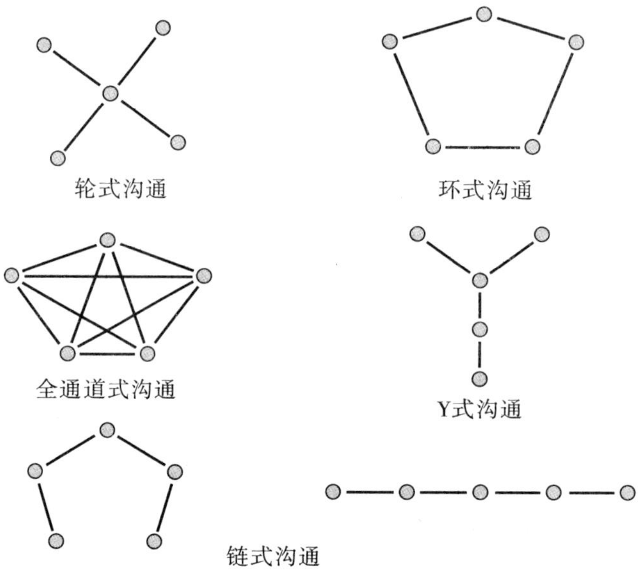

图6-6　沟通网络类型

- 轮式沟通有时也称为星式沟通，是集权式的沟通网络。这种沟通方式对于简单工作最有效，问题会更快捷地得以解决，而且会有更少的错误和信息流。然而，当问题变得更加复杂，并且需要中心人物发挥作用的时候，这种沟通方式的效率就降低了。中心人物是指处在网络中心的人，他是活动和信息的焦点，并且是群体工作的协调者。中心人物被视为群体的领导，并且享有高度满足感。然而，对于那些处于轮子边缘的人，情况却并不是如此。

- 环式沟通是一种较为分权式沟通类型。总体上说，它的效率较低。这样的群体组织性不强，领导预见性较低，工作也较为缓慢，并且不稳定。然而，环式沟通比轮式沟通在解决复杂问题方面更为迅速，在处理变化和新工作时也更为有效。在环式沟通中，成员的满意度最高，决策过程也有成员参与。
- 全通道式沟通是一种分权式的沟通网络，它需要成员进行讨论和参与。当某种复杂问题要求成员之间进行充分交流和沟通的时候，这种沟通类型就最具效果。领导预见性较低，但成员的满意度较高。然而这种全通道式沟通不能经受巨大压力，在压力下它会分解或重组为轮式沟通。
- Y 式沟通对于简单的工作更为适宜，它不太需要成员之间的交流互动，这种沟通网络集权性高，信息沿预定方向流动。领导预见性很高，但成员的满意度较低。

图 6-7 列出了集权式和分权式网络同群体绩效的关系。

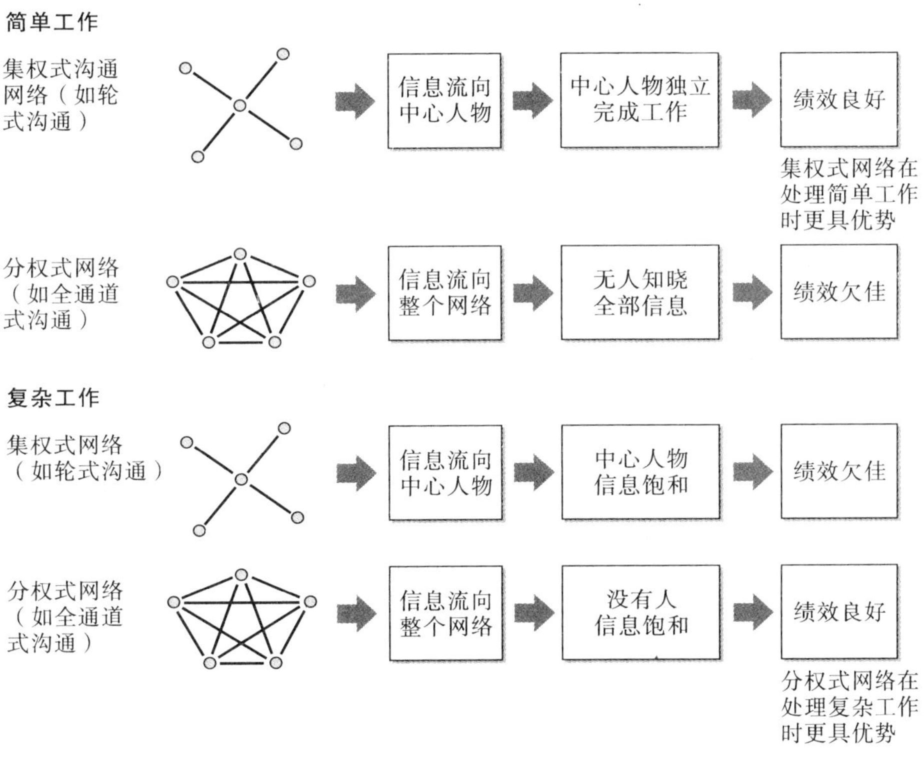

图 6-7　沟通网络与工作难易的关系

资料来源：Greenberg, J. and Baron, R. A., *Behavior in Organizations*, Sixth Edition, Prentice-Hall Inc. (1995), p. 306. Reproduced with permission from Pearson Education, Inc.

对管理者的启示

虽然上述沟通网络的研究有它的非现实性和局限性，但它确实对管理者具有某些启示意义。对于以上发现的了解，可以帮助管理者控制会议或团队的沟通模式。同时它们也是大型组织中成员之间的主要沟通方式。对于管理者来说，观察不同群体在不同情况下所采用的不同沟通方式也是很有意思的，管理者也同样要注意到沟通网络如何随着时间的推移而变化，以及它们如何影响群体绩效。

没有一种沟通网络会解决所有问题。这项研究提醒管理者要选用最适宜的沟通网络来完成一项指定工作。有些问题的解决需要群体成员之间频繁的沟通，而如果成员之间沟通和信息分享不通畅的话，就很难高效地解决问题。对沟通网络进行选择需要管理者对群体绩效与成员满意度进行权衡。

任务功能和维护功能

如果一个群体想要高效工作，无论它采用什么结构模式，无论成员之间关系如何，它都要承担任务功能（Task Function）和维护功能（Maintenance Function）两项功能。

- 任务功能直接与问题的解决、群体任务的完成以及目标的实现有关。大多数以工作为导向的行为都与“生产”活动有关，或与想法和信息的交流与评价有关。
- 维护功能与对群体的感情有关，它是指成员建立并维护一个高效工作群体的意愿。大多数以维护为导向的行为都与成员关系、支持鼓励、凝聚力的维持和冲突的解决有关。

群体领导和成员都可执行任务和维护两个功能，但是最终确保两种功能充分发挥和保证权利平衡的责任应由领导者担负。以任务为导向和以维护为导向的两种行为相互结合发挥作用，是群体成功和持续发展的关键。

除上述两种行为类型外，群体成员可能会说些话或做些事来满足个体需求或目的。从这种角度来体现的行为，称为“自我导向行为”。因此，群体中的个体成员有三种功能行为：任务导向行为、维护导向行为和自我导向行为。

成员角色的分类

在群体行为的研究中，关于成员角色的分类最早是由博那（Benne）和施茨（Sheats）提出的。[48]在成功群体中，成员角色被分为群体任务角色、群体维护角色和个体角色三类。

- 群体任务角色。这是指群体的工作是发现、确定并解决常见的问题。群体成员和领导者都可以承担这种角色。
- 群体维护角色。成员角色的功能是进行一系列有利于建立以群体为中心的工作态度或维护以群体为中心的工作行为的活动。群体中需要各种角色，每种角色都可以由成员或领导者承担。
- 个体角色。这种角色是以满足个体需求为基础的，成员角色的目的与群体任务和群体功能都没有关系，如成员的进取、寻求帮助等。

管理者为了提高组织绩效，则有必要了解人际关系的实质，并知道人们见面的时候通常会做什么。对个体而言，在群体中工作可以得到心理上的满足，但有时在群体中工作也并非易事。群体绩效和成员的工作满意度都要受群体成员间的交流与互动的影响。表 6-4 是五名商学院大四的学生在完成关于群体的调查研究后所做的评论。

表 6-4　学生在完成群体研究工作后的评论

在群体中我们学到了什么

1. 要倾听每个人的意见，并仔细考虑这些意见
2. 我们发现必须要做好牺牲某些利益的准备，同时我们会采用一套民主的决策过程。但如果一个人对某一观点持有非常强烈的看法，并且该论点有理有据的话，那么这个看法会被慎重考虑的
3. 我们经常会有挫折感
4. 因为成员的工作时间不同，所以召集会议是一项既浪费时间又艰难的工作
5. 我们学习到在工作中要竭尽全力挖掘各种资源，因为这可以提高总体工作标准。我们感觉我们设定了很高的个人标准，因此也期待着其他成员有较高的标准。同时我们认识到，当在生产力欠佳的群体中工作时，个人的工作表现可能会降低
6. 我们学习到最好在较小的而不是在大型群体中工作，因为在大型群体中，个人意见不会得到重视
7. 靠友谊维系在一起的群体不如靠工作维系在一起的群体有效率。因为前者的生产力不高
8. 我们发现从团队成员中得到积极回应、鼓励和反馈是有益的。同样地，消极的回应总是挫伤积极性
9. 我们学到了许多个人性格方面的知识
10. 我们在分享个人经历的过程中有很多收获
11. 把工作与个人关系相分离是很重要的

评论性反思

群体或团队内存在的等级结构、不可避免的角色冲突、权力斗争、政见及个性冲突意味着个体通常会比群体或团队更快、更有效地完成任务。你认为这在多大程度上是一个公正的评价？你自己的经历是怎样的？

个体绩效同群体或团队绩效对比

人们很难从个体与群体（或团队）绩效的对比中得出一个固定的结论，这可以从制定决策的例子中看出。虽然有些专门的群体，例如委员会，会专门考虑决策的制定，但是所有群体都必须做出某些决策。群体决策需要花费大量时间和资源。

如果将群体和个体绩效做个对比，就会发现一个显著的特征：社会懒惰行为和“瑞格曼效应”。所谓社会懒惰行为和“瑞格曼效应”，是指个体在群体中工作不如单独一个人工作时更努力的倾向。德国心理学家瑞格曼（Ringelmann）的“拉绳实验”比较了个体绩效和群体绩效。此试验中，工人被要求尽力去拉绳子，他们先单独拉绳，再被分到不同规模的群体中同其他成员一起拉。由一个计量表测量每次的拉力。虽然随着群体规模的增大整体拉力也增长，但是每个个体出的力却减少了，结果群体的拉力小于人们所期望的个体力量之和。[49]通过其他一些相似任务重复进行瑞格曼的实验，基本上支持了他的发现。[50]

霍尔认为，将团队视为“银色子弹”是危险的，“银色子弹”是一副能够解决所有企业问题的灵丹妙药。“并不是我认为团队没有用。团队的确很管用，但如果不能创建管理好团队，那么任何规模大小的组织都将很难运营……事实却是团体并非总是问题的答案。通常一个工作任务明确且管理得当的群体可以很好地完成任务……但是一些非常有工作能力的个体却并不是好的团队队员。”[51]

然而，人们一般认为，一个群体的力量之和要大于个体。[52]即使个体独自工作时就已经非常出众，他们作为一个团队集体工作时会取得更加卓越的成绩、做出更好的决策。[53]歌德汉姆认为同个体相比，群体能增加人们对决策的认可程度，团队能保证工作更加有效地进行。然而，只有当团队成员有技术专长和所需要的能力时，这才会发生。[54]

因此，人们可能会觉得一个较高水准的决策是由群体制定的。然而，一方面这种按照最普遍的观点所达成的折中和决策存在危险；另一方面，群体决策还存在所谓的风险转移问题。

风险转移现象

人们普遍认为群体所经受的风险要小，或是群体能制定更为安全、更为保守的决策，但事实却常常相反。在群体中工作的人们通常会就同一问题提出比单独决策时更冒险的建议。[55]

不难理解，这是因为成员对于群体决策及其所产生的结果没有相同的责任感。“一个大家所做的决策，其责任也是大家担负的。”对于风险转移（risky-shift）现象的解释包括以下几点。

- 在群体讨论中，那些倾向于采取冒险行动的人要比那些言行保守的人更具影响力。
- 勇于冒险在某些群体文化中被视为是积极进取的，这在与群体类似的社会环境中尤为突出。[56]

然而，群体在各种观点、想法的综合评价方面确实更为有效。再有，某些问题因其需要大量相关的知识和专长，群体在解决类似问题时也显示了个体无可比拟的优势。肖（Shaw）在对以上研究的评述中指出，有证据表明，与个体相比，群体能提出更多、更好的问题解决方案。[57]

群体迷思

组织的行为和绩效可能会受到群体迷思（Groupthinking）的不良影响。在对一些著名的政府决策群体的调查中，詹尼斯（Janis）指出，决策可能会打上群体迷思的烙印。詹尼斯把群体迷思解释为："群体内部压力会导致心智水平降低，对现实测评不准，以及对伦理问题判断有误。"[58]群体迷思会使决策质量下降。在任何组织中，当群体要进行重大决策时，都会发生这种现象。

詹尼斯指出了群体思维的主要特征。

- 无懈可击错觉：过分乐观，盲目自信，过分富于冒险精神。
- 集体合理化：通过集体意志将群体做出的决策合理化，而忽视外来挑战。
- 毋庸置疑信念：群体固有的道德标准使成员认为自己是完全正义的，从而忽视了决策所产生的道德及伦理方面的后果。
- 刻板观点：认为对手太软弱、太愚蠢，不堪一击。
- 直接压力：告知持有异议的成员，持有异议意味着对群体不忠诚，因此要对他们的意见进行压制。
- 自我审查：团体压力使人们趋于高度一致，没有反对意见。
- 群体产生一致的错觉：群体成员的意见看起来互为一致，并由此造成群体和谐统一的错觉。
- 自命的"卫道士"：群体里的卫道士会运用各种方法，自觉保护群体领导免遭异议骚扰。

汉姆布里克（Hambrick）指出："当群体成员有相似的经历和相近的地位时，就容易发生群体迷思现象。如果一个公司主管不喜欢冲突，或是喜欢惩罚持有反对意见的人，这同样也会产生群体迷思现象。"[59]

头脑风暴

头脑风暴（Brainstorming，或称之为"思维暴风雨"）是指群体采取一种充分自由的态度，尽可能激发成员想法，而且想法越新奇、越开放越好[60]。例如，让成员想出关于墙砖或汽车风扇皮带的尽可能多的、不同的使用方法。

头脑风暴法有以下步骤。

- 成员有充分的自由表达自己的观点，表达方式也是非正式的。
- 初级阶段关注的是想法的数量，而不是质量。
- 无论成员的想法多么奇特，多么不切实际，别人都不能批驳他的想法。
- 鼓励成员结合前面的观点，尽量加以扩展、创新，并尽量给予后面的成员以启发。
- 在所有想法被激发之前，不对任何观点做评论。

头脑风暴法鼓励成员不对想法进行评判，创造性思维能充分满足人的本能天性，自由快速地表达想法有助于创造性思维的产生。想法数量的增多也能导致想法质量的提高。

图6-8是一个关于如何鼓励创造性思维的练习，这项训练也可以用来对比个体与群体（或团队）的工作表现。（你的教练会给出至少一个答案，当然还有许多答案他也不知道！）

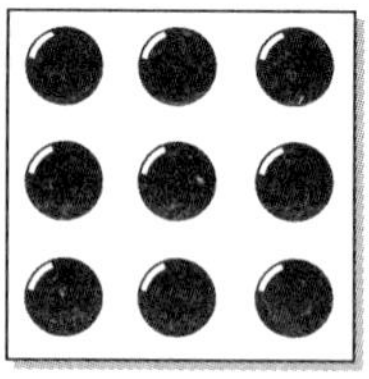

这项训练用来测试是否可以用四条线连接所有九个圆点

图6-8　训练创造性思维的练习

头脑风暴群体的有效性

人们会认为头脑风暴群体能比个体创造出更多的想法。时间是一个重要因素，经过一段时间的磨合，群体利用头脑风暴法训练会比个体创造出更多的想法。然而，有人对头脑风暴法的有效性持怀疑态度。尽管如此，头脑风暴法还是有许多的支持者，它也是员工开发训练课程的主要活动（详见表6-5）。[61]尽管人们对头脑风暴法持有消极观点，我们也要意识到革新对于组织绩效的重要作用。[62]

促进革新

任何能够促进革新的想法都应受到重视，而且一些相关结构技术也对革新有积极影响，这包括德尔菲技术和质量圈。

德尔菲技术（Delphi technique）是指群体成员以匿名的方式表达不同的看法和观点。成员的意见和建议由管理者统一收集之后，再传给其他成员咨询反馈意见。管理者对所得反馈进行对照研究后，再把意见反馈，寻求群体成员的意见，反复这样的步骤，直到群体成员就某一问题达成一致。虽然德尔菲技术较为费时，但是它却能解决面对面头脑风暴法的限制和群体迷思。

表6-5　头脑风暴法的优势

头脑风暴

头脑风暴是一个问题解决型/解决发现型技术，它可以运用于个体、群体或团队中。成员之间共同参与并讨论各种观点及可能性，这使得头脑风暴大有裨益。

第一步应该对需解决的问题和情况加以说明。理想情况下，应该有一个记录员，把所有的想法都记录在图表上。他/她也可以表达意见，但不能对他人的想法或建议加以评论。无论一个观点有多离谱，多不切合实际，也要被记录在案。

要鼓励每个成员积极参与。

当所有的建议及可能性都被提出，成员则对这些建议进行分析、阐释和修改，最后决定是接受还是拒绝。

有可能几种建议被同时接受。反向头脑风暴思维关注所有的可能性，然后就某些建议所引发的问题再进行头脑风暴式讨论，这有助于成员对想法或解决办法给出客观的评价。

如果操控得当的话，头脑风暴法是一种把所有成员融入到问题解决/决策制定过程的极佳办法。头脑风暴法的另一个好处是有助于激发各不相同的观点，有些观点也许没有多少价值，但有些观点则会对现在或将来具有非常重大的意义。创造力是可以相互传染的，一个奇思妙想会激发另一个奇思妙想。通常就是那个最离谱的想法，能激发人们找出真正的解决办法。

头脑风暴法：

- 所有成员参与其中
- 每个成员动脑筋
- 鼓励创造力
- 满足个体需要
- 鼓励沟通和倾听，信息共享
- 更多地关注想法/问题解决办法
- 更少地关注问题带来的风险

资料来源：Developing Your Staff, Bishop, S. and Taylor, D., Pitman Publishing/Longman Training(1994). Reproduced with permission from Pearson Education Ltd.

组建成功的团队

尽管人们对个体、群体、团队绩效各执一词，但有效团队工作在现代组织中变得越来越重要。这就要求管理者要清楚，并密切关注相关的方面，包括：

- 明确目标和可使用的资源；
- 组织运转过程和角色的说明；
- 授权、决策制定和沟通渠道；
- 交流沟通方式、任务功能和维护功能；
- 社会过程和非正式组织；
- 管理制度和领导方式；
- 培训与开发。

团队效率也会受具体工作、技术本质和组织环境的影响。然而，团队的绩效最终还是取决于其内部成员。群体个性意味着，在一个团队中能顺利完成的工作在组织中的另一个相似的团队中，可能就不会顺利完成。

正如威尔森（Wilson）指出的，虽然团队工作像大多数管理理念一样很简单，但这简单之中却蕴涵了极大的挑战。

> 要懂得团队工作的原则是不难的，但是要把它付之于实践却实属不易。开展团队工作不是直接移植工作，也不是简简单单地在原有基础上增加一些新想法，它是要对人们的工作方式进行根本变革。每个团队所要解决的问题都是不同的。每个组织、部门和个体、群体都面临着独一无二的问题，而且在很多时候，人们所要做的就是排除传统的工作方法，而不是实施新方法。
>
> 威尔森《组建团队靠态度》[63]

图6-9对有效工作群体进行了总结。

组建成功团队的技能

随着人们对团队协作及对个体认同的需求不断增长，社交技能和有效的人际关系越来越被组织所关注。如果人们没有在一起工作，那么他们仅仅是个体的集合。例如，道格拉斯（Douglas）提出了帮助人们掌握所谓的“软”技能的重要性：

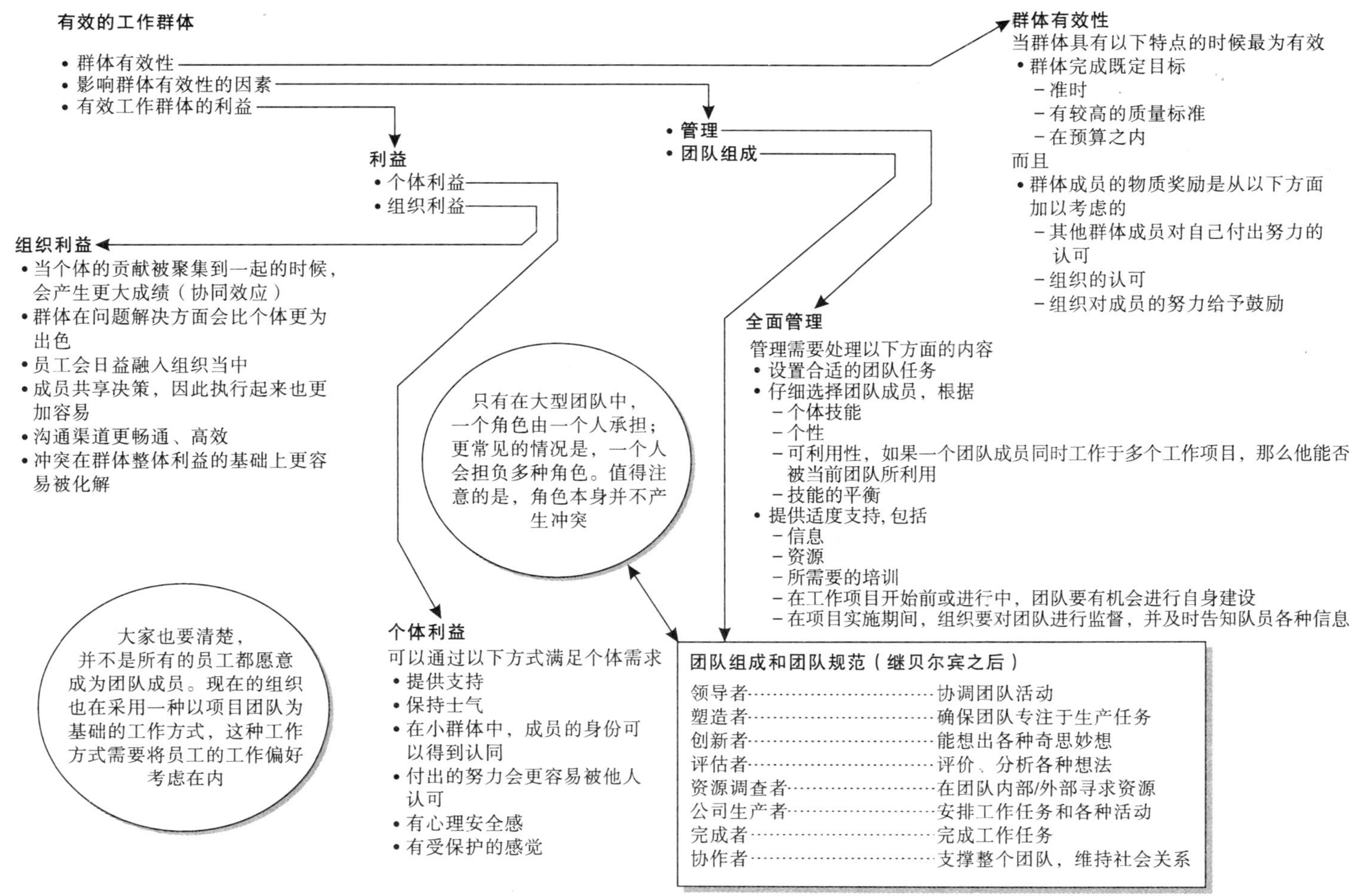

图6-9 有效工作群体的概念图

资料来源：Training Learning Consultancy Ltd, Bristol, England. Reproduced with permission.

在多数行业中的组织，尤其是那些高科技组织，对他们而言，协作、团队工作及对商业重要性和技术研究的重视与科学技术本身同样重要。如果个人的科学技术能力与人际能力不成比例，那么他就不能发挥本应发挥的作用。在此，人际关系能力主要是指人际管理能力及作为团队的一部分应如何发挥自身最大作用的能力。[64]

然而，道格拉斯指出，我们在生活中每天都会或多或少地与他人接触，所以有种趋势认为：人际关系管理能力只是我们与生俱来的一种能力的扩展。事实上，人际关系管理能力是一种较难且少有的技能，但是通常还是可以被习得的。

评论性反思

所有这些关于群体成员和组建成功团队的讨论都妙趣横生，在课堂上听起来也似乎很有道理，但是你认为这些在实际工作中有多大作用？当管理餐厅里的员工、流水线上的工人、同性恋酒吧的服务员或是管理像教师、医生、律师一样的专业人员时，这些知识是否还有用？

从新闻中学管理

足球案例可以帮助公司取得成功

约翰·凯（John Kay）

像许多讲师一样，我也有许多授课的幻灯片。最常用的一组已有15年历史了，它是关于英国足球俱乐部的成绩与队员开销的关系的。球员开销包括：薪酬和25岁以上球员的转会费。结论是付出与回报成正比，球员开销与俱乐部在联赛中的排名有着密切的相关性。当然，也有一些例外，其中最典型的例子就是利物浦队。利物浦和曼联比其他俱乐部投入都要多，但是曼联的绩效和我们所预想的一样，而利物浦却是回报大于付出。曼联组建的是一组优秀的球员，而利物浦组建了一支出色的团队。

2006年世界杯就是出色团队击败优秀队员的好例子。所有排名靠前的球员都非常优秀。最后进入四强的球队与专家预测的不同，因为专家是根据单个球员的技术来预测的，而奖杯不属于最佳球员，是属于最佳团队的。

我的听众在听关于公司获得巨变的长篇大论时，总是昏昏欲睡。而我的幻灯片是关于足球的，能将他们带回到生活，因此深受欢迎。幻灯片的重要目的就是阐明企业的成功不仅需要最优秀的人才、技术和资源，企业是通过投入成本和产出效益之差创造价值的。意大利队就是整体大于各部分之和，巴西队则不是。

各类企业都涉及产出和增值之差的问题，对于专业服务性公司则尤为重要，无论是足球队还是投资公司。高盛集团和麦肯锡公司不仅仅是简单地吸收人才（而曼联和巴西队是这样做的），像利物浦和意大利队一样，这些企业所取得的成就远远超出了人们所预料的个人能力所能达到的范畴，这使这些公司盈利巨大。企业同优秀雇员分享超额利润以留住他们，并保持企业的竞争优势。

但是如何将一支出色的团队同一组优秀的队员区分开呢？组织知识属于企业，而非组成企业的个体。我所在的群体对利物浦队系统、有序的组织方式感触颇深。他们赛后进行总结，利物浦队赛前大量宣传球员、俱乐部及球场，但是其成功的最主要原因还是简单、经济的足球比赛模式。当一个球员可以射门或将球传给另一个处于更佳位置的球员时，他的选择取决于他在多大程度上更倾向于团队绩效而非个人表现以及他希望那个球员射门还是继续传球。由于个体行为取决于他对别人行为的预期，所以不同团队会有不同的状态。加入到团队中的个体会发现最好还是遵循团队的风格，来维系这种平衡状态。这就是为什么转变不是口头说说就能达到的，所以比起以前那些空谈，我的听众有理由对足球队的比喻更感兴趣。

资料来源：FT. com,10 July 2006（adapted from source article）

讨论题

1. 结合图 6-9 列出的有效工作群体特征，分析这篇文章对团队工作的评论。图中的哪些特征表现了出来，哪些没有？

2. 从沟通模式方面批判性地评价有关利物浦队俱乐部的评论。什么技巧和活动能帮助管理者在成员和团队间达到有效的沟通？

本章概要

- 工作是以群体为基础的活动，而且群体和团队是人际行为和工作组织的表现形式。成员之间必须相互合作来开展工作。融洽的工作关系和优良的团队工作有助于提升员工士气，提高组织绩效。所有的团队都是群体，但是并不是所有的群体都是团队。
- 群体是由于组织结构对于工作的细致划分而形成的。正式群体是由管理层周密计划组建而成的。它是组织结构的一部分，同时其目的也是为了实现特定的组织目标。非正式组织以私人关系为基础，它的发展不受正式组织的限制。非正式群体可以满足群体成员的心理及社会需求。

• 管理者应关注成员之间的相互合作。影响群体凝聚力的因素包括群体成员、工作环境、组织、群体发展及成熟程度。强大、高凝聚力的群体也存在潜在的劣势，管理者要努力避免非建设性的群际冲突。另一方面，群际冲突也可以看作是提高群体内部凝聚力的有效手段。

• 有效工作团队的特征无法一一例举。最主要的特征就是团队成员在统一的团队中相互配合、通力合作，同时保持和睦、互相支持的关系。技术本质和组织的工作流程对群体有重要的影响。信息技术的影响可能会导致新型工作组织模式的产生，同时它也会影响群体的组成与结构。

• “角色”的概念对于理解群体的运行、群体过程和行为至关重要。正是通过不同角色分工使得工作群体结构和成员关系得以确立。不合理的角色定义会导致角色冲突，包括：角色不相容、角色模糊、角色负荷过度、角色负荷不足。管理者要努力减少角色冲突，降低角色压力，这是十分重要的。

• 群体成员要通力配合，团队内部应奉行统一合作的精神。贝尔宾指出了成功群体的主要贡献力量和不同的团队角色。沟通渠道也会影响沟通水平。有轮式沟通、环式沟通、全通道式沟通、Y式沟通和链式沟通五种主要的沟通网络。

• 组建成功团队需要有效领导，这需要充分的信任、清楚明确的交流沟通、成员的参与投入和自我管理。虽然团队工作潜力的实现有赖于自我调整，但是团队还是需要一定的管理指导。管理工作就是监督团队的发展并提供必要的支持与培训。

利用 www.pearsoned.co.uk/mullins 这一网站上的网络资源来进行知识更新与在线研究。

复习与讨论题

1. 什么是群体？“群体”和“团队”这两个术语是什么意思？解释群体价值和规范的重要性及影响。请从你自己所在的组织中给出实例。

2. 你如何区分“群体”和“团队”？你认为这个区分在多大程度上对管理者有实际意义？

3. 区分正式和非正式群体，并提供例证。群体在组织中起什么作用？

4. 辨认组织发展及成熟的不同阶段。还有其他什么因素会影响群体凝聚力？请参照你所属的工作群体举出实例。

5. 组织中角色结构是什么？做一个图表指明你自己在工作中的角色组合。举例说明你现有的或曾经有的非正式角色期望。

6. 对比不同的沟通网络。请举例说明每种沟通网络类型在哪种场合下最行之有效。

7. 试区分（a）群体任务角色；（b）群体建立和群体维护角色；（c）个体角色。

根据不同的团队成员角色，并结合自己的实际给出实例。

8. 试解释（a）群体迷思；（b）风险转移现象；（c）头脑风暴。结合群体和团队，评价个体工作的适度标准。

9. 认真考虑组建有效团队工作的重要因素。

作业

第一步

获得或准备一张描述你所在组织或组织的一个大型部门内正式群体的图表：

- 利用这张图表，明确正式结构内存在的非正式群体；
- 讨论这些非正式群体通过何种方式利于或不利于组织/部门的工作；
- 解释管理者在多大程度上认识到非正式群体的影响。

第二步

回想你在一个熟悉的工作群体或团队中的经历，并从以下几点进行批判性的评论。

- 成员在多大程度上清楚群体的目标，组织期望他们取得怎样的绩效，如何评估？
- 群体成员多元化及多元化对群体运营及成功的意义。
- 什么使群体有效运营或分崩离析？

第三步

从这个任务中你得出了什么结论？

案例分析

孟买的“达巴瓦拉”——世界级的优质服务

研究组织行为学的人经常读到有关全球商业的报道，在这些报道中，优质的管理多源于尖端的技术和大量的金融投资。本案例中的组织既没有尖端技术，也从没有过大量的投资。然而，近年来它却声名鹊起，使得全球商学院竞相研究孟买盒饭公司的出色管理。

印度盒饭公司（盒饭投递公司）在孟买经营的业务十分简单。每个工作日，公司送餐员从孟买郊外收集并投递约175 000份用传统的午餐盒装好的午餐。这些午餐是由在孟买市区工作的工人的妻子或母亲亲手制作的（有些由当地的餐馆准备）。因此很明显，每份午餐都不一样，这也正是盒饭公司服务的独特魅力所在。晚些时候，送餐工又忙着收集空饭盒并将它们送回到顾客家中。

在某些方面，这种服务方式同现在国际信件投递有些类似。送餐员先将各地的午餐集中，然后装上火车统一批量运输到孟买市中心，火车上有为运输午餐专门预留的车厢。在城中心的每个车站，盒饭公司的员工将运往本站附近目的地的盒饭卸下，然后人工分类，再送到每一个顾客工作的办公室和工厂里。送餐工也会将要运往前方站点的盒饭装上火车。火车在这些站每次只停留约20秒，这足以让欧洲的低成本航空公司为之惊叹。就这样，午餐于每天12：45准时送到饥饿的工人手中[65]，等到顾客吃完午饭后，整个过程再倒过来重来一次，空饭盒又被送回每个顾客的家中。要想享受这项服务，每个月需花费300~500卢比（6~7美元），送餐工每月可以挣到约5000卢比（约115美元）。排灯节的时候，顾客们会向公司支付额外的费用。这项复杂的、协调准确的工作在孟买这样一个喧闹、交通堵塞并时常出现混乱的城市有序地进行着。送餐工步行或骑自行车穿梭在街道中，不论天气如何，盒饭都会准时送达目的地。据说该项工作的出错率极小，餐盒在运送途中丢失的情况差不多每两个月才会出现一例。

最佳团队

这个每天都会发生的奇迹并没有信息技术的支持：既没有产品跟踪，也没有计算机或条形码。有的只是每个餐盒上的一个手写编码，凭借这个编码，送餐工可以知道盒饭将运往哪里，在哪里卸货，以及它的最终目的地和送回地址。许多的送餐工文化程度都不高，但是他们所拥有的阅读手写编码及将大约40份盒饭通过拥挤的街道进行运送的能力对于整个盒饭投递系统是十分关键的。整个送餐过程中体现的有效性和高效率已经吸引了许多国家的商学院。盒饭公司的员工很自豪地宣称[66]，他们公司的服务是六个西格玛品质（出错率为百万分之一），这种绩效足以媲美全球领先的公司。商业战略专家普拉哈拉德（Prahalad）认为，该系统的运营方式和它的低资本密集性值得关注：

这个运营方式是很好的，因为它可以大大减少企业的资本密集度。在全球，产出和成本之间还有很大的缩减空间。[67]

本案例引人注目之处并不在于物流方面的技术细节，而是完成此项服务的团队。据说，孟买盒饭投递业务起源于1890年[68]，由印度企业家Mahadeo HavajiBacche[69]首创。当时的孟买城规模远不及现在，但每天从郊外到城区的客流量却在迅猛上升。盒饭投递服务最初的设计就与现在的差不多，只不过那时的火车由蒸汽机引擎带动，街道上堵塞的都是动物而不是现在的车辆，但是服务所面临的挑战却是基本一样。印度的工人素有青睐家庭饭菜的文化传统。孟买有来自国内其他地区的劳动大军，“家庭饭菜”意味着各种各样风格迥异的传统习俗。因此，一种能够将当地劳动大军所喜爱的各类不同家庭饭菜准确投递的服务应运而生。此项服务从20世纪50年代发展成为现在的格局。

如今在孟买大约有5000名盒饭投递工，这些工人被有组织地编成小组，每个小组有20～25人，由一位富有经验的组长管理。Ragunath Medge是孟买盒饭供应连锁集团的总裁（现在他经常在各商学院的研讨会上作为客座演讲人）。他表示那些在公司工作的人都是公司的持股人，而不是雇佣工人：

如果是雇佣工人的话，那么就会有工会和罢工现象。我们在公司里都是股东，因而可以一起分享公司的盈利。

他解释道，送餐工主要来自普内（Pune）区，而且大部分投递工之间存在某种人际关系：

我们都来自撒亚德里（Sahyadri）东部的地区，我们对每一个加入我们的成员都很熟悉。如果有外人加入，开始我们会给他开固定的工资，如果过了几年他的确赢得了我们的信任，我们就会让他成为公司的股东。[70]

在2002年的英国《卫报》上的一篇文章中，一位送餐工人很好地印证了孟买盒饭工人的这种思想：

Sapan Mare *自1970年开始，就从事盒饭投递工作，他自豪地说道：“这是一项有很强社交性的工作。我喜欢这种与许多人打交道的方式。我们快速进入孟买市中心提供服务。我家族中有100～110人在这个行业工作。我家里四代人都是送餐工人。”*[71]

Medge表示只要从业人员有足够的精力，这项工作就可以一直做下去。网络上关于Medge先生的一次发言记录进一步告诉我们，盒饭投递团队所特有的纪律细节：团队成员大都是素食者而且不会饮酒。工作时间饮酒是违纪的，初犯和再犯会招致罚款，而第三次违纪就会被清理出团队。[72]同时，团队成员还有统一的着装规定，或许这是为了体现对他们高标准服务的自豪和信心，也可能是为了能在工作过程中争取公众的配合，以使每日投递工作顺利进行。公司也很重视成员的诚信品德，要求盒饭投递工人必须没有任何犯罪记录。

行业前景

正如任何一本服务业营销的教材都会强调，顾客通常也在服务提供过程中起作用。在这个案例中，如果盒饭不能准时被收集，送餐工的专长和努力也不会有任何结果。那些在家里和餐馆准备盒饭的人们也应被视作投递团队的一部分。有时，顾客会把这种投递的网络当作一种非正式的沟通媒介，在盒饭中附加一些小纸条来进行传递。

孟买是席卷印度经济社会剧变的前沿城市，盒饭投递系统虽然仍是这个城市工作日的主要部分，但是它也开始受到变革的冲击。快餐的迅速发展作为一种全球现象，虽然渗入印度市场的速度相对较慢，但现在也开始对其造成一定影响。现在，Medge先生的商业运营仍然坚决拒绝计算机化（电脑化会给孟买的交通带来改善吗?)，然而公司现在确实有自己的网站，并且可以通过网站或手机短信接受顾客的预订。面对全球快餐业的浪潮，公司的网站也重申公司的传统核心价值观。[73]在“选择盒饭投递服务的十大理由”中，以下几条对孟买工人们最具说服力：

1. *家里做的食物最有利于健康……外面的垃圾食品会使你生病，甚至失去生命……*

2. *家里做的食物更为便宜……这是简单的数学问题。*

3. *难道你不爱你的家人，不想吃他们做的饭吗？*

一个多世纪以来，孟买盒饭工人为成千上万的顾客提供了服务。他们令人惊叹的有效服务继续在每个工作日为人们提供可信赖的低价服务。在公司的网站上，我们可以看到他们在全世界有许多的赞誉者，其中包括英国的查尔斯王储（他曾邀请本案例中提及的两位盒饭投递工人参加他与卡米拉的婚礼)、维珍（Virgin）品牌的创始人理查德·布兰森，还有慢食运动的“粉丝”。经过了好几代人的努力，团队的凝聚力、奉献精神和严格的纪律是他们传奇服务的主要保证。因此，极有可能的是在现代化不断推进的今天，这项传统服务还将在孟买居民的心中占据一席之地。

你的任务

1. 如果一个团队可以被定义为朝着一个共同目标而奋斗的一组人，讨论孟买盒饭投递服务这种把团队成员作为股东而不是雇佣者的做法的利弊。同一类做法是否能应用到其他类似的物流操作中？

2. 用图6-4中的框架分析盒饭投递团队的凝聚力和绩效。盒饭投递服务是怎样反映一个有效工作团队的特点的？

3. 迄今为止，为什么科技在孟买盒饭投递服务的发展中扮演如此小的角色？明确科技在哪些方面会影响组织的团队精神。

注释与参考文献

1. Schein, E. H. *Organizational Psychology*, Third edition, Prentice Hall (1988), p. 145.
2. Adair, J. *Effective Teambuilding*, Gower (1986).
3. Guzzo, R. A. and Dickson, M. W. 'Teams in Organizations: Recent Research on Performance and Effectiveness', *Annual Review of Psychology*, vol. 47, 1996, pp. 307 – 38.
4. Holpp, L. 'Teams: It's All in the Planning', Training & *Development*, vol. 51, no. 4, April 1997, pp. 44 – 7.
5. Crainer, S. *Key Management Ideas: Thinkers That Changed the Management World*, Third edition, Financial Times Prentice Hall (1998), p. 237.
6. Cane, S. *Kaizen Strategies for Winning Through People*, Pitman Publishing (1996), p. 116.
7. Belbin, R. M. *Beyond the Team*, Butterworth-Heinemann (2000).
8. Riches, A. 'Emotionally Intelligent Teams', *Organisational Change & Leadership Development*, www.anneriches.com.au [accessed 11 March 2003].
9. Huck, S., Kubler, D. and Weibull, J. 'Social Norms and Economic Incentives in Firms', Economic & Social Research Council, 5 March 2003.
10. Boyton, A. and Fischer B. *Virtuoso Teams: Lessons From Teams That Changed Their Worlds*, Financial Times Prentice Hall (2005).
11. Lysons, K. 'Organisational Analysis', *Supplement to The British Journal of Administrative Management*, no. 18, March/April 1997.
12. Law, S. 'Beyond the Water Cooler', *Professional Manager*, January 2005, pp. 26 – 8.
13. See, for example: Jay, A. *Corporation Man*, Penguin (1975). In an amusing historical account of the development of different forms of groups, Jay suggests that ten is the basic size of human groups.
14. Cane, S. *Kaizen Strategies for Winning Through People*, Pitman Publishing (1996), p. 131.
15. McKenna, P. J. and Maister, D. H. 'Building Team Trust', *Consulting to Management*, vol. 13, no. 4, December 2002, pp. 51 – 3.
16. Bass, B. M. and Ryterband, E. C. *Organizational Psychology*, Second edition, Allyn & Bacon (1979).
17. Tuckman, B. W. 'Development Sequence in Small Groups', *Psychological Bulletin*, vol. 63, 1965, pp. 384 – 99, and Tuckman, B. W. and Jensen, M. C. 'Stages of Small Group Development Revised', *Group and Organizational Studies*, vol. 2, no. 3, 1977, pp. 419 – 27.
18. Cited in Green, J. 'Are Your Teams and Groups at Work Successful?', *Administrator*, December 1993, p. 12.
19. Argyle, M. *The Social Psychology of Work*, Second edition, Penguin (1989).
20. Brooks, I. *Organisational Behaviour: Individuals, Groups and Organisation*, Third edition, Financial Times Prentice Hall (2006) p. 99.
21. *Teamwork: Success Through People*, Advisory Booklet, ACAS, April 2003, p. 9.

22. See, for example: Kinsman, F. 'The Virtual Office and The Flexible Organisation', *Administrator*, April 1994, pp. 31 - 2, and Chowdhury, S. *Management 21c*, Financial Times Prentice Hall (2000).

23. See, for example: Johnson, P., Heimann, V. and O'Neill, K. 'The "Wonderland" of Virtual Teams', *The Journal of Workplace Learning*, vol. 13, no. 1, 2001, pp. 24 - 30.

24. Hall, P. Team Solutions Need Not Be the Organisational Norm', *Professional Manager*, July 2001, p. 45.

25. Parker, C. 'Remote Control- A Case Study', *Manager: The British Journal of Administrative Management*, March/April 2002, p. 30.

26. Norval, D. in conversation with Law, S. 'Beyond the Water Cooler', *Professional Manager*, January 2005, pp. 26 - 8.

27. Symons, J. 'Taking Virtual Team Control', *Professional Manager*, vol. 12, no. 2, March 2003, p. 37.

28. Francesco, A. M. and Gold, B. A. *International Organizational Behavior*, Second edition, Pearson Prentice Hall (2005), p. 118.

29. Murray, S. 'Virtual Teams: Global Harmony is Their Dream', *Financial Times*, 11 May, 2005.

30. See, for example: Lerner, P. M. 'Beware the Gatekeeper', *Amtrak Express*, July/August 1994, pp. 14 - 17.

31. Miner, J. B. *Management Theory*, Macmillan (1971).

32. See, for example: Mullins, L. J. *Hospitality Management and Organisational Behaviour*, Fourth edition, Longman (2001).

33. 'Teamwork: Success Through People', Advisory Booklet, ACAS, April 2003.

34. Lucas, E. 'And the Winner is Everyone', *Professional Manager*, January 2001, p. 10.

35. Heller, R. *In Search of European Excellence*, HarperCollins Business (1997), p. 229.

36. Guirdham, *M. Interactive Behavlour at Work*, Third edition, Financial Times Prentice Hall (2002), p. 12.

37. Ashmos, D. P. and Nathan, M. L. 'Team Sense-Making: A Mental Model for Navigating Uncharted Territories', *Journal of Managerial Issues*, vol. 14, no. 2, Summer 2002, p. 198.

38. Obeng, E. *All Change*, Pitman Publishing (1994).

39. Crainer, *S. Key Management Ideas: Thinkers That Changed the Management World*, Third edition, Financial Times Prentice Hall (1998), p. 238.

40. *Teamwork: Success Through People*, Advisory Booklet, ACAS, April 2003, pp. 6 - 7.

41. Guirdham, M. *Interactive Behaviour at Work*, Third edition, Financial Times Prentice Hall (2002), p. 463.

42. Belbin, R. M. *Management Teams: Why They Succeed or Fail*, Butterworth-Heinemann (1981).

43. Belbin, R. M. *Team Roles at Work*, Butterworth-Heinemann (1993).

44. Arroba, T. and Wedgwood-Oppenheim, F. 'Do Senior Managers Differ in The Public and Private Sector? An Examination of Team-Role Preferences', *Journal of Managerial Psychology*, vol. 9, no. I,

1994, pp. 13 – 16.

45. Fisher, S. G., Hunter, T. A. and Macrosson, W. D. K. 'The Distribution of Belbin Team Roles among UK Managers', *Personnel Review*, vol. 29, no. 2, 2000, pp. 124 – 40.

46. Bavelas, A. 'A Mathematical Model for Group Structures', *Applied Anthropology*, vol. 7, 1948, pp. 19 – 30, and Bavelas, A. 'Communication Patterns in Task-Oriented Groups', in Lasswell, H. N. and Lerner, D. (eds) *The Policy Sciences*, Stanford University Press (1951).

47. Leavitt, H. J. 'Some Effects of Certain Communication Patterns on Group Performance', *Journal of Abnormal and Social Psychology*, vol. 46, 1951, pp. 38 – 50. See also: Leavitt, H. J. *Managerial Psychology*, Fourth edition, University of Chicago Press (1978).

48. Benne, K. D. and Shears, P. 'Functional Roles of Group Members', *Journal of Social Issues*, vol. 4, 1948, pp. 41 – 9.

49. Kravitz, D. A. and Martin, B. 'Ringelmann Rediscovered: The Original Article', *Journal of Personality and Social Psychology*, May 1986, pp. 936 – 41.

50. See, for example: Karau, S. J. and Williams, K. D. 'Social Loafing: A Meta-analysis Review and Theoretical Integration', *Journal of Personality and Social Psychology*, October 1993, pp. 681 – 706.

51. Hall, P. 'Team Solutions Need Not Be the Organisational Norm', *Professional Manager*, July 2001, p. 45.

52. See, for example: Blanchard, K. and Bowles, S. *High Five: None of Us Is As Smart As All of Us*, HarperCollins Business (2001).

53. Stanley, T. J. 'The Challenge of Managing a High-performance Team', *Super Vision*, vol. 63, no. 7, July 2002, pp. 10 – 12.

54. Guirdham, M. *Interactive Behaviour at Work*, Third edition, Financial Times Prentice Hall (2002), p. 498.

55. Kogan, N. and Wallach, M. A. 'Risk-taking as a Function of the Situation, the Person and the Group', in Newcomb, T. M. (ed.) *New Directions in Psychology Ⅲ*, Holt, Rinehart and Winston (1967).

56. For a comprehensive review of the 'risky-shift' phenomenon, see, for example: Clarke, R. D. 'Group Induced Shift Towards Risk: A Critical Appraisal', *Psychological Bulletin*, vol. 76, 1971, pp. 251 – 70. See also: Vecchio, R. P. *Organizational Behavior*, Third edition, Harcourt Brace and Company (1995).

57. Shaw, M. E. *Group Dynamics*, McGraw-Hill (1976).

58. Janis, J. L. *Victims of Groupthinh*, Houghton Mifflin (1972) and Janis, J. *L. Groupthink*, Second edition, Houghton Mifflin (1982).

59. Hambrick, D. 'Putting the Team into Top Management', in Pickford, J. (ed.), *Financial Times Mastering Management* 2.0, Financial Times Prentice Hall (2001), p. 289.

60. Osborne, A. F. *Applied Imagination: Principles and Procedures of Creative Thinking*, Scribner's (1963).

61. See, for example: Bishop, S. and Taylor, D. *Developing Your Staff*, Pitman Publishing/Longman Training, (1994).
62. See, for example: Waterman, R. *The Frontiers of Excellence*, Nicholas Brealey (1994).
63. Wilson, J. 'Building Teams-with Attitude', *Professional Manager*, September 1998, p. 13.
64. Douglas, M. 'Why Soft Skills Are an Essential Part of the Hard World of Business', *Manager, The British Journal of Administrative Management*, New Year 2003, pp. 34 – 5.
65. Harding, L. 'A Bombay Lunchbox', *The Guardian* on-line, June 2002. http://www.guardian.co.uk/elsewhere/journalist/story/0,7792,743042,00.html [accessed 4 August 2006].
66. The Dabbawalah website http://www.mydabbawala.com/ [accessed 4 August 2006].
67. Anderson, B. 'Fast Food Delivers Lunchtime Lesson', CNN.com website, 17 August 2004. http://www.cnn.com/2004/BUSINESS/08/16/mumbai.dabbawallahs/index.html [accessed 4 August 2006].
68. The Dabbawalah website, http://www.mydabbawala.com/ [accessed 4 August 2006].
69. Harding, L. 'A Bombay Lunchbox', *The Guardian* on-line, 24 June 2002. http://www.guardian.co.uk/elsewhere/journalist/story/0,7792,743042,00.html [accessed 4 August 2006].
70. The Dabbawalah website, http://www.mydabbawala.com/ [accessed 4 August 2006].
71. Harding, L. 'A Bombay Lunchbox', *The Guardian* on-line 24 June 2002. http://www.guardian.co.uk/elsewhere/journalist/story/0,7792,743042,00.html[accessed 4 August 2006].
72. Nomad(i) Blogspot of an unknown Indian at http://nomadi.blogspot.com.
73. The Dabbawalah website, http://www.mydabbawala.com/ [accessed 4 August 2006].

第7章

领导的本质

> “领导并不是指领导者本身，而是指领导者如何建立员工对他的信心。领导者不仅要负责在整体组织机构设置上奠定信心的基石，而且要在日常人际交往中打造积极的情绪氛围以激励员工……领导者通过倡导高标准，践行高标准，并建立正式的组织结构机制来实现高标准。”
>
> 著名商务思想领袖与获奖作家　罗莎贝斯·莫斯·坎特
>
> (Rosabeth Moss kanter)

管理学中一个必要的组成部分就是如何协调人的活动，引导成员朝着组织目标的方向努力，它包含了适宜的领导过程和行为方式的选择。领导对组织绩效起重大作用。管理者必须了解领导的影响作用，以及影响人际关系和领导关系的各个因素。

□学习目的

学完本章后，你应该能够：

- 解释工作组织中领导的含义和重要性；
- 对比不同的领导方法和理论；
- 把领导视为行为的一个方面，解释不同的领导风格；
- 探索权变理论；
- 评价变革型领导和激励型领导的本质及其主要构成条件；
- 解释领导关系及如何行使领导权力与影响力；
- 评述决策有效领导与开发的变量。

评论性反思

领导就是决心、人格和天生的才能在特定的时间、特定的竞争情况下的特定组合。许多商界领袖并没有受过正规的教育，但各自有其独特的领导风格。这是否说明优秀的领导者是天生的？或者你是否认为有效的领导者可以后天栽培？

领导的含义

从不同角度来阐释，领导有不同的含义。简单来说，领导可以解释为“让别人跟随”或“让别人心甘情愿地工作”，或者再具体一些，可以理解为“运用权力做决策”。领导职权可以根据一个人的职位或个人知识得以实施。领导可能源自人的个性，也可能被视作一种个体行为，它也可以从领导者角色和引领员工取得良好绩效的能力来加以审视。克雷纳（Crainer）指出，人们对领导一词有400多种定义，“对于领导的众说纷纭的解释就是一个名副其实的雷区，任何理论家和实践家都要小心行事。”[1]

诚然，要概括领导的意义实属不易，但是总体来说，领导就是一个人影响其他人行为或行动的关系。也就是说领导过程与群体活动和高效的团队工作是密不可分的。

尤思姆（Useem）指出，领导工作包括改变组织结构，在众多选择中做积极正确的抉择，培养并调动成员使工作得以顺利完成。

当领导者的愿景具有战略性、话语具有说服力、结果实际有效的时候，这才是最佳领导。学习领导，其实不需要一个确切的定义，所需要的是指导性的概念。这些概念应高度概括，以便应用于不同场合；同时要足够具体，以便对我们的所作所为有切实的启示作用。[2]

然而，尤思姆还认为，除了掌握先进观念和科学的策略，领导者还应具备新的重要能力，即领导同级和领导上级的能力。随着外包使用的日益增多，管理者需要有领导同级的技巧，他不但要把工作分派给下属，同时还要有横向领导的能力，也就是说安排同级同事进行工作。再有，因为组织会分散权力，管理者还必须能领导自己的老板，即有领导上级的能力，并得到上下级的拥护。

启发并影响他人

如今，领导不仅仅是命令和控制，它更讲究的是启发，同他人建立良好的关系，以及创建企业发展的愿景。根据电脑商情报（CBI）的最新报道，能够激励下属发掘自身与集体的潜力的有效领导者是决定一个公司是安于现状还是跻身卓越的关键要素。[3]

愿景对团队凝聚力绝对重要。它必须是定性的、目标远大的、并富有想象力。测试愿景好坏的标准就是人们是否能够迅速紧跟你领导的方向；至于具体能多迅速，则是他们自己的事。你只有通过领导、示范、真诚的交流才能使人们与你一起朝着愿景奋斗。企业的每个人都必须认可你的愿景。

约翰·哈威琼斯（John Harrey·Jones）[4]

莱文指出，领导者应该通过提高员工能力和改进团队协作，来推动员工和组织向前发展。领导者的工作是不断地向浇熄员工热情与奉献组织的渴望的官僚制度发起挑战。在新千年里，领导者要创造一个鼓励培养技能、学习能力和开放度的环境，使得团队成员可以参与到财务和人力资源的配置中。[5]

激励性领导本章稍后将详细论述。

领导的重要性

工作组织不断变化的本质，包括扁平化的组织结构的推行，以及组织对于人力资源的重视，再加之社会民主的进步，都把领导摆在越来越重要的位置。管理的本质正从通过牢牢掌控劳动力来获得成果，转变为创建一个指导、支持及授权的环境。

领导与动机、人际行为和人员交流密切相关。保罗·贾吉爵士（Sir Paul Judge）指出："30 年前，管理者掌握专业知识和技能是非常重要的，而现在的管理者都是所在群体和部门的领导者，虽然他们也确实需要专业知识，但管理工作中人际关系的部分对于他们而言则更为重要。现在的人们工作弹性大，有更多的工作选择，人员流动性大，因此，保持员工的工作动力显得尤为重要。"[6]

优秀的领导包括有效的任务委派和授权。领导关系并不仅仅局限于领导者行为引发下属行为。领导是一个动态过程，领导者与跟随者的关系是互惠互利的，有效领导是一个双向过程，既影响个人绩效，又影响组织绩效。英国高级管理研究所（Advanced Institute of Management Research）的重要报告提及领导的多重角色。"领导者不仅要激励员工，还要设计有效的组织。领导者从广义来讲主要做两件事：第一，激励属下；第二，设计组织环境，以使员工各尽其职。"[7]

富兰（Fullan）对身处变化之中的领导进行了研究，并指出领导是取得巨大进步的关键。对于领导者而言，理解变化过程是至关重要的，没有变化的道德目标最终会走向道德殉难。因此，领导者必须能够在复杂不定的环境中应对自如。[8]

公共部门中的领导力开发

近期，英国特许管理协会（The Chartered Management Institute）的一份报告关注任职于公共部门的管理者对于领导和绩效的态度及看法。这份报告表明，组织越注重领导力的培养，员工的工作动力和工作满意度越高。[9]

领导与管理

领导与管理的关系是什么？尽管人们常常认为这两个词可以互换，但是"管理"更常被视为：通过其他人来完成工作，以达成组织的既定目标。管理者有时要对具体情况做出应对，并注重解决短期问题。人们普遍认为，管理与在结构性的组织中工作的人有关，同时也与既定的角色有关。对于组织之外的人来说，管理者不一定被视为领导者。广义上说，领导关注的是人际行为，它通常与跟随者的意愿有关。领导不一定是依靠组织的等级制度建立的。许多人，虽然他们的角色没有确定，但仍然在组织中发挥领导者的作用。贝尔宾指出：

领导不是工作的一部分，而是能使工作顺利进行的一种素质……构成领导的工作不是明确指派的，而是自然而然产生的。[10]

7－S组织框架

领导与管理的区别已经由沃特森（Watson）应用于7－S组织框架中。沃特森指出，管理者会更多地依赖战略（strategy）、结构（structure）与制度（system），领导者则更倾向于运用一些“软设施”，如风格（style）、员工（staff）、技能（skill）、共享目标（shared goals）。沃特森还指出，这七个方面都应该被管理者掌握，但管理者却不可能全部掌握这七个方面来实现可持续的、高水平的组织绩效。[11]

态度及与他人关系的差异

领导和管理也存在其他的不同之处。扎拉兹尼克（Zaleznik）探讨了领导者和管理者面对目标所持的不同态度、不同的工作观念、与他人的不同关系、不同的自我观念和发展状况。

- 管理者面对目标会采取一种消极的态度；领导者面对目标则会更多采取一种积极的态度。
- 为了使成员接受解决方案，管理者需要不断地做协调、平衡工作，以便缓解相互冲突的不同观念；领导者会在工作中营造一种使人兴奋、激动人心的气氛，来激励员工努力工作。
- 在与其他人的关系中，管理者会保持较低水平的情感投入；领导者则会对他人倾注自己的感情，关注事件和行动所具有的意义。
- 管理者把他们自己视为公司秩序的维持者、调整者，他会因此而受到奖励；领导者在组织中工作，但却不附属于组织。他们的身份不依赖于群体的成员或工作角色，并且他们努力寻求各种变革的机会。[12]

管理与领导力的密切联系

尽管管理与领导有很大区别，但二者之间还有密切的联系，而且把它们分隔为独立的活动也不是易事。

当今的趋势是更强调两者之间的相互联系，而且它们已经被看作是同义词了。

我不喜欢把领导与管理加以区分：它们相互重叠，二者都很重要。[13]

人们越来越多地把管理与领导联系在一起。对于领导者而言，开阔眼界，提升管理理念是一回事，但只有把理念与管理相结合，它才能转化为真正的成功。[14]

许多管理培训方法也可以用来衡量领导风格。例如，领导方格图最近也被称为管理方格图。同时，值得注意的是，英国人力资源投资者认证制度（Investor in People）中介绍的新型有效领导框架也被称为“领导与管理模型”。[15]

人们对领导与管理关系的争论一直喋喋不休，最后总是得出两个观点：等级关系（领导在最上方，管理在最下方）；领导与管理在地位上平等，只是分别在连续体的两端。诚然，两个观点不分伯仲。但是越来越多的迹象表明，人们青睐于成为一个领导者。这可能是为什么领导与管理的争论依旧火热的原因，因为争论可以起到辨析两者之间差异的作用。

瑞·穆克罗夫特（Ray Moorcroff），“领导还是管理？那是个问题。”[16]

评论性反思

在大学里，许多讲师启发学生，因而被视为领导者而不是管理者。在体育界，我们常常听到人们谈论某队中出色的领导者，而这些领导者并不是队伍的管理者。领导与管理之间似乎有一个清楚且公认的差异。为什么你认为这个差异不能同样应用于商业组织中呢？

领导理论

由于领导艺术是复杂多变的，也就有许多方法来研究分析领导。因此，研究不同的领导理论是大有裨益的。我们可以从以下几方面来研究（如图7-1所示）：

- 领导特质理论；
- 职能型领导理论，包括行动中心型领导；
- 领导行为理论；
- 领导风格理论；
- 情境领导理论和权变理论；
- 变革型领导；
- 激励型或愿景型领导。

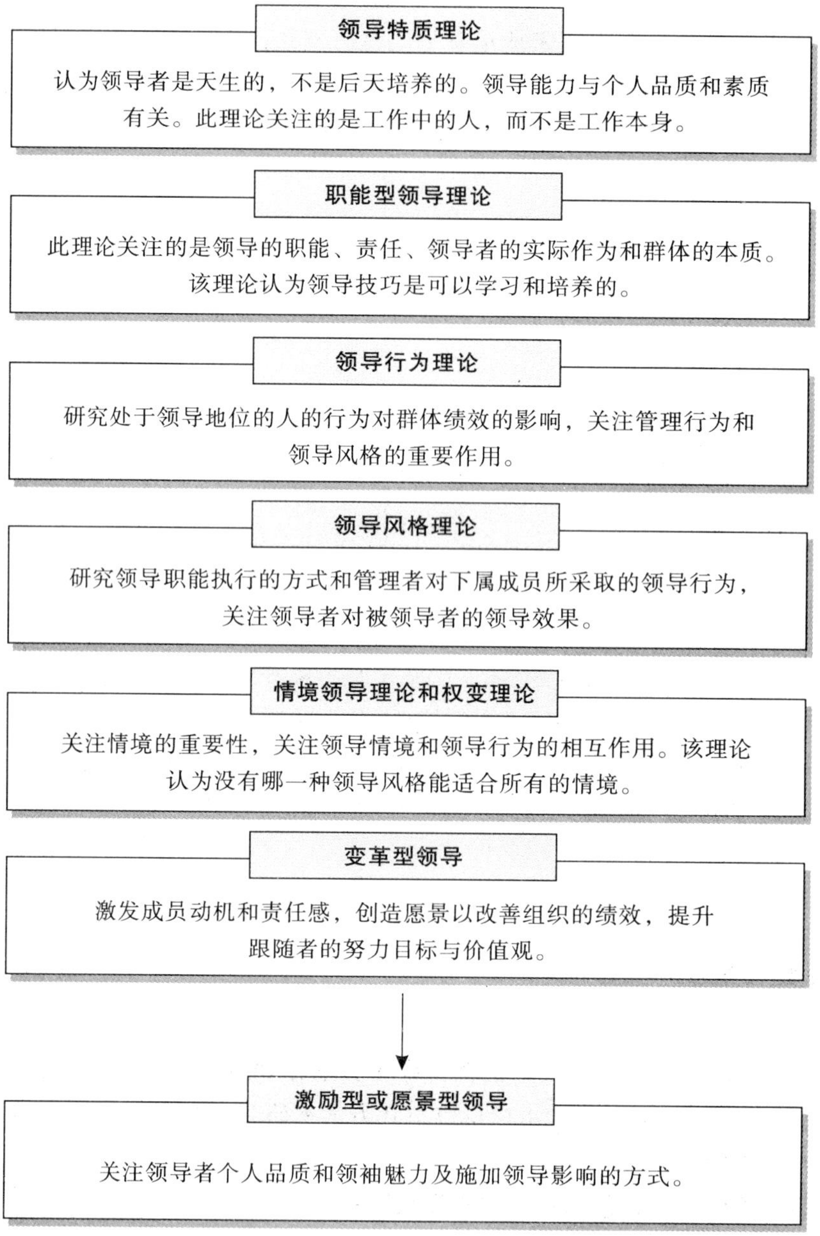

图7-1 管理者领导力的研究框架

领导特质理论

这种理论认为领导者是天生的，而不是后天培养的。领导包含一些与生俱来的素质或个性特点，这些素质使领导者与跟随者相区别，这就是所谓的“领导伟人”（Great Person）理论。这种领导特质理论只关注工作中的人，而不关注工作本身。这种理论提倡的是对领导者的有意选择，而不是对领导能力的培养。

就像管理大师德鲁克（1955）所指出的那样：

领导能力是至关重要的。诚然，没有任何东西能代替它，但是领导能力是不能被创造或提升的，它也是学不来的。[17]

学术界进行了大量关于领导的共同特质的研究。然而，对从“优秀”和“成功”的领导者身上找出他们所具备的共同个性、身体或精神方面的特征的努力，却似乎收效甚微。[18]一些关于领导特质的调查研究相互重叠或者相互矛盾，甚至与大部分特性毫不关联。值得注意的是，像“个性”或“独创性”也被列入领导特质之中，这些素质本身就表明不同领导者的个性特征是不尽相同的。因此，研究人员只有可能研究领导能力的一般特征，比如自信心、进取心、才智以及对自我行动的信念等，而对于领导特质这个领域的研究成果也仅限于此。

领导特质理论的局限

领导特质理论有三个局限。

- 首先，人们对于“优秀”或“成功”领导者的评判是非常主观的。
- 其次，人们会发现领导者有许多特质，但对于哪些才是最重要的特质，人们却无法达成一致。
- 再次，它忽略了情境要素。

即使人们可以对一些更为具体的素质达成共识，但这也无法解释领导的本质。同时，这对于未来领导者的发展与培养也毫无帮助。虽然还有人对领导特质理论有兴趣，但是已经有越来越多的人关注其他的领导理论了。这种领导特质理论也产生了以下问题：领导者是天生的还是后天培养的？领导是一门艺术还是一门科学？其实，这两种说法不是相互排斥的。尽管一个优秀的领导者确实具备一些先天的素质，但这种天资也需要后天的鼓励与发展。尽管领导是一门艺术，但它也还需要运用一些特别的技巧和技术。

职能型领导理论

这种领导理论关注的既不是领导者的个性，也不是工作中的人。从本质上说，它所关注的是领导职能。任何群体都存在领导行为，这种职能理论（Functional Approach）从以下两方面研究领导：领导者的行为如何影响跟随者；领导者的行为如何受跟随者的影响。这个理论关注的是群体、跟随者或下级。它关注的是领导内容。通过关注导致工作群体有效工作的职能，人们更多地关注对领导者的成功培训和领导技能的提高。

职能理论认为领导技能是可以学习、开发和完善的。与德鲁克的观点（参见上文）形成对立的是科特（Kotter）的观点，他认为成功的企业不会只是等待有为的领导者出现。“他们会挑选具备领导潜能的人，并给予他们锻炼的机会来开发潜能。确实，经过认真选择、培养与鼓励，一些人可以在企业组织中发挥重要的领导作用。”[19]怀特海德（Whitehead）也持有相似的观点：“今天的管理者如何审视领导，与以往有很大不同。领导者不是天生的，而是靠后天培养。而且值得欣喜的是，每个人都可以成为领导者。你不一定要升到管理职位，无论你做什么工作，你都可以成为领导者。领导者也不一定非得是个老板。”[20]

行动中心型领导

职能型领导理论与约翰·阿戴尔（John Adair）的著作以及他对于行动中心型领导的观点有关。这种以行动为中心的领导，关注的是领导者切实所做的事情。[21]领导者的效率取决于满足工作群体内三方面的需求，即完成普通任务的需求、维护团队的需求、满足群体成员的个体需求。阿戴尔通过三个互相重叠的圆圈来说明这三种需求（如图7-2所示）。

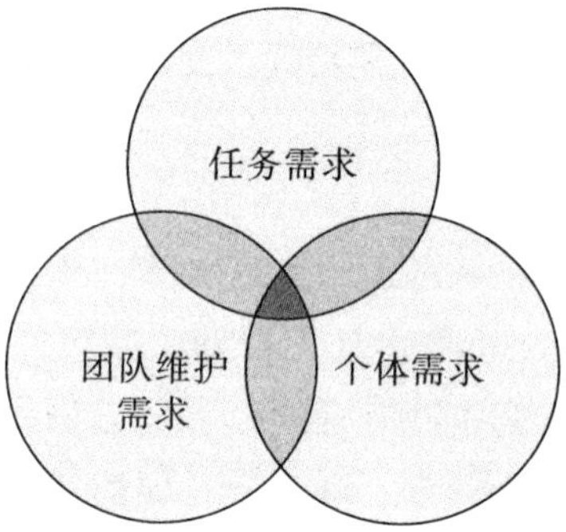

图7-2 群体内部需求之间的互动关系

资料来源：Adair, J. , *Action-Centred Leadership*, Gower Press (1979), p. 10. Reproduced with permission from Gower Publishing Ltd.

任务功能包括：

- 完成工作群体的目标；
- 说明群体任务；
- 计划工作；
- 分配资源；
- 分派职责和责任；
- 控制质量，衡量绩效；
- 评述进展情况。

团队维护功能包括：

- 维护团队士气，建立团队精神；
- 维护群体凝聚力；

- 建立标准，维持纪律；
- 进行群体培训；
- 维护群体内部沟通系统；
- 任命小部门的经理。

个体功能包括：

- 满足群体内部个体成员的需求；
- 解决私人问题；
- 给予奖励和相应的地位；
- 缓解群体需求和个体需求的矛盾；
- 培训个体成员。

领导者在一种需求中的行动会影响其他一个或两个方面的需求。理想状态是三个方面的需求都能得到满足。阿戴尔所采用的三环理论也同样可以解释领导与管理的密切联系。组建团队、满足个体成员需求都要求有较强的领导能力，而完成工作任务则显然需要有管理能力。

领导行为理论

该理论研究处在领导位置的人的各种领导行为。对于领导行为的最为深入的研究是由俄亥俄州立大学工商研究所发起的，研究的关注点是领导风格对群体绩效的影响。研究结果可归纳为两个维度：“关怀维度”（Consideration）和“结构维度”（Structure）。[22]

- 关怀维度反映了领导者愿意与群体成员建立信任、相互尊重和亲密融洽的关系。同时它也显示领导者对下属表现的关心、温暖、支持和体谅。这个维度与双向沟通、员工参与以及人际关系学理论密切相关。
- 结构维度反映了领导者更愿意界定和建构自己与下属的角色，以实现组织目标。这个维度是与实现组织目标密切相关的。

关怀维度和结构维度与第 6 章讨论过的维护功能（组建并维护工作群体和群体成员的关系）和任务功能（完成群体的具体任务和实现目标）是异曲同工的。关怀维度和结构维度是互不相关、彼此独立的。因此，领导行为可以在两个轴线上得以阐释。对这四种领导行为效果的研究表明，为了满足个体需求和组织目标，就需要在关怀维度和结构维度之上加以平衡。高关怀度、高结构度的领导风格似乎在下属满意度和群体绩效方面更加有效。然而，要做出确凿的结论还为时尚早，更多的还要取决于情境因素。然而，后来的研究发现：最佳的领导风格包括高水平的员工中心维度（People-centred Dimension）与任务中心维度（Task-centred Dimension）。[23]

员工导向型领导和生产导向型领导

与俄亥俄州立大学研究处于同一时期，密歇根大学的社会研究所也进行了另一项重大研究。该研究结果表明，有效领导（通过群体士气、生产能力、成本降低来衡量）显现出四个基本特征：

- 合理任命授权，同时避免密切监督；
- 关心下属；
- 参与问题的解决；
- 具有高标准的工作绩效。

利克特（Likert）对密歇根大学的研究进行了归纳，他发现了员工导向和生产导向两种领导风格。[24]这两个术语与关怀维度和结构维度是相似的。前三个领导特征是关怀维度的具体说明，而第四个特征诠释了结构维度。就像关怀维度和结构维度一样，员工导向和生产导向也需要加以平衡。利克特得出这样的结论：员工导向型领导应该更加关注生产任务，只有这样才能取得最佳结果。俄亥俄州立大学和密歇根大学的研究都表明：没有一种单一的领导行为是最佳的。组织中存在许多领导行为，每种领导行为的有效性取决于特定情境中的变量。

管理领导的主要维度

尽管有许多种领导行为，但是一般来说，领导行为可以分为两种，其中也包括讨论过的麦格雷戈和布莱克（Blake）以及麦坎斯（McCanse）关于管理行为的论述（详见表7-1）。

表7-1　管理领导的两个主要维度

群体互动分析	任务功能	维护功能
俄亥俄州立大学研究	结构维度	关怀维度
密歇根大学研究	生产导向	员工导向
麦格雷戈关于人与工作的假设	X理论	Y理论
布莱克和麦坎斯的领导方格理论	关心生产	关心人

领导风格理论

对领导行为的研究也引起了人们对领导风格的关注。在工作情境中，越来越明显的是，领导者不可能单独依靠他们在等级结构中的职位来行使领导权力。为了使下属成员取得最佳工作结果，管理者还必须努力提升团队士气，鼓励成员融入工作之中，并要相互配合。同时，领导还要鼓励成员自愿工作。这使得人们开始思考领导风格，同时也提供了另一种研究领导行为的方法。

领导风格是领导行使其职能的方式，是管理者对待团队成员的特定行为方式。

领导风格理论是基于这样的假设：相比为采用其他领导风格的领导者工作，下属成员在为具某种特定领导风格的领导者工作时，其工作效率更高。

领导风格的分类

领导包含有不同的维度，也有许多方式来描述领导风格，如独裁型、一元型、官僚型、关爱型、魅力型、协商型、参与型和放权型。管理领导对于下属成员和权力所表现出的风格可以归结为三种类型。

- 权威型领导，是指权力集中在管理者手中，群体内的一切事物都由领导者说了算。领导独断专行地制定政策和工作程序、布置任务、划定工作关系、控制奖惩措施等。
- 民主型领导，是指权力掌握在整个群体之中，群体成员会有更多的交流互动。领导权力被群体所分享，管理者是团队的一个部分。群体成员有权参与决策制定、制度及各种工作程序的实行。
- 放任自由（真诚）型领导，是指管理者只在一旁观察群体成员工作。管理者有意识地把权力分配给成员，给予他们自由去做“他们认为最适宜的事”，而且对此过程不加干扰。但如果群体成员有需要，管理者也会提供帮助。这种领导风格会使群体内部产生困惑。这样的管理者与漠不关心，故意远离麻烦，不愿意融入群体工作的管理者的区别就在于“真诚”二字。放任自由型的管理者只是让成员自行处理手头工作，群体成员要和管理者一起就某些问题做决策。这更像一种“无风格”的领导风格，或者它可能被视为领导者主动弃权。

关注领导风格

由于人们对处于工作环境中人的需求和期望有了进一步的了解，因此人们也越来越关注管理者的领导风格。领导风格也受如下要素的影响：

- 与日俱增的商业竞争，以及对人力资源高效利用的认识；
- 社会价值体系的变化；
- 教育和培训更加宽泛的标准；
- 科学、技术知识的进步；
- 工作组织本质的变化；
- 员工承担越来越多的社会责任。例如，员工更多地参与决策制定，他们也越来越注重提高工作生活质量；
- 政府立法，如工会在雇佣保障方面的影响。

上述所有因素都能对抵制纯粹专制式的领导风格发挥作用。

领导行为连续体理论

关于领导风格最有名的著作是由坦南鲍姆（Tannenbaum）和施密特完成的（如图7-3所示）。[25]他们的著作原创于1958年，于1973年再版发行。在书中，他们提出管理者的领导行为是一个连续的过程，这中间会有各种不同的领导风格起作用。这个连续体表现为一系列的行为方式，既与管理者的权威程度有关，又与非管理者在达成决策制定过程中享有的自由度有关。坦南鲍姆和施密特的领导行为的连续体理论可以同麦格雷戈的X理论和Y理论相联系。以老板为中心的领导风格倾向于X理论，以下属为中心的领导风格倾向于Y理论。

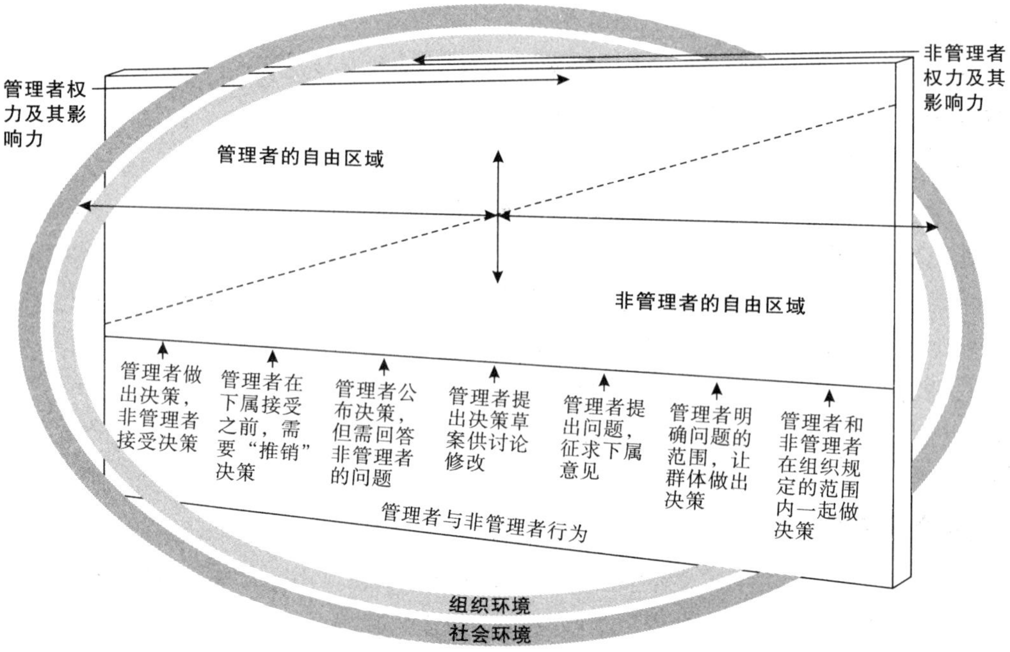

图7-3 管理者—非管理者领导行为连续体

资料来源：Reprinted with permission of Harvard Business Review. From“how to choose a leadership pattern”, by R. Tannenbaum and W. H. Schmidt, May/June, p. 167, 1973. Copyright © 1973 by the Harvard Business School Corporation; all rights reserved.

四大领导风格

在连续体中，管理者可以根据对下属的控制程度而表现为不同的领导风格。连续体的左右端点都不是绝对的，因为权威和自由都有一定的限度。这个理论可以用来识别管理者的四大领导风格。

- 管理者做出决策并宣布。管理者发现问题，做出决策，然后把决策向下属宣布。下属在没有任何参与机会的情况下，只是执行决策。
- 管理者推销决策。如同前一种方式，领导者承担确认问题和做出决策的责任，但同时也会意识到来自下属的抵制，于是管理者努力说服下属，使其接受决策。
- 管理者提出观点，向下属征求意见。管理者确认问题，但是只有群体成员全部了解这个问题之后，才会做出决策。管理者也会听取下属的建议和解决问题的方法。
- 管理者允许下属在规定范围内自主决策。管理者说明问题并限定问题的解决范围，于是把问题交给群体做决策，此时的管理者是群体中的一员。

决定领导风格的主要因素

坦南鲍姆和施密特提出了三个因素，或者说是驱动力，它们对于决策适宜的领导风格起重要作用。

1. 领导者的个人因素。领导者的行为会受领导者自身的性格、背景、知识和经验的影响。

一些内在因素包括：

- 价值观；
- 对下属的信任程度；
- 在领导风格上的倾向；
- 与下级共同决策带来的不确定性对自己的影响程度。

2. 下属因素。下属受许多性格特征和他们对于自己同管理者关系的预期影响。

下属的特征有：

- 对于独立性的需求程度；
- 是否准备承担决策的责任；
- 下属对情况不明的忍耐力；
- 对解决问题的兴趣和对问题的重要性的认识；
- 对组织目标的认识和理解的程度；
- 解决问题的必要知识和经验；
- 在决策制定中期待与他人分享的程度。

管理者对这些特征越有积极反馈，在领导中就会有越多的行动自由产生。

3. 情境因素。管理者的行为会受外在情境和环境压力的影响。

情境特征包括：

- 组织类型；
- 问题的本质；
- 群体效率；
- 时间的紧迫性。

坦南鲍姆和施密特概括说，成功的领导者都十分清楚那些在特定时刻与他们的领导行为密切相关的决策因素。他们可以做到充分地了解自身、员工个体和群体、组织以及环境的影响。成功的管理者具有洞察力且灵活多变，同时管理者也应注意组织外部的影响力。因此，要注意让管理者或者下属通过与外界影响力的交流互动主动打破管理界限。此外，管理者还应注意组织内部各个部门的权力分配（个体工人和工会），同时还应注意管理者在决策制定过程中所行使权力的影响作用。坦南鲍姆和施密特又提出了一种新的领导行为连续体模型。在这个新模型中，管理者和非管理者所享有的自由区域，常常受二者之间的互动和环境因素的影响。

领导的权变理论

领导行为连续体理论把情境因素视为影响管理行为的主要因素之一。因此情境理论强调情境是有效领导的重要影响要素。然而，情境理论也有局限性。有些人具备过硬的知识和技能，看上去也是特定情境中最合适的领导人选，但他实际上却不是有效的领导者。另一个局限是，这个理论不能完全解释人际行为，也不能解释不同的领导风格，以及不同领导风格对群体成员的影响。最后，在工作组织中，靠情境来决策无论谁做领导也是不切实际的。

尽管情境理论有其局限性，情境因素在研究领导特征方面却发挥了重要作用。最近，越来越多的研究都关注领导情境和领导行为方式的互动关系，并在此基础上提出了另一种领导的理论——权变理论（Contingency Theories of Leadership）。权变理论的基础是，没有任何一种领导风格能适应所有情境。主要的权变领导模型包括：

- 领导情境的有利性——费德勒（Fiedler）；
- 领导者决策的质量和可接受性——弗鲁姆、耶顿（Yetton）和加哥（Jago）；
- 路径－目标理论——豪斯（House）和戴斯勒（Dessler）；
- 跟随者的成熟度——赫西（Hersey）和布兰查德（Blanchard）。

费德勒的权变理论

最早的领导者－情境理论是由费德勒在研究领导效果权变理论的过程中提出来的。[26]费德勒的权变理论基于对群体情境的大量研究，并关注领导风格与组织绩效的关系。为了衡量领导者的态度，费德勒发明了一个叫做“最不愿与之共事的同事”的问卷（LPC）。它反映了领导者给予最不愿与之共事的同事的分数。这个问卷包含20个问题，如热情/冷漠、友好/敌对、有益/无益、疏远/亲密、合作/不合作、厌烦/有趣、有把握/犹豫、开诚/戒备等。

每个问题形成一个8级的评分标尺，而第8级则代表得分最高。例如：

热情	:	:	:	:	:	:	:	:	冷漠
	8	7	6	5	4	3	2	1	

最终的 LPC 问卷得分则是把 20 个问题的得分相加，从而得出“最不愿与之共事的同事”的得分。对待最难共事的人越用赞许的语言加以评论，所得的 LPC 分数就越高。对待他人越苛刻、严厉，所得的 LPC 分数就越低。对 LPC 分数的解释是，得分较高的领导者，他们关心的是建立良好的人际关系，并且通过这种人际关系来维持自己的地位和满足自尊的需要。当他自己与下属的关系有待于改进的时候，他则会加强自己同群体成员的交往，对下属持支持与体谅的态度，以求巩固与他们之间的关系。LPC 得分较低的领导者，他的工作满足感主要来自任务的完成及目标的实现。对于他来说，与下属维持良好的关系是次要的。过去人们一直认为高 LPC 分数对群体绩效是有益的。然而，LPC 的含义经历数次变化，现在仍无定数。

领导情境的有利性

费德勒指出，领导行为取决于领导情境是否有利。三个因素会决策领导情境是否有利，并影响领导者的角色与影响力。

- 上下级关系，即一个组织中的成员对其领导者信任、喜爱或愿意跟随的程度。
- 任务的结构性，即工作对群体成员明确规定的程度。还包括对工作具体细节、标准程序的规定。
- 职位权力。领导者在组织中依靠职位所拥有的权力，即领导者对下属施以奖惩、晋降级等的权力。

费德勒利用这三个因素，构建了与领导风格密切相关的八种具体的群体工作情境（如图 7-4 所示）。

当情境是：

- 非常有利（良好的上下级关系，高结构性任务和强大的职位权力）；
- 非常不利（糟糕的上下级关系，低结构性任务和弱小的职位权力）；
- 那么此时，任务导向型的领导者（低 LPC 分数），因其具有直接且控制力强的风格，领导起来更为有效。

当情境是：

- 情境有利性是中等，而且各因素都混合在一起，那么此时关系导向型的领导者（高 LPC 分数）更为有效，参与型领导风格是非常可取的。

综上所述，费德勒提出领导风格要因领导情境有利性的变化而变化。

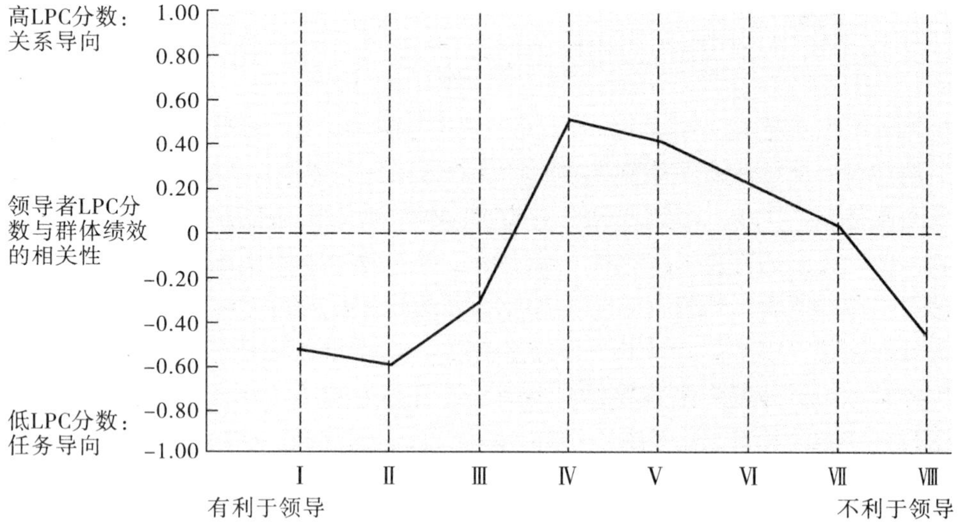

情境因素								
上下级关系	好	好	好	好	不好	不好	不好	不好
任务结构性	高	高	低	低	高	高	低	低
职位权力	大	小	大	小	大	小	大	小

—— 表示领导风格。影响群体绩效的领导风格取决于领导情境中的三个因素。

图 7-4　领导者 LPC 分数与群体绩效的相关性

资料来源：Adapted from Fiedler, F. E., *A Theory of Leadership Effectiveness*. McGraw-Hill (1967), p. 146. Reproduced with permission from The McGraw-Hill Companies, Inc.

组织变量

费德勒的理论遭受到许多批评指责，但他给我们提供了研究领导的下一步思路。[27] 他提醒人们要考虑到影响领导效果的组织因素，并指出在某些特定场合下，任务导向、高结构化的领导风格最为适宜。“最佳”的领导风格最终还是取决于领导情境中的不同因素。

费德勒还指出，通过改变领导情境可以改善领导效果。组织通过改变职位权力、任务结构性和上下级关系而创造出一个更适合领导者特点的工作情境。低 LPC 分数的领导者可以被安置在一个非常有利或非常不利的领导情境中，而高 LPC 分数的领导者可以被安排在一个有利性中等的情境中。

弗鲁姆和耶顿的权变理论

弗鲁姆和耶顿提出了另一种权变理论。[28] 他们的分析基于领导者决策的两个方面，即质量和可接受性。

- 决策质量或决策合理性，是指决策对于群体绩效的影响。
- 决策可接受性是指群体成员执行决策的动力和承诺。

第三个考虑因素是：

- 做决策所需要的时间。

弗鲁姆和耶顿的权变理论提出了以下五个主要的管理决策风格。

- 专制式

专制式Ⅰ：领导者自己根据所得信息解决问题，制定决策。

专制式Ⅱ：领导者从下属那里获取信息，然后自行确定解决办法。

- 顾问式

顾问式Ⅰ：相关的下属成员都各自地面对问题，然后领导者做出决策。这个决策有可能会也可能不会反映下属的意见。

顾问式Ⅱ：下属成员作为一个群体，共同面对问题，然后领导者做出决策。这个决策有可能会也可能不会反映下属的意见。

- 群体式

群体式Ⅱ：下属成员作为一个群体共同面对问题。领导者此时的角色是一个会议主席，而不是某种意见的主张者。领导者和下属成员一起提出并分析所有的可能，并努力就某一问题达成一致。

决策规则

弗鲁姆和耶顿提出了七种决策规则，以帮助管理者找到在某一情境中最为合适的领导风格。前三项规则是从保护决策质量的角度出发的。

1. 是否有一个质量要求，这种质量要求使一种解决方法比另一种解决方法更为合理？
2. 在做高质量决策的时候，有没有大量的信息资料？
3. 问题的结构性强吗？

后四项规则是从保护决策的可接受性的角度出发的。

4. 下属成员接受决策对于有效地执行决策是至关重要的吗？
5. 如果你自己做决策，你肯定决策会被下属所接受吗？
6. 下属成员在解决问题的时候，享有共同的组织目标吗？
7. 在成员感到满意的情境中，还会有下属成员之间的冲突吗？

这些规则表明，在某一特定情境中，管理者要避免某些决策方式，同时也应充分利用某些决策方式，以达到良好效果。人们可以制定决策树，以帮助决策规则的应用，并把情境与适宜的领导风格相结合。

弗鲁姆和加哥的修定版决策理论

加哥在对原始模型修订后，保留了之前的五种主要的决策制定规则，但又把权变因素的数字扩大到12。[29]新理论具体说明了五个决策方式的任何一个都有可能在特定情境中发挥作用。这些权变因素包括：

- 质量要求；
- 获得下属对决策的承诺；
- 领导者是否有足够的信息做出高质量的决策；
- 问题结构是否清楚；
- 如果是你自己做决策，下属对该决策做出承诺的概率；
- 下属是否认同组织目标；
- 下属之间对于优选的决策是否会发生冲突；
- 下属是否有必要的信息做出高质量的决策；
- 是否因为时间限制而限制了下属参与；
- 把地域上分散的下属召集到一起付出的成本是否合理；
- 激励的时间；
- 激励的开发。

弗鲁姆和耶顿提的模型要求要有确切的肯定或者否定的回答，与之不同的是，这些权变变量中的十个情境变量是可以分为五个等级来回答的。例如，要回答“下属的承诺对决策有多大的重要性?”管理者可以从下列被选项中选择：毫无重要性；较低重要性；一般重要性；较高重要性；至关重要。

决策树的使用

弗鲁姆和加哥针对不同的管理问题，开发了四种决策树：

- 个体层面上，时间限制的问题；
- 个体层面上，管理者希望培养员工制定决策的能力；
- 群体层面上，管理者希望培养员工制定决策的能力；
- 群体的时间紧迫问题。

管理者选择其中一种树，然后在每一个决策点回答问题，以移动至相应的分支。这样做可以最终到达五种决策方式中的一种。

路径－目标理论

第三个领导权变理论模型是路径－目标理论（Path-Goal Theory），此理论主要是由豪斯[30]戴斯勒提出的。[31]路径－目标理论以工作动机的期望理论为渊源。该理论认为领导的作用在于促进员工努力工作，努力工作就会取得更高的绩效，更高的绩效会取得积极的报酬。这就是在第5章中讨论过的“期望”激励理论。

四种主要领导类型

领导的路径－目标理论是指下属的工作绩效受到管理者满足他们期望的程度的影响。路径－目标理论提出，下属会把领导行为看作一个激发动机的影响力，它的激励作用在于：

- 下属的需求满足取决于有效的工作绩效；
- 领导为员工的有效的工作绩效提供必需的辅助、指导、培训和支持。

豪斯提出了四种领导行为的类型。

- 命令型领导（Directive Leadership）。让下属知道领导期望他们如何做，并对如何完成任务给予具体指导。这种领导行为类型与俄亥俄州立大学的结构维度十分近似。
- 支持型领导（Supportive Leadership）。领导十分友善，并表现出对下属需求的关怀。这种领导类型与俄亥俄州立大学的关怀维度十分近似。
- 参与型领导（Participative Leadership）。领导与下属共同磋商，并在决策制定前充分考虑下属的建议。
- 成就导向型领导（Achievement-oriented Leadership）。领导设置有挑战性的目标，并期望下属表现出自己的最佳水平，同时也对下属的优异表现充满信心。

路径－目标理论指出，在不同的时间，不同的情境下，一个人可以表现出这四种不同的领导行为类型。通过运用其中一种类型，管理者可以影响下属的观念和动机，从而理清通往目标的路径（如图7-5所示）。

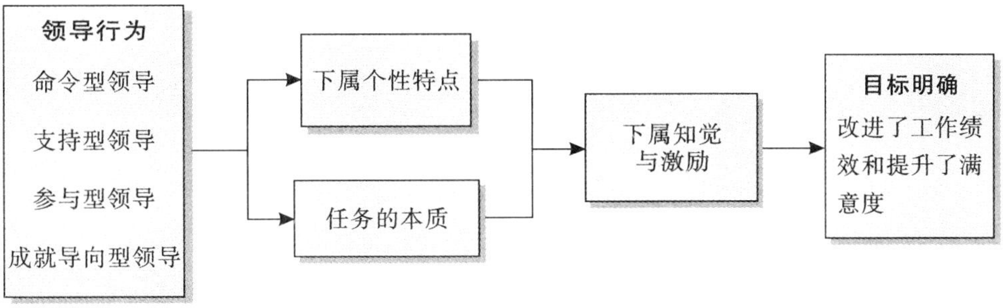

图7-5　领导的路径－目标理论

两大情境因素

领导行为取决于下属的个性特点和任务本质两大情境因素。

- 下属的个性特点是指下属如何应对管理者的行为，下属会考虑管理者的行为能否为其带来需求的满足。

- 任务本质是指工作是常规的、高结构的，还是非常规的、低结构的。

例如，如果一项任务结构性高、目标明确，且下属成员对此很有信心，那么管理者对工作的解说与指导将无法被成员所接受。与之相反，如果一项任务结构性低，目标不明，且下属成员缺乏经验，那么，命令型的领导行为会受到下属欢迎。因此，有效的领导行为是基于管理者愿意帮助下属的程度和下属对帮助的需要程度。领导行为为下属提供必要的指导与支持，帮助理清路径 - 目标关系，并移走目标取得过程中的障碍，所有这些行为都会对下属成员起激励作用。

跟随者或群体的成熟度

管理者所采取的领导风格的一个主要变量就是下属成员本身。这个观点是由赫西和布兰查德提出的，他们提出的情境领导是基于领导者所要施加影响对象的“成熟度”的。成熟度是指跟随者有能力、有意愿去完成一项具体工作的程度。它不是指一个个体成员的个性特点，而是指个体成员在多大程度上准备好要去完成一项具体任务。[32]

成熟度分为 R1（低）、R2 与 R3（一般）、R4（高）四个水平。

- R1 指低成熟度跟随者。跟随者既没能力，也没意愿，而且他们缺乏责任和动机；也指跟随者没有能力，且没有保障感。
- R2 指中等偏低成熟度的跟随者。跟随者没有能力但却有意愿；或跟随者缺乏能力，但却有动机去努力；或指跟随者没有能力，但却有信心。
- R3 指中等偏上成熟度的跟随者。跟随者有能力，但是没有意愿，他们虽有能力但却不愿意发挥自己的能力；或跟随者有能力，但没有保障感。
- R4 指高成熟度跟随者。跟随者既有能力，也有意愿，而且又有责任感去完成工作；或指跟随者有能力，有信心。

任务行为和关系行为

对以上四种成熟度跟随者的任何一种，适宜的领导风格就是把任务行为和关系行为相结合。

- 任务行为是指领导者为跟随者的行动提供指导，设定目标，诠释角色以及指导他们如何承担工作。
- 关系行为是指领导者融入与跟随者的双向沟通之中，听取跟随者意见，并为跟随者提供支持与鼓励。

任务行为与关系行为的相互结合可以产生出四种领导风格（S），即指示（S1）、推销（S2）、参与（S3）和授权（S4）。最佳的领导风格也要与跟随者的成熟度相适应（如图 7-6 所示）。

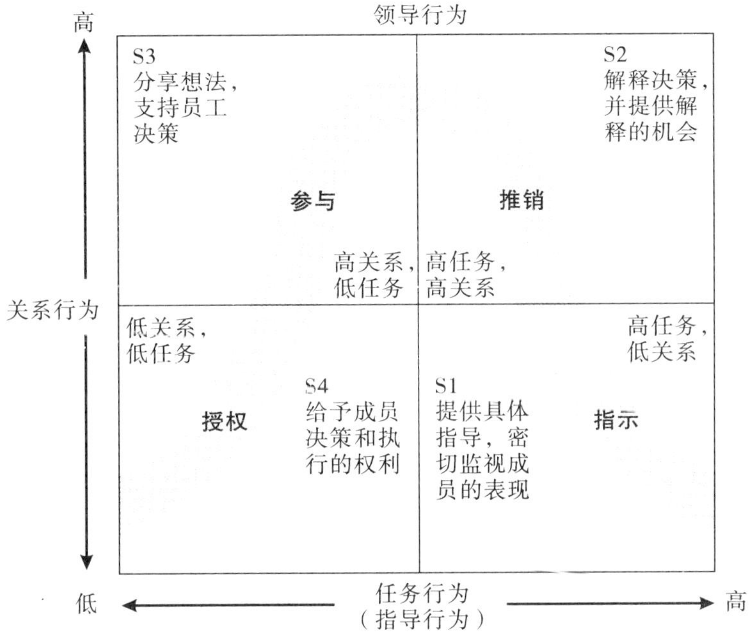

跟随者成熟度

高	中		低
R4	R3	R2	R1
有能力，有意愿	有能力，无意愿	无能力，有意愿	无能力，无意愿

图 7-6　情境领导理论示意图

资料来源：From Hersey, P., *The Situational Leader*, Center for Leadership Studies (1984). P. 63. Situational Leadership® is a registered trademark of the Center for Leadership Studies.

- S1 指示（telling）。领导强调下属给予大量的指导（任务行为），但较为有限的支持（关系行为）。这种方式最适合于低成熟度跟随者（R1）。
- S2 推销（selling）。领导强调既给予大量指导（任务）行为，又给予大量关系行为。这种方式最适合于中低成熟度跟随者（R2）。
- S3 参与（participating）。领导强调给予下属大量的双向沟通和支持（关系）行为，但给予较少的指导（任务行为）。这种方式最适合中高成熟度跟随者（R3）。
- S4 授权（delegating）。领导强调给予下属较少的支持和指导，任务和关系行为都很低。它最适合于高成熟度跟随者（R4）。

下属成员的开发

赫西和布兰查德指出，情境领导的关键是每种领导行为针对不同的跟随者成熟度都会或多或少地有所作用。这个理论模型也提醒管理者要关注开发下属成员的能力、信心和责任。管理者应该帮助提高下属成员的成熟度，使他们有能力、有意愿去工作。下属成员的开发是在管理者四种领导风格（指示、推销、参与和授权）的不断调整中实现的。

评论性反思

情境领导法并不认同有一个高度概括性的领导模式的概念，相反，它重视普遍存在的各种变量。然而，大多数员工关心他们与老板的位置关系，如果领导风格经常变化，他们会感到困惑与不安。那么，你是否同意对现代组织来讲，权变理论已经鲜有真正的价值或意义了呢？

变革型领导

近年来，随着商业竞争的加剧，以及对合理利用人力资源的日益关注，管理学方面的研究者越来越关注领导者如何对组织进行变革重组。基于博恩斯（Burns）等人的著作，研究者发现了两种不同的领导风格：事务型领导和变革型领导。[33]

- 事务型领导（Transactional Leadership）基于组织内部的上下级关系。组织对于工作目标、工作任务、工作成果以及奖惩措施会有清楚的说明。事务型领导风格要求跟随者要对工作产生兴趣。这种领导风格是基于相互的依靠关系，它的理念是："如果你做那个（工作），我就会给你这个（奖励）"。
- 变革型领导（Transformational Leadership）与事务型领导相反，它着重引发跟随者产生高动机和高责任。领导者所关注的是如何提升跟随者的想法与价值，以及如何建立一个公正、忠诚和诚信的环境。从组织的角度讲，变革型领导可以改变组织绩效，改变企业命运。

变革型领导的组成

巴斯指出，变革型领导者会激励跟随者去做比预期更多的工作，变革程度是以领导者对跟随者的影响程度来衡量的。巴斯把博恩斯的想法应用到组织管理中，并提出了自己的变革型领导理论。该理论认为领导是通过以下行为改变、激励跟随者的：

1. 使跟随者更清楚组织目标和任务的重要性；
2. 引导跟随者把个人兴趣建立在组织或团队的基础上；
3. 激活跟随者高水平的需求。[34]

变革型领导由四个基本的部分组成。

- 理想化的影响。领袖魅力、跟随者的尊敬与崇拜。
- 鼓舞性激励。领导者的行为为跟随者的工作提供有意指导，同时也为跟随者安排适当的挑战性工作，以激发其工作动机。
- 智力激发。领导者激发跟随者想出更新、更好的工作方法和解决问题的方案。
- 个性化考虑。领导者听取跟随者意见，并对于他们的成长及发展需要给予特别关注。

尤克尔（Yukl）为变革型领导提供了一套指导原则。[35]

- 清楚地表明组织可以做些什么，以帮助员工理解组织的目的、目标和事情的轻重缓急，帮助指导成员的行动与决策。
- 清晰地解释如何实现愿景，并在愿景与行动之间设立奖励措施。
- 对可能的成功表现得自信、乐观，展现自信与执着，强调积极方面，不要过于看重阻碍和危险。
- 表达对跟随者的信心，承认他们在实现目标过程中所采取策略的能力，尤其当任务艰巨，或者当成员缺乏自信的时候。
- 使用引人注意的、象征性强的行动来强调某些重要价值，并且通过戏剧性的、显眼的行动（包括可能造成个人损失或个人牺牲的行动，或者反常表现）来展现领导行为。
- 实例领导。认同行胜于言，在与属下的日常接触中树立榜样，在生活中保持言行一致。[36]

激励型或愿景型领导

许多人把变革型领导与魅力型、愿景型或激励型领导看作是一回事。例如，克雷奇等人就认为，魅力型领导通过利益刺激，使员工追求组织目标："魅力型领导者通过改变跟随者的目标、价值、需求、信仰和渴望，使其发生改变。这种转变需要领导者去说服跟随者改变自我观念，即价值观和自我意识。[37]博恩斯和巴斯等人研究了领导者的行为和这些行为对成员造成的影响。

成功的变革型领导者通常具有这样的特征：提出远大的愿景与紧迫的使命感、激发跟随者的强烈情感、营造一种拥护领导者的氛围。正如本章开始提到的，今天的领导者越来越多地与建立员工认同的愿景、同员工和睦相处、对下属的启发联系在一起。这可以理解为是变革型领导的一部分，或者也可以说，这是领导的另一种方式，即激励型或愿景型领导。激励型领导涉及领导力的理论并不多，更多的是涉及激励、启发员工的技巧。

个人品质或领袖魅力

领导可以基于领导者的品质或个人魅力，也基于领导者对他人的影响方式。领袖魅力对于有效领导的重要性是康格（Conger）指出的，他认为许多成功的领导者的品质是可以学到的，包括领袖魅力。

我的问题是，领袖魅力是与生俱来的，还是后天培养的？我相信你可以提高你自身素质中的若干方面。例如，你可以通过辅导课来提高说话技巧；你可以学习着手完成一项意义重大的任务；你可以学着去更加深入地思考现状及其不利条件；你也可以在每天的工作中激励你的团队。而你学不到的是如何在工作中保持激情。你必须意识到，激情对于有领袖魅力的领导者来说，是很重要的。正是领导者的激情激励、感染着那些为魅力领导者工作的人。[38]

仅有领袖魅力就足够吗

然而，魅力型领导和激励型领导能在多大程度上帮助组织提高绩效，结论莫衷一是。例如，康格就指出，领导者的远大愿景、工作动力和激励力量是非常吸引跟随者的，这自然会产生跟随者对领导者过度依赖的危险。斯达夫（Staff）把非凡的领导者看作是学习榜样。他指出，领导者的能力成为领导者衡量自身表现的标尺。这是领导出问题的潜在源头，即对管理者的依赖使得跟随者更容易被蒙在鼓里。[39]

迪尔洛夫把目光聚焦于领导者在现实中寻求共识的行为。“虽然传统领导观点倾向于侧重愿景与领袖魅力，但是如今，仅凭领袖魅力已经无法使领导者所向披靡。”[40]布隆菲尔德（Bloomfield）也指出，对单个且拥有所谓领袖魅力的领导者的一时狂热及其引发的危险，远比理性领导的应用，更易使企业陷入窘境。很多时候，所谓魅力型领导者在流行的管理学风潮的怂恿与教唆下，急于编造一些遥远而空洞的愿景，来“激发”员工，结果是空头支票无法兑现，空欢喜一场。[41]

阿戴尔指出，一名真正的激励型领导者必须重视内在的精神力量。每个人都有成功的潜能。激励型领导者与被领导者相联系，他要承认其他人的能力，并通过相互信任，激发他人的潜能。阿戴尔认为“被激励时刻”就是认识并抓住机会，它可以成为激发领导者和被领导者的强有力的催化剂。[42]

愿景的重要性

有效的变革性领导者经常激励他人，为组织及其未来发展方向制定愿景。怀特海德指出：

与领导紧密相关的一个意义较大的词是愿景。它是指能够看清更大远景的能力，能够从长远的角度来看待组织。具体是指组织的最终目标是什么，以及成员如何一起工作来实现组织目标……可能最重要的领导者品质是通过创建一个宽松的工作环境来激励成员。在这样的环境中，成员可以犯错，同时，他们也能从错误中吸取经验教训，而不是像过去那样，犯错要受到训斥和惩罚。站在这样的高度上领导成员，领导者可以从成员那里得到更高的责任感，而不仅仅是被动的顺从。[43]

卡翰（Kahan）认为，愿景型领导极具变革力与打破俗套的卓越，也必须有全身心的投入。愿景型领导者身上具有如下特质：想象力、责任感、真实可靠的成果、犀利的反省能力。他们以竞争、多样的观点看待社会。愿景型领导的最终成就是提升组织绩效，同时以眼见为实的成果和高度个人满意度来回报组织成员。[44]

对愿景型领导的需要

格莱顿在探讨民主企业（一种经济上繁荣，并且能使人获得刺激、鞭策、自我实现和静谧的组织）的创立时认为，创造共享目标与领导团队最为重要。愿景型领导者的主要角色是构建组织成员的共享目标，此外，愿景型领导还要创造宽松的民主环境。[45]

谈及戈菲与琼斯的著作时，威泽尔（Witzel）指出："领导是现代商业中几个极为重要却难以琢磨的元素之一。领导者提出愿景、方向、激励，并赋予企业使命感，与此同时，领导者还要以身作则，树立道德标杆。"[46]戈菲和琼斯提出，对愿景型领导的需要显得越来越突出。传统商业中的等级制度，清晰地标明了管理者与员工各自的位置与各自应有的期望。于是，当等级制度土崩瓦解之时，领导者必须去填补空白，帮助下属认清他们自己的位置和目标。个人领导正在逐渐代替组织结构。[47]

> 优秀的领导者之所以优秀，就是因为他们能够团结周围的人朝着同一个目标奋斗。他们通过做出英明的决策，来展现他们把愿景转变为现实的决心。他们的成功树立了其他人对其领导力的信心。
>
> 布赖恩·尼科尔森（Bryan Nicholson）爵士[48]

激励缺口

英国特许管理学会的一项调查表明，激发成员的能力被列为最佳领导素质之首。在研究人员对于组织内各个部门的1500名管理者的详细调查中发现：有55%的管理者指出，理想中的管理者最应具备的素质是激励能力。然而，大部分管理者都缺少这种能力，只有11%的被访者表示他们在实际工作中运用过激励手段。[49]

英国特许管理学会的调查凸显出英国各地组织中普遍存在的"激励缺口"（Inspirational Gap）问题。英国贸易与工业部（The Department of Trade and Industry）开展了一项研究计划，以探索如何填补"激励缺口"。[50]"目前公众普遍认同，若要使英国保持竞争力，那么各个公司就必须采用能够提升创新水平，提供更高的价值与服务的战略。”这份报告是基于对不同类型组织中，在不同管理级别上的 568 个员工的调查研究而得出的。它证实，今日的劳动力较过去显得更为多元、知性、成熟。最终，人们依然在寻找组织领导与众不同和更臻完善的素质。

该报告的关键结论如下。

- 在过去的 30 年中，越来越多的数据表明，领导与激励和愿景的联系紧密，而与技术胜任力较为疏远。领导被视为一种可迁移的技能。它可以通过在一个人的职业生涯中不断的学习与进步来培养。
- 管理者所需要的愿景型领导者，不仅能赢得结果，还要赢得人心。组织中的人际关系尤为重要。
- 为了使员工在一个日新月异的时代，依然保持工作的动力与决心，领导者必须建立组织文化，不但能创造高绩效，而且能培养员工的自豪感与愉悦感。

评论性反思

如今人们普遍支持这样一个观点：有效领导者需展现信守承诺与独具慧眼的品质，激励忠实的跟随者提升绩效。但是，很显然，当分析单个领导者的案例时，每个领导者都有独特的性格与技能，对于哪些独特的性格与技能造就了优秀的领导者，则仁者见仁，智者见智。到底是什么造就了优秀的领导者？你是否认为我们在这个问题上已经取得了进一步的认识？

图 7-7 中的概念地图是对领导与管理的总结。

领导与创新

2005 年，管理研究所与特许管理学会联合发表的一份报告把目光瞄准了领导对创新的影响。[51]报告指出了领导者的双重角色：第一重，激励者：激励他人超越平凡；第二重，建筑师：设计组织环境，提高员工的创新能力。“领导力对创新的影响远远超过激励型或领袖魅力型领导的激励性影响。领导者亦通过组织设计影响创新，必须创造适宜的组织环境以配合不同的创新过程。”组织领导者在提升创新能力时面临的主要挑战是：

- 识别创新过程的不同阶段，并制定出相应适宜的领导；
- 创造组织背景以支持由不同程度的创新组成的完整创新过程。

概念框架

这份报告区分了两种领导：一种是主要通过变革性行动来激励的领导者，即“激励型”领导；另一种是那些采取事务型方法并注重组织工作间协调的领导者，即“结构型”领导。为了解决领导如何在组织内影响创新，该报告提出一个概念框架来反映领导、组织背景、创新三者之间的复杂关系（如图 7-8 所示）。

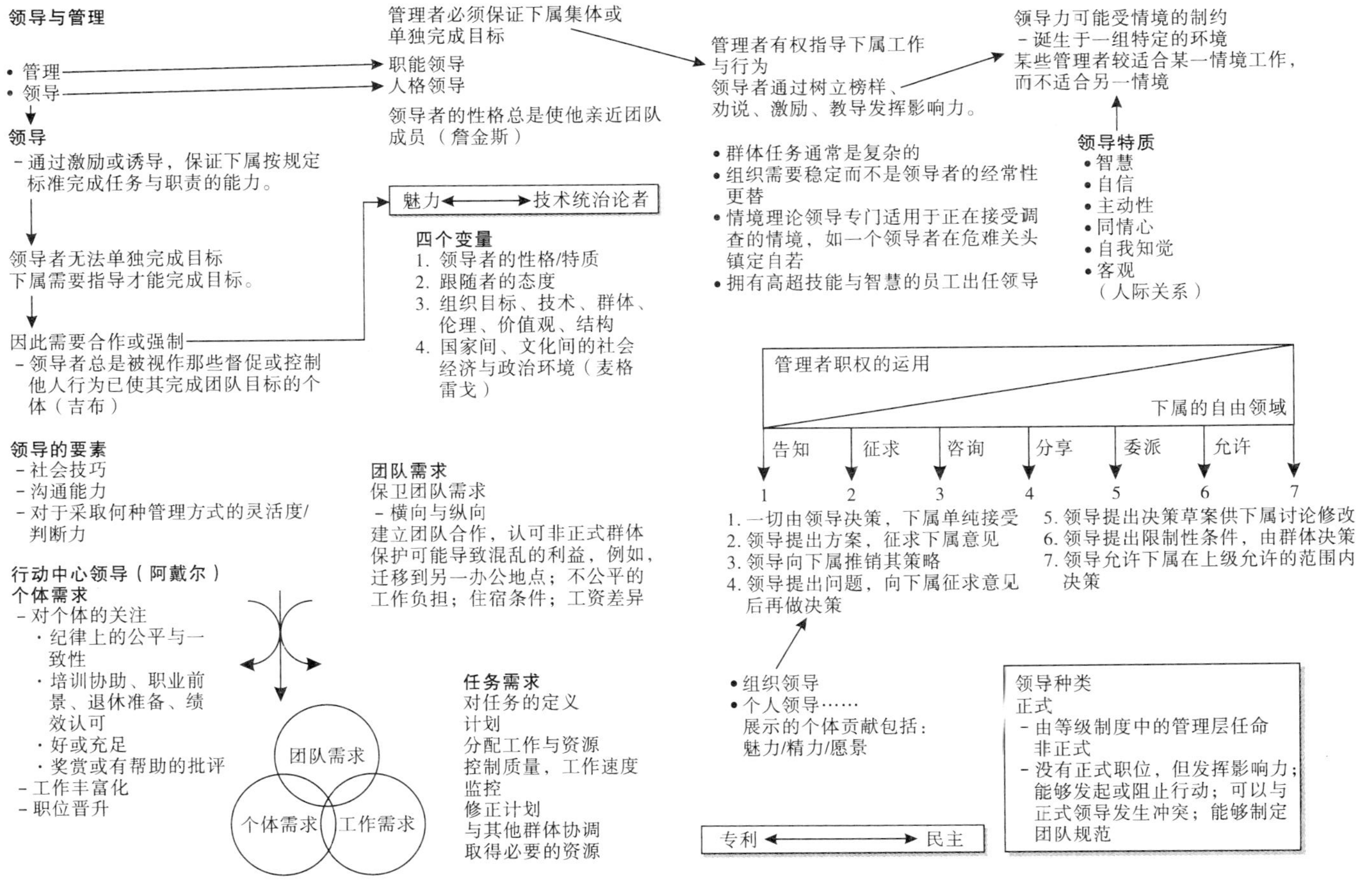

图7-7　领导与管理的概念地图

资料来源：Training Learning Consultancy Ltd, Bristol, England.Reproduced with permission.

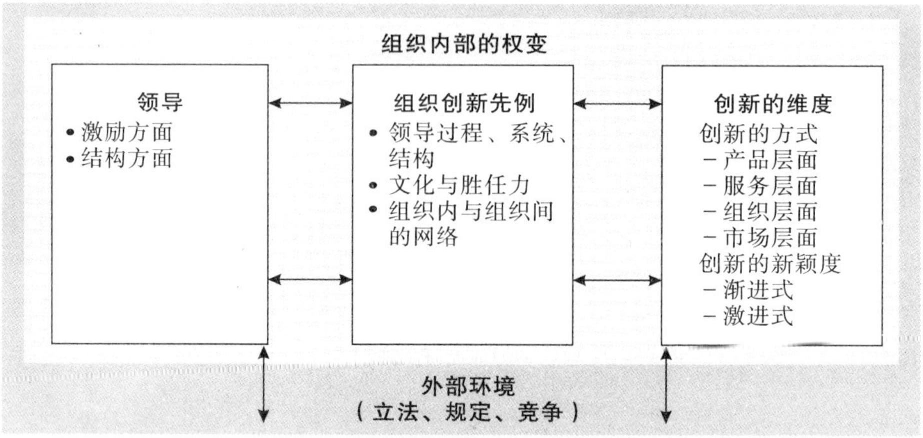

图7-8 “创新的领导”概念框架

资料来源：From Munshi, N. et al. , *Leadership for Innovation: The Impact of Leadership on Innovation*, Advanced Institute of Management Research(AIM)(2005), Figure 5, p. 18. Reproduced with permission from the Advanced Institute of Management Research.

然而需要注意的是，领导：

- 不仅仅出现在组织的上层，它可以在组织的任何一个层级出现；
- 不必集中在单个领导者手中，而可以通过分工明确的领导系统来实现；
- 通过激励和系统的行政协调，为跟随者的活动营造组织背景，以此支持创新。

领导关系

无论人们采取什么样的领导风格，最重要的是领导关系和领导者对其他人的行为和行动会产生怎样的影响。

领导是一种动态行为，而且有许多变量会对领导关系造成影响。麦格雷戈指出了四个主要的变量：

- 领导者的性格；
- 跟随者的态度、需求和其他的个性特点；
- 组织的本质，例如，组织的目标、结构、任务；
- 社会、经济和政治环境。

麦格雷戈总结道：“领导不是一个个人范畴，而是围绕着诸多变量产生的复杂关系”。[52]

库泽斯（Kouzes）和波斯纳（Posner）指出：“诚信是领导他人的基础。”在30多个国家中，研究人员向被访者提出了这样的问题：他们尊敬什么样的领导者？愿意听从什么样的命令？人们的回答如出一辙：

受人尊敬的领导需要具备这四样品质：诚实、有前瞻性、有启发力、有较强的能力。在我们的研究中，被访者都十分同意他们需要领导者正直、可信、具有远见、指导力强、有热情、有激情、有专长，而且能够使工作得以顺利完成。[53]

富兰也指出了建立人际关系的重要性，他认为这是变革过程和有效领导的基础。领导者必须与不同的人和群体建立完美的人际关系，尤其要与自己不同的人建立关系。有效的领导者总是会有目的地同成员进行交流，并一起解决问题，他也会对轻易达成的一致意见持慎重态度。[54]

权力和领导影响力

在组织内部，领导影响力要取决于领导者对跟随者施加什么类型的权力。权力的运用是一个社会过程，它可以解释不同的人是如何影响其他人的行为或行动的。佛兰奇和瑞文（Raven）发现了五种会影响领导力的权力。它们是奖励性权力、强制性权力、法定性权力、参照性权力和专家权力。[55]我们可以从管理者（领导者）与下属成员的关系的角度来考虑这些权力。

- 奖励性权力，是指下属成员认为，领导者有能力也有资源，对遵守工作命令的成员予以奖励，如给予奖金、晋升机会、口头夸奖、承认、特权，也包括给予优越的工作安排等。

- 强制性权力，是指下属成员对上级的畏惧，他们认为领导者有能力对那些不遵守工作命令的人给予惩罚，并有可能引起不良后果。例如，上级可能会延缓工资增长；不准晋升或取消特权；安排下属做不愿意做的工作；对下属进行非难或炒鱿鱼。实际上，强权性权力是奖赏权力的对立面。

- 法定性权力，是指下属认为领导者在组织中占据某职位，因此有权力对下属施加影响。法定权力是基于职权的基础上，比如说，管理者和主管在组织中的等级地位。法定权力因此也是“职位”权力，因为它是基于领导者在组织中的角色基础上，而不是基于同其他人的个人关系的基础上。

- 参照性权力，是指下属成员对领导者身份的认同。领导者能够施加影响是因为他们有吸引力，有良好的个人品质和声望，或者说他们有“魅力”。例如，一个管理者可能无权对下属采取奖励或惩罚措施，但他却仍然能够对下属施加影响，就是因为他能让下属尊敬爱戴。

- 专家权力，是指下属成员认为领导者是有能力的人，他们在特定领域有专门的知识和特长。专家权力是基于领导者对专门知识和技能的掌握的基础上。例如，“职能”专家的专业知识就是这样，像是人事经理、管理会计、系统分析师。专业权力通常限于范围狭窄的高端专业领域。

芬雷（Finlay）在佛兰奇与瑞文提出的五个权力的基础上，又增加了两种权力：

- 个人权力，是指受同事或下属成员的拥护；
- 关系权力，是指在人际关系或工作上能够接近重要人物或重要信息。[56]

下属成员对影响力的知觉

有必要指出的是，这些权力都基于下属成员对领导者知觉的基础之上，只不过下属成员有可能有某种知觉，也有可能没有。例如，如果一个领导者有对下属成员进行惩罚的权力，但是下属成员不相信他有这种权力，那么实际上，这个领导者就不具备奖励性或强权性权力了。同样，如果销售部门的下属相信，一个其他部门的管理者对他们有管理权，而即使事实上这个管理者没有这个权力，员工也仍然认为这个管理者具有法定权力。

佛兰奇和瑞文指出，这五种权力是相互联系的，一种权力的使用（例如，强制性权力）可能会影响其他权力的使用（例如，参照性权力）。再有，同一个人在特定场合的不同时间也可能会行使不同的权力。

> 你要从跟随者的角度来看待领导并亲身体验。我所学到的是，当你授予员工权力或者嘉奖他们如你所愿的表现，他们会工作得更积极。
>
> 安尼塔·罗迪克（Antia Roddick）[57]

没有最佳的领导风格

我们知道组织中还存在其他的管理领导风格。组织内部会有不同的人担负领导责任，同时也会有不同的领导风格。权变理论指出领导者的一个潜在危险就是，管理者可能会缺乏领导的一贯性。然而，虽然下属成员会期待一贯风格，但这并不是说领导者应该用同样的方式去处理不同类型的问题。下属成员会因为情境的不同而期待不同的管理领导风格。

特定环境中合适的领导者

瑞真（Rajan）也同样指出："面对不同的情境，需要有不同的领导风格。例如，当组织身处困境，需要迅速扭转逆境的时候，权威式领导最行得通。而当组织处于发展壮大阶段，这种领导风格就不适合了。"[58]斯特恩指出，虽然在市场繁荣的时候，商业领袖赞美那些有意弱化自己权力的领导者，但是在一个增长乏力的市场里，企业需要强硬的老板来维持增长。顶级领导者需要"心理强硬"的品质，而非过于情绪化的管理来获得成功。[59]

企业不同阶段的不同风格

在企业组织的不同发展阶段，应采取不同的领导风格。公共部门与私人部门内的领导风格也不相同，这取决于组织的规模。英国贸易与工业部称，在提升组织的创新能力时，组织领导者面临的一大挑战是：

识别创新过程的不同阶段，并制定出相应适宜的领导。领导者被筛选、拥护、评价、激励、培养的方式会根据他们所负责的创新过程的不同阶段而有所区别。例如，变革型领导技巧可能在创新活动的早期更为有用，如研发与产品开发。然而，事务型领导技巧对产品商品化顺利实施有根本的影响。[60]

国家文化维度

另一个影响选择领导风格的变量是国家文化。例如，麦格雷戈就曾指出，社会、经济和政治环境，连同“跟随者”的态度及需求都影响领导关系。[61]坦南鲍姆和施密特指出，领导者自己的价值体系也会影响他们的领导风格。他们还指出，下属成员（或者说非管理者）对于独立的需求程度和不确定性的耐力，也影响领导风格的选择。[62]这些因素会因领导关系发生在不同的文化背景中而有所不同。

文化是领导的权变因素吗

权变理论对于理解领导力的贡献告诉我们，不同的领导类型和方式适合于不同的环境。塔叶波（Tayeb）重视跨文化领导，并指出在全球商务范围内，领导风格与行为受到国家文化的影响。很显然，住在世界不同地方的人对领导者有不同的期望。员工看待领导者的方式，如员工中心式或任务中心式，也因为文化的不同而各异。[63]

领导风格的有效性

根据高尔曼的报道，由 Hay/McBer 管理咨询公司发起的研究表明，明确的领导行为会产生积极效果。这项研究在世界范围内抽取了 3871 个样本，最终发现了六种著名的领导风格，每一种领导风格都源自不同的情商组合。

- 强权型领导者，要求下属唯命是从。
- 权威型领导者，动员成员实现愿景。
- 亲和型领导者，创建情感纽带和融洽和睦的氛围。
- 民主型领导者，通过成员共同参与，与下属达成共识。
- 进度制定型领导者，期待下属的完美绩效及自我指导。
- 教练型领导者，为组织将来开发人才。

然而，只有四种领导风格有积极作用。强权型领导要求下属对命令立即遵守，缺少灵活性和对员工的激励，因此是效果最差的领导风格。进度制定型领导风格为工作绩效设定较高标准，但会导致成员士气低落，因此也有不少负面影响。

使用多种领导风格

高尔曼指出，最有效的执行官会在适合的情景中采用不同的领导风格，而且领导力度也视情景而定。虽然权威型领导有时会对成员产生压力，但人们发现它是最有效的领导风格，因为它可以激励、激发成员对组织目标的责任。亲和型领导能在团队内部建立和睦融洽的气氛，它可以和权威型领导风格一起使用。民主型领导积极有利，而且能够鼓励成员对工作更多的投入，还能通过参与讨论来达成一致。教练型领导，虽然最少被用到，但可以帮助成员确认优势，并鼓励成员建立长期的发展目标。此项研究得出的结论是：最有效的领导者会采用不只一种领导风格，并能因地制宜地运用这四种领导风格。最佳领导者会在特定的时间使用大部分领导风格，领导风格既自然，程度又有所不同，这当然主要取决于具体的企业情境。[61]

影响领导效果的变量

诚然，不会有一种“最佳”的领导风格，既可以维持群体成员的士气，又可以保证高绩效的工作。决策最适合的领导风格要考虑三个主要方面：管理者、群体和工作环境。

然而，研究工作组织中领导的效果要考虑许多变量。具体来说，包括：

- 管理者的性格、态度、能力、价值体系以及管理者的个人诚信度；
- 管理者的权力类型和领导关系的基础；
- 跟随者的特点，如他们的需求和期望、态度、知识、信心、经验、动机和责任；
- 管理者和群体以及群体成员之间的关系；
- 组织、组织文化的类型和本质，组织创新与发展的不同阶段；
- 任务本质、任务的结构程度；
- 技术、沟通系统和工作组织方法；
- 组织结构和管理制度；
- 问题类型和管理者决策的本质；
- 本质和内部环境影响；
- 社会结构、非正式组织以及心理契约；
- 国家文化的影响。

领导的阴影

麦克卡比（McCabe）指出，想要转变自己绩效和团队效果的领导者，应该看到他们自己的阴影是如何阻碍目标实现的。领导者只注重他们认为重要的事，却常常忽视无意间他们对同事、团队和客户的重大影响。所有的领导者都会投射阴影，且不论是哪一种领导风格，那个阴影都会影响他人并削弱雇员工作的投入程度与业务效果。领导者需充分意识到自己投射的阴影，及其对他人的影响。

为取得成功，如今的领导者不得不想尽一切办法发掘和利用人们的想法、精力、创意，这就意味着，他们必须建立起更可靠的人际关系，而领导阴影会阻碍这种关系的形成。[65]

领导的特征

瓦伦蒂（Valenti）指出，无论一个人通过什么样的方式获得了领导地位，他/她总是具备成为一个成功领导者的五个基本特征。

- 勇气。克服困难，做正确的事。
- 信心。对自己要做的事坚定不移。
- 集中精力。坚持到底、不轻言放弃、专心致志。
- 激情。对自己要做或坚信的事充满热情与执着。
- 道德。言行始终如一。[66]

英国贸易与工业部发现三个最常见的领导特征是愿景（79%）、信任（77%）、尊重（73%）。但是，少于 40% 的员工在他们自己的领导者身上见过这些特征。[67]

领导力的开发

管理学的教育和培训不仅要强调人际交流技巧，也要强调管理者应灵活地使用各种领导方法，有诊断问题的能力，还应意识到最有效的领导行为是综合考虑全部领导情境的产物。

根据英国“人力资本投资者”组织的调查，领导力的开发不仅仅是公司的事情。“创造一个清晰的愿景，使其充分被雇员理解，并且激励雇员去实现，对一个小企业家或者是一个拥有 1000 员工的领导者来说同等重要。所有的组织都应该提前几年就开始物色管理者，并培养他们。所有顶级的管理者都应该有培训继承人的计划，使接班人自然接班。”[68]

公共部门中领导力的开发

由英国特许管理学会进行的研究显示，在社会大变革时期，公共部门的领导者排名普遍靠后，这引起了人们的关注。一个涉及 1900 个处在公司中层和低层的公共部门的管理者的调查显示，只有 33% 的管理者评价他们上级管理层的领导为高质量。大多数管理者，虽然接受过各种各样的培训活动，依然对领导力的开发不够重视。只有 1/4 的被调查者表示，他们的组织有充足的培养领导者的预算。并且，各组织依然倾向于用传统的、正统的方法培养领导者。[69]

培养领导者的七原则

阿戴尔参照他的行动中心型领导模型（本章前面提到），得出了开发领导力的七条关键原则。这些原则可以被很好地应用于公共部门与私人部门的各种组织中。

1. 为运营、战略、团队这三级领导制定领导力开发战略。

2. 挑选最有可能成为有效领导者的候选人。

3. 领导的培养必须有清晰具体的目的。在领导环境中确认商业培训的需求，分清它们的轻重缓急。

4. 通过在适当的时机给予某人合适的工作来发展其职业生涯。人们是通过真实的领导实践成长为领导者的。

5. 一线经理是下属领导力的开发者，他们应该开发下属潜力，与下属分享领导知识。

6. 公司文化在各层级应受到重视，在企业应鼓励培养自我开发的氛围。

7. 首席执行者应该在前方引领。他们在成长为领导者的过程中，也有自己的问题。

这七个原则相辅相成，若整体应用，将产生协同效应。虽然只是一个简单框架，但是阿戴尔认为这七个原则形成了一个统一、有效的培养领导者的方法。[70]

领导力拼图

英国贸易与工业部的报告发现，大约 1/3 的受访者从未为优秀的领导者工作过或受到其激励。为了使志向远大的领导者能够发现他们是否具备必要的技能，卡特勒（Cutler）设计了最佳实践拼图。共有六片相互连接的拼图：愿景、榜样、关系、激励、授权、沟通，用来衡量与培养领导技能。卡特勒相信，若领导被浓缩为这些基本的元素，且设计一套问题来帮助志向远大的领导者找出他们是否拥有所有必要的领导技能，那么领导这一角色也并不难扮演（如图 7-9 所示）。[71]

未来的领导者

格莱顿指出，尽管我们的组织可以创造专利、思想和革新，但是过去的成果却不会为将来带来可持续的竞争优势。我们不得不开发组织成员的潜能，扩展他们的知识，激发他们的责任和热情。开发人力潜能需要被放到新的议事日程上，这也是对领导者的新的挑战，同时也需要管理者非凡的管理能力。这个新议程为领导者创建了一套预期。格拉顿提出了领导者的四个预期。

- 预期 1：集体的梦想。为你和你的同事空出建立一个梦想未来的时间；建立对未来的热情、激动与愿景；把现在看作通往未来的通道；允许组织成员在规定的范围内独立工作；组织成员之间要协调配合。

- 预期 2：平衡长期与短期目标。分别从过去、现在和将来的角度思考；要意识到人的变化范围，并制订行动计划，以反映人的潜力；设立一个包括员工在内的愿景，并让他们清楚自己未来的角色。

- 预期3：建立重视成员的组织。要尊重组织成员并仔细考虑成员意见，还要使他们清楚，他们的贡献对工作是非常重要的；建立与雇员的沟通渠道；对待他人要信守承诺；对待他人也要做到礼貌、客气、尊重，并创建一个强大的角色模型供他人效仿。
- 预期4：理解组织现实。听取他人的意见，深刻理解企业现状；把提高成员的责任心放在战略的中心位置；组织内部要有较高的相互信任、责任感和激励力量；领导者要懂得如何公平、公正地处理事务，并理解雇员对于正直守信、表里如一和自豪的知觉。[72]

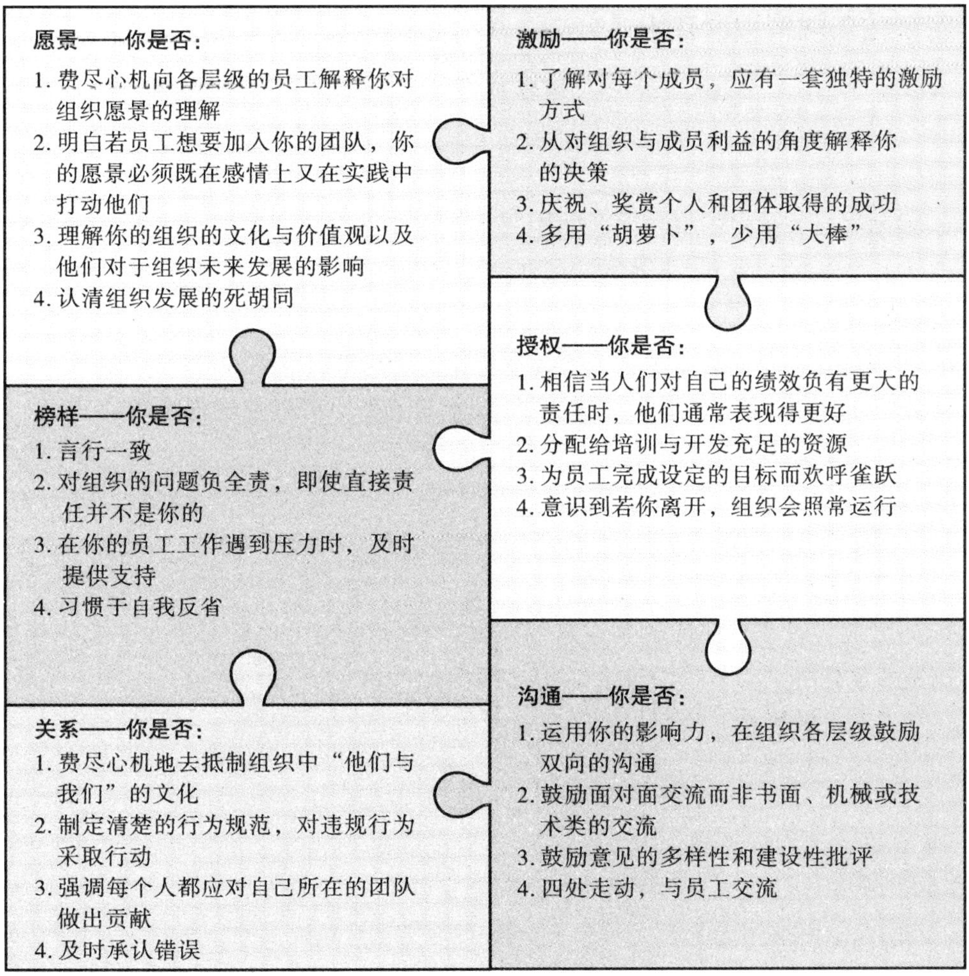

图7-9　领导力拼图

资料来源：Adapted from Cutler, A., “A good fit is essential”, *Professional Manager*, vol. 15, no. 3, May 2005, p. 38. Reproduced with permission from Chartered Management Institute and the author.

领导者是集体的设计师

希尔指出，21 世纪，世界级的公司将会变成一个不断壮大，并吸纳有才能、热情、多元的个体的集合体。随着越来越多的公司获得了相同的技术、市场、生产方法、销售渠道，竞争定义已被彻底改写。人才的战略性管理对于取得竞争优势至关重要。领导的主要任务是提出道德与战略的愿景，并且这个愿景定义了这个集合体的特征，并将组织个体凝聚在一起。领导者大部分的时间将会花在组织定位、评估、吸引以及必要时培养需要的人才。一旦领导者阐明了愿景，网罗了人才，他们就必须实现愿景。21 世纪就这样塑造了集体、组织文化、组织过程与组织结构。[73]

新型技巧和新型胜任力

班尼斯（Bennis）对新型领导风格很是欢迎，他指出："将来的领导要少一些命令与控制，少一些等级观念。"领导者要学会一套新管理技巧，而且有四项胜任力可以决定新型领导是否成功。

1. 新型领导者要懂得赞赏，并切实给予下属奖赏。很遗憾的是，大多数组织都很少对成员予以肯定或赞赏，其实这是最具效力的激励力量之一，尤其是对知识型人才而言更是如此。

2. 新型领导者要不断提醒员工什么是重要的。如果成员不知道什么是重要的工作，组织就会日渐混乱。领导要不断提醒员工重要的工作，可以使工作变得有意义、有价值，并使员工集中精力做工作。

3. 新型领导者要信任下属。随着新型工作合同条款的变动，人们知道没有人会一辈子坚守在一个组织内。信任这个词所包含的内涵是：能力、忠实、关爱、公平、坦诚，当然最重要的是权威。

4. 新型领导者和被领导者是亲密的盟友。伟大的领导者是由伟大的群体造就的，同时也是由创建尊重与尊严的社会结构的组织所造就的。伟大的领导才能产生新型领导，领导者与被领导者互赖共生。

> 后官僚时代的组织需要一种新型的领导者与被领导者。当今的组织已经发展成为联盟、网络、集团、跨职能团队、临时性系统、任务攻坚队，总而言之，已经不是以前过时的由上而下的单一领导了。新型领导者应鼓励正常、健康的不同意见出现。领导者应该为组织内出现的不同文化感到高兴，因为文化多样性是组织长期生存与成功的希望。领导者的影响要更新、更微妙、更间接，这样的领导才更有效。[74]

评论性反思

尽管不少学者和实际的管理者都就领导这个主题写了大量著作，但要为领导给出一个确切且一致的定义，还是极为困难的。关于最佳的领导风格，大家也是众说纷纭。如果这方面的研究者都不能就领导的本质和领导的主要特征达成一致，我们又如何确定有效的领导者的标准呢?

从新闻中学管理

领导力——潜移默化地灌输高品质的方式

理查德·唐金（Richard Donkin）

领导的相关研究已经成为大西洋两岸各商学院和各咨询公司的“印钞机”，因为如今众多的企业急需能够创造、改善成功事业并保持其生命力的领导者。支撑着这个“市场”的是大量关于领导力的书籍。每本书对领导力都有自己独特的观点或着眼于领导的某一特定方面。《哈佛商业评论》出版最多的书都与领导力有关，绝大多数大公司都不会忽视开发他们自己的领导或人才管理的课程。

领导如同艺术，拒绝精确定义。世界顶级领导理论倡导者——华伦·班尼斯（Warren Bennis）把领导力描述为“创造令人向往的愿景，并将愿景转变为现实，且维持其生命力的能力”。然而，同艺术一样，人们对领导的认识因各种势力派别的角逐和新潮运动的风起云涌而在不断变化。

来自哈佛大学，当代最具影响力的理论家之一，罗纳德·海菲兹（Ronald Heifetz）说，领导力就是“动员人们攻克一个问题中最困难的环节”。众人依旧议论纷纷，到底将领导力开发到何种程度，才能使它成为领导者、管理者与员工共有的素质。但是，目前绝大多数领导力课程仅仅定位于高层职位。

企业面临的最大挑战之一就是如何把那些专业出众却缺乏领导经验的人才推上领导者的位置。最新的领导理念不再是去创造领导地位，而是去培养那些专才，在没有被赋予权利的情况下影响、干预他人的领导能力。

“我们对客户进行的新的调查研究显示，人们越来越需要所谓软性领导技能（如情商），而不是地位与职能，”欧洲创意领导中心负责英国及爱尔兰的主任金·拉法第（Kim Lafferty）说过：“互赖型决策正在取代独立型决策，企业越来越重视合作。”

虽然有些领导事例是普遍适用的，但是“每个公司可能有其独特的领导状况”则是越来越多商学院的共识。有些公司，包括最近调查的IBM，试图去归纳优秀领导者身上个性、行为、技能的优点。然而未来领导者的选择或培养与那些优点南辕北辙。

海菲兹教授指出，在领导力的课堂上，大多数学生所问的问题都是所谓的“技术性问题”，这些问题已有现成的解决方法。他认为，他的任务不是谈什么权力、劝告或个性，而是培养学生应对日新月异的价值观、态度和学习的能力。

“过去我们探讨‘从领悟到实践’的差距。如今，我们探讨‘从领悟到胜任’的差距，”拉法第女士说，“这两个概念仅有细微差别。而正是这个差别使领导从肤浅的表面走向深层的本质，真正提升了领导力的水平。而这很重要。”

资料来源：Donkin, R.,“Leadership: ways to instil those elusive qualities”, *Financial Times*, 13 November 2005. Copyright © Richard Dinkin, reproduced with permission.

讨论题

1. 你认为哪些是组织领导者必备的技能，而哪些是非领导者必备的技能？这两者间有多少技能是重叠的？

2. 复习并讨论，由组织授予职权的领导越来越不受欢迎的趋势对组织设计与结构以及管理者的甄选与培训来说意味着什么？

本章概要

• 人们可以从许多角度看待领导，而且领导也有许多含义，但基本上说，领导是一个人影响其他人行为或行动的关系。领导者与跟随者是互利的，而且有效领导是一个双向过程。领导与动机、沟通、群体活动、任命和授权有很大关系。企业组织的不断变化也显示出领导的重要性。

• 领导和管理密切相关，尤其在工作组织中，它们越来越被视为一对同义词。然而，两者之间也有所不同，不是每个领导者都是管理者。领导在广义上可以被理解为人际行为，而且领导是一个动态的行为模式，有许多变量会影响领导关系。

• 领导的本质极其复杂，因此有许多方法可以用来分析领导。领导理论包括：领导特质理论、职能或群体理论、行为理论、领导风格理论、情境理论和权变理论，以及事务型领导和变革型领导。

• 权变理论表明了领导情境和领导行为模式中各个变量的相互作用。最适宜的领导风格要视具体的领导情境而定。不同的权变理论解释了不同的情境变量，包括：领导情境的有利性、决策的可接受性和决策质量、路径 - 目标理论、跟随者的“成熟度”。

- 对变革型领导与领导魅力的重视，使得人们越来越关注这样一个概念：领导者创造他人能够认同的愿景，并激励跟随者改善组织绩效。然而，领导者需要对这些个人品质掌握到何种程度，人们还心存问号。领导对创新的影响以及领导者作为激励者与组织设计师的双重身份也受到关注。
- 领导是动态的行为模式，领导的影响力取决于领导者对跟随者施加权力的类型。然而，至今还没有一种最佳的领导风格。影响领导效果的变量包括国家文化。不同的领导风格适用于不同的情境。最有效的领导行为方式是综合考虑全部领导情境的产物。人们要关注领导力的开发，未来的领导者将面临新的期望并需要新的技巧。

利用 www. pearsoned. co. uk/mullins 这一网站上的网络资源来进行知识更新与在线研究。

复习与讨论题

1. 你如何理解领导的含义，如何区分领导与管理？
2. 区分不同的领导理论，并深入探讨每种理论与当今现实的关联。
3. 结合坦南鲍姆和施密特的领导连续体理论，说出你更加倾向使用的领导风格是什么。如果你需要采用另一种领导风格，解释其具体情境。
4. 你如何理解领导者 - 情境模型？为领导者评述（1）费德勒的领导有效性权变模型和（2）赫西与布兰查德的情境领导模型的实际价值。
5. 探讨主要的领导权力和领导影响力。在自己的组织中，给出每一种权力和影响力的实际例子。
6. 解释变革型领导的本质和主要特点。给出实际例子，你认为什么样的人是变革型领导者。讨论个人品质或领袖魅力与有效领导的相关性。
7. 讨论影响最适宜领导行为的情境变量。分别说出三种采用不同领导风格的工作情境。
8. 如果你是领导力的顾问，在你为某大型工作组织的管理者设计培训项目的时候，你会把哪些方面的需求包括在内？并解释说明。

作业

1. 想出在你生活中（最好在工作中）遇见过的：

（1）一个最佳领导者；（2）一个最差领导者。

2. 找出并罗列每个领导者个性中独特的或缺乏的品质。若条件允许，按照三个类别罗列清单：

（1）个人特征，如智慧、外貌；（2）社会关系，如可亲近度、兴趣；（3）工作表现，如授权、纪律。

3. 对一个真实情况作简要描述，以阐释每个领导者的行为/行动以及行为/行动的结果。平衡你的答案，尽可能做到客观且不带个人偏见。

4. 列出你自己的清单，简要描述你认为一个成功的领导者身上展现的主要特征。准备好在班级讨论时，证明你所列的清单与描述符合事实。

5. 你的领导风格

根据实际情况给以下10组表述打分。总分是5分，分别给A、B论述打分，要求必须打整分（例如，你不可以给每个论述打2.5分）。

（1）A. 作为领导者，我的主要任务是维持稳定。 ____

B. 作为领导者，我的主要任务是寻求变革。 ____

（2）A. 作为领导者，我必须直接促成工作完成。 ____

B. 作为领导者，我必须引导工作完成。 ____

（3）A. 我关心的是，跟随者要公平地受到奖励。 ____

B. 我关心的是，跟随者在生活中真正需要什么。 ____

（4）A. 我要长远考虑：事情可能会怎样？ ____

B. 我要考虑眼前：现实情况是怎样的？ ____

（5）A. 作为领导者，我花费大量精力设定彼此既独立又相联的目标。 ____

B. 作为领导者，我花费大量精力引发跟随者的希望和期望。 ____

（6）A. 虽然不像真在课堂里一样，但我认为领导的一个重要部分就是充当老师，教别人如何去做。 ____

B. 我认为领导的一个重要部分是做启迪者。 ____

（7）A. 作为领导者，我必须保持与跟随者同样的道德水平。 ____

B. 作为领导者，我必须有更高的道德水平。 ____

（8）A. 我喜欢激励跟随者做更多的工作。 ____

B. 我喜欢奖励出色完成工作的跟随者。 ____

（9）A. 领导要实际。 ____

B. 领导要有激励性。 ____

（10）A. 我对他人施加的影响的力量主要来自别人对我的想法的认同。 ____

B. 我对他人施加的影响的力量主要来自别人对我的地位与职位的认同。 ____

评分细则与解答将由老师给出。

案例分析

特立独行的苹果，特立独行的史蒂夫·乔布斯

史蒂夫·乔布斯是苹果公司的CEO，世界著名的商业领袖之一。

虽然网上流传的乔布斯的传记版本有很多，但是对他基本信息的描述没有什么出入。[75]他生于1955年，出生地是加利福尼亚州。1976年，他与史蒂夫·渥兹尼克（Steve Wozniak）成立了苹果电脑公司。次年，公司第二台电脑——AppleⅡ诞生。它的成功使苹果一举成为初具雏形的PC行业的主要品牌之一。1980年，苹果公司上市。乔布斯一直在物色一位经验丰富的公司管理者来监控公司的扩张进程，并在1983年聘请了来自百事公司的约翰·斯卡利（John Sculley）。1984年，苹果公司推出了麦景图（Mcintosh）。它新颖的设计是今日用户友好型个人电脑发展史中关键的一步。[76]

1985年，乔布斯退出了苹果公司董事会，并与斯卡利交恶，接着辞职。他成立了NeXT电脑公司。NeXT的工作站产品富有创造力且影响深远，但是由于价格昂贵，没有在大众市场上取得成功。1990年之前，NeXT公司致力于软件研发而不是硬件。而当时，PC市场濒于饱和，苹果公司面临严重的财务问题。1996年，苹果并购NeXT。1997年乔布斯出任苹果公司临时CEO。乔布斯归来之后，对苹果公司做了一些彻底的改革，改善其盈利能力。并购NeXT所带来的技术，使一个新的操作系统得以开发出来。乔布斯亲自操刀产品研发，并在1998年推出了酷炫新颖的iMac。

乔布斯使苹果再度迎来春天。之后公司推出的一系列产品都以“i”作为名称的前缀，包括2001年大获成功的iPod以及其支持服务iTune。这亦使公司面临一系列来自音乐与娱乐领域新的战略抉择。然而，史蒂夫·乔布斯绝不是那种把所有鸡蛋放在同一个篮子里的人。1986年，他从Lucasfilm公司买下一个电影特效组，并重新命名为Pixar。之后，Pixar成为电脑动画界领军人物之一。Pixar与迪士尼公司签约合作，从《玩具总动员》（1995年）到《超级总动员》（2004年），推出了一系列迅速引起轰动的动画片。2006年，迪士尼与Pixar合并。乔布斯成为迪士尼重要股东，并进入其董事会。

企业家精神

从某种层面上讲，史蒂夫·乔布斯可以看作是在过去的30年间引领信息革命的优秀的年轻人之一。这些新兴企业家不再符合传统概念里白手起家商人的模式。他们的学业并不一定优秀（迈克尔·戴尔与史蒂夫·乔布斯都在

大学时辍学），衣着随便，思维突破常规。虽然他们的领导风格与行为可能不同，但是他们都全身心投入，甚至沉迷于工作，并且都规划未来发展的清晰愿景。然而，苹果公司依然有其独特的处事方法使得苹果的用户各个“忠心耿耿”。就如同一个评论员所言：

在硅谷的DNA里，有一个叫做“苹果电脑”的叛逆基因。大部分其他成分总体一致，那些你可以在一个工程师的灵魂里找到的，默默无闻的元素……苹果基因来自完全不同的地方。它的本质就是：设计才能和营销攻略。它充满了冒险与创新精神。它紧跟硅谷的技术革新潮流，并偶尔研发出原创的技术，但是对苹果来说技术总是第二位的。苹果之所以特立独行就是因为史蒂夫·乔布斯。[77]

许多证据表明，苹果深受其领导者个性的影响。乔布斯激励员工并规划愿景。他是公司的招牌。一旦有重要的新产品诞生，总是由乔布斯第一时间向世界宣布。他亲自参与产品从研发到销售的全过程。如最近一则报道指出，乔布斯在苹果会议的主旨发言不像是例行公事，而更像是在开摇滚音乐会，他主宰了整个舞台。[78]

乔布斯惹人关注的领导到底有什么秘诀？他非常看重纯粹的创造力，但他不是一个宽容、随和的人。激情、魅力、启发、苛刻这类词更能代表他的性格。[79]乔布斯似乎是一个“严以律己、严以待人”的人。这可能会使那些让他与公司失望的员工感到沮丧、挫败、愤怒，有时甚至接受严厉的惩罚。在与史密森学会（Smithsonian Institution）的访谈中，乔布斯深入分析了这种思维：[80]

我认为我在公司的任务就是保持员工的高品质。我认为那属于少数几件我个人就可以服务公司的事之一——树立一个“苹果只留精英”的理念。当你需要横穿曼哈顿时，一个最差的出租车司机与一个最好的出租车司机的差距是二比一：最好的司机只用15分钟就带你到达目的地，而最差的司机需要半个小时；我所在的行业里，最好的人与最差的人的差距是一百（或者更多）比一。一个良好的软件软件工程师与一个优秀的软件工程师的差距是五十比一。因此，我发现，不仅是在软件领域，更是在我从事的所有领域，雇用最优秀的人会带来最大的回报。当你雇用了并不是世界上最优秀的人并必须摆脱他时，那是痛苦的；但是我发现有时我的工作就是：以尽可能人道的方式，摆脱不是最优秀的人。这些事不得不做，而且毫无乐趣可言。

虽然乔布斯职业生涯中大部分时间都很富有，但是他并不看重金钱。人人都知道，他在公司的年薪是一美元。他的工作动力来自对创新的追求：他的名言就是“我要在这个宇宙里留下记号。”[81]这不仅仅意味着技术革新，更意味着具有预想出会对人们的日常生活产生革命性影响的产品的能力。苹果的成功离不开它的设计与市场营销。其结果是造就了一批真正革命性的产品，比如 Macintosh 和 iPod 以及一些并未被商业化的产品。这个严苛的计划对公司和乔布斯个人都有相应的代价。商业战略评论员有时注意到，真正的钱并不是来自纯粹的创新，而是来自转变企业的运营方式。

技术创新会为你挣得许多忠实的“粉丝”（想想苹果）；商业模式的创新为你挣得许多钱。如果你的新锐产品“叫好却不叫座”，那么，它不是创新，而是艺术。[82]

若财富是张成绩单，那么，乔布斯在 2006 财富全球富豪榜中位列第 140，远远落后于排名第一的比尔·盖茨或者排名第十五的迈克尔·戴尔。[83]但是人们总体的印象是：乔布斯并不在意这些。对他来说，改变世界远比聚敛财富更有意义。

继承问题

与比尔·盖茨的比较，引出了另一个经常出现在由强势、魅力型领导者主导的组织中的问题：继承问题。一篇 2005 年的商业文章指出：微软已经开始为比尔·盖茨渐进式退休着手准备。[84]比尔·盖茨的角色被一分为二，分别由公司内的两个人接任。提前宣布的两年过渡期是为了稳定市场对后盖茨时代微软未来的信心。但是在苹果，未来并不明朗。2004 年 8 月，乔布斯因患胰腺癌而入院治疗。他挺过难关，并于一个月后立刻投入工作。但是这次与死神擦肩而过的经历，不免使人猜想若没有了乔布斯，苹果的未来会成什么样。对公司来说这依然是个大问题。一则来自风险资本家迈克尔·莫瑞茨（Michael Moritz）的引述总结了乔布斯对苹果的重要性：

史蒂夫确实是个非凡的人，是过去 15 年里最吸引人、本色示人、富有创意的商人之一。过去 10 年他在苹果与 Pixar 取得的成功彻底封住了那些怀疑论者的嘴。这些怀疑论者之前一直认为没有人能仅凭个人的力量改变公司或行业的发展轨道，更不用说两个公司或两个行业了。[85]

苹果从不按部就班地做事。人们对苹果的继承计划有疑问，可能是因为他们忘记了它特立独行的运营方式。作为一个领导者，史蒂夫·乔布斯那充满魅力与苛求的身影遍布苹果，并使得苹果成为了今天的模样。它的产品对人们（甚至是那些从未用过苹果产品的人）的日常生活产生了深远的影响，而苹果公司势必在这个数码媒体的世界里为人们带来更多的惊喜。

你的任务

1. 职业生涯如何且在多大程度上阐释了管理与领导的区别？

2. 如何分析史蒂夫·乔布斯的领导风格？目前的证据在多大程度上符合博恩斯的改革型领导模型？

3. 乔布斯的职业生涯涉足两个行业，这两个行业都以快速的市场变化、飞速的技术进步、频繁的震荡与颠簸为特征。辩证地分析这些情境要素在多大程度上与乔布斯这些年展现的领导风格有关？

注释与参考文献

1. Crainer, S. 'Have the Corporate Superheroes had their Day?', *Professional Manager*, March 1995, pp.8–12.
2. Useem, M. 'How to Groom Leaders of the Future', in Pickford, J. (ed.) *Financial Times Mastering Management* 2.0, Financial Times Prentice Hall (2001), p.297.
3. CBI, 'The Path to Leadership: Developing a Sustainable Model within Organisations', Caspian Publishing, September 2005, p.4.
4. Havey-Jones, J. (Sir) in Mann, S. 'Top Guru', *Professional Manager*, September 2002, p.17.
5. Levine, S. R. 'The Value-Based Edu-Leader', in Chowdhury, S. *Management 21C*, Financial Times Prentice Hall (2000), p.90.
6. Judge, P. (Sir), 'Standard-bearer', *Professional Manager*, vol. 12, no.1, January 2003, p.19.
7. 'Leadership for Innovation', Advanced Institute of Management Research, 2005.
8. Fullan, M. *Leading in a Culture of Change*, Jossey-Bass (2001).
9. Charlesworth, K., Cook, P. and Crozier, G. *Leading Change in the Public Sector: Making the Difference*, Chartered Management Institute, May 2003.
10. Belbin, R. M. *Changing the Way We Work*, Butterworth-Heinemann (1997), p.98.
11. Watson, C. M. 'Leadership, Management and the Seven Keys', *Business Horizons*, March-April 1983, pp.8–13.
12. Zaleznik, A. 'Managers and Leaders: Are They Different?' *Harvard Business Review*, May-June 1977, pp.67–78.
13. Fullan, M. *Leading in a Culture of Change*, Jossey-Bass (2001), p.2.
14. Dearlove, D. 'Reinventing Leadership', in Crainer, S. and Dearlove, D. (eds) *Financial Times Handbook of Management*, Second edition, Financial Times Prentice Hall (2001), p.538.
15. '*The Leadership and Management Model*', Investors in People UK, 2003.
16. Moorcroft, R. 'To Lead or to Manage? That is the Question'. *Manager, The British Journal of Administrative Management*, November 2005, p.4.
17. Drucker, P. F. *The Practice of Management*, Heinemann Professional (1989), p.156.
18. See for example: Bryman, A. 'Leadership in Organisations' in Clegg, S., Hardy, C. and Nord, W. (eds), *Managing Organsations: Current Issues*, Sage (1999), pp.26–62.
19. Kotter, J. P. 'What Leaders Really Do', *Harvard Business Review*, May–June 1990, p.103.

20. Whitehead, M. 'Everyone's a Leader Now', *Supply Management*, 25 April 2002, pp. 22 – 4.

21. Adair, J. *Action-Centred Leadership*, Gower (1979). See also: Adair, J. *The Shills of Leadership*, Gower (1984).

22. Fleishman, E. A. 'Leadership Climate, Human Relations Training and Supervisory Behavior', in Fleishman, E. A. and Bass, A. R. *Studies in Personnel and Industrial Psychology*, Third edition, Dorsey (1974).

23. Bryman, A. 'Leadership in Organisations', in Clegg, S., Hardy, C. and Nord, W. (eds), *Managing Organsations: Current Issues*, Sage (1999), pp. 26 – 62.

24. Likert, R. *New Patterns of Management*, McGraw-Hill (1961).

25. Tannenbaum, R. and Schmidt, W. H. 'How to Choose a Leadership Pattern', *Harvard Business Review*, May – June 1973, pp. 162 – 75, 178 – 80.

26. Fiedler, F. E. *A Theory of Leadership Effectiveness*, McGraw- Hill (1967).

27. See, for example: Yukl, G. *Leadership in Organizations*, Fifth edition, Prentice Hall (2002).

28. Vroom, V. H. and Yetton, P. W. *Leadership and Decision- Making*, University of Pittsburgh Press (1973).

29. Vroom, V. H. and Jago, A. G. *The New Leadership: Managing Participation in Organizations*, Prentice-Hall (1988).

30. House, R. J. 'A Path – Goal Theory of Leadership Effectiveness', *Administrative Science Quarterly*, vol. 16, September 1971, pp. 321 – 38.

31. House, R. J. and Dessler, G. 'The Path – Goal Theory of Leadership', in Hunt, J. G. and Larson, L. L. (eds) *Contingency Approaches to Leadership*, Southern Illinois University Press (1974).

32. Hersey, P. and Blanchard, K. H. *Management of Organizational Behavior: Utilizing Human Resources*, Sixth edition, Prentice-Hall (1993).

33. Burns, J. M. *Leadership*, Harper & Row (1978).

34. Bass, B. M. *Leadership and Performance Beyond Expectations*, Free Press (1985).

35. Bass, B. M. and Avolio, B. J. *Improving Organizational Performance Through Transformational Leadership*, Sage Publications (1994).

36. Yukl, G. *Leadership in Organizations*, Sixth edition, Pearson Prentice-Hall (2006).

37. Kreitner, R., Kinicki, A. and Buelens, M. *Organizational Behaviour*, First European edition, McGraw-Hill (1999), p. 487.

38. Conger, J. 'Charisma and How to Grow It', *Management Today*, December 1999, pp. 78 – 81.

39. Conger, J. 'Danger of Delusion. The qualities that make leaders great can also cause their downfall. Success and self confidence often breed narcissism and a sense of infallibility', *Financial Times*, 29 November 2002.

40. Dearlove, D. 'Reinventing Leadership', in Crainer, S. and Dearlove, D. (eds) *Financial Times Handbook of Management*, Second edition, Financial Times Prentice Hall (2001), p. 538.

41. Bloomfield, S. 'Charismatic Leaders are Passe', *Professional Manager*, vol. 12, no. 1, January 2003, p. 37.

42. Adair, J. *The Inspirational Leader: How to Motivate, Encourage and Achieve Success*, Kogan Page (2003).

43. Whitehead, M. 'Everyone's a Leader Now', *Supply Management*, 25, April 2002, pp. 22 – 4.

44. Kahan, S. 'Visionary Leadership', *The Great Washington Society of Association Executives*, www.leader-values.com [accessed 28 January 2006].

45. Gratton, L. *The Democratic Enterprise*, Financial Times Prentice Hall (2004).

46. Witzel, M. 'Book review: A rewarding read if you want to lead', www.ft.com [accessed 31 January 2006].

47. Goffee, R. and Jones, G. *Why Should Anyone Be Led By You?* Harvard Business School Press (2006).

48. Nicholson, Bryan (Sir), 'In my opinion', *Management Today*, January 2006, p. 10.

49. Home, M. and Jones, D. S. *Leadership: The Challenge for All?*, Chartered Management Institute, December 2001.

50. 'Inspired Leadership: Insights into people who inspire exceptional performance', Department of Trade and Industry, August 2004.

51. 'Leadership for Innovation', Advanced Institute of Management Research, March 2005.

52. McGregor, D. *The Human Side of Enterprise*, Penguin (1987), p. 182.

53. Kouzes, J. M. and Posner, B. Z. 'The Janusian Leader', in Chowdhury, S. *Management 21 C*, Financial Times Prentice Hall (2000), p. 18.

54. Fullan, M. *Leading in a Culture of Change*, Jossey-Bass (2001), p. 5.

55. French, J. R. P. and Raven, B. 'The Bases of Social Power', in Cartwright, D. and Zander, A. F. (eds) *Group Dynamics: Research and Theory*, Third edition, Harper & Row (1968).

56. Finlay, P. *Strategic Management: An Introduction to Business and Corporate Strategy*, Financial Times Prentice Hall (2000), p. 103.

57. Roddick, A. *Body and Soul*, Ebury Press (1991), p. 214.

58. Rajan, A. 'Meaning of Leadership in 2002', *Professional Manager*, March 2002, p. 33.

59. Stern, S. 'If You Think You're Hard Enough', *Management Today*, March 2003, pp. 46 – 51.

60. 'Leadership for Innovation', Advanced Institute of Management Research, March 2005.

61. McGregor, D, *The Human Side of Enterprise*, Penguin (1987).

62. Tannenbaum, R. and Schmidt, W. H. 'How to Choose a Leadership Pattern', *Harvard Business Review*, May – June 1973, pp. 162 – 75, 178 – 80.

63. Tayeb, M. 'Cross-cultural leadership' in CBI, *The Path to Leadership: Developing a sustainable model within organisations*, Caspian Publishing, September 2005, pp. 14 – 20.

64. Goleman, D. 'Leadership That Gets Results', *Harvard Business Review*, vol. 78, no. 2, March-April 2000, pp. 78 – 90.

65. McCabe, B. 'The disabling shadow of leadership', *Manager: British Journal of Administrative Management*, April/May 2005, pp. 16 – 17.

66. Valenti, A. 'Five Essential Qualities of Leadership', www. leader-values. com [accessed 28 January 2006].

67. 'Inspired Leadership: Insights into people who inspire exceptional performance', Department of Trade and Industry, August 2004.

68. *The Leadership and Management Model*, Investors in People UK, 2003, p. 3.

69. Charlesworth, K., Cook, P. and Crozier, G. *Leading Change in the Public Sector: Making the Difference*, Chartered Management Institute, May 2003.

70. Adair, J. *How to Grow Leaders*, Kogan Page (2005).

71. Cutler, A. 'A good fit is essential', *Professional Manager*, vol. 14, no. 3, May 2005, p. 38.

72. Gratton, L. *Living Strategy: Putting People at the Heart of Corporate Purpose*, Financial Times Prentice Hall (2000).

73. Hill, L. 'Leadership as Collective Genius', in Chowdhury, S. *Management 21C*, Financial Times Prentice Hall (2000), pp. 45 – 65.

74. Bennis, W. 'The New Leadership', in Crainer, S. and Dearlove, D. (eds) *Financial Times Handbook of Management*, Second edition, Financial Times Prentice Hall (2001), pp. 546 – 50.

75. See, for example, the selection at http://www. answers. com/topic/steve-jobs.

76. Those around in that year may recall the iconic Orwellian '1984' television advert which cost $1.5m, was directed by Ridley Scott, aired only once in the USA during the 1984 Superbowl, and made advertising history with its implied critique of IBM. If you missed it, then you can view it at www. apple-history. com.

77. Waters, R. 'Apple Bites Back', *Financial Times*, 10 June 2005.

78. Naughton, J. and Mathiason, N. 'Will Jobs' departure cut Apple to the core?', *Observer Business and Media*, 30 July 2006.

79. Waters, R. 'Apple Bites Back', *Financial Times*, 10 June 2005.

80. 'Oral and Video Histories: Steve Jobs', interview dated 20 April 1995, available online at: http:// americanhistory. si. edu/collections/comphist/sj1. html

81. http://www. quotationsbook. com/quotes/215/view, and many others.

82. Hawn, C. (2004), 'If he's so smart . . . Steve Jobs, Apple and the Limits to Innovation', *Fast Company Magazine*, January 2004, at http://www. fastcompany. com/magazine/78/ jobs. html.

83. http://www. forbes. com/lists/2006/10/Rank_1. html.

84. Naughton, J. and Mathiason, N. 'Will Jobs' departure cut Apple to the core?', *Observer Business and Media*, 30 July 2006.

85. Quoted in: Waters, R. 'Apple Bites Back', *Financial Times*, 10 June 2005.

第 8 章

管理的角色和本质

> 管理是人类的行为。管理的任务是让人们能够合作共事，吸取大家共同努力的成果，并消除各自的弱点。这正是组织的宗旨所在，也正因如此，管理才会成为关键的决定性因素…… 我们正是凭借管理来谋求生存并获取成就。
>
> 国际知名咨询顾问　彼得·德鲁克（Peter F. Drucker）
>
> 《德鲁克经典》，哈佛商学院（2006）

组织必须靠其内部成员的群策群力来达成特定目标，而管理的任务是通过他人来完成特定工作。从本质上讲，管理对组织运营工作的效果至关重要。正是通过管理过程和对工作任务的执行，组织的活动才得以开展。管理者的责任就是利用人力资源和他人努力来达成目标。管理者的行为方式对完成管理的职责至关重要。所以，管理者必须重视管理技能，并且通过技能影响管理绩效。

□学习目的

学完本章后，你应该能够：

- 解释管理的含义、主要的管理活动、管理职能；
- 讨论成功管理者应当具备的特质与品质；
- 概述对管理工作本质和行为的实证研究；
- 评价管理对工作组织高绩效的重要性；
- 对比不同管理者对人性本质和工作行为的不同态度和假设；
- 讨论成功的雇员管理的哲学理念；
- 分析评价管理者效果的标准。

评论性反思

“除却外在的修饰成分，管理实际上指的是为了完成任务而对人们进行管理。当然，你不可能从任何教科书或者课堂上得知这一点。” 你认同这一观点吗？在现代组织中，组织行为理论对于高效的管理实践能够产生多大作用？

管理的含义

管理是一个通称，而且有多种解释。对于管理的含义以及管理者的工作，人们有着许多不同的理解。[1] 从某些方面讲，每个人在某种程度上都可以被称作管理者。我们都会管理自己的时间并做出决策，而且或多或少人们都会对自己的工作做出计划并加以控制。

奈特（Knights）和威尔莫特（Willmott）指出，管理是一项日常活动，但是它涉及的人际互动与生活中的人际关系既不相似也不相关。他们认为，大部分关于管理和组织的教材并没有使管理者弄清怎样解决工作中的问题和困难。管理者只能通过当代小说来理解管理生活。[2]

然而，我们所关注的管理指的是能够使人超越自我，可以对他人行使正式职权并影响他人绩效的行为。因此，我们可以认为，管理是：

- 以既定身份出现在结构化的组织环境中；
- 致力于达成目标；
- 通过他人努力完成任务；
- 利用体系和程序。

从根本上说，管理可被视为“将事情做成”。

> 管理是行动上的，而非理论上的。管理是关于改变人的行为和将事情做成，管理是关于开发人的潜能、与他人合作、达成预定目标以及取得成效。事实上，所有关于管理者是怎样支配时间的调查都显示他们是瞬间的缔造者，因为他们总是处于促使事情发生的状态之中。[3]

文化影响的重要性

施耐德和巴尔索克斯斯指出，对管理的不同定义体现出人们在信仰和价值观方面的差异。文化影响是管理的一个重要特征。有些国家的管理者比较注重管理的“精神”意义，而有些则比较注重管理的商业价值。有人认为，在工作中开发人力资源是一种对于隐私权的侵犯，而有的人则将授权视为操纵的代名词。[4] 弗朗西斯科和戈德认为，如果国际管理者想要在经济全球化的环境下获得成功，他们必须了解不同的文化对于组织行为所产生的影响，仅仅依靠单一文化模式下的管理理论是远远不够的。[5]

管理学的兴起

彼得·德鲁克被公认为管理学大师中的大师，他阐述了在社会历史中管理学兴起的重要性：

作为一种基本的、独特的、主导性的制度，管理学的出现是发生在社会历史中的重要事件。自从进入 20 世纪以来，很少有新兴的基础制度或新兴的领导群体能够像管理学这样迅速兴起。一种新兴制度在如此短暂的时间内便被证实为是不可或缺的，这在人类历史上是很罕见的。更为罕见的是，这一新兴制度在几乎没有遭到任何反对意见、干扰或争议的情况下便顺利确定了自己的地位。[6]

德鲁克认为，管理代表的是一种职能以及执行这种职能的人，代表着一种社会地位和权威性，还代表着一种学科和研究领域。“管埋包括了多项任务，管理还是一门学科。但管理也是和人本身密切相关的。每一次成功的管理就是管理者的成功。同样，失败的管理也被看作是管理者的失败。”[7]

然而，其他学者认为管理学并不是一门独立的学科。问题在于他们是把管理确定为包括管理者工作的一门单独学科，还是把管理看成是管理者为更有效地执行工作所需要的多门学科（注意本章后面关于“管理者角色的变化”的讨论）。

“管理者”作为一种职务称谓

即使在工作组织中，人们也不能单凭一个人的称谓或职务就把他看成是管理者。某些组织滥用“经理”这个词。这样做显然是为了提高员工的地位，增强他们的士气。因而，很多职务名称为“管理者”的人员，事实上并没有实施管理者的全部行为。从另一方面讲，许多人的职位是不包含管理者这个称谓的，但就他们所从事的工作、所掌握的职权以及所履行的职责来讲，这些人是名副其实的管理者。例如，集团会计师、厨师长、总监、船长、班主任、生产控制员、区护理主任、董事会秘书。

管理者是天生的还是后天培养的，管理是科学还是艺术

管理者是天生的还是后天培养的？管理到底是科学还是艺术？人们对这样的问题存在着普遍的争议。简单的说，关键点在于任何争论都不能只从一方面来考虑，任何一个问题的答案都是两方面的综合。即使某些天生的品质有可能造就潜在的优秀管理者，但这些与生俱来的特质也需要得到鼓励和开发，比如适当的指导、教育、培训以及经验。

显然，管理是一种艺术，特别是它涉及了实践、个人判断力及与人相处的能力。然而，管理也要求掌握基本的管理知识以及具有使用特定技术、技能的能力，比如信息技术。

问题在于，对于所有可供他们使用的技术，管理者基本上只处于心理直觉的阶段。尽管管理者可能掌握了一些关于核心能力的最新认识，但他们在做决策时可能更多地

会受个人偏见与观点的影响，而非理论的影响。[8]

华生（Watson）发展了关于管理是科学还是艺术的争论。他提出，管理不仅应该被视为艺术和科学，还应被视为魔术和策略，这样才能让管理者弄清所处的复杂而充满不确定性的形势（如图8-1所示）。[9]

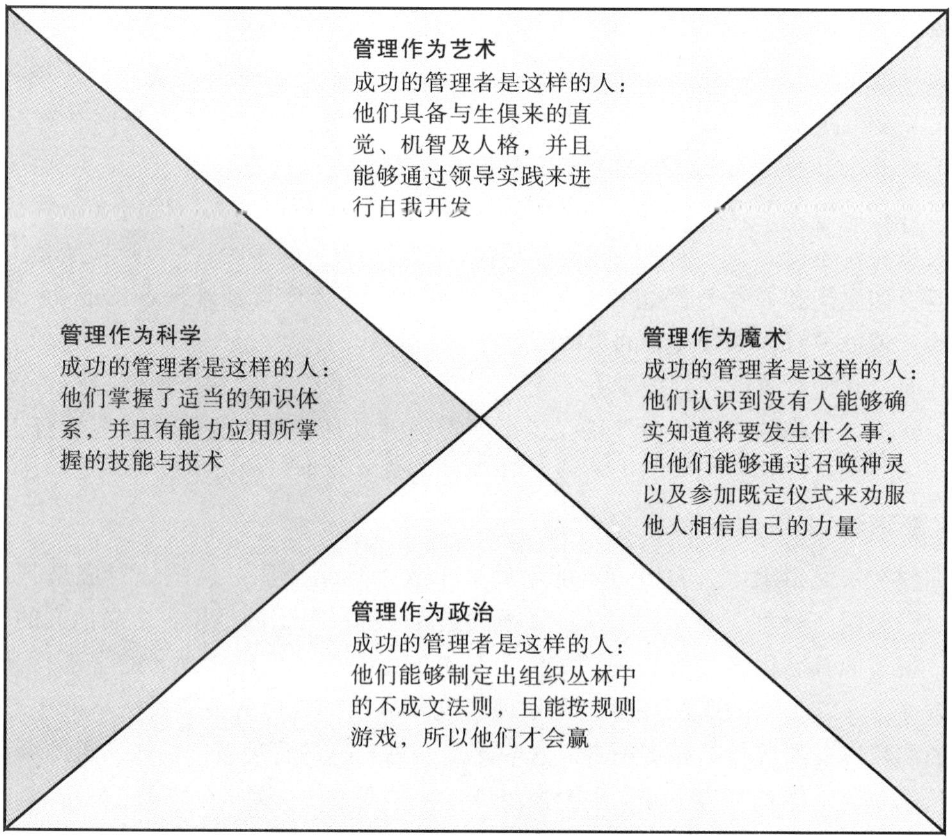

图8-1 管理作为艺术、科学、魔术和政治

资料来源：From Watson, T. J., *Management, Organization and Employment Strategy*, Routledge & Kegan Paul (1986), p. 29. Reproduced by permission of the publisher, Routledge, a division of Taylor & Francis Ltd.

管理与行政

对“管理”和“行政”这两种术语的不同解释，人们往往存在着困惑。造成这种困惑的主要原因之一就是来自法约尔的著作《工业管理和一般管理》，这部书是从法语翻译为英语的。在1921年的英文原版书中，对“行政”一词进行了直译，而在1949年的扩充新版本中，题目中的“行政”一词被“管理”取代了。在修正版的引言中，厄威克对此改动表示遗憾，他还表达了自己对于两者之间的区分的看法：管理只适用于企业组织之中，而行政则在公共服务组织之中担负同一职能。[10]

字典中倾向于把这两个术语归为同义词。有时管理被认为是“企业的行政”，而行政则是“对公共事业的管理”。然而，现如今“管理”一词也广泛应用于公共领域之中。很明显，这两个术语的含义有重叠之处，因而，不同学者会因个人喜好选择不同的词汇。这就造成了一种感觉：尽管大部分人都可以观察到这两个术语之间的区别，却很难描述这一区别。

管理中的行政部分

看来，越来越多的人已经接受了以下事实：即将管理这个术语看作是一个概括的描述性的标签，而将行政看作是与执行管理体制和程序的具体职能相关。同时，行政被认为是依照某种形式的规则或程序出现的，而管理则意味着更深层的判断力。

我们认为，管理可以同时应用在私营和公共两个部门组织中；行政则可以理解为管理过程中的一部分，它所关注的是设计和执行可以帮助人们达成既定目标的体制和程序。当今，沟通体系及与信息技术相关的程序都是相当重要的。

管理的过程

管理的本质是多样的。管理涉及组织的各项活动，并在组织的各层机构中执行。管理不是一项单一的、分散的职能，它不能被部门化或集中化。组织中可以有各项职能部门，比如，生产部、市场部、会计部、人力资源部等，却不能设立一个管理部门。因此，人们最好将管理看作执行组织内各项职能都需经历的一个过程。从本质上讲，管理是一项综合性的活动(如图 8-2 所示)。

然而，管理的过程究竟涉及什么？管理又包括哪些活动呢？管理是一项复杂且难以抓住要领的科目。尽管管理这个术语应用广泛，而且针对这个学科有着不少的著作，但对于如何给管理或管理者下一个简单而全面的定义，人们却很难取得一致意见。另外，“管理”不是单一的，它以不同的方式出现在组织的各层机构之中。通过分析管理本质寻找一种适用于所有组织管理者的普遍管理活动（职能或要素），古典管理学派的学者尤其赞同这一方法。

主要的管理活动

最早且引用最广泛的分析之一是由亨利·法约尔（Henri Fayol）提出的，他把工业企业活动分为以下六大类：

- 技术活动（生产、制造、调整）；
- 商业活动（购买、销售、交换、市场情报）；
- 财务活动（获取资本、最大限度运用资金）；
- 安全活动（财产和人身安全保障）；

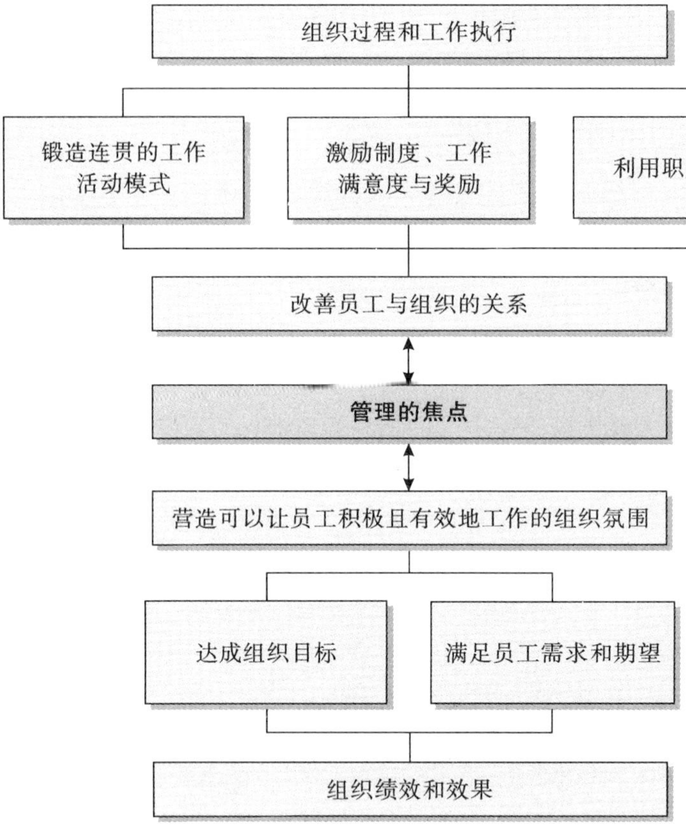

图 8-2　管理的中心

- 会计活动（经济状况信息、存货盘点、资产负债表、成本、统计）；
- 管理活动（“管理”这个术语是由法语“行政”翻译来的）[11]。

管理活动包括五项管理要素，即预测、计划、组织、指挥、协调和控制。法约尔把这五项要素进行了以下描述。

- 计划（由法文“prevoyer”翻译而成，原意为预见，也包括预测的意思）。分析未来，确定要达成的目标以及开发相应的行动计划。
- 组织。提供物质和人力资源，建立执行组织活动的结构。
- 指挥。维持职工间的活动，为了整个组织的利益从员工身上获取最大的回报。
- 协调。统一和协调所有组织活动，努力促进工作进程并取得成功。
- 控制。验证是否所有行为都能够与计划、指示、预定原则以及既定指令保持一致。

管理的原则

法约尔还提出，一套合理的原则将有助于针对管理理论进行全面的讨论。然而，他强调，这些原则必须足够灵活，以适应变化的环境。法约尔认为管理原则的数量是不受限制的，他在自己的著作中提出了以下十四项原则。

1. 工作分工。目的在于在相同的努力程度下，运用专业化的优势，更多更好地完成工作。然而，经验和协调感告诉我们，不可以超越工作分工的界限。

2. 职权和职责。职责是职权的必然结果，有行使职权的地方就会出现职责。制裁的使用对于实行良好的管理是十分重要的，通过制裁可以鼓励有用的行为，并制止相反的行为。管理者的正直是抵制滥用职权最有效的办法。

3. 纪律。纪律对于组织工作的有效实施是十分关键的。实际上，纪律是维持组织与其内部成员协调的外在表现。针对违反纪律的现象，管理者必须做出最适当的制裁。

4. 统一指挥。在任何一次行动中，雇员只可以服从一个上级的命令；否则，职权就遭到了破坏，纪律、秩序和稳定也受到了威胁。双重的指挥永远是斗争冲突的来源。

5. 统一指导。为了行动统一、协作和共同努力，任何具有相同目标的行动必须具有同一领导和同一计划。

6. 个人利益服从集体利益。组织的利益要主导个人或群体的利益。

7. 人事报酬。报酬需要尽可能满足雇员和雇主双方的需求。报酬分配方式会影响组织绩效，因而分配方式要合理，还要通过奖励全力以赴的行为来提高职工的积极性，但要注意不可支付过高报酬。

8. 集权。在某种程度上，中央集权在任何组织中都有所表现。集权程度是比例的问题，而且在不同组织中程度也会有所不同。

9. 等级链。等级链是从最高职权到最低职权的领导层级的排列。对直线职权的尊重必须与需要采取紧急行动的主动性相协调，职权的各个层级都需要提供一定的主动性。

10. 秩序。秩序包括物资秩序和社会秩序。物资秩序的目标是避免损失，每样物件都有指定放置的地点，而每样物件也应该被放到指定的地点。社会秩序是指每个雇员都有相应的位置，而且每个雇员都应该待在指定位置上。社会秩序需要良好的组织和良好的选择。

11. 平等。对待处于等级链上的每位雇员都要考虑到他们对于平等和公平对待的渴望。

12. 职员任期的稳定性。总的来说，成功的组织都有相对稳定的管理人员，但人事变动是不可避免的，而任期的稳定性是个比例问题。

13. 主动性。这是组织活力的来源，因而应该受到鼓励和促进。要提高员工的主动性，并同时要求员工尊重权威且遵守纪律，这需要为人正直且处事得体。

14. 团队精神。应当发扬团队精神，因为组织成员间的和谐与统一是组织中的活力所在。要遵循统一指挥原则，要注意避免团队分裂、只顾自己团队以及滥用书面交流的情况，要尽可能进行对话交流。

这些原则当中有很多都是与进行管理时所处的组织结构有直接联系，或是受其影响的。法约尔的这套原则可以同厄威克所提出的原则进行对比，这将在第 10 章进行讨论。

与 21 世纪的联系

在集萃了“行政管理协会”中所有资深人员思想的一篇文章中，莫尔克洛夫特（Moorcroft）提出，对于当今以及未来的管理者来说，法约尔的管理五要素仍然是适用的。但是，尽管部分管理原则依然相当新且实用，然而在新千年来临之际，人们仍需要一套新的原则来指导管理者的日常行为。我们提出这些新原则，并不是将它们作为唯一或权威的参照，而是为解决新千年中可能遇到的管理问题提出的，以此来引发人们的反思（详见表 8-1）。[12]

表 8-1　有效行政管理的十项新原则

1. 通过他人管理信息
2. 变革是不断发生的，并且必须进行变革管理
3. 科技是未来
4. 人际关系问题
5. 培训与开发的投资是重要的
6. 以最好的企业为参照对象
7. 市场的全球化
8. 方向的统一性是重要的
9. 期待公平
10. 创新是重要的

资料来源：From Moorcroft, R. ,“Managing in the 21st century”, *Manager*, *The British Journal of Administrative Management*, January/February2000, p. 10. Reproduced with permission from The Institute of Administrative Management.

管理是一种社会进程

另一个众所周知的分析是由布雷克（Brech）提出的，他把管理定义为：

社会进程涉及责任，即制订有效、经济的计划，并规范企业运营以便完成特定目标和任务的责任，这种职责包括：

1. 在制订计划、使用数据控制有悖于计划的绩效和进展时所作的判断和决定；
2. 对企业员工进行指导、整合、激励以及人事监督，并完成企业的运营。[13]

布雷克定义了管理的四项要素。

- 计划。决定执行工作任务的途径，提供执行任务的方法，设定绩效标准。
- 控制。参照标准核对实际绩效，以确保令人满意的进程和绩效；进行记录，以便于指导将来可能开展的工作。
- 协调。确保分工适当，并观察在执行任务过程中，员工关系是否融洽，以此来确保团队的平衡并维护团队。
- 激励。或称作鼓舞士气。激励团队成员有效地工作、对工作群体及工作任务忠诚、恰当地执行任务，并在组织活动中发挥应有的作用。在对员工进行全面激励的同时，也要对其进行监督和领导，以保证工作群体适当地执行工作任务。

其他分析

还有很多学者对管理要素进行了分析。最初，人们可能觉得这些分析在某些方面是有差异的，但进一步研究又发现，这些分析基本相似。关于某一要素是否属于管理要素的讨论往往围绕对于不同术语的使用、解释以及重要性展开。例如，法约尔称指挥为维持职员间的活动并从雇员身上获取最大收益的行为，这可能就是布雷克所指的激励，意即使团队成员有效地工作并适当地执行分配给他们的任务。布雷克没有使用组织这个术语，但这一词语似乎涵盖在计划和协调两个标题之下。

管理者的任务和贡献

德鲁克提出了一种新的管理描述方式，他指出了三项需要执行的任务，它们同样重要，但实质上是不同的：

1. 达成机构的具体目标和任务，无论是企业、医院还是大学；
2. 提高生产能力，提高员工效率；
3. 处理社会冲突，履行社会职责。[14]

德鲁克进而指出了管理者的五项基本业务。

- 制定目标。确定目标以及每个大目标的分目标，说明要达成这些目标必须要做什么。

- 组织。对所需要的活动、决策以及关系进行分析，分类与分配工作，创建组织结构，选择员工。
- 激励和沟通。将负责各项工作的人员分为不同的群体。
- 衡量。设立个人和组织工作绩效的目标和衡量方法。
- 开发人力。指导、鼓励与培训。下属的开发程度取决于管理者的管理方式。

这些方面需要分析能力、综合能力、正直、人的感知和洞察力以及社交技能的结合。

对他人工作的负责

德鲁克认为，基于对他人工作的负责所做出的传统管理定义并不令人满意，而且这一定义十分狭隘，此外，它强调的是管理的次要特点而不是主要特点。有一些处于管理位置的人员并未对他人的工作负责。

一个人的职能和贡献可能不受下属人员人数的制约。“管理者”是执行管理任务的人，无论他是否掌握管理他人的权力。

我们仅能通过一个人的职能和应做的贡献来定义一个管理者。可以区分管理者和其他人的职能是除管理者本人之外无人能够履行的职能。管理者唯独要做的贡献是培养他人执行任务的愿景和能力。最后一点，作为管理者意味着要有愿景和道德责任感。[15]

管理工作的本质

尽管德鲁克针对管理者的任务和贡献表达了自己的观点，但最常见的对管理的定义是：管理意味着借助他人之手，意即通过他人的努力来完成任务。不能单凭管理者本人的绩效来评定管理者，还要参照其下属员工的工作成果。如果我们仔细观察员工是如何支配时间的，我们就应该可以区分出以下两种人：一种人的主要工作是执行零散的任务，而且要亲自完成任务；而另一种人多数时间都用来决定由他人所执行工作的本质，组织和计划工作，下达指令并给予建议，以及检查绩效。

“管理”和“做”

通过区分“管理”和“做”，我们可以看出管理意即确定目标和制订工作计划、将任务与活动分配到个人，指挥下属和控制他人工作绩效。如此一来，我们便可以对管理工作进行以下描述与总结：明确目标、计划、组织、指导和控制（如图8-3所示）。

然而，每个管理者给予不同工作任务的重视度会有所不同，某些管理者可能会在特定工作上花费更多的时间。这些任务的实施可以反映出管理实践和管理风格。

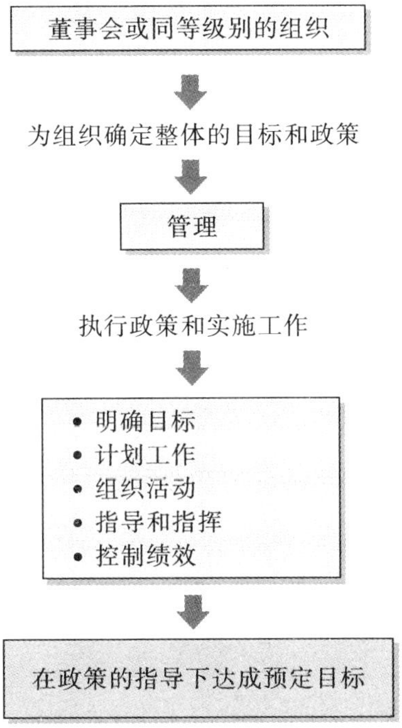

图 8-3　管理工作本质的总结

指导、激励和控制

我们已经认识到为组织进行总体指导属于董事会的职责，那么我们定义管理活动时就用“激励”来代替“指导”。这可避免术语的混淆：激励一词带有较少的情感色彩，但是激励是个恰当的描述吗？

当然，激励员工确实是管理者的工作，但他们工作的内涵要远胜于此。下属员工也需要得到开发和指导。他们需要受到激励以便在适当的领域做出良好的绩效。管理者有责任确保下属员工能够高效地完成工作。管理者必须指导员工努力达成与既定政策相符的预定目标，这涉及到控制过程。

“控制”也是一个情感色彩较浓的词语，部分作者倾向于采用其他的替代词，如监督、审查或检查等。但无论采用哪种说法，它所包含的职能是相似的。采用哪种说法并不重要，重要的是控制的目的以及控制的方式（见第 11 章）。

> 管理即控制。成功给予你控制权，而控制权则会延长管理者的任职期限。在足球比赛中，几乎没有管理者能够掌握团队的全部控制权。
>
> ——亚历克斯·弗格森爵士（Sir Alex Ferguson）[16]

他人的努力

斯图尔特试图综合各种各样的管理定义，并且对管理者的工作进行了以下总结：

决定需要做的事情，然后安排他人去完成。对此定义进行扩展的话，管理所关注的是如何完成这些任务。第一项任务包括制订目标、计划（包括决策）以及建立正式的组织。第二项任务包括激励、沟通和控制（包括绩效衡量方法）以及人力开发。为了分析方便，我们把这两项任务分开来讲，但在实践中二者经常会重合。[17]

把管理定义成“通过他人的努力来完成工作”可能达不到所有的标准，或者无法满足每个人对于管理工作实质的理解。然而，这个定义的优点是简洁明了，而且抓住了有效管理的核心环节。

管理者的工作

一般管理活动都基本类似，每个管理者的工作却大不相同。管理者的工作是多样而琐碎的。在实践中，它会受到以下因素的影响：

- 组织的本质、组织哲学、目标和规模；
- 结构的类型；
- 所包含的活动和任务；
- 技术和执行任务的方法；
- 雇员的本质；
- 管理者在组织中所处的层级。

这些差异不只出现在私营和公共组织之间，他们之间的差异更多的是程度上的问题。例如，比起小型的私营公司，许多大型的商业组织在管理和运营上与公共部门有着更多的共同点。

环境的设定

决定管理者工作的主要因素是其工作环境的本质，无论是内部环境还是外部环境，管理者们均需要在自己所处的情境中开展工作（如图 8-4 所示）。

内部环境指的是组织的文化与氛围，“周围的事情是怎样完成的”，以及组织周围的普遍氛围。组织的文化和氛围将在第 12 章中讨论。

正如第 1 章所讨论的，外部环境指的是组织是一种开放的系统。管理者必须不断对变化的机遇和挑战以及组织所面临的风险和局限性做出回应。外部环境因素往往超出了管理的控制范围。

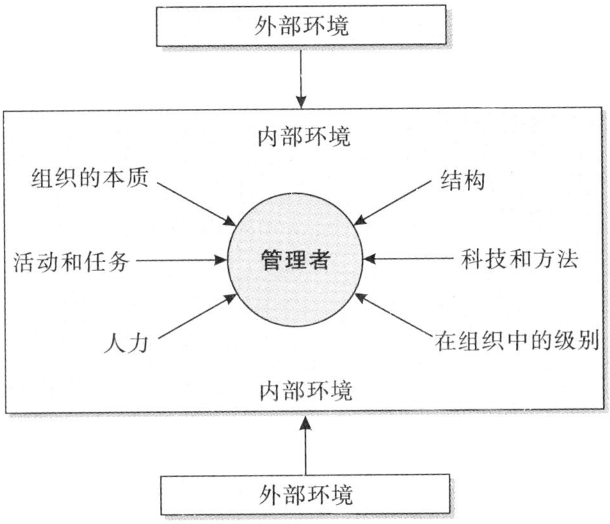

图 8-4　管理者的工作与环境设定

管理的多样性

近来，关于管理本质的研究更多的是在广泛观察和调研基础上完成的，并且将重点放在了管理的多样性以及管理者工作的差异上。明茨伯格、科特、卢桑斯与斯图尔特是著名的实证研究者，他们对管理者的工作本质以及管理者是如何支配时间的这两大问题进行了实证研究。[18]

评论性反思

理解管理含义的方式多种多样。因为不同的管理者对管理实践的关注点不同，因此管理工作的本质难以描述。你如何看待管理者的角色？每个管理者都有自己的工作方法。因此，管理标准只不过是不同学者对这一主题不同观点的妥协，对管理的研究价值很有限。你同意上述观点吗？

管理角色

基于对五名大中型组织的首席执行官的工作所进行的研究，明茨伯格对高层管理者的管理活动进行了分类，这些活动都在他们的主要职能范围之内。[19]管理者应做的事情指的并不是传统上所认为的管理活动。将管理者的工作描述为多样的“角色”或者是与职位相关的有组织行为更有意义。[20]明茨伯格指出，执行“管理”的人员可以对其指挥的单位正式行使权力，这就导致他们在组织中拥有特殊的职权地位。

基于这种正式的职权和地位，管理活动可被看作由十种管理角色组成，这十种角色可被分成三组：

- 人际关系方面的角色；
- 信息方面的角色；
- 决策方面的角色（如图8-5所示）。

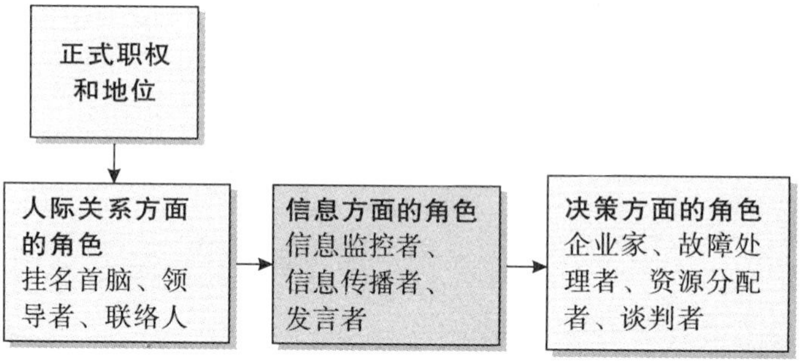

图8-5 管理者的角色

资料来源：Reprinted with permission of *Harvard Business Review*. From 'The manager's job: folklore and fact', by Henry Mintzberg, *HBR Classic*, March – April, p. 168, 1990. Copyright© 1990 by the Harvard Business School Corporation; all rights reserved.

人际关系方面的角色

人际关系方面的角色是指管理者的地位和职权引发的与他人之间的交往。

- 挂名首脑角色是最基本又最简单的管理角色。作为组织的象征，管理者在礼仪事务方面代表组织。管理者负责礼仪方面的事宜，如签署合同、参加社交活动、接待上访。

- 领导者角色是最重要的角色，并且渗透到管理者的所有活动之中。根据管理者所被赋予的职权，他们要对员工负责，并做好下属员工的激励和指导工作。

- 联络人角色是指管理者与自己单位或组织之外的同级别的个人或团体进行交往。管理者最重要的工作之一就是处理好组织与环境的关系。

信息方面的角色

信息方面的角色是指管理者要处理好由人际关系角色所引发的信息来源与信息沟通。

- 信息监控者角色是指管理者要注意收集与接受信息。这些信息使管理者能够更好地了解组织及其环境。信息可能来自组织的内部或外部，也可能是正式的或非正式的。

- 信息传播者角色指管理者利用自身的联络人角色向组织传播外界信息，以及利用自身的领导者角色在下属之间传播内部信息。信息可能十分可信或包含着有价值的观点。管理者是信息的神经中枢。如果管理者感到自己不具备传播信息的能力或决定不传播信息，就会给授权带来困难。
- 发言者角色是指管理者作为正式的代表把信息传播给外界人员（例如，董事会或其他高层领导）以及大众（例如，供应商、顾客、政府部门以及新闻媒体）。

决策方面的角色

决策方面的角色是指管理者基于自己的地位与职权以及所掌握的信息为组织做出战略性决策。

- 企业家角色是管理者的职能，是通过利用机遇、解决问题或从改变现状着手，从事和规划可控制的变革（这种变革是自发的）。管理者本人可能在寻求发展的过程中起着重要的作用，也有可能授权给下属职员。
- 故障处理者角色是指管理者要应对偶然情况和突发事件。当出乎意料的故障出现时，管理者必须采取补救措施。
- 资源分配者角色指管理者利用职权来决定努力的方向并对资源的分配（比如资金、时间、物资和人员）做出选择。管理者决定了工作的规划，并通过在执行任务前下达重要指令来维持对工作的控制。
- 谈判者角色是指管理者要参加与其他个人或组织的谈判活动，例如，与工会签订新协议。基于管理者的职权、信誉度、信息渠道以及对资源分配的责任，谈判是管理者的重要工作之一。

明茨伯格强调，这十种角色在某种程度上是在任意地划分管理者的活动。这种划分只是众多可能的划分管理角色的方式之一。在实践中，这十种角色不是简单孤立的，而是形成了一个整体。排除任意一种角色都会影响管理者的总体绩效。

组织为何需要管理者

根据十种角色描述了管理工作的实质之后，明茨伯格提出了管理者的六种基本目的，或组织需要管理者的原因：

- 确保组织为其基本目标服务，即有效率地生产产品或提供服务；
- 设计并维持组织运营的稳定性；
- 负责制定策略，使组织在控制范围内适应环境的变化；
- 确保组织为管理人员的目标服务；
- 充当组织与环境之间的重要信息纽带；
- 作为正式的权威来操控组织的地位系统。

总经理的行为模式

在对美国多个工业领域内 15 名成功总经理的详细研究中，科特发现，尽管他们的工作不同，管理者执行任务的方式也不同，但他们都有议程制定和人际网络建设[21]两项同样重要的工作。

议程制定是一项经常性的管理活动。这是一组条款或一系列的议程，包括制定目标、计划、战略、确定想法以及做出决定，并决定事情的轻重缓急，以便达成预期结果。例如，朴茨茅斯大学战略计划制定了“在十年内进入英国大学排名的前三名”的目标。这就要求负责达成这一目标的管理者制定一系列连续的、随情况变化而变化的议程，以便实现这一目标。

人际网络建设是指管理者要负责与他人沟通，并建立合作关系网。这些关系网是在组织正式结构之外的，通常包括大量的人，这其中并不包括他们的老板或直接下属，同时这些关系网也包括了组织之外的个人和群体。会议可在短时间内针对广泛的话题进行信息交流。人际网络建设的一个主要特点就是建立并保持联系，以便帮助管理者顺利完成议程项目。

典型的行为模式

在访问、观察、调查问卷以及阅读相关文献的基础上，科特发现总经理的典型日常行为模式具备以下特点：[22]

- 他们花费大量的时间在与他人相处上；
- 除了上级和直接下属外，他们还花时间与许多其他人相处；
- 所讨论的话题十分广泛；
- 在讨论中，总经理通常会问很多问题；
- 在讨论时，总经理似乎很少做出重大决定；
- 讨论内容通常包括相当多的笑话、玩笑和与工作无关的话题；
- 在多数交流中所讨论的实质问题对于企业或组织来讲往往是相对次要的；
- 在这种交流中，总经理们很少下达传统意义上的“命令”；
- 然而，总经理们总是试图影响他人；
- 与他人相处时，总经理们经常对他人的主动性做出反应；
- 与他人相处的大部分时间都是花费在简短且不连贯的谈话上；
- 他们的工作时间很长（被调查的总经理平均每周工作将近 60 个小时。尽管有些工作是在家或在上下班路上以及旅行时完成的，他们还是花费了大部分时间在工作上）。

确定真正的管理者做什么

为了发展明茨伯格和科特的研究，卢森斯和他的合作人针对管理工作的本质开展了一项大型研究，他们对 44 名真正的管理者进行了观察研究。[23]研究详细记录了各个层级及各种组织的管理者的行为和行动，其中大部分管理者来自于服务行业，还有少数制造业的管理者。他们把收集的数据归纳为真正管理者的四大管理活动，其中又细分为 12 类描述性行为：

- 沟通——交流信息、处理文书工作；
- 传统管理——计划、决策、控制；
- 网络联系——和外界人士联系、社交活动/政治活动；
- 人力资源管理——激励/强化、惩戒/惩罚、处理冲突、人员配备、培训/开发。

活动的频率

确定了管理活动的本质后，卢森斯进行了进一步的研究：他又另外挑选了 248 名真正的管理者进行研究，以便记录四项主要活动的相对频率。

受过培训的观察者在两周的时间内每隔一小时就在任意时间完成一张检查表。不同的管理者在四项活动中所花费的时间和努力并不相同。然而，平均而言，管理者 32% 的时间都用在传统管理活动上了，29% 的时间用在沟通活动上，20% 的时间用在人力资源管理活动上，还有 19% 的时间用在人际网络活动上。

管理工作和管理行为的模式

在对管理工作进行前期研究的基础上，[24]斯图尔特建立了一个模型，以便理解管理工作和行为。[25]这个模型将注意力集中在对管理工作的归纳以及管理工作中存在的差异上。早期研究即显示，从事相似工作的不同管理者在看待自身职业以及工作时，观点差异很大，而这个模型再次证实了这一点。

必需、约束与选择

这个模型的三种主要类型是必需、约束和选择。它们证实了管理工作的灵活性。

- 必需是任何一个工作人员都要做的事。必需并不是管理者应该做的事，只是必须要完成的事，例如，达到最低绩效的标准、要求个人参与的工作、遵守不可避免的官方程序，还有必须参加的会议。

- 约束是指约束管理者行为的内外因素，例如，资源限制、法律约束或工会约束、技术种类、地理位置、组织约束以及他人的态度。

• 选择是指管理者可以自由开展，但并非必须开展的活动。它是指在一个职务上的员工可以承担不同的工作，或以另外一种不同方式完成工作的机会，例如，管理者可以在规定领域内自由选择要完成的工作、可以改变工作范围、可以与他人分享工作或自由决定是否参与组织活动或公共活动。

管理工作的灵活性

斯图尔特指出，这个模型为思考管理工作的本质和管理者执行工作的方式提供了框架。要想真正了解管理工作，就必须了解管理工作的灵活本质。人们必须首先考虑行为的多样性以及工作的差异性，然后才能对管理工作进行归纳。对从事相似工作的管理者的研究表明，他们的工作重点是不同的。在所有管理工作中，管理者或多或少都会获得从事自己认为最重要的工作的机会。斯图尔特还总结出，这个模型涉及以下领域：组织设计、工作设计、管理效果、甄选、教育培训以及职业决策。

管理者如何行为

回顾对管理行为的研究，斯图尔特总结到：管理者的新形象与对管理者的传统描述（即在一个逻辑有序的过程中计划、组织、协调、激励以及进行控制的人）相比，给人的印象并不相同。管理就是一项人类的活动。

对管理者行为研究的图画描述的是一些生活节奏很快的人，他们的注意力必须每隔几分钟就完成从一个主题、问题以及人物到另一个的转移。这幅图画还描述了一个不确定的世界，在那里存在着关于他人怎么思考以及他人可能会做什么的闲话和猜忌。同时在那里，特别是高级的职位中，必须建立一个人际关系网，这些人可以向其他人提供关于将要发生什么或可能发生什么的信息。这幅画不是描述静静坐在那里实行控制的管理者，而是那些依靠着许多人（除了下属职工），并和这些人形成互换关系的管理者。这些管理者需要学习如何交易、如何议价以及如何妥协，而且图中所描述的在管理阶梯中上升的管理者，生活在一个权术的世界中，在那里他们必须学会如何影响下属员工以外的其他人，学会如何使用策略，还要学会如何为自己想做的事情谋求帮助。总之，这比管理教材上所描述的管理活动更加人性化。[26]

管理者的特质和素质

白金汉（Buckingham）认为，普通的管理者将雇员视作填补角色的员工；而优秀的管理者则将雇员视作建立角色的个体。杰出的管理者通过发掘、开发以及赞扬员工的独特之处来施展魔力："每个管理者都有自己的管理风格，但与普通管理者不同，真正杰出的管理者具备以下特点：他们善于发掘员工的特点，并能够将其转化为资本……杰出的管理者了解并重视员工的独特品质，甚至是怪癖。他们会尽力让员工完美地融合到协调统一的作战计划之中。"[27]

《今日管理》杂志每年都会对英国最杰出的公司进行绩效评估的调查，而"管理质量"则是他们衡量成功的九大因素之一。2003 年，人才投资认可制度（Investors in People）引入了一种新型模式——领导与管理模式。这一模式的焦点是组织领导力以及管理能力的开发。无论管理者的角色是什么，也不管他们是处于公共还是私营部门，为了实施管理和执行工作，管理者都必须具备以下素质：技术胜任力、社交和人际关系技能、概念能力。[28]

随着管理者在组织中级别的提升，他们往往更注重概念能力，而相对地减少对技术胜任力的重视度。这点可通过参考管理级别而得到证实（参照图 8-6 以及第 10 章中关于组织层级的讨论）。

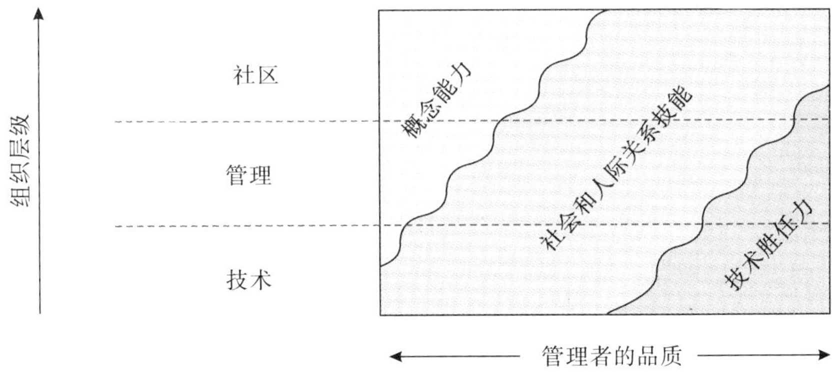

图 8-6　管理者的综合素质

- 技术胜任力是指将具体知识、方法和技能应用到具体任务之中的能力。技术胜任力可能更多地需要在以下两个方面使用：在高层级别中，以及用于对下属职工的培训；与产品或服务的实际生产过程相关的日常工作。

- 社交和人际关系技能是指与人合作及通过他人工作时处理人际关系的能力以及判断力。管理的一个显著特点就是有能力保证组织中人力资源的有效使用。这意味着通过有效的团队合作，指导和领导员工来达到群策群力的效果。要做到这一点，就要敏感地觉察到情况的变化，并灵活采用最合适的管理风格。

- 概念能力我们需要概念能力来观察整个组织运营的复杂性，包括环境的影响。它还涉及决策技能。管理者的个人贡献应该与组织的整体目标和战略计划达成一致。

尽管方法过于简单，这一框架也为检验一名高效管理者特质的综合与平衡提供了一个有用的基础。例如，技术胜任力或沟通能力的高低会随着管理者在组织中所处的级别而改变。然而，主要技术的改变意味着组织各阶层的管理者越来越需要提高在信息交流技术方面的技术胜任力。

“硬技能”和“软技能”的平衡

现在，管理已越来越多地注重管理人力而非业务，而社交与人际关系技能反映的正是人们与他人交往的能力，因而这一技能在各个管理层级上已经成为越来越重要的必备品质。例如，格林认为大部分的管理者会花费大部分的时间在“硬”技能（例如，执行有关纪律事项或在讨论中维持自己关于预算分配的观点）和“软”技能（例如，劝告、给工作成员提供支持和建议）之间进行周旋。最成功的管理者是那些能够不断调整自己的方法与反应，以期在软硬技能之间寻找到最合适的位置。[29]

例如，道格拉斯也提醒我们，尽管掌握专业技术的需要是十分明显的，但是“软技能”也是商界的重要部分。

> 生活在一个科学技术如此发达的社会之中，如果没有掌握一项或多项专业科学知识，那我们就无法获得专业上的进步……不利之处是什么？大部分部门中的组织，特别是需要掌握科学、技术的组织，正是在这样的环境中开展工作的：他们把合作、团队以及对于技术研究所包含的商业价值的认识看作与科学技术本身同等重要。如果员工的科学和技术技能与其人际关系技能（我主要是指人员管理能力和对于如何在团队中贡献自己最大力量的认识）不成比例，那么他们在组织中的价值就会大打折扣。[30]

工作经验的重要性

英国特许管理学会近期所做的一项调查报告显示，人们对于什么样的管理者才是优秀管理者的看法正在发生转变。自从1986年开始这项调查以来，人们一直认为“领导者是天生的，而非后天培养的”，然而，现在人们普遍认为，相应的工作经验可以造就优秀的管理者（如图8-7所示）。这项报告还指出，今后雇主所需要开发的技能明显呈现以下趋势，在未来几年里，担任管理者的关键是要具备管理变革与管理风险的能力。管理者应优先开发推动组织学习的能力以及凭借基于道德或价值观的行为进行领导的能力。[31]

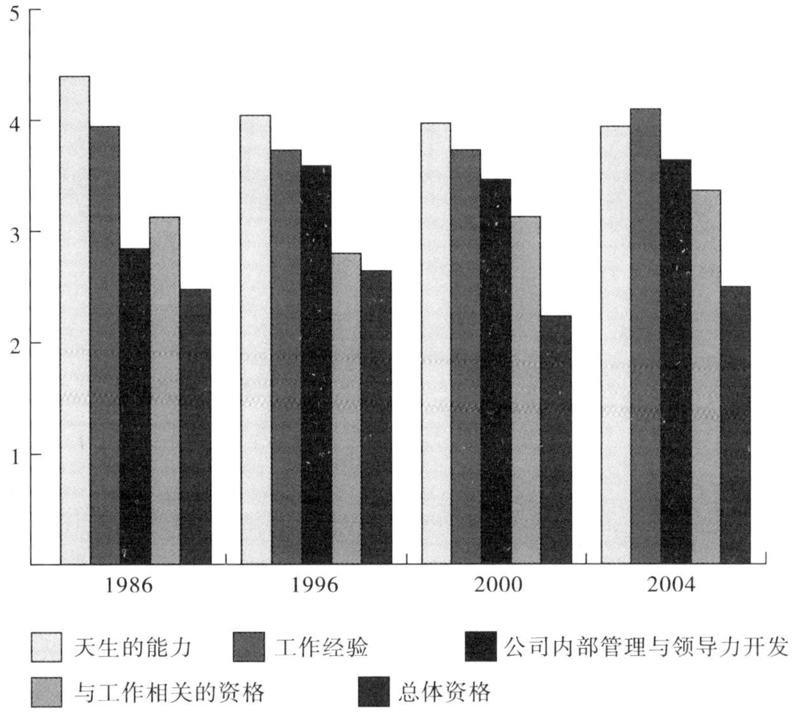

图 8-7　对于优秀管理者特质的认知变化

资料来源：Mabey, C., 'Management development works: the evidence', *Professional Manager*, Vol. 14, No. 2, March 2005, p.4. Reproduced with permission from Chartered Management Institute.

情境管理

密斯勒霍恩（Misslehorn）认为，对管理者的挑战是提高自身能力以便更准确地感知、更明智地处理信息、更适当地做出回应、查看行动反馈以供参考并保证事情顺利进展。管理者需要在情境中运用他们理智的、有创造性的头脑来进行思考。他们还要与他人进行合理的互动与交流。管理者考虑情境的方式以及与他人沟通的方式跟他们对情境的知觉有直接关系，这可以帮助他们抑制对过去的经验、价值观、偏见、恐惧感、感觉和成见的曲解。而管理者考虑情境的方式和与人沟通的方式也与他们的反应、产生的结果以及行为的结果有直接关系。思考和沟通的相互作用出现在复杂的战略组织情境中。情境管理过程的阐释如图 8-8 所示。[32]

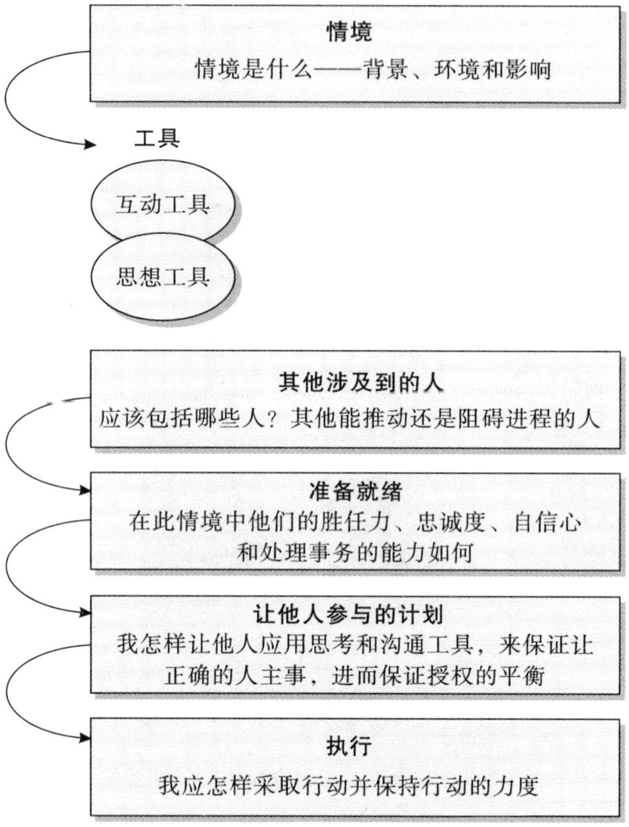

图 8-8　情境管理

资料来源：Adapted from Misselhorn, H. , *The Head and Heart of Management*, Management and Organization Development Consultants (2003), p. 13.

事实是管理最终取决于人们对于人性的了解。我认为远非如此。首先，良好的管理意味着要接受某些基本价值观。若要管理得当，管理者便离不开诚实、正直以及为他人利益着想等品质。其次，对于管理者来说，最大的挑战在于了解人性的特点，如嫉妒、羡慕、偏见、感知等。

爱丁堡公爵殿下（HRH The Duke of Edinburgh）[33]

管理者角色的变化

比尔斯贝利（Billsberry）指出管理者的人数在快速的增长，同时管理者要做的事情的范围和种类也在不断地扩展。[34]与之相反，贝尔宾则认为，在管理者日常工作范围内的很多典型的管理活动，如沟通、激励与组织，现在已经被受过良好教育的各种执行官所分担，包括技术专家、顾问、人力资源专家、劳资关系执行官以及咨询公司。指导努力方向和设定目标的责任则由董事接管。传统上所认为的“向他人分配任务和责任”的管理者已经越来越少了。这已经产生了文化效应。“等级制度的松懈为非管理执行者创造了更多的机会，但这也造成了对管理者和老板的权威与地位的抵抗”。[35]

十大关键战略

无论有何争论，我们应该关注赫勒的评论。通过对欧洲顶级公司的研究，他提出我们需要新管理者以及新方法来适应环境的巨大变化。

当今，安于现状的管理思维和行为就意味着退化的软弱与失败。在未来的几年中，他们会变得陈旧，并最终走向失败。对于那些大型的、历史悠久的企业来说，灵活与更新是必需的。对于新生的企业来讲，保持新意和灵活性也是同样必要的。[36]

赫勒为欧洲的新型管理者制定了 10 项关键战略：

1. 开发领导力——在不失去控制力和指导力的情况下；
2. 推动彻底变革——在整个公司体系内，而非局部范围内；
3. 重塑文化——以追求长远利益；
4. 划分制度——赢得小报酬的同时，保持公司规模或使其增长；
5. 开发组织——强调重点发展方向；
6. 保持竞争的优势——在这个世界中，传统盈利方式已经不再起作用了；
7. 不断更新——阻止通过播种腐朽种子取得的成功；
8. 管理激励因子——以便员工自我激励；
9. 团队合作——一种新的、不可或缺的技能；
10. 达到全面质量管理——通过把每件事处理得更好。

六项关键要素

我们先前提到了组织本质的变化，例如，普拉哈拉德认为管理工作发生了明显的变化。正式的结构和层级、职权和权力、工作经验和资历、控制和协调等所有这些问题都面临着挑战。管理角色的改变要求我们应特别关注高级管理者。普拉哈拉德提出了需要关注的六点关键要素：

- 共享的竞争性议程的重要性；
- 创造一项清晰的有关价值和行为的纲领；
- 关注所有权之外的影响；
- 人才竞争，并建立组织的综合技能；
- 组织中的反应速度；

• 利用公司资源，以抓住新机遇。

普拉哈拉德总结道："很显然，管理工作被赋予了新的内涵，像价值观和行为之类的软管理曾经被认为是无关紧要的，但实际上它们非常重要。"[37]

根据英国特许管理学会的最近报道，英国管理者除了保持对其组织的所有者和股东的传统关注以外，还正在关注顾客、管理者自身以及其他雇员团体。面向未来，管理者认为在今后十年中，组织要面对的最重要的问题是：管理变革、顾客满意度、网络的运用、对核心员工的激励、管理多元化以及人力资源开发。[38]

管理的终结

然而，克拉克（Cloke）和戈德史密斯（Goldsmith）认为："管理者是现代组织生态学中的恐龙。管理的时代最终将会结束。"[39]克拉克和戈德史密斯指出，全球化的不断扩展、生产力的不断进步、信息的复杂化、对环境敏感度的膨胀以及技术创新速度的提高，所有这一切都表明我们越来越需要新式组织实践。他们认为管理的时代已经过去了。那些没有意识到要与所有员工共同分享权力和责任的组织将会失去他们的员工。管理理论和历史的最显著趋势就是等级制、官僚制以及独裁式管理的衰退，以及合作性的自我管理和组织民主的扩张。

究竟什么是"新"

现在，人们写了很多文章来讨论劳动力的变革以及管理的新方式。60多年前，玛丽·帕克·芙丽特所提出的关于管理行为本质的观点十分耐人寻味。为了达成高绩效以及使生活更完美，芙丽特极为关注社会演变与进步以及人力组织与管理，她的理论便建立在这一基础之上。芙丽特期望良好的群体运营与管理责任可以遍及整个组织之中，而不是仅仅集中在组织的高层人士手中。芙丽特强调，情境模式是影响管理者与下属关系最有力的因素之一。她提出要使命令"去个人化"，并服从"情境规律"，[40]这是芙丽特最重要的贡献之一。

芙丽特关于劳动力之间的人际关系的思想预示了其将来的发展趋势，而且在新的世纪里，她的理论仍将继续为管理者提供新鲜的精神食粮。芙丽特对于最佳管理实践的提议在今天看来仍然很先进，在领导与管理任务这一问题上，她的理论可以为管理者提供新的见解。[41]

尽管管理工作的本质一直在变化，但其基本原理是不变的：对于那些每天将管理应用于实践的人来说，管理一直是对他们的最大挑战。[42]

评论性反思

彼得·德鲁克认为，管理是一种实践，而非一门科学或专业，因而，并不存在准确的解决之道。对管理的最终考验是成就与企业绩效。你认为，在商业组织中，为了实现高效管理，可以不择手段吗？

管理的风格和行为

工作环境的变化以及组织与个体之间的联系引起了人们对传统的老板 - 下属关系的注意。人们逐渐意识到，管理者已经不能再单纯依靠他们在组织结构中所处的等级职位所赋予的正式权威了。例如，英国咨询调解与仲裁局（ACAS）指出，在雇员关系问题上，人们现在把重点放到了个体以及他/她在工作场所中的职位上。[43]这一关系的变化显示，任何成功的管理者都应具备的重要素质是能够有效地处理人事关系的能力。因此，管理者以及他们所采用的管理风格与管理制度责任重大。

随着组织结构普遍趋向扁平化，工作趋向灵活，员工授权趋向扩大化，人们更加注重综合管理风格，而非传统的控制型管理风格。管理风格和行为与管理能力同等重要。正如格林哈尔夫（Greenhalgh）所指出的，很明显现在的管理者面对着一个新的商业时代，而且需要勇敢地面对新的机遇与约束。成功的管理者需要适应新秩序。

过去，人们认为公司的领导者要负责提出愿景，选择合适的战略、战术实现那个愿景，并负责为员工分配任务，但现在这一观念已经过时了。同时，认为员工是不用思考只按指示工作的机器人的观念也消失了……新一代的知识型员工不再认为自己是“下属员工”：他们认为自己是独立的专业人士，只要有大致的工作目标便可以在没有“微观管理”的情况下独立完成任务。他们希望管理者配合他们完成任务，而不是指导或控制他们的工作。[44]

管理者对他人的态度

管理者对待其工作绩效以及对待下属职工的行为受管理者的自身素质、人类的本质和工作本身的影响。根据马斯洛的需求层次理论模型（在第 5 章中已讨论过），麦格雷戈提出了关于工作中人类的本质和行为的两项假设。他认为，管理者采用的风格受管理者对他人态度、对人类本质和行为的假设的影响。这两个假设称为 X 理论（Theory X）和 Y 理论（Theory Y），它们是在关于人和工作的两极假设基础上形成的。[45]

关于人类本质的 X 理论假设

X 理论代表了“胡萝卜加大棒”假设，它是传统组织的基础。它的主要假设如下：

- 普通人往往是懒惰的，而且与生俱来地讨厌劳动；
- 如果组织要达成其目标，必须要对大部分员工强迫、控制、指导，并且使用惩戒的威胁；
- 人们往往会逃避责任，喜欢被指导，缺少雄心壮志并最重视安全性；
- 激励仅出现在生理和安全层次。

X 理论的中心原则是：组织通过集权化体系和实施职权，对员工进行指导和控制。麦格雷戈质疑 X 理论方法对于人类本质的假设是否正确，并质疑其是否与管理实践相关。建立在 X 理论基础上的假设、由管理者的职位和职权本质决定的传统的奖励和惩罚措施，这些都会导致剥削或独裁式管理风格。

关于人类本质的 Y 理论假设

与 X 理论相反，Y 理论代表的是与当代研究结果相一致的假设。Y 理论的中心原则是个人目标和组织目标的结合。有关它的假设如下：

对于大多数人来讲，劳动与娱乐（或休息）一样自然；

- 人们在实现目标的过程中，会进行自我指导和自我控制；
- 对目标的承诺是与成就挂钩的报酬的功能之一；
- 在适当的条件下，一般的人都能学会接受并寻求责任；
- 大部分人都具有解决组织问题的创造能力；
- 一般人的智力潜能都只有一部分被利用；
- 激励不仅出现在生理和安全层面上，还出现在从属关系、自尊、自我实现的层面上。

麦格雷戈认为，Y 理论假设是促进组织成员合作的最佳方式。管理的任务是创造条件满足个人的动机需求，并创造条件使员工在实现组织目标的同时也可以实现自己的目标。麦格雷戈在以下几个方面深化了 Y 理论：绩效评估、薪金与晋升管理、参与制、员工关系、领导力、管理开发和管理团队。

管理策略

尽管 X 理论和 Y 理论位于人性假设的两个极端，而且过于简单化，但是它们确实是影响管理行为和管理战略的可辨别的管理哲学。大部分人都具备自我激励的潜能，他们通过自我指导让自己朝着实现组织目标的方向努力。这样，他们可以最大限度地实现个人目标。现在，教育水平的提高和社会价值观的变化意味着人们对工作生活的质量抱有更大的期望，包括协商的机会以及参与决定对他们有影响事件的决策。管理者应该在准确了解人类行为和激励的基础上发展实践。

然而，Y 理论方法不是一个容易的选择。在实践中，这一理论往往很难成功。它可能会让人沮丧无比、浪费时间，而且还会出现错误。

> 自从 1952 年开始，我就在艾威斯（Avis）公司的部门和事业部尝试使用 Y 管理理论，并且最终在全公司推行该理论。从那之后的十年内，直到 1962 年，艾威斯公司始终没有任何盈利（除了政府改变折旧率的计算方式那一年）。然而，三年后公司在国际上的销售额已经从 3000 万增长到 7500 万美元，连续三年年利润分别为 100 万、300 万和 500 万美元。如果问我是如何做到的话，我将其归因于 Y 理论的应用，而且这是一种犹豫的、有障碍的、探索的、错误频出的应用。
>
> 罗伯特·汤森德（Robert Townsend），《在组织中不断上升》[46]

情境的需求

X 理论和 Y 理论这两种观点代表的是管理者对于一种特定行为方式的自然倾向的两个极端。然而，实际上，管理行为风格的选择受情境需求的影响。[47] 如果工作本身具有高满意度，或者包含了各种各样的任务、解决问题的元素、主动性的行使，或者很难定量地衡量工作成果，那么采用非正式的、让员工参与的管理方法会更有效，这样更容易提高员工士气。在很多情况下，这种管理方式更适用于科学性、技术性或专业性的工作。如果对组织目标的承诺是成为组织成员的前提，比如在某些志愿组织或慈善组织中，那么使用 Y 理论管理方法是最恰当的。

X 理论的使用

即使管理者对于 Y 理论假设有着基本的信任，有些时候采用 X 理论却是必要的，或者说更合适。当工作本身没有提供任何内在的奖励或很少有机会满足员工更高层次的需求时，更独裁式的管理风格可能最有效。有些工作设计狭隘、任务明确且可以精确衡量工作成果。例如，制造业中有很多复杂的生产过程就属于这种情况。这些类型的工作可能需要 X 理论管理方法来保持高绩效水平。

如果情况紧急、或者因时间不足、或出现其他决定性因素而需要利用职权指导手头的任务，那么也可以使用 X 理论。例如，在匆忙中，一间饭店的厨房正在热火朝天地为一个盛大的宴会准备鲜肉，这需要在很短的时间内协调大量的工作，这种情况下 X 理论管理风格是最适用的。此时，厨房员工似乎也会接受这一管理风格。

如果下属职员适应管理者的Y理论假设，那么这种管理方式就会很有效。然而，有很多员工不论做何种工作都不愿承担责任。他们看起来更喜欢也更愿意回应更有指导性、更有控制力的管理方式。因此，有些时候，管理者对员工采用X理论假设则是合理的。

管理/领导力方格

布莱克—莫顿管理方格（Black and Mouton Managerial Grid）是描述和评价不同管理风格的方法之一（如图8-9所示）。管理方格理论于1964年首次发表，经过1978年和1985年[48]的两次修正，在1991年以领导力方格[49]的标题再次发表，这个方格理论根据两项主要标准为管理风格的对比提供了基础，这两项主要标准是：

- 对生产的关心；
- 对人的关心。

对生产的关心是管理者对完成手中的任务，提高生产力水平，获取结果或利润的重视程度。它是由方格的横轴表示出来的。

对人的关心是管理者给予下属、同事以及他们的需求和期望的重视程度。这是由方格的纵轴表示出来的。

五个基本组合

“关心”并非指关心的程度，而是指以管理者的个人基本态度以及管理风格为基础而做出的假设的特征和强度。重要的是管理者“如何”表达对生产以及人员的关心。

方格的四个角落和中心提供了五个基本组合，显示了对生产以及人员的关心程度（如图8-9a所示）。

- 贫乏型管理者（方格1，1），对生产和人员的关心程度都很低；
- 任务型管理者（方格9，1），对生产的关心程度高，但对人员的关心程度低；
- 乡村俱乐部型管理者（方格1，9）对生产的关心程度低，但对人员的关心程度高；
- 中庸之道型管理者（方格5，5），对生产和人员的关心程度适中；
- 团队型管理者（方格9，9），对生产和人员的关心程度都很高。

处于（方格1，1）的管理者倾向于与下属保持距离，并相信自己目前的位置不会动摇。他们尽可能地不为生产和人员作任何事。过多地关心生产会导致与员工相处的困难，而过多地关心员工的需要则会导致生产下降等问题。

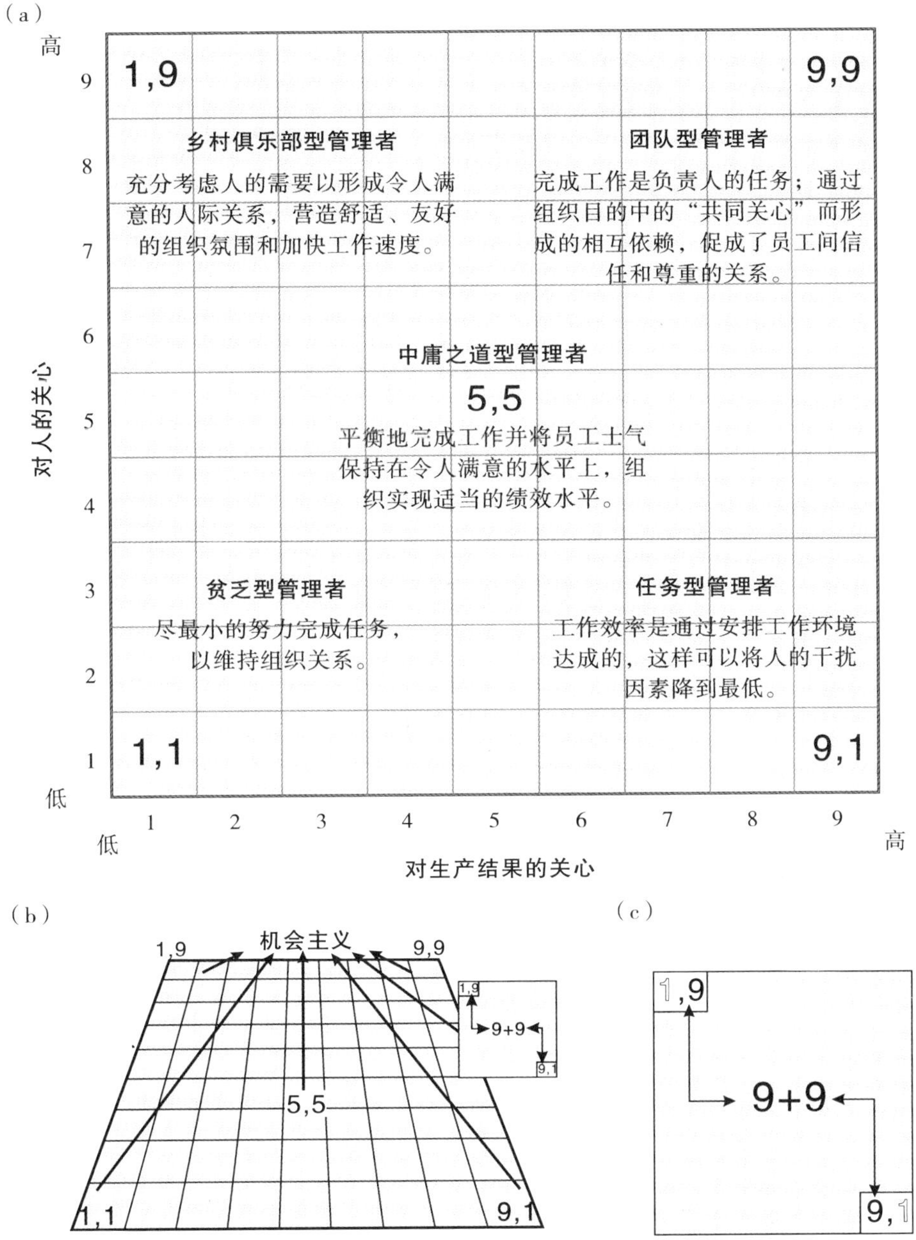

在机会主义管理方格中，人们可以适应并转向任何所需的方格以便获取最大利益。绩效是根据自私的收获体制形成的。只有为了利益和个人的收获才会付出努力。

9+9：家长作风/溺爱
对忠心且顺从的员工给予奖励和赞同；不顺从的行为会受到惩戒。

图 8-9　领导力方格

资料来源：Blake, R. R. and McCanse, A. A., *Leadership Dilemmas – Grid Solutions*, Gulf Publishing Co. (1991), Grid Figure, p. 29, Paternalism Figure, p. 30, Opportunism Figure, p. 31, Reproduced by permission of Grid International, Inc. Houston, Texas.

处于方格9，1的管理者是专制的。他们倾向于依赖集权化的管理体系和职权的使用。员工被看作生产的工具，激励建立在竞争基础之上以完成工作。如果员工对指示或标准的程序提出异议，他们往往被视为是不合作的。

处于方格1，9的管理者认为一个满足的职工会承担要求他们做的工作，并达成可观的成果。对于避免矛盾和维持员工间的和谐来讲，生产是次要的。管理者会试图寻求折中的解决办法，在员工要求与解决方案之间寻求妥协。管理者鼓励创新，但如果好想法会导致员工间的摩擦，他们往往也会拒绝。

处于方格5，5的中庸的管理者坚持“你活，也让别人活！”的理念，并避免直面现实问题。这种管理风格像“钟摆”，管理者在关心生产还是员工之间摇摆不定。在压力下，这种管理风格往往会转变为任务型管理（9，1）。这会使员工之间的关系变得紧张并产生怨恨，然而，一旦生产压力得到缓解，管理者将重新采取折中的态度。如果这种摇摆过多地偏向另一方（倾向于1，9），管理者可能会采取更严厉、更强硬的管理措施。

处在方格9，9的管理者相信，工作需要和关心雇员可以相结合。他们相信可以创造一种情境，使人们可以通过承诺完成组织的目标来满足人们自己的需要。管理者会和员工探讨问题，征集他们的建议，还会给他们行动的自由。管理者通过直接面对员工以及与员工协商寻求解决方法来处理工作关系中出现的难题。

这五种管理风格代表了方格的极端。每个轴上有9个点，总共81种不同的组合管理风格，展示了对管理者生产以及对人员关心的不同程度。大部分管理者会符合方格中的某个位置。

两种其他方格的风格

1991年的管理方格版本还包括了另外两种形式：“机会主义”和“9+9：家长作风/溺爱”，这两种形式将下属员工的反映考虑在内。

- 在机会主义型管理中，组织绩效在交易体系的基础上产生，只有获得同等程度的认可，员工才会付出相应的努力。人们通过适应环境来获取最大利益（如图8-9b所示）。
- 在“9+9：家长作风/溺爱”型管理中，对于忠诚且顺从的人给予奖励和赞同，如果雇员不顺从，则会受到惩戒（如图8-9c所示）。

表8-2总结了管理方格的七个基本组合形式。

行为模式的框架

管理方格提供了一个框架，在这个框架中，管理者可以识别、研究并回顾他们的行为模式。布莱克和莫顿并不同意将管理风格看做非此即彼的二分法。他们认为，管理方格显示出管理者可以同时充分利用两种方法，即以生产为宗旨与以人员为宗旨。

尽管 9，9 的位置只是理想的模式，却是值得努力尝试的。根据他们使用管理方格的经验，布莱克和莫顿提出了三个原因来解释考虑运用哪种管理方式使他人达成生产目标。

表 8-2　领导力方格风格的定义

9，1 任务型管理	处在这个位置的管理者十分关心生产，而很少关心人。雇员被看作是生产的“工具”。他们会采取严厉的、单方的控制来有效地完成任务。他们认为创造力和人际关系是没有必要的
1，9 乡村俱乐部型管理	处在此位上的管理者很关心人，却很少关心生产。他们尽量避免冲突，努力让员工喜欢自己，甚至以牺牲生产为代价。对于这类人来讲，工作绩效不如良好的人际关系重要。他们的目的就是让雇员满意（这是个软 X 理论而并非一个合理的人际关系方法）
1，1 贫乏型管理	这种风格被认为是“放任政策”。处在这个位置上的管理者很少关心生产或人员。他们会尽力避免偏袒组织内任何一方，并远离冲突。他们仅满足于维持群体的人员数量
5，5 中庸之道型管理者	处在这个位置的管理者对生产和人员的关注度适中。他们依靠可靠、真正的技术，并且避免任何冒险。他们试图平衡对生产和人员的关注，但不会对任何一方承诺太多。他们通过避免极端以及寻求折中方法来处理冲突，而不是采用稳妥的解决方案
9+9：家长作风/溺爱型管理“父亲知道得最多”	这种类型的领导者以 9，1 到 1，9 中的 9 级关注创造了综合的控制型家长作风。这类家长努力获取良好绩效（9，1 中的 9）并采用奖励和惩戒的方法使员工顺从（1，9 中的 9）。这类管理者使用对雇员的高关注度来奖励顺从或惩罚拒绝
机会主义型管理“公司内部有什么是给我的”	机会主义管理者不惜使用方格方式所需要的一切来获取私利和自我晋升。他们通过适应环境来取得最大的利益。他们可能使用 9，1 与某人一起实现目标，并用 1，9 来赢得另一个人的信任和信心。绩效在交易体系的基础上产生，只有获得同等程度的认可才会付出相应的努力
9，9 团队型管理	这些管理者表现了对生产及人员的高度关注。他们激励雇员，使其达到最高的工作水平。他们进取心强，公开地寻求变通方法。他们工作方式灵活，积极响应变革。这种方式被认为是一种理想的管理风格

资料来源：Blake, R. R. and McCanse, A. A. (1991) *Leadership Dilemmas-Grid Solutions*, Gulf Publishing (1991), p. 29. Reproduced by permission of Grid International, Inc.

- 9，9 管理风格与最低生产力成正相关。

- 以9，9为宗旨的管理者可以享受最大限度的职业成功。
- 如今，人们对极端的管理风格与身心健康之间的关系有了更多的认识。

管理的主要风格

在他们的研究基础上，布莱克和莫顿强调：管理者可能从一种管理风格转换到另一种，或者将不同管理风格的要素结合起来。然而，他们还发现：管理者倾向于采取一种主要的管理风格，比起其他管理风格他们更常用这种。他们还发现，当这种主要管理风格在特定环境中不能使用的时候，许多管理者会使用一种“备用”管理风格。主要的管理风格在任何特定环境下，都会受到以下四个条件的影响：

- 组织——管理者所在组织的本质以及具有严格的规则和准则的程度；
- 价值观——管理者所持有的对于如何对待他以及管理成果的个人价值观、信仰或理想；
- 个人背景——管理者根深蒂固的个人背景会导致他们对某种特定方法的偏爱，因为他们过去可能频繁使用过这一方法；
- 机会——管理者可能没有接触过或采用过其他管理假设。管理者没有学习管理的机会。

与现在的联系

重新审视管理方格理论之后，莱斯特（Lester）认为此方格理论无疑十分有助于培训。尽管它未必与现实生活问题相一致，但此方格展示了一个复杂的学习包，从而为想要研究组织开发的人们提供了许多可用方式。[50]

纽博尔特（Newborough）认为：“组织的结构、计划和概念对于组织的有效性来讲是十分关键的。除此之外，一个最重要的因素就是管理团队的行为。团队的成员必须担当起领导者的角色。他们必须运用其能力来指导、激励员工，并综合其他人的努力来达成目标。”[51]研究管理风格的最终目的就是帮助那些想要成为更好管理者的人们进行培训与开发。方格组织开发理论认同并应用了行为科学的相关方面，因此，纽博尔特认为管理/领导力方格在刚提出时就很实用，而且在当今仍然实用。克雷纳和迪尔洛夫认为：“尽管粗糙，这个方格理论却帮助那些不熟悉心理学的人更清楚地审视自己以及同事，也帮助他们更明确地理解了彼此之间的沟通方式，并认清了阻力和冲突的来源。”[52]

管理系统

麦格雷戈、布莱克和莫顿所做的研究表明，只有采用参与管理，组织才能更有效地利用人力资源。

利克特的研究也支持了这个观点。在对 200 多个组织的管理者做了问卷，并在对不同组织的绩效特点进行研究的基础上，利克特提出了管理系统的四分模型。[53]这些系统由数字表示。

- 第一系统：剥削 – 权威方式（Exploitive authoritative）。决策是强加在下属职员身上，激励建立在威胁的基础上，几乎没有团队合作或沟通；职责只集中在组织的最高阶层。
- 第二系统：仁慈 – 权威方式（Benevolent authoritative）。这是一种谦虚的领导形式，激励是建立在奖励的基础上，团队合作和沟通非常有限；管理层有职责，但低层的管理者没有。
- 第三系统：协商方式（Consultative）。这种领导对下属有一定信任，激励建立在奖励的基础上，有一定程度的员工参与和团队合作，而且有横向和纵向的沟通；实现组织目标的职责在管理的层级中延伸得更为广泛。
- 第四系统：参与方式（Participative group）。对下属信任且有信心，激励建立在对达成预定目标的奖励基础上，员工参与决策，并且有广泛的团队合作与沟通；实现组织目标的责任扩展到整个管理阶层。

组织特点的轮廓

利克特还建立了“组织特点的轮廓”，以描述四种不同的管理体系的本质。利克特根据一个组织变量表将这四种体系进行了比较，表中的组织变量如下：

- 领导过程；
- 激励的力量；
- 沟通过程；
- 互动 – 影响过程；
- 决策过程；
- 制定目标或命令；
- 控制过程。

运用这个组织变量表，利克特对不同群体中的数百名管理者进行了一项调查，这些被访者经验各不相同，既有直线经理，也有参谋职位的经理。他的研究再次表明，生产力最低的部门或单位倾向于使用第一系统或第二系统的管理方式；而生产力最高的部门或单位使用第三系统或第四系统的管理方式。[54]

评论性反思

有一种迂腐的组织理论认为：“管理员工就好像放牧猫群。”

事实是，过去人们相信可以采用某种行为模式来高效地管理员工，但现在这一论点已经过时了。也许，理性经济激励这一科学管理理念仍旧是改善绩效以及满足员工的最佳方式。你同意这一观点吗？

目标管理

目标管理（MBO）是一种特殊的参与式管理方法，它鼓励员工参与到“计划、组织、指导、控制以及工作执行”这些活动中。目标管理指的是一种管理风格或体系，通过让各层管理人员参与到管理之中，使组织目标与个人绩效与开发达成一致，目标管理体系的基础如下：

- 目标的设定；
- 在协商单位目标与制定绩效标准方面，让管理者参与进来；
- 要不断重审与评估结果。

目标管理是由德鲁克于1954年提出的。[55]这个方法被麦格雷戈采纳，他提倡将其作为目标设定、管理绩效评估以及自我评估的方式。目标管理体系已被各类组织广泛采用，既包括私有部门也包括公共部门。

目标管理活动的循环

目标管理涉及了一些相关活动的持续循环（如图8-10所示）。

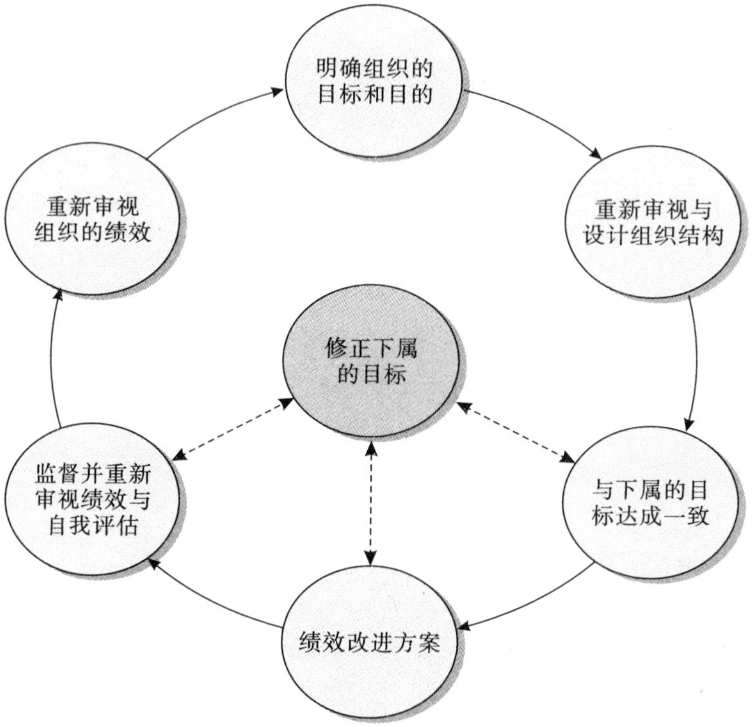

图8-10　目标管理活动的循环

- 明确组织目标。要与所有员工进行充分的沟通，并确保员工完全理解组织目标。
- 重新审视组织结构。这是为了创建灵活的组织结构与管理体系，以便进行有效沟通、快速决策以及定时信息反馈。
- 让下属参与管理，以便他们欣然接受所制定的目标、关键结果区域（包括绩效标准与绩效衡量）。
- 在绩效改进计划上与下属达成一致，可以使他们在以下两个方面做出最大贡献：（1）实现自己的目标；（2）改善组织绩效。
- 建立有效的监督与审查体系，以便进行绩效与进步评估，包括自我检查与评估。
- 对下属的目标进行必要的修订。
- 根据既定目标审核组织绩效。

为使目标管理达到最佳效果，还需建立有意义的奖励体系与职业晋升体系，从而肯定与认可下属的贡献与绩效。

人本管理

我们在前文提到，尽管管理涉及方方面面，但是一个成功的管理者要具备高效地处理人事关系的能力。回顾第 1 章关于人和组织行为的讨论。在任务阐释、公司目标以及年度报告等方面，越来越多的组织明显乐于把雇员说成是他们的资产。然而，人们对于体贴的、以人为本的管理方法在实践中的应用程度颇有争议。此外，人们对于多少管理者愿意通过使用规章、体系、程序和日常文件来进行管理，而非通过与人合作并通过他人进行管理这一问题也存在争议。例如，格莱顿与伦敦商学院进行了六年合作研究，在此基础上提出：在人本管理方面没有统一的进展，而且“对于许多人来说，组织生活中的现实是，他们并不觉得自己被当作最重要的资产，也没有感到他们的知识被理解或运用。”[56]

管理者要有一种高度发达的人事知觉（people perception）感，并要了解职工的感受、需要和期望，这些都是很重要的。受到管理的是人，应当把雇员当作人来看待。对雇员本人和对他们福利的真诚关心，在鼓励他们完成好工作任务方面有很大的帮助。

基本的管理哲学

对员工进行投资的积极政策和人际关系管理方法是值得我们长期为之努力的。例如，政府发起的“人力资本投资认证制度”（Investors in people）是建立在承诺基础上的，政府承诺：组织可以从实施严格的人力资源开发政策中获利。人们也许能提出许多潜在的、有利于组织成功的人本管理、改善工作绩效与提高员工满意度的理论（如图 8-11 所示）。然而，需要注意的是，这些理念并不是刚性的。我们提出这些理论是为了鼓励讨论，并且让人们思考自己对于不同观点的接受程度。

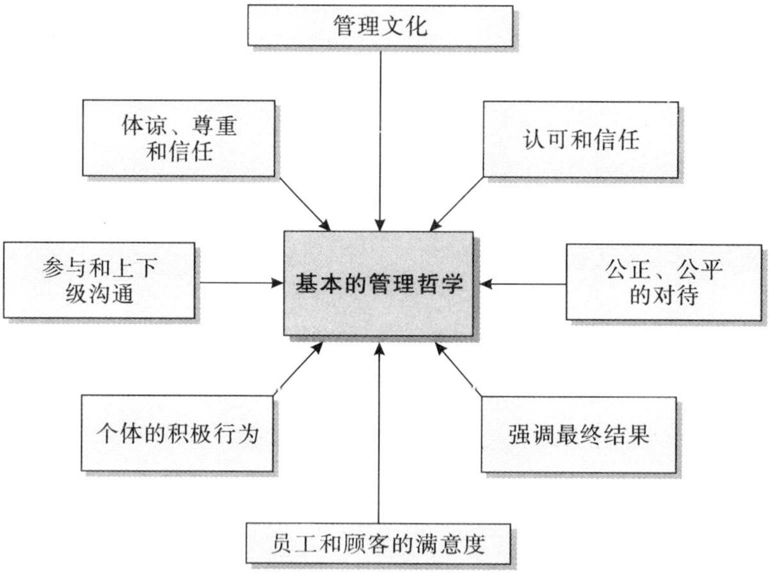

图8-11　有效的人本管理

体谅、尊重和信任

人们通常根据别人对待自己的方式来对待别人。即使只付出了一点，你也会得到回报。组织应该让员工感到自己是重要的，让他们有一种个人价值感。大部分职员在受到体谅、尊重，并被视为乐于为组织服务、有责任心时，会做出建设性的回应。例如，格莱顿指出："对待员工要有礼貌，尊重他们，并给予他们尊严，这样可以创造一个强有力的榜样，以供员工效仿。建立一个公正的形象，这样当出现政策错误或管理者行为失误时，管理者会有一个缓冲的时间。"[57]劳埃德（Lloyd）的观点与之类似：

一个优秀的管理者对员工的价值给予充分的信任，且能够公平公正地对待员工并尊重员工：这样一来，信任这一要素得以确立。但是在实践中，情况是否如此呢？毋庸置疑，管理是你所做的事情与你做事方式的组合。[58]

除非管理者首先对员工表示信任，否则员工如何证明自己是值得信任的呢？管理人员必须掌握主动权。"缺乏信任造成职场中时间和资源的最大浪费。不信任自己员工的管理者每周都会浪费数小时的时间检查员工的每项工作，因而也不可能有效利用手上可供支配的资源。"[59]

认可和信任

赞扬可以使人成功。在合适的情况下，给予员工充分的认可和信任，让员工知道你欣赏他们。很多时候，管理者往往不会对良好绩效做出回应，他们认为这是理所应当的；但当员工绩效没有达到期望值时，批评总是出现得很及时。然而，不要以为员工一定会把没有回应当作正面认可，他们可能只把它当作是没有被批评而已。所以你经常会听到以下评论："没有人抱怨什么，所以我认为所有的事情都进展顺利。"这是一种多么可悲的对管理风格的控告！对良好绩效的积极反馈是一个强有力的激励因素，员工也可能因此更容易接受有建设性的批评，并对其做出积极回应。如果让员工为他们的工作感到骄傲，那么当他们绩效良好时就应告知他们，同时也要对其努力表示适当的认可。

> 对于一个雇员来说，在适当的时候得到来自于适当的人的真诚的感谢，比起正式的奖励更有意义……重要的是要花时间注意员工的成就，找出做出成就的员工，并及时地给予表扬。
>
> 腓特烈·拉斯特拉诺斯（Federico Castellanos），IBM 人力资源副总裁[60]

参与和上下级沟通

把自己置于员工的工作中，确保自己完全了解员工所承担的任务与责任中可能会出现的困难与问题。确保公开的沟通，并鼓励参与和反馈。要对员工的工作感兴趣，但不能过多地干涉或阻碍他们的行动自由。可能的话，将员工而不是行政置于优先地位。切记花时间诚恳地倾听员工的感受和问题的重要性。这就意味着给予员工全部的关注，包括选择适当的身体语言。即使你不同意他们的观点，表明你理解并能够感受到他们所说的意思也是十分重要的。然而，同样重要的是，要注意到成为一个好听众是一项需要开发的技能，例如，弗莱彻提醒我们："听到不是倾听。倾听不是一项被动的活动，这是一项困难的工作，它需要注意和专心。"[61]

走动管理（MBWA）加上非正式的沟通过程常被称作是积极的管理实践，而且也确实如此。然而，这可能会引起职员间的不信任感，窥探管理的猜忌以及关于"你在这里做什么?"的怀疑。管理人员应该相信，花时间倾听、理解员工的感受和困难一直都很重要，除非员工将走动管理视为这种真挚信念的一部分，否则它就不可能是有效的。

公平和公正的对待

根据员工的价值公平地对待员工。要确保公正的处理方式、公平的激励和奖励体系、明确的人事政策和程序；要避免歧视；还要严格遵守与雇佣相关的行为规范与法律。员工做出了特定贡献或投入就会期待获得某种成果。不公平感会引起紧张，还会导致员工纵容自己的行为，以便转移或缓解已察觉到的不公平感。[62]（回顾第 1 章中有关心理契约的讨论。）

个体的积极行动

将员工当作个体对待。在个体的基础上处理个别情形，并避免“一揽子”方法。例如，管理者发现有两个员工没有按时提供一些急需的信息。他以通函形式提醒这个部门的全体员工要注意截止期限。对于这个主管来说，这个处理方式很容易。但员工会做何反应呢？

这两个当事人可能会躲在通函的笼统性的庇护下，并告诉自己这并不是特意针对他们的。他们甚至可能认为主管针对的是其他员工，也许是另一个工作小组的，因而忽视这份通函。相反，对于部门里有着良好提供信息记录的员工来说，这份通函会令他们感到沮丧或不快。

尽管存在个人困难，有些员工依然对自己的工作感到十分骄傲，并且特别努力地要保持优异的合作纪录，甚至在没有受到管理人员认可的情况下也这样做。如果这些员工的反应是怨恨，并对将来的工作态度造成不利的影响，这也是可以理解的。在面对具体问题时采用“一揽子”方法，而没有以个体为基础采取有选择性的、积极的行为方式，这会导致管理者失去的远比得到的多。

强调最终结果

应把重点放在最后结果、实际绩效水平和成就上，而不要放在遵守具体指示、制度和规则上。例如，制定出勤时间显然是工作所必需的，管理者的确应该确保员工要准时上班。但在很多情况下，严谨的出勤并非是高绩效的必然要求。

谁对组织工作做了最大的贡献？员工 A 总是很准时，严格遵守午饭时间，从不早退或迟到，但他一天中大部分时间都在闲聊，慢慢地翻着文件并看着工作不做，只达到了中等绩效水平。员工 B 可能“不经常在办公室闲晃”，但总是尽最大努力，充分利用时间且从不无所事事，他工作灵活而且总是准时完成工作，因而一直保持着较高的绩效水平。

严格遵守时间是工作中重要的一部分。然而，如果“一直待在办公室”不是高绩效的必然要求，那么坚持严格的出勤时间能够获得什么呢？这样的要求在 B 类型的员工看来，可能是一种毫无根据的官僚式的管理方式。而且，这样的要求可能会把 B 类型的员工转化成 A 类型的员工，从而对绩效水平产生不利影响。现在，在提高生产力水平的需求下，人们越来越倾向于弹性工作时间以及远程办公，把重点放在员工取得的实际结果上，而非所花费的时间上。最重要的标准是绩效的水平和质量。

员工和顾客的满意度

顾客或消费者满意度的出发点是管理者与下属之间的良好关系。相互支持的、和谐的工作关系往往会创造出使员工和顾客都很满意的工作环境。管理者需要采用一种积极的态度对待员工，并发展合作精神。应该让员工感到他们是和管理者一起工作，而不是为管理者工作。

使所有员工成为管理团队的一员

- 美国著名的游戏软件公司（Virgin）在这一行业中的工资水平偏低，但员工都很能干也很忠诚，这矛盾吗？
- 公司在这个领域中的成功应归功于理查德爵士（Sir Richard）的管理理论，在此理论下，所有员工都感到自己是受重视的，而且布兰森（Branson）对一个空乘服务人员的意见的兴趣不亚于对市场总监意见的兴趣。
- 成功的人本管理意味着员工参与。布兰森的工作是把所有员工组成一个团队，在这个团队里，每个人都受到重视，不只是因为他们完成了工作任务，还因为他们为整个企业的发展做出了贡献。

《Virgin 公司的管理》[63]

管理风格的选择

有些人可能认为：这些理论太理想化了，在面对工作环境中残酷现实时，管理者需要采取一种更为强势的立场。然而，我们并非建议管理者应该放弃管理权利，问题是要怎样进行管理并怎样行使职权。例如，强调指导和控制，并强调根据管理者职位和职权的本质来行使奖惩条例的 X 理论管理风格；或通过与组织目标的结合以满足员工自身激励需求的 Y 理论管理风格。

管理也可以建立在“组织权力”或“个人权力”的基础上：组织权力来自等级结构中的地位、职位以及职权的使用；个人权力来自能力和专长、对下属的理解、对尊重的需求以及督促或鼓励员工提高工作绩效。[64]格林主张，最成功的管理者能够在硬技能和软技能的统一体之间调解他们的理论和回应，并能在不同的情境下做出相应的反应。[65]

工作中的人的本质

加鲁尼克（Galunic）和威克斯（Weeks）指出，雇佣关系在不断变化，开发雇员而非管理雇员已成为一项必要且需要慎重对待的任务。然而，幸运的是有些事情还没有改变。

人的本质还是十分稳定的。人们想要感到自己是有能力的并且是安全的，他们在不断地进行好的或坏的行为的互换。他们被周围的行为所影响并经常模仿这些行为。在沙坑中玩耍的儿童与会议室中的董事在人的本质上是一致的，所以管理者在考虑人员投资时应该重视人的本质。[66]

黄金管理法则

玫琳凯·艾施（Mary Kay Ash）提出了有趣、有启蒙意义的雇员管理方法，艾施是美国一家大型的、具有百万资金的化妆品公司——玫琳凯公司的创始人。[67]艾施的管理理念是，公司要有目的地开发雇员，要让公平在商业界繁荣。她认为只要有机会，人人都可以发光。她认为这种管理理念适用于任何组织。她的雇员管理理念是建立在黄金法则“像对待自己一样对待他人”的基础上的，并强调成为“以人为本的公司”。

我们的美容顾问、销售经理、雇员、顾客以及供应商在玫琳凯化妆品公司是位于第一位的。我们以作为一个“因员工而著名的公司”而感到骄傲，关心员工与为公司盈利并不冲突。[68]

黄金管理法则理念的应用要点如下。

- 根据员工的价值公平地对待员工。为了均衡公司、雇员和其他所有雇员的职责，每个管理者必须学会说“不”。但应该鼓励雇员们把“不”转化为完成更多任务的动力。
- 无论你有多忙，要让其他员工感到自己是重要的，并让大家知道你是欣赏他们的。
- 通过赞扬来鼓励员工。一个好的管理者必须了解通过赞扬员工而取得成功的价值。
- 鼓励反馈，不要贬低倾听的能力。
- 把小批评夹在两次高度的赞扬之间。
- “门户开放”哲学。
- 帮助他人获取他们想要的东西，那么你也会得到你想要的。优秀管理者的成功体现在他所管理的员工的成功之中。
- 永远不要躲在政策或傲慢的背后。

管理的效果

一些著名学者很早就认识到了管理绩效和效果的重要性，比如，德鲁克在1955年提出：

在每个企业中，管理者都是生机勃勃的、富于生命力的元素。没有他们的领导，“生产资源”还是资源，永远不会变成产品。在充满竞争的经济环境中，总的来说，管理者的素质和绩效决定了企业的成功。的确，他们决定了企业的存亡。因为管理者的素质和绩效是处在经济竞争中的企业唯一有效的优势。[69]

近期，弗彭（Foppen）也强调了管理者绩效的重要性：

管理者在现代社会中是相当重要的。原因是：无论怎样，大学层次的管理与管理实践紧密相关。不论管理者的不可或缺性这一说法是否有充分的根据，重要的是所有人都相信这一说法。[70]

管理者的总职责是达成组织的预定目标。只有达成了预定目标，组织才能成功并存活下来。所以，对于有效管理的需要是十分清楚也十分强烈的，而且这种需要在公共部门和私营企业组织中同样强烈。例如，在地方政府中，公务员对选拔出的成员应负的责任意味着在社会最高阶层的管理标准更重要。然而，无论是在私营的还是公共部门的组织中，管理效果都是个既难定义又难权衡的概念。

效率和效果

管理效率能够和管理效果区分开来。效率（Efficiency）注重的是“把事情做正确”，并与投入和管理者做的事情有关。效果（Effectiveness）注重的是“做正确的事”，并与工作产出和管理者实际做成了什么有关。

为了做到有效率，管理者必须注意工作的投入要求。它是指明确目标、计划、组织、指导和控制。但为了做到有效，管理者必须关注工作产出，它指的是以下几个方面的绩效：在组织的重要领域中达到最佳效果；资源利用最优化；增加收益率；达到组织的目的和目标。

效果一定和目的、目标或任务的达成有关，即管理过程的绩效和工作的执行。评估管理效果的标准是衡量管理者应该取得的成果。但同样重要的是管理者达成效果的方式以及对他人的影响。这会对长期效果造成影响。管理效果产生于个人特质与管理者工作范围的结合，即达到情境的要求并满足组织的要求。

斯图尔特认为，效果比效率重要得多。

想要进步的管理者就要审视自己的工作效率和效果。效果是做正确的事。效率是最有效地使用资源。效果比效率重要得多！这是因为人首先必须做正确的工作，只有这样去探究工作是否有效率才有意义。[71]

高效、成功的管理者

通过对真正的管理者要做的事情进行研究（本章前面部分讨论过），卢森斯试图区分高效的管理者和成功的管理者。

- 高效的管理者是根据绩效标准的质量和数量以及下属职员的满意度和承诺来定义的。
- 成功的管理者是根据他们在组织内的晋升速度来定义的。

高效的管理者强调的标准与成功的管理者不同，而且所进行的活动也基本相反。卢森斯发现很少有真正的管理者是既高效又成功的。

对效果的最大贡献首先来自于沟通，其次来自于人力资源管理；而与其最无关的贡献是来自于人际网络活动。与之相反，迄今为止，对于大部分管理者来说，成功的关键来自于人际网络活动，而很少来自人力资源管理活动的贡献。[72]

效果的衡量

管理是指通过他人的群策群力来完成工作。人们不仅根据管理者本身的绩效对其进行判断，还会参考其他员工所达到的成果。所以，管理者的效果可能部分地根据以下因素来评价：

- 激励的强度和员工的士气；
- 员工培训和开发的成功度；
- 创造一个员工可以欣然、高效工作的组织环境。

困难是决定这些因素的客观衡量标准。我们可以从以下标准中获得一些启示：

- 员工的离职率；
- 病假情况；
- 旷工情况；
- 不遵守时间的现象；
- 工作中的事故率。

然而，这些现象也可能受到更宽泛的组织或环境因素的影响。例如，由经济状况引起的低工作保障性，这是管理者直接控制范围之外的因素。无论在何种情况下都存在这样一个问题，即这些标准与下属的实际绩效水平之间的直接相关度。

效果的其他标准

可以用来衡量管理效果的其他标准包括：体系和程序的效率及提供给其他部门的服务标准。然而，还有一个问题是关于怎样决定这些标准的客观衡量方式。

对于某些管理工作来说，可以通过更多定量的因素来衡量，包括：

- 重要任务在截止期限前完成；
- 由该部门执行的工作的准确度，可以通过错误记录的数量来衡量；
- 来自于上级、其他部门、顾客、供应商以及公众的投诉率；

- 符合质量的标准，例如，废弃材料或浪费材料的数量；
- 维持预定成本或预算控制的界限；
- 产出水平和生产率。

当今，另一个宽泛的、定性的衡量标准已越来越重要，即可观察到的社会义务、管理者以及整个组织的伦理行为。

管理标准中心

管理标准中心（MSC）是经由英国政府认可的制定管理与领导力标准的机构。英国政府致力于提高全国的生产力水平，并增强其竞争力。为达到这一目标，提高管理者的技能十分关键。2004 年 5 月，针对管理与领导力问题，管理标准中心开发了一套崭新的国家职业标准（NOS）。这套标准描述了在一系列管理与领导职能或活动中所应当表现出来的绩效水平。

管理标准中心致力于管理与领导力问题，意在引导雇主行为。目前，该中心正与商业网络技能中心（Skills for Business Network）合作，以确认并找出各部门的技能差距及缺陷，以期为提高英国的经济效益尽一份力。

我们的前景：在英国创建雇主合伙制度，并发展其他重要股东，以引导所有在管理与领导领域工作的人们获得职业发展。

我们的使命：通过提高全国公认的管理标准与资格，来开发高技能管理队伍，以期满足雇主需求。[73]

评论性反思

若要对他人进行高效的管理，首先要对自己的能力有信心，要认清自身的优缺点。成功的管理者应勇于承认自身过失，并承担失败的责任，这应该是成功管理者的管理理念。但是，很多管理者难以做到当众道歉，你觉得这是为什么？

从新闻中学管理

“没空讲礼貌”的老板

艾利森·梅特兰（Alison Maitland）

露西在大学行政部工作，但她发现有位主管总是忽视并贬低她，露西愤而辞职。有一次，这位女主管休假回来给部门里的每位员工发了一封邮件，以感谢他们在她外出期间的辛苦工作，但只有露西没有收到邮件。还有一次，这位女主管告诉露西的同事，说露西不值得信任。露西说，很快情况将每况愈下。“我觉得这种做法特别失礼，”她这样说道，“这让我对她极为反感。我一点也不想理她。我根本不想了解她或者跟她共事。我们之间很少沟通，因而工作起来困难重重。”

露西的经历很常见，英国曾进行过工作场所的行为调查。结果显示，手握权力的人往往会做出最不文明的行为。受访者谴责老板在同事或顾客面前责骂员工，在电邮中表达不快，忽视资历较浅的员工的贡献，甚至当众把某人的工作批评得一无是处。

“我被总经理当着20个人的面破口大骂，说我干的活简直是‘垃圾’，并命令我重做，”一名30几岁的员工说道。某会计师事务所一位30岁的女员工回忆起了类似的情形：“一名合伙人朝一位高级主管打响指以引起他的注意，在办公室里隔着老远喊他过来，好像他是条哈巴狗。”还有一个失礼的例子简直让人瞠目结舌，一位29岁的员工说：“一名现已离开的主管要我冒着倾盆大雨去给他买三明治，而当时我怀着8个月的身孕。”

“礼貌必须从上往下进行教导，”CHA公司首席执行官科莱特·希尔（Colette Hill）说。CHA是委托进行本次“恶劣商业行为”调查的咨询公司。“如果一个组织的领导者对某些下属不讲礼貌、不参加计划好的会议、漠视最终期限或者随意欺凌直接下属，其他人将不可避免地遵循交往的潜规则。”

共有1100人接受了这次网上调查。有的人说，他们在工作中碰到的唯一粗鲁无礼的人是顾客，同事都小心翼翼地礼貌待人，其他受访者则报告了特有的不文明行为。滥用电子邮件是个特别棘手的难题，尤其是人们用它避免面对面接触的时候。一名40几岁的受访者说：“某位所谓的当地管理团队的成员经常用电子邮件作一些明嘲暗讽的评论，而且总是在穿好外套回家时按下‘发送’按钮，他知道因为轮班的关系，这几天都不会碰到他的批评对象。”

伦敦商学院组织行为学教授奈杰尔·尼克尔森（Nigel Nicholson）说，等级制度和权威的消逝，以及社会的日益多元化，使得人们越来越不清楚如何在工作中表现得举止得当。“以前，我们清楚自己的地位，但是现在每个人都有不同的标准，因而人们有更多机会感受这些不文明行为的发生。”

尽管主管无理对待和欺凌员工的情况时有发生，但尼克尔森教授认为这多少事出有因。现在员工敢于表达自己的观点，尼克尔森教授认为：“古往今来，老板总是自我纵容。过去，人们习惯于卑躬屈膝，现在他们不会忍受了。”

讨论题

1. 这篇文章揭示了管理权威本质的变化，请对此加以评论。

2. 有人认为“优秀管理者”仅仅是个体知觉以及个人标准的问题，你认同这一观点吗？这会对管理行为产生何种影响？

本章概要

- “管理”是个通称，并且有许多种解释。我们所关注的管理是指处在特定的组织背景中，涉及对他人的工作实施职权的管理。管理的方式多种多样，并非单一的。定义管理的方法之一是分析管理本质，并识别一般行为和原则。通过区分“管理”和“做事”，我们可以将管理工作的实质总结成：目标的确定、计划、组织、指导和控制。
- 人们越来越关注以下两个方面的内容：服务业内一般管理理论的使用；公司私营化以及在公共部门采取企业实践活动。管理理论适用于所有管理者，而且管理技能都是基本相似的。所有管理者都会遇到某些挑战。为了实现管理过程并执行职责，管理者需要将技术胜任力、社交和人际技能、概念能力结合起来。尽管人们对于专业技能的关注度日益提高，但是管理者仍要做到在软硬技能之间保持平衡，包括人际关系技能，这一点十分重要。
- 进行管理和通过他人的努力获取成果是管理者的责任。这种责任包括对人力资源的有效管理。工作环境本质的变化体现在老板－下属这种传统关系的改变中。描述不同管理风格的方法之一是管理方格，再版后被称作“领导力方格”。此方格提供了一个框架，在这个框架中管理者可以识别、研究、审视自己的行为模式，并有助于他们的培训和开发。
- 管理者采用何种管理风格与管理者对待他人的态度以及他们对于人的本质与行为的看法有关。如果采取参与式管理，组织往往可以更有效地利用员工资源。目标管理（MBO）是一项特殊的管理风格或体系。这一管理风格带有某些局限性，人们对此颇有微词，但现在目标管理已经与员工评估和绩效管理这两种现代体系结合起来。
- 任何成功管理者的一项重要素质是有效地处理人事的能力。围绕如何做到成功的雇员管理以及如何改善工作绩效的问题，人们拥有几种不同观点。欧洲的新生代管理者需要把注意力集中在关键战略上，这包括价值观与行为的重要性。将来，以下问题颇为重要：管理变革；领导力与员工激励；管理多元化员工队伍；人力资源的开发以及对于新式组织实践的需求。
- 我们对管理效果的需求是很清楚且强烈的。管理效果与管理效率以及管理行为有区别。要评价管理者的绩效，不仅要看管理者本人的绩效，还要看其他员工所取得的成果。然而，人们很难对管理效果进行定义及衡量。衡量管理效果的标准很多，但问题是如何决定这些标准的客观性。英国“管理标准中心”所制定的标准清单可以作为衡量基准，以此来协助管理者与组织改善绩效。

利用 www. pearsoned. co. uk/mullins 这一网站上的网络资源来进行知识更新与在线研究。

复习与讨论题

1. 总结管理工作的本质。在工作组织中，管理者的工作与其他员工的工作有何不同？

2. 你认为一个成功的管理者所应具备的最重要的特质与品质是什么？请详细阐述你的观点，并说明原因。

3. 在什么程度上可以建立良好管理的规则和原则？批判地评估这些规则和原则在实践中的运用。

4. 批判性地讨论这种观点：比起管理教材中通常提到的，现实中的管理是更人性化的活动。用实例支持你的观点。

5. 你认为管理活动的本质是什么？在未来10年内，管理者的角色会有何变化？请详细阐述你的观点。

6. 区分管理者可能持有的对于员工的不同态度和假设。说明这些不同的态度和假设是怎样影响实际管理行为的。

7. 利用布莱克－莫顿管理方格（现在的领导力方格），说明你所倾向的管理员工的主要行为方式。在何种情况下，你需要选择使用备用的行为方式，可能是什么方式？

8. 批判性地评价作为改善组织绩效的方法之一的目标管理的价值以及与现在的相关性。

9. 你会怎样区分高效的和无效的管理者？给出具体的例子来说明你会使用什么标准来评价你所选择的具体管理工作的效果。

作业

请完成“管理风格调查问卷”。速度要快，对待每个问题不要考虑太多，凭第一反应做出回答。

管理风格调查问卷

下面有 10 组描述。请在 0 分到 10 分之间为每项描述打分，这样可以看出你对这些描述的相信程度，但是每组描述的总分不得超过 10 分。请诚实回答，尽量避免“你觉得应该如此”这种做法。这不是一项测试，没有对与错之分。之所以设计这项调查是为了促进个人反思与讨论。

1. 在不必接受惩罚的前提下，人们会做尽可能少的工作，这是人类的天性。____（A）

人们之所以避免工作是因为他们所做的工作已经被剥夺了原有的意义。____（B）

10

2. 如果员工能够获取任何想要的信息，他们的态度往往会加以改善，而且会更有责任心。____（C）

如果员工能够获取做好当前工作所需要的信息以外的其他信息，那么他们往往会滥用这些信息。____（D）

10

3. 征询员工意见往往会遇到以下问题，即员工视角太狭隘，以至于他们的建议往往不具备利用价值。____（E）

征询员工意见可以扩大员工视野，并可以促进有效建议的开发。____（F）

10

4. 如果员工的工作欠缺想象力与创造力，这往往是因为很少有员工具备这些能力。____（G）

很多员工想象力丰富且极具创造力，但是因为上级的监督以及工作本身的限制，他们并不会在工作中表现出来。____（H）

10

5. 如果员工能够对自己的行为以及所犯的过错负责，那么他们往往会加大赌注。____（I）

如果员工不必因自己的不当行为以及所犯的过错受到惩罚，那么他们往往会减少赌注。____（J）

10

6. 最好能够把好消息与坏消息都告诉员工，尽管真相可能很残酷，但大多数员工仍愿意获知真相。____（K）

最好不要把坏消息告诉员工，因为大多数员工并不想听到坏消息。____（L）

10

7. 在组织中，与下属员工相比，主管理应更受尊重，所以承认自己做错了而下属是对的有损主管的威望。____（M）

各个级别的员工都应当受到同等的尊重，所以若主管勇于承认做错了而下属是对的，那他/她会更有威望。____（N）

10

8. 如果员工拥有了足够多的金钱，那么他们便不会注重这些无形的东西，如责任、认可等。____（O）

如果人们拥有了有趣且具有挑战性的工作，那么他们便不会注重薪水、福利之类的东西。____（P）

10

（续表）

9. 如果由员工自己来制定绩效目标与标准，他们往往会超出老板的标准。	____（Q）
如果由员工自己来制定绩效目标与标准，他们往往会低于老板的标准。	____（R）
	10
10. 员工所掌握的工作知识越多，工作自由度越大，就需要越多的限制来控制员工。	____（S）
员工所掌握的工作知识越多，工作自由度越大，就越不需要限制来确保工作满意度。	____（T）
	10
资料来源：Adapted from M. Scott Myers, *Every Employee a Manager*, McGraw-Hill, 1970	

案例分析

夹在中间

2005年8月，两份有关组织生活的调查显示，在英国，很多管理者的情况不容乐观。一份英国人才投资认可制度（IIP）调查指出，80%的员工认为，部分同事相当懒惰，往往无法胜任他们的工作。半数员工则将这一状况的发生归咎于管理者。[74]同时，塞洛塔调查公司历时三年时间对3 500 000人进行了问卷调查，报告显示，大部分员工认为他们的老板官僚作风严重，所做出的决定前后矛盾，这通常会妨碍员工的工作，而非有所裨益。[75]现在的趋向是“去层级化”（消除组织中的管理层级以简化商业活动以及节约成本），而且有人警告说，无法适应工作场所变革的管理者很可能会面临“大面积失业”。[76]鉴于以上情况，普通的中层管理者感觉自己不受欢迎也是情有可原的。《今日管理》杂志近期所做的调查显示，也许组织生活的前景并非一片惨淡。[77]

中层管理者的心声

《今日管理》于2006年初进行了上述调查，调查报告在该杂志的2006年3月版上发表。该调查的对象是此前六个月所评选出来的顶尖企业领导者，目的是挖掘更多有关中层管理者角色及本质的信息。很多这种中层管理者野心不大，他们并不想成为总裁或者行业巨头，但是大多数组织的核心活动的日常运营都要依赖他们。

共有1000多名管理者参与了这项调查，其中既有公共部门代表，也有私有部门的代表，而且女性受访者的比例高达40%。部分管理者表示他们对自己的工作相当满意。待问及如果能够重新来过，他们是否还会选择做管理者时，92%的受访者表示他们并不后悔自己的选择；54%的受访者在寻求晋升机会问题上并不积极；69%的受访者则表示，他们并不想取代自己老板的位置。

很显然，这儿描述了一幅高工作满意度与管理角色本质的画面。然而，有43%的管理者认为，他们没有受到足够的重视。结合上面提到的其他调查，我们对此结果不应感到惊讶。

该调查总结了一系列管理者会享受管理工作的理由，主要有以下几方面。

- 影响力与成就感。可以为组织贡献自己的力量，并享受这一过程。高达88%的受访者表示，这是最有效的激励因素之一。
- 自主权。79%的受访者认为，一定程度的自主也是工作满意度的来源之一。如果老板能够给予管理者一定程度的自由，那么这些管理者将会是最快乐的管理者。
- 人力再开发。作为管理者，可以开发人力、可以帮助员工提高绩效水平、可以鼓励新员工或年轻员工。接近80%的受访者认为这是他们工作乐趣的来源。

受访管理者认为工作中的反激励与挫败包括以下几个因素。

- 官僚作风。48%的受访者表示，工作中夸张的官僚体制是他们最讨厌的地方。
- 利用尽可能少的资源创造更大价值的压力。这是管理者最大的压力所在。顾客与客户的高要求、资源的匮乏以及控制范围的加大让管理者处于极大的压力之下。的确，与其他员工相比，中层管理者更经常请病假。[78]
- 权术。45%的受访者认为，办公室的勾心斗角对组织的危害极大。

对于如何处理组织中的权术之争这一问题，人们的意见分歧很大。一名接受《今日管理》杂志采访的管理者认为，权术之争可以理解，管理者可以操控权术。但其他人则极力批判这种行为，他们认为权术之争会导致组织的某些部门或单位联系过于密切。他们太注重维护自身利益，甚至不惜牺牲整个组织的利益。

领导的难处

对于很多人来说，成为一名管理者意味着角色与观念的重大变化，而对于那些“夹在中间”的管理者来说，这种转变会引发一系列问题。很多管理者认为，管理工作存在一个问题，即他们要学会有效地委派任务，要成为一名领导者，而非“实干者”。一名来自惠普公司的受访者的话说明了这一点：

我刚刚成为管理者时，试图自己来做所有的事情，包括我以前的工作以

及我新承担的责任，但很快我便发觉自己做错了。

她觉得自己难以接受的是，是否成功取决于她的团队的成功，而非她的个人绩效。美国智睿咨询有限公司（DDI）是一家人力资源咨询公司。2003年，该公司对英国的中层管理者进行了一项调查。[79]这种不愿放权或者无法放权的状况在该调查中也得以体现。很多受访者（超过60%）认为，完成任务的最佳方式是亲自来做。而且超过半数的管理者觉得他们做不到放权，因为他们认为下属员工能力不足或者无法按时完成任务。美国智睿咨询有限公司的一名主管这样说：

如果第一次晋升为管理人员时你无法完成从实干到领导角色的转换，那么再次晋升时你的工作将会变得一团糟。[80]

放权之所以会成为问题，是因为管理者在认同及对待绩效欠佳的员工这一问题上存在困难。员工觉得同事总是偷懒，他们认为，管理者没有认真处理这些绩效欠佳的问题。英国IIP公司的总裁鲁斯·斯佩尔曼（Ruth Spellman）对此发现做出了以下评论：

很明显，这些发现表明，英国的管理者很清楚冗余员工的问题会危害到整个组织，但他们对此置之不理。然而，如果不加以制止，这会在员工之间滋生不满情绪，而且会削弱组织的生产力。[81]

从另一方面来说，如果这是为了制止对于微观管理的抱怨（很多员工有此抱怨），那么很显然，要维持高效监督与干涉之间的微妙平衡的确很困难。

《今日管理》杂志的调查与DDI公司的调查之间还存在一个共同的主题，即中层管理者的压力问题。上面已经陈述过部分原因，此外，管理角色的模糊性也是一个原因。对于组织的日常运营来说，中层管理者作用重大。他们不仅要负责琐碎的日常工作，还要对高层人员（战略决策者）负责。这样两种截然不同的管理方向导致他们要面对两套截然不同的要求。英国森特理克集团的人力资源总监总结道：

既要负责向高层团队报告，又要负责琐碎事情，这的确很困难。[82]

有时候，管理者感觉承担管理重任所产生的压力会让他们远离所喜欢的工作，此外，所增加的薪水完全不足以补偿所增长的压力。一位受访者这样说：

管理者的薪水仅仅比分析员的薪水高2000英镑，但工作量却增加了45%。[83]

尽管管理者在组织变革与开发中发挥了重要作用，但他们发觉自己只是将上级已经提出并决定了的新鲜想法应用到实践中去，而且他们时常感觉自己缺乏生活前沿的最新信息。英国石油公司的一名管理者在接受《今日管理》

杂志访问时表示，公司已经创立了一项专门针对这种水平分割现象的体系。所有的高层管理者每年都要在公司的基层门店工作四天，而且每个季度都要在客户服务呼叫中心工作四个小时。

那么，中层管理者的前途究竟如何？《今日管理》调查指出，积极寻求晋升机会的受访者不足一半（46%），54%的受访者并无此意愿。有47%的受访者表示自己野心勃勃，这一结果与上述数据非常符合。只有少数受访者表示想要取代老板的位置。仅有27%的受访者表示，在五年时间里，他们要在组织中得到晋升。这也许意味着中层管理者具有相对较高的工作满意度，但是，这也可能是组织结构去层级化的现实反映。在去层级化的影响下，通过传统方式得到职业晋升的机会大大减少。对于有些管理者来说，职业发展机会可能以其他方式呈现，比如，为资历较浅的管理者进行指导等。然而，对于其他管理者来说，尽管夹在中间会有很多压力及挫败感，但仍然乐在其中。

你的任务

1. 利用教材中所学到的一种或者几种模型对调查结果进行分析，以说明管理的本质（例如，法约尔的模型、德鲁克的模型或者明茨伯格的模型）。你认为哪种模型最适合分析中层管理者的工作？为什么？

2. 哪些培训与开发需求在这些调查资料中得以体现？为一名新任命的中层管理者设计一个高效的开发项目，请详细说明内容与方法。如图8-1所示，华生分析了管理的本质，你的选择会受到这些分析的影响吗？请详细说明。

3. 与高层管理者相比，做中层管理者更容易还是更困难？请详细说明原因。

注释与参考文献

1. See, for example: Margretta, J. *What Management Is: How it Works and Why it's Everyone's Business*, HarperCollins (2002).
2. Knights, D. and Willmott, H. *Management Lives: Power and Identity in Work Organizations*, Sage Publications (1999), p. iix.
3. Crainer, S. *Key Management Ideas: Thinkers that Changed the Management World*, Third edition, Financial Times Prentice Hall (1998), p. xi.
4. Schneider, S. C. and Barsoux, J. *Managing Across Cultures*, Second edition, Financial Times Prentice Hall (2003).
5. Francesco, A. M., and Gold, B. A. *International Organizational Behavior*, Second edition, Financial Times Prentice Hall (2005).
6. Drucker, P. F. *The Practice of Management*, Heinemann Professional (1989), p. 3.

7. Drucker, P. F. *Management*, Pan Books (1979), p. 14.

8. Crainer, S. 'The Rise of Guru Scepticism', *Management Today*, March 1996, p. 51.

9. Watson, T. J. *Management*, *Organisation and Employment Strategy*, Routledge & Kegan Paul (1986).

10. Fayol, H. *General and Industrial Management*, Pitman (1949). See also: Gray, I. *Henri Fayol's General and Industrial Management*, Pitman Publishing (1988).

11. Fayol, H. *General and Industrial Management*, Pitman (1949).

12. Moorcroft, R. 'Managing in the 21st Century', *The British Journal of Administrative Management*, January/February 2000, pp. 8 – 10.

13. Brech, E. F. L. *Principles and Practice of Management*, Third edition, Longman (1975), p. 19.

14. Drucker, P. F. *People and Performance*, Heinemann (1977), p. 28.

15. Ibid., p. 59.

16. Ferguson, A. (Sir) in Gwyther, M. and Saunders, A. 'United they stand?', *Management Today*, April 2005, p. 41.

17. Stewart, R. *The Reality of Management*, Third edition, Butterworth-Heinemann (1999) p. 6.

18. For a useful summary of the work of the manager, see for example: Birchall, D. W. 'What Managers Do', in Crainer, S. and Dearlove, D. (eds) *Financial Times Handbook of Management* Second edition, Financial Times Prentice Hall (2001), pp. 110 – 31.

19. Mintzberg, H. *The Nature of Managerial Work*, Harper & Row (1973).

20. Mintzberg, H. 'The Manager's Job: Folklore and Fact', *Harvard Business Review Classic*, March – April 1990, pp. 163 – 76.

21. Kotter, J. P. *The General Managers*, The Free Press (1982).

22. Kotter, J. P. 'What Effective General Managers Really Do', *Harvard Business Review*, vol. 60, no. 6, November – December 1982, pp. 156 – 67.

23. Luthans, F. 'Successful vs. Effective Real Managers', *The Academy of Management Executive*, vol. 11, no. 2, May 1988, pp. 127 – 32.

24. Stewart, R. *Contrasts in Management*, McGraw-Hill (1976).

25. Stewart, R. *Choices for the Manager*, McGraw-Hill (1982). See also: Stewart, R. *Managing Today and Tomorrow*, Macmillan (1991).

26. Stewart, R. 'Managerial Behaviour: How Research has Changed the Traditional Picture', in Earl, M. J. (ed.) *Perspectives on Management: A Multidisciplinary Analysis*, Oxford University Press (1983), pp. 96 – 7.

27. Buckingham, M. 'What Great Managers Do', *Harvard Business Review*, vol. 83, no. 3, March 2005, pp. 70 – 9.

28. Katz, R. L. 'Skills of an Effective Administrator', *Harvard Business Review*, September-October 1974, pp. 90 – 102.

29. Green, J. 'When Was Your Management Style Last Applauded?', *Chartered Secretary*, December 1998, pp. 28 – 9.

30. Douglas, M. 'Why "Soft Skills" Are an Essential Part of the Hard World of Business', *Manager*, *The British Journal of Administrative Management*, no. 34, Christmas 2002/New Year 2003, p. 34.

31. Mabey, C. 'Management Development Works: The Evidence', Chartered Management Institute, January 2005.

32. Misselhorn, H. *The Head and Heart of Management*, Management and Organization Development Consultants, South Africa (2003), pp. 12 – 13.

33. 'In Celebration of the Feel-good Factor', *Professional Manager*, March 1998, p. 6.

34. Billsberry, J. (ed.) *The Effective Manager: Perspectives and Illustrations*, Sage (1996).

35. Belbin, R. M. *Changing the Way we Work*, Butterworth- Heinemann (1997), p. 95.

36. Heller, R. *In Search of European Excellence*, HarperCollins Business (1997), p. xvi.

37. Prahalad, C. K. 'Emerging Work of Managers' in Chowdhury, S. *Management 21C*, Financial Times Prentice Hall (2000) pp. 141 – 50.

38. Poole, M. and Mansfield, R. *Two Decades of Management*, Chartered Management Institute, June 2001.

39. Cloke, K. and Goldsmith, J. *The End of Management and the Rise of Organizational Democracy*, Jossey-Bass (2002).

40. Metcalfe, H. and Urwick, L. (eds) *Dynamic Administration - The Collected Papers of Mary Parker Follett*, Harper (1941).

41. Parker, L. E. 'Shock of the New a century on', *Professional Manager*, vol. 14, no. 6, November 2005, pp. 34 – 5.

42. Crainer, S. *Key Management Ideas*, Third edition, Financial Times Prentice Hall (1998), p. xvi.

43. 'Improving the World of Work', ACAS, August 2005.

44. Greenhalgh, L. 'Managers Face Up to the New Era' in Pickford, J. (ed.) *Financial Times Mastering Management* 2.0, Financial Times Prentice Hall (2001), p. 17.

45. McGregor, D. *The Human Side of Enterprise*, Penguin (1987).

46. Townsend, R. *Further Up the Organisation*, Coronet Books (1985), pp. 168 – 9.

47. See, for example: Mullins, L. J. 'Management and Managerial Behaviour', *International Journal of Hospitality Management*, vol. 4, no. 1, 1985, pp. 39 – 41.

48. Blake, R. R. and Mouton, J. S. *The Managerial Grid III*, Gulf Publishing Company (1985).

49. Blake, R. R. and McCanse, A. A. *Leadership Dilemmas – Grid Solutions*, Gulf Publishing Company (1991).

50. Lester, T. 'Taking Guard on the Grid', *Management Today*, March 1991, pp. 93 – 6.

51. Newborough, G. 'People vs Production', *The British Journal of Administrative Management*, May/June 1999, pp. 13 – 14.

52. Crainer, S. and Dearlove, D. (eds) *Financial Times Handbook of Management*, Second edition, Financial Times Prentice Hall (2001), p. 364.

53. Likert, R. *New Patterns of Management*, McGraw-Hill (1961).

54. Likert, R. and Likert, J. G. *New Ways of Managing Conflict*, McGraw-Hill (1976).
55. Drucker, P. F. *The Practice of Management*, Heinemann Professional (1989).
56. Gratton, L. *Living Strategy: Putting People at the Heart of Corporate Purpose*, Financial Times Prentice Hall (2000), p. xiii.
57. Gratton, L. *Living Strategy: Putting People at the Heart of Corporate Purpose*, Financial Times Prentice Hall (2000), p. 206.
58. Lloyd, B. 'Words, meaning and managementspeak' *Professional Manager*, vol. 13, no. 5, September 2004, p. 37.
59. Mann, S. 'Give a Little Gain a Lot', *Professional Manager*, March 1999, p. 32.
60. Castellanos, F. 'Getting the Rewards', *Read. Me*, IBM team publication for the UK and Ireland, May/June 1998, no. 11, p. 32.
61. Fletcher, W. 'Good Listener, Better Manager', *Management Today*, January 2000, p. 30.
62. Adams, J. S. 'Injustice in Social Exchange', abridged in Steers, R. M. and Porter, L. W. *Motivation and Work Behavior*, Second edition, McGraw-Hill (1979), pp. 107–24.
63. 'Management Insights, "The Virgin Factor"', *Management Today*, May 2000.
64. See, for example: Beggs, A. 'The Real Meaning of Empowerment', *Financial Times Mastering Management Review*, September 1997, pp. 14–15.
65. Green, J. 'When Was Your Management Style Last Applauded?', *Chartered Secretary*, December 1998, pp. 28–9.
66. Galunic, G. and Weeks, J. 'Survey – Mastering People Management', *Financial Times*, 12 November 2001.
67. Ash, M. K. *On People Management*, Macdonald & Co. (1985).
68. Ibid., p. xix.
69. Drucker, P. *The Practice of Management*, Heinemann Professional (1989), p. 3.
70. Floppen, J. W. 'Knowledge leadership', in Chowdhury, S. *Management 21C*, Financial Times Prentice Hall (2000), pp. 160–1.
71. Stewart, R. *The Reality of Management*, Third edition, Butterworth-Heinemann (1999), p. 179.
72. Luthans, F. 'Successful vs. Effective Real Managers', *The Academy of Management Executive*, vol. 11, no. 2, 1988, pp. 127–32.
73. Ahadi, K., Management Standards Centre, 2006.
74. BBC news website, 'Staff Brand Colleagues as "Lazy"', 19 August 2006, available online at: http://news.bbc.co.uk accessed 12 August 2006.
75. BBC news website, 'Workers Want Bosses to "Get Lost"', accessed 19 August 2006, available online at: http://news.bbc.co.uk accessed 12 August 2006.
76. Thomas, D. 'Middle Managers Face Mass Lay-offs', *Personnel Today*, 2 June 2005, available online at: www.personneltoday.com accessed 12 August 2006.
77. Kennett, M. 'View from the Middle' *Management Today*, March 2006 pp. 35–42.

78. Rigby, R. 'Employee Absence: Sick Notes', *HR Magazine*, 1 January 2006, available online at: www. hrmagazine. co. uk accessed 12 August 2006.

79. DDI 'Leading on the Fault Line', research report published by DDI, 2003, available online at www. ddiworld. com accessed 12 August 2006.

80. Personnel Today 'How to Lead from the Middle', *Personnel Today*, 9 May 2006, available online at: www. personneltoday. com accessed 12 August 2006.

81. IIP Press Release, 19 August 2005, available online at: www. investorsinpeople. co. uk accessed 12 August 2006.

82. Rigby, R. 'The Best Bit is in the Middle', *HR Magazine*, 6 July 2006, available online at: www. hr-magazine. co. uk accessed 12 August 2006.

83. Kennett, M. ' View from the Middle', *Management Today*, March 2006, pp. 35 – 42.

第三部分

组织

Part Three

第9章

组织战略、伦理和职责

> “企业组织中的管理者在为组织获取经济利益这一方面代表了企业所有者的利益。从这一角度来说，那些使所有者的利益最大化且不违反法律和道德标准的领导行为是符合伦理的。”
>
> 组约州立大学　加里·尤克尔（Gary Yukl）
>
> 《组织领导学》，第六版，Pearson Prentice Hall 出版公司（2006）

企业战略的本质决定了工作组织的全部职能和方向。战略为组织的结构和行动提供了目标、目的和指导方针。组织在我们的生活中扮演着主要的角色，其重要性也在不断地增加。企业组织在行使自己的权力和影响力时，必须进行与广泛的社会义务和伦理责任有关的决策。企业的战略和职责是管理学和组织行为学研究中的一个非常重要的特征。

□学习目的

学习完本章后，你应该能够：

- 解释企业战略的本质和功能；
- 评价组织的意识形态和原则的重要性；
- 对目标和政策的必要性以及利润目标的重要性进行检验；
- 对企业社会责任和组织利益相关者的概念进行评价；
- 探索对组织中的价值观和伦理问题进行研究的方法；
- 对企业伦理和行为规范的本质和范围进行评估；
- 评价企业的战略职责对有效管理组织的重要性。

评论性反思

“企业战略的思想是为管理控制系统服务的，对日常管理工作没有价值，对员工行为或行动的指导意义也不大。”你是否同意以上观点？你是否发现在你所在大学的企业战略的益处？

战略的重要性

在第1章中，我们认识到了组织环境对于组织行为和管理过程的应用是非常重要的。人们为了实现目标而进行的相互交往形成了组织的基础。如果你不知道自己的目的地，那么你就无法分辨出自己是否已经抵达了目的地！因此，有效人员管理的基础则是要求管理者对组织所经营的业务的本质拥有一个清晰的认识，并且要懂得如何最好地使顾客或消费者满意。[1] 为了研究组织行为，你需要对整个正式组织的企业战略的本质进行理解。

约翰逊（Johnson）等人对战略的定义如下：

战略是组织的长期方向和要达到的规模。为了实现利益相关者的期望，组织通过自身的资源及能力配置在多变的环境中取得优势。[2]

林奇（Lynch）在《企业战略》一书中引用了安德鲁（Andrew）对于战略的定义：

企业战略是企业主要目标的模式，同时也是企业为实现那些目标而制订的政策或计划的模式。其目的是对企业正在或将要经营的业务以及企业目前或将来所从属的类型进行定义。[3]

这些定义强调了组织的整体方向、目标以及利益相关者的期望的重要性。一些作者对“战略”的不同说法和层次进行了区分，但这里所说的企业战略只是一个通称，它包括了在组织结构、管理过程和组织行为的应用之间所存在的联系。所有的组织都具有一些职能，并且都会为所处的环境做出一些贡献。例如，人们会将企业组织的职能看作是创造和（或）提供商品及服务。这涉及将生产要素聚合在一起、对其进行组合并使其具有方向性，从而为创造增值提供产品或服务，如还有人会认为企业组织的职能是提供一种雇佣和收入来源。

有关战略的明确阐述

目标和政策是在企业战略的框架内正式形成的。企业战略的作用在于对组织目标以及目标的实施计划和行动进行描述。特勒斯（Tilles）认为，如果公司没有一个明确的战略，那么发展中的公司则很难使协调行动与实现战略目标的努力相符。[4] 企业组织必须拥有一个明确的战略。这是因为，首先，人们需要进行合作，而合作的目的是使彼此得到增强。其次，环境条件的改变也会产生一定的作用。

缺少明确的战略概念会导致组织成员行为目标的不一致。高层管理人员的意图会无法清晰地传达到执行这些意图的较低层级中。陈旧的行为模式很难被改变。变化往往产生于人们的主观或直觉评价。而随着变化速度的加快，这些评价变得越来越不可靠。战略的制定需要创造性。成功的战略规划需要不同的行为方式，并且常常需要管理人员间相互交往的本质发生根本性的改变。

人员和战略

约翰逊等人注意到了人员和成功战略之间关系的重要性，这超越了传统的人力资源纲领，并且与雇员的行为和能力有关。战略的人员维度与以下三个问题有关。

- 人是一种资源，包括个人和组织胜任力、绩效管理。
- 人和行为，包括个人行为和集体行为。
- 对人员的组织，包括人力资源职能、直线经理、组织结构和组织过程。

对行为进行改变的能力是成功的重要组成部分。创造一种氛围，在这种氛围中人们渴望取得成功，而对个体进行激励则不仅是所有管理者的至关重要的角色，也是个体参与组织战略的主要内容。[5]

艾仑（Allen）和赫尔莫斯（Helms）认为，不同类型的奖励与不同类别的战略紧密地结合在一起，并且同高水平的组织绩效有着显著的联系。[6]

管理者的技能和胜任力

企业竞争力的增强和动态的外部环境都强调了企业战略和管理者胜任力的重要性。例如，理查德森（Richardson）和汤普森（Thompson）认为，如果组织想拥有有效的战略，就必须具备应对压力的能力和变革的需要。管理人员应该具有战略意识，并且要对变革的起源和本质进行辨别。他们应该具备一套综合的技能和胜任力，而且要能够有效地应对组织的机遇和威胁。有效的战略管理会将环境的本质和需要、组织的文化和价值观以及组织可利用的资源有效地结合在一起。[7]

战略首先是提出问题，然后再通过听取答案来对问题进行改善，并最终根据获得的新知识采取行动。任何有效的战略都需要将以往的经验和当前的行为模式与对未来新的商业机遇的认识成功地结合在一起。[8]

公共部门中的企业运营方式

所有组织都需要拥有某种形式的企业战略或规划，特别是那些大型组织，其中包括服务型组织以及公共部门中的组织。林奇在有关战略发展的讨论中指出，很多因素都可以同时应用于公共组织和私人组织之中。这两种组织之间存在的主要差异是国有机构不以追求利润为目标。目前，世界大部分地区都趋向于将公用事业及电信部门中的大型国有企业私有化。私有化对于战略的主要影响取决于私有化的形式。尽管有些公司位于私有化行业之中，却还继续保持着垄断地位。林奇为公共及非营利性组织制定了以下主要的战略原则。

- 公共组织不以利润为目标。因此，其战略的主要内容则是更为广泛的公共政策问题，如政治、垄断供给、官僚主义以及因为资助组织活动而争夺政府资源。

- 非营利性组织的战略需要反映相关机构的价值观。决策的制定过程可能较为缓慢、复杂。
- 可以在上述限制条件内运用基本战略原则。[9]

在公共部门中，目标和政策的建立需要明确官员和终身官员各自的角色。管理的这一双重本质要求：一方面双方拥有和睦融洽的关系；另一方面也强调了对于合作的需要。

协同效应的概念

安索夫（Ansoff）在管理学的应用中提出了协同效应的概念，这一概念是企业战略及组织开发的一个重要方面。[10]当整体大于各部分之和时，便会出现协同效应。协同效应可以简单地表述为“2 +2 =5”。例如，某一组织将零售业务和在线业务相结合。

在公司进行扩张或与另一公司进行合并时，常常会产生协同效应。例如，一个负责产品生产和开发的公司与一个负责产品销售的公司合并，合并后的新组织可以从联合后增强的实力、更多的机遇、提升的技能及专业知识、共享的固定经费以及业务的精简中获利。例如，一家专门从事硬件设计与销售的计算机公司同一家专门从事软件生产和系统设计的公司进行合并。在寻求协同效应及提高生产力的过程中，许多组织都在创建一种较为精简的结构，并且在对非核心活动进行外包的同时，集中于关键活动。（本章稍后将对由外包而产生的伦理问题进行讨论。）

但是，组织合并也有可能出现“负协同效应”或“2 +2 =3”的情况。当进行合并的组织拥有不同的业务、市场或方法，或者合并后的新组织丧失了运营灵活性以及成本有效性时，就会产生负协同效应。例如，顾客和（或）工会对于将呼叫中心外包给其他国家这一举措的抵制。

组织的目标

组织在执行职能的同时，还拥有生存或行动动机。组织的目标就是组织存在的原因。组织的活动以实现组织目标为导向。目标是对未来的展望，是某种渴望的未来状态。目标是组织正在努力实现的事物。然而，人们对于目标的意义有很多种解释。目标被宽泛地解释为组织的总体目的。例如，生产电视机。目标也可以指那些更为具体的愿望。例如，在一段特定的时间内生产并销售一定数量的电视机。

组织目标比组织职能的目标更为具体。组织目标决定了组织的投入和产出的性质、实现产出的一系列活动以及同外部环境的相互作用。组织在实现目标方面的成功度是评价组织绩效和组织有效性的依据。

因此，目标是工作组织的一个重要特征。为了实现有效性，组织不仅应该对目标进行强调，还应清楚地阐明目标，并将其传达给组织的所有成员。组织中自上而下的委托和授权的增加趋势意味着：组织中所有层级的员工都必须意识到自己的关键任务和行动以及组织对他们及其所在部门的确切期望。例如，目标设定理论被广泛地看作是一种可以成功地提高工作动机和绩效的手段。[11]

在当今的环境中，老式的命令和控制结构已经不再起作用了。人们渴望自由，但这种自由必须处于一定的框架之内。像个体一样，组织也需要目标。每位经理都有责任保证制定合适的目标。虽然组织制定目标来鼓励员工努力工作的做法很流行，但是这种方法所产生的结果却很一般。那些通过自上而下的方式所制定出的更具挑战性的目标会对企业绩效产生巨大的影响……设定远大的目标会促使组织找出创造性的解决方案，并对企业的运行方式进行重新的思考。

英国劳埃德莱斯银行（Lloyds TSB）主席　布赖恩·彼特曼（Brian Pitman）[12]

授权和控制的平衡

为了实现目标的有效性，组织目标应该鼓励授权，但仍应采取一些传统的管理手段和控制方式。

米尔（Mill）和弗瑞森（Friesen）认为，有效的组织目标必须具有以下几个特点。

- 易于理解。否则人们则需要在执行目标前寻找更多的信息。如果人们不能独立地执行目标，则说明他们没有被授权。
- 包含时间元素。使被授权人了解组织对其工作的进展情况进行评价的时间，这有助于他们接受授权并停止寻找方向。
- 精心制定。目标的范围要足够宽泛，以便被授权人能够独立地执行目标。但范围也不能过于宽泛，否则目标中那些令人困惑的因素就会妨碍他们实现目标。例如，要求一个团队保持公司的股票价格高于目标价格就过于宽泛，因为没有任何一个团队能够控制那些影响股票价格的因素。
- 保持一致。与组织中的其他目标保持一致。其目的是促进团队间的协调一致，并使组织中的各种目标成为共同的公司目标。[13]

目标设定过程对于任何类型的组织来说都非常重要，并且会对目标的实现起到促进作用。公共部门（如医院、地方政府和大学）都拥有复杂、多样且具有竞争性的目标。阐明目标是进行企业规划以及计划项目预算（PPBS）式决策的基础。

一个含糊不清的概念

然而，组织目标是一个含糊不清的概念。组织对于目标的表述可能会非常地简单。

例如，企业组织的目标是盈利或提高生产力。这种宽泛的目标会被认为是理所当然的，而且它们无法说明组织在实现目标的过程中所从事的各种活动的重要性。总之，利润可以被更加确切地解释为对股东或资金提供者的一种奖励。同时，人们还可以将其解释为一种确保组织持续存在并保持其成长及发展的手段。沃特森提出，组织目标指出了组织的工作重心或方向，而当这一目的可以轻而易举地通过“任务”这一概念得以实现时，组织是否还有必要使用组织目标这一概念呢？[14]

目标的整合

严格地说，组织没有任何目标，只有人才有目标。组织目标是由人来制定的，这里的人既可以是单个的个体，也可以是很多相互合作的个体。例如，一群高层管理者可能会共同赞成某一特别的期望行为，然后这一行为就会被看作是组织目标。然而，这一行为最初仍旧是由那些管理者决定的。

衡量组织成就的标准是人们在实现目标中取得的进展。这产生了以下几个问题。

- 组织目标的一致性如何？或者说组织中不同部门的目标具有多样性吗？
- 管理目标和组织目标的一致性如何？
- 通过实现组织目标，个体对自身目标的满意程度如何？

非正式目标

组织成员拥有不同的目标，而且这些目标经常会相互冲突。因此，实际上，组织所追求的目标（非正式目标）会与正式阐明的目标（正式目标）区分开来。正式目标是一种宽泛的目标。人们可以从组织内部的实际决策和行动推断出组织的非正式目标。管理者及组织的其他成员拥有：

- 自己对于组织目标的理解，如制造满足顾客需要的高质量电视机；
- 个人目标，如获得高薪、晋升、社会满意度和地位。他们期望通过参与组织活动来实现这些目标（如图9-1所示）。

个人目标和组织目标的一致性

如果组织目标和个人目标的方向不一致，那么不仅会产生冲突，组织的绩效也会受到影响。如果个人目标与组织目标协调一致，那么组织的工作效果就会增加。组织绩效在根本上取决于个体通过执行组织目标来实现个人目标机会的大小。

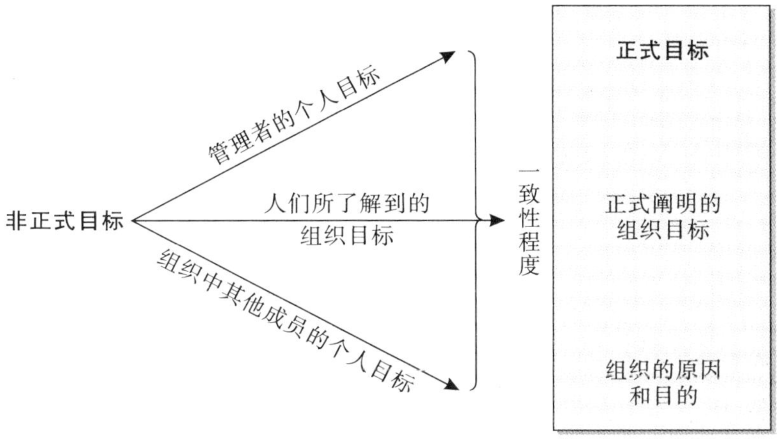

图 9-1　组织中的目标的一致性

管理人员的职责之一就是明确组织目标并试图将个人目标（包括他们自己的目标）与组织的整体目标相结合。只有当组织目标成为全体成员的共同目标时，个人目标才能完全地与组织目标结合在一起。实际上，这是不可能的。正如麦格雷戈所说：

肯定地说，将组织的要求与个体的目标及需求完美地结合在一起是不现实的。在采用这一原则时，我们所要追求的是使个体能够通过以组织的成功为努力方向来最佳地实现其个人目标。[15]

因此，管理应该努力地调整组织结构，从而使人们通过帮助实现组织目标来实现其自身（个人）的目标。目标管理方法试图将组织目标和组织成员的个人目标相结合。第 8 章就此进行过讨论。

评论性反思

在大规模组织中，组织、管理层和劳动力的目标永远不会完全一致。你认为那些为了使这些目标保持协调一致所付出的努力值得吗？或者说，人们是否应该接受组织冲突的不可避免性？

组织的意识形态和原则

组织会根据其潜在的意识形态或哲学体系来设立目标，这些意识形态或哲学体系的基础是信念、价值观和态度。这种组织意识形态决定了组织的“文化”，并且提供了一整套原则。这些原则控制着组织的整体运作、行为准则、人员管理及其与其他组织的交往。[16]人们会非正式地将它们看作是“为人们所接受的惯例”，并将其当作惯例来执行，或者正式地以书面形式将这些原则表述成文。

组织哲学体系的某些方面具有很大的影响力。这种影响力使它们成为组织的特色并制约着其他的活动领域或形式。例如，英国马莎（Marks & Spencer）百货的高质量标准以及主要从英国进行采购的明确政策。在美国迪斯尼公司的例子中，质量服务深植于其企业文化之中。美体小铺（The Body Shop）的代名词是诚信，它是“我们将成为最具诚信的化妆品公司”这一政策的基础。另一个例子是劳斯莱斯（Rolls Royce）汽车，其高品质的特点可能会妨碍这一汽车品牌进入廉价的大规模生产市场。

组织的价值观和信念

30 多年前，布雷克对与道德基础和组织或运作基础相关的组织意识形态进行了讨论。

- 道德基础体现了控制着组织内部和外部关系的基本原则。外部关系与公平的贸易标准以及同顾客、供应商和一般公众的关系有关。内部关系与公平的雇佣标准以及同组织成员的关系有关，其中包括经过授权的工会代表。
- 组织或运营基础与组织的结构、运营以及活动的实施有关。例如，外部因素与贸易方法和销售渠道有关。内部因素包括生产方法、设备使用以及与组织的绩效、生产力和盈利能力有关的管理实践。[17]

近几年，组织对表述成文的企业价值观给予了越来越多的重视，并且将这些价值观醒目地展示在全体成员面前。卢卡斯对这种有关企业原则的表述是否真有意义曾经有过怀疑。卢卡斯指出，这些企业原则确实具有一定的意义，而且人们可以成功地利用企业的价值观。“显然，对组织而言，拥有价值观是件好事。这些价值观被钉在公告牌上。但是，对于那些懂得说到做到的组织来说，深植人心的价值观能够吸引到最合适的人，而且会在危机时刻对企业给予支持并为未来指明方向。”[18]

丹堤和安德森指出，价值观可以指导人们做出选择。在组织内部，基本信念会对人们所作出的决策、人们之间的相互交往以及人们所从事和发展的工作实践造成影响。它们将组织文化结合在一起。“在 21 世纪，对组织内共有的价值观进行理解同现在一样重要。事实上，许多人认为组织和人们应该回归到那些更为基本的价值观上，而不是远离它们。越来越多的组织正在花时间树立价值观并对其进行认同，而且希望利用这些价值观来对组织进行管理。”[19]

克拉克和戈德史密斯认为，组织可以通过对共有的价值观达成一致来增强其完整性、一致性和综合性并改善绩效。组织会通过对一些行为给予认可和鼓励，来支持那些以价值观为基础的关系。这些行为不仅会对价值观进行维护、传达以及宣传，还会对个体和团队对于贯彻价值观的责任给予鼓励。另外，它们会对价值观的认可情况进行监控、提供反馈并识别利益的潜在冲突。最重要的是，对共有的价值观达成一致意见意味着，组织能够不靠教化、鼓吹、辩解或将自己的价值观强加于他人而实现这些目标。[20]

使命宣言

近年来，组织越来越流行制定使命宣言和“愿景”。这种使命宣言或愿景指出了组织的目标和方向。有时，“使命”和“愿景”之间的区别具有明显的不确定性。愿景提供了参照的整体框架，使命宣言的制定以及目标的选定都是在这一框架中完成的。“如果愿景存在问题的话，那么使命宣言将会含糊不清，而且目标的实现情况也很难被衡量。”[21]

使命宣言根据组织类型的不同而在长度、内容的具体性或概括性方面存在着差异。例如，英国特许管理学会在其皇家宪章（Royal Charter）中所宣布的使命和愿景是“促进管理的艺术性和科学性”。其愿景是成为“具有权威性和影响力的最佳专业管理机构”。

在实现其使命的过程中，该学会将：

- 鼓励并支持对管理者进行终身开发；
- 提高管理的能力及资格水平；
- 引进、开发、评估并传播管理思想、工具、技巧以及实践；
- 在管理方面对雇主、政策制定者和舆论制造者造成影响。[22]

使命宣言的价值

组织总是希望有尽可能多的股东认同使命宣言，这意味着许多使命宣言都会包含一些乏味且抽象的措辞。然而，使命宣言的价值不仅取决于其在组织内部被理解和接受的程度，还取决于组织对其向全体员工进行有意义的解释的程度，其中包括执行层面的员工。例如，佩林（Perrin）和塔瓦克利（Tavakoli）对一些管理者表示怀疑，这些管理者天真地认为制定措辞考究的宣言并将其传播出去就会产生一种使命感：

当管理者和管理顾问认为制定使命宣言等同于建立一种使命感时，情况将依旧不容乐观。只有当大多数组织成员理解、相信你的使命宣言并将其作为行为依据时，你才能建立一种使命感。[23]

只有当组织能够将宣言付诸于实际行动时，使命宣言才具有价值。瑞福斯认为，愿景宣言的问题在于它们仅仅是宣言而已，而且这些宣言往往与它们想要产生的启示相分离。然而，当使命及价值观与行为相一致时，使命宣言会对组织的生产力产生巨大的影响。[24]

格莱顿提出了相似的看法：

有多少时候企业的规划和使命宣言只是简单地由高级管理人员向负责提供客户满意度或负责快速地将复杂产品带入市场的员工进行毫无意义的说教？员工会听到赞美客户满意度和产品创新价值的企业使命宣言，但是当结束了交流、完成了以客户为中心的讨论并观看完企业录像之后，还剩下什么？许多员工都想弄清其所接收到的众多信息和暗示中的意义。[25]

目标和政策

为了与组织的意识形态或哲学体系保持一致，人们将组织目标解释为目标和政策。虽然这两个词语有很多不同的命名方式和用途，但这里的目标指的是“内容”，而政策指的是“方式”、“地点”与“时间”，即执行目标的途径。

- 目标较为具体地说明了组织目标、想要达到的目的以及最终结果。
- 政策是在目标的框架内形成的。它不仅是组织进行决策的基础，也是组织为了实现目标所采取行动的依据。

因此，目标与政策的制定是管理过程的一个组成部分，同时也是每个组织的一项必要的功能。从一种系统方法的角度来说，组织目标与输入—转换—输出循环有关。为了实现目标，组织从环境中得到输入，然后经过一系列活动将这些输入转换为输出，并将它们作为其他系统的输入还回到环境之中。组织的运作环境具有动态性，而组织与环境之间多样的相互作用会对目标的成功实现造成影响（如图9-2所示）。

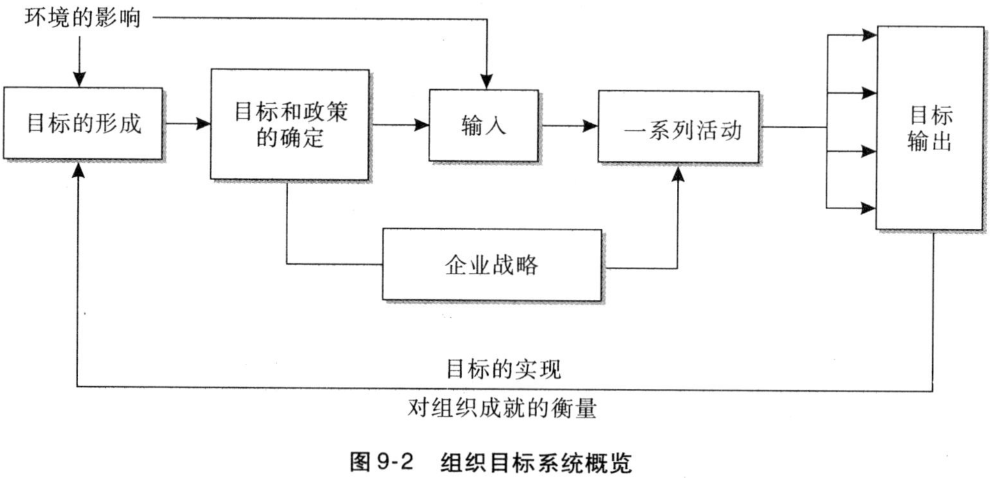

图9-2　组织目标系统概览

目标

设立明确且得到一致认同的目标是设计组织结构的第一步，并且有助于促进组织各部门间的沟通系统。目标的选择是企业战略和涉及未来行动步骤的决策过程中的一个非常重要的组成部分。目标可以是概括性的，也可以是较为具体的。概括性目标由高层管理人员制定。具体目标的制定要限制在概括目标的范围内，而且通常拥有较为明确的应用领域及时间限制。

目标可以是不明确的，但是正式的、明确的目标有助于沟通、减少误解并为组织绩效的评估提供有意义的标准。然而，目标不应该影响人们对于可能存在的新机遇、潜在的危险领域、员工的主动性或者对创新或变革的需要的认识。

政策

政策是组织行动和目标执行的指导方针。政策可以被解释为规定、计划和程序，并且与组织的所有活动和层级有关。清晰的政策有助于增强组织的主要功能、建立一致性并减少对管理者行为的依赖。政策明确了管理人员及其他员工的角色和职责，并且为管理行为提供了指导方针。有些政策决定会受到外部因素的直接影响，例如，有关平等机会和员工多样性的政府立法。

企业的指导方针

无论何种类型的组织都需要通过设立目标和确定政策来明晰企业方向。目标与政策一同为组织的运作和管理提供了企业指导方针。组织活动的重要性来源于它们为实现目标所做出的贡献。目标和政策的制定以及资源的配置是进行战略规划的基础，而战略规划则是企业组织的规划和控制过程中的第一个阶段。良好而明确的目标有助于使方向具有一致性，并且是员工承诺和动机的基础。例如，回忆第8章中有关目标管理的讨论。通常，人们利用“SMART”一词来帮助对目标进行记忆：具体的（Specific）；可衡量的（Measurable）；可实现的（Achievable）；现实的（Realistic）；有时限的（Timebound）。

利润目标

为了使组织取得成功，企业组织的主要目标是：

- 继续存在，即生存；
- 保持成长与发展；
- 创造利润。

这三个目标紧密地联系在一起。人们一直在讨论组织是为了创造利润而生存和发展，还是通过创造利润才能生存和发展。

萨默斯（Summers）和诺维奇（Nowicki）认为，根据类似于马斯洛需求层次理论（见第5章）的观点，组织首先关心的是生存问题。在组织生存得到保证后，管理者才能够非常自由地制定组织的其他目标。[26]

如果我们接受了企业组织的最终目标是生存这一观点，这就涉及组织需要创造稳定而持续的利润。为了对未来投资作准备，组织必须准备好接受短期利益率下降的可能性。利润目标通过管理过程以及组织成员的共同努力得以实现。在经济衰退时期，生存目标显得尤为重要，特别是对于那些小企业而言。

如今，管理者遇到了一个问题。他们明白公司必须发展。但是，发展是十分困难的，特别是在当今的经济环境中，企业一方面很难获得投资资金，另一方面又不愿意承担风险。管理者知道创新是进行成功发展的有效方法。但是，他们并没有进行创新的权利。[27]

一个不充分的标准

虽然利润最大化这一目标非常重要，但这一标准并不能充分地衡量企业组织管理的有效性。实际上，许多其他的因素和动机影响着对于获得最大利润或经济效益的渴望以及作为公司经济理论基础的一些假设。

“利润最大化”这一概念的含义并不十分明确。人们必须要考虑到组织的产品或服务的范围和质量以及该组织的运行成本和环境影响因素。减少对于“长期投资”的关注会在短期内使利润获得增长，例如，质量及售后服务、研究和开发、促销、管理发展、员工的满意度和雇佣条件。但是，这可能会危及到公司未来的成长和发展，甚至是公司的生存问题。

企业组织必须向社会提供一些用来满足社会和经济需求的商品或服务。除此之外，企业组织还拥有一些更广泛的社会责任。（本章稍后部分将对社会责任进行讨论。）利润可以被看作是组织有效地完成其活动的动机。利润至少可以宽泛地衡量组织的有效性，并且着重反映出对非营利性组织的有效性进行评价的难度，例如，国家医疗保健服务医院、监狱或大学。

另外，如上文所说，组织成员拥有他们自己的个人目标以及对于组织目标的认识。

单一目标的谬误

事实上，管理者通常面临着几个具有竞争性和冲突性的目标。德鲁克认为企业追求单一目标的做法是十分荒谬的。寻求单一的、正确的目标不仅无法为企业带来成效，而且必然会对企业造成危害和误导。

例如，只强调利润会对管理者造成误导，危及企业的生死存亡。他们往往为了获得眼前利润而不惜损害企业的未来……对企业进行管理就是去平衡各种需求和目标…… 企业的真正本质需要多重目标，这些目标遍及企业的所有领域。在每一领域中，绩效和结果会直接对企业的生死存亡和繁荣兴旺产生至关重要的影响。[28]

德鲁克还指出了应该设定绩效和结果目标的八个重要领域。

1. 市场地位——市场份额、产品及市场范围、产品的销售、定价、顾客对产品的忠诚及满意度。

2. 创新——用以实现市场目标的创新、技术进步带来的发展、组织活动主要领域中的新过程和改进。

3. 生产力——资源的最优使用、对诸如有助于确定行动步骤的运筹学等技巧的利用、“贡献价值”占总收入的比例。

4. 实体和财务资源——实体设备（包括车间、机床、办公室和设备的替换等）、资金和预算的供给、所需资金的规划、补给的供应。

5. 盈利能力——盈利能力预测及预期的时间表、资本投资政策、盈利能力的测量标准。

6. 管理人员的绩效和开发——管理人员的工作方向及其工作的建立、管理结构、未来管理人员的开发。

7. 员工的绩效和态度——工会关系、工作的组织、员工关系。

8. 公共责任——社会（如法律或公众）对组织的要求；企业对社会和公共利益的责任。

平衡记分卡

平衡记分卡试图同时使用量化和质化指标来识别各种利益相关者的期望。平衡记分卡是评估组织有效性的依据，它将绩效与战略联系在一起。卡普兰（Kaplan）和诺顿（Norton）对12家美国公司进行了为期一年的研究，[29]阿妮塔·梵·德·维里耶特（Anita van de Vliet）在其文章中对这一研究的结果进行了引用。她在文章中提到了“平衡记分卡”这一方法，并且认为：

……主要依赖于财务会计指标会导致组织做出短期决策，而且会使组织对易于估价的固定资产进行过度的投资（通过并购），而这种投资的利润回报很容易测量。另外，它还会导致组织对无形资产的投资不足，例如，产品和过程的创新、员工技能或客户满意度，这些短期的利润回报是很难测量的。

梵·德·维里耶特指出，在信息时代，越来越多的人认为财务指标不能充分地衡量公司的竞争力和绩效。人们需要制定一种更为宽泛的衡量标准。

平衡记分卡的确仍旧包括硬性的财务指标，但它使用了所谓的软性指标来使这些硬性指标得到平衡，如客户的获得、维护、盈利能力及满意度、产品开发周期、员工满意度、智力资产和组织学习。[30]

平衡记分卡也可以应用于公共部门之中。在公共部门中，组织对于改善绩效并使其服务更为企业化的需求日益增加。

鉴于公共部门需要实现多种不同的目标，平衡记分卡有助于组织对这些目标进行正式的识别和衡量。[31]

评论性反思

“对于企业组织而言，最重要的目标是利润的最大化。而对于员工而言，获得高薪才是最重要的目标。这些目标是用来对组织有效性进行合理判断的唯一现实标准。”你认为这种观点的现实性如何？或者在多大程度上过于简单？

战略、机遇和风险

每个企业都需要拥有一个战略，而该战略必须与不断变化的环境条件有关。为了维系生存并保持发展及扩展，高层管理人员必须防止企业遭受潜在的有害影响，而且要准备好对出现的机遇和挑战进行最大限度的利用。虽然高层管理人员必须接受创新的需要，但他们依然需要决定利用及放弃哪些与资源有关的机遇，他们希望对哪些机遇进行开发。有效的企业战略依赖于对机遇和风险进行成功的管理。

德鲁克认为，组织应该在优先考虑在机遇最大化的基础上来制定战略。另外，人们应该将风险视为行动的限制因素，而不是行动的基础。

他指出，尽管我们不可能确定自己选择了合适的机遇，但可以肯定的是，我们只有在以下条件下才能选择合适的机遇：

- 重点不是风险的最小化，而是机遇的最大化；
- 对主要机遇进行全面的审查，而不是进行单独的、孤立的审查；
- 从对某一特定企业的适合情况的角度来理解机遇和风险；
- 短期及长期机遇间的平衡。短期机遇指那些可以对组织进行完善的、易于把握的机遇，而长期机遇指那些进行创新和改变企业特点的、不易于把握的机遇。[32]

如果企业想取得成功，那么其组织结构就必须与其目标和战略有关。组织结构必须同环境因素、企业的持续发展以及对机遇和风险的管理相适宜。斯特恩认为，在迅速变化的世界和具有竞争性的环境中，对于领导者而言，对威胁和机遇以及风险和奖励进行辨别变得更加困难。[33]

电子商务战略

信息技术和互联网的发展意味着组织不得不制定成功的电子商务战略。厄尔（Earl）认为：

信息技术以一种相当简单的方式影响着企业战略。对于企业战略而言，信息技术既是输入，也是输出。因特网、移动通讯以及未来新传媒既带来了威胁，也带来了机遇。因此，那些忽视技术如何改变市场、竞争和过程的企业战略只适用于旧经济时代，而不适用于新经济时代。这就是“全盘电子化（e-everything）”。[34]

克默里（Kermally）指出，为了在新的宏观经济环境中进行正常的运作，组织不得不对新经济时代和新战略的到来进行认真的思考。为了应对新的企业环境的复杂性，组织不得不采用电子商务。除了情景规划，电子商务还要对员工的招聘和维护给予特别的关注。组织要紧跟竞争者的步伐，不能因为采用了电子商务而自满。克默里认为，电子商务模式是非常重要的，因为：

- 它使信息共享可能变得更为快速、简易；
- 它促进了人们之间的相互交往；
- 它使组织资源和能力能够得到战略性的扩展；
- 它使市场营销全球化；
- 它使顾客能够全天候24小时在任何地方购物；
- 它促进了经济的发展。[35]

SWOT分析

为了对企业环境的本质及其战略能力进行评估，组织会进行SWOT分析（有时也被称为“WOTS up”）。SWOT分析法强调的是组织的优势、劣势以及组织所面临的机遇和威胁。以下所列出的SWOT分析法的四个标题可以用来在环境设置中对组织进行研究。此外，SWOT分析还提供了进行决策和解决问题的依据。因此，你会发现该分析方法对进行案例研究很有帮助。

- 优势（Strengths），是指那些积极的方面，或者与众不同的特质或能力。它为组织提供了重要的市场优势，并且是组织存在的基础。例如，多样化。这些特质或能力都是组织的特征，如当前的市场定位、组织规模、结构、专业管理技能、实体和财务资源、人员编制、企业形象和声誉。通过寻求适合自身优势的机遇，组织将会使协同效应最大化。

- 劣势（Weaknesses），是指组织当前的能力或资源，或者形象或声誉中的那些消极的方面或缺陷。它们限制了公司的有效性，而且组织需要将其更正或最大限度地降低其所产生的作用。例如，市场范围狭小、空间有限或技术落后、固定成本比例过大、组织结构官僚化、顾客投诉率高或者缺少核心管理人员。

- 机遇（Opportunities），指有利条件，它们通常源于外部环境变化的本质。组织需要对企业战略中存在的问题非常敏感，并对一些领域中的变化做出灵敏的反应。例如，新市场、技术进步、经济因素的改善、竞争对手的失败。机遇使组织拥有提供新的产品、设备或服务的潜能，或是对现有的产品、设备或服务进行发展的潜能。

- 威胁（Threats），与机遇相反，它指的是一些不利情况。威胁同样产生于外部环境，它们会危害组织的行动和有效性。例如，法律修订、竞争对手推出了新的产品、政治或经济动荡、社会环境的变化以及能够施加压力的群体采取了行动。组织不仅需要对环境中已经发生的变化做出灵敏的反应，而且还需要对预期的重大变化进行规划并做好迎接这些变化的准备。

尽管 SWOT 分析对于企业绩效的评估具有大量的潜在优势，但必须注意的是，该分析过程既不能过于简单，也不能产生误导作用。评估组织绩效和有效性方法以及衡量组织成就的标准有很多。莱文认为，评价组织实力的新标准是通过员工努力所实现的产品或服务质量提升的结果。[36]

企业的社会责任

组织在我们的生活中扮演着主要的角色，并且其重要性正在不断的增长，特别是伴随着大规模企业及全球化的发展，其重要性日益突出。组织的决策和管理行动对个体、其他组织乃至社会的影响也越来越大。因此，许多企业组织在行使自己的权力和影响力时都应当考虑到社会责任。

组织在努力实现目标的同时，不可能脱离社会而独立存在。组织需要对社会的生产因素和其他设施进行利用。组织的经济效益会受到政府、社会、技术和文化因素的影响。反过来，社会则需要组织所提供的产品和服务，其中包括财富的创造和分配。组织对人们的生活质量以及社会的安宁做出了贡献。

组织的生存依赖于它与周围环境之间的一系列的交流。这些交流和持续的相互作用使组织产生了大量及广泛的社会责任。通常，人们将这些组织的内部及外部责任称为企业的社会责任（Corporate Social Responsibilities，CSR）。它们来源于组织、社会和环境之间的相互依赖。

英国国会跨党派管理组织（All Party Parliamentary Group on Management）认为，企业社会责任的定义多种多样，但是一般来说，它是指：

> 组织用来满足或超越利益相关者的期望的一种综合方法，它超出了诸如收入、利润和法律义务等手段。企业的社会责任包括社会投资、人权和员工关系、环保实践和道德行为。[37]

政府对于一些事情的行动和立法程度可以用来对部分社会责任的重要性进行评价，

例如，对于雇佣保护、平等机会和多样性、公司法案、消费者法、产品责任和环境保护的行动及立法。这将社会责任的某些方面上升为法律要求。然而，令人怀疑的是，是否仅仅依靠立法就足以对组织进行管理或是使组织的其他成员按照“恰当的”方式行事。

对社会责任的日益关注

人们日益关注社会责任，而且有关社会责任和新的职业道德的文章和报道也越来越多。我们可以从社会责任问题在大多数大公司的年度报告中所占的比重来判断其重要性。许多欧洲的企业都试图使其运作过程具有开放性和透明度。[38]欧盟（European Commision）鼓励公司从员工福利和对环境的关注这两个方面来评价自己的绩效，而不仅仅是考虑公司的利润率。[39]

英国税务及海关总署（HM Revenue & Customs）署长安·创尔特（Ann Chant）认为，组织不用担心企业社会责任的确切意义是什么，它只是那些最需要组织动手尝试着去做的事情之一。创尔特指出，企业的社会责任应该是一种双向的伙伴关系。

> 我认为，理解企业社会责任的关键在于认识到当组织恰当地行使其社会责任时，这种社会责任就成为了一种伙伴关系。伙伴关系的一方为组织，另一方为与之相联系的社会部门或群体。双方都应该有所付出和收获。[40]

全球责任

如今，人们还更加关注企业是否接受其全球责任。例如，查尔斯王子在格瑞森和霍奇斯专著的前言中阐述了这一问题。

> 对于21世纪的企业而言，“眼不见的”不再让人“心不烦”。全球通讯和媒体可以真实、客观并即时地向顾客展示企业运作的全部内容。顾客们越来越认为大型企业在社会中的作用必须超越遵守法律、纳税和盈利这些传统的企业功能。大量的调查结果显示，顾客们还希望大型企业能够让“世界变得更加美好”。从某个角度而言，这一愿望十分天真，但这确实是一个明确而清晰的愿望，一个企业冒着种种危险而忽视的愿望……令人万分鼓舞的是，我们发现一些企业领导认识到了这样一种挑战，即以能够对社会做出积极、持续贡献的方式来经营自己的企业。这是一项艰巨的任务，尤其是找到对那些位于企业“顶端”的管理者进行援助的方法。这些管理者每天都做着各种各样的决策，而这些决策会对雇员乃至整个社会和环境产生真正的影响。
>
> 查尔斯王子（威尔士亲王）[41]

组织的利益相关者

人们经常从组织利益相关者的角度来认识社会责任。组织利益相关者是指那些对组织的目标、运作或活动、组织成员的行为感兴趣并受其影响的个体或群体。[42] 例如，管理者可能会对组织的规模、成长、盈利能力、工作保障、地位、权力和威望特别地关心并且有着特别的兴趣。同时，利益相关者的范围十分广泛。他们主要包括以下六类人群：

- 雇员；
- 资金提供者；
- 消费者；
- 社会和环境；
- 政府；
- 其他组织或群体。

雇员

人和组织彼此需要。组织对于雇员的责任超出了正式雇佣合同上的条款和条件，并且承认工人也是人。如今，人们对工作生活质量有着更为广泛的期望，其中包括待遇的公平、组织以及咨询和参与机会的民主性、新技术和技能的培训、有效的人力资源管理政策和实践、社会和休闲设施的供应。对雇员的责任涉及在第 1 章中所讨论的新的心理契约。

资金提供者

合资公司需要股东进行集体投资来为公司的运作提供资金。股东来自于不同的人群。很多房屋抵押贷款协会和保险公司由互助协会转变为公共企业，这种转变显著地扩展了私人股东的股份所有权和持股的范围。很多人也通过养老基金和保险公司间接地成为了公司的股东。股东期望得到公平的资金回报，并将其作为对他们承受风险和提供资金所支付的报酬。除此之外，管理的社会责任也延伸至对投资进行保护、让股东有机会履行其作为公司所有人的责任并有机会参与政策的制定以及就公司事宜质询管理高层。在一些公共部门组织中，组织的资金来源可能是政府拨款或政府津贴。政府“强制性地”通过税收和利率、贷款以及对服务所收取的费用来向社会筹集这些资金。因此，这里的社会责任类似于资金捐助者。

消费者

在很多人看来，一个优秀的企业自然会对消费者负责。然而，组织对于消费者存在着更大范围上的社会责任，它们包括：

- 提供物有所值的产品；
- 产品或服务的安全性和耐用性；
- 售后服务的标准；
- 迅速并有礼貌地处理询问和投诉；

- 长期的满意度，如适用性、充足的产品或服务供给、备用及替换零部件；
- 公平的广告和贸易标准；
- 对潜在的消费者提供全面而明确的信息。

通过诸如消费者协会等机构所举办的活动以及对这一问题进行报道的电视和广播节目的数量，我们可以看到人们对组织对于消费者的责任给予了越来越多的关注。在公共企业中设有“全国消费者委员会”或消费者管理机构，这些独立机构负责管理和保护消费者的利益。而地方政府则设有地方行政专员（Commissioners for Local Administration，or‘Ombudsmen’），他们专门负责处理市民对政府部门管理失当的投诉。

社区和环境

人们只有将关注的对象扩展到整个社区，才能对企业的社区责任拥有一个最为清晰的认识。组织有责任对国家财富所依赖的稀缺生产资源进行正确的利用。组织对社区负有责任，它们有责任重视环境因素，并对福利设施进行维护。例如：

- 污染、噪音、废物处理所产生的效应及潜在的危害；
- 新建筑物的地点和外观；
- 交通政策，如穿越狭小乡间小道的重型车辆路线；
- 避免过度包装并更多地使用可降解材料。

政府

政府是社会责任的另一个十分重要的领域。组织应当尊重并遵守法律，即使那并不是它们最感兴趣的事情。然而，人们对组织应该在多大程度上自发地配合政府所要求的行动这一问题存在争议。例如，限制同某些海外国家进行贸易、接受对于进出口的控制、诸如限制薪酬水平等用来打击通货膨胀的举措以及帮助控制一些潜在的社会问题，如烟草或酒的销售以及健康警示语的陈列。

其他组织或群体

社会责任的潜在范围是非常重要的。组织对一些其他的组织和群体也负有责任和义务，它们包括供应商、工会、业务伙伴，甚至竞争对手。组织对这些组织和群体的社会责任包括：公平的贸易标准、买卖的条款和条件、结算日期（如账户付款）、对小型组织的援助、只参与公平竞争、尊重版权和专利权。有些组织将自己的社会责任延伸至更为广泛的领域，例如，重视发展中国家的需要、限制政治参与或竞选的范围以及对艺术、教育或研究机构、体育组织或慈善机构提供捐赠和赞助。

模糊不清的区别

然而，人们应该认识到行使真正的社会责任与进行良好的企业实践并寻求组织效率之间的区别是十分模糊的。一种观点认为，人们对社会责任的关注来源于道德或伦理动机及良知，即真正的慈善目的。另一种观点认为，人们的动机仅仅来源于开明自利，以及认为从长远角度来看组织对于社会责任的关注是一种良好的商业意识的观念。实际上，组织应当将良好的经济管理与对社会责任给予适当的关注相结合，而更为重要的是要控制好两者的结合程度并保持两者间的平衡。

无论人们如何认识企业的社会责任，管理者首先都需要确保组织的生存和有效绩效。正如德鲁克所说：

组织对社会的首要责任是获取利润，其次便是发展。企业是创造财富的社会机构。管理者必须通过创造充足的利润来保持那些用来创造财富的资源的完整性，而这些利润则是用来抵消经济活动中存在的风险。除此之外，企业还必须提高这些资源的财富创造能力及生产能力，并且利用它们来增加社会财富。[43]

组织要在行使这些责任的成本与所获取的利益之间进行权衡。如果成本/利益分析不会损害组织的经济效益和竞争能力，那么管理者则必须要对组织履行社会责任的范围和方式进行确定。对社会责任的认同不仅应当是战略的一个组成部分，而且也应该是制定组织目标和相关政策的一部分。

有时，企业的伦理责任和在经济上取得成功的愿望之间必然会存在着一系列的冲突，而问题则在于要如何应对这些冲突。企业领导者要想赢回他们所失去的信任，就不能仅仅将道德当作是一种被迅速赋予的或新鲜的职衔。道德必须成为企业领导者用来创造财富的最重要的方法。

瑞福斯，《做正确的事》[44]

评论性反思

英国国家医疗保健服务信托机构主席遭到了严厉的批评，因为他认为医生应该首先对他们的雇主忠诚，而其对于患者的忠诚则排在其自身之后位于第三位。当人们对于医疗保健服务拥有无限的需求，而与医疗保健相关的资源却十分有限时，你认为首先对你所工作的组织忠诚是件坏事吗？

价值观和伦理

在过去的几年中，有关英国及美国服务部门将工作转移至世界上一些低成本的地区（如印度、斯里兰卡等国家）的报道越来越多。人们将这种现象称为“境外转移”。例如，由于拥有信息技术帮助台服务（helpdesk service）以及很多其他的客户服务办公室，金融服务组织实现了其业务的境外转移。现在，英国的客户与远在千里之外的人谈话已经是件很平常的事了。一些呼叫中心为了使员工显得较为“本土化”而要求其熟知英国的天气状况。

境外转移是全球化的一个显著的特征。国际电信不仅价格低廉，而且具有可靠的性能。显然，国际电信的这种可获得性是产生境外转移现象的首要驱动力。另外，这些服务人员都受到过良好的教育并且能够用英语为顾客提供服务，而这种服务的可获得性同样也推动了全球化的发展。然而，就像全球化的许多其他方面一样，境外转移的发展也引起了一系列的伦理问题。例如，在英国，由于工作的境外转移，很多人失去了工作。对于他们而言，境外转移至少在短期内是个很坏的消息。然而，对于英国的顾客而言，新地点的低成本效应对他们则十分有利。一些公司选择将转移至境外的工作重新带回英国，这引起了很多顾客的不满。[45]据报道，一些金融服务在实施境外转移时出现了安全疏忽，[46]另外，转移至境外的英国国家医疗保健服务信托机构的病历副本中也存在着严重的错误。[47]

相反，在印度，境外转移工作却产生了积极的作用。相对于英国的工资标准而言，印度工人的工资率较低。因此，在当地的劳动力市场中，很多境外转移的工作机遇都具有非常大的吸引力，以至于很多有资历的专业人员都放弃了自己的本职工作而去寻求呼叫中心的工作。如果能够保持服务质量不变而降低服务的成本，境外转移公司的股东就会期待着从中获得盈利。同时，由于对本地服务的需求、税收及社会安全支出发生了改变，境外转移在英国和印度都产生了一些间接的效应。

伦理与好和坏（或是与非）有关。例如，伦理试图对好的事物究竟好在哪里进行解释，而这些解释可以被泛化到其他相似的情况中去。境外转移实例显示出了这些问题的复杂性，即好或坏取决于你的立场。然而，伦理问题是十分重要的，因为它们不仅会对组织中的人产生一定的影响，而且组织外的人也会通过组织中的人所做出的选择而受到影响。虽然伦理的复杂性是现实生活中的规则，但组织行为在伦理方面的一些问题却重要得不能被人们所忽视。在这部分中，我们从组织在追求其战略目标中所采取的行动以及在组织内部及不同组织间个体的人际交往中所蕴涵的伦理含义两个方面，简要地列出了伦理因素的影响。

伦理和企业

伦理学涉及对道德的研究，即对那些被人们认为是非常正确或非常错误的实践和活动、控制那些活动的规则以及与那些活动有关的价值观进行研究。[48]人们认为企业伦理学是应用伦理学的一个实例。正如医学伦理学是将普通伦理学应用于被称为医学的人类活动中一样，企业伦理学试图探索普通伦理学对于企业行为的启示。显然，重要的是，通过用伦理学的观点来认识企业行为，人们便会拒绝接受道德原则与企业无关的观点或是“企业的职责是做生意”的说法。

这并不是说将伦理学运用于企业是件容易或无可争议的事。相反，这一迅速发展的问题的特征便是存在一系列形成鲜明对比的争议。有些观点是伦理学本身所固有的，正如下面所讨论的那样，人们对于如何判断好与坏并没有一个明确的标准，而这必将会对伦理学在所有领域中的应用造成影响，如企业伦理学。然而，伦理学的这一特殊应用也是十分复杂的，因为伦理学主要解决的是个体行为的好与坏。因此，在将伦理学应用于诸如公司等非个人的企业实体时会存在很多的困难。人们将企业视为个体的这一做法是否恰当？如果不恰当的话，那么人们应当考虑到哪些问题呢？或者说人们能否认为企业伦理学与作为公司员工的个体的行为有关呢？显然，对于小型企业而言，这两种观点在本质上是相同的。但对于大规模企业实体而言，问题则更为复杂。

人们在对企业组织中的伦理问题进行讨论时，不得不考虑到组织的目的和战略（组织在与其他相似企业的竞争中想要实现的目标）。这两个因素非常重要，因为它们影响着组织的选择以及这些选择对组织内部及外部人员所产生的后果。例如，一家航空公司的低成本战略决策会对其对于员工的要求以及企业在市场中的进展情况产生重大的影响。成功实施这一战略意味着使企业获得迅速的发展。同时，它还为一些员工提供了具有吸引力的职业发展机遇，但也会对其他员工产生较为消极的后果。然而，战略实施的失败会结束作为独立实体的组织的生命，同时也会广泛地对组织中的人员产生不利的影响。

伦理与企业的社会责任

人们对于企业社会责任的各种观点很好地说明了企业伦理问题的复杂性。争论的一方对米尔顿·弗里德曼（Milton Friedman）的观点表示赞同，认为企业的社会责任是在社会规则（公平竞争、无欺骗或欺诈等）内为股东创造尽可能多的经济利益。[49]这种以股东为中心的观点认为，公司的董事是公司所有者的代理人，而他们的职责则是使那些所有者的利益最大化。因此，公司所有者会首先进行投资。

斯坦伯格对这一观点进行了发展。她提出了以追求企业目标为基础的企业伦理的目的论观点，即通过销售产品和服务使长期所有者的财富最大化。[50]那些与这一目标相一致的行动都是符合伦理的。另外，这些行动符合普通道德规范（如禁止偷盗、欺骗、高压强权等）和分配公平原则（即确保奖励与贡献成比例）。

而争论的另一方则对利益相关者理论表示认同，这一理论对更为宽泛的企业社会责任进行了强调。例如，加农（Cannon）认为：

企业和社会之间存在着一种明确或含蓄的契约。社会希望企业能够创造财富、提供市场和就业机会、进行创新以及在帮助维护其所在社会环境的同时创造出充足的盈余来维持自己的活动并提升自己的竞争力。另一方面，企业希望社会提供一个能够使其获得繁荣和发展的环境。在这种环境中，利益相关者及其受养人（dependants）能够无畏专断或不公平地行动，并且在他们能够享受投资所获利益的同时，投资商也能够赚取回报。人们不应对社会同企业间存在的这种相互依赖的关系进行夸大。[51]

关于企业的不同假设

上述的两个观点由于对企业的目的拥有不同的假设，因而对于企业的行为方式也持有不同的看法。在以股东为中心的观点中，企业主要是为股东服务，而企业行为的主要评价标准则是使股东们的利益最大化。而在上文所引用的利益相关者观点中，企业为利益相关者服务（这一群体数量庞大、种类繁多），企业的行为则应使利益相关者的利益保持平衡。就研究企业行为的好与坏的企业伦理而言，这种区别非常重要。例如，利用企业资源来支持一项地方社区工程的行为，从利益相关者的角度来看是值得人们赞赏的，而从以股东为中心的角度来看则是违背伦理的，因为它将误用企业所有者的资金（当然，除非这一投资能够与股东的最大利益相一致）。

这两种观点对于判断企业行为的好坏采取了不同的标准。在以股东为中心的观点中，企业行为必须与使所有者的利益最大化的责任相一致。这一责任的概念虽然简单，但却必然会涉及一些关于行为可能产生的效应的假设。在利益相关者观点（或者至少是那些强调对利益相关者负责的观点）中，管理的任务就是使利益相关者的利益保持平衡。然而，试图采取这一行动的管理者很快就会面临一个非常实际的问题，那就是如何界定和辨别这一“平衡”。

虽然在实践中很难使这两种观点保持一致，但它们却也并非完全水火不容。对于利益相关者理论而言，股东是利益相关者的类型之一，但企业并不是只对股东负责。同样，斯坦伯格不仅承认了了解和意识到各种利益相关者群体的重要性，而且还承认了对企业同利益相关者之间的关系进行积极管理的重要性，因为这与使所有者的财富最大化的目标相一致。然而，正如她所说的那样，“考虑”到某事和对某事“负责”是两回事。[52]

明智的自我利益

同时，值得强调的是，那些试图使所有者的长期财富最大化的企业会做出很多对“利益相关者”非常有益的事情。使利益相关者受益并不是它们的直接目的，它们只是在履行其主要义务。例如，为顾客提供优秀的产品和服务，但这种明智的自我利益还会促使企业同供货商和销售商建立牢固的信任联系（因为企业会获取更多的利润），或者促使企业去营造一种对员工具有吸引力的工作环境，因为企业希望招募并留住最优秀的人才，从而增强企业在市场上的竞争力。

即使超出了自己的商业关系，一个对自我利益拥有明智定位的公司还是会有意地同其他利益相关者建立牢固的关系，或者会在诸如使用童工等问题上采取原则性的立场，因为这样做会使公司所有者的价值最大化。这里所说的“价值”并不仅仅是指下一年的红利，而是指整个投资的价值。因此，这种价值会迫使管理层同时进行短期和长期思考，并且尽可能广泛地考虑公司行为所产生的影响。

境外转移的实例

在此部分一开始的“境外转移”实例中，以股东为中心的观点强调了在服务质量保持不变的条件下，通过将企业的经营转移至一个低成本地区来节约单位成本。显然，在其他条件保持不变的情况下，较低的单位成本会使企业利润和股东收益得到增长。然而，在对这一实例进行评价时，还要考虑到附加风险的可能性，如本部分一开始提到的安全和质量控制问题。另外，这一观点还会考虑到决策的竞争含义，即如果其他供货商都实行外包并降低产品及服务的价格，那么不实施同样的战略则会使本企业遭受损害。然而，对于一个或多个竞争对手而言，与众不同是一种切实可行的竞争态势，特别是如果一些顾客担心境外转移会降低服务质量，如英国国民西敏银行（NatWest）就在其广告中采取了这种竞争态势。

一家以利益相关者为中心的公司会更加注重决策对各种利益相关者群体所产生的影响，在此实例中，利益相关者包括英国的员工。虽然这一公司仍认为境外转移决策对于增强公司的竞争力来说是十分必要的，但它觉得有责任对那些即将失业的员工在经济上给予更多的帮助。这一方面是出于一种长期的义务感，另一方面也是为了保持其在英国劳动力市场中的形象。另外，公司还要对那些尚未被其在境外经营场所录用的人员是否也该被看作是利益相关者的这一问题进行判断。

在英国，“明日公司”（Tomorrow's Company）的RSA（英国皇家艺术、制造、商业促进协会）调查报告提到了一个由公众颁发的虚构的“经营执照”。如果公司行为不良，公众则会暂停或撤销公司的这种经营执照。[53]公司的有效及良好运营依赖于一年中每天都要进行的成百上千次的交易。如果由于公司失去了信誉并取消了合作而导致一些交易变得更加困难的话，那么，公司会输给其行为良好的竞争对手，而公司所有者的利益也会蒙受损失。

企业伦理

企业社会责任的众多问题都与企业在社会中的行为方式有关。当然，如上文所述，这些问题与伦理问题有关，但它们并不是企业伦理的全部。管理者日常决策的基础并不总是对股东价值进行详细的计算（但这在理论上是很好的），他们还必须运用普通伦理学来解决实际中的困境。

企业伦理的范围非常广泛，因为企业或员工的所有行为既可以符合伦理，也可以违背伦理。以下所列出的几条并不全面，但却说明了企业伦理问题范围广泛的这一本质。

- 对顾客、供货商、分销商和竞争对手所采取的行动，如市场营销和销售、公平竞争、信息收集、鼓励和激励。
- 对雇员所采取的行动，如招聘、奖励、培训、晋升、解雇、雇主和雇员的权利与义务。
- 对其他利益相关者群体所采取的行动，如当地社区、政府、利益群体。
- 对自然环境的影响，如污染、回收、可持续性。
- 国际经营行为，如利用权力、尊重人权、尊重当地文化价值观、境外转移等。

是非标准的非唯一性

由于普通伦理学中不存在唯一的是非标准，因此，这些企业伦理问题是非常复杂的。一些思想学派强调义务，即那些无论后果如何都必须要做的事情（或者必须要避免的事情）。这种道义论观点认为，人们只有通过行为本身才能看清行为的好与坏。例如，撒谎是不好的，这是因为撒谎本身就是不好的。相反，伦理的后果论观点认为，人们只有通过行为所造成的后果才能看清行为的好与坏。谎言的好坏与否取决于该谎言所造成的后果。例如，功利主义是一种后果伦理论，它试图将受某一特定行为影响的所有人的净幸福感最大化（有时会被表述为“为最多的人做最大的好事”）。上面所讨论的那些有关企业社会责任的观点在某种程度上也是后果论观点，因为它们主要涉及对企业行为所产生的影响进行评价。

无论是义务还是后果，或者是为人们所熟悉的马基雅维里观点中的“手段”和“结果”，他认为行为的后果均证明了行为的义务，在我们解决日常伦理问题的方法中都非常的重要。然而，遗憾的是，它们是极为不同的推理方式，并且会在某些情况下产生相互矛盾的结果。例如，仅以义务为中心的伦理观迟早会遇到一些问题，如绝对主义或很难决定在某一特定情况下哪项义务是最重要的。例如，如果撒谎和杀人在本质上是错误的，那么，人们能够接受那种为了避免杀人而撒谎的行为吗？无论答案是什么，我们又如何知晓呢？

尽管如此，义务和原则还是清楚地说明了我们对于人们应该如何在工作中对待彼此的看法。绝对后果论伦理观也涉及一些方法问题，即如何对行为的后果进行可靠的预测及测量。对少数人而言，有些形式的功利主义是非常不公平的，他们的不幸福

（即由于某些计划行动）被更多人的幸福所抵消。但是，无法否认的是，我们对行为后果的评价影响了我们对于组织中可以被人们接受以及无法被人们接受的行为的看法。

通过举例说明，使用道义论伦理观来对境外转移中的伦理问题进行分析时，分析的焦点是这一计划中那些有悖于原则和义务的方面。虽然没有一家企业会接受它们有责任将薪水名册上的现有员工永远留在企业中（或永不对业务进行重新选址），但对于义务的思考会使企业竭尽全力减少失业所造成的影响，其中包括内部转岗、重新培训、为被裁员工安排新的工作以及遣散超额员工。功利主义分析法试图在全球范围内找出所有受到境外转移决策影响的人，并对每个人（或者更加现实地说，对群体）的影响（积极或消极的）进行评价。

人们可以对后果作一种“试算表”，并评估总计幸福的净影响。在这种方法中，他人幸福的减少会被一些人的附加幸福所抵消。例如，那些在无意中被解雇的员工所减少的幸福感会被那些得到境外转移工作的人的附加幸福所抵消。显然，对于那些失业人员而言，这种方法让他们感到非常不舒服。这说明了人们对于功利主义分析法的一个重要的批评。

更多的理论观点

伦理学的研究方法也并不局限于手段和结果。在西方思想中，还存在以下几种伦理学观点。

- 美德伦理学。美德伦理学的基础是对介于两种极端不良品质之间的良好人类品质进行分析（例如，“勇敢”是一种介于“胆小”和“愚勇”这两种不良极端之间的美德）。比如，我们希望了解优秀主管具有怎样的美德以及优秀企业家是否会具有不同的美德。
- 伦理相对主义。伦理相对主义认为，好与坏在很大程度上或完全取决于某一时代所流行的价值观。因此，在不同的时代和文化中，好与坏的标准会发生改变。虽然价值观和标准会随时代的不同而改变（例如，对于童工的态度），但是对于大多数人来说，采取纯粹的相对主义态度并不是件让人舒服的事情。他们会在直觉上坚信有些事情就是完全错误的，而这种信念的基础则是他们的良知。
- 情感主义。情感主义认为，关于伦理的观点都与说话者的态度有关。因此，对任何伦理“真理”的寻求都是徒劳的。从这种观点来看，“撒谎是不好的”这一说法也就是在说“我不喜欢撒谎”。

工作中的伦理决策

那么，组织中的人要如何来对伦理学观点进行选择呢？对此，不存在任何简单和通用的答案。伦理意识是可以培养的，而各种不同的观点常常会帮助我们认识某一特定的困境。有些观点可能更加适合某些情况。例如，人们在对企业的行为方式进行思考时，很难避免考虑到一些后果论观点。同时，人们在思考如何在道德上对待诸如雇员等人员时，义务论观点必然会起到非常重要的作用。德国哲学家康德认为，我们应该将他人视为目的，而永远不要简单地把他们当作手段。这无疑是进行良好人力资源管理的一条非常重要的原则，它比短期收益更加重要。[54]

在进行工作中的伦理决策时，正直的个人品质以及个体的价值观是两个非常重要的因素。然而，那些越来越常见的企业、职业或工业行为规范也起到了支持和指导作用。但这并不是说，这些伦理“资源”总会为人们提供清晰而舒适的指导。有时，组织中的人会感受到一种紧张感，这种紧张感是由个人的价值观要求与组织要求的相互冲突所产生的。如果这些冲突变得无法忍受，也不能通过正常的方式得以解决，人们就会决定去做“吹哨者（whistleblower）”。他们会为了解决问题而将问题公之于众，而这种做法具有很高的风险性。行为规范可以通过为人们提供能够使其感兴趣的价值观来帮助降低这种困境所带来的风险，而不是让人们去完全地承担风险。

（我衷心地感谢我的同事朴茨茅斯大学人力资源和市场管理系的理查德·克里斯特，感谢他为我提供了上述有关价值观和伦理的信息。）

图 9-3 所示的概念图简要地列出了工作中的一些伦理问题。

伦理规范

在美国和加拿大的组织中，行为规范非常常见。很多组织会要求其成员在行为规范上签字，从而来正式地表示他们接受了这些规范。组织会定期对规范进行修订，有些组织，如投资公司，每年至少会修订一次。目前，在英国，越来越多的组织也在发布伦理规范（或行为规范）。例如，特许管理学会认为：

> 人们越来越相信，组织只有奉行高伦理标准才能取得成功。因此，更多的组织选择通过制定和发布组织的运营规范来向公众做出伦理承诺。他们所面对的主要困难是将这些冠冕堂皇的原则转变为实际的指导方针，并再转变为现实中的实际行动。

特许管理学会为人们提供了一份伦理规范目录，上面所列出的指导方针可以平等地应用于公共、私人和志愿部门。[55]

IBM 公司发布了一份与伦理实践和公司价值观有关的企业行为文件。文件包括了有关以下内容的一系列综合的指导方针：

- 在 IBM 中你和你的工作；
- 经营 IBM 的业务；
- 你自己的时间。

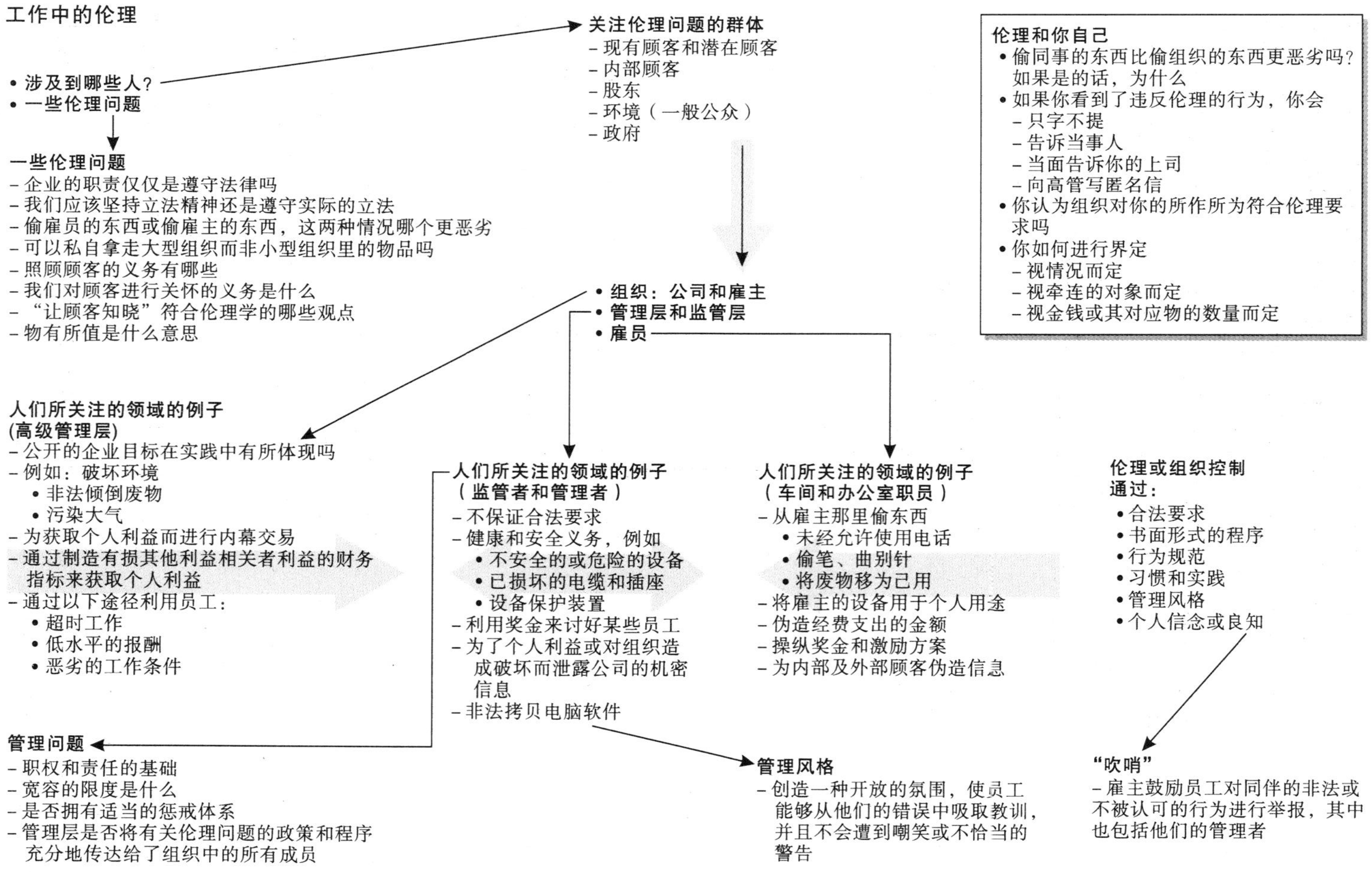

图9-3　工作伦理的概念图

资料来源：Training Learning Consultancy Ltd,Bristol,England,Reproduced with permission.

从一个层面上来说，我们创建 IBM 企业行为指导方针这一文件的目的是帮助我们遵守法律和良好的伦理实践。由于企业和世界的复杂性的增加以及人们对这种指导方针的需求的增长，我们会定期地对其进行审查和修订。然而，这一文件并不仅仅为了让人们遵守法律和一般的伦理标准。通过制定这些指导方针并将其视为公司中的一份指导性文件，我们承认了自己的选择和行动可以帮助他人了解 IBM 公司。我们是在保证自己与客户、投资者、同事以及我们所生活和工作的团体的关系都建立在信任的基础之上。换言之，企业行为指导方针实实在在地说明了我们的价值观，并且表现出了 IBM 公司员工对于维护这些价值观的个人职责。[56]

在公共部门中，2000 年颁布的《地方政府法案》对以下一些原则进行了详细的说明：无私、诚实和正直、客观性、责任、开放性、个人判断、对他人的尊重、维护法律的义务、管理和领导力。这些原则对英国相关机构以及威尔士警察机构中的成员的行为进行了规定，而制定这些规则的目的则是为了巩固英国地方机构行为规范中的强迫性条款。[57]

社会责任的程度与平衡

然而，艾仑怀疑人们是否对新千年中的关怀分享型公司以及社会责任给予了过多的重视。所有的公司都拥有崇高的使命宣言，并将股东说得十分高尚。现在，社会中有很多的规范和标准。希望在社会责任方面保持与时俱进的公司需要同时兼顾很多不同的规范和标准，而且公司们都在谈论“规范热（codemania）”这一话题。很多规范都主动地为公司提供了指导方针，同时，那些违反了这些规范的公司会失去社会好评或致使投资方撤资。然而，人们可以将承担社会责任的负担看作是对不断变化的社会条件所做出的反应中的一部分。[58]另外，库克认为，尽管在一些大公司倒闭后，人们很容易变得愤世嫉俗，但许多组织还是“把一些东西放回了原处”。在公共信誉获得回升以及对利益相关者和顾客态度做出反应的同时，企业的价值观正在发生着改变。[59]

英国企业伦理学会（Institute of Business Ethics）会长菲利帕·福斯特·贝克（Philippa Foster Back）认为，企业的全球化引起了关于将伦理价值观应用于不同文化和社会的问题。现在，所有关心伦理的人所面临的挑战则是保证价值观深深地植入了组织之中。组织需要自上而下地贯彻伦理规范，并且需要通过培训和强化来使伦理规范转变为现实。[60]

相关立法

人们对企业社会责任这一概念的关注在与之相关的立法方面也得到了体现。最近，英国颁布了许多与企业伦理和组织责任有关的法律。虽然本书并不对这些法规进行详细的介绍，但我们应该认识到这些法律的存在，其中包括《人权法案》、《公众利益揭露法案》以及《地方政府法案》。

《人权法案》（Human Rights Act 2000）于2000年10月2日颁布生效并与其他一些法律权利和特权一同被纳入《欧盟人权协议》。该法案适用于公共机构的行为，并且规定一切违反《欧盟人权协议》的行为都是违法的。颁布该法案的目的在于加大对于个体的保护，并且保护他们免受非法和不必要的干扰。每个人都有权尊重他人的私人和家庭生活、住所以及信件。该法案对人们的生活产生了巨大的影响。这里所说的人们既是市民，也是组织中的员工。

《公众利益揭露法案》（Public Interest Disclosure Act 1998）被广泛地称为"吹哨者法案（Whistleblower's Act）"。该法案的目的是对那些揭露工作中不良行为的人们进行保护，确保他们除了保持沉默外还可以采取其他的行动并保护他们免受报复。雇主需要建立清晰的内部程序，使员工可以通过这些程序来向组织提出自己所关心的一切问题。

《地方政府法案》（Local Government Act 2000）就是所谓的"新伦理框架（New Ethical Framework）"。该法案要求所有的地方机构都制定一套行为规范，从而来促进行为的高标准化。政府对公共服务领域中的一般行为原则同那些包含具体行动和禁令的行为规范进行了区分。

《信息自由法案》（Freedom of Information Act 2000）为人们提供了获取公共信息的权利。根据该法案，公众有知情权。

一种综合方法

麦克伊万（McEwan）对企业社会责任、企业伦理和公司治理的历史进行了简要的概括，并提出了一种询问方法。这种询问方法试图通过三种广义层面上的询问将这些不同的企业观点结合在一起：

- 描述性询问关注来自于不同文化和社会的人们的价值观和信念，这些价值观和信念影响了他们对于国内和国外企业的各种活动的态度；
- 标准化询问证明了价值观和信念是组织中的个体、群体或高级管理层进行伦理决策的基础；
- 分析性询问试图探索这些标准的价值观和信念同其他价值体系或意识形态之间的关系，如政治或宗教信仰以及文化或其他社会风俗。[61]

评论性反思

"没有了欧盟干预、政府立法和负面报道或电视报道的威胁，大部分企业组织都不会考虑到它们的社会责任或企业伦理。"你在多大程度上支持这种观点？你认为组织最重要的社会责任是什么？

从新闻中学管理

不关心顾客的代价

汤姆·莱斯特（Tom Lester）

如果你对贝尔法斯特和位于苏格兰的斯特兰拉尔两地间的渡运服务怀有不满，史丹纳航运公司（Stena Line）允许员工动用1000英镑以内的经费来解决这一问题，而且不需要得到管理人员的同意。瑞典的史丹纳航运公司认为这种“满意战略”增加了公司的市场份额，而且现在它已将这一战略扩展至其他所有航道上。

这些例子说明了公司对于关心顾客和帮助解决顾客投诉的责任。大多数顾客都遇到过这样一些令人讨厌的情况：收到要求为一并不存在的账户付款的银行信、热线服务电话不能或不愿给予帮助、管理人员退缩于昂贵的自动系统之后。另外，调查显示，问题正在变得更加糟糕。埃森哲（Accenture）管理咨询公司的研究发现，当人们打电话来投诉不满时，顾客会平均花上六分钟来等待，并会跟两个以上的客服人员通话。伯明翰阿斯顿大学的研究人员发现，大多数高管都认为那些进行投诉的顾客很讨厌，而且要求过多。但是，他们又都承诺自己的公司是“顾客导向型公司”。

贝恩战略咨询公司（Bain & Company）的名誉董事弗里德里克·瑞奇赫德（Frederick Reichheld）对实际情况进行了研究。结果显示，在过去10年中，检验顾客忠诚度（未来购买）的唯一标准是他们对于“你会向朋友或同事推荐X公司吗?”这一问题的回答。

对产品和服务的满意并不足以使顾客成为回头客，那些带着不明确的不满意感离开的顾客并不会向公司投诉他们的不满，但他们下次就不会再花钱购买该公司的任何产品或服务了，而且很可能会把他们对该公司的印象告诉给自己的朋友。高管们必须要记住，即使当利润很低时，重复购买还是要比新生意便宜上好几倍。一旦顾客的投诉量减少了，受理人员就能够专心地为顾客和公司创造价值了。

史丹纳航运公司的航线总监艾伦·高丹（Alan Gordan）提出了渡运公司员工计划，并指出他自己从没必要去支付那1000英镑。五年前，他们希望不满投诉量与称赞量的比例为4∶1，而现在这一比例为1∶3。这一计划产生的直接后果则是“60%的乘客和56%的车辆都是由我们公司运载至北爱尔兰的”。

鉴于很多公司只满足于降低投诉率，通过对受理过程进行仔细的监控，人们可以找出产品或服务有待改善之处以及使其获得最佳销售量的方法。全国顾客服务总监查理斯·里德（Richard Reed）指出，40%的顾客投诉已经转移至公司的其他产品上了。另外，“他们是你的最佳拥护者。”因此，他强烈反对将房屋抵押贷款协会的四个顾客服务呼叫中心进行外包。“公司的核心业务就是与顾客进行交谈。董事们定期在晚间会议时接待100名或者更多的顾客，我们还将顾客的意见记录下来并进行分析。”公司总是会有一些错误，所以，要确保对距离顾客最近的员工进行授权，使他们能够对这些错误进行补救。

资料来源：莱斯特，“不关心顾客的代价”，《金融时报》，2006年1月29日。

讨论题

1. 找出并讨论赋予一线员工这种决策权的举措对管理人员具有怎样的含义？

2. 分析并解释如果组织不是企业而是一个公共部门的话，向一线员工进行授权的含义有何不同？

本章概要

- 组织企业战略的本质是组织行为学的基础。要想对员工进行有效地管理，人们就需要对组织所经营的业务拥有一个清晰的认识。企业战略强调了组织的方向、目标以及股东期望的重要性。所有的组织都具有一些功能以及一些生存和行动动机。组织的目标决定了其输出和实现输出的一系列活动的本质。

- 组织会根据潜在的意识形态或哲学体系来设立目标。这些意识形态或哲学体系决定了组织的文化，并支配着组织的全部行动。组织目标这一概念起到了很多非常重要的作用，但这一方法也存在着一些潜在的缺点和局限性。严格地说，组织没有任何的目标，只有人才有目标。组织成员拥有不同且相互冲突的目标。管理层有责任明确组织目标，并将个人目标与组织的整体目标相结合。

- 组织的生存依赖于组织同环境间的一系列交流。近年来，组织越来越流行对其目的和大体方向制定使命宣言或愿景。但是，只有当组织将这种宣言付诸实际行动时，它才具有价值。组织目标可以被解释为目的和政策。目的和政策为组织的运行和管理提供了指南。

- 目标的选择是涉及未来行动步骤的决策过程中的一个非常重要的组成部分。政策是在目标的框架内形成的。它不仅是组织进行决策的基础，也是组织为了实现目标所采取的行动的依据。虽然利润最大化的目标非常重要，但这一标准并不足以对企业组织的管理有效性进行评价。实际上，有很多想法和动机会对获取最大利润或实现经济效益的最大化这一愿望造成影响。

- 为了实现目标，组织无法孤立于其所处的环境而进行独立的运营。企业组织应当通过广泛的企业社会责任，来减弱自身的势力和影响力。人们经常从组织利益相关者的角度来认识这些责任。人们对于企业社会责任的关注日益增加，其中包括全球责任。然而，真正的社会责任实践和追求组织效率的行动之间的区别是非常模糊的。

- 企业社会责任的重要性以及企业社会行为这两个问题使人们注意到了价值观和伦理。人们对企业行为有很多不同的假设，如以股东为中心的观点或利益相关者的观点。例如，人们对于日益增多的“境外转移”组织的争论。这些组织将一些活动转移至世界的其他地区。企业伦理的范围十分广泛，并且引起了许多有关是非标准的非唯一性的问题。现在，越来越多的组织制定了伦理规范（或行为规范），但这一规范需要深植于整个组织之中，并被转化为实践。

利用 www. pearsoned. co. uk/mullins 这一网站上的网络资源来进行知识更新与在线研究。

复习与讨论题

1. 讨论企业战略的目的、本质和应用价值。
2. 你认为组织的意识形态或哲学体系的重要性是什么？解释你的组织在多大程度上拥有支配组织全部行为的清晰的意识形态或原则。
3. 区分目标和政策。在你的组织中找出有关目标和政策的例子，并对实施的有效性进行评价。
4. 你认为利润最大化在多大程度上是一条评价企业组织管理有效性的充分标准？还有哪些指标可以用来检验组织的绩效和结果？
5. 评价平衡记分卡和 SWOT 分析法在实际应用中的重要性。
6. 讨论你在多大程度上接受企业社会责任这一概念。
7. 你将如何解释组织价值观和企业伦理的意义和重要性？
8. 对你的组织中的伦理规范（或行为规范）进行评价。如果你的组织没有伦理或行为规范的话，请亲自为组织制定一份规范。

作业

1. 为三个不同的组织（包括你的大学、学院或工作组织）制定使命宣言或愿景。对每条宣言从以下三个方面进行评估：
- 在多大程度上清晰地指出了组织的主要目的和大体方向；

- 语言在多大程度上是清晰、具体、实际和有意义的；
- 可能对组织成员进行激励。

在你的组织中，结合实例对使命宣言的价值以及其付诸实际行动的程度进行评价。解释你会对使命宣言做出哪些修改。

你从这项作业中得出了怎样的结论？

2. 对你所在的组织或其他某一组织的社会责任或义务进行详细说明，并指出其主要的利益相关者。

3. 给出组织如何成功履行其对于这些利益相关者的责任或义务的具体实例，并且给出组织是如何在履行这些责任或义务时遭遇失败的具体实例。

4. 详细说明人们对组织中的价值观、原则、标准以及良好（符合伦理的）行为的预期实践或看法的重视程度。

5. 对你与同事的观察结果进行对比，并对你所得出的结论进行简要的说明。

案例分析

距离伦敦奥运会还有318周

我们没什么可自满的，因为我们需要充分利用从现在到开幕式的318周的每一天。[62]

所有组织都有目标，而且是比较正式的目标。有时，这些目标向公众清晰地表明了组织的整体目的，并且会对这一目的的有效性进行双重检验。例如，一组织建立的目的是举办2012年伦敦奥运会，正如其网站（上面设有倒计时表）所解释的那样，伦敦奥运会的开幕时间为2012年7月27日星期五，到那天一切都必须准备就绪。[63]而准备工作则需协调好许多其他独立组织的工作，绝不允许有丝毫的延误。

近来，在英国主要体育设施的开发项目中出现了许多延误情况，例如，温布利足球场（Wembley）的再开发项目。因此，媒体对于2012年奥运会所进行的报道的焦点常常是伦敦可能会在奥运会的筹备工作中遭遇失败。从一个不同的层面上来说，很多组织都对时间有着严重的依赖性。例如，专业项目管理公司的业务正是在一个固定的目标日期内对一系列事务进行有效的协调。另外，从个人层面上来说，毕业典礼、生日聚会或婚礼的组织工作也都有着严格的时间期限。

这一案例最开始所引用的那句话，来自于英国广播公司（BBC）在伦敦取得2012年奥运会举办权一周年时，对伦敦奥组委和残组委主席洛德·柯伊

(Lord Coe) 所作的采访。在采访伊始，记者讲了一个虚构的故事。故事是关于一名国际奥委会官员在2004年初前往雅典视察当年夏季奥运会的进展情况的。这名官员向首席建筑承包商问道："一切都进展得顺利吗?""是的，当然，一切进展良好。"接着，官员稍有些紧张地问道："那么，做好举办开幕式的一切准备了吗?""是的，可以的……开幕式是哪天来着?""8月13日星期五。"官员满怀期望地回答道。那承包商沉默片刻，问道："嗯……是早上还是下午?"

2012年奥运会的组织、宣传和举办工作均由伦敦奥组委负责，它需要将一切工作情况向国际奥委会进行汇报。在初期，伦敦奥组委的规模相对较小，它的职责是对很多其他组织的工作进行协调。但现在，截至2012年将有约100 000人为奥运会工作。其中，3000人为直接雇佣的员工，70 000人为志愿者，此外，还有大量的承包商。奥运筹建局（Olympic Delivery Authority, ODA）负责实施伦敦奥组委的开发计划。伦敦奥运筹建局与伦敦奥组委都坐落于伦敦东部的金丝雀码头（Canary Wharf）。

2012年伦敦奥运会具有多样性和复杂性，其中，奥运会共有26个比赛项目，而残奥会共有19个比赛项目。这些比赛共需要分别在五个体育中心的25个比赛场馆举行，它们主要坐落于伦敦东部全新的奥林匹克花园。比赛期间，该地点预计每天可容纳500 000名观众，训练场馆每小时最多将可接待240 000名参观者。对这些比赛进行高效、安全的管理和协调本身就具有非常大的复杂性，但对奥运会开幕前六年中的所有准备工作进行协调却是一项更具挑战性的任务。

一项马拉松工程

2012年伦敦奥运会的筹资也是一项非常复杂的工作。公共部门将投资20多亿英镑用于基础设施的开发，这笔资金分别来源于国家彩票、伦敦市政税（伦敦居民所交付的地方税款）和伦敦经济发展署（负责对伦敦地区的经济发展进行援助）。同时，英国政府还对伦敦东部的一重要项目进行了投资，其资金用于对运输及其他基础设施进行改善。奥运会和残奥会的举办工作预计将花费大约20亿英镑，并全部由私人部门提供。另外，国际奥委会还将其电视广播收入中的一部分捐赠给伦敦奥组委。同时，伦敦奥组委的市场营销项目所获得的全部利润也将全部用于筹办奥运会。

2012年前，奥运筹建局所主持的工程必须保证奥林匹克花园的基础设施和周边场点的准备工作如期完工。这项工程需要修建新的永久性比赛场馆、奥运运输工程、奥运村和大量的临时设施。对这一世界性的体育赛事所需设施进行开发，从一开始就非常具有挑战性。例如，分派给奥林匹克花园的土地在伦敦赢得奥运举办权时已经被使用了，因此便产生了有关土地所有权、赔偿和管理的问题。在实际招标开始之前，奥运筹建局就被赋予了用以解决这些问题的法定权力。有些设施在本质上就是临时性的，但在整体上这一工程的目的在于为这一地区、为伦敦甚至为整个英国创造一个永久性的遗产。同时，在开发过程中，还要强调环境的可持续性。最近，奥运筹建局的执行主席大卫·希金斯（David Higgins）在一次采访中指出，长期遗产开发计划主要致力于对主要计划的应用进行发展。[64]奥运筹建局在这项工程中拥有许多的重点合作伙伴，其中包括伦敦运输署、伦敦经济发展署、伦敦泰晤士河口开发公司以及很多其他地方政府组织。与这些独立合作伙伴一起工作需要大量的沟通和协调技巧，并且需要对可能产生的一系列利益保持平衡。奥运筹建局还要确保吸引到最好的供应商来签订开发合同。2006年，奥运筹建局参与了在英国范围内进行的2012年伦敦奥运会路演，其目的是确保最大限度地唤起英国公众的奥运意识、获取最大的利益，并使公众能够最大限度地参与到奥运事业之中。除此之外，另一目的则是使奥运会成为一项全国性的盛事，而不仅仅是一项伦敦的盛事。

如上所述，伦敦市民会通过他们所支付的地方税款为基础设施的开发做出巨大的经济贡献。伦敦市市长努力地向伦敦市民解释举办2012年奥运会的益处。[65]对市长来说，奥运会将在经济发展、雇佣机会、基础设施改善、文化和持续性方面为伦敦带来很多的益处。

从经验中进行学习

在宣布伦敦赢得2012年奥运会举办权的第二年，国际奥委会就公开表示其对伦敦的进展情况感到非常满意。同时，英国奥林匹克大臣（Olympics Minister）特萨·乔维尔（Tessa Jowell）对预算管理信心十足，她指出：

我们正在对全部费用进行审查，而且这一工作会一直进行下去。我们希望增加一些费用的预算，并降低其他一些费用的预算。目前，这已被纳入我们的计划之中。[66]

伦敦奥组委还趁机向2006年冬季奥运会举办方意大利都灵以及2008年奥运会的举办方中国北京进行学习。其执行主席保罗·丹顿（Paul Deighton）指出，北京的经验说明为了使建设工程能够持续进行，尽早做出对设施进行长期使用的决定是非常重要的。[67]

一年后，人们就能看到各方面的变化和发展。尽管当地仍有些居民抵制强制性购买令，但伦敦政府收回的土地面积已经占到了所需土地面积的86%。

50 座电线塔和传输线缆已被埋入地下，这是再开发项目的重要准备工作。同时，运输基础设施的开发工作也在进行之中。一些地方会产生土地污染等问题，这些问题将会检验奥委会准备计划的弹性。在商业方面，奥运会主要资助项目中，有 60% 已签署了资助协议，另外，英国政府还通过了一项国会法案，这一法案的目的是阻击黑市门票买卖和“隐性营销”（无权宣传的侵扰）。[68]

2003 年，在准备进行投标时，伦敦市长在一篇报纸文章中指出：

千年穹(Dome)、温布利足球场以及英国 Picketts Lock 国家体育场的教训将对进行奥运会投标的团队的领导人起到警示作用，但是，他们不能把这些失败的教训作为避免承办重大工程的借口。我们的竞争城市也会从以往失败的体育招标中吸取经验教训，并且会从成功工程中汲取到更多的经验。纽约、伦敦、巴黎和莫斯科之间的竞争会是一场巨人之战。主办2012 年奥运会是英国多年来最为宏大的工程之一，但正如所有运动员所说，无志者寸步难行。[69]

为完成这一宏大工程而建立的组织对很多任务都负有责任。伦敦奥组委或筹建局的直接雇员将负责执行其中的一些任务，但大部分工作将由奥运筹建局的承包商以及众多独立合作组织共同完成。奥运会的规模、复杂性、重要性以及开幕日期的固定性赋予了奥运会筹办工作极大的挑战性。当被问及奥林匹克花园能否如期完工时，希金斯基于 2000 年悉尼奥运会的成功经验回答道：

当然能如期完工。每座奥运城市都会修建奥林匹克花园，而且最终都会完工。当然，有些城市将会比其他城市经历更多的痛苦。[70]

你的任务

1. 2012 年伦敦奥运会拥有一个高于一切的目标。如何应用目标模型来理解实现这一目标的方式?

2. 列出 2012 年伦敦奥运会都有哪些利益相关者。分析每组利益相关者的利益，并且找出该工程在平衡这些利益时主要会遇到的问题。

3. 用 SWOT 分析法分析 2012 年伦敦奥运会工程，并且简要列出分析结果。相关组织需要利用哪些关键的组织资源和技能来管理这些机遇和风险?

4. 对一项拥有唯一目标的重要工程进行管理与对一个常规过程进行管理有何不同?组织对于管理这两种不同情况的管理者有哪些不同的要求?他们需要拥有哪些不同的技能?

注释与参考文献

1. See, for example: Morley, M. 'What Business Are You In?', *Professional Manager*, March 1997, pp. 12 – 13.
2. Johnson, G., Scholes, K. and Whittington, R. *Exploring Corporate Strategy*, Seventh edition, Financial Times Prentice Hall (2005), p. 9.
3. Andrews, K. *The Concept of Corporate Strategy*, Irwin (1971), in Lynch, R. *Corporate Strategy*, Fourth edition, Financial Times Prentice Hall (2006), p. 6.
4. Tilles, S. 'Making Strategy Explicit', in Ansoff, H. I. (ed.) *Business Strategy*, Penguin (1969).
5. Johnson, G., Scholes, K. and Whittington, R. *Exploring Corporate Strategy*, Seventh edition, Financial Times Prentice Hall (2005), p. 448.
6. Allen, R. S. and Helms, M. M. 'Employee Perceptions of the Relationship Between Strategy, Rewards and Organizational Performance', *Journal of Business Strategies*, vol. 19, no. 2, Fall 2002, pp. 115 – 39.
7. Richardson, B. and Thompson, J. 'Strategic Competency in the 1990s', *Administrator*, July 1994, pp. 2 – 6.
8. Lloyd, B. 'In my Opinion', *Management Today*, August 2001, p. 8.
9. Lynch, R. *Corporate Strategy*, Fourth edition, Financial Times Prentice Hall (2006), p. 22.
10. Ansoff, H. I. (ed.) *Business Strategy*, Penguin (1969).
11. See, for example: Hannagan, T. *Management: Concepts & Practices*, Fourth edition, Financial Times Prentice Hall (2005), p. 363.
12. Pitman, B. (Sir) 'In my Opinion', *Management Today*, June 2000, p. 14.
13. Mills, D. Q. and Friesen, G. B. 'Empowerment', in Crainer, S. and Dearlove, D. *Financial Times Handbook of Management*, Second edition, Financial Times Prentice Hall (2001), p. 335.
14. Watson, T. *Organising and Managing Work*, Second edition, Financial Times Prentice Hall (2006).
15. McGregor, D. *The Human Side of Enterprise*, Penguin (1987), p. 55.
16. See, for example: Brown, A. 'Organizational Culture: The Key to Effective Leadership and Organizational Development', *Leadership and Organization Development Journal*, vol. 13, no. 2, 1992, pp. 3 – 6.
17. Brech, E. F. L. (ed.) *The Principles and Practice of Management*, Third edition, Longman (1975).
18. Lucas, E. 'Believe It or Not, Values Can Make a Difference', *Professional Manager*, November 1999, pp. 10 – 12.
19. Dainty, P. and Anderson, M. 'Mindsets For Managers', in Chowdhury, S. *Management 21C*, Financial Times Prentice Hall (2000), p. 110.
20. Cloke, K. and Goldsmith, J. *The End of Management and the Rise of Organizational Democracy*, Jossey-Bass (2002).
21. Mills, D. Q. and Friesen, G. B. 'Empowerment', in Crainer, S. and Dearlove, D. *Financial Times*

Handbook of Management, Second edition, Financial Times Prentice Hall (2001), p. 334.

22. www. managers. org. uk [accessed 26 June 2006].

23. Perrin, L. and Tavakoli, I. 'Mission Impossible Without Commitment', *Professional Manager*, July 1997, pp. 14 – 15.

24. Reeves, C. 'Making vision statements meaningful', *Manager, British Journal of Administrative Management*, April/May 2006.

25. Gratton, L. *Living Strategy: Putting People at the Heart of Corporate Purpose*, Financial Times Prentice Hall (2000), p. 55.

26. Summers, J. and Nowicki, M. 'Achievement and Balance: What Do Managers Really Want?', *Healthcare Financial Management*, vol. 56, no. 3, March 2002, pp. 80 – 4.

27. Christensen, C. M., Raynor, M. E. and Anthony, S. D. 'Six Keys to Creating New-Growth Businesses', *Harvard Management Update*, 2003, p. 3.

28. Drucker, P. F. *The Practice of Management*, Heinemann Professional (1989), p. 59.

29. Kaplan, R. S. and Norton, D. P. *The Balanced Scorecard: Translating Strategy into Action*, Harvard Business School Press (1996).

30. van de Vliet, A. 'The New Balancing Act', *Management Today*, July 1997, pp. 78 – 80.

31. Tonge, R. and Callaghan, C. 'Using the Balanced Scorecard in the Public Sector', *Chartered Secretary*, October 1997, pp. 18 – 19.

32. Drucker, P. F. *Managing for Results*, Heinemann Professional (1989). See also: Drucker, P. F. *Managing in Turbulent Times*, Heinemann (1980).

33. Stern, S. 'Leading Lights', *Management Today*, June 2004, pp. 72 – 3.

34. Earl, M. 'IT Strategy in The New Economy', in Pickford, J. (ed), *Financial Times Mastering Management* 2. 0, Financial Times Prentice Hall (2001), p. 109.

35. Kermally, S. 'E-strategy is Key to Future Success', *Professional Manager*, July 2001, pp. 28 – 9.

36. Levine, S. R. 'The Value-Based Edu-Leader', in Chowdhury, S. *Management 21C*, Financial Times Prentice Hall (2000), p. 90.

37. Cable, Vincent (MP) 'Hard-nosed case for CSR', *Professional Manager*, vol. 14, no. 3, May 2005, p. 11.

38. See, for example: Piggott, G. 'Open Relationships', *Holland Herald*, January 2003, pp. 54 – 64.

39. Harris, J. 'EU Acts to Promote More Socially Responsible Companies', *Social Agenda*, October 2002, pp. 3 – 4.

40. Chant, Ann 'In my opinion', *Management Today*, May 2005, p. 12.

41. HRH The Prince of Wales, Foreword to Grayson, D. and Hodges, A. *Everybody's Business: Managing Global Risks and Opportunities in Today's Global Society*, Financial Times (2001), pp. 8 – 9.

42. See, for example: Worthington, I. and Britton, C. *The Business Environment*, Fifth edition, Financial Times Prentice Hall (2006).

43 Drucker, P. F. *The Practice of Management*, Heinemann Professional (1989), p. 380.

44. Reeves, R. 'Do the right thing', *Management Today*, July 2005, p. 549.
45. BBC News, 'Powergen shuts India call centres', 15 June 2006.
46. BBC News, 'Man held in HSBC India scam probe', 28 June 2006.
47. 'Overseas Transcription errors "putting patients' lives at risk"', *The Guardian*, 21 June 2006.
48. De George, R. T. *Business Ethics*, Fifth edition, Prentice Hall (1999).
49. Friedman, M. 'The Social Responsibility of Business is to Increase Its Profits', *New York Times Magazine*, 13 September 1970, pp. 32, 122 – 6.
50. Sternberg, E. *Just Business*, Little Brown (1994).
51. Cannon, T. *Corporate Responsibility*, Pitman (1994), pp. 32 – 3.
52. Sternberg, E. *Just Business*, Little Brown (1994).
53. RSA, *Tomorrow's Company – The Role of Business in a Changing World*, Royal Society for Arts, Manufactures and Commerce (1995).
54. For a discussion, see: De George, R. T. *Business Ethics*, Fifth edition, Prentice Hall (1999).
55. Chartered Management Institute, 'Codes of Ethics' Checklist 028, August 2005.
56. Palmisano, S. 'IBM Business Conduct Guidelines', IBM, December 2005. (With thanks to Lynn Thomson, First Line Manager, IBM (UK) Ltd.)
57. Dobson, N. 'Prejudicial Interests?', *Chartered Secretary*, May 2003, pp. 22 – 4.
58. Allen, A. 'Up the Moral Mountain', *Chartered Secretary*, May 2001, pp. 21 – 2.
59. Cook, S. 'Who Cares Wins', *Management Today*, January 2003, pp. 40 – 7.
60. Back, P. F. 'Taking a proactive approach to ethics', *Professional Manager*, vol. 15, no. 3, May 2006, p. 37.
61. McEwan, T. *Managing Values and Beliefs in Organisations*, Financial Times Prentice Hall (2001).
62. BBC Radio interview with Lord Coe, Radio 4 'The Today Programme', 2 July 2006.
63. The London 2012 website is at www.london2012.com.
64. *The Daily Telegraph*, 20 July 2006.
65. Greater London Authority 'Mayor applauds procurement principles to create truly sustainable Games', press release 8 September 2005, www.london.gov.uk/mayor/olympics [accessed 22 July 2006].
66. BBC Sport website 2006 'IOC Pleased with London progress', 21 April 2006, http://news.bbc.co.uk/sport 1 [accessed 22 July 2006].
67. London 2012 'Masterclass in Olympic Planning' The London 2012 Website, 11 April 2006, http://www.london2012.com [accessed 22 July 2006].
68. BBC News website 'Preparing for 2012', 6 July 2006, http://news.bbc.co.uk/sport 1 [accessed 22 July 2006].
69. Livingstone, K. 2003 'We must go for gold with London's Olympic bid', *The Observer*, 12 January 2003, http://observer.guardian.co.uk [accessed 24 July 2006].
70. *The Daily Telegraph*, 20 July 2006.

第10章 组织结构与设计

"直线经理和职能经理之间的关系在于双方对于制度的服从以及符合原则的工作能力。如果这种关系良好，且信任和尊敬度较高，那么双方就能够理解彼此角色的重要性……直线经理清楚他们将总是督促员工努力提高绩效，但同时也明白职能经理能够帮助建立，并加强他们不可逾越的界线。"

Mettle 集团合作伙伴　卡罗琳·泰勒（Carolyn Taylor）

《在谈话中行走：建立成功文化》

为了实现组织目标，组织内部成员必然要有分工。部分组织结构有保证主要经营活动的高绩效并支持全体员工努力工作的作用。组织结构提供了组织构架和管理模式。依靠组织结构，工作才能顺利完成，组织目标才能得以实现。管理者需要了解组织结构和设计的重要性及影响。

□学习目的

学完本章后，你应该能够：

- 解释组织结构的涵义和本质；
- 确定组织层级，探讨组织层级的重要性；
- 探讨设计组织结构所需考虑的主要因素及分工的不同方法；
- 探讨组织原则和组织关系的适宜性和应用性；
- 解释高效组织结构的重要性与不完善组织结构的后果；
- 评估组织结构在影响组织绩效中的重要性；
- 回顾组织结构及组织成员之间的关系。

评论性反思

时下趋势倾向于更加水平的组织结构、团队合作、授权、灵活的工作安排以及非正式的关系。你相信这种趋势会在很大程度上降低对于正式组织结构的需求及重要性吗？你认为结构设计中的信息沟通技术发展可能会有什么影响？

组织结构的涵义和本质

组织结构的目的是组织内部成员的工作分工和业务协调，以便于他们集中力量为实现组织目标而努力。组织结构是组织中各种职位及所有成员之间的关系模式。组织结构使管理过程的应用成为可能，并创造了命令框架，通过该框架，组织行为才得以计划、组织、领导、控制。组织结构规定了任务、责任、工作角色及其关系，还有沟通渠道。

很显然，对于任何一个组织来说，无论其规模大小，组织结构都非常重要。然而，小一些的组织中，组织结构上出现的问题可能较少。所以工作分工、职权与责任的定义、组织成员之间的关系都可以建立在一个更加个人的、非正式的基础上。但若组织规模扩大，就更需要一种精心设计、目的明确的组织形式，也就是需要一种正式的组织结构，此外，还需要对此结构进行反复的评定，以保证它是该组织最适宜的结构，并适合组织的成长和长期发展。这对于特别大的公司来说会显得尤其重要。

伯金肖（Birkinshaw）论述了国际公司的组织结构，以及在得益于规模优势的情况下，国际公司在平衡官僚结构的过程中出现的问题。

从事这项平衡工作有很多方法。一种方法是从文化入手，以企业家的思维考虑。另一种方法是通过奖励系统、职业管理等系统。第三种方法就是通过组织结构——基本的员工上报途径和问责都会反映在组织结构图表上。组织结构不能解决所有问题，只是管理者之间分担职责的方式，只有在适宜的系统和持续的文化的配合下，组织结构才有意义。然而，组织结构在战略优先、工作进度等方面仍然有很大的启示作用，所以它是很好的工作切入点。[1]

组织结构的目的

组织结构的目的可以概括为：

- 使组织运营和资源利用高效率，低成本；
- 监督组织的活动；
- 确定组织中团队和个人的工作责任；
- 加强组织不同部门和不同工作之间的协调；
- 具备灵活性，以便适应多变环境的影响，并满足将来的需求和发展；
- 使组织中的工作成员获得社会满意感。[2]

这些目的为检验组织结构的有效性提供了标准。组织结构本身不是目的，只是改进组织工作情况的一种方式。比如，像赫勒指出的：

只有使一个组织适合其内部员工，并符合大家真正的共享目标，组织机构的重组和改组才能够长期促进企业发展。[3]

组织结构与文化

在前几章我们总结出了一点，那就是组织并不能独立存在，而是向其所处的更加宽广的外部环境开放，并与其持续相互作用。组织结构的一个主要决定因素就是它的文化。文化无所不在的特性在其外部影响和“内部人员的做事风格”即共同价值观、信念和态度方面将对包括结构设计在内的组织过程有重要影响。沃特森建议我们必须谨慎，不要把结构和文化作为静止的或脱离组织过程和关系而存在的“东西”来看待，这两个概念将帮助我们进行感知。工作组织的结构也涉及到较广的社会结构及文化。“社会结构既贡献于也产生于组织结构。”沃特森也指出了结构和文化间的紧密联系和重叠。“我们在一个组织中观察的许多过程和实践既可以说成是其结构的一部分，也可以说成是其文化的一部分。”[4]

良好组织结构的重要性

根据德鲁克的理论，在决定组织绩效上起最重要作用的是正确的组织结构设计。

> 良好的组织结构本身并不产生好的工作成绩。但是，无论这个组织的管理者个人有多出色，糟糕的组织结构绝对不可能有好的成绩。改善组织结构……才能提高绩效。[5]

查尔德也强调了组织结构的重要性：

基本结构在公司员工之间分配职责。它的目的是通过分派人力及资源到必需的工作上，以及为他们的控制和协调设计职责和责权来成功地实现组织目标。[6]

组织结构不仅影响经济效率和生产率，它还影响员工的士气和工作满意度。正确的组织结构是组织变革的第一步。[7] 组织结构应该被设计得有利于鼓励组织内部成员积极参与，并保证组织绩效有效性。组织结构和企业战略间也存在着紧密的联系，尽管这种联系的本质以及两者间的从属关系还在探讨之中。[8]

人的因素

正式组织结构的职能、行为、内部形成的关系是独立于组织中的工作成员而存在的。然而，在组织工作中，员工个性却是重要部分。在实践中，组织的实际运营及目标实现都依赖于在该结构中工作和塑造该结构框架特性的人的行为。例如，洛德·福特（Lord Forte）使我们注意到了组织结构中人的因素的重要性：

在企业中，人是至关重要的方面：你可以一直画组织结构图的方框和直线，但是在方框中间，必须要有人存在，而且他们还必须参与该企业。倘若不是如此，那这些以方框和直线组成的图表都不具备任何意义。[9]

根据瑞士洛桑管理学院（IMD）的调查，员工承诺与参与仅次于高层管理排行第二位，成为组织结构变革成功的关键因素。调查还表明，接近40%的组织结构变革障碍都与没能获得员工承诺有关。[10]根据汉纳根的理论，与硬性企业价值观相比，软性企业价值观现在更受重视，因为它更注重员工培训、开发技能，并确保所有员工了解组织的价值观。因此，以策略、结构和体系为主体的硬性价值观正向注重员工、技能和风格的软性价值观转化。[11]

人际关系学家批判强调正式组织。他们热衷于这样一种组织结构——组织中各层级更多的成员参与、个体成员有更多的自由、工作组织和关系更有意义。反对正式组织最强烈的学者之一是阿基里斯。[12]他认为，正式的、官僚的组织限制组织个人成长和自我实现，并且会使一个心理健康的人产生失败感、挫折感和冲突。阿基里斯主张组织应该在内部成员中建立一种更“可靠的”关系。

人际关系学家的观点代表的不仅是具体的建议，更多的是对组织的态度。但是，它提醒我们在组织结构的设计上，人的因素是非常重要的。管理者需要考虑组织的结构设计和工作方法如何影响组织内部成员的行为和绩效。

组织层级

组织是有层级的。决策与政策制定、工作实施、职权行使及履行责任都是由组织结构中处在不同层级的不同成员来完成的。在小的组织中，这些行为不很明显，但是在大一些的组织中，我们可以从等级结构中三个主要的内部相互关联的层级（技术层级、管理层级、决策层级）上来分析一个组织。[13]后两个层级通常被称为中层管理和高层管理。

技术层级指进行具体操作或完成非连续性的任务，它涉及实际的工作或要完成的任务，并与技术职能的绩效有关。例如，制造公司里具体商品的生产；政府部门工作人员向公众提供直接服务的过程；教学机构中实际授课的过程。

技术层级与管理层级（或组织层级）相互联系，这与技术层级工作的协调和整合有关。管理层级的决策与提高技术效能的绩效所必需的资源和所提供产品和服务的受益者有关。决策将会涉及：

1. 组织与外部环境之间的调节，如组织产品和服务的用户与资源的采购；
2. 组织内部事物的管理，包括对技术职能运营的控制。

依此类推，管理层级与决策层级或者机构层级相互联系，他们关注组织总体目标和工作。管理层级的决策涉及组织经营模式的选择和与外部代理及更广阔的社会环境有关的组织发展。组织内部的决策层级有：股份公司的董事会；教育机构主管团体，包括外部代表；非营利机构的信托人。这些实体为管理型组织和技术型组织的工作协调建立了联系，并且提供了更广泛的团体利益。

层级间的相互关系

事实上，决策与政策制定、活动协调和工作的具体实施之间并没有明确的界限（如图 10-1 所示）。多数决策的制定都要参照更广泛的决策，而大部分工作的实施也都涉及决策。机构层级的决策为管理层级制定了目标，管理层级的决策为技术层级设定了目标。因此，如要整个组织有效运营，必须要有明确的目标、设计合理的结构及组织不同层级间，无论是自上而下还是自下而上的良好沟通。

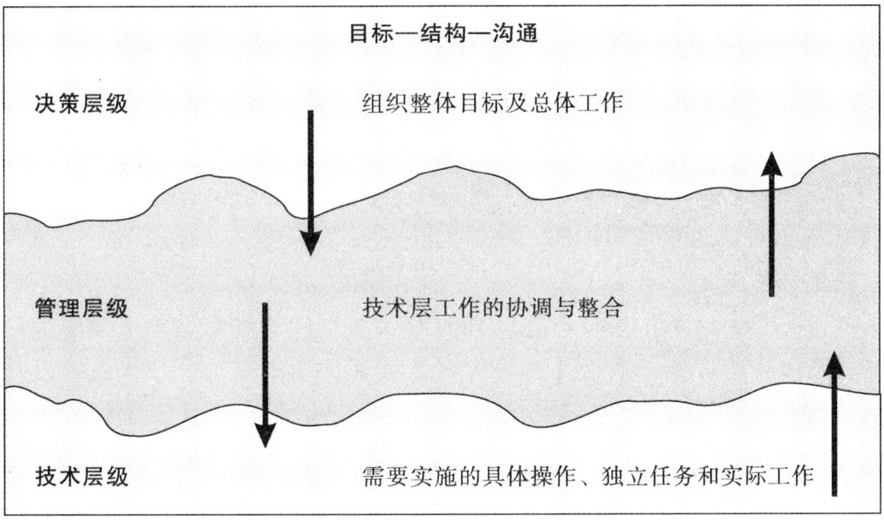

图 10-1　组织相互联系的不同层级

管理层级如果不懂专业知识、没有专业技术和实践技能，缺乏从事最基层任务的员工的工作热情，他们是不能计划和监督技术职能员工实施工作的。因此，在技术层级工作的员工也应该让高一层级了解自己工作中的实际困难和运营问题，管理层级的任务是对这方面的信息采取适当的措施，并就此向决策层级的人员咨询。

并不是组织中所有涉及组织管理的活动都要分成这三个层级。有些活动则需通过更多层级或稍少一些层级来进行更有意义的分析。在很多情况下，使组织更加民主、下放更多的权力、增加知识型员工、引进先进科技可以使政策、管理和工作的实施之间明显的不同变得模糊起来。无论怎样，这三个大层级为严谨地分析组织中相互关联的活动奠定了基础。

地方政府的管理过程

我们可以从贝恩斯报告（Bains Report）里有关当地政府管理工作的评论中，看到关于组织不同层级之间相互关系的一个例子。报告显示，地方政府的议员一直对最终方向、职权控制、有关目标的关键决策、实施计划、评论进展及服务绩效负责。但是，报告还提及管理的双重本质，以及在管理过程的不同阶段、不同层级的常任官员和新当选议员之间不断变化的关系。

报告总结：

我们拿不准是不是应该将整个政府管理过程分成两半，一半交给政府议员，另一半交给政府官员……此过程本身可以看作一架天平，一边是目标设定和主要资源分配；另一边是从管理方案和计划的设计到实施的过程。在一个人经过这个管理天平的过程中，两者之间的平衡就会改变：由政府议员控制，官员参议的“目标”端移向官员控制，议员参议的“实施”端。[14]

最近，英国审计委员会已经提到在当地政府和国家医疗保障系统组织（NHS）协作方面存在不足，他们管理不分层级，甚至取消了中层管理。这样做说明，地方政府并没有完全理解英国国家医疗保障系统组织整个管理结构的作用。[15]

高层领导与中层管理者间的分歧

罗森（Rawson）注意到无论在公共部门还是私营部门里，高层与中层管理者之间的相互联系越来越少。

传统上，高层管理者关心的是组织战略和组织目标的设定，中层管理者通过资源管理与变革管理将其实现。推论是高层管理者关注结果，中层管理者关注结果的实现过程。中层管理者抱怨高层管理者只注重眼前的经济状况，而高层管理者则指责中层管理者更多的只是说出问题，而不努力寻找解决办法，于是分歧就出现了。在公共部门和私营部门中，组织不分层级会明显地减少中层管理者可支配的资源。当两个管理层的领导相互指责他们所做的工作更多是为了达到私人目的，而不是为了实现组织目标的时候，分歧便加深了。中层管理者指责高层管理者只关心个人事业发展；高层管理者指责中层管理者一切努力只为保护自己的职位。[16]

等级制度的重要性

我们以前提到过工作组织不断变化的本质的重要性。早期管理学家，像韦伯（在第1章中讨论到），注意到了职权分级的重要性。然而，越来越多团队方法的运用、灵活雇佣的增长、更多的转包合同、对参与和授权的强调、许多员工参与决策，所有的这些都已导致“老板-下属”这一传统关系的改变。这引起了人们对现代组织中等级角色的讨论和组织结构中领导者能够单纯依赖正式职权的程度的探讨。

斯图尔特指出："权威现在不像过去那么容易被接受，也许以后也仍将这样。这反映了社会的主要变化，这被称作感恩社会的终结。比较有知识和独立意识的人希望别人与之商议而不是被告知需要做什么。"[17]然而，杰布（Jebb）说过："等级结构并没有死亡，它只是改变了一下形式。在现代工作环境中，权力的标志虽不像以往那么明显，但老板仍旧是老板。"杰布提到了汉普登·特纳（Hampden Turner），他认为，将非正式的工作氛围与组织尊卑秩序的终结混淆在一起是错误的。

关于等级以及我们在公司里多么平等地对待员工，人们有很多混乱的想法。但是平等地对待员工并不意味着他们就是平等的，任何想最大程度挖掘别人潜力并为之所用的聪明人总是平等地对待别人。无论组织环境有多么不正式，你都不能摆脱职能型等级结构，公司的业务技术性越强，需要的管理层和管理者就越少。[18]

德鲁克也非常重视等级制度的重要性，他声称："人们现在听到很多'结束等级制度'的声音，这很明显是行不通的。任何机构都得有终极职权，也就是'老板'——最终做出决定的人并且希望其他人服从的人。"[19]

等级结构是否过时

然而，布彻（Butcher）与杰布和德鲁克等学者持相悖的观点，他坚持认为，原则上等级制度在知识经济时代是过时的。

脑力工作者拥有的智能资本意味着管理是建立在脆弱的联合体而不是控制的基础上的。弱化对等级控制的强调如今风靡一时。当核心计划进展顺利的时候，按等级任命的工作任务就进展顺利，但是现在那个时期已经过去了。地方自治和问责制是创建组织能力的关键所在。[20]

克拉克和戈德史密斯提出了相似的观点，他们质疑人们是不是已经习惯并接受了等级、规则和管理者是组织生活中的核心部分。管理者是否被等级组织所赋予的高于他人的表面权力和组织提供给顶级管理者的不成比例的报酬所吸引？如果是这样，这就剥夺了个人全面开发潜能的机会，也会使组织由于无用和带有副作用的工作程序而发生混乱。[21]

根据格莱顿所说，与以往任何时间相比，现在都是创造一个民主企业的好机会。

在过去的十年中，有一点越来越清晰，那就是全球化的力量、竞争及越来越挑剔的顾客使许多公司的结构变得更扁平、层级更少、流动性和实效性更强。等级的崩溃为我们创建更加民主的工作方式奠定了坚实的基础。[22]

评论性反思

“组织是一种社会分层的形式。我们有理由把等级的提升看作优点和成就的象征及对辛勤工作的回报。”你认为这种说法与现代工作组织有关吗？等级的观念作为提升和事业进步的象征是否仍然重要？

组织结构的设计

我们要记住，有很多影响最合适的组织结构与管理体系的变量，包括情境因素和权变方法。工作组织不断变化的模式、对于更大灵活性的需求、多面手的挑战以及诸如分权和授权之类的管理过程都与结构有很强的联系，而且影响结构设计的决定。

基本原则与考虑

我们已经认识到，不存在一个完全正确的组织，但归根结底，还是需要建立一个命令框架和指挥系统以便于工作能够顺利完成。这要求在设计组织结构时或在回顾现存组织的效果时，要注意一些基本原则和考虑（如图 10-2 所示）。

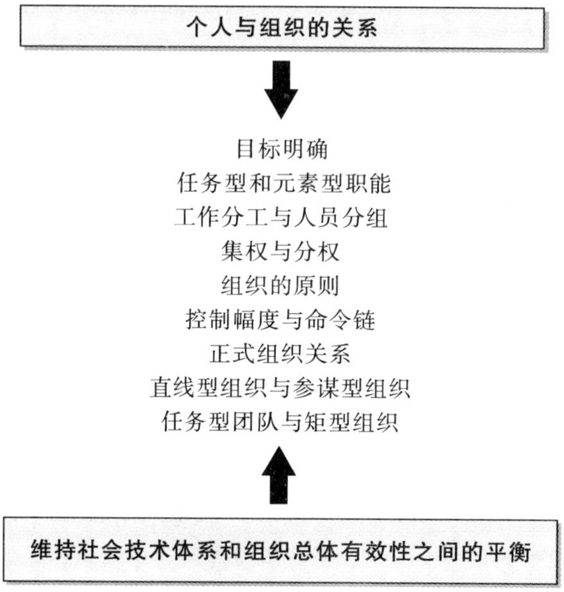

图 10-2　组织结构设计的基本考虑事项

这些原则和考虑对组织行为的研究可能是硬性规定的，但是它们对管理仍提出了一系列非常重要的决策要点。

组织是人们为了某一特定目标而聚集在一起的集合。为了成功实现这个目标，人们需要在最合适的结构中被组织起来。结构决策是最基本的战略决策。结构可以造就组织，也可以毁灭组织。[23]

结构为组织活动提供了框架，并且必须与目的或目标相一致。因此，第一步是检验组织目标。只有明确了组织目标，才能分析、比较结构的供选形式。[24]

明确目标

明确规定的目标非常必要，它为工作分工和职责分组、进而形成子单位打下了基础。这些子单位的目标必须与组织整体目标相关，这样才能建立合适的结构模式。明确规定的并且达成一致的目标（在第 9 章中讨论过）将为结构的设计提供框架，并为达到这些目标提供合适的组织模式。组织的本质和战略将为不同的职能和活动及它们之间的正式关系指示出最适宜的组织层级。明确规定的目标将有助于简化组织不同部门之间的沟通体系，以及分权和授权的程度。正式结构应该有助于成功实现组织目标，也应该有助于提高组织的关键职能和组织承担的主要活动的绩效。

任务型和元素型职能

为了生产产品或者提供服务，组织必须履行以下四项关键职能。

1. 必须开发产品或服务。

2. 必须创造价值。如是商业性组织，指生产制造产品；如是公共服务组织，则指提供服务。

3. 产品或服务必须推向市场。产品或服务必须合理分销，以便顾客可以方便地买到产品或享受到服务。

4. 需要融资得到在产品或服务的开发、创建、分销的过程中使用的资源。

开发商品和服务、制造产品或提供服务、推销商品与服务和为组织融资，就是伍德沃德（Woodward）所说的任务型职能。这些也是组织的基本活动，它们与生产过程的实际完成情况有关，而且它们还被导向具体的、可定义的终端结果。为保证组织总体目标的有效完成，任务型职能的结果必须得到协调。[25]

其他活动不被导向具体的、可定义的终端结果，但对任务型职能起支持性作用，是组织过程的一个内在部分，我们称之为元素型职能。它包括人力资源、计划、管理服务、公共关系、质量控制及维护等。在其他组织里，尤其是与顾客有直接联系的服务业，人力资源管理和任务型职能紧密相联。[26]然而在大多数组织中，人事职能对具体的终端任务绩效一般不承担问责。

组织结构的含义

这两类职能，任务型职能和元素型职能，在很多方面都有区别，而且这些区别对组织都有重要意义。如果不能区分两类职能将会导致结构计划和组织成员关系的混乱。例如，在伍德沃德对本国公司的管理组织的研究中，对其中提到的会计和其他管理者糟糕的关系发表了评论：其中造成敌对的一个原因是将两个对企业有效运营都很重要而又各自独立的金融职能混在了一起。

会计工作人员总是承担本不属于自己的责任——实现终端结果；他们觉得自己的角色是有控制性和裁决性的，而不应是服务性和支持性的。直线经理对这一态度很不满，于是总以挑衅和妨碍会计工作的方式进行报复。[27]

根据伍德沃德的理论，企业融资、记账、决定金融政策等活动属任务型职能。然而与预测和生产管理的控制相关的会计管理属元素型职能，主要起辅助和服务的作用。只有当这两项职能在组织里被分开的时候，会计和其他经理的关系才显得缓和一些。这在划分为不同部门的、每个部门都有自己的会计人员的组织里体现得尤其明显，会计人员为直线经理提供有关部门管理的必要信息。在这种情况下，金融方面的任务型职能就与会计管理的元素型职能完全分离开来，后者最重要的是扮演服务和支持的角色。

工作分工

在正式组织结构中，工作要在有不同职位的成员之间进行分配。在任何可能的情况下，工作的分工和人员的分组都应该根据共同特征来安排，这些共同特征会使所涉及到的活动产生逻辑性联系。保持对组织高层级的主要事务或职能的重视与对运营层级员工的关注之间的平衡是很必要的。

尽管有工作分工，但是有多种活动可以将工作结合。

主要目的或职能

活动分类的最常见办法是根据专业性，使用同类的资源或员工共享的专业技术。任何组织都要决定在独立的职能和部门里组织哪些重要的活动。工作也可以在任务职能和元素职能的区别的基础上进行部门化，如上文所述（如图10-3所示）。

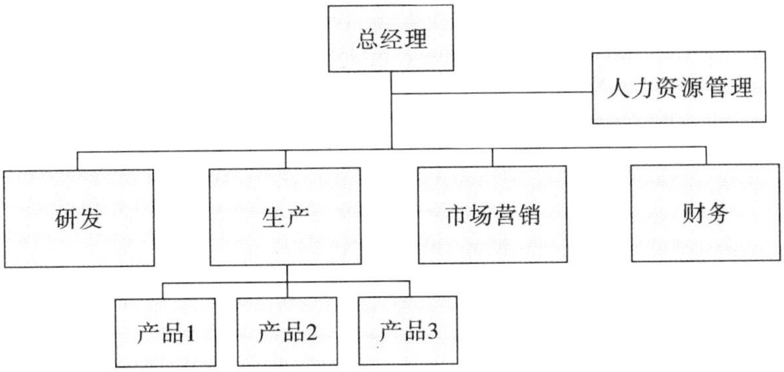

图 10-3　根据主要目的或职能进行的工作分工

产品或服务

在产品或服务部门中，不同的专业工作者被整合到相互独立的半自治的小单位中，为整个工作过程的主要部分或是其中一个完整的工作环节负全责。这种分组方法在相对大型的、多元化的组织中更加常见，而且还可以通过这种方法将部门划分成更小的工作单位。一个例子就是将与某一生产线、产品或服务相关的所有活动集中到一起（如图 10-4 所示）。另一个例子是在一家医院里，医疗和救助人员被分进了不同的单位进行特定的治疗，例如，事故和急救、内科或外科。在按产品或服务分工的组织中，容易出现部门自主权过大的危险，从而为管理带来协调和控制方面的问题。

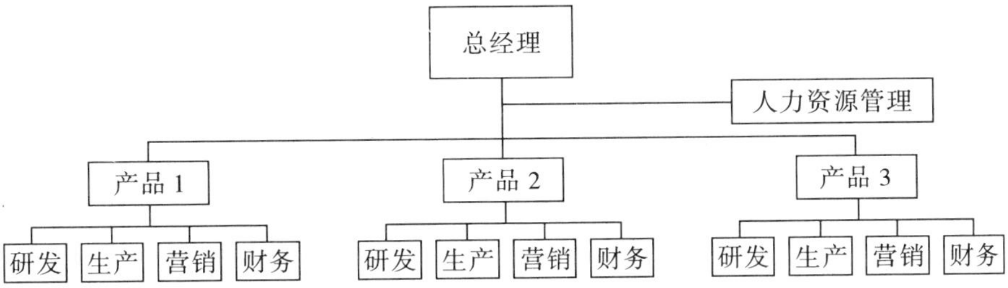

图 10-4　根据产品或服务进行的工作分工

地域

在地域分工中，根据特定的需求和要求、顾客的便利或管理的便捷而依区域或地理边界提供不同的服务（如图 10-5 所示）。例如，在人们居住的某一地区，一定会有地方职权服务部门、医院、邮局、工业或农业区域的科技或农业培训机构、商业公司销售点或者在一个地区经理管理下的一些零售商店。另一个例子是有多个工作地点，并且把具有相似活动或职能的部门放在一起的组织。沟通尤其是电信的发展将会降低地域部门化的重要性。例如，行政部门员工不再需要与主要的生产部门在同一个区域里工作了。

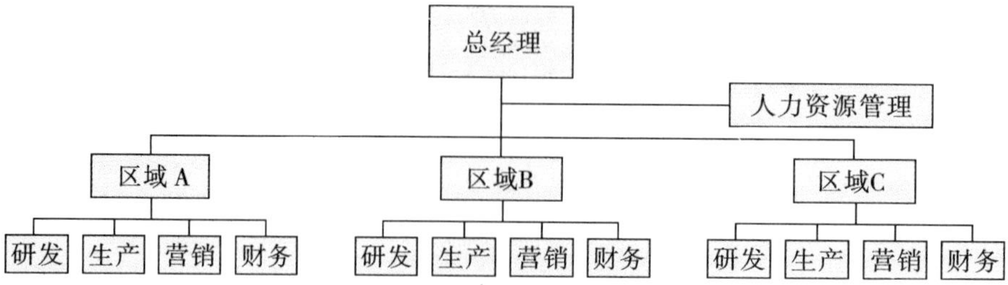

图10-5 根据地域进行的工作分工

注：在根据产品、服务或地域进行的工作分工里，一些辅助性服务的特定方面，如人力资源管理，也有可能被分配到组织中的个体单位上。但是，作为一个独立的实体，人力资源部经理的主要职责是把专家的建议提供给所有的部门经理，并确保组织整体的人力资源管理政策的执行。因此，人力资源部职能的主要方面是与最高层管理者的职权保持一致。

工作本质

工作分工还可以以从事的工作本质为根据，有些工作会有一些共同的特点，例如，快速决策、精确性、保密性/安全性或者当地条件要求在其他地方无法得到的应急知识。另外我们还可以将机器和设备的分组为例，因为一些设备噪音比较大、会产生灰尘、烟雾或者难闻的气味。当共同的过程被用在一系列不同的活动中时，它也可以作为部门化的基础。例如，这种分类的方法包括：是否要建立一个集中的资源中心为组织的所有部门提供服务，还是允许每个部门都具备自己的服务机构。在制造业中，生产出的一系列产品都要经过相同的生产设备或者机器组合。例如，批量生产的工程公司是以相似的技能或运营方法作为划分部门的基础。

共同的时间规模

部门化也可以共同时间规模为根据，例如，轮班工作及不同的工作任务由不同的班组来承担的程度。在一个进修学院里会有很多相互独立的部门或者群体，来分别给全日制学生和上夜校的学生上课。另外根据工作时间来划分活动部门的还有宾馆：当餐厅里面的客人已经在等候进餐的时候，在厨房的工作时间会比较短，各种不同的任务都要得到迅速的协调。其他活动，如市场调研、预判未来市场份额，都属长期决策，并取决于不同的组织要求。

受雇员工

职责和义务可以根据经验或对特殊技能或资格的需求来分配，例如，外科医生、内科医生和护士之间，或者律师、法律顾问和法律执行者之间的不同工作分工。另一个例子是常规工作程序在经过训练的组员之间的分配。在小一些的组织里面，工作分配往往是暂时的，并以员工的个人知识或技能为基础。另外还可以进行某些特意安排，如分派各种各样的任务和职责以增进工作的满意度或帮助培训员工。

顾客或服务对象

我们可以建立不同的部门来满足不同顾客的要求，如贸易和零售，或者出口销售和国内销售。在医院里，医护人员也被分成不同群体以接待不同的病人，如妇科、老年病科、儿科。在大型的服装商店，也分男士服装部、女士服装部和儿童服装部。政府部门也通常通过这种方式根据服务对象进行分工，例如，失业人员、低薪家庭、学生、青年或者老年人。我们还可以进一步以食堂为例，它可以根据顾客要求，依据饭菜的价格、可供饭食的标准、服务速度和顾客类型进行分工，这样做也会产生一些独立的设施，如教育机构中的管理者餐厅、员工食堂、学生食堂。

混合部门化

不同的工作部门化方法可以通过不同的形式结合起来，而且大多数组织都使用不同的组合方法将活动部门化。一些活动根据一种方法来分部，而另外一些活动则根据另外一种方法来分部。决定分部方法时需要考虑以下几个方面：

- 协调需要；
- 确定明确的工作分工；
- 经济；
- 活动管理过程；
- 避免冲突；
- 需考虑所雇员工的本质、兴趣及工作满意度的组织设计。

管理必须决定最重要的因素，它们可以决定工作分工的方法和与该组织内部不断变化的情况相适应的活动的联系。

集权化和分权化

从工作分工和活动分组中产生的一个关键决策点，就是集权化与分权化的程度。大多数的组织都会涉及一个分权化程度，这是由组织的一些特点引起的，例如，规模扩大、组织不同部门的地理位置分散，或者是向更偏远的区域扩展业务或服务的需要。我们主要关注的是具体授权或分权到组织内部的二级单位或群体的分权化或权力下放，从而使它们可以在一定程度上自治或独立。

有关集权所提到的优点往往都是与经济和行政管理有关。然而，这些优点往往不会全部被实现，也不会使服务得到实际的改善。有很多人反对集权，它们的意见包括集权会形成更机械的结构，结果可能加长了命令链；也有一些赞同分权积极观点，这些观点更多是出于行为方面的考虑（如图 10-6 所示）。

集权的优点

- 使组织的政策更容易地在整个组织内部实施
- 为组织提供一致的战略
- 防止组织部门过于独立
- 有助于简化组织协调和管理控制
- 促进规模经济，降低管理费用
- 更多地利用专业技术，包括更先进的设备
- 改善在决策中有可能出现的决策缓慢或由于职权分散而造成妥协的情况

分权的优点

- 使决策更贴近工作的操作层级
- 加强对当地环境的回应能力
- 提高个人客户服务水平
- 组织结构向更扁平化、更灵活的方向发展
- 支持服务，例如，如果管理与组织所要提供的服务尽可能接近，管理就会更有效
- 为员工培训和管理方面的发展提供机遇
- 通常对员工的激励和士气起积极的作用

图 10-6　集权或分权的优点

分权的程度

集权和分权的平衡是组织结构的主要争论点之一。我们必须从提供的产品或服务的本质、政策制定、组织的日常管理、程序的标准化需要，或者雇佣员工的条件的角度考虑到分权的可取之处。分权在私营的组织中往往比在公共部门组织中更容易实施，因为公共部门对运营问责、程序规范和待遇统一等方面有更多的要求。

然而，要正确衡量分权的程度并不容易。在较扁平的组织结构中，管理往往会需要更高程度的分权，但事实却并不总是这样。分权的程度和本质会由于组织的不同和时间的推移而改变。集权和分权的平衡还会受如下因素的影响：决策制定的重要性、情形的迫切性、时间规模及科技发展、结构改变、组织总体氛围和雇佣员工的本质等。

人们越来越强调参与和授权，这引起了人们对分权原则的关注，然而高层管理仍然需要维持对整个组织活动的有效协调和宏观控制。商业组织若要达到理想状态，应该尝试把因顾客导向和更快的回应而分权获得的收益与企业规模、共享资源和规模经济产生的优势结合在一起。我们以大公司为例，例如，巴尼威克（Barnevik），既相信为地方企业地位分权的重要性，又不放弃挖掘大公司的优势："我们想成为既国际化又地方化，既大又小，既高度分权又有中心报告和控制的公司。如果我们能够解决这些

矛盾的话，我们就可以创造真正的组织优势。"[28]

评论性反思

"更加扁平的组织结构、减少层级以及过度工作的趋势导致员工感到茫然及不确定，并且导致缺乏信任和士气低落的工作氛围。"你认为这种说法有没有可取的地方？

"现实就是多数人都想与管理层以及他们的同事建立明确的、正式的关系。"你是否同意此观点？

组织原则

传统的管理学家从工作分工、命令链、控制幅度及上报关系的角度强调结构的定义。人们关注正式组织的要求和寻找适合于所有情况的一系列原则。在英国，这方面最具权威的可能是林德尔·厄威克（Lyndall Urwick）了，他最早归纳了组织的八个原则，但是在后期的著作中，将此修订成为10个原则。[29]

1. 目标原则。每个组织和组织的每个部门都必须表达出他们所从事的工作的目标，否则他们所做的就没有意义，从而显得累赘。

2. 专业化原则。任何组织群体的每个成员的工作都应该被最大程度地局限于单一职能的绩效中。

3. 协调原则。组织自身的目标，与所从事的工作任务的目标不同，是要促进协调：努力的联合。

4. 职权原则。在每一个有组织的群体中，必须具备最高职权。群体应该具备包括所有个体成员在内的清晰的直线型职权结构。

5. 职责原则。上级对下属的行为有绝对的责任。

6. 定义原则。每个职位的工作内容，包括相关义务、预期职权和职责以及与其他职位间的关系都应该以书面的形式明确规定，并向所有有关人员公布。

7. 对应原则。每个职位的职责与权力应该相对应。

8. 控制幅度原则。所有的领导者应该直接监督不多于五个，或至多六个工作相互联系的下属。

9. 平衡原则。组织间的各部门平衡是非常重要的。

10. 连续原则。组织重构是一个连续的过程，每一项具体工作都应为之服务。

原则的关联性

第1章中提到的组织和管理的基本原则遭到了很多批判。因为其中很多原则是空洞的表述，不适合具体操作，也没有为具体的管理行为提供基础，它们往往把系统中的人看作定量而不是变量。然而，尽管有这些局限，这些原则还是在构建组织方面起到了宏观引导作用，所以要驳倒它们还是很难。而很有趣的是，最近的一些相关著作看起来是以这些最原始的表述为基础的。[30]如果这些基本观念被调整后满足了某一具体条件下的需求，那么它们对于实际管理者来说是非常有价值的。这些原则的恰当应用有助于提高组织绩效。

在构建组织时，大家普遍关注的两个更具体原则是：控制幅度和命令链。

控制幅度

控制幅度产生于线性职权，它指的是需向指定的管理者或监督者直接汇报工作的下属的人数。它并不是指所有下属运营人员的总数，而是指最先向另一个人报告的人员。所以有时称之为“职责幅度”或是“监督幅度”更合适。

格兰丘纳斯（V. A. Graicunas）开发了一个计算控制幅度的数学公式。[31]可以被有效监督的下属人数的范围是以所有直接关系和交叉关系的总和为基础的。

$$R = n\left(\frac{2n}{n} + n - 1\right)$$

n 是指下属人数，R 是指相互关系数。

例如，如果管理者有五个下属，那么他就要处理100种关系；如果有六个下属，需要处理的关系就有222种。正如我们在厄威克列出的原则中看到的，他支持格兰丘纳斯的观点并指出，控制幅度不应该超过五个，或者至多有六个工作相互联系的直接下属。在组织的较低层级中，员工间相互联系比较少的情况下，或者职责与具体任务的绩效有关时，控制幅度可以更宽一些。

影响控制幅度的因素

然而，对控制幅度的实际研究表明在不同的组织中，它会有很大变化。并且平均幅度要比格兰丘纳斯和厄威克建议的大一些，例如，伍德沃德在对埃塞克斯（Essex）东南部100个制造公司的研究中发现，科学技术和生产体系的类型直接影响控制幅度的范围。[32]

除了科学技术类型或者生产体系外，还有很多的因素会影响控制幅度的范围。它们包括：

- 组织的本质、工作的复杂程度和职能的相似性以及职责范围；

- 领导者的能力和个人素质，包括处理工作中断的能力；
- 领导者可以从别的活动中分出来的与下属共处的时间；
- 下属员工的能力和培训、他们的动机和承诺的强度以及所需要的指挥与引导的程度；
- 协调的效果及沟通和控制体系的本质；
- 下属的实际位置或者地理位置的分布；
- 等级链的长度（该问题我们在下一部分将会讨论）。

控制幅度的重要性

如果控制幅度过宽，上级很难有效地监督下属，这样会给管理者带来更大的压力。群体规模扩大，非正式的领导者和小群体或小帮派就有可能得到发展，这些往往与管理政策相悖。人们往往没有足够的时间来恰到好处地开展所有的活动。计划、开发、培训、监督和控制受到的影响尤其大，从而会导致糟糕的工作绩效。过宽的控制幅度可能也会限制员工升职的机会，也可能会导致员工不能及时地适应变化或者引进的新方法和程序。

如果控制幅度过窄，将会引起协调上的问题，也影响决策的一致性，并且阻碍组织结构中的有效沟通。下属的士气和主动性也会由于监督层级过密而受到影响。过窄的控制幅度会提高管理成本，也会限制管理才能这项有限资源的充分发挥，这样会导致组织增加额外的职权层级，从而不必要地加长了命令链。

命令链

命令链指组织结构中不同层级的数目，等级命令的链或线有时都被称作“等级链”。命令链建立了职权和职责的垂直分级，还建立了组织自上而下的不间断的上级-下属关系的框架（见图 10-7），每个人都必须了解自己在组织结构中的职位。大多数的组织图表都可以显示出该原则被广泛地用作组织设计的基础。清晰的线性职权和职责对于组织的有效运营是非常必要的。

然而，大家似乎普遍接受了这样的观点：由于士气、帮助决策及沟通原因，命令链中应该存在尽量少的层级。层级过多会为组织结构增加危险，因为它会使等级职权和控制增加、会导致企业出现专制的风险，还会引出解释新职位时的不必要的工作。然而，如果努力减少层级数目，将会加大控制幅度，会引起一些我们已经讨论过的困难。因此，组织结构设计需要保持控制幅度和命令链之间的平衡。

需要平衡结构

控制幅度和命令链的结合，决定了组织整体的金字塔外形，以及等级结构是“扁平”的还是“垂直”的（如图 10-7 所示）。金字塔代表职权结构。更宽的控制幅度和较少的职权层级往往会形成扁平的层级结构，例如，在大学里。较窄的控制幅度和较多的职权层级往往形成垂直的层级结构，例如，在公众服务机构或武装部队里。控制幅度和等级链没有完美地结合，它取决于每个组织所处的具体条件，但是提供一个合适的、平衡的结构是非常重要的。

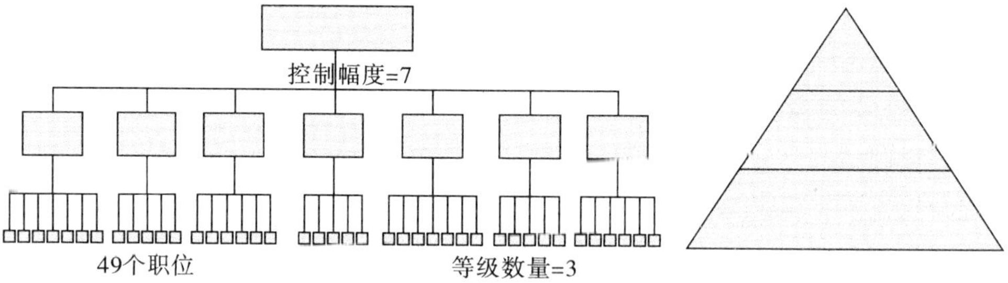

（a）“扁平”等级结构

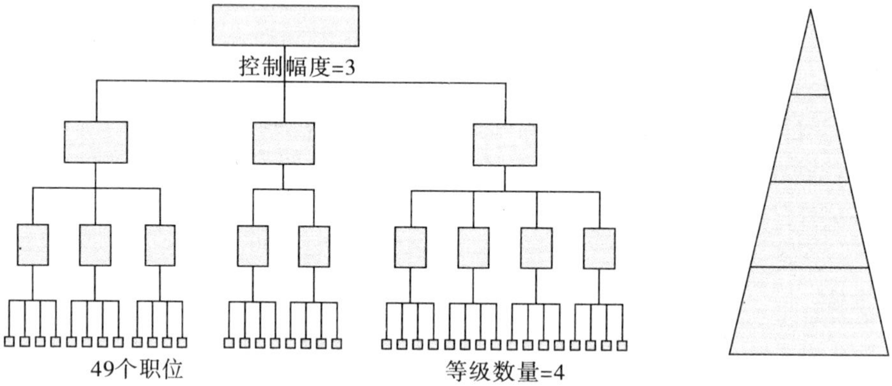

(b) “高”等级结构

图 10-7　控制幅度如何影响组织结构

信息技术

结构设计的另一个维度是信息技术。信息技术将对结构、大部分组织的管理和职能产生重要影响。它要求工作组织有新的模式，并影响组织个体的工作、群体的形成和结构、监督的本质和管理角色。信息技术可引起命令链和职权链的改变，还会影响组织重构的需求和人们对工作设计的关注。基于计算机的信息和决策支持体系影响产品或服务活动设计、等级结构和支持性员工组织的选择。信息技术还影响在决策制定和控制体系上的集权和分权。

新技术是导致“扁平式”组织金字塔的典型因素，这种结构需要相对少的管理层级。新办公技术允许在操作层的员工发挥潜能去执行更多的职能，并核查自己的工作。这样的结果是传统监督职能的改变及减少监督人员的要求。

正式组织关系

在任何组织结构中，个体职位间的某种正式关系都会在规定的职责模式中出现。人们对于不同的术语的意义及它们对于组织结构的含义经常会发生混淆，但是这些个体的职权关系可以定义为：

- 直线型；
- 职能型；
- 参谋型；
- 横向型（如图 10-8 所示）。

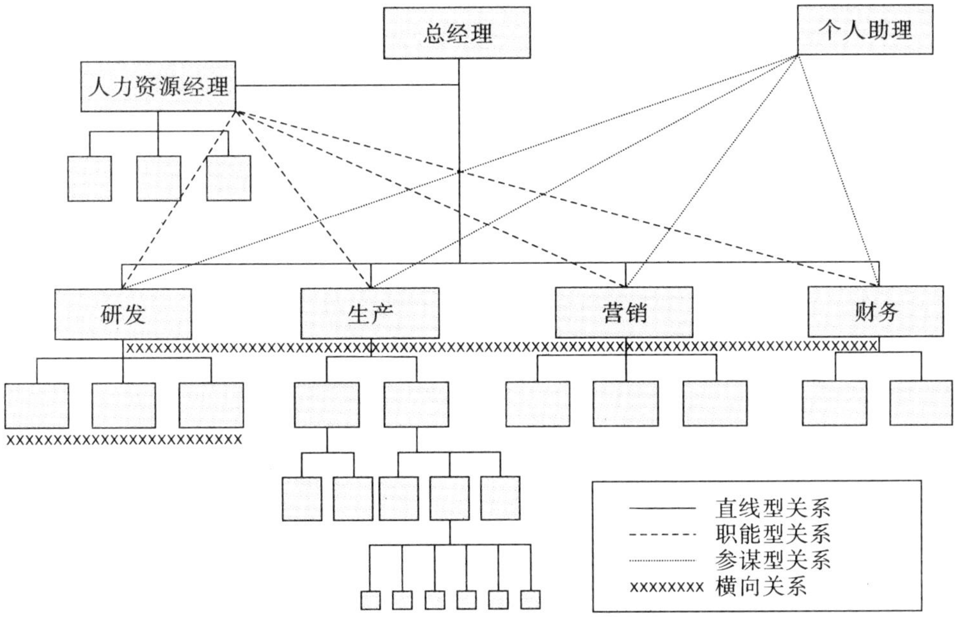

图 10-8　正式组织关系的图解

根据直线、功能、参谋或横向的原则，组织结构的设计决定了角色关系模式，以及与其他角色间的相互作用（在第 6 章中已讨论过）。

直线型关系

在直线型关系中，职权沿着组织结构自上向下垂直流动，即命令链。例如，从总经理到经理、部门经理、主管和其他员工。上级和下属之间是直接的关系，且每个下属只受一个上级领导。直线型关系与按职能或者按部门进行的工作分工与组织控制相联系。直线经理拥有职权和职责来管理部门内的所有事务和活动。

职能型关系

职能型关系应用于处在专家或顾问职位的人与直线经理和其下属之间的关系。专家为组织的所有部门提供服务，但是对那些利用其服务的人不具备直接的职权。例如，人力资源经理对其他部门的员工没有职权——那是直线经理的职责。然而，人力资源经理的职位和角色是高层管理者认可的，其他员工往往也会接受他提出的建议。人力资源经理还可能因为某些特定的职责会被指派一些直接的执行性职权，例如，整个组织的健康和安全事务。但需注意的是，同其他部门管理者处于职能型关系中的专家仍然与他所在部门的上级和下属有着直线型关系。

参谋型关系

参谋型关系源自为组织高层成员指派个人助理。在参谋职位上的人通常来说只有很少或没有直接的个人职权，但是可以作为他们上级的一种延伸，并且只行使“代表性”职权。他们经常是扮演一种“看门人”的角色。个人助理和其他工作人员之间没有正式的关系，除非是在由于某些具体活动而授予他们职权和职责时。然而，在实践活动中，个人助理经常对其他员工产生影响，尤其是那些在同一部门或同一群体的同事。一部分原因是因为个人助理和上级的密切关系，还有一部分原因取决于个人助理的学识、经验、人格力量。

在企业和政府部门，从医生的办公室到执照颁发局、监督委员会，一个人可能会和那些把自己当成老板“看门人”的人面对面地接触。“看门人”希望且会被赋予各种不同的头衔，譬如行政助理、办公室主任或特别助理之类。但是最基本的角色经常是老板的秘书……有抱负的“看门人”可能在工作人员中引起两极分化的反应……不同于老板，同龄人能够很快地意识到个人缺乏全力以赴走完“看门人”之路的正直和意志。[33]

横向关系

横向关系存在于不同部门或科室间的个体之中，特别是处于同一层级的个体。这些横向关系是建立在联系和咨询的基础上，并且对于保持协调、有效的组织绩效来说是必要的。横向关系可以通过正式的途径加以细化，但是在实践中取决于工作人员之间的合作，并且从影响上来看是一种非正式的关系。

直线参谋型组织

随着组织在规模上的扩大和工作任务的越发复杂，活动和职能的范围也不断扩大。具有专业知识的员工不得不融入到管理结构中。直线参谋型组织承担了不同的职能。直线参谋型组织提供了一种充分发挥专家作用，同时又保留了部门职权的结构。它创造了一种非正式的矩阵结构（如图 10-9 所示）。

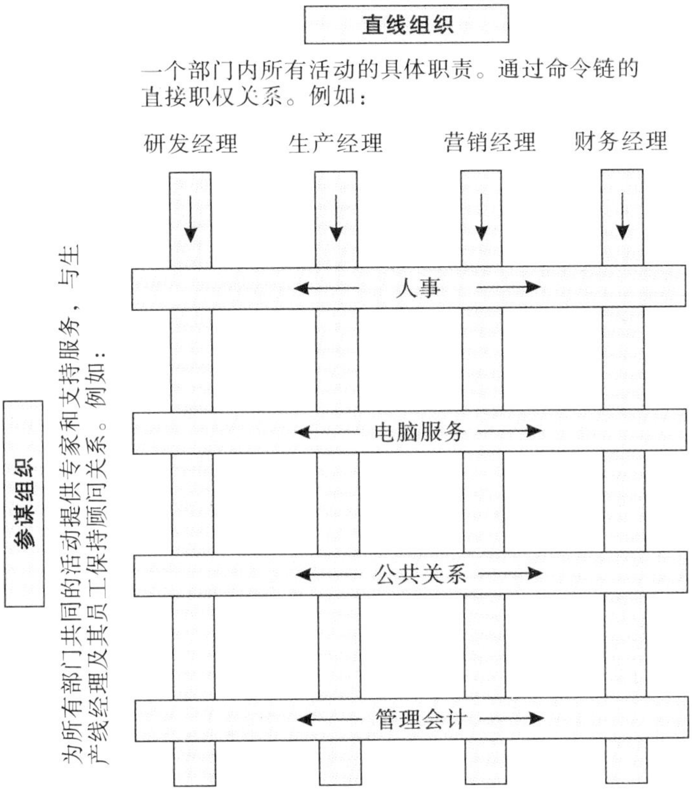

图 10-9　直线参谋型组织结构图

直线组织涉及与实现组织目标的具体职责相关的职能，涉及直接与命令链有关的人员。参谋型组织涉及到为直线型组织提供专业人员和支持功能，并由此产生一种顾问关系。这与前面所讨论的任务型与元素型职能的观点相符。然而，相冲突的术语定义会又一次引起混乱。在直线参谋型组织中，先前被定义为“职能型”的个人职权关系，目前在参谋型关系中则成为实际结构中的一部分。

直线参谋型组织关系引出的问题

直线参谋型关系的概念会引出一些难题。随着组织愈加复杂、专业性服务日益增加，人们很难清楚地区分什么是组织运营直接必需的，什么仅起辅助职能。直线型管理者和参谋型管理者的区分并不是绝对的。在提供专业建议和给予指令之间的分工很细微，直线型管理者和参谋型管理者之间发生摩擦似乎是不可避免的。双方都不能充分地理解和欣赏对方的目的和角色。参谋型管理者经常被指责对直线型管理者的工作横加干涉并且与现实脱节；直线型管理者或许会感到参谋型管理者从事的是简单、要求不高的工作，因为他们对生产商品和为顾客提供服务不负直接的责任，而且不必应付日常的运营问题。

参谋型管理者或许会感到自己的困难和工作中的问题没有得到直线型管理者的充分认可。参谋型管理者经常会抱怨他们试图提供的帮助或协调受到抵制，并且总能听到直线型管理者提出的诸如要求部门独立的不必要的要求。最大的困难是说服直线型管理者接受他们提供的意见和建议，并遵照其行事。直线和参谋关系之间同样会引发“角色不一致”的问题（在第6章中已讨论过）。

参谋型部门的内部营销

克拉特巴克认为，商业企业的一个共同特点是参谋部门（如人力资源和信息技术部门）与一线部门经理关系不融洽。即使直线经理清楚他们想要参谋部门做些什么，直线经理也认为这些活动与企业的战略目标没有大的相关性。为了提高他们的业绩、预期价值和对组织的贡献，参谋部门需要在企业内部策划许多营销活动：

- 理解并有效地回应内部顾客的需要；
- 将所有部门的活动与企业的战略目标紧密相联；
- 开发与内部顾客优质的沟通和良好的关系；
- 确保内部顾客的期望是可实现的；
- 根据内部顾客需要，不断提高专业水平和能力。[34]

倒置组织

人们越来越意识到服务、全面质量管理、持续寻找竞争优势的重要性，这引发了传统等级结构倒置的概念——顾客位居顶峰而顶级管理却在底部。随之而来的就是权力下放，下放给得到授权并且接近倒置金字塔顶部的自我管理型的工作者。[35]

在倒置结构的组织中，直线等级成为支持型结构。直线型管理者的职能变为打破瓶颈、开发企业文化、应职员要求提供咨询服务、加速资源流动并且提供规模经济服务。大体来说，直线型管理者现在从事的主要是员工所从事的活动。倒置组织结构向我们提出了一些独特的挑战。正式职权的明显丧失对直线型管理者来说是一个非常大的心理创伤。[36]

项目团队和矩阵式组织

前文提到的工作分工和分组方法有成为相对永久的结构模式的趋势。随着新型的、复杂的、技术更先进的体系的发展，组织有必要适应传统结构，以便能更好地整合更宽范围的职能活动。尽管官僚结构以及等级仍然存在于很多组织中，但基于项目团队和矩阵式组织的分组方式的创建得到了越来越多的关注。为了完成某个持续性的项目，来自不同部门的员工可能会被派往同一个团队。

项目团队

项目团队可以作为一个独立的单位被临时组建，以便完成某一项任务。当任务完成时，这个项目团队就会解散，或该团队成员被重新委派新的任务。项目团队可被用来指共同工作以完成一项共同任务的人；或者就某一具体项目进行协调工作，例如，设计和开发、新产品的生产和测试，或者一个新体系或程序的设计和实施。例如，项目团队应用在很多军事系统和航天项目中。当项目团队具备明确的目标、确定的任务、明确的终端预期结果和精挑细选的成员组合时，项目团队有可能会更有效。

根据曼恩的观点，基于项目的工作和金字塔一样古老，但是对数目不断增加的组织来讲，它还是一个非常新的工作方式。“在今天更加贫乏和低等的组织设置中，似乎每件事都是一个项目，每个人都是项目工作者。”曼恩认为主要有两个因素引起了工作管理方式的变化。首先，组织结构已被削减到核心部分而且资源有限。第二，商业的每个领域，作为一个成本中心，都必须做出贡献并且承担责任。为了有效运营，项目要求有明确的开始、技能开发、支持性文化、管理沟通和保持良好的工作关系。[37]

矩阵组织

矩阵组织是以下部分的结合。

1. 职能部门。为专业活动提供稳定的基础，为工作人员提供固定的场所。

2. 单位。以项目团队、产品、活动、地域或体系为基础，整合不同职能部门的各项活动形成的单位。例如，多乐士公司（ICI）是一家以地域、职能、业务为基础形成的矩阵式结构组织。

矩阵结构同样适用于大学或学院，例如，既根据专业科目又根据具体课程间的联系或学习项目来分组。这样，矩阵组织就形成了一个职权和职责双向流动的方格或矩型（如图 10-10 所示）。在职能部门内部，职权和职责自上而下垂直流动，但是项目管理者（或者课程项目管理者）的职权和职责则在组织结构中水平流动。

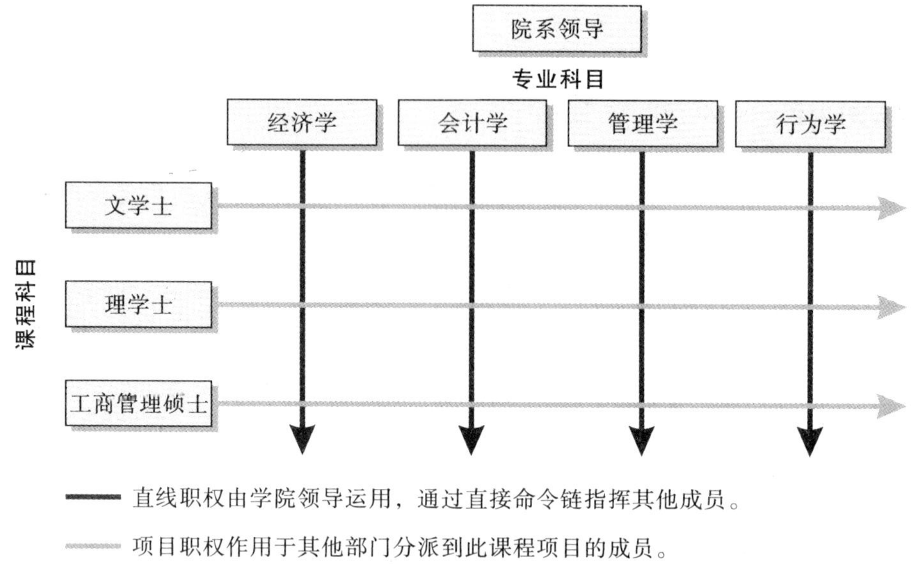

图10-10 大学矩阵结构略图

矩阵结构可在下列情况中应用。

1. 组织在运营中存在不只一个重要导向。例如，一个保险公司要同时回应不同职能（如人寿、火灾、海运、汽车）和不同的地理区域。

2. 组织需要同一时间处理大量信息。例如，一个有职权的地方社会服务部门为某人寻求帮助时，需要了解应向哪些外部机构求助（如警察、牧师、社区关系官员），并且同时了解与组织内部哪些部门联系（如合适的社会工作人员、健康顾问或者住房管理者）。

3. 组织需要资源共享。该情况只应用于以整体组织为基础的时候，如个别部门需要临时或兼职使用某些专业人员或服务。

但是开发有效的矩阵式组织需要时间和学习新的角色和行为的意愿，这就意味着矩阵式结构通常难以实施有效的管理。[38]

矩阵结构存在的问题

矩阵组织具备灵活、安全度高、易于控制项目信息及为员工发展提供机会等优点，但是也存在许多潜在的困难和问题。

- 只有有限的员工会直接向项目经理汇报工作，而其他员工按要求是由部门经理调派的，这就导致了员工的模糊感。员工不愿接受不断的变化，而是喜欢他们在自己的职能部门工作的稳定感。
- 矩阵组织会引起更复杂的结构。它采用了两种分组方法，这是以牺牲命令的统一性为代价的，也可能引起协调方面的问题。
- 在确定项目经理管理其他部门成员的职权范围方面，以及取得其他职能部门管理者的支持方面都可能存在问题。

- 职能团队往往也会忽略自身常规的职责和义务。

矩阵结构的一个基本问题是一个人需要同时向两个管理者汇报，会导致忠诚分裂和角色冲突，这更显示出了有效团队的重要性。根据巴特利特（Bartlett）和高莎尔（Ghoshal）的理论，矩阵结构只存在一个不足——不利于管理。双重汇报会导致冲突和混乱；沟通渠道的增加会引起信息阻塞；职责的重叠会导致问责的丧失。[39]希尼尔（Senior）提出：

> 矩阵结构主要依赖于团队工作取得成功，管理者需要高水平的行为和人员管理技巧。它的核心在于通过团队行为解决问题……因此，这种类型的组织安排要求具备合作文化和支持性培训活动，来帮助员工发展他们的团队工作和应对冲突的技巧。[40]

评论性反思

“矩阵式结构的概念可能会吸引那些对所谓的传统组织结构持批评意见的人。但是事实上，矩阵式结构造成了不必要的复杂化，并且与其解决的问题相比，这种结构反而引起了更多的潜在问题。”你是怎么认为的？你认为矩阵式结构扮演了一种什么样的角色？

不完善的组织结构的影响

尽管我们应该注意上文所讨论的设计原则，但是很难以积极的方式来描述一个“良好的”或有效的组织结构究竟是由什么构成的。然而，设计糟糕的结构的消极影响却可以很容易地确定。厄威克在讨论组织和协调原则时指出：“设计不完善的组织结构是不合逻辑、残酷、浪费资源并且低效率的。”

- 不合逻辑。因为在良好的社会实践中，就像在良好的工程实践中一样，设计应该是第一位的。如果不能明确某一领导职位的职责和关系或不了解该职位在组织的社会模式中所扮演的角色，该职位就不应该委任给组织中的任何人。

- 残酷。因为如果组织结构设计不完善，最大的受害者将是组织的个体成员。如果成员在不明确他们的义务或者履行这些义务所需的资格时就被委任了某个职务，只要他们的工作绩效没能达到组织对他们的期望，这些成员就可能会遭受批评。

- 浪费资源。因为如果工作不能与职能的专业化统一，那么组织的新成员就无法受到有效的培训来胜任这些工作。如果工作不得不去适应组织成员，而不是组织成员去适应工作，那么每个新成员都必须接受培训来代替先前在此岗位上工作的人。不了解工作要求和组织成员数量往往导致无法制定决策，也会导致浪费了大量的时间进行无效的讨论。

● 低效率。如果组织不是以原则为基础建立的，管理者不得不退回到以人格魅力来领导下属。除非明确地建立了组织内部每个人都理解的原则，否则管理者在升职或相似的问题上就会开始“玩弄政治”。

厄威克强调在考虑组织个体成员之前，应考虑组织的技术规划和组织结构设置的重要性。尽管厄威克承认与成员接触很重要，而且还是管理者应尽义务的一部分，但却不能替代对明确的结构计划的需求。

简言之，当今社会上的大部分摩擦与混乱，及其引起的人们需承担的明显后果，都可以直接归因于组织结构的不完善。[41]

设计糟糕的结构的后果

厄威克强调组织结构设计的逻辑性，而不是组织内部成员的个性发展，该观点是组织和管理的传统方法的典型。尽管这观念有些狭隘，但近年来的学者在研究设计糟糕的结构的后果时得出了相似的结论。

查尔德指出：

在经营困难的公司中会不时出现一些问题，甚至在最好的情况下也会产生危险的萌芽需要解决。组织中的缺陷会使这些问题越来越严重。排在前几位的有：（1）情绪低落、士气下降；（2）决策不及时或不合适；（3）冲突、缺乏协调；（4）普遍对新机遇及外界变化的回应不够迅速；（5）成本增加。[42]

查尔德接下来解释了结构缺陷的后果。

● 情绪低落、士气下降可能归因于：明显不一致而且武断的决策；决策授权不充分；缺乏明确的工作定义和绩效评估；组织不同部门间的竞争压力；管理者和监督者因没有得到足够的支持而承受过大压力。

● 决策不及时、不合适可能归因于：没有将相关信息及时、准确地告知相关员工；不同部门的决策者协调不佳；由于授权不充分使决策者承受过大压力；对以前制定的决策进行再次评价的程序不健全。

● 冲突和缺乏合作可能归因于：由于目标和活动不明确而出现了相互冲突的目标及为相反目标工作的人；没能将员工组织起来形成团队或是员工间缺乏联络；缺乏任务调整沟通的有效体系。

● 对新机遇及外界变化的回应不够迅速可能归因于：没能开展与预测环境变化相关的专业性工作；没有把创新和变革计划作为主要的管理活动而给予足够的关注；没有充分利用团队合作以及缺乏对新项目相关方面的关注。

● 成本增加可能归因于：职权层级过长，高层职位比例过大；过多的规则、程序和行政工作影响生产工作；其他组织问题的出现。

组织结构的缺陷为员工的不法行为提供了更多的机会。例如，“魔鬼商人”尼克·

利森（Nick Leeson）通过对巴林财团的主要结构重组和结构扩展，捣毁了英国历史最悠久的商业银行——巴林银行。[43]

组织图表

组织的结构常常都是通过组织图表描绘出来的。图表将会在某一段时期内显示工作分工、活动分组、职权层级以及正式的组织关系。组织结构图表将组织的结构框架及整体形状都通过图示表现出来。一些图表很粗略，只提供了最少的信息量。其他图表则可以表现出数量不等的附加细节，例如，显示出不同单位义务和职责的广义本质。

图表通常都以传统的、垂直的表格形式出现，例如之前的图 10-7 和图 10-8。然而，这些图表既可以水平显示，从左向右读信息；又可以集中显示，将顶级管理放在中心。这些水平显示和集中显示的图表最主要的优点是减弱了上级和下属地位间的差别。组织图表还有实用的优点，在图表外边缘留有更多空白。另外，集中显示的图表使组织看起来更像一个统一的整体。组织结构图表被用来解释组织结构轮廓。它们可以被用作分析和回顾组织结构、培训、管理连续性以及规划变革的基础。图表还可以显示出组织结构表面的不足，例如：

- 控制幅度过宽；
- 缺少统一命令；
- 上报关系和/或沟通渠道不明确；
- 职权区域重叠；
- 命令链过长；
- 有些职能无人执行。

可能描述任何正式组织的最快捷和易掌握的方法就是勾勒出它的结构。组织的结构知识对于组织学的学生来说是必不可少的，因为它是了解这个组织内部过程的第一步。当管理者被要求描述他们的组织时，他们通常会画一份组织图表来说明他们的组织是如何“工作”的。[44]

组织结构图表的局限性

然而，传统的组织图表有很多局限性。它们只能描述出静态的组织，只能展示出组织表象或者应该是什么样。但图表却不能告诉我们同一层级职位的相对职权和职责，以及横向联系和非正式关系。图表也不能显示上级给下属的个人授权程度，以及直线型和参谋型职位的准确关系。传统的图表会很快过时，而且总是修订得很慢，不能及时反映出当前组织结构的变化。

尽管组织结构图表有这些局限性，但若将其绘制成一种通俗易懂的形式，组织图表还是展现组织结构框架的一种很有价值而且很方便的方式。人们总是询问组织结构图表没有显示出哪些东西、观察者从中看到了什么。起草组织结构图表有一些规范。在这里我们并不想讲太多的具体细节，但是必须记住图表应反映出：

- 图表起草时间；

- 组织名称和所涉及的分支或（适当的）部门名称；
- 是现存的还是建议的结构；
- 覆盖程度，例如，它是否仅仅涉及管理结构、是否包括服务部门；
- 提供图表起草人的相关信息。

汤森得虽然承认组织图表有一些用途，但他把图表比作“僵尸”，还建议应该用铅笔来起草。

永远不要定形、打印或传播组织图表。良好的组织是活的实体，会不断地生长出新的肌肉来迎接挑战。固定的图表会使员工士气受挫。没有人会认为自己比其他人低一等。而且在好的公司里，他的确没有低人一等。但是纸上却显示……在最好的组织中，员工会感觉自己在一个圈里工作，就像围绕着一张圆桌。[45]

正式组织及组织图表的总结参见如图10-11所示的概念图。

结构与组织行为

很明显，足够重视组织结构和设计是非常重要的，但这却不是一项容易的任务。

结构设计达到了合作与竞争的平衡，而且又使团队行为和个体激励结合在一起，这是建立组织或设计经济体系时最困难的部分之一。[46]

设计组织结构需要平衡一系列抉择。[47]在分析结构效果时，既要考虑正式的技术要求，又要考虑设计原则；既要考虑社会因素，又要考虑组织中人的需求和要求。结构的设计应该能够维持社会－技术体系的平衡、鼓励成员的自愿参与和高效的组织绩效。

一个组织可以被分成两部分或者两种结构，然后才能被审查。一部分是每个公司都有的可定义结构，另一部分是由于人为干预而形成的结构。后者为公司提供了独特的表征，还可以被看作是管理者对组织行为设计的要求做出的某种反应。从根本上说，组织的效果取决于人们的设计与组织行为结构间的匹配程度。[48]

组织行为的“现实”

组织结构和图表不能描述组织中实际发生了什么事。例如，沃特森提出，人们想当然地认为组织的系统－控制框架使管理者设计的组织结构和组织文化造就了组织现在的模样。我们必须从组织结构和组织文化的官方和非官方两方面来考虑组织行为。

阻碍管理控制的一个重要因素就是管理者在“设计”组织时，制定的正式或官方的安排在实践中没有达到预期效果。[49]

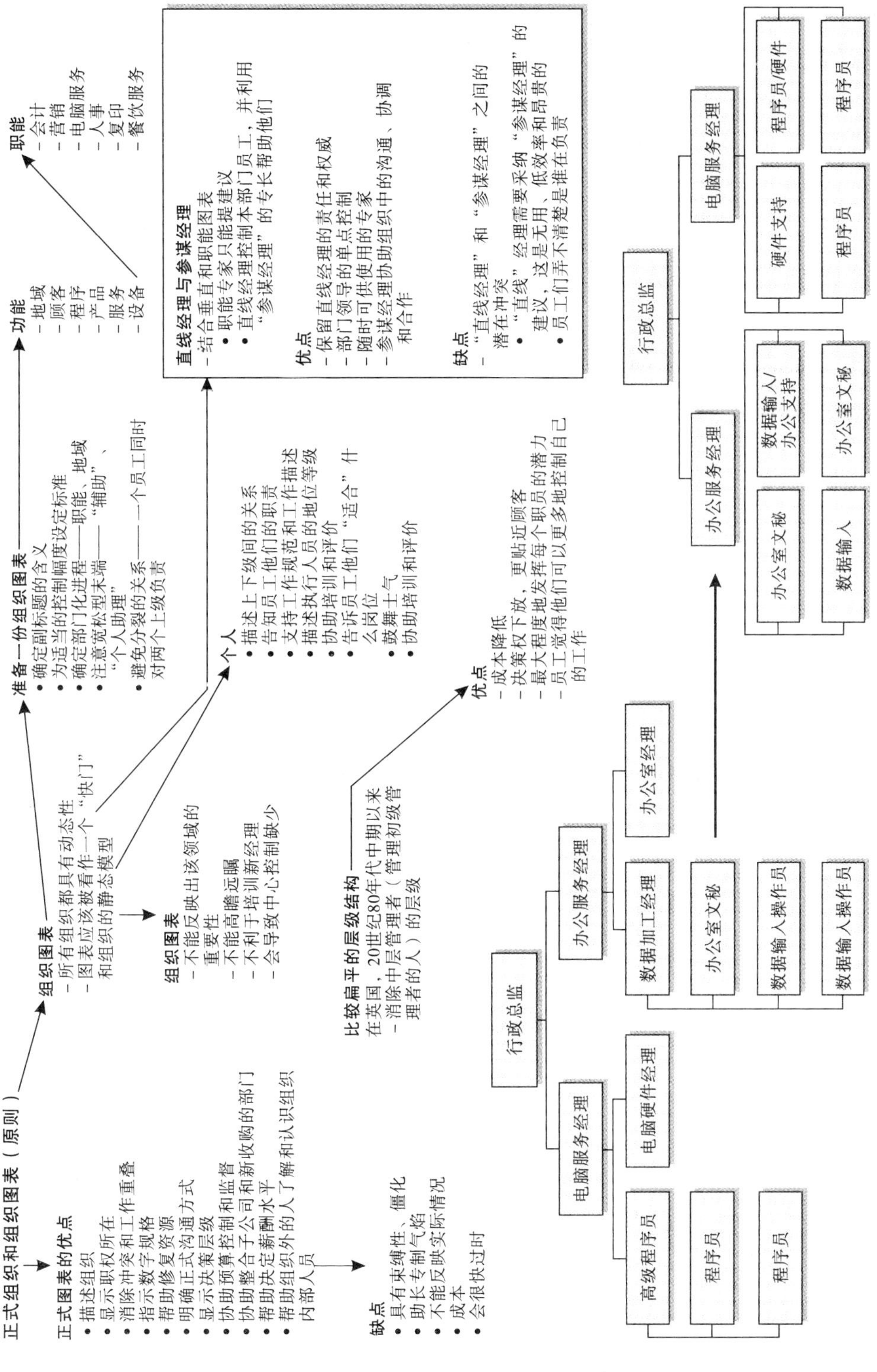

图10-11　正式组织的概念图和组织图表

资料来源：Training Learning Consultancy Ltd, Bristol, England. Reproduced with permission.

为总结我们的论述，我们需要回顾一下组织行为的“现实”和以前的章节中提到的观点。组织中的所有员工很少为了展示组织的整体行为而统一行动。在实践中，我们所提及的是组织内部的个体行为、部门行为或群体行为。人的行为是反复无常的，而且规定性的方法或原则应用到现实中是没有信度的。不同个体间存在差别，而且人们对组织、管理风格和自己的义务与职责有自己的感知、感觉和态度。研究人的行为不能孤立地看个体，而需要了解其与组成整个组织的其他变量间的相互关系，包括工作组织的社会环境以及非正式组织的重要性。人们工作时的行为和活动还会受到动机、需要和期望的影响。

格雷和斯塔克（Starke）为我们提供了一个幽默却很现实的图解，该图说明了组织在现实生活中是如何工作的（如图10-12所示）。[50]

赫勒也提到：

大型公司组织的目标与现实之间存在差距；组织形式和组织行为并不是同一回事。[51]

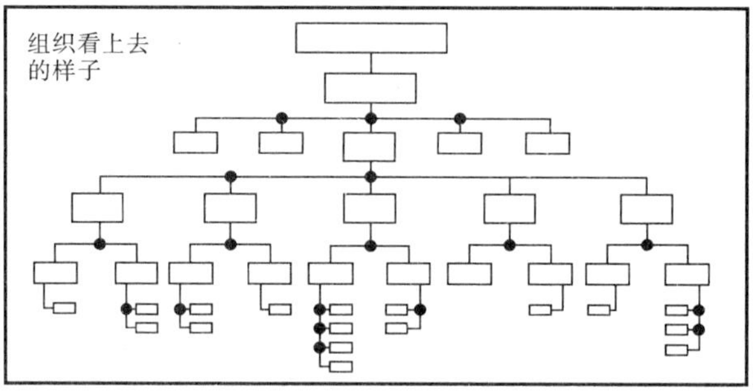

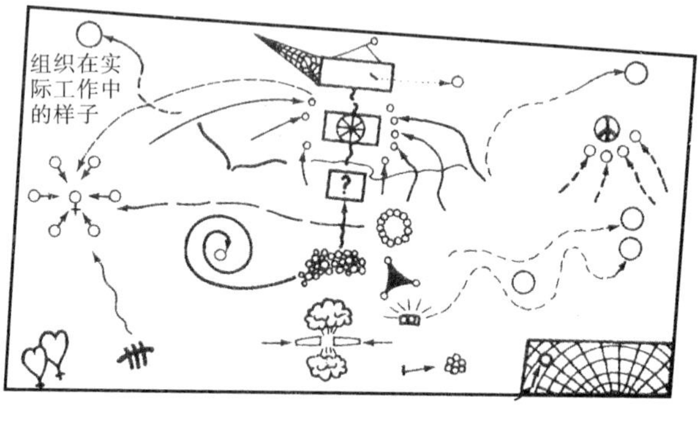

图10-12　组织与组织实际运营的比较

资料来源：Gray. J. L. and Starke. F. A. ,*Organisational Behaviour*: *Concepts and Applications*, Fourth Edition. Merrill Publishing Company(1988), p. 431. Reproduced with permission from Pearson Education, Inc.

不断变化的组织与管理

伯查尔（Birchall）提到了组织不断变化的环境及其对管理的影响。由于受全球竞争、信息及通讯科技集中、数字经济的出现、大多数西方国家经济的衰退、顾客权利以及不断变化的政治哲学的出现等因素的影响，中层管理者承担的很多工作不再需要那么多管理层级了。以前等级结构中需要花费很多管理时间来完成的任务，现在可能只需最少的监督或者干预就可完成。组织中的大多数工作都是以项目的形式完成的。许多管理者发现，他们领导的员工有很多时间在办公室以外工作。企业使用顾问的趋势很强。管理者有必要熟悉电子网络、分散团队以及虚拟组织。[52]

伯查尔不再把管理看作是所谓“管理者的精英组织”的唯一特权。管理的效能在企业内部被更广泛地分享，而且管理复杂组织的最大潜能在于释放组织的创新能力。克拉克和戈德史密斯提出了相似的观点，他们坚持认为管理已经是个过时的概念，而且军事命令型组织结构已经不再起作用。

很多创新型组织不再建立固定的、有中层管理层级的结构，而是将组织看作矩阵关系网络和迅速形成的高绩效团队……从管理的历史及理论的角度看，最显著的趋势是等级、官僚、独裁管理的衰落和相互合作、自我管理及组织民主的发展。[53]

评论性反思

“由于组织的本质总是在变化，所以正式结构并不重要。唯一重要的是个体成员是否知道组织对他们的期望，与他人和平共事以及成功地完成任务。”你同意吗？你认为现代工作组织的结构设计的目标和重要性是什么？

从新闻中学管理

谷歌的随机能力能否持久

西蒙·伦敦（Simon London）

“谷歌狂热症”发展成熟已经有一年多了。除非你把自己的一生都投入到这个事业之中，否则你可能就要和瑟基（Sergey）、拉里（Larry）这群怪才一起去冒险了。你甚至会问自己：我真的关心吗？有两个重要原因决定你应该那样。第一个原因与谷歌的商业模型有关，第二个与世界上被写得最多的公司经营方式有关。

最初的搜索引擎与Gmail、谷歌新闻、谷歌地球以及无数其他来自于加州高山风景区的类似服务有什么共同点？它们都通过互联网免费传送到你的电脑里，由目标广告商赞助。由此，谷歌寻求到了一种方法能把你在电脑屏幕上看到的所有东西转化成广告支持性媒体。

对于包括《金融时报》这样的传统媒体公司来说，这一发现令其担忧。

广告商们突然有了一个极好的新方法去花他们的钱。对于软件公司——尤其是对微软，虽非只其一家——来说，这一新方法的意义是非常恐怖的：既然谷歌及其效仿者们能够免费提供基础程序（文字处理、电子邮件、日历、表格程序），消费者们为什么还要去买软件呢？然而，比商业模型更有意义的可能是谷歌的经营方法。谷歌公司不愿意让新闻记者们自由出入公司本部，但是现在看上去谷歌已经开始了一项巨大的渐渐崭露头角的试验。

管理学的导师们多年来一直告诫公司：摒弃传统的自上而下的、过程驱动的方法，而应该采取战略的方法。他们劝诫说要控制雇员们的想象力、不要害怕试验、为设想创造一个内部市场、放置赌注、创建一个“创意文件夹”，制胜的战略便出自那里。

但是旧习惯很难根除。战略性计划的过程也保留着一种老规矩。首席执行官们谈论实验的需要并制定了当实验出现错误或在重要时刻反传统项目失败时的惩罚措施。将之与谷歌来进行一下比较，谷歌的软件工程师们能够把自己20%的时间花在自己选择的项目上，大公司从什么时候开始允许这样的自由度？试想如果通用汽车公司也这样做的话，该是一种怎样的乐事。

命令－控制型的管理者将回应说：“这样的实践很是拖沓而且浪费资源。一种更加开明的解释说，谷歌是在试着控制雇员们关于如何分配资源的集体智慧。有趣的项目吸引天才，无论它们是否已经得到了高级管理层的认可。虽然谷歌的一些创意看上去像是由高层驱动的，但公司仍然坚持一种可能性，就是内部市场的推动力比委员会能带来更好的决策。

以上这些并不说明谷歌在项目管理上没有烦恼。Froogle，作为谷歌的网上购物搜索服务，由于一直处于次要位置，从而成为了长期的硅谷笑谈。并且谷歌不受拘束的运营也并不表示这种异军突起的方法会一直带来好的结果。适用于几十个或几百个程序设计者的东西并不见得会在拥有几千员工的国际公司中产生任何效果。商业模型几乎有无限的潜能，但是组织会看重这个吗？在写这篇文章时，这个问题价值1260亿美元（710亿英镑）。

资料来源：London, S.,“Can Google's random genius last?”, *Financial Times*, 31 January 2006.

讨论题

1. 批判性地审查在多大程度上说明谷歌的方法支持本章最后一部分概括的“管理思想已经终结”这一观点？

2. “自由滚动”方法允许组织战略出自劳动者，而不再是组织高管的决策，请概括出管理者采用这种方法的意义，找出当把这种方法转移到其他类型的组织（如公共部门组织）时，会出现的益处和问题。

本章概要

- 结构为组织提供了框架，并使管理过程的应用成为可能。一个组织的结构不仅影响生产率和经济效率，还会影响员工士气和工作满意度。组织的整体效果不仅受合理的结构设计的影响，还受在结构中工作的员工行为的影响。人们必须关注整合结构的要求、技术要求以及了解组织中人员的需要和要求。
- 某种结构对提高主要活动绩效、支持员工努力工作非常必要。组织是分层级的，在等级结构中大体可分为三个宽泛的相互联系的层级：技术层级、管理层级和决策层级。不断变化的工作组织的本质总能引起人们对等级角色、传统的老板 - 下属关系以及管理者在组织结构中唯一可依赖的正式职权的程度的讨论。然而，等级制度虽然改变了形式，但它的确没有死亡。
- 很多变量和情境因素会影响最合适的结构。然而很有必要建立一个命令框架和指挥体系，以保证组织的活动得到计划、组织、领导和控制。这要求人们在设计组织结构时要考虑一些基本因素，尽管这看上去是一种规定性的方法，但它仍然为管理提供了一系列决策要点。
- 结构的关键就是组织成员的工作分工、活动的协调和相互联系着的不同的工作。工作分工和业务联系都可以通过不同的方式来实现。大多数组织在活动分组和在不同的工作间建立联系时，都会采取不同的组合方法。分工和活动分组所引出的一个重要的决策点就是集权和分权的程度。
- 造成困难的一个特定的关系形式就是直线经理和参谋经理相结合的组织，以及把具备专业知识的专家整合进管理结构中。由于我们需要对大范围的职能活动进行整合，因此我们要更加关注较灵活的结构形式，例如，项目团队和矩阵式组织。然而，矩阵式组织也存在一些潜在的困难。
- 设计糟糕的结构会产生一些消极影响，有可能会引起工作低效、情绪低落、士气下降、不及时不合适的决策、冲突、成本增加和组织缺乏发展等。尽管传统的组织图表有一些局限性，但组织结构通常都是通过组织图表来描述的。记住结构与组织行为现实的关系是非常重要的，一些学者已开始关注管理不断变化的本质和组织民主问题。

利用 www. pearsoned. co. uk/mullins 这一网站上的网络资源来进行知识更新与在线研究。

复习与讨论题

1. 组织目标是什么？在多大程度上你认为组织的等级结构中存在不同的等级？

2. 良好组织结构的重要性是什么？组织结构如何实现组织的整体效果？评论性地讨论组织层级结构的重要性。

3. 解释组织结构设计中需考虑的主要因素。评论性地讨论组织“原则”的价值。

4. 清楚地区分“控制幅度”和“命令链”。讨论大型组织的结构及有效运营的实际意义。

5. 准备一些图表来解释：(1) 直线参谋型组织；(2) 组织结构的矩阵形式。选择每一种结构形式的理由是什么？会出现哪些问题？

6. 对于“合乎逻辑的组织结构比允许个性发展的结构更能提高效率和士气”这一说法，你有几分同意？设计糟糕的组织结构会出现什么后果？

7. 评论性地讨论组织行为的“现实性”如何影响组织结构和设计。请举例说明。

8. 你如何看待“管理的终结和组织民主的兴起”？

作业

1. 仔细审察你所在的或其他组织中的工作分工及其活动间的联系。

(1) 调查并记录组织内工作分工的不同方式及活动分组的结合情况。

(2) 批判性地评论组织成员所采取的不同分工方法的外在效果。

(3) 请给出原因和实例来支持你的评论。

(4) 全面阐释你为了增进组织绩效而推荐的一些变革方案。请在适当的时候准备一个经过修改的或全新的组织结构图表。

2. 组织缺陷的症状核对清单

通读这份问卷，并勾出你认为符合你的组织整体及你所在的团队或单位的问题（如果有的话）。

症状	你的组织	你的团队或单位
士气是否明显低落？	□	□
决策是否前后不一致和武断，且没有参考规则及标准？	□	□
成员是否清楚组织期望他们做什么，及如何评估他们的贡献？	□	□
成员是否意识到他们的职责与取得成就的机会太少？	□	□
个人是否受到来自组织不同部门的竞争压力？	□	□

人们是否超负荷工作?	□	□
决策制定是否具有滞后性并且质量欠佳?	□	□
至关重要的信息是否能及时传达给决策制定者?	□	□
决策者是否分散在不同部门，且不能充分协调活动?	□	□
决策者是否由于没有充分授权而负担过重?	□	□
对过去相似决策结果的评价过程是否完善?	□	□
是否存在明显的冲突及欠缺协调的现象?	□	□
个人或群体是否存在与组织整体目标和重点相冲突的目标?	□	□
通过组成团队来协调人们的活动或其他加强成员关系的措施的机会是否被错过了?	□	□
系统是否能确保把运营变化的信息完整地传达给公司的其他部门?	□	□
组织是否能成功地对时刻改变的环境做出创新性回应?	□	□
是否有人专门负责监控组织外部的变化?	□	□
创新和改革计划是否得到高层的充分支持?	□	□
能够发现新机遇的人与有能力创造方法实现机遇的人之间的协调是否不够充分?（如销售与研发部门）	□	□
成本是否增加（超过通货膨胀），尤其是在行政区域内?	□	□
组织是否管理者过多，而实际工作的人又过少?	□	□
是否有过多的程序和书面工作，从而导致成员不能集中精力进行生产工作，且要求增加行政人员?	□	□

来源：From Child, J., Organization: Contemporary Principles and Practice, Blackwell Publishing (2005), p. 22. Reproduced with permission from Blackwell Publishing, Ltd.

a. 填完清单后将你的回答与同事的回答作对比。

b. 从这个练习中你得出了什么结论?

案例分析

Zara——时尚的忠诚追随者

零售时装产业可能是我们所能想象的流动最快、最易变化的商业之一。预测下一季的流行颜色、布料、风格与底边的全过程部分取决于主要时装设计者的创造力，并且，巴黎、米兰或伦敦的时装展示报告可能会设置为期半年或更长时间的时尚潮流。然而，现实中，与那些在春秋季时装展中展现在媒体和名人面前的美妙的、偶尔甚或是惊艳的服装相比，多数人在买衣服时是比较世俗的。在大街上，一款真正时髦的衣服会戏剧性地被诸多不可控制的因素所影响，如天气，而且需求也很容易受明星的一时冲动甚至是政客所影响（2002年，英国托利党主席特雷莎·梅（Teresa May）很意外地引领了潮流，因为媒体注意到她穿着一双豹纹高跟鞋）。[54]

因此，这个销售形象和风靡一时的服装的行业是较复杂的。支持零售时装产业的组织结构重点放在两项主要任务上：关于设计潮流做出可靠预测，然后在生产过程中降低成本。为了降低成本，多数时装公司同时在全球范围内购进原材料并销售成品。例如，棉布的生产现在稳定地立足于低成本经济行列，如土耳其、印度和中国。为了扩大风险并节省更多的成本，时装链一般会对其业务的许多方面进行外包，尤其是服装生产与分配的运营以分散供货公司。而其他一些更具创造性的方面，如服装款式设计，就与个人设计师或时装公司签约。建立了时装链Next的设计师乔治·戴维斯（George Davies）成功地为Asda和英国玛莎百货（Marks & Spencer）创造了成功的服装款式，并且斯黛拉·麦卡特尼（Stella McCartney）在2005年被委托去H&M设计服装款式。

把一个新设计并得到认可的服装款式引入商业街的商店中的产业标准时间，一般在六个月到九个月之间，[55]因此，全过程会有很高的风险。对这个转瞬即逝的市场的错误判断会导致某一特定的设计或产品严重存货不足或过剩，并且公司将会由于顾客的流失、贱卖预测失败的产品或打折销售而蒙受巨大的收入损失。但是有一家公司经过自我设计把此类风险降到了最低，那就是西班牙纺织品与服装公司Inditex，其最知名的销售品牌是Zara。

加利西亚风格

阿曼西奥·奥尔特加（Amancio Ortega）创立的这家纺织品公司于20世纪60年代成为Inditex公司，该公司坐落于西班牙北部加利西亚地区的拉科鲁尼亚市。在1975年，还是在同一城市，阿曼西奥·奥尔特加开了他的第一家时装零售商店，这家店在进入新千年时成为一家跨国企业，拥有16.15亿欧元的营业额及超过3万名雇员。[56]除了Zara外，Inditex还拥有其他一些品牌，如Pull&Bear（男性青年时装），Massimo Dutti和Often（旨在成为市场中质量最高的产品），Oysho（女性内衣），Tempe（鞋），Bershka及针对青少年的Kiddy品牌系列。从奥地利到委内瑞拉，Zara公司产品行销全球，根据2006年3月的报告显示，Zara公司比2005年增长了26%的利润（是其瑞典竞争对手H&M的四倍），并计划在2006年新开设400家分店，与其2005年的扩张速度基本持平。从各方面来衡量，在一个高风险并已有许多知名国际品牌的市场中，这都是一个快速增长且盈利的行业。

在这样一个善变的疯狂的商业街时装世界中，Zara 所取得的非凡的效果是有多种原因的。分析家认为它的一些关键特征都具有地域上的特殊性。[57]在 20 世纪 70 年代之前，加利西亚只有有限的纺织业，当西班牙地方及国家政府决定要在这个地区促进国内纺织品生产的时候，发展将加利西亚地区的工业引向一个与其他较传统的西班牙纺织品生产地区不同的方向。主要的不同在于在公司内部将设计、生产、物流和销售整合于一体，而非像其他地区那样分散和外包这些不同的商业要素。奥尔特加创造的时装是这一地区的典型。这种对于垂直整合原则（控制所有主要运营）的尊奉为 Zara 的成功打下了基础。

但是在这个例子中，控制并不意味着死板。为了达到其持续适应市场需求的商业目的，Zara 公司有意摒弃了僵化的组织结构，而选择了一种更加灵活的方式。我们已经注意到，Zara 与其许多竞争对手不同，它没有通过广泛使用转包来试图达到这个目的。相反，它的灵活性来自于它的全球分公司网络和西班牙本部运营中心之间的高度一致、快速和有效的沟通方式，并与可能是世界上最复杂的“准时运营”方式相结合。如上文所说，行业中，从设计到进商店的平均时间大约是六个月至九个月，而 Zara 用了三至四周就按部就班地完成了这项任务。在詹姆斯·萨洛维基（James Sarowiecki）2004 年的书中是这样描述纽约 Zara 的运营的：

索霍区的每一个星期二和星期六，都有一辆大货车停在百老汇东面的路边卸载货物。货车外面显现出一叠叠的浅色衬衫、裁剪整齐的黑色短裙还有雅致的女式夹克。从远处看上去，它们就像是刚从米兰的机场跑道上下来一样。所有的衣物都有两个共同点：它们出自一个百万平方英尺的仓库；仓库的所有者是一家坐落于拉科鲁尼亚镇的、叫做 Zara 的公司……而且在卸载的三个星期前，它们很有可能连设计者眼中的一道闪光都不是。[58]

管理时装实验室

不同于其他公司提前好几个月就设计并订购衣服的款式，并在预计销售时间之前把三个月的供货都堆积在发货中心里，Zara 只做当前正在销售的服装。它的设计团队以拉科鲁尼亚城为基地（Inditex 其他品牌的设计团队以巴塞罗那和阿里坎特为基地），它的高科技、高度整合的生产中心就在附近，个人设计师可以在几天内就看到自己的设计变成小批成品，并在几星期内运至商店中。如果这一设计卖得较好，就生产和运输更多的此类产品；如果该设计不受欢迎，公司损失很小，因为剩余产品很少，该设计也就不再使用了。这种小批量生产过程可以促进销售，因为顾客会迅速买下吸引他们的产品，以防明天这种产品就没有了。公司网站的招聘时装设计师的网页上写道：

Inditex实行创意汇总，新的设计和创意使得每一周都丰富多彩，还可以增大我们的产品需求。我们不断更新潮流，使其适应顾客需求，并在最新的风格上拔得头筹。[59]

设计、生产、物流的紧密整合仅是故事的一部分。公司设计的另一个关键因素是商店，尤其是商店管理者的角色。Inditex把它的商店叫做“时装实验室”。

顾客在那里告诉我们他们想穿什么。我们听取他们的意见和品位，商店团队再把这些传达给我们。有了这些有价值的信息，我们的时装产业立即采取行动，每一周都提供新的款式给我们的顾客。多亏了我们的商店团队，我们改变了时装游戏的规则……（他们是）……具有创新精神的企业家团队，他们每一天都把潮流带进商业街。

商店工作人员和管理者一直在收集关于畅销品及其离开货架速度的信息，这就是说地方管理者对于他的商店乃至整个公司的成功都有着重要影响。如果有顾客需要一件不同颜色的服装或当时商店里没有的特定款式，顾客的要求就会被记录在手提电脑里，对于销售和顾客反馈的整理材料每天都会传送到Zara总部来提醒设计者们当前的潮流。这种灵活性程度还使Zara的商店和地区产品管理者适应当地人的偏好。如果墨西哥人想要鲜红色和鲜黄色的吊带夏衫，而瑞士人更喜欢淡粉和蓝色，Zara可以满足他们不同的要求。

以其灵活的和经过整合的组织结构为依托，Inditex，尤其是Zara，明显重写了许多本行业的规则。这种组织结构既影响了工作（例如，设计者的工作融合了以时装展览设定的潮流为基础的长远预测和以每天销售数据为基础的持续性创新）的本质，又影响了跨国公司内部关系的本质，使商店管理者本人直接有规律地接触设计与生产。它可能在多个方面，而不是一个方面引领潮流。

你的任务

1. 结合图10-1“组织相互联系的层级”分析Zara的结构。它与那个模型的相同和不同之处是什么？

2. 用厄威克提出的组织原则，批判性地评估组织Zara的结构。

3. 组织可以说是完全垂直整合（即对运营所有方面的内部控制）和完全外包（即所有运营的外部化）的连续过程中的一点，而其核心起到了协调员的作用。从回应、弹性和效率的角度看，每种结构各有何优势和弊端？

4. Zara 组织模型可以在多大程度上转移到非商业部门？结合一个公共部门的经营（例如，国家卫生事业局的医院）或一个非营利机构来讨论。

注释与参考文献

1. Birkinshaw, J. 'The Structure behind Global Companies', in Pickford, J. (ed.), *Financial Times Mastering Management* 2.0, Financial Times Prentice Hall (2001), p. 75.

2. Adapted from Knight, K. (ed.) *Matrix Management: A Cross-functional Approach to GOrganization*, Gower (1977), pp. 114 – 15.

3. Heller, R. 'Resist That Urge to Reorganise', *Management Today*, *January* 1996, p. 21.

4. Watson, T. *Organising and Managing Work*, Second edition, Financial Times Prentice Hall (2006) pp. 254 – 62.

5. Drucker, P. F. *The Practice of Management*, Heinemann Professional (1989), p. 223.

6. Child, J. *Organization: Contemporary Principles and Practice*, Blackwell Publishing (2005), p. 6.

7. See, for example: Heller, R. *In Search of European Excellence*, HarperCollins Business (1997), p. 34.

8. See, for example: Lynch, R. *Corporate Strategy*, Fourth edition, Financial Times Prentice Hall (2003), Chapter 16.

9. Forte, C. (Lord Forte) *Forte: The Autobiography of Charles Forte*, Sidgwick & Jackson (1986), p. 122.

10. Vollmann, T. 'Restructuring: How to Improve your Success Ratio', *FT Mastering Management*, The Reader 2, Financial Times, June 1997.

11. Hannagan, T. *Management: Concepts and Practices*, Third edition, Financial Times Prentice Hall (2002).

12. Argyris, C. *Integrating the Individual and the Organization*, Wiley (1964).

13. Parsons, T. 'Some Ingredients of a General Theory of Formal Organization', in Litterer, J. A. *Organizations: Structure and Behaviour*, Third edition, Wiley (1980).

14. Department of the Environment, *The New Local Authorities: Management and Structure* (The Bains Report), HMSO (1972) pp. 10 – 11.

15. Audit Commission *Form Follows Function*, HMSO (1996).

16. Rawson, M. 'Whose Side Are You On?', *Professional Manager*, November 1997, p. 3.

17. Stewart, R. *The Reality of Management*, Third edition, Butterworth-Heinemann (1999), p. 190.

18. Jebb, F. 'Don't Call Me Sir (Everyone Knows I'm the Boss)', *Management Today*, August 1998, pp. 44 – 7.

19. Drucker, P. F. *Management Challenges for the 21st Century*, Butterworth-Heinemann (1999), p. 11.

20. Butcher, D. 'Breaking out of Organizational Mindsets', in Crainer, S. and Dearlove, D. (eds), *Fi-*

nancial Times Handbook of Management, Second edition, Financial Times Prentice Hall (2001), p. 91.

21. Cloke, K. and Goldsmith, J. *The End of Management and the Rise of Organizational Democracy*, Jossey-Bass (2002).
22. Gratton, L. *The Democratic Enterprise*, Financial Times Prentice Hall (2004), pp. xii-xiv.
23. Lundy, O. and Cowling, A. *Strategic Human Resource Management* (1996), p. 141.
24. For a fuller discussion on strategy and structure, see: Lynch, R. *Corporate Strategy*, Fourth edition, Financial Times Prentice Hall (2006), Chapter 16.
25. Woodward, J. *Industrial Organization: Theory and Practice*, Second edition, Oxford University Press (1980).
26. See, for example: Mullins, L. J. *Hospitality Management and Organisational Behaviour*, Fourth edition, Longman (2001).
27. Woodward, *J. Industrial Organization: Theory and Practice*, Second edition, Oxford University Press (1980), p. 113.
28. Barnevik, P. cited in Evans, P. A. L. 'The Dualistic Leader: Thriving On Paradox', in Chowdhury, S. *Management 21C*, Financial Times Prentice Hall (2000), p. 71.
29. Urwick, L. *Notes on the Theory of Organization*, American Management Association (1952).
30. See, for example: Moorcroft, R. 'Managing in the 21st Century', *The British Journal of Administrative Management*, January/February 2000, pp. 8 – 10.
31. Graicunas, V. A. 'Relationship in Organization', in *Papers on the Science of Administration*, University of Columbia (1937).
32. Woodward, J. *Industrial Organization: Theory and Practice*, Second edition, Oxford Universiry Press (1980).
33. Learner, P. M. 'Beware the Gatekeeper', *Amtrak Express*, July/August 1994, pp. 14 – 17.
34. Clutterbuck, D. 'Marketing the Staff Departments', *Professional Manager*, January 1994, pp. 7 – 9.
35. Heller, R. 'The Manager's Dilemma', *Management Today*, January 1994, pp. 42 – 7.
36. Quinn, J. B., Anderson, P. and Finkelstein, S. 'Leveraging Intellect', in Crainer, S. and Dearlove, D. (eds), *Financial Times Handbook of Management*, Second edition, Financial Times Prentice Hall (2001), p. 592.
37. Mann, S. 'Working around Projects', *Professional Manager*, November 2002, pp. 29 – 32.
38. Adapted from Kolondy, H. F. 'Managing in a Matrix', *Business Horizons*, March/April 1981, pp. 17 – 24.
39. Bartlett, A. and Ghoshal, S. 'Matrix Management: Not a Structure, a Frame of Mind', *Harvard Business Review*, July – August 1990, pp. 138 – 45.
40. Senior, B. *Organisational Change*, Second edition, Financial Times Prentice Hall (2002), p. 87.
41. Urwick, L. *The Elements of Administration*, Second edition, Pitman (1947), pp. 38 – 9.
42. Child, J. *Organization: Contemporary Principles and Practice*, Blackwell Publishing (2005), p. 17.

43. Tibballs, G. *Business Blunders*, Robinson Publishers (1999), Chapter 2.

44. Rosenfeld, R. H. and Wilson, D. C., *Managing, Organizations: Text, Readings & Cases*, Second edition, McGraw-Hill (1999), p. 255.

45. Townsend, R. *Further Up the Organisation*, Coronet Books (1985), p. 159.

46. Kay, J. *Financial Times*, 17 January 1997.

47. See for example, Galbraith, J. R. *Designing Organizations*, Jossey-Bass (1995).

48. Dunderdale, P. 'Analysing Effective Organisations', *Professional Manager*, September 1994, pp. 23 –4.

49. Watson, T. *Organising and Managing Work*, Second edition, Financial Times Prentice Hall (2006), p. 259.

50. Gray, J. L. and Starke, F. A. *Organizational Behavior: Concepts and Applications*, Fourth edition, Merrill Publishing Company, an imprint of Macmillan Publishing (1988).

51. Heller, R. *In Search of European Excellence*, HarperCollins Business (1997), p. 4.

52. Birchall, D. W. 'What Managers Do', in Crainer, S. and Dearlove, D. (eds), *Financial Times Handbook of Management*, Second edition, Financial Times Prentice Hall (2001), pp. 110 –31.

53. Cloke. K. and Goldsmith, J. *The End of Management and the Rise of Organizational Democracy*, Jossey-Bass (2002), p. 41.

54. D'Argy Smith, M., 'The Seaside Fashion Shows', BBC News Website, 11 October 2002.

55. Elliott, B. 'What's really new in supply chains?' FT. com, 28 June 2006 [accessed 3 August 2006].

56. Revilla Bonnin, A. 'The Fashion Industry in Galicia: Understanding the "Zara" Phenomenon', *European Planning Studies*, vol. 10, no. 4, 1 June 2002, pp. 519 –27.

57. Ibid.

58. Surowiecki, J. 'The Wisdom of Crowds', Abacus (2004), p. 192.

59. Inditex website at www. InditexJobs. com [accessed 3 August 2006].

第 11 章 组织控制和权力

> 所有对管理问题感兴趣的作家和研究工作者不得不面对的问题焦点是：管理活动总是不可避免地与权力、人类群体与个体之间相对的优势和劣势交织在一起……若要提高工作组织的效率或增强其效果，管理者在政治上是不会保持中立的。
>
> 诺丁汉大学组织行为学教授　托尼·沃特森（Tony Watson）
>
> 《组织管理工作》

控制和权力的概念是组织行为的一个根本特点。控制体系存在于组织运营的所有层面，并且是管理过程的必要组成部分。工作组织是由社会关系、地位和权力组成的复杂的体系，我们应该关注管理者和下属之间的关系。管理者需要了解权力和控制的本质，以便于改善工作行为和组织绩效。

□学习目的

学完本章后，你应该能够：

- **解释控制在工作组织中的本质和重要性；**
- **识别管理控制体系中的核心因素、控制的不同形式与类别；**
- **详细解释高效的控制体系的特征，审查行为因素的重要性；**
- **解释权力和管理控制的本质，并回顾组织权力的不同视角；**
- **探索授权的过程、授权的概念和重要性；**
- **评估控制财务和会计体系的本质和影响；**
- **认识影响人们行为方式的人文和社会因素。**

评论性反思

“控制”的争议性本质是指一些作家喜欢使用其他术语取而代之，如“监控”或是“评价”。你喜欢用哪个术语来表达这个过程？为什么？“无论使用哪个术语，维持秩序的过程都是个体和组织关系中必不可少的一部分，也是规范工作行为和有效管理的一个显著特点。”你同意上述观点吗？

控制的争议性本质

在第8章讨论管理者角色的时候，我们注意到了员工的激励和对其他人员工作绩效进行控制的重要性。例如，坦南鲍姆将控制看作是组织本质与生俱来的特征。控制的过程是个人作为组织成员得到的利益与为这些利益而付出的代价进行交换的核心。

组织就意味着控制。一个社会组织是个体成员相互作用的有序排列。控制过程有助于限制个体的特殊行为，并使个体行为与组织合理的计划保持一致。组织需要多样活动的整合，也需要一定量的一致。使个体绩效与组织需求保持一致进而实现组织的最后目标，这是控制的职能。[1]

令人遗憾的是，“控制”经常带有情感意义。由于控制常与命令的下达联系在一起，因此，控制被解释为一种消极的引导或命令方式。就其本性而言，控制体系与行为规范相联系。员工可能对控制体系有些怀疑，并把它看成是一种强调惩罚、显示权力、施加压力、维持纪律的方法。一些学者坚持这样的观点，甚至提出组织控制是对员工的剥削。[2]

但这是一种太过狭隘的解释。控制不只是一种简单的限制行为或在他人身上实施权力的方法。控制不仅是正式组织的一项职能和表示权力的等级结构，它还是组织行为的特点，而且对员工间的人际关系产生影响。[3] 因此，控制是一个应用于个人行为和组织绩效的一般概念。然而，我们应该注意在一次对机械论的重要讨论中，德拉蒙德（Drummond）指出：“常识告诉我们，面对无秩序状态，还是有控制比较好，而且‘多控制’比‘少控制’更适合。尽管这样的假设不一定错误，但是也不一定在任何情况下都正确。”[4]

个体行为

大多数人对控制会表现出矛盾心理。尽管他们往往不愿意其他人用它来鉴别自己的工作绩效，但是他们承认控制体系的有用性。然而，在某些情况下，人们会主动要求控制。例如，劳勒举了三个原因来说明为什么员工会要求顺从于控制体系。

- 针对工作绩效要求给予反馈。
- 提供某种程度上的任务结构，确定任务应如何被实施，及工作绩效将如何被组织评定。
- 根据工作绩效给予奖励（如奖金）的情况。[5]

控制可以代表可靠性、秩序和稳定性。当一个人询问“我想知道自己做得怎么样?”，这实际上可以看作他在要求控制。员工想了解他们被期望怎么做和他们现在做得怎么样。这着重强调信息互换、反馈以及现实结果和预定目标间的比较。控制是培训需求的基础，也是激励员工达到标准和个人发展的基础。[6]

图尔干（Tulgan）认为，“控制”与时间、雇员定制是指导未来工作报酬和激励的三个因素之一。“使个体参与者弄清楚组织需要的绩效标准（包括指导方针、参数和最终期限），并因此获得组织奖励。”[7]

然而，例如，威尔森的理论提醒我们，个体不只是控制的被动客体：“在强加给人们的限制中，他们可能会接受、拒绝、反抗、重塑、重新考虑、默认、反对、服从或者建立控制标准。”[8]在21世纪对管理过程新的讨论中，洛兰奇（Lorange）指出，控制过程也将会有大的变革：

可能“控制”这个词将不复存在，因为它被赋予了实践中并不起作用的言外之意。然而，作用一个可参考的词，我们应该继续使用它，并且记住现象背后真实的内容是不一样的。[9]

组织绩效

在组织层级中，管理层需要对员工的行为和行动进行“控制”，以确保令人满意的绩效。管理控制体系是检验任务进展的一个方法，它能测定组织目标是否已经被实现。例如，齐默尔曼（Zimmermann）认为，没有控制的组织是不存在的。

每个组织都有控制体系，可以协调分散的个人决策权。控制体系还可以作用于组织的另一个重要职能：它能检测出所制定的决策的有效程度。控制体系的第二个特征是关于公司组织目标的实现情况。从这个视角看，控制体系是为了公司利益而影响个人行为。控制的这两个职能是相互联系的。[10]

控制是管理行为的最后一环。它涉及计划、工作职能的组织以及引导和监督员工的行为。控制可以检测工作的执行情况，也可以检测组织运营是成功还是失败。管理控制的总体目的是改善个人绩效和组织绩效（如图11-1所示）。缺少足够的监督和控制，或者缺少有效的风险管理体系，是组织绩效不佳的主要特点，而且有可能导致公司倒闭。[11]由普劳德福特咨询公司（Proudfoot Consulting）做出的重要国际报告指出，由于计划和控制不足而导致的管理不力和日常工作监督不充分仍是生产率低下的最主要的原因。[12]

控制的伦理本质

对行为监督和绩效改进的关注引起了人们对控制在伦理本质方面的疑问。例如，在讨论组织行为目标的时候，罗宾斯（Robbins）做了如下评论：

最令人争议的目标是用组织行为知识来控制雇员行为。例如，当一个管理者问道：“我该怎么做才能让戴维（Dave）更努力地工作?”这个管理者所关心的是控制。为什么说控制具有争议性呢？一个民主的社会是建立在个人自由这个观念的基础之上的。因此，一个人应该试图使他人在没有认识到自己的行为被控制了的情况下，按照他预先设想的去做，这种观点在某些人看来是非伦理的并且/或者是令人反感的……但是，你应该意识到控制目标经常被管理者看成是组织行为在工作效率方面做出的最有价值的贡献。[13]

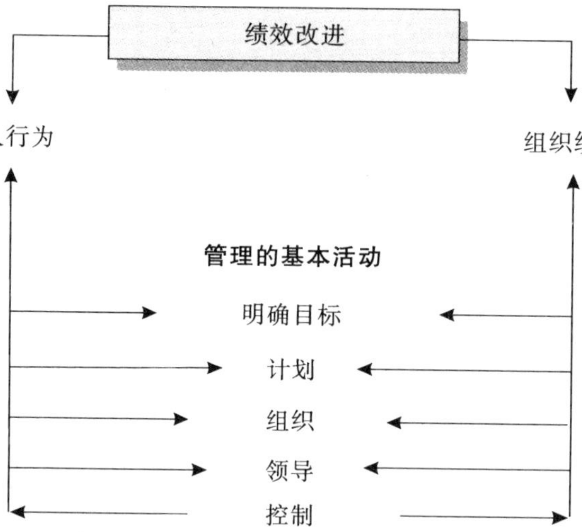

图 11-1　管理控制的本质

管理行为的表达

虽然对于某些控制的形式需求是不变的，但控制的程度和方式是会变化的。控制的实施是管理系统和行为风格的表达。

对控制的一种看法是建立在组织和管理的古典理论和传统观点基础上的。控制被看作是正式组织和权力等级结构的根本特点。它还让我们想起这个观点，即泰勒主义和科学管理（已在第1章中讨论）可以被看作是管理控制工人和实际工作过程的代表形式。管理者在等级结构中的地位和职位决定了他们有控制权，管理者控制呈直线型在组织内部垂直流通的信息。

相反，人际关系理论重视社会组织，强调群体和非正式关系的重要性。控制更多的是被看作人与人之间相互影响的特征，而且往往出现在人们相互作用和沟通的网络中。控制不应该仅被理解成不断的、严密的监督，或者被看作组织对个人行为自由的限制。

权变理论认为最合适的管理结构和体系取决于某种特定的环境。管理控制的本质是一个组织变量。请回忆有关管理背景的讨论（第1章）并考虑对于一系列不同组织的管理的程度和本质所涉及的类似变化。

协商和沟通的环境

在前几章，我们已经讨论过：管理的总体趋势是，组织结构的扁平化与管理的一体化，而不是管理的等级制和控制的不断增长。而我们今天看来，控制不能超越领导。“控制是旧世界的标志，而领导才是衡量新世界的标准。”[14]卢卡斯提出了一个相似的观点：

命令和控制过时了。协商和沟通才跟得上形势……而把领导者看成是具有独裁的、压制的、武断的特点的想法已经完全过时了。它不再适合受知识驱动的新经济时代，此时的人们期望协商，而不是被命令；期望被培养，而不是被溺爱。[15]

然而，根据克拉克和戈德史密斯的研究，很多员工是在等级鲜明的组织中成长起来的，并且已经适应了外部权威和组织历史沿革的习惯。

许多员工更喜欢被独裁的管理者告知该做哪些事情，并甘愿接受被像小孩子一样对待，这样他们可以不必承担职责和减轻工作压力。他们情愿盲目地服从等级权力，而且在上司面前保持沉默以确保工作稳定。目前做一个服从上级命令、不用思考、无所事事的人要比做一个自我管理型团队的成员而且必须对结果负责的人容易得多。[16]

你可能会想起在第 8 章中关于管理的 X 理论和 Y 理论的讨论。

并且根据英国贸易与工业部的调查，大部分管理者仍在为还没有完全达到当今高绩效工作要求的组织工作。

> 太多的管理者经历了太多的官僚体制、命令与控制行为，这样他们就倾向于抑制而不是改善个人和组织的绩效。官僚主义和独裁主义的命令与控制结构在英国的组织中仍非常普遍。[17]

组织控制体系的要素

无论控制的本质是什么，也无论控制采用哪种形式，在一个组织控制体系中都有五个基本要素（如图 11-2 所示）：

- 计划目标；
- 建立绩效标准；
- 监督实际绩效；
- 对比实际成绩和计划目标；
- 调整并纠正误差。

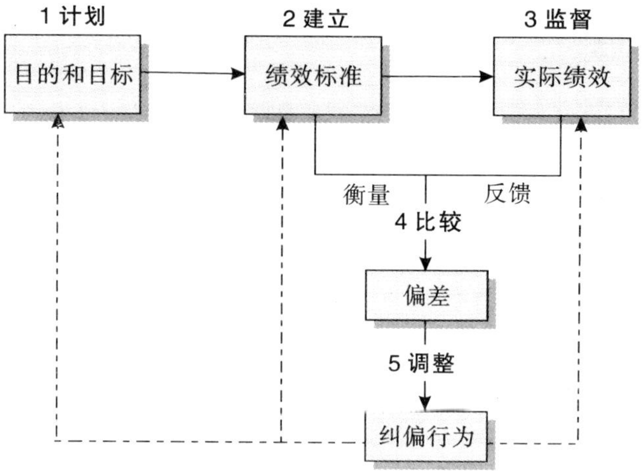

图 11-2　组织控制的五个基本步骤

1. 计划目标就是明确组织要实现的目标。员工应清楚地了解应该发生什么，他们应该去做什么，这是非常重要的。这就要求要具体规定目标，尤其是关键性活动的目标，并且在可能的地方给出可以衡量的特征。计划提供了控制过程发生的框架。

2. 与计划相关的是建立明确的绩效标准。这要求组织制定可以决定目标实现的程度和质量的现实的标准。只要有可能，这些标准都应该被量化。计划和标准是控制的前提。没有它们，组织就不可能有控制。目标、绩效标准应该被组织清楚地规定，并通告相关人员以及受此控制体系制约的人员。

3. 控制的第三方面是需要一种监督实际工作绩效的方法。这需要反馈和一个准确、相关、及时的信息上报体系，该体系使管理层能够看到与计划的绩效标准的偏差。反馈也为调整控制体系的决策提供了基础，如修订原始计划的需要。反馈应该与期望的目标和为实现目标而设计的方案有关。

4. 接下来有必要对比实际的工作绩效和计划的目标。这需要一种解释和评价信息的方法，以便解释工作进度细节、揭示偏差、确定可能的原因。这些信息应该回馈给相关人员，让他们了解自己做得怎么样。

5. 管理控制体系最后一个要素是纠正误差，以调整阻碍实现计划目标的环境或者其他形式的偏差。这需要考虑为改善绩效可以做哪些事情，还需要权力机构采取适当的行动改善环境，检查控制体系的运行情况，并在必要时调整目标或者绩效标准。

控制的形式

控制的范围很广，它可以发挥很多作用，并且可以许多不同的方式表现出来。

- 控制体系可用于衡量投入、产出、进程或者员工行为。

- 控制与目标结果或者具体行为有关。
- 控制与组织整体绩效或者主要部门的绩效评价相关。这需要有广泛基础的绩效标准和纠正偏差的方法。与组织所有方面都相关的总体质量控制可以视为全面质量管理活动的一部分。
- 控制与日常业务行为的标准和绩效有关，这要求有更具体的绩效标准和更快速的纠偏行为。
- 在第 9 章，我们提到越来越多的组织发表了“员工行为准则”，根据麦肯纳的理论，这会形成另外一种控制形式：

发展并公布员工行为准则是一种控制形式，它制定了组织高层管理者期望下属要遵守的行为规则和价值标准。这样的行为准则只有在下属看到各级管理者的行为、信念和在集体学习时都履行此准则的时候才会被员工接受。[18]

行为控制和产出控制

大内（Ouchi）和麦圭尔（Maguire）提出，组织中控制的研究包括甄选、培训、社会化进程、官僚机构、形式化以及对产出的衡量。[19]他们从对零售商店的研究中总结出，组织中的控制机制并不是有限的、目标单一的过程，它们涉及两种相互独立并发挥不同作用的控制形式：

- 行为控制以直接的个人监督为基础。这种控制形式对于那些在一个部门中控制下属的个人管理者来说更有用。行为控制的应用是针对任务的具体需要、管理者的能力和组织规范而言的。
- 产出控制以产量的标准和已取得的成果为基础。这种控制形式作用于组织的整体需求，并且在大多数时候是由于需要对组织绩效作简单的量化衡量而使用的。

两种控制形式都很重要，而且它们不是互相排斥的。如果应用行为控制而没有充分考虑到产出控制，就会助长官僚主义。过度注重形式规则和程序本身很重要，但这不是长久之计。人们的行为可以循规蹈矩，但是像提供有效的顾客服务这样重要的目标可能会被忽略。[20]

公共部门的控制

公共部门组织有政治目的，并且涉及到社区服务和福利。然而，近年来出现了私有化政策，企业从国家直接控制中获得自由，并被转移到个人手中。同时，政府施加了更大压力以保证成本有效性、私营企业参与投资以及保证运营中的效率和节省。待遇平等以及公共问责的需求引发了高层级的法令控制、立法和行政监管。针对这种情况，地方政府更关注政府议员与常任官员间的关系。

尽管中央政府有明显的权力下放和权力转移，有证据表明：公共部门管理者仍肩负日益增强的政治压力。公共部门策略管理的需求使人们更加关注绩效产出标准，不仅在质量方面，还有数量方面。[21]例如，史密斯（Smith）提出：

公共部门提出了非常有挑战性的控制问题，而且政府更加依赖各种形式的绩效指标，用以揭示政治进程，进而保障公共部门管理的控制。[22]

麦肯纳提出了相似的观点，他坚持：

公共部门引进了管理主义，这是一种以私营部门经济和科学管理原则为基础的管理形式。管理在已应用的控制体系中引发了巨大的变革，人们关注的焦点由日常化、程序化的工作绩效转移到了“可量化”产出的实现。[23]

肖维尔顿（Shovelton）注意到了作为公共服务基础之一的“问责制”日益增长的重要性。公共部门组织需要显示股东价值、员工平等的待遇和一系列与组织利益相关者的高环境标准，并且公共服务机构在提供“更多”或者“更好”或者“更清晰”的问责时面临着很大的挑战。[24]对地方政府来说，仍有很多宣传指向高层管理的职责以及控制体系的有效性，尤其是引人注目的社会服务。[25]

控制体系的分类

控制可以有多种形式，也可以不同的方式分类。瑞福斯和伍德沃德以对七个不同的工业企业的研究为基础，提出了一种控制体系分类法。[26]他们认为几乎没有可能在一个维度里和简单的范围内将控制进行分类，而是从很多可能的变量中描述了控制的两个与组织行为研究有关的主要方面：

- 个人控制或机械控制；
- 整体控制或片段控制。

人们可以通过一个范围给组织定位，该范围的两个极端是：完全的个人等级控制与完全机械控制。在两个极端之间，存在着行政但非个人的控制过程。这个范围涉及控制在组织内部如何被实施及其个人化（或非个人化）的程度。非个人控制体系可能是行政的或机械的。行政控制以正式标准化程序为基础，如生产计划和成本控制。机械控制的一个例子是机器的自动化控制体系或者生产线连续不断的工厂。这种控制嵌入了生产过程中，并通过机械化或电气化设备得以实施。

控制体系及其行为效果重要性的第二个特点，是各种控制体系相互联系并整合成一个管理控制体系的程度。公司可以在单一整合的控制体系与片段控制的多元体系两个极端之间被定位。一些公司试图将不同部门不同的控制体系整合成一个整体的管理控制体系。在多元体系控制下，控制标准是由不同的专业人员独立制定的。组织成员尽量同时满足一系列的控制标准。例如，某一项工作必须同时满足生产控制者、人力资源部经理、主管和成本会计师的要求。

技术和控制体系

通过对伍德沃德（Woodward）对南艾塞克斯 100 个制造公司的研究得到的数据进行进一步分析后，对技术的最初分类和以上对管理控制体系分类之间的联系就显现出来（详见表 11-1）。

表 11-1　控制体系和技术分类之间的联系

	控制体系 A1 (%)	控制体系 B1 (%)	控制体系 B2 (%)	控制体系 A2 (%)
单元和小批量生产	75	25	—	—
大批量和大规模生产	15	35	40	10
程序式生产	—	—	5	95
所有公司	28	21	18	33

资料来源：From *Industrial Organization: Theory and Practice*, Second Edition, Woodward, J. 1965, p. xxi. By permission of Oxford University Press.

单元和小批量生产公司往往具有单一的和以人为主的控制体系（A1）。程序式生产公司往往具有单一的和以非人为主的控制体系（A2）。对南艾塞克斯的研究中显示的单元生产公司和程序式生产公司间的组织特点的相似性，伍德沃德通过两个群体都受单一的控制体系支配这一事实来解释。

在大批量或者大规模生产的公司中，主要由个人控制（B1）的公司与单元生产公司有相似的组织特点；而主要由机械控制（B2）的公司与程序式生产公司有相似的组织结构。

根据分析，瑞福斯和伍德沃德提出控制体系可能是潜在的变量，它把组织行为和技术联系在一起。他们提出的控制体系分类方法可能会提供一种比传统的技术分类更好的方法，以预示组织行为中的某些方面。

威尔森指出，技术指的不仅仅是设备和机器，还与鼓励相互作用的社会关系有关。技术是一种人类的、政治的、社会的行为。“控制的焦点不能总是在技术变革中从员工移向管理者，也不能从管理者移向员工。控制最终要存在于管理中，尽管它可能会被员工抵制。”[27]

信息技术

在前几章，我们已经涉及到信息技术发展的影响，它的发展也将对管理控制体系产生重要影响。随着更多信息可以向更多的人更快速地传播，包括与其他国家或者国际办公场所直接沟通，沟通的过程与计算机系统联系越来越紧密。信息技术和办公自动化改变了工作场所的性质和人们工作的方式。例如，无线电通讯的发展使无线作业得到了迅速发展，员工在家可以使用电脑网络、电话、传真工作。它具有许多潜在的优势，但也在自我激励、安全和管理控制体系等方面引发了一些问题。

诺德斯特姆和瑞德斯卓尔提出，随着信息技术应用的不断增长，控制不会消失，但会变得更间接一些。信息系统将会被用来通过在很多层面上更频繁地衡量更多产品或新的产品来加强组织的控制。从某种程度来说，信息技术代替了由于引用新的组织结构而造成的等级控制的缺失。[28]另一种由于信息技术应用的不断增长而产生的有意思的现象是，组织监督员工电子邮件和网络使用情况的行为变得合法。[29]

评论性反思

有些人说一个高层次的管理控制是有损自身的，因为它有可能导致消极的反应、增加内部冲突并限制个人自由和能动性。其他人说员工们想知道他们的绩效如何，并认为控制代表着可信度和良好的秩序。你是怎样认为的？

组织控制策略

查尔德提出了组织中六个重要的控制策略（详见表11-2）：

1. 个人集中控制；
2. 官僚控制；
3. 产量控制；
4. 电子监控控制；
5. 人力资源管理控制；
6. 文化控制。[30]

表11-2　六种组织控制的策略

1. 个人集中控制
1.1 对个人行动的直接监督；
1.2 集中决策；
1.3 个人领导：建立在所有权、个人魅力或者/以及技术专长基础上；
1.4 加强奖励和惩罚以增强个人职权。
2. 官僚控制
2.1 将任务分解成容易界定的部分；
2.2 应用到任务中的正式规定的工作方法、程序和规则；
2.3 预算的、标准的成本，即财务控制体系；
2.4 限制在执行任务中关于速度、顺序、可能的物理方法出现偏差的技术*；

（续表）

2.5 在规定的范围内，实施日常决策；
2.6 增加奖励和惩罚体系，使其符合程序和规则。
3. 产量控制
3.1 按照负责完成的产量，设计职务和部门；
3.2 详细的产量标准和目标；
3.3 使用"职责制会计"体系；
3.4 下放操作事宜的决策权，半自治；
3.5 与产量目标的完成情况相联系的奖励和惩罚。
4. 电子监控控制
4.1 通过信息通信技术远程记录和评估的工作速度和质量；
4.2 通过其他员工的绩效以及主流趋势来评估的员工的绩效；
4.3 通过这样的绩效监督来奖励和惩诫员工。
5. 人力资源管理控制
5.1 使用甄选以确保新员工"匹配"组织管理层对雇员的态度、行为和能力的要求；
5.2 为加强这种要求而设计的培训和发展；
5.3 建立绩效评估与奖励制度，用以鼓励符合条件的员工。
6. 文化控制
6.1 在管理目标的指导下，开发员工个人对组织的认同；
6.2 着重强调组织的集体的、相互支持的特征，使组织类似于"家庭"；
6.3 组织的雇佣具有工作保障性和晋升空间；
6.4 半自治的工作：几乎无正式控制。

* 一些权威人士认为这些是独立的控制策略。例如，理查德·爱德华兹（1979）。

资料来源：Child, J., *Organization:Contemporary Principles and Practice*, Blackwell Publishing (2005), p. 121. Reproduced with permission from Blackwell Publishing Ltd.

个人集中控制

这种方法经常可以在小业主管理的组织中出现。这种方法的特点是决策权和创新全部集中于领导者个人。控制大部分由个人完成，内容是检查决策的执行情况。领导者往往花费大部分时间亲自监督工作。一旦组织规模发展到可以雇佣他人对日常工作进行具体监督时，决策和监督工作往往会被分开。领导的权力经常是依赖所有权、个人魅力或者技术专长。

官僚控制

这种控制方法在公共部门组织和大规模的组织中会比较常见。这种方法以成员应该如何行动和开展工作的具体要求为基础。这种控制试图通过规定正式工作的内容和程序将任务分解成组成要素以及细分任务绩效的标准，从而保证组织的预见性。组织设立奖惩体系来加强控制策略。员工如服从控制体系会得到晋升、地位提高、可观的收入和工作保障等奖励。官僚控制将会利用会计控制体系，例如，预算控制和成本差异标准控制。官僚策略允许在不失控的前提下存在授权，管理者可以在正式规定的限制之内委派下属日常的决策权。

产量控制

这种方法依赖于确定具体任务具有可衡量产量或者整体绩效的标准。例如，最终产品、符合标准的零件生产、批量生产或者组装生产。薪酬和处罚可以与产量条款中规定的绩效水平相关。产量控制策略的目标是促进决策授权，而又不需要官僚控制或者依赖严密的个人监督。一旦下属在产量标准上达到了规定，他们与管理层就形成了一种半自治的关系，在任务如何完成上不受具体的控制。产量控制在某些工作上应用起来往往有些困难，像一个商业组织的法律部门。虽然建立合适的、一致同意的产量标准很难，而且管理层编写所涉及的工作内容也很复杂，但是产量控制还是比官僚控制策略更合适。

电子监控控制

这种控制的实质是通过信息通信技术、远程记录和评估工作速度和质量，而不依靠人为的监督。控制的数据不是给人以模糊的印象，而是非常精确，也不受管理偏见的影响。绩效监督可以很容易地被用作奖励和约束的标准。电子监督可以应用于不同类型和不同层级的活动。尽管消费者服务的代表们不喜欢来自这样一种控制形式的压力，并且依靠电子设备提供的统计是否客观仍受到质疑，但这种控制的应用还是屡见不鲜。

人力资源管理控制

人力资源管理的程序被同时应用于提高员工技术和控制他们的行为和绩效中，人力资源管理可以为实现组织目标做出进一步的贡献。系统性的筛选方法可以确保新员工适合管理所要求的技术能力。绩效评估与评价为管理者和员工提供了反馈。绩效评价是组织奖励员工的基础，也为员工培训和开发需求提供指导。如果培训和开发项目适应了员工需求与工作需要，这将产生更大的绩效。

文化控制

这种方法已经被视为是一种远离传统的管理手段，并且基于内在的服从而不是外部约束的管理方法。文化控制策略以接受和服从管理要求为基础。例如，接受并遵从组织的价值观与信仰。一个明显的例子是大型日本公司的文化控制越来越多地被日本的其他组织所效仿，这必然招致社会的批评。尽管浓厚的企业文化已经成为组织可以选择的一种控制手段，但实际上，公司要付出很大努力来确保员工适应这种文化。如果成员具备所需的技能和能力，则可以很自由地决定如何履行自己的职责。与个人自治相联系的文化控制，长期以来就与职业息息相关。尽管有一些对文化控制的批评，但它适应当今专业和知识工作者不断增长的趋势，并且与自我管理团队、有限控制团队的运营保持一致。

有效控制体系的特点

无论控制的类型还是性质，一个有效的控制体系都有一些特征。控制体系有积极的影响，也有消极的影响。所以，重要的是以建设性的和有益的方式设计和实施控制体系。

> 大多数人可能更喜欢他们的生活在某些程度上受到一定的控制，尽管他们不乐意承认，因为控制为人们提供了生活的稳定性，并为他们的福利和安全做出了贡献。然而，控制的负面意义在正式组织中仍然存在，并且在以传统的方式建立、实施、应用过程中被放大了。
>
> 鲁森斯（Luthans），《组织行为学》[31]

希克斯（Hicks）和格莱特（Gullett）认为："控制体系应该是容易被理解的、经济的、与决策中心相联系、可以迅速记录变化的、具有选择性并保持灵活性的并且直接指向纠偏行为。"[32]延伸希克斯和格莱特的观点，我们能够确定一个有效的控制体系所具有的几个重要特点。

- 对于一个有意义的控制体系来说，它必须要被工作所涉及的成员所理解。控制体系的目的和它提供的信息必须要被影响其结果的全体成员所理解。控制体系的复杂程度应该与工作性质与员工的技术能力相关。信息必须以适当的形式显示出来，如果信息以一种人们不理解的形式显现，它往往就会被忽视，控制体系的所有潜力也就都得不到发挥。
- 控制应该与组织结构一致，并与负责工作的决策中心相关。信息应该提供给那些对具体工作负责的管理者和有能力运用这些信息评估目标完成程度的管理者。这些信息应该使管理者控制他们的职责范围成为可能，并且当纠偏行为必要时，应该以一种清晰的形式显现出来。
- 一个有效的控制体系应该尽快地报告实际工作与期望标准之间的偏差。理想的话，可能出现偏差的征兆应该在它们实际发生之前被发现。在适当的时机报告偏差是非常重要的，这样挽救形势的纠偏行为才能及时地实施。例如，预算超支或有余额的信息应该及时报告给管理者，使他们有充足的时间来处理相关事宜，避免紧急行动。

• 控制体系应该关注对组织成功起重要作用的关键工作。作用在相对不重要的工作上和不必要的控制行为，既不经济，也浪费时间。它们会影响员工的士气，并有可能忽略关键的控制要点。某些控制要点要比其他的控制点更重要。在对组织兴衰起重要作用的工作上，必须要持续在关键的范围内进行精密的控制。例如，一个餐厅的管理者应该了解不同的工作时间所需要的员工数目，所提供食物的数量和种类，进而以最有效的方式布置员工工作。

• 为了使工作有效，控制体系必须具有灵活性。控制体系必须要显现出有用的信息，这些信息不受与控制体系目的无关的其他因素变化的影响。例如，一个五年前建立的控制体系，规定只要花费超出了预算就要上报给高层管理者，如果没有考虑到通货膨胀的影响，它就不一定有效。并且，如果相同的数目应用在所有的情况下，高花费的部门往往导致过度控制，而低花费的部门却没有受到足够的监督。

• 控制体系应该与它相关行为的目标一致。除了从实际绩效中定位与计划的标准间的偏差之外，控制体系应该被设计得足够复杂，从而表明提高绩效的方法。例如，在社会服务领域，只知道花费应该在预算之内是不够的，了解在哪些方面需要花费往往更有帮助。占公司最高份额花费的人可能是熟悉自己权利和公司财务程序的人，而不是更需要资金的人。因此，控制体系应该致力于发现偏差的根源，而不是只了解征兆。

• 控制体系往往会为纠偏行为指出几处可能的问题。管理者就需要去调查这些可能，并决定纠偏行为的最佳形式来处理偏差的根源及解决所确定的问题。

• 控制体系自身应该不断检查，以确保它们产生的结果有效、恰当。它们不应该太昂贵、太复杂，但却应该满足以上所建议的特点。

权力和管理控制

工作组织不仅是等级结构的体系，它们还是社会关系、地位、权力的体系。权力是一个复杂的和动态的概念，很难去轻易地定义。广义来讲，权力可以被诠释为对他人行为的控制或影响，无论他们同意与否。有时候权力可以被诠释成真正影响他人的程度，有时候它还包括了对除了人以外的事物或事情的影响。在研究组织工作的性质时，奈特和威尔莫特提出："权力经常与社会生活的强制性和约束性相联系。它是一种方法，通过它统治阶级、政治精英或者管理群体在社会或组织中控制下属。"[33]

罗宾斯提出，权力可能存在但却没有被应用，这暗示了它有不需要被实现的潜能，所以权力是一种能力或潜力。权力最重要的方面就是依赖性。"一个人，只有当他或她控制了你想要的一些东西时，才对你有权力。"[34]

权力是工作组织固有的性质，并往往是决策过程背后的基本事实。它是组织工作如何实施的命令框架的中心，例如，官僚结构、政策、法规和程序的运用。缺乏权力、影响力与办公室政治是组织内部管理压力的主要来源。权力在职能上的重要性与组织整体性是一致的。管理控制是引导员工工作、完成组织目标的主要方法。权力的运用来自组织管理结构中正式的权力职位，职位使管理者对下属员工的控制权变得合乎情理。

体系控制和与过程相关的制度

对于人类生活和组织活动的现实，沃特森提到了体系控制和与过程相关的制度的区别。体系控制的构想倾向于组织中的“官方”这一边，并且强调组织结构、文化特征和组织设计。组织是一个实体，是一个存在于自我规定的管理规则和角色基础上的系统。它是由设计、操纵和维持它的人设计和控制的。与过程相关的制度承认控制的概念，认可那些工作组织管理者对工作行为实现控制的渴望。与过程相关的制度认为，组织是一套人际关系，是相互联系的理解；组织在理性和感性的层面上运行。与过程相关的制度重视由于交流、协商、冲突和妥协的过程而产生的新型管理模式。[35]

权力、参与和服从

通过对复杂的组织的比较分析，埃茨奥尼（Etzioni）提供了组织关系的分类。埃茨奥尼认为：控制结构和权力来源的应用是确保员工服从的手段。[36]埃茨奥尼的分类涉及权力、参与、权力方式与参与方式的匹配三个维度。服从是组织控制员工所运用的权力类型与组织成员的参与方式之间的关系。

权力根据使组织成员顺从的方式有所差别。

- 强制权。依赖应用威胁，或者身体上的处罚或强迫，如控制食物或自由。
- 报酬权。包括物质资源和奖励的管理，如月薪和周薪。
- 规范权。依赖象征性奖励的分配和管理，如尊重和威信。

参与是组织成员投入的程度。

- 疏远式参与。成员参与组织活动，但却违反了自身的意愿。疏远式参与对组织有很强的消极导向。
- 计算式参与。成员依附于组织是因为受到外在奖励的激励。对组织既有消极导向，也有些许积极导向。
- 道德式参与。以个人的信仰和价值取向及组织目标为基础。对组织有高度积极导向。

权力类型与参与方式

将权力类型与参与方式放在一起，可以得到关于组织关系的九种分类（如图 11-3 所示）。基于这种分析方法，埃茨奥尼提出某一种权力总是与某一种参与方式相匹配：

- 强制型与疏远式参与——关系 1（典型代表，如监狱）；

- 回报型与计算式参与——关系5（典型代表，如商业公司）；
- 规范型与道德式参与——关系9（典型代表，如教会）。

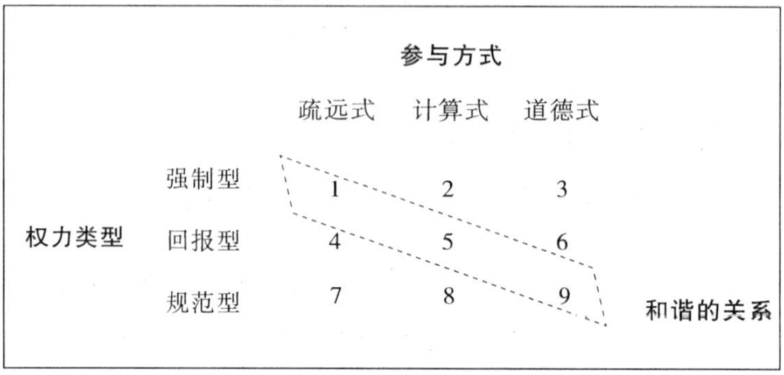

图11-3　组织关系与服从

资料来源：From Etzioni, A., A Comparative Analysis of Complex Organizations, Revised Edition, Free Press (1975), p. 12. Copyright© 1975 by Amitai Etzioni. All rights reserved. Reprinted with the permission from The Free Press, a Division of Simon & Schuster Adult Publishing Group.

这些权力类型和参与方式的匹配是相互适合的，并且也体现了组织中服从程度的最常见的形式。其余六种组织关系是不适合的。埃茨奥尼提出，有适宜的服从结构的组织会比没有适宜的服从结构的组织更有效。

组织权力的视角

权力有很多潜在的来源，这些来源能使组织成员得到更多的利益，也能提供解决冲突的办法。组织权力的来源包括：组织结构、正式职权、政策和法规、现行命令、决策过程的控制、对资源和技术的控制、对信息或知识的控制、行业工会和员工组织、性别、非正式组织。

权力也可以从构成组织的不同层级上来看。芬瑟姆（Fincham）将组织权力分为三个类型或者三个层级（程序层、制度层、组织层）来分析。[37]

在程序层，权力来源于日常相互作用的程序。对这一层级要分析的是在管理中利益群体之间的横向关系，并以战略作为解释基础。程序权力关注的是组织生活的“微观政治”。它强调权力就是谈判、讨价还价、规则的执行以及权力游戏中资源的应用方式。

在制度层，管理权力被认为是依赖于产生管理职权必然性的外部的社会和经济结构。权力被解释为组织的“委托统治”。当管理者试图行使权力时，他们可以利用一系列的制度规则，如关于管理权力的文化信念。

组织层强调了组织自身的权力体系，并将等级制度看作再生权力的手段。主要的信念、价值观和知识决定了组织优先权和解决问题的方法，或者反映了某些群体的利益。组织中的当权者挑选了其他成员，以维持组织的现存权力结构。组织的等级制度在制度利益和规则与资源之间转换权力。

权力的组织来源

普费弗（Pfeffer）确定了许多具有评论性的方式，使个人与群体可以在被认为是社会实体的组织中获得权力，主要包括以下几种方式。

- 提供资源，如资金、威信、合法性、奖励与惩处及他人可依赖的专长。
- 处理不确定性，使组织活动合理化的能力，手段包括标准的运营程序、降低不确定性、降低不可预见性。
- 不可替代性。经过专门的培训，具备不容易被别人替代的、独有的知识或专长，或者利用组织缺乏足够的文本、或利用组织缺乏精通专门语言和符号的人才。
- 影响决策过程。影响部分决策过程的能力。例如，通过制定决策时应用的基本价值取向和目的，或者通过控制可备选的决策方案。
- 一致性。组织成员在确立共享价值、认清组织形势方面持有共同观点的程度，或者在关于知识和技术方面具有一致性的程度。[38]

权力的多元论

在第 7 章，我们讨论了弗兰奇和瑞文建立在对领导影响的广泛感知基础上的社会权力分类。[39]弗兰奇和瑞文确定了权力的五种主要来源：

- 奖赏型权力；
- 强制型权力；
- 法定型权力；
- 参照型权力；
- 专家型权力。

权力不仅来源于组织结构或组织内部的正式职位，而且来源于成员间的关系，例如，组织个体成员的人格、特点和才能。例如，在第 7 章，我们还提到了个人魅力或个人权力都可以作为变革型领导方式的特点。我们还可以区别法定（组织）权力和个人（非正式）权力，前者来源于组织正式结构中个人职位与命令的管理等级；后者来源于在众人眼中人有影响他人或能够做成大事的个人能力。

权力的运用也是一个社会进程，起源于来源和情境的多样性。[40]该观点提出了一种更多元化的方法，并将权力看作组织的一个主要变量。很多不同的群体和个人有影响他人行为和活动的能力。

然而，这并不是一个新的概念。在 20 世纪 20 年代，著名的管理学学者玛丽·帕克·芙丽特就重视人类行为的方面，否认了权力可以作用于人并支配人的理念。弗雷特认为，应该开发组织中成员的权力，以成就大事。对工作过程和社会关系有效的控制可以通过群体权力和合作管理来实现。芙丽特提倡使用任务或功能职权来代替个人权力和基于“情境法则”的管理。[41]

社会关系网络

组织职能以相互依赖的活动网络为基础。某些职务或工作关系使成员可以行使超越了组织结构中正式职位所赋予的权力。一个经典的例子是，某人可能是一位个人助理或是部门经理，充当老板的看门人的角色。该类型的角色关系中存在一种固有的危险，因为老板可能太依赖这个看门人。承担老板授予的职责或保持控制往往导致看门人滥用他的角色和权力。

组织内部还有许多人在对其角色正式或非正式的理解中，授予或保留他们手中的“恩惠”，如秘书、门房、保安和话务员。员工也可以行使消极权力，即“阻止、拖延、扭曲或者破坏事情的发生”。[42]秘书就是一个普通的例子，他可以屏蔽和拦截发给老板的信息、拖延安排预约并过滤信件。消极权力并不与职位高低成正比，而且往往很容易被处于等级结构下层的人员行使。

在格林给出的一个例子中，他提到了容易被相对低层的员工行使的消极权力。负责将收到的邮件分类并分发的人有机会行使消极权力，通过完全个人的原因故意延迟或破坏物件。[43]现实的组织生活是变幻莫测的社会关系，包括部门政治、小道消息和流言蜚语。即使这是一个很难确切解释的主题，但是曼恩提及了流言蜚语在组织的权力关系和知识成果方面发挥的重要作用，他坚持认为：“在知识和权力之间有一种不可否认的、植根于流言蜚语的关系。”[44]

权力的激励性需要

权力对某些人来说可以作为一种积极的激励来源（参见第5章中有关实现激励的讨论）。通常在激励实现个人统治和运用社会权力之间有一条明确的界限。然而我们不得不承认，有一些管理者积极地争取并乐于对他人行使权力。他们试图对下属和他的部门保持绝对的控制，并喜欢那种不可或缺的感觉。拥有权力是最终的自我满足，这样的管理者在他们不再受同事或下属尊敬的时候，不会非常关心组织。

评论性反思

“如果一个管理者依赖的是正式权力的行使、组织结构的职位、规则和程序，而不是依赖对人际关系的理解、社会的影响以及个人权力的行使，那么他就是一个失败的管理者。”你认为在多大程度上这是一种公正的评论？

秩序与灵活性间的平衡

斯图尔特提及在控制本质上存在的传统的两难局面：在当前情境下，寻求秩序与灵活性间的平衡。这包括在加强对员工行为的预测性与鼓励个人应对不断变化的情境采取行动之间的平衡。组织可能需要一种“紧－松”结构，某些部门的工作领域被紧密地控制（“紧”）；但其他部门的工作则应该是流动的和灵活的（“松”）。[45]

三种主要的控制形式

根据斯图尔特的理论，“控制能够也应该以多种方式得到实施。”她确定了控制的三种主要形式。

- 通过命令、直接监督和规章制度进行直接控制。直接控制在发生危机时或是在培训中是有必要的，而且更容易被接受。但是在员工期望参与决策的组织中，这样的控制形式就往往不容易被员工接受。那些被认为不合理的规章制度为员工所拒绝，这些不合理的规章同时给员工提出了挑战，使他们难以发挥聪明才智，发现解决问题之道。
- 通过标准化和专业化进行控制。这可以通过明确规定的对工作的投入、所运用的方法和要求的产出得以实现。这样的官僚控制设定了清晰的参数，在这样的组织内部，个体成员可以使授权更容易。如果参数并不是很有局限性，雇员可以提高管理的自由度。例如，在明确规定的界限之内，在确保一家零售连锁店与另一家很相似的基础上，个体管理者可以自由地按自己的意愿工作。
- 通过影响员工思考方式与思考内容来控制。这通常是实施控制的最有效的方法。这种控制方法的实现可以通过甄选的方法招聘看起来具备相似工作方法的人，也可以通过培训将员工社会化为按照组织的思维方式去思考。此外，还可以通过同级的压力影响雇员的思维方式。一个具备很强文化的组织，如果其中的成员不适应，或者不能学着去适应，就很有可能被淘汰。

斯图尔特还发现了第二个相关的两难的局面，这就是集权和授权之间的平衡，其中集权作为一种实施控制的方法。（集权和授权的内容在第 10 章中已讨论过。）

控制与自治

在对 20 世纪 90 年代顶级绩效公司的研究中，戈德史密斯和克拉特巴克提到了权力的分享以及控制与自治之间的平衡。他们问道：公司如何努力才能够实现给予员工最大的自由与通过控制来确保规模效益和全体员工共享方向之间的平衡？分享权力的管理者越多，他们获得的职权和资源就越多：

实施最有效控制的方法是将其限制在最简单、最容易理解的过程中，同时对群体绩效产生最大的影响，并且将所有层级管理者运用自己的方式实现目标的自由度最大化。这些中心控制实施得越严格，人们为了报酬而释放创造性、自主性和预见性所需要的自由就越多。因此，控制和自治就成了一枚硬币的两面……控制和自治对我们来说意味着什么？正式控制看起来通过三种方式实施：通过建立或者一致通过绩效目标（主要但不专指财务目标）；通过绩效衡量和上报体制；通过某些集中或共同制定的决策。自治，从本质上说，是缺乏正式控制。一旦设定了明确的目标，个体管理者就具备了更多或更少的自由来决定如何实现这些目标。控制依然存在，但是已不明显或不再那么有指导性。[46]

授权与赋权

关于秩序和灵活性之间，控制和自治之间的平衡性的讨论引起了我们对授权与赋权问题的高度重视。在个体（或个人）层级上，授权是通过组织中的各个层级向他人赋予职权和职责的过程。可以说，授权可能是自下而上的。例如，一名管理者临时接管了一名由于正在生病或正在度假而不在岗的下属员工的工作。授权也可以是横向的。例如，一名管理者向另一名同级别管理者的横向授权。然而，在大多数情况下，授权被理解为组织自上而下的行为。如果不授予他人完成某项工作，则该项任务需要一位较高层级的人来完成。组织缩小规模或减少层级已经限制了授权的机会，虽然这可能会有更大的灵活性和被赋权的需要所弥补。但是在任何情况下，授权仍然是管理的重要过程。

正如克雷纳提出的，在赋权的时代，有效授权的能力是至关重要的。

授权经常被认为是成功管理和领导的重要组成部分。但是，在20世纪80年代，授权曾遭遇了一场信心危机……20世纪90年代见证了人们在态度上的一次转变。授权不再被认为是一种偶然的管理上的放任。相反，它成为了一种必需，而且这种情况还将继续下去。[47]

授权的概念可能显得比较直接。然而，任何有工作经历的人都会意识到授权的重要性以及授权管理不当所产生的后果。成功的授权是一种社会技能。当管理者缺乏这种技能或者没有足够洞察力的时候，就会导致两种极端的行为方式。

- 一种极端是几乎完全没有意义的授权。下属员工只被允许在明确规定的而且平淡乏味的领域内工作，还被上级严密地监督。员工被如此对待，就好像他们没有能力独立思考。他们被给予很少甚至没有任何机会锻炼自主性或职责感。
- 另一种极端是授权过度。当一名管理者让其下属在接受最少的指导或培训的情况下工作，并希望他们对自己的行为或决策产生的结果负责。这些“超级授权者”滥用授权，而且经常看上去像狡猾的逃避者。不管怎样，这类管理者经常会在出现问题的时候设法躲避。这样的行为方式不是授权，它是管理者在推卸职责。

无论是这两种极端行为方式的哪一种，都可能会挫伤或潜在地压迫下属员工，而且不利于提高组织的效果。授权的本质可以对员工的士气、激励和工作绩效产生重要影响。在所有的甚至是最小的组织中，使工作有效完成的唯一途径就是授权，但是授权这样重要的行为却经常会被滥用甚至过度应用。

管理者与下属的关系

授权不只是工作的随意分配。它不仅仅是对指示的传达与遵从，或按照指令完成一项具体工作。在正式的组织结构中，授权创造了一种特殊的管理者与下属的关系。这种关系建立在以下几种概念基础之上：

- 职权；
- 职责；
- 问责（即最终职责）。

> 授权是被更高层级的职权持有者赋予一种特定的职权。本质上，它包括双重职责。一方面是被授权的人在工作上对上级负责，但是上级仍然对于工作的完成负有职责。这条授权的基本原则是正式组织中所有工作程序的核心。
>
> 穆尼（Mooney），《组织原则》[48]

- 职权是管理者采取行动或做出决策的权力。职权使管理者在组织结构和规则范围内行使权力合法化。它使下属能够传达其他人必须遵守的指示。
- 职责包括下属履行某项义务或制定某些决策，而且必须接受管理者对工作绩效不满意时可能的斥责。然而，“职责”的含义容易被混淆：既然授权包括职权和职责，有效的授权不能缺少职责。
- 问责被解释成最终职责，而且不能被授权。管理者必须负责管理员工，也必须负责组织结构中他们的部门被分配到的任务的绩效，还要负责所取得绩效的标准。也就是说：“职责止于此。”

依次，管理者对更高一级的管理层负责。这是授权的“双重职责”的本质。管理者对于上级来说是负有职责的，且不可以将职责移交给下属。对于下属的行为，上级要绝对负责。[49]为了能够明确授权中的“双重职责”的重要性，我们可以作这样的解释：

工作时，下级对管理者负有职责，同时管理者负责监督工作是否完成。而管理者就下属的行为对上级负有职责。

职权与职责的对等

因此，授权既包括职权也包括职责。只授权其中一项，而不授权另一项是不现实的（如图 11-4 所示）。

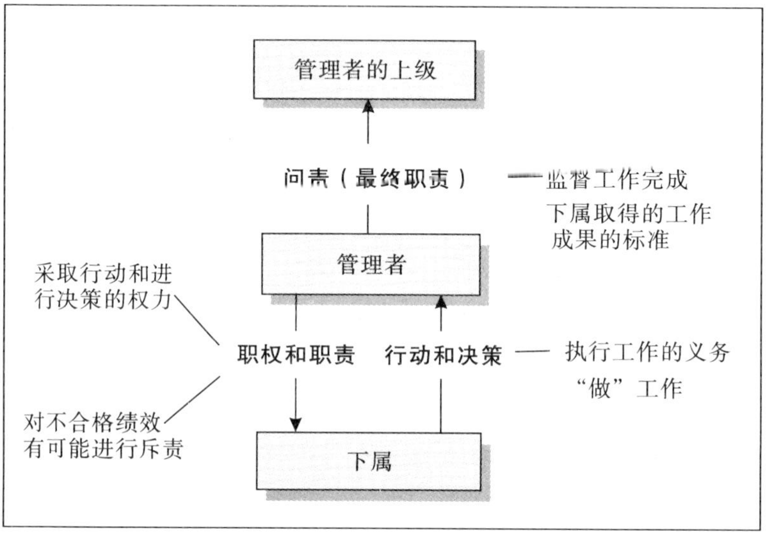

图 11-4　授权的基础

职责必须由职权和影响绩效范围的权力来支持，而下属应对绩效负责。职权可以很容易地被向下分配，但是授权的很多问题源自没有向下属分配足够的职权来履行他们的职责。例如，一个分部管理者对整个部门的领导负责他属下员工的绩效，但是却没有组织权力（职权）来影响员工的甄选和任命、激励、任务的分配、培训和开发、处罚和奖励。因此，这位分部管理者根本不可能负责下属员工的令人不满意的绩效。要下属对某一部分的绩效负责，却没有赋予其在组织结构内采取行动和在该职责范围内制定决策所需的必要职权，这是滥用授权。

作为部门负责人，管理者应该接受对其部门的工作绩效的斥责，并有职责督促下属，使工作取得令人满意的成果。组织有必要维持组织的等级制度和命令结构。管理者应该保护并支持下属员工，并亲自承担对不令人满意的工作绩效的斥责。如何清理部门的事务、如何指导有关下属以及如何检查他们的授权体系都取决于管理者。

授权的益处

授权的原则之一是组织中最低层级的部门做出符合效率要求的决策。这是一个机会成本问题。如果在没有必要的情况下由高一层级部门做出决策，那么将要付出更高的成本。因此，授权既是很好的经济学问题，又是很好的组织问题。如果处理得当，授权会为组织和员工带来许多潜在的利益。授权应能够使人力资源得到最佳的应用，并且提高组织的绩效。对成功组织的研究有助于更好地把握有效的授权所带来的优势。[50]

充分地利用时间

时间是最宝贵但却很有限的资源之一，因此管理者利用时间实现最大限度的利益是至关重要的。授权使管理者能够更有效地利用时间，精力集中在更重要的任务上，并且实现了多管理、少工作。这样应该有助于管理者与下属、上级或其他管理者之间的协商，同样也能够改善沟通过程。

培训和开发下属的手段

授权提供了一种培训、开发以及检验下级是否适合升职的方法。授权可以被用作一种评估方法，评估某一下属在具备更高一级职权和职责时的绩效。因此，授权可以避免“彼得原理”。即“在一个等级制度中，每位员工都趋向于上升到他所不能胜任的职位”（第 1 章中讨论过）。如果管理者已经培训出能够胜任自己职位的下属，那么这将不仅仅有助于组织的发展，还将为他们自己进一步升职奠定基础。

加强劳动力

授权能够促进改善劳动力，还应给予下属更广的活动范围，更多发展其才智和能力的机会；授权能够通过激励和提高工作满意度来改善员工士气；授权有助于满足员工更高层级的需要；授权关注“促进”因素和“成长”因素，并形成了一种下属能够更多地参与组织的规划和决策过程的氛围；授权是一种参与形式；在下属能够接纳并欢迎授权的组织中，授权能够鼓励员工积极地工作而且乐意履行他们的职权和职责。

评论性反思

如果授权的益处是可信的，那么可以把对员工的评估应用到对学生在读取学位（或相同水平）成绩的评估当中。你认为这种做法怎么样？你认为应该采用什么形式的评估方法？

缺乏授权的原因

有很多原因需要实施授权，但是为什么管理者不授权或者授权失败呢？授权受管理者对下属员工的感知的影响，还受下属员工对管理者授权原因的认知的影响。授权失败的原因经常是由于管理者的畏惧。

● 管理者可能害怕下属没有能力做好工作。另外，管理者可能害怕由于下属的错误而使自己受到指责。

● 相反地，管理者可能害怕下属的工作太出色，而显得自己水平不佳。

有效管理的一项基本要素是信任他人以及授权的能力。如斯图尔特指出：管理者认为自己能做什么，才做什么。这样管理者是不可能高效的，管理并不是一个单独的行为。

> 管理者必须学会去接受对他人的依赖。成为一名好的管理者的关键是处理好这种依赖。声称因为员工不够优秀而不能授权的管理者才是真正不幸运的人，因为他们没能发觉员工自身的才能。但这种说法往往是对他们之前观点的否定，也是当他们能够授权或者应该选拔、培训和开发员工时，而不愿意这样做的批判。
>
> R. 斯图尔特，《管理的现实》[51]

当然，管理者应该记住，管理的任务是通过其他人的努力来完成工作。如果下属能够将工作做得很好，这本身也反映了管理者的才能。

对于人的本质的假设

不情愿授权可能源自管理者的信念以及对人的本质和行为（在第8章中讨论过）的一系列假设。[52]相信X理论的管理者认为，人天生不愿意工作，想要逃避职责。因此，必须要强制、控制、指导并且以惩罚作为威胁来使员工取得预期成果。因此，这样的管理者往往对明确规定了权限范围的限制性的授权感兴趣，并应用简单的奖励和惩罚体制。

相信Y理论的管理者认为，人们认为工作是自然的、有回报的行为，他们学着去接受并去寻求职责，而且他们会对个人的成长机会和友善的领导模式给予积极的回应。这样的管理者往往会对更加广泛的授权方法感兴趣，该种授权以与下属协商和员工承诺自愿接受职责为基础。

缺乏培训

管理者可能从未在授权技巧和艺术上对自己进行“培训”。他们缺少对有效授权必要性、重要性以及授权限定的认识。另一个不愿授权的原因可能是，因为在他们童年时代或在大学生活中授权不受到鼓励，几乎没有机会可以学习如何授权。因此，当他们第一次成为管理者的时候，他们的授权能力就显得非常薄弱。[53]

授权的系统方法

为了充分实现授权的益处，并不失去对工作的控制，有必要采取一种有计划的、系统的方法。建立一种成功的授权体系要求管理者考虑四个基本问题。

- 哪些任务由其他员工做更好？
- 员工通过行使被授权的任务和职责，可以得到哪些学习与发展的机会？
- 被授权员工如何行使新增的职责，什么样的员工可以被下授权力？
- 什么形式的监督控制体系最合适？

为建立起有效的授权体系，下属应准确地了解组织对他们的期望是什么，应获得的结果，他们行为自由的界限是什么，在什么范围内可以独立地制定决策。有计划的、系统的授权方法可能需要六个主要阶段（如图 11-5 所示）。

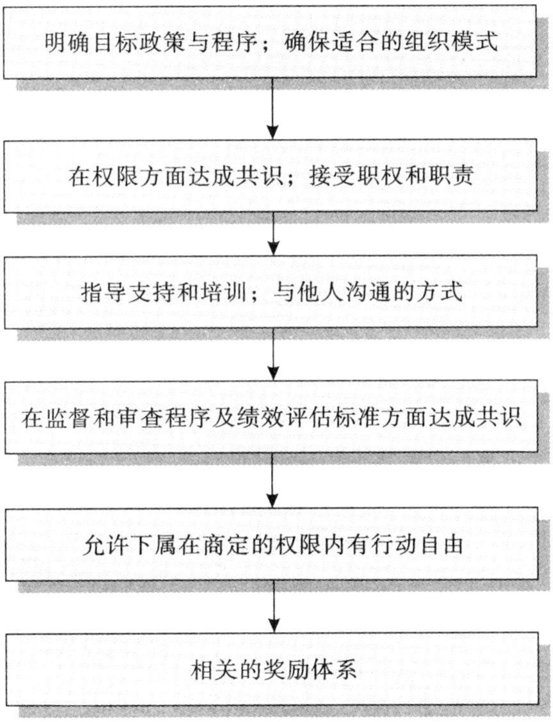

图 11-5　授权过程的主要阶段

- 明确目标和适当的组织形式 。组织中必须要建立并确定政策和程序，这样可以为行使职权和接受职责提供框架。
- 权限方面的共识和接受职权与职责。管理者可以与下属协商，并同意下属的角色规范和权限范围。应该明确规定下属的工作内容及负责取得的成果。通常管理者应该强调最后结果，而不是细节指导。

• 指导、支持、培训以及沟通形式。当下属已同意并接受授权时，上级应该给予下属适当的指导、支持以及必要的培训。下属应该能够了解在哪里、向谁寻求建议或帮助。

• 有效的监督和审查程序。管理者应该认同授权的时限（例如，完成一项具体任务的预定日期或具体期限）。有必要统一监督的程度和本质，建立监督程序体系，并为雇员提供反馈。授权不是一种不能取消的行为，它经常可以被撤销。员工应了解被期望达到的绩效水平和统一的绩效标准（在实践中，这往往是数量标准），以及在每个领域如何进行衡量和评估。

• 商定下属权限内的行为自由。下属应该独立地开展工作。授权最失败的方面之一就是管理者下分权力后，却一直在下属的身后严密监视他的一举一动。这与授权的本质是相悖的。成功授权的真正本质是指下属在与上级商定的权限范围之内，被给予行动的自由。

• 相关的奖励体系。无论在什么地方，授权的过程应该都会涉及到某种相应的“奖励”体系。例如，奖励包括奖金、工作满意度提高、工作压力减轻、晋升的机会或个人的发展，以及进一步的授权。图 11-6 总结出了授权、职权、权力和职责的概念关系。

有计划、系统的授权方式就是在正式的组织结构中实现有效授权，但不失去控制。然而，让下属能够接受赋予他们的在某种程度上具有一定限制的职权和职责是非常重要的。下属需要感受到一种新任务所带来的使命感，并且能够自由地讨论任何疑问或担心。授权涉及权威接受理论（Acceptance Theory of Authority），戴维斯和纽斯特罗姆（Newstrom）是这样解释的：

尽管职权赋予人们在授权范围内采取行动的权力，但只有这种权力被员工接受并对他们发挥了作用的时候，这种权力才会变得有意义。在大多数情况下，当下属被授权时，他在一定范围内可以自由地选择是否就此做出回应。即使某名员工被要求执行某项任务的时候，他还有机会选择做或不做，并承担后果。因此，下属可以控制对职权的回应，管理者在运用职权时不能够忽视这个事实。[54]

授权的艺术

授权不是件容易的工作。它包括组织、经济、行为方面的考虑，而且它还可能常常被滥用。有效的授权是一种社会技能。它要求领导者了解员工的感知；也要求管理者依赖与信任员工，并有勇气。管理者必须了解授权内容、授权时机以及授权给谁。例如，政策和纪律权力经常由管理者负责，不能够授权给下属。授权涉及判断的问题。

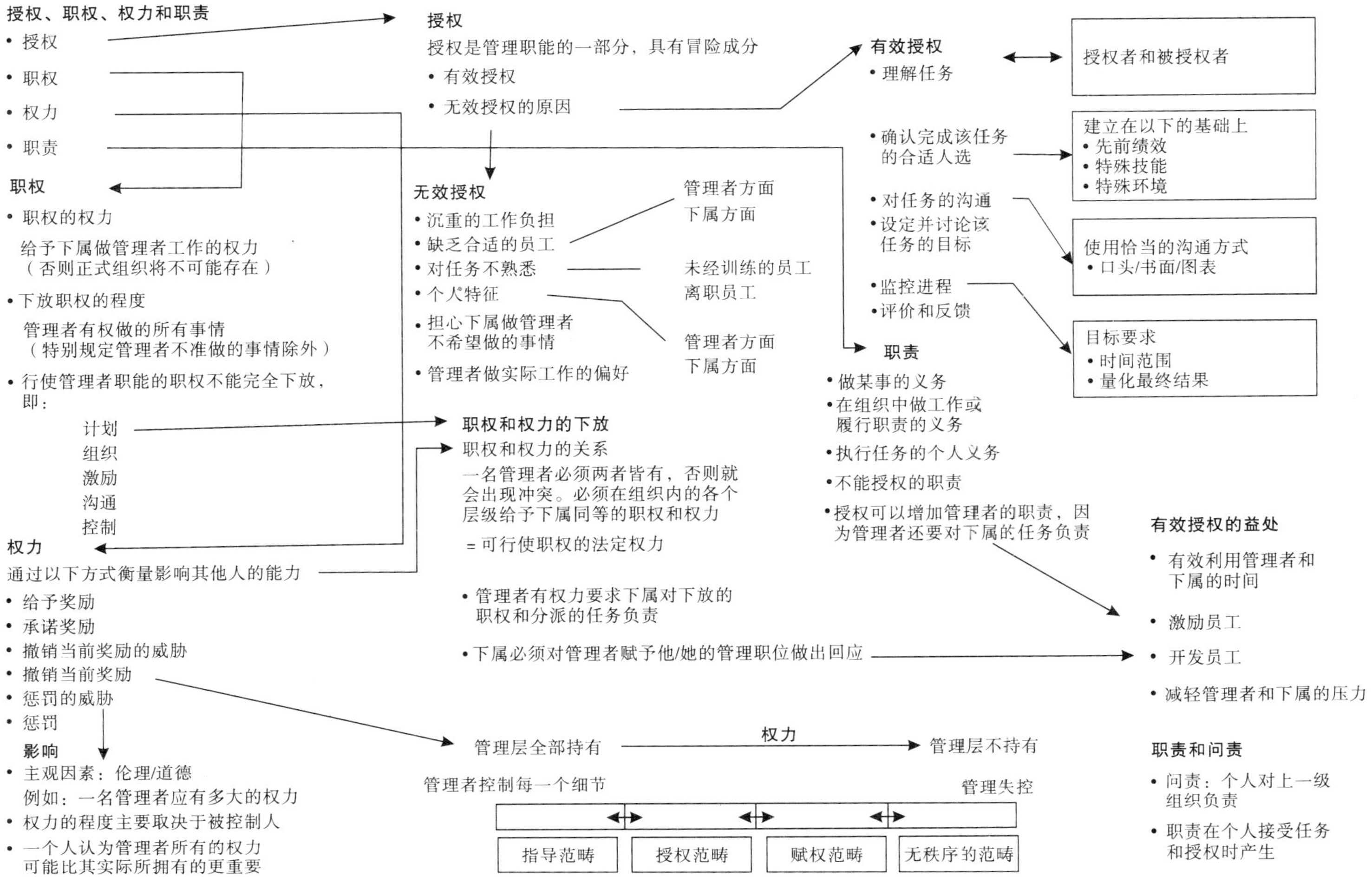

图11-6 授权、职权、权力和职责的概念关系图

资料来源：Training Learning Consultancy Ltd, Bristol, England. Reproduced with permission.

授权还由信心和信任决定，信心和信任对下属和管理者自身的绩效及授权体系都起到很大作用。在职权限制范围内允许下属工作自由，管理者必须接受承担授权任务的下属与管理者自身不同的工作方法。这是授权的基础和真正本质。然而，对于管理者来说，学会信任他人是成功授权最难的方面，而一些管理者根本没有办法领会这一点。

培训与积累经验

授权包括让下属做出决策。例如，哥德汉姆指出："如果管理者和下属之间有严格的区分，那么就会向员工传递这样一种信息，就是他们只对分配给自己的工作负责。忽视授权或不能授权的管理者不能成功地开发他们管理的人力资源。"[55]

错误是很难避免的，下属需要管理者的支持，并保护他们抵御毫无根据的指责。最终职责的接受意味着管理者在教育方面工作的成功。管理者应将错误视为对下属培训和积累经验的一部分，是进一步开发下属的机会。"即使错误出现了，好的管理者也将会根据下属的能力和成就进行判断。"[56]

个人特点

虽然有其他因素，但授权的程度和性质将会最终受到个人特点的影响。实际上，下属的年龄、能力、培训、态度、激励和性格都将成为授权的主要决定因素。例如，个性很强的人可以克服正式授权的不足，或者一个能力有限的管理者得到像管理者一样能干的下属帮忙。没能成功地向一个更博学的下属授权可能意味着该下属会成为非正式的领导者，这样就有可能产生不利于管理者和组织的结果。另一个例子，当管理者被说服将不断增加的职权授予参谋经理时，这位参谋经理原本没什么职权，但急于在组织内增加权力。这时，问题就可能出现了。

控制的需要

最终职责的概念引发了上级对下属员工的行为和决策进行有效管理和控制的需要。无论将职权和职责下放到什么程度，下属始终有职责向管理者报告其行为和决策。下属必须要承担管理者下放的职责。因此，管理者需要保持授权的公开，并允许自下而上的沟通。管理者需要及时地被告知下属决策的相关信息和质量。因此，问责的概念是管理的一项重要原则。管理者不仅要在个人工作上对上级负责，还要对部门的整体运营负责。这对维持有效的合作和控制，保持命令链是很重要的。

平衡的问题

职权、职责和问责在整个组织中必须保持平等。管理者必须要保持控制，管理者必须警惕那些更关心建立个人权力，而不是达到组织目标的下属。此外，管理者必须阻止那些超过正式授权限制的个性特征。我们已经说过，授权产生了一种特殊的管理者和下属的关系，这包括给予信任和保持控制。因此，控制是授权体系的一部分。然而，控制不能太紧密，否则会削弱授权的有效性和好处。这是一个平衡的问题（如图 11-7 所示）。

图 11-7　授权与控制间的平衡

赋权的概念

尽管组织结构有向非机械性结构发展的趋势，且管理者也趋向于承担辅助角色，但管理者尤其是高层管理者仍不情愿减少或者削弱等级控制。对英国著名企业进行的一项研究发现，对于管理思想新的波动，人们出现了混合的反应。尽管授权可以吸引个别的员工，但不少管理者仍然热衷于控制别人的命运、角色和职责。在辅助与授权的哲学之下，命令和控制体系仍旧生效。[57]然而，在关于现代的领导和管理的讨论中，格雷顿（Gretton）指出："当代的领导者们要想取得成果，就必须放弃控制。这也正是赋权要讨论的问题。"[58]

赋权的意义

人们通常把赋权解释为授予员工更多自由、自主权、对工作的自我控制和决策权。然而，关于赋权，人们给出了不同的涵义和诠释。威尔金森（Wilkinson）提到了目前的描述性文献中关于赋权存在的问题。我们也可以把"赋权"看成是灵活的甚至有弹性的，这种解释在实践中和学术界都得到了广泛应用。威尔金森提出，在更宽广的环境中看待赋权是很重要的。我们需要认识到赋权有多种不同的形式，并应该把它放到更广阔的组织环境中进行分析。[59]

赋权的概念同时也引起了一系列的问题和争议。例如，它同早期的员工参与在意义上存在哪些不同？是不是赋权首要关注的是如何能从员工身上得到更多的价值？赋权会不会只是一种更花哨的"授权"？一些学者把赋权和授权看成是完全两个不同的概念；而另外一些学者则认为赋权只不过是授权的积极形式而已。

真正的赋权

斯图尔特认为，要支持真正的赋权就需要一种新的管理理论，即E理论。该理论提出：管理者作为辅助人员要比作为管理者更有效，而且他们不仅要移交职责，还必须将权力移交给个人或者群体。[60]然而，莫里斯（Morris）、威尔考克斯（Willcocks）和纳赛尔（Knasel）认为，赋权给他人的确属于领导而不是管理的一部分。他们列举出实例，解释了赋权如何使员工自由地承担有能力胜任的职务。[61]但是，以上两个观点都证明了真正的赋权很大程度上不同于传统的授权。

根据米尔和弗瑞森的理论，“赋权可以被简单地定义为下属在决策和行为上具有的职权。”

> 赋权是一种管理模式。虽然它常与授权相混淆，但严格来讲，赋权授予了下属在决策和行为上更多的职权。的确是这样，在管理者限制较宽的情况下，被赋权的个体成员甚至可以自我管理。[62]

拘留所警官与赋权

警务对拘留人员（及由其他机构，如海关等，送至警察局的）的处理具有法定职责。对这些人员的处理必须依据英国1986年1月颁布的《1984年警察与刑事证据法（PACE）》及其发布的条例规定。

《1984年警察与刑事证据法（PACE）》第39条特别指出：应由警察局的监管人员承担这些职责。该条例节选如下：

1. 由监管人员的上级官员给予指示……当这一指示与监管人员在履行法令强加的职责时采取的决定或行动不符时，应立即向主管或以上的警局负责人汇报。

拘留所警官在履行其职责时，其决定及采取的行动受法令支持。

《1984年警察与刑事证据法（PACE）》陈述了关于任命监管人员的条款（第36条）。监管人员被派到指定的警署，该警署按《1984年警察与刑事证据法（PACE）》的要求，配备可接受与安置被拘留者的场所。除少数特例外，所有被拘留者必须到指定的警署。监管人员由该地区警局的局长指派或由警局局长直接管辖的官员任命。重要的是，警员不可被任命为监管人员，监管人员至少应为警官级别。值得注意的是，当与被拘留者有牵连而卷入违法调查时，该人员不可履行监管人员职能（有判例法，确定哪些情况需要调查避嫌）。

人们普遍认为，警官最适宜作为监管人员（监管人员不再必须是警察）。一旦被任命，警官就会接受培训，并被告知明确的监管职责。尽管监管人员为同一组织工作，为了显示证词的公正性，监管人员禁止参与犯罪调查。他们的决策必须是中立的。有一种观点认为，只有独立于警察机关时，决策才是完全公正的。但在实践中，人们认为监管人员重视公正，且其决策也在这点上得到了反映。

该法规明确规定，任何对监管人员决策的质疑都可以上诉到警察署长。为了给监管人员的决策提供支持，该法规也为监管人员建立了分层的组织结构。这种组织结构与警察的组织结构很相似。

监管人员关系到人的自由，由他们来决定被拘留者是否应到法院接受指控。这是一份严肃的差事，实际上人们对它也很认真。在这个过程中，要根据不定期的审查来做出决策。在押人员的第一个 24 小时内，审查通常有 6 小时、15 小时、24 小时三个阶段。任何超过 24 小时的扣押必须经过高级主管的授权，任何超过 36 小时的扣押必须要有法院的拘留传票。监管人员的决策必须通过培训程序、委派程序和所在地的审查程序的严格检查。更为重要的是，根据法定要求，所有的监管中心都需要配置监控设备，可以提供最大程度上的监督。监管人员对监管中心的录像带也青睐有加，因为它也可以拿来当作在监管过程中所有针对监管人员的指控的相应证据。

就实际情况来看，监管人员的决定遭到上级官员（首席警督）指控的情况很少，这足以证明监管警卫决策程序的严密性和专业性。这样的程序只有通过赋权才能行得通。

赋权可以移交吗

有效地管理与赋权会为组织的各个层面提供一系列潜在的利益。但是，赋权可以促进更多的激励效果吗？赋权可以增强工作满意度和工作绩效吗？赋权可以移交吗？

在对加拿大一家著名的人寿保险公司的 171 名员工进行调查时，索尔莱克森（Thorlakson）和莫瑞发现，没有可靠的证据能够证明：赋权具有预测的那些作用。但是，他们建议说，也不能排除赋权将提供潜在的效果。公司越大，建立参与式的管理就越难。在这一研究中，参加者均来自大型组织。因此，组织规模、自上而下地实施赋权方法，都可能扮演重要的角色。[63]

尽管人们就赋权的真正益处争论不休，但似乎有这样一个大概的假设，那就是“赋权程序将使员工受到激励，带来优质的顾客服务，增加利润”。[64]通过对赋权的益处与存在问题的讨论，以及对大量企业中赋权运营的审视，皮卡德（Pickard）认为，赋权确实对员工的工作方式有根本上的影响。皮卡德以 Harvester 酒店为例，讲述了该酒店实施对员工的赋权后，所带来的工作满意度的改善和员工态度的改变。在总公司自上而下的管理框架中，员工以团队形式负责各个酒店运营的决策。[65]

在对有关赋权的问题与讨论的评述中，威尔金森说：

所有这些理论有一个共同的设想，那就是员工是一种拥有知识、经验并有参与组织管理兴趣的未开发资源。雇主要为员工的参与提供机会和组织结构。这些理论还假设，参与式决策会提高员工工作满意度、更高质量的决策，这对雇主（提升效率）和员工（提升工作满意度）均有好处。简而言之，参与式决策是一个共赢的局面。[66]

佩佩里（Peiperi）提出了这样一个问题，"赋权能产生产品吗?"并且做了以下总结：

赋权意味着组织中的各个层级上的雇员都要对他们的行为负责，并且都应该被授予了对自己工作的决策权。赋权越来越普及，这是因为需要对顾客的需求迅速回应、需要发展跨职能的联接网络，以便抓住稍纵即逝的机会，而这种机会不能由组织总部做决策，否则就太迟了！赋权的其他好处包括：较高的士气和对有限的职业路径的补偿。赋权潜在的困难包括：扩大了的混乱和冲突的范围、职责透明度的缺乏、等级控制的瓦解，还有那些不想获得额外职权雇员的消沉士气。成功的赋权尤其需要领导通过各种渠道得到关于绩效的反馈。例如，对某些群体的奖励、允许失误的宽容的环境、消息的透明度、能力全面的管理者和员工。矛盾在于，一个组织越需要赋权，它成功的可能性就越小。这一点还有待于参与者的态度和观念慢慢地改进。[67]

根据厄斯泰德（Erstad）的理论，在众多流行的管理术语中，赋权指的是为提高个人和组织能力而实施的一种变革策略。例如，在服务业，赋权通常被看作是获得竞争优势的一种方式，但实际上它真正的潜能更大。厄斯泰德总结了这一领域的专业文章，并认为赋权是一个复杂的过程。如想获得成功，它需要具备清晰的愿景、让管理者和员工都能学习的环境以及参与和实施赋权的工具和技能。[68]

赋权的潜在益处

尼克松（Nixson）表明，通过组织结构直接向员工赋权，每个员工都将具备创新的权力，并能确保良好的绩效。每个员工都为了实现一个共同的目标而努力，这样冲突也就不复存在了，对员工的培训也将促进他们的学习。[69]格林认为，员工应该通过赋权争取更多的职责：

这样，被赋权的员工就有更大的空间去发挥他（或她）的才能，因而使很多决策有效果。向员工赋权还具备如下优点。

- 由于反应速度的加快，决策的进程加快。
- 释放了员工创造和革新的能力。
- 赋权提高了员工的工作满意度、激励和承诺。
- 使员工获得了更大的成就感，而且通过减少不必要的管理层级和连续的检查和复查工作，降低了管理成本。[70]

赋权更充分地利用了员工的知识、技能和能力，并且鼓励团队合作。如果员工积极参与，就能够有助于变革计划得以成功地实施。[71]沃尔（Wall）和伍德认为，尽管只有少数的制造公司赋权给它们的员工，但研究表明，赋权无论在提高生产力还是在增加利润上，都是最有效的途径之一。赋权可以改善绩效，因为这样能提供给员工更多可以更有效地完成工作的机会。同时，赋权也增长了员工的知识，使他们对工作有更多、更积极的了解，更愿意提出一些工作的新方法以及更多地参与有意义的团队工作。[72]一份对英国政府 10 000 多个行政人员工作压力的调查表明，允许员工更多地控制自己的工作有益于他们的健康。[73]

评论性反思

"赋权的观点在理论上是可以的。但是，由于我要对我们部门的员工的绩效负责，所以我只能实行严格的管理，并给他们施加压力。"

"但可以肯定的是，如果你帮助员工形成一种主人翁的意识以及对自身行为负责的职责感，他们则更有可能进行高度的自我控制并提高工作绩效，这样对他们、对你都会更好。"

你的观点是什么？

控制体系中的行为因素

无论对员工的赋权到什么程度，仍然需要对其实施某种形式的管理控制，这将引起对许多重要行为因素的考虑。我们已经发现控制体系有助于满足人们工作的需要，它们的存在受到一些员工的青睐。然而，控制体系经常被理解为对个人需求满意度的一种威胁。对行为的控制让人反感，那些负责控制体系的成员也成了不受欢迎的人。控制体系在成员行为和管理过程之间形成了分界面。

控制职能的总体目标是有效地利用所有对组织有利的资源。然而，非人力资源依赖于雇员如何利用这些资源，这使控制最终成为了监管组织雇员绩效的手段。

里舍尔（C. Reeser）和罗帕（M. Loper），

《管理：组织效果的关键》[74]

控制经常能引起受它影响的雇员的情绪变化。因此，我们应该认识到，管理控制体系的活动引起了对人的因素以及对人员管理的重视。管理控制体系的有效性既取决于它的设计和运营，也取决于员工的态度和他们对控制体系回应的方式。控制实施的方式以及员工对此的感知将对管理绩效的水平产生非常重要的影响。

克服对管理控制的抵制

设计不错且运营良好的控制体系甚至也经常受到员工的强烈反对，而且雇员常常试图不遵守影响到他们的规定。控制体系一定会受到一些员工某种程度上的怀疑，甚至厌恶。因此，如果控制体系想成功地提高员工的绩效和组织的效果，就需要考虑到一些有可能影响员工行为的因素。

任何控制形式都不是绝对的，组织只有通过内部员工的共同努力才能够实现他们的目标。很多因素都能够影响管理控制体系的成功实施，这包括以下因素。

- 协商与参与。如果员工全身心地投入某个目标，他们往往就能够自我指导，并可以根据绩效标准进行自我控制。员工应该理解和接受控制体系的目的和本质。

- 激励。人们受对自己行为的期望值影响。激励涉及雇员所付出的努力和所取得的绩效水平之间的关系，以及对奖酬与绩效之间关系的期望。一份满意度高的成果应该被给予及时的认可和适当的奖赏，这是控制体系中不可或缺的一部分。它会对激励员工和改善绩效起到很大的作用。

- 组织结构。组织结构和组织的管理模式会影响控制体系的实施。具有机械结构的组织更能适应传统控制体系的运营与实施。在有机结构的体系中，控制的效果更依赖个体成员对组织目标的承诺与投入。因此，传统的控制体系不适合具备有机结构的组织。组织设计的具体特征：例如，部门化和授权的程度、等级金字塔结构的形状都将通过员工的行为影响控制的方法。

- 群体和非正式组织。和谐的、有效的工作群体的成员关系能够成为激励和提高员工工作满意度的来源。社会化能够有助于创造群体投入的感觉，也能减少对正式管理控制的需要。随着自治的工作群体的发展，成员在对他们自己工作的计划、实施和控制上有了更多的自由和决策权力。非正式群体的规范和同级压力是控制的最有效的形式之一。为了维持员工们之间的合作和对工作的投入，管理者必须不断地检查控制体系对个人和群体所起到的作用，以及在实现目标的过程中所取得的进步。

- 领导风格和管理体系。管理的领导风格体现在管理者对员工的态度以及对人的本质和行为的假设上面。例如，麦格雷戈的X理论和Y理论。X理论的核心原则是通过中央集权式的组织体系和实施职权来管理和指导。相反，Y理论是以个人目标和组织目标的整合原则为基础的，并且在追寻目标的过程中，员工会自我引导、自我控制。控制过程的特征在利克特和他的四层管理模型体系中被定义为组织的变量之一。在体系1（剥削－权威）中，有关绩效的控制职能，人们主要着眼于组织等级结构中的最高管理层，检查和控制职能都集中在最高管理层。在体系 4（参与 – 群体）中，对于绩效控制职能的关注遍布整个组织，检查和控制职能在所有层级都得到实施，而且正式组织和非正式组织分享共同的组织目标。

控制体系中的财务和会计体系

控制体系通常都被人们认为与财务和会计体系有关。其中的原因很容易理解：

- 大多数组织都非常关注财务资源。无论是在私营企业还是在公共部门，都越来越需要展示不断增加的货币价值。控制体系通常都涉及容易识别的销售、成本和利润状况。
- 组织的目的和目标通常都以财务术语来表达，并以利润率来衡量。所有运营结果也都用财务术语来衡量和汇报。
- 货币是可计量的，而且是一种精确的计量单位。它很容易理解，而且通常可以当作标尺，成为企业相互比较的基础。
- 财务限制很容易被用作一种控制手段。例如，控制是授权或赋权过程中不可或缺的一部分。这种控制适用的情况，例如，管理者授予下属某项职权，如果没有事先征得上级同意，下属需把开销控制在给定的限额内。

因此，组织给予用于衡量绩效和控制的财会体系这么多的关注是可以理解的。因为，管理者依赖于精确的信息体系，并将此作为控制的基础，而且这种信息通常都是以财会术语来呈现的。然而，会计数据却仅仅关注有限区域内的活动。由于保持客观性的需要，财务报告中的所有内容都只关注组织内部、关注成本，并以维护资本为基础。[75]

> 尽管许多组织声称人力资源是组织最大的资本，但一旦谈及绩效，80% 的组织会以财务术语来衡量。此外，雇主需要考虑其他不可见的衡量标准，如员工满意水平和创新意识或创造性。从这方面来讲，只有 1/7 的组织会考虑员工的满意程度。
>
> 英国贸易与产业部[76]

战略控制与财务控制

管理控制所包含的不仅限于考虑财会因素，而且应关注整个管理过程，即组织的目标实现的程度和绩效的改善。控制包括对以下因素的考虑，例如，生产、存货、质量、判断、消费者满意度、市场份额、社会职责、人的因素及人力资源管理。例如，戈德史密斯和克拉特巴克指出，高绩效的公司将日常经营与战略和财务控制保持一致。大多数高绩效公司给予战略控制以等同于或几乎等同于财务控制的重视。[77]

格莱顿提到一个简单的因果模型，即：商业目标—雇员关系环境—个体行为与态度—公司绩效—财务绩效。

公司的高水平绩效都是通过关注很多适合的经营目标来实现的，这样适合的目标可以转化成员工良好的工作环境。员工们都以符合经营目标的方式去工作，这一点会影响到公司绩效和最终的财务绩效。[78]

会计体系的设计与应用

在讨论会计体系在组织控制中的角色的时候，贝里（Berry）、布罗德本特（Broadbent）和奥特雷（Otley）的这些观点非常引人注意：

通过强迫实施一系列标准的操作程序，会计体系提供了一种基本的处理复杂问题的方法。这使会计成为控制体系要素的主要优势。然而，在复杂的环境中，实施标准体系往往会暴露出一些缺点，因为有着创造思维的雇员会想方设法操纵控制体系，上报组织想要的结果，而不是按照组织所期望的方式工作。[79]

该说法明显在暗示：会计体系是判断正确行为的方法，因此，绩效不好的员工将他们的失误归咎于会计体系（或设计该体系的会计）。

预算控制与员工行为

会计控制体系，例如，内部审计、例外管理（management by exception）和预算控制往往以一种否定的方式来实行，并且只报告令人不快的事情，或者报告看似令人满意但却可能导致消极的结果。例如，实际花费比预算少。会计人员的“成功”等同于其他雇员的“失败”。结果，管理层对雇员没有具体的认可。取得令人满意的绩效或没有纠偏行为的雇员仅仅感觉到有限的成就感或自尊心。因此，这样的控制手段几乎对雇员不存在积极的激励。

当然，恰当计划的预算能给组织带来许多潜在的利益。例如，佩林承认，随着公司的发展，预算越来越成为一种控制因素，但是制定预算也不必一定是折磨人的过程。如果相关的管理者具备务实的而不是空想的精神，也可以有助于实现可信赖的、目标集中的预算，这样能使意料之外的风险降到最低。[80]

正如汉纳根所指出的，预算涉及管理者和工会代表的参与，本质就是员工的职责。

制定预算的特质决定了管理者与雇员之间在预算活动上授权的必要性。这一原则叫“职责控制”。这意味着，个人负责整体或部分的预算。这样设计是要达到组织所设定的整体目标。如果机械部门达到了目标，相关的生产部门也达到了目标，以此类推，整个组织就会实现整体目标。[81]

而且，沃特森提醒我们，出现的结果可能与所设计的意图相反，尤其是在官僚工作组织：

在这一方面，预算安排是个很好的例子。用预算程序来控制成本看起来没有什么不正常，但是在年度预算的体系中，省下的钱并不会滚入下一年度，因此导致了在年末的时候疯狂地挥霍。为什么会发生这种情况？原因仍就是由于卷入其中的人和他们的利益。[82]

当然，应用内部审计、例外管理、预算控制等会计体系来控制工作并没有什么错。人们需要关注的是应用这些控制方法和技术的方式。此外，人们也需关注由于态度、动机不同而导致的控制使用中的差异。控制体系既能发挥积极作用，同时也有一些负面的影响。财务和会计控制体系，与其他形式的控制方式都应该以一种建设性的、有益的方式来设计和实施。在此过程中，组织必须考虑到决定人们行为方式的个人、社会和组织因素。

评论性反思

“某种形式的权力与秩序是高效组织绩效的重要特征。因此，问题的关键是实施控制的程度。”你同意此观点吗？你认为现代组织对于员工行为要有更多还是更少的控制需要？

从新闻中学管理

沃达丰公司年度会议上的分歧

凯特·伯格斯（Kate Burgess）和安德鲁·帕克（Andrew Rarker）

似乎 90 亿英镑也不能换来平静。沃达丰公司（Vodafone）正式宣布将在 2006－2007 年给股东 90 亿英镑，但是一些大的投资商一直在批评这个公司。在沃达丰公司星期二的年会上，自去年管理层宣布收入增长减缓和利润率降低之后，股东们将第一次有与公司的董事会成员见面的机会。

沃达丰的十大股东之一，莫利基金管理公司，已经迈出了不寻常的一步：他们公开声明，要投票反对公司中大多数任期已久的董事的改选，其中包括首席执行官阿仁·沙林（Arun Sarin）。这是沃达丰和它的投资者们紧张关系加剧的标志。与投资者们关系的愈加紧张，主要是由于沃达丰不断衰退的财务状况。5 月，该公司报告，在降低资产账面价值 280 亿英镑后，公司的 2005－2006 财政年度税前亏损 149 亿英镑。略感欣慰的是，2005－2006 年公司 37 亿英镑的红利计划和在 2006－2007 年返还给股东的 90 亿英镑的计划，将在沃达丰售出其在日本的业务后进行。

“标准人寿”公司也是沃达丰公司的十大股东之一。“标准人寿”在5月的公司报告公布之后就立即表明：他们将继续“对沃达丰实现盈利的潜能持怀疑态度”，并且警告它“慎重考虑投票形势”。尽管其他的投资商仍表示支持，但是AGM公司将提供第一份数字证据来说明投资商们是多么的不满。分析家和投资商们在等待有关沃达丰改善境况的详细计划。首席执行董事沙林先生略述了通过外包来削减沃达丰在欧洲市场的成本，以及增加用户在家庭和办公室中使用移动通信这两方面的努力。

他也宣布了沃达丰公司将超越过去的仅以移动通信为中心的业务范围，扩展到利用通信电缆来提供高速的因特网连接。自沙林先生在2003年7月接任首席执行官（CEO）以来，沃达丰股票的表现比FTSE 100指数落后了30%，为此，一些投资商对沙林先生是否能使这支股票复苏表示怀疑。

“我们关注他是否能抓住细节，并且理解公司的运营问题。”公司的十大投资商之一说道。

然而，另一位十大投资商认为，沙林先生不应该为前任CEO克里斯多佛·肯特爵士（Sir Christopher Gent）遗留给他的烂摊子而受到责备。这位投资商还说道，沃达丰公司的绩效不佳与问题和它的对手毫无差别，它们都在努力调整着以适应移动通信已经饱和了的欧洲市场。这位沃达丰人说道：

如果你了解了这个行业，你会迅速发现沃达丰公司或领先于它的竞争者，或与它们的发展速度一致。

投资商们并不仅仅关心着公司衰退的运营。一些投资商们声称沃达丰的一些非执行董事没有对账目进行足够的管理。这个董事会正在接受检查。一些股东对彭尼·休斯（Penny Hughes）在年会上的离去感到特别失望，别人认为她将要挑战公司的管理层。约翰·邦德爵士（Sir John Band）在这次会议上取代了洛特·麦克罗林（Lord Maclaurin），坐上了董事长的位置，他准备在以后的几个月内审查董事会。

资料来源：Burgess，K. and Parker，A.，“Vodafone faces grilling at annual meeting”，*Financial Times*，22 July 2006.

讨论题

1. 辨别在这个案例中，以下几种身份的人行使的不同权力：沃达丰公司的股东、阿仁·沙林、首席执行官以及这个公司的经理们。

2. 沃达丰公司的董事会已经受到批评，因为他们没有组织管理层恰当地解释影响公司全面运营的决策和行动。为什么经理们会做出有损股东利益的事，并且是怎样做的？（注意：这个在公司拥有者和公司管理者之间潜在的利益冲突被称作“代理”问题。）

本章概要

- 控制是管理过程不可缺少的一部分。然而，对于控制的含义和实施有许多种不同的定义。控制通常被解释成消极的方式。例如，指导或者命令、限制员工的行为，甚至是对员工的剥削。然而，控制并不仅仅是正式组织具备的一项职能，它还能发挥人与人之间互相影响的职能。控制通常是一个既应用于个人行为又应用于组织绩效的一般概念。大多数人认识到控制的需要，而且在某种情况下员工还会期望受到控制。
- 控制可以起到许多重要的作用，并且通过多种方式来体现。一个有效的控制体系有许多重要的特征。这个体系应该被员工理解，并且与组织结构相一致。此外，该体系应该迅速反馈偏差、关注组织内的重大活动、具备灵活性，并且与相关的检查活动相一致。如果控制体系成功地提高了组织绩效，那么我们需要关注是哪些因素影响了员工的行为。
- 工作组织不仅仅是一个等级结构的体系，它还是社会关系、地位和权力的体系。权力是工作组织的一个内在特征，也是决策制定过程中存在的现实。组织可根据权力、投入和员工承诺之间的关系来分类。然而，多元理论认为权力是一种社会过程。权力是源于资源和环境的多样性的一个重要的组织变量。在控制性质上存在的两难局面是寻找秩序与灵活性之间适当的平衡。
- 控制体系有助于完成人们的工作需要，所以它们的存在可能是受欢迎的。然而，行为控制往往会引起不满，也易让人感觉受到威胁。因此，管理者应该争取得到员工的合作与承诺，并且在实施控制体系时为员工提供参与的机会。控制体系的有效职能也受下列因素的影响：员工激励、组织结构、群体和非正式组织的运营、领导风格和管理体系。
- 为了组织的有效运营，管理的一个基本原则就是授权。从个人角度来讲，授权就是下放职权和职责的过程，但是最终职责是不能被授权的。一个有计划的、系统的授权方法意味着：在正式的组织结构中，成功地实现授权而不失去对组织的管理控制。赋权的思想引起越来越多的关注，尽管关于赋权是否能为组织和个人带来潜在的利益仍存在疑问和争议。
- 管理控制体系通常被看成是财务和会计体系。这个原因很好理解，但是会计控制体系往往都以一种消极的方式运营，也很少得到管理层的认可，而且使员工感到有限的成就感。人们必须充分重视在财会控制体系和其他形式的控制过程中，能够激励员工提高绩效的行为因素和方式。为此，管理者必须考虑决定员工行为方式的个人、社会和组织的因素。

> 利用 www. pearsoned. co. uk/mullins 这一网站上的网络资源来进行知识更新与在线研究。

复习与讨论题

1. 你认为在工作组织中，管理控制的目的是什么？管理控制体系中的主要元素有哪些？

2. 讨论可能会不利于管理控制体系和有助于管理控制体系成功运行的主要因素。

3. 详细地解释权力的概念对于管理和组织行为的重要性。

4. 批判地讨论权力的多元化性质，并举出你身边的实例。

5. 你怎样解释在授权的过程中产生的管理者和下属之间的、不断增加的组织关系和个人的关系。

6. 作为一个部门的管理者，详细解释你将如何充分发挥授权的优势，而同时又不会失去对下属的控制。

7. 批判地讨论赋权潜在的局限和益处。如果想成功地实施赋权，需要考虑哪些因素？

8. 如果一位管理者实行严格的个人监督，以此作为维持对下属工作的权力和控制手段，你认为这样可能会产生什么样的后果？

作业

关于赋权的调查问卷

下面的这份调查问卷是由促进赋权的管理行为组成的。联想一下你的工作经历，包括短期、假期或是兼职工作。你的经理曾多频繁地做过下面的事情？请标记出最能描述经理行为的一项。

我的经理	非常少见	少见	有时	频繁	非常频繁
1. 在工作时不被打扰	☐	☐	☐	☐	☐
2. 努力发现和去除降低效率的障碍	☐	☐	☐	☐	☐
3. 鼓励我们所有人要团队合作	☐	☐	☐	☐	☐
4. 清楚地说明了对我工作的期望	☐	☐	☐	☐	☐
5. 对我的工作提供真实的反馈	☐	☐	☐	☐	☐

（续表）

6. 公开地认可我工作上的良好表现	☐	☐	☐	☐	☐
7. 使我不断关注顾客的需求	☐	☐	☐	☐	☐
8. 鼓励自我监督自己的工作	☐	☐	☐	☐	☐
9. 确保员工接受工作需要的培训	☐	☐	☐	☐	☐
10. 允许我对我的工作做出决策	☐	☐	☐	☐	☐
11. 在做涉及我工作范畴的决策前，听取我的建议	☐	☐	☐	☐	☐
12. 为我提供一个能很好进行团队合作的工作环境	☐	☐	☐	☐	☐
13. 因为实现了公司目标而奖励我	☐	☐	☐	☐	☐
14. 定期地给我传达有关商业形势的信息	☐	☐	☐	☐	☐
15. 鼓励我提出建议	☐	☐	☐	☐	☐
16. 确保我拥有我的工作需要的全部信息	☐	☐	☐	☐	☐
17. 以尊重他人的方式做事	☐	☐	☐	☐	☐
18. 向我解释，我的工作是如何与公司目标相匹配的	☐	☐	☐	☐	☐

资料来源：Osland, J., Kolb, D., and Rubin, R., *Organizational Behaviour: An Experimental Approach*, Seventh Edition, Prentice Hall (2001). Reporduced with permission from Pearson Education, Inc.

你的任务

1. 如果这不是一份永久全职的工作，那么你认为工作职位将在经理对待你的行为上有何影响？

2. 将经理对你的行为与经理对同一部门的其他职员的行为相比较，你感觉如何？

3. 你如何描述经理对赋权的总体的观念和方法？你如何看待经理的全面效能？

注释与参考文献

1. Tannenbaum, A. S. *Control in Organizations*, McGraw – Hill (1968), p. 3.
2. See, for example: Salaman, G. *Class and the Corporation*, Fontana (1981).
3. For a discussion on management control and an understanding of behaviour at work, see, for example: Johnson, P. and Gill, J. *Management Control and Organizational Behaviour*, Paul Chapman (1993).
4. Drummond, H. *Introduction to Organizational Behaviour*, Oxford University Press (2000), p. 25.
5. Lawler, E. E. 'Control Systems in Organizations', in Dunnette, M. D. (ed.) *Handbook of Industrial and Organizational Psychology*, Rand McNally (1976).

6. For example, see: Mullins, L. J. and Banks, G. 'How Well am I Doing?', *Euhofa Journal*, Association Internationale des Directeurs d'Écoles Hoteliers, Lausanne, Switzerland, no. 18, June 1986.

7. Tulgan, B. 'Winning the Talent Wars', in Crainer, S. and Dearlove, D. (eds), *Financial Times Handbook of Management*, Second edition, Financial Times Prentice Hall (2001), p. 351.

8. Wilson, F. *Organizational Behaviour and Work: A Critical Introduction*, Second edition, Oxford University Press (2004), p. 183.

9. Lorange, P. 'Ultra – Rapid Management Processes', in Chowdhury, S. *Management 21C*, Financial Times Prentice Hall (2000), p. 157.

10. Zimmerman, J. 'The Different Centres of Control', *Mastering Management*, Financial Times/Pitman Publishing (1997), p. 21.

11. For examples, see Tibballs, G. *Business Blunders*, Robinson Publishing (1999).

12. 'Untapped Potential: The barriers to optimum corporate performance', Proudfoot Consulting, October 2002.

13. Robbins, S. P. *Essentials of Organizational Behavior*, Third edition, Prentice – Hall (1992), p. 6.

14. Obeng, E. 'New World Organization', in Crainer, S. and Dearlove, D. (eds), *Financial Times Handbook of Management*, Second edition, Financial Times Prentice Hall (2001), p. 85.

15. Lucas, E. 'Tooling Up for Leadership', *Professional Manager*, September 2000, p. 10.

16. Cloke, K. and Goldsmith, J. *The End of Management and the Rise of Organizational Democracy*, Jossey – Bass (2002), p. 5.

17. 'Inspired Leadership: Insights into people who inspire exceptional performance' DTI, August 2004.

18. McKenna, R. *New Management*, Irwin/McGraw – Hill (1999), pp. 430 – 1.

19. Ouchi, W. G. and Maguire, M. A. 'Organizational Control: Two Functions', in Litterer, J. A. *Organizations: Structure and Behavior*, Third edition, Wiley (1980).

20. Robey, D. *Designing Organizations*, Third edition, Irwin (1991).

21 See, for example: Farnham, D. and Horton, S. *Managing the New Public Services*, Second edition, Macmillan (1996).

22. Smith, P. 'Performance Indicators and Control in the Public Sector', in Berry, A. J., Broadbent, J. and Otley, D. (eds) *Management Control: Theories, Issues and Practices*, Macmillan (1995), p. 163.

23. McKenna, R. *New Management*, Irwin/McGraw – Hill (1999), pp. 428 – 9.

24. Shovelton, Dame Helena, 'Accountable to Some?', *Chartered Secretary*, September 2001, pp. 24 – 6.

25. See for example: 'Report of The Victoria Climbie Inquiry', Chairman Lord Laming, Department of Health, January 2003. For a summary, see: Dobson, N. 'Gross Failure', *Chartered Secretary*, July 2003, pp. 24 – 6.

26. Reeves, T. K. and Woodward, J. 'The Study of Managerial Control', in Woodward, J. (ed.) *Industrial Organization: Behaviour and Control*, Oxford University Press (1970). See also: 'Introduc-

tion' to Woodward, J. *Industrial Organization: Theory and Practice*, Second edition, Oxford University Press (1980).

27. Wilson, F. *Organizational Behaviour and Work: A Critical Introduction*, Second edition, Oxford University Press (2004), p. 170.
28. Nordstrom, K. and Ridderstrale, J. 'Funky Inc.', in Crainer, S. and Dearlove, D. (eds), *Financial Times Handbook of Management*, Second edition, Financial Times Prentice Hall (2001), p. 72.
29. See, for example: Sparrow, A. 'Watching Brief', *Professional Manager*, November 2002, pp. 20 - 1.
30. Child, J. *Organization: Contemporary Principles and Practice*, Blackwell Publishing (2005).
31. Luthans, F. *Organizational Behavior*, Fifth edition, McGraw - Hill (1989), p. 547.
32. Hicks, H. G. and Gullett, C. R. *The Management of Organizations*, Third edition, McGraw - Hill (1976), p. 502.
33. Knights, D. and Willmott, H. *Management Lives: Power and Identity in Work Organizations*, Sage Publications (1999), p. 31.
34. Robbins, S. P. *Organizational Behaviour*, Eighth edition, Prentice - Hall (1998), p. 396.
35. Watson, T. J. *Organising and Managing Work*, Second edition, Financial Times Prentice Hall (2006).
36 Etzioni, A. *A Comparative Analysis of Complex Organizations: On Power, Involvement and their Correlates*, Revised edition, Free Press (1975).
37. Fincham, R. 'Perspectives on Power: Processual, Institutional and Internal Forms of Organizational Power', *Journal of Management Studies*, vol. 29, no. 6, 1992.
38. Pfeffer, J. *Power in Organizations*, Pitman (1981).
39. French, J. P. and Raven, B. 'The Bases of Social Power', in Cartwright, D. and Zander, A. F. (eds) *Group Dynamics: Research and Theory*, Third edition, Harper & Row (1986).
40. For an account of the use of power, see, for example: Guirdham, M. *Interactive Behaviour at Work*, Third edition, Financial Times Prentice Hall (2002), Chapter 9.
41. Parker, L. D. 'Shock of the new a century on', *Professional Manager*, November 2005, pp. 34 - 5; and 'Mary Parker Follett: Prophet of Management', Thinkers Checklist No. 24, Chartered Management Institute (1998).
42. Handy, C. B. *Understanding Organizations*, Fourth edition, Penguin (1993), p. 131.
43. Green, J. 'Who Wields the Power in Your Organisation?' *Administrator*, February 1996, pp. 21 - 2.
44. Mann, S. 'Oh I heard it on the grapevine', *Professional Manager*, July 1997, p. 33.
45. Stewart, R. *Managing Today and Tomorrow*, Macmillan (1991).
46. Goldsmith, W. and Clutterbuck, D. *The Winning Streak Mark II*, Orion Business Books (1998), pp. 12 - 13.
47. Grainer, S. *Key Management Ideas: Thinkers that changed the management world*, Third edition, Financial Times Prentice Hall (1998), p. 126.

48. Mooney, J. D. *The Principles of Organisation*, Revised edition, Harper & Row (1947), p. 17.
49. Urwick, J. F. *Notes on the Theory of Organization*, American Management Association (1952).
50. See, for example: Waterman, R. H. *The Frontiers of Excellence*, Nicholas Brealey (1994); and Yukl, G. and Fu, P. 'Determinants of delegation and consultation by managers', *Journal of Organizational Behavior*, vol. 20, 1999, pp. 219 – 32.
51. Stewart, R. *The Reality of Management*, Third edition, Butterworth – Heinemann (1999), p. 180.
52. McGregor, D. *The Human Side of Enterprise*, Penguin (1987).
53. Hunt, J. W. *Managing People at Work: A Manager's Guide to Behaviour in Organisations*, Third edition, McGraw – Hill (1992).
54. Davis, K. and Newstrom, J. W. *Human Behaviour at Work*, Eighth edition, McGraw – Hill (1989), pp. 336 – 7.
55. Guirdham, M. *Interactive Behaviour at Work*, Third edition, Financial Times Prentice Hall (2002), p. 569.
56. Gracie, S. 'Delegate Don't Abdicate', *Management Today*, March 1999, p. 94.
57. Ezzamel, K., Lilley, S. and Wilmott, H. 'Be Wary of New Waves', *Management Today*, October 1993, pp. 99 – 102.
58. Gretton, I. 'Taking The Lead in Leadership', *Professional Manager*, January 1995, p. 22.
59. Wilkinson, A. 'Empowerment: Theory and Practice', *Personnel Review*, vol. 27, no. 1, 1998, pp. 40 – 56.
60. Stewart, A. M. *Empowering People*, The Institute of Management and Pitman Publishing (1994).
61. Morris, S., Willcocks, G. and Knasel, E. *How To Lead a Winning Team*, The Institute of Management and Pitman Publishing (1995).
62. Mills, D. Q. and Friesen, G. B. 'Emapowerment', in Crainer, S. and Dearlove, D. (eds), *Financial Times Handbook of Management*, Second edition, Financial Times Prentice Hall (2001), p. 323.
63. Thorlakson, A. J. H. and Murray, R. P. 'An Empirical Study of Empowerment in the Workplace', *Group & Organization Management*, vol. 21, no. 1, March 1996, pp. 67 – 83.
64. Jamison, C. 'Top 10 Myths of Customer Service', *The British Journal of Administrative Management*, July/August 1999, p. 20.
65. Pickard, J. 'The Real Meaning of Empowerment', *Personnel Management*, vol. 25, no. 11, November 1993, pp. 28 – 33.
66. Wilkinson, A. 'Empowerment: Issues and Debates', *QWL News and Abstracts*, *ACAS*, no. 137, Winter 1999, p. 5.
67. Peiperi, M. 'Does Empowerment Deliver the Goods?' *Mastering Management*, FT/Pitman Publishing (1997), p. 287.
68. Erstad, M. 'Empowerment and Organizational Change', *International Journal of Contemporary Hospitality Management*, vol. 9, no. 7, 1997, pp. 325 – 33.

69. Nixon, B. 'Training's Role in Empowerment', *People Management*, February 1995, pp. 36 - 8.

70. Green, J. 'Do Your Managerial Skills Need Servicing For The New Year?', *Chartered Secretary*, January 1998, p. 37.

71. See, for example: Sell, R. 'Empowerment', *QWL News and Abstracts*, *ACAS*, no. 133, Winter 1998, pp. 7 - 11.

72. Wall, T. and Wood, S. 'Delegation's a Powerful Tool', *Professional Manager*, November 2002, p. 37.

73. Wheatley, R. 'Stress and Delegation', *Professional Manager*, vol. 12, no. 3, May 2003, p. 22 (The Whitehall II Study, HSE Contract Research, Report 422/2002).

74. Reeser, C. and Loper, M. *Management: The Key to Organizational Effectiveness*, Scott, Foresman (1978), p. 437.

75. Allen, D. 'There's More to Accountancy Than Accounting', *Administrator*, March 1992, p. 6.

76. 'Inspired Leadership: Insights into people who inspire exceptional performance', DTI, August 2004.

77. Goldsmith, W. and Clutterbuck, D. *The Winning Streak Mark II*, Orion Business Books (1998).

78. Gratton, L. *Living Strategy: Putting people at the heart of corporate purpose*, Financial Times Prentice Hall (2000), p. 10.

79. Berry, A. J., Broadbent, J. and Otley, D. (eds), *Management Control: Theories, Issues and Practices*, Macmillan (1995), p. 77.

80. Perrin, S. 'Budget, Don't Fudge It', *Management Today*, January 1998, pp. 88 - 9.

81. Hannagan, T. *Management: Concepts and Practices*, Fourth edition, Financial Times Prentice Hall (2005), p. 521.

82. Watson, T. J. *Organising and Managing Work: Organisational, managerial and strategic behaviour in theory and practice*, Financial Times Prentice Hall (2002), p. 244.

第12章 组织开发、文化和变革

> 行为变化是针对个人而言的。群体不会变化，团队不会变化，公司也不会变化，变化的是个人。当团队中的每个成员都改变其行为方式时，整个团队的运营方式就会发生变化。同样，当公司里的人改变其行为方式时，整个公司的运营方式也就会随之发生变化。
>
> 行为科学系统研究有限公司董事长，
> 洛宾·斯图尔特·科茨（Robin Stuart -Kotze）
> 《绩效：成功行为的秘诀》，金融时代出版社（2006）

组织开发与组织健康的诊断、组织绩效以及组织适应变革的能力密切相关。组织开发包括组织行为的应用和对组织社会进程的认识。管理者需要理解组织文化和组织氛围的本质和重要性、雇员承诺以及组织变革的成功实施与管理。

□学习目的

学完本章后，你应该能够：

- 解释组织开发的含义和本质；
- 审查组织文化的本质、类型和主要特点；
- 评价企业文化开发的影响因素以及企业文化的重要性；
- 详细说明组织氛围和雇员承诺的特点；
- 探索组织变革的本质和抵制变革的原因；
- 探讨组织变革的管理、组织变革的人员因素和社会因素；
- 回顾组织文化的重要性以及组织适应变革的能力。

评论性反思

“一个组织不可能发展和变革。”

“也许不会，但组织是由人组成的，当人变革和发展时，组织绩效也会变化和发展。”

你认为呢？你是否认为研究组织开发归根结底就是研究个人的行动、行为和效果？

组织开发的含义

组织开发是个通称，它包含了一系列干预组织社会进程的策略。这些干预策略的目的是对个人、群体以及组织进行发展。从总体上来讲，组织开发是要改善组织的整体绩效并提高工作效率。从本质上说，组织开发是一门应用行为科学，主要研究计划性变革和组织的发展。

然而，组织开发的广义本质意味着在这个大标题或者“标签”之下，应该包括很多相互联系的主题。考虑到人的重要性，组织行为的相关主题也与组织开发有关。然而，组织开发更多地强调组织的发展，而不是组织和管理的实际过程。组织开发的两个核心和关键特征是组织文化和组织变革。

组织文化

弗兰奇和贝尔（Bell）从行为科学的角度对组织开发进行了全面的定义：

组织开发需要长期的努力，需要高层管理者的领导和支持。它是通过对组织文化，特别是对完整的工作团队和其他团队结构的文化进行不断的、协作性的管理，并利用咨询协助者的角色以及包括行动研究[1]在内的应用行为科学的理论和方法来改善组织愿景、赋权、学习以及解决问题的过程。

由于弗兰奇和贝尔认为，文化是组织中行为的基石。因此，文化在他们的定义中有着很重要的地位。他们将组织开发的主要特点概括为以下几点。

- 关注文化和过程，鼓励领导者与成员进行合作。
- 关注组织中的人员和社会因素，关注所有类型团队的重要性，关注员工在解决问题和决策上的参与。
- 关注整个组织体系的变革，把组织看作复杂的社会体系。
- 作为服务者、合作者和共同学习者的组织开发人员要以能使客户自行解决问题为核心目标。
- 依靠行为研究模式并采用发展的观点促进个人和组织的共同提高。[2]

组织变革

哈姆林（Hamlin）、吉普（Keep）和艾施（Ash）强调了组织开发和变革的关系。他们认为：“对于那些对变革进行有效管理的组织而言，变革本身就成为了一种使组织在今后获得持续成功和发展的动力。在这些组织中，每一项变革都会被看作是提高效率并使组织取得新成就的机遇。这些变革广受组织和员工的欢迎。”[3]

丘奇（Church）认为，组织开发是大规模的组织变革，而变革的基础则是人们的知觉和行为。

我要为这项工作进行定义。在我看来，缩减组织规模不是组织开发；大量的培训和发展不是组织开发；对生产流程的咨询也不是组织开发。这些只是组织开发人员应该具备的技能，但是并不意味着他们在进行组织开发。我认为，真正的组织开发是系统化的组织变革。[4]

对管理层的开发

帕钦（Patching）论述了企业商业战略、管理战略以及组织和管理层开发战略三个层级间关系的重要性。他认为“对管理层的开发就是组织开发”。

> 对管理层的开发与组织开发对于组织并没有直接的影响，管理层与组织开发并没有生产产品，然而却改变了管理者的思维……在改变管理者思维的同时，这种干预将会改变由组织、市场以及管理者职业组成的建构。换句话说，随着管理者思维的改变，他们的组织也会发生变化。[5]

组织开发的实施

组织开发利用一系列方法，即干预策略（intervention strategies），来实施有效的变革。这些方法包括：调查研究与反馈、T 小组训练、团队建设和方格训练。

- 调查研究与反馈运用问卷调查来确定成员对组织职能的态度。调查的结果会首先反馈给高级管理人员，之后反馈给工作组进行诠释和分析。组员参与讨论调查信息所反映的问题，对问题进行诊断，并且参与制定行动方案，从而来帮助解决这些问题。
- T 小组训练（或敏感度训练）是一种小型的、非结构化的、面对面的训练。小组成员没有预先规定的计划，也没有固定的活动。训练更注重过程而不是内容，即注重沟通的情感层级，而不是沟通的信息价值。在培训者的指导下，参与者的行为方式成为小组关注的焦点。这项训练的目的通常是为了提高参与者对自己以及他人情感反应的敏感度、诊断能力、行为的灵活性与有效性。
- 团队建设是在工作群体内部诊断任务程序及人员相互作用方式的过程。主要的目的是通过改善团队工作的有效性来提高组织的整体绩效。关注的焦点是工作程序和人际关系，尤其是领导者与其他成员间的关系。
- 方格训练是由布莱克和莫顿的管理方格理论（见第 8 章）中发展而来。方格训练的预期目标是使变革达到方格中的 9，9 位置（对生产和人员的最大程度的关注）。[6]

然而，组织开发还会利用一些其他的干预策略来实施变革。例如，内勒（Naylor）提出了以下一些“组织开发技术”。

- 角色分析——系统地明确角色，并在群体成员间分配角色。
- 生活与职业计划——鼓励组织成员有策略地开发和表达个人目标，以实现个人目标与组织目标的统一。

- 工作生活的质量——工作生活质量和职业规划之间的联系，改善工作氛围。
- 咨询——帮助员工个体更好地了解身边所发生的事情，进而帮助他们实现目标。[7]

以行动为导向的组织开发

没有两个组织是完全相同的。每个组织都有自己的问题和最合适的解决办法。组织开发以行动为导向，并且有针对性地满足组织的某些特定需求。不同层级的干预策略有很多不同的形式。组织开发主要是审查组织健康和实施有计划的变革，它包括有关人际关系技巧的培训、敏感度培训、与激励过程有关的方法和技巧、沟通模式、领导风格和管理行为。

虽然组织开发活动得到了正式组织系统的认可，但是它不仅关注组织的正式系统，也关注组织的非正式系统。最初的干预策略都是通过非正式系统来实现的，包括情感、非正式的行动和相互作用、群体规范和价值观，这些要素构成了组织文化的一部分。在第1章里，我们提到“组织行为”这个术语是不恰当的，“组织开发”这个术语也是如此。一个组织是由人构成的，因此我们谈到组织开发时，要强调多元方法，并且要记住：我们实际指的是组成该组织的个人和群体的开发和绩效。

组织文化

尽管大多数人可以理解组织文化的含义，但是要想给这个抽象的概念下一个准确的定义或解释是很难的。文化的概念是从人类学中发展起来的，即使人们没有意识到文化，文化对于人们的行为和行动仍有着普遍的影响。然而，人们对文化意义的理解并不一致；对文化在工作组织中的应用的看法也不尽相同。[8] 人们对组织文化不同的诠释使它拥有了很多种不同的甚至是相互冲突的定义。[9] 另外，有时人们会混淆组织文化和组织氛围的区别（本章后面将讨论）。

对文化的一种既流行又简单的定义是：“组织内部的办事方法。”例如，阿特金森（Atkinson）认为，组织文化反映出有关工作方法的基本假设，是可以或不可以为组织所接受的行为，以及组织鼓励或不赞成的行为。[10]

下面的这一定义则更为具体：

组织文化是传统、价值观、政策、信仰和态度的集合，它们构成了成员在组织中普遍的行为和思维方式。[11]

人们也经常将组织文化与个体的人格联系起来。[12]

卡特莱特（Cartwright）将文化看作是一种管理职权体系。当文化被雇员接受的时候，它的价值通过以下三种方式增强了管理的权力和职权。

- 当认为这“正是自己要做的事”时，雇员把自己和组织视为一体，接受组织的规则。
- 当认为组织的价值观正确的时候，雇员将其内化。
- 雇员被激励以实现组织目标。[13]

文化的层级

沙因（Schein）以区分三个由浅入深的文化层级为基础，提出了一种看待组织文化的观点。这三个层级是：表征、价值观和基本假设。[14]

- 第一层：表征。文化最明显的一个层级就是表征，即构建的自然环境和社会环境。这包括自然空间和布局、技术产出、文字和语言以及组织成员的公开行为。
- 第二层：广为接受的价值观。文化学习反映了一些人的原始价值观。完成一项新任务或解决一个新问题的方法以认定事实为基础。如果解决方案有效，这种价值观就会转变成一种信念。价值观和信念成为群体成员评定行为的理性认识过程中的一部分。
- 第三层：基本假设。当一个问题的解决方案总是有效时，人们就会普遍接受它。基本的假设就被人们下意识地习得。基本假设虽然是模糊的信念，但是事实上，它们会引导组织成员的行为并决定他们如何知觉、思考和感知事物。

沙因认为，这些基本假设应该被看作是文化的本质，即真正的文化；价值观和行为应该被看作是文化本质的外在表现。

组织文化的类型

组织文化的分类方式繁多。汉迪对哈里森的观点进行了发展，[15]并描述了组织文化的四种类型：权力文化、角色文化、任务文化和个人文化。[16]

- 权力文化依赖于一个中心权力源，并由中心对整个组织产生影响。权力文化常常存在于小型商业组织之中。它的有效性依赖于信任、同情及人际交往。控制是权力中心通过选出个人代表来实现的。组织中几乎不存在规则和程序，也几乎没有官僚等级。权力文化是政治组织，其决策取决于组织内影响力的平衡。
- 角色文化经常被认为是一种官僚制度，并且通过逻辑和理性发挥作用。角色文化依赖于组织“支柱”的力量，例如，财务、采购和生产等方面的专业人员的作用。“支柱”的工作和他们之间的相互作用受组织程序和规则的控制，并通过少数高级管理者进行协调。角色或者工作描述通常比个体成员更重要。在角色文化中，职位是权力的主要来源。
- 任务文化以工作或者项目为导向。从结构上来看，任务文化可以被比作一张网，其中一些比另外一些更强，有很多权力和影响作用于其间，例如，矩阵式组织。任务文化试图将合适的资源和人员组织到一起，并且利用群体共同的力量。这种影响是非常广泛的，并且更多的是以专家权力为基础，而不依靠职位或个人权力。

- 个体文化是指组织中以个体为中心，任何结构都为其中的个体服务。当一群人决定由于共同兴趣而集中到一起，做自己的事情，并且共享空间、设备或者互相帮助时，由此所产生的组织就会拥有个体文化。例如，律师、建筑师、医生或者管理咨询顾问。虽然个体文化只存在于为数不多的组织之中，但许多人都偏爱这种文化，例如，大学教授或者专家。在这种文化中，管理等级和控制机制只能通过管理层与组织成员达成一致来实现。个体成员几乎有全部的自治权，并且外界对他们的影响也是建立在个人权力的基础上。

每个组织都有自己独特的文化，并且多数大型企业的文化往往都是由上述四种类型的文化在组织的不同部门中所形成的一种混合文化。不同的人喜欢在不同的组织文化中工作，如果员工的特质和人格与他们所在的组织部门的文化相一致的话，他们工作起来就会更加愉快和满意。

文化的四种类型

通过对数以百计的商业组织及其环境的研究，迪尔（Deal）和肯尼迪（Kennedy）根据以下两个市场中的决定性因素对组织文化进行了分类。

- 组织活动风险性的大小。
- 组织和员工获得成功的决策或战略反馈的速度。

以这两个因素为标准，我们可以将文化划分为四种类型：硬汉、胆识型文化；努力工作和尽情玩乐型文化；孤注一掷型文化；按部就班型文化。[17]

- 硬汉、胆识型文化。组织成员经常冒险，并且很快得到行为对错的反馈。例如，公安部门、外科诊所、建筑部门、美容业、管理咨询公司和娱乐业。在这些组织中，财务风险很大，非常重视速度。巨大的压力和紧张的工作节奏通常使员工过早地“精疲力竭”。内部的竞争和冲突很正常，精英们喜欢意气用事，但总是被宽容。在这样的组织中，员工的离职率很高，这对建立一种具有凝聚力的文化造成了困难。
- 努力工作和尽情玩乐型文化。以娱乐和活动为主要特点，在活动中员工很少冒险、反馈很快、风险相对较低的活动很多。例如，房地产代理公司、电脑销售公司、麦当劳、办公室设备制造厂和零售商店等大众消费公司。该类型的组织往往都是动态的，以消费者及其需求为核心价值观，整个团队生产出大量的产品。这种文化鼓励通过竞赛、会议、晋升和惯例来帮助维持对员工的激励。然而，拥有此种文化的组织产品数量虽多，但质量却不能得到保证。
- 孤注一掷型文化。在此类组织中，重大决策拥有很高的风险性，并且决策的反馈速度非常缓慢，员工可能在几年之后才能知道决策是否成功。例如，石油公司、投资银行、建筑设计公司和军队。人们关注的是组织未来的发展和对其进行投资的重要性。在这种以商业会议为日常工作的组织中，雇员做事非常审慎。组织中会有一个自上而下的决策职权等级体系。这种文化会产生高质量的发明和科学突破，但这一过程会非常缓慢，而且容易受短期波动的影响。

- 按部就班型文化。风险小、反馈慢的文化。在拥有此类文化的组织中，员工很难衡量他们的工作。例如，银行、保险公司、财务机构和民用服务部门。个人财务风险很小，员工对于自身工作的有效性得到的反馈非常少。他们不会对工作进行记录或撰写备忘录。缺少反馈迫使员工主要考虑如何做事，而不是做了什么事。员工趋向于形成一种“覆背（cover your back）”思维。这种官僚组织使人们过于关注琐碎的事情、微不足道的细节、手续和技术上的完美。按部就班型文化在组织需要秩序和预测性时会非常有效。

注意，迪尔和肯尼迪在随后发表的一篇文章中建议对原始类型进行一些修改。例如，在按部就班型文化的影响下，银行可能不适合于努力工作和尽情玩乐型文化，并发展成为销售型组织。[18]

企业文化开发的影响因素

一个组织的文化和结构随着时间的推移而不断发展，并且与一系列复杂的因素有关。然而，我们能够确定一些在任何企业文化开发中都发挥着重要作用的主要影响因素。这些影响因素包括历史、主要职能和技术、目标与目的、规模、地理位置、管理和人员编制以及环境。[19]

- 历史。一个组织始建的原因、方式、年龄以及这个组织的拥有者和首批高级管理者的哲学思想和价值观会影响它的文化。组织历史上的一次重要事件，例如，合并、重大重组或管理高层的更新换代都有可能会带来一些企业文化的改变。企业历史可以有效地协助企业进行发展，帮助整合收购，并通过灌输组织文化和特征来帮助新雇员认知企业。[20]企业文化的冲突及文化融合的失败将可能导致并购的失败。[21]

- 主要职能及技术。一个组织所经营业务的本质及其主要职能对组织的企业文化拥有重要的影响。其中包括企业的经营范围、产品质量、提供的服务、名誉的重要性以及顾客的类型。组织的主要职能将会决定其技术程序的本质与开展工作的方法，这些本质、方法反过来也会影响组织的结构和文化。

- 目标与目的。尽管商业组织会追求盈利能力，但这并不能明确、充分地衡量其管理的有效性。例如，组织在多大程度上强调长期生存、成长和发展？在多大程度上关注于避免风险和不稳定因素？或者在多大程度上关注于扩大企业社会责任的范围？组织必须考虑其各主要领域的运营目标。目标和为其所制定的战略都会影响组织的文化，反过来，企业目标也会受到文化变革的影响。

● 规模。一般来说，较大规模的组织拥有更加正式的结构及文化。企业规模的扩大会导致组织建立独立部门，并实行分区运营。这会造成沟通的困难以及各部门间对于有效合作需求的竞争。规模及增长率的快速改变及其所造成的人员编制上的变动会影响组织结构和文化。

● 地理位置。地理位置和物理特征会对组织文化造成重大影响。例如，一个企业是建在安静的乡村还是繁华的都市中心将会影响其顾客和雇员的类型。地理位置还会影响一个组织所提供的服务的本质、组织边界、独特的定位以及发展的机会。

● 管理和人员编制。高级管理层对组织文化的本质具有相当大的影响力。例如，“美体小铺”[22]的创办者阿妮塔·洛迪克（Anita Roddick）在其企业中发挥着至关重要的作用。另一个例子是马乔里·斯卡迪诺（Marjorie Scardino），在她接任培生集团首席执行官一职后，其管理风格上的变化也对该集团的企业文化产生了非常重要的影响。

她聪明地通过其率直的谈吐赢得了挑剔的《城市周刊》及媒体的好感，而她率直的工作风格也对企业文化产生了惊人的影响。[23]

另一个例子是计算机巨擘IBM公司的总裁路易斯·郭士纳（Louis Gerstner）。他为公司制定了新战略，并对由于公司成就而变得僵化的企业文化进行了革新。此外，他重建了领导团队，并赋予员工全新的方向感。[24]

然而，无论高级管理层认为本企业的文化应该是怎样的，所有的员工都会帮助组织建立其主流文化。另外，文化还由雇员的性质以及他们对管理哲学和政策的接受程度所决定。另一个重要的影响因素是企业文化和员工对心理契约的知觉的匹配度。

● 环境。为了实现组织工作的有效性，组织必须对外部环境影响因素做出迅速的反应。例如，如果一个组织是在一个动态的环境中运营的话，那么它就需要一种敏感并可以迅速适应变化的组织结构和企业文化。一个有机的组织结构更易于对新的机遇和挑战以及外部环境中的风险与局限性做出有效的反应。

评论性反思

“大量有关企业文化的定义和阐释、企业文化的人类学起源以及人们对企业文化缺乏清晰的认识削弱了它帮助我们理解组织行为的价值。”你同意这种说法吗？在现代工作组织中，企业文化扮演着怎样的角色？

文化网络

为了帮助描述并理解组织文化，约翰逊、绍勒斯（Scholes）和威廷顿（Whittington）提出了文化网络这一概念，将组织文化所涉及的不同方面组合到一起，对组织文化进行分析（如图 12-1 所示）。

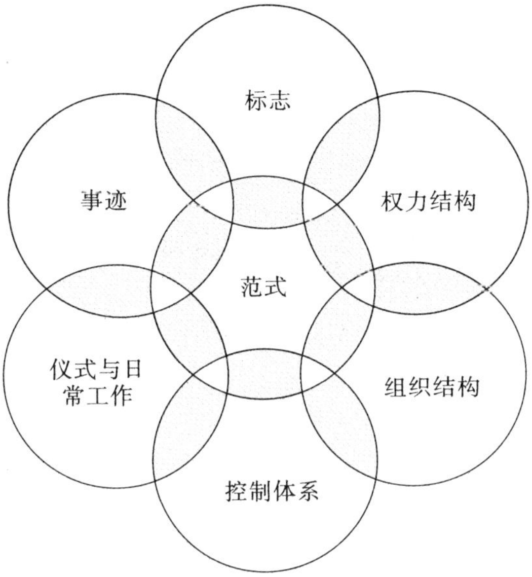

图 12-1　组织的文化网络

资料来源：*Exploring Corporate Strategy*, Seventh Edition Johnson, G., Scholes, K. and Whittington, R., Financial Times Prentice Hall (2005), p. 202. Reproduced with permission from Pearson Education Ltd.

- 日常行为——组织成员对待彼此的方式及组织成员对组织外人员的对待方式。这些方式构成了组织的办事方式和标准。
- 仪式——一些特殊的活动或事件。通过这些活动，组织可以对一些尤为重要的事项进行强调，包括正式的组织程序和非正式的组织程序。
- 事迹——组织成员所讲述的在当前具有旗帜性作用的事件或者个人，经常都与成功、失败、英雄、坏人和不合群的人相关。
- 标志——如标识语、办公室、配车、标题语、语言或者常用术语的类型，是组织本质的形象代表。
- 权力结构——组织中最有权力的个人或者群体。权力基础来自管理职位或者资历。但是，在一些组织中，权力也可以存在于其他层级或职能之中。
- 控制体系——组织的评估以及奖励体系。这种体系强调了监控、关注以及活动的要点。例如，资金管理或者服务质量监督。
- 组织结构——组织结构反映了权力结构，并且描绘出组织中的重要关系和业务活动，它包括正式的组织结构和控制以及非正式组织体系。
- 范式——组织范式概括并强化了文化网络中被观察到的行为。[25]

其他分析要点

然而，人们试图用很多方法来描述并理解组织文化的构成，而且人们分析组织文化元素时关注的领域也不同。威尔森提出，文化是组织的特征，而不是成员个体的特征。

一种检验组织文化的方法是通过观察企业形象来认识组织所重视的对象。这种企业形象是客户、顾客、员工以及其他人对组织的一种印象。这种印象是有意识与无意识、有目的与无目的因素的集合。[26]

英国咨询、调解和仲裁局（ACAS）对两种不同的文化和办事方式进行了区分：

- 控制型文化强调规则和程序，控制和遵守预先制定的准则。
- 工作生活质量文化强调核心价值。组织的使命宣言通过组织的共同目标、价值观和传统来为雇员提供指导和组织承诺。[27]

内勒认为，弄清组织文化的构成非常困难，我们首先要做的则是识别可视文化和隐性文化。可视文化是组织的表层文化，由诸如表征、标识、语言、事迹和活动等因素构成。这些因素可以被收集、比较并汇集成对一个组织的描述。支撑这种“可视文化”的是由信念、价值观、行为准则、基本假设和认识构成的隐性文化。[28]

查特斯（Charters）质疑“民间传说”这一概念能够在多大程度上帮助人们探究企业神话和传奇的存在。字典中的定义和研究人员对这一概念的论述都指出：传说与文化存在着密切的联系。

民间传说包括神话和传奇。因此，民间传说证实了对组织传说的探讨属于文化研究中的一部分……如果民间传说确实是文化的一种表现形式，那么人们则有可能通过一个组织的神话和传奇以及一些被广为流传的故事来识别组织文化各个方面的内容。[29]

文化的重要性

组织行为的应用和人力资源的有效管理不仅取决于行业或商业的本质，也取决于组织的特征和文化。组织文化的总体本质是“组织处理事情的方式”。这一本质与共享价值观、信念、态度将对组织的决策、结构设计、群体行为、工作组织、积极性和工作满意度以及管理控制等组织程序产生非常重要的影响。例如，很多管理者声称，他们的组织文化对于缓解员工压力做出了相当大的贡献。[30]

哈里森和斯托克斯（Stokes）认为，组织文化会影响组织内部所有个体及群体的行为。

> 文化影响着组织生活的大多数方面，例如，决策的制定方式和制定者、奖励的分配方式、晋升人选、员工待遇以及组织如何对外界环境做出反应等等。[31]

赖格（Reigle）提出了相似的观点。他指出，文化是技术的成功运用、改革、合并、收购、工作满意度、组织成就和团队工作的有效性方面的一个非常重要的因素。另外，他还指出了确定组织文化的性质（有机的或机械性的）的重要性。[32]

文化和组织控制

伊根（Egan）提出，文化是可以说明人类的疯狂程度或特殊程度的最大的组织控制体系。公司和机构不仅拥有显性文化，也拥有隐性文化。这两种文化都将影响商业行为和组织行为。

> 隐性文化可能会无法发挥其应有的作用，而且成本很高。文化是对我们的办事方法起指导作用的假设、信念、价值观和准则，并且是组织中范围最大、控制力最强的体系，因为它不仅影响显性的组织行为，而且还会影响隐蔽性行为……文化为社会体系制定了行为准则。在一个机构中，你只有当上工程师才能升入组织的高层。当然，这并不是什么固定的规则，只是事情本身的规律。在一家银行里，如果你穿着涤纶面料的衣服，就永远都不会成为主管。文化揭示了组织允许的政治种类，以及成员应该遵守怎样的政治游戏规则。[33]

伊根还将满足业务需求的“首选文化”同“现行文化”进行了区分。这种文化背后的文化是决定公司内部行为模式的真正的信念、价值观和准则。这些未被命名、讨论并且无法用语言或文字来表达的隐性文化都处于普通管理控制的范畴之外。改变这些限制性行为特点的第一步是确定组织的首选文化，并且确保公司的运营方式满足其当前的业务需求。[34]

短期组织的文化

文化的重要性引起了一系列有趣的问题，这些问题与短期组织中文化的本质及影响因素有关。短期组织是指那些为实现短期目标而创建的、仅存在一小段时间的组织。例如，艺术节或者国家园艺节。当组织几乎没有任何历史，只有短期目标，并且高层管理人员行使影响力的时间非常有限时，组织文化是如何发展的？在这样的组织中，管理者如何向员工灌输组织的文化？在对威尔士园艺节（Garden Festival Wales）的研究中，穆德尔（Meudell）和加德（Gadd）发现，该组织的招聘和培训举措直接成功地创建了文化。然而，除组织文化外，组织氛围对于组织工作的有效性也非常重要。

> 对于顾客关怀型（企业）文化的严格训练会使员工自动地对顾客说出“祝您愉快”，但组织只有营造出一种合适的氛围才能激励员工发自内心地关怀顾客。[35]

文化和组织绩效

很显然，文化是有效组织绩效中的一个非常重要的因素。在对 62 家拥有卓越绩效的美国公司的研究中，彼德斯（Peters）和沃特曼（Waterman）注意到了企业文化的重要性。

毫无例外地，文化的支配性和一致性是优秀公司的必备品质。此外，文化的支配性越大、市场导向性越强，组织对政策守则、组织图表或者具体的程序和规则的需要就越少。在这些公司中，由于指导性价值观非常明确，生产线上的工人在大多数情况下都知道他们应该做什么。[36]

虽然一些原本非常优秀的组织经营出现困难，但文化对于高效的组织绩效仍然十分重要。此外，赫勒对欧洲顶级公司的研究也使其重要性得到了巩固。例如，在对喜力啤酒（Heineken）的国际市场优势的评价中，赫勒指出这种市场优势一部分依赖于其非凡的企业文化：

文化的力量并不是偶然的……组织文化和组织绩效之间存在着一定的联系。[37]

在对杰出企业最初的研究中，戈德史密斯和克拉特巴克指出了组织日常文化的八个特点。他们在后来对世界顶级公司的研究中发现，高绩效公司一个关键的特点是拥有挑战性文化。所有这些公司对为其工作的员工都非常苛刻，但是这又被培养性文化所平衡。培养性文化表明这些公司也通过很多不同的方式来关心员工。[38]

查明斯（Cummings）和沃利（Worley）认为：

一个组织的文化是组织成员共有的设想、价值观和规范的模式。越来越多的研究表明，文化可以影响策略的制定和实施，并且会影响一个公司实现高水平绩效的能力。[39]

管理工具的运用

查特曼（Chatman）和查（Cha）提出，每个公司都有文化，无论好或不好。好的文化不仅仅包括高满意度的员工。组织要想取得良好的长期绩效，就需要按照以下三个主要标准发展适合自己的文化：

- 必须与组织战略相关；
- 必须具有影响力，从而使员工关心重要的事情；
- 文化必须具有适应不断变化的外界环境的能力。

为了使领导者能够通过开发、管理、变革文化来提高绩效，查特曼和查提出了以下三种管理工具。

- 招聘和甄选。雇佣适合公司文化的员工，尽管可能为了更好地适应文化而忽略了一些技能。仔细观察招聘者的特点，并根据文化考虑你的选择。
- 社会工具和培训。通过一些实践使新的员工了解价值观、能力、预期行为以及社会知识，从而以一个真正的雇员的身份参与工作，并且融入到组织成员中来。
- 奖励体系。文化是一个组织的非正式的奖励体系，但是它需要与正式的奖励复杂地联系在一起。例如，根据销售水平来安排员工大会上的座席，在员工佩戴的名章上标出存货损失，在消费者和其他员工面前发放奖金。[40]

文化变革

组织文化的普遍性特征是指，如果企业要成功变革，那么这其中很可能要含有文化的变革。例如，斯图尔特对于文化和变革之间的关系做出了如下评论：

近些年，人们的注意力从组织工作对人们行为的影响转移到组织文化如何影响员工行为上。现今，人们普遍认识到，结构变革并不是组织变革的唯一或主要的内容，组织还需要进行文化变革。[41]

内勒也持相似观点，他指出：“在整个系统中，任何变革都将会影响文化，并且文化也会影响或限制变革……文化变革与组织变革过程紧密地联系在一起。”[42]

然而，虽然组织经常试图改善其主要的活动和氛围，但对一个组织的特质和文化进行变革并不容易。实际上，组织通常只是逐步地、缓慢地对其特质进行变革，而且环境压力的复杂性自身也会阻碍快速的变革。文化通常是根深蒂固的，并且对组织目标及政策的承诺、人们在知觉上的局限性以及他们的不确定性和恐惧感也会导致他们在行为上不愿接受变革。文化通过仪式和礼仪、沟通方式、非正式组织、预期行为方式以及人们对心理契约的知觉得以加强。

> 很显然，现在大多数组织都不再像以前那样稳定和可预测。要想让跟随者始终能够在一个多变的时代中积极努力地工作，领导者必须要创建可以激励绩效、自豪感和乐趣的组织文化。由于文化是要经过多年才能形成的，而且往往又根深蒂固，因此要改变它们就比较困难。一些评论家观察到，通过改变组织中的程序和系统来改变行为要易于改变人们的态度。尽管一个人一生中会多次改变自己的追求，但价值观往往会保持不变，并且价值观可以帮助一个雇员决定其对雇主的态度。
>
> 英国贸易与工业部（2004）[43]

组织变革的特征将会在本章后面的部分讨论。

民族文化和国际文化

文化有助于解释国内及国际中不同组织和管理者之间的差异。它可以解释为什么不同群体的人按他们自己的方式认识事物，而且与其他群体做事的方式也不同。[44]随着国际竞争的增强，对民族文化的理解对于管理者来说变得越来越重要。例如，西德尔（Siddall）认为：“国际商务、文化问题以及增强理解的需求已经成为组织行为学的主要研究内容。”[45]文化实践在不同国家有大幅度的变化，并且我们由于自身的价值观而很难去理解其他国家的文化。

施奈德和巴尔索克斯提出，文化信仰和价值观会影响管理的含义，并且揭示出不同组织观念的差异。民族差别和文化差异引起了人们对组织结构、组织系统和生产流程的迁移可能性的关注，并开始质疑“最佳实践”的普适性。[46]程、斯库里和陈也对管理理论和组织行为理论的普适性提出了质疑，因为这些理论没有充分地考虑到文化因素。[47]游览过佛罗里达和巴黎的迪士尼游乐园的人则会目睹美国和法国员工在对迪士尼游乐园的运营方法和程序的态度及接受程度上存在的文化差异。

弗朗西斯科和戈德认为，近年来，文化作为组织行为的一种解释已被人们接受。这其中的一个原因是国家竞争力的增强，第二个原因是管理者在与其他国家人员交往过程中遇到了不同的文化。然而，利用文化来解释组织行为也存在着一些局限性，而且一个国家的文化价值观和实际组织行为之间的关系是十分复杂的。[48]

我们可以回顾一下第1章中有关管理和组织行为的国际环境的讨论。

组织氛围

除了安排实施组织进程，管理者还有责任营造一种可以激励员工自愿、高效工作的氛围。组织氛围是一个一般概念，很难准确地定义。它更多的是一种感觉。组织氛围可以被比喻为对天气的描述以及某一地理区域的气候受环境因素影响的方式。

在组织中，氛围则与组织周围的主要气氛、员工士气的高低、归属感的强弱、成员间的相互关心和友好有关。氛围会影响组织成员对于工作绩效和人际关系的态度，而组织成员对组织文化的接受程度会对氛围产生非常重要的影响。

在一项有关组织氛围形成方式的具体研究中，莫兰（Moran）和沃尔克韦恩（Volkwein）指出：

……由于氛围比文化更易形成，并且更易改变，因此组织更适于将短期干预策略定位于氛围这一层面，从而实施积极的组织变革……但是，对变革氛围的干预必须要考虑组织氛围中的深层模式。[49]

组织文化描绘了组织的使命，而组织氛围则表明了员工对组织使命的感觉和信念。氛围以成员对组织的知觉为基础。

组织氛围是组织内部环境的一种相对持久的特性。它是员工的一种感受，影响员工的行为，并且被描述为组织的某些特点（或特征）的价值。[50]

组织氛围还涉及认识到组织是一个社会体系以及组织成员在多大程度上认为身为组织中的一员是一种具有心理价值的经历。它可以被看作是组织内部成员间的相互信任和理解。例如，伦奇（Rentsch）提出：“组织氛围理论的一种假设是指组织成员从心理意义上知觉并了解组织的政策、实践以及程序。”[51]

健康组织氛围的特点

组织氛围以成员 - 组织关系和上级 - 下属关系的本质为特征。这些关系是由组织目标、正式结构、管理过程、领导模式和成员行为之间的相互作用决定的。

虽然相似类型的组织会具有一些共同的特征和规范，但是每个组织都具有自己与众不同的特点。一般来说，一个健康的组织氛围应具有以下特点：

- 组织目标与个人目标相融合；
- 以社会技术体系的需求为基础建立的最适宜的组织结构；
- 组织具备民主职能，为员工提供充足的参与决策的机会；
- 平等对待员工，拥有公平的人力资源管理、雇佣关系政策和实践。
- 组织不同层级间相互信任、相互关心、相互支持；
- 公开讨论冲突，尽力避免对抗；
- 适合于特定工作情境的管理行为和领导风格；
- 接受个人与组织间的心理契约；
- 认识到员工在工作上的需要和期望，了解个体差异和特点；
- 关注工作设计、工作和生活平衡；
- 个人和职业发展的机遇；
- 成员对组织有身份感、忠诚感，并觉得自己是组织中一个重要的、受重视的成员。

如果想要改善组织氛围，组织就应该注意以上的特点。健康的组织氛围本身无法确保改善组织工作的有效性。然而，只有当组织氛围在组织中唤起了一种支持和合作精神，并且有助于激励成员自愿、高效地工作时，组织才有可能实现最佳的运营绩效。

维特莫提出，人们最重要的两种内驱力是对自我信任的需求以及对生活的意义感及目的感的需求。这两种内驱力与人们的种族、宗教信仰和文化无关，并且是构成企业绩效的基础。此外，在组织中营造一种创造性氛围是非常重要的，这来源于组织对这两种需要的认识。[52]

雇员承诺

员工对组织具有承诺感的程度是有助于营造健康组织氛围的诸多因素之一。雇员承诺的程度会对工作绩效造成非常重要的影响。沃尔顿（Walton）提出，组织方法和管理方式中的重大变革贯穿于组织控制与组织承诺中。承诺战略的所有政策都以管理哲学为基础，其中心思想是“雇员承诺会提高绩效”。[53]

雇员承诺这一概念及其实际的建立方式很难用语言或文字来描述。然而，越来越多的人接受了忠诚这一概念。奥赖利（O' Reilly）将“组织承诺”解释为“个体与组织的一种心理联系，包括工作参与、忠诚以及对组织价值观的信任。”[54]

确保雇员承诺

真正的雇员承诺不仅要求员工认识和了解组织的期望，还要求他们对组织期望做出情感和行为上的反应。如果组织不再对员工的忠诚、长时间工作或专业知识给予奖励，这会对继续留在组织中的成员产生负面影响，他们也就不太可能拥有很强的组织承诺了。[55]哥德汉姆认为：“员工的组织承诺很久以来一直倍受人们的重视，而且当组织发觉裁员和组织重组使雇员的忠诚度下降后，雇员承诺再次变得流行起来”。[56]

近年来，在企业经历了“瘦身”、缩减层级、精简流程、外包之后，阿尔特曼（Altman）、库柏、加尔纳（Garner）质疑当公司不再对员工做出承诺时，这些公司还能否继续指望员工对其进行承诺。公司裁员越多，就在越大程度上破坏了心理契约。一种新式的心理契约需要考虑到未来的组织。

过去，人们将工作场所中的忠诚解释为“命令和控制”。如今，这种说法需要被组织和员工双方的彼此承诺所取代。这种承诺态度使组织在有限的范围内建立起一种更加注重实效的关系，如今，全世界的企业都在利用这种关系进行管理。雇主仍会对其雇员做出承诺，但雇佣关系不再被担保。[57]

加卢尼克（Galunic）和威克斯（Weeks）认为，随着工作保障的消失，企业需要其他战略来鼓励雇员承诺。例如，对补偿金、弹性工作制、远程办公和生活津贴给予更多的关注。虽然这些举措可以鼓励员工努力工作，但却不能代替工作保障。为了恢复雇员承诺，而又不再次提供工作保障，加卢尼克和威克斯提出除了进行针对企业的专门培训外，组织还可以开发针对一般性培训的投资计划。这种培训以一般技能和教育为重点，其目的是提高员工的职业水平。反过来，通过发展自身的“就业能力”以及通过职业保障（而非工作保障）而获得的谋生能力，员工也会对企业做出更多的承诺。[58]

格莱顿认为，公司对成员的义务具有持续性，其首要义务就是对员工的真正承诺。

> 从表面上看，人们对于“对员工的真正承诺”这种说法已经司空见惯，每位首席执行官在其年度业务报告中都会提到它。在困难时期，组织对员工的义务或“真正承诺”将会接受考验。
>
> 琳达·格莱顿（Lynda Gratton），《民主企业》[59]

管理控制和承诺

沃特森指出了管理者在试图实现管理控制上可做出的基本选择。对直接控制和非直接控制的选择会影响员工心理承诺的程度。倾向于选择直接控制原则的组织有较高的集中化程度，拥有严密的官僚组织结构，并会对雇员活动进行密切的监控。在组织文化中，组织和成员很少对彼此做出承诺。由于管理者不相信员工的自我判断力，于是组织中出现了“低信任”文化。相反，更倾向于选择间接控制原则的组织的集中化程度较低，官僚组织结构也较为松散。由于员工对自身活动拥有更多的权力和自由，所以组织中的规则相对宽松，程序也相对灵活。组织成员之间高度信任，组织中拥有一种高度的相互承诺的文化。[60]

内在的影响因素

除上述因素之外，还有一些内在的因素影响着员工对组织的承诺程度。

- 人们在职业道德、工作参与方式以及对工作的关心方式上不尽相同（见第 1 章）。他们在工具取向、官僚取向以及“群体一致”取向的程度上也存在差异。有些人的工作态度不受工作环境性质的影响。
- 心理契约的本质以及个体和组织认为其公平的程度也会影响人们的行为和承诺程度。
- 就其与工作组织的关系而言，员工会思考“企业能带给我什么”。影响雇员承诺程度的一个重要因素是薪酬体系的本质以及组织在经济奖励、内在满意度或社会关系方面对员工工作需求和期望的满足（见第 5 章）。

评论性反思

“新成员与企业文化的融合是组织对个体的操纵，因此是不道德的，应该予以谴责。”你要怎样反驳这种说法？

组织变革的本质

变革具有普遍的影响，这种影响无论在社会生活还是组织生活方面都是不可避免的，我们都会面临这样或那样的持续性变革。

变革的影响可以按不同的时间范围来研究，从几个星期到几百年。此外，人们还可以在不同层级上研究变革，如变革对个人、群体、组织、社会、国家乃至国际的影响。然而，由于它的普遍性，任何一个层级上的变革都与其他层级中的变革相互联系，很难单独地研究变革的某一个方面，但我们的研究重点是对组织变革的管理。产生组织变革的原因有很多。它可以由管理者有目的地发起，可以在一个部门内部缓慢地发展，也可以由于具体政策或程序的变革而产生，或者在外界压力下被迫产生。变革可以影响组织运营及运行的各个方面。[61]

变革的力量

组织只有通过与其所在的外界环境相互作用才能有效运营。因此，组织的结构和运营必须反映出其所处环境的本质。以下这些因素使得组织的外界环境日益多变：

- 不确定的经济条件；
- 全球化和激烈的国际竞争；
- 政府干涉程度；
- 政治利益；
- 自然资源的匮乏；
- 新技术和信息时代的迅速发展。

为了确保生存和在未来取得成功，组织必须要迅速适应外部环境的需求。组织必须迅速地对变革做出反应。其他主要的变革力量包括：

- 对质量和高水平的顾客服务及顾客满意度的更高需求；
- 组织结构和管理模式的灵活性的增加；
- 劳动力的构成和本质不断发生变化；
- 来自组织内部的冲突。

英国管理咨询协会的一项调查显示，以下四种相互关联的力量驱动着组织的变革，每一种力量都会给组织和个体带来冲突：

1. 外包以及对组织核心业务构成要素的不断再定义；
2. 工作在不同人群、组织和地域间的分布以及工作分布导致工作分解的程度；
3. 不断改变的人口统计数据以及对创建雇员（而非雇主）市场的期望；
4. 技术，这把双刃剑使人们能够做更多的工作，但却使组织超负荷运转。[62]

组织内部的变革

变革也产生于组织内部。这种变革大部分是自然老化的过程。例如，物质资源，包括建筑、设备、机器老化或失效；人力资源老龄化；技术和能力过时。有些变革可以通过精心规划来管理，例如，定期维修和维护；引进新技术或工作方法；有效的人力资源计划，避免大批员工同时退休；管理承继计划，即培训和员工开发。然而，变革的主要压力还是来自组织外部，因此，组织必须做好充分准备来面对不断变化的环境需求。人们必须要关注组织的未来发展和成功，这些组织包括公共组织部门和军队。[63]

公共部门主管人员在领导组织变革时会面对独特的障碍，其部分原因是：牢固的公共服务官僚机制；程序上的诸多限制，如绩效管理和员工解雇方面的限制；与拥有优先权的组织利益相关者打交道时所受的限制。[64]

图12-2为变革根源的概念图。

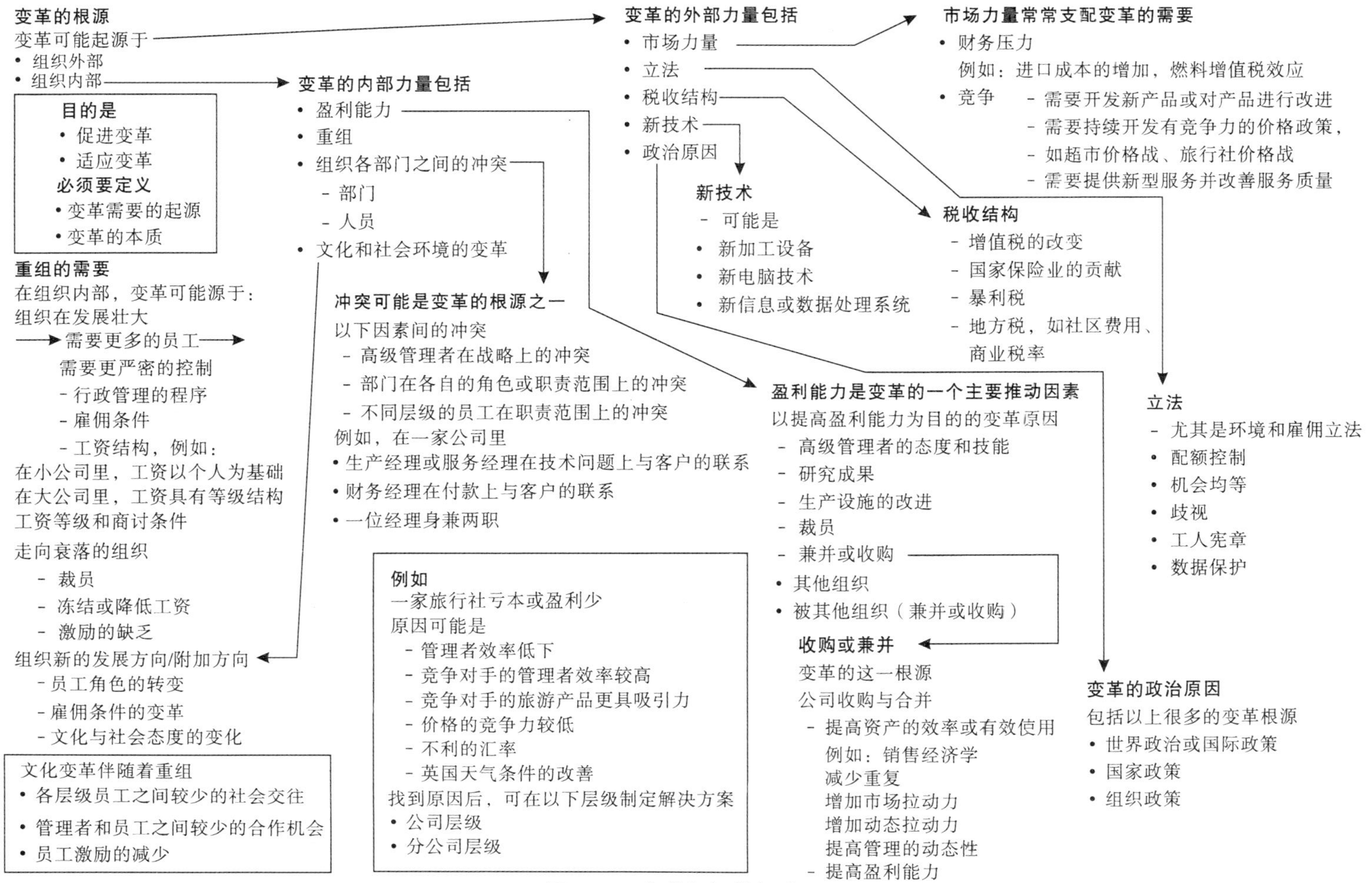

图 12-2　变革根源的概念图

资料来源：Training Learning Consultancy Ltd,Bristol, England.Reproduced with permission.

加快变革的速度

最近，英国特许管理学会公布了关于“工作生活质量”的报告，引起了人们对于组织变革日益增长的速度、规模以及复杂性的关注。

现在，管理者在全球竞争、技术变革、股东利益最大化以及公众部门的现代化议程这些大背景下承受着很多的压力，这些日益增长的压力来源于强行施加的目标、绩效管理体系和公共部门的现代化日程。

毫不令人感到意外的是，所有行业的大型组织中的管理者经历了大多数的变革。相对于在公共有限公司（PLC）工作的管理者而言，公共部门中有更多的管理人员经历过变革，而私人部门中的管理人员所经历的变革种类更多。[65]

计划的组织变革

大多数计划的组织变革都是由回应外界环境产生的新挑战或机遇而引发的，或者是因为组织预想到需要解决未来可能出现的问题。例如，计划中的政府立法、主要竞争者研发出的新产品或者技术的进步。计划的变革表明，组织试图以某种重要方式提高组织运营的效果。

变革的基本目的如下：

- 修正组织成员的行为方式；
- 提高组织应对环境变化的能力；

英国咨询调解仲裁局发动并主张工作质量（QWL）变革活动。这一举措根源于组织中存在的多种问题，这些问题为管理层和（或）员工代表提供了“变革之窗”。例如：

- 普遍感觉组织可以运营得更好；
- 需要提高组织的灵活性、商品质量或者关注发展新顾客；
- 感觉员工的技能和能力没能得到充分的发挥或者员工缺乏对组织的承诺；
- 需要在技术和工作实践上进行变革；
- 员工感觉受到过度的监督或过程控制或者员工感觉工作太乏味；
- 对无效沟通或不良绩效指标表示担忧；
- 管理者和被管理者之间不易协调的关系。[66]

行为的调整

勒温（Lewin）制定了有关计划的变革和绩效改善的方案，这一方案涉及对以下三个阶段的行为调整过程进行管理。

- 解冻阶段——组织减少维持现阶段行为模式的力量，认识到需要进行变革和改进。

- 变革阶段——组织产生新的态度或行为，并且实施变革。
- 再冻结阶段——组织在新的层面上稳定变革并通过支持性机制巩固变革，例如，政策、结构或者规范。[67]

弗兰奇、卡斯特（Kast）和罗森威格（Rosenweig）列出了与以上过程相关的八个具体的计划性变革要素（如图 12-3 所示）。[68]

解冻	变革	1 初步识别问题 2 收集数据 3 诊断问题
		4 计划行动 5 实施变革
再结冻		6 后续行动与稳定 7 评估结果 8 从变革过程中学习

图 12-3　计划性变革的不同阶段

资料来源：Adapted from French, W. L., Kast, F. E. and Rosenweig, J. E., *Understanding Human Behaviour in Organizations*, Harper & Row (1985), p. 9. Reproduced with permission from Pearson Education, Inc.

管理工作中的变革

变革是相互的，组织变革会影响管理工作的本质。例如，斯图尔特描述了组织变革如何影响管理者的工作、生活和事业的本质。现在，年长的管理者所在的组织与其当初刚任职时发生了很大的变化。尽管职权的等级结构还将继续在大型组织中存在，但权力的层级将减少，而且工作网络也将更加宽泛。组织的中层管理者的人数将会减少，但他们的职责将会增加。管理者的工作会变得更加复杂，组织对他们的要求也更高，他们的职业生涯也会变得更加不可预测。但是，目前管理者在其工作和职业生涯上拥有很大的选择机会。[69]

然而，克雷纳指出，很多管理者拒绝接受组织变革。管理者往往不会积极主动地实施变革，而是对变革被动地做出反应。他们将变革视为最后不得不采取的手段。

> 研究一再显示，管理者是变革的主要阻碍力量。变革组织结构和管理思想具有挑战性，而且会削弱传统的权力基础……由于管理者成长于旧式的职能实体，他们认为新型的国际组织很难管理。的确，大多数管理者都没有接受过在这种环境中进行管理的培训，而且也不具有相应的知识和技能。[70]

格莱顿认为，理解组织灵魂并建立信任和承诺对适应组织、对组织进行变革是至关重要的。[71]

电子商务的挑战

我们不可能确切地了解电子商务未来的发展，但是它将继续带来巨大的变革。对管理者而言，特别是大型组织中的管理者，最大的变革之一是学习如何控制日益“柔性”的劳动力。电子商务环境使许多人可以随时随地工作。许多员工在家工作，尽管这种虚拟办公室可以帮助组织削减成本，但也提出了许多管理方面的挑战，包括如何制定组织结构以确保组织正常召开例会。弹性工作制需要具有灵活性的管理者。这意味着传统的直线管理者需要变身为领导、教练和协助者。鉴于变革速度的不断加快，尤其是内联网的作用，组织对管理者的投资和开发对于企业变革的成功是十分必要的。

抵制变革

尽管变革可以产生积极的结果，但仍经常受到个体和组织的抵制。抵制变革或变革思想是一种普遍现象。例如，早在 1970 年，托夫勒（Toffler）就提出了有关“未来冲击”的心理维度以及人们会自然地警惕变革。“在多数情况下，人们怀有一种心神不安的情绪，即怀疑变革会失去控制。”[72]

抵抗变革存在许多种形式，而且人们很难确认抵制的原因。组织中阻止变革的力量包括忽略成员的需求和期望、成员对变革的本质了解不足、成员没有认识到变革的需要。组织成员会对以下几个方面表示担忧：就业水平和工作保障、工作的“去技术化”、丧失工作满意度、工资率的差别、社会结构和工作环境的变化、个体对工作失去控制和管理层控制力度的增加。

个人抵制

对于组织内部的变革，产生个人抵制的一些共同原因如下。

- 选择性知觉。人们对外界刺激的诠释展现出“现实”世界的一个独特的景象，并使人们产生选择性知觉。它会引起人们对某一特殊情境的偏见，这种偏见在大多数时候符合个人对现实的知觉，并且可以导致人们抵制变革。例如，由于工会会员对管理的刻板印象使他们认为管理层不值得信任，因此，会员会反对所有的管理变革，但其意图是有充分根据的。管理者将不同的理论和观点分为两大类：已经实践过的理论，他们不需要对这些理论表示担心；没有实际价值的理论，因与他们无关而不被使用。
- 习惯。人们倾向于以一种既定的和习惯的方式对外界条件做出反应。习惯会让人感到舒适、安全，并且可以指导人们轻松地制定决策。人们会抵制对习惯进行变革，尤其是那些确定的、轻松的习惯。然而，如果人们明确地认识到变革的好处，那么对于变革的抵制就会减少，例如，在薪水不变的条件下缩短工作时间，尽管有些人可能由于习惯而仍很难适应新的工作时间。
- 不方便或失去自由。如果变革被证明给人们带来不便，使得生活更困难，减少了行动自由或者导致控制力度加大，这种变革将遭到人们的抵制。
- 经济含义。如果人们认为变革直接地或间接地减少了他们的薪水或其他奖酬，或者要求他们在薪水标准不变的情况下增加工作量，或者对他们的工作保障造成威胁，人们就会抵制变革。人们倾向于保持既定的工作模式并乐于维持现状。

- 过去的安全感。某些人倾向于寻求一种以往的安全感。在受到挫折或者遇到困难或者面对新鲜的、不熟悉的想法或方法时，人们就会回想过去。人们希望保留旧的、舒适的生活方式。例如，在官僚结构组织中，官员们倾向于信任既定的（被尝试过且得到信任的）程序，并会由于安全感而坚持这些程序。

- 对未知事物的恐惧。变革使人们面对未知事物，从而导致人们产生焦虑或恐惧。工作组织中的许多重大变革都会呈现出一定程度的不确定性，例如，引进新技术或新的工作方法。有些员工会因为一些不确定因素（职责的改变或更高的社会需求）而抵制晋升。

组织的抵制

虽然组织不得不适应它们所处的环境，但是它们倾向于感觉能够在以应对一系列当前状况为目标的现有结构、政策和程序中顺利地运营。为确保运营的有效性，组织经常设定防御措施来抵制变革，并且喜欢将精力集中在能够处理得很好的日常事务上。组织抵制变革的主要原因如下。

- 组织文化。组织文化是随着时间逐渐发展起来的，并且不容易改变。文化的本质是办事方法，这一本质对组织程序和员工行为有着重要的影响。无效的文化会导致组织变革缺乏灵活性或者组织难以接受变革。

- 维护稳定性。组织，尤其是大规模的组织，非常注重维护稳定性和可预测性。它们需要拥有正式的组织结构和工作分工，对责任和职责进行明确的定义，制定确定的工作规则、程序和方法，这些都会导致组织抵制变革。组织结构的机械性和官僚化程度越高，组织进行变革的可能性就越小。

- 对资源的投资。变革通常需要大量的资源，但这些资源可能已指定用于其他领域或战略。建筑、技术、设备和员工等资产无法被轻易地改变。例如，一家汽车制造厂会认为很难采取“社会技术方法”并建立自治型工作群体，因为其负担不起为特定目的而设立新工厂并购买专业设备所需的费用。

- 过去的合同或协议。组织会与其他机构和个人签订合同或达成协议，例如，政府、其他组织、工会、供应商和顾客。这些合同和协议会限制组织行为上的变革，例如，组织需要持有专门的执照或许可证才可以运营，或者必须与政府代理商签订价格合同以保证其商品或服务的价格保持不变。又如，组织与工会签订的协议会限制其进行强制性裁员、引进新技术或工作实践。

- 对权力或影响力的威胁。对组织内部的某些群体而言，变革可能会被视为对权力或影响力的一种威胁，如群体对决策、资源或信息的控制。例如，管理者会抵制引入质量圈和工人领导者，因为他们认为这将增加非管理人员的角色和影响力，并将其视为对自身权力的一种威胁。当某一群体经过一段时间建立了他们所认为的“领土权力”时，他们就会抵制变革。

知觉与变革

尽管变革经常遭到抵制，卡宁汉姆（Cunningham）指出，管理中最神秘的问题之一就是人们普遍地抵制变革。实际上，人们是喜欢变革的，人们抵制变革的最常见的原因是他们知觉到一种潜在的损失。例如，因为负面谣传的影响，人们可能觉得变革将会降低他们的生活水平，即使事实与人们的想象刚好相反。在另一种情况下，如变革导致员工失业，这将会产生真正的、基于事实的抵制。虽然人们对自己想要的变革表示欢迎，但同时也要注意变革的速度。在一种更普遍的环境中，人们会对变革表现得非常热情。例如，在大型组织中，一些人期望看到沟通上的变革及改善。

看起来，阻碍变革进程的是人们不断宣扬“人们抵制变革”这种不真实的普通认识。人们抵制那些被认为会给自己带来损失的变革，而对那些可以改善现状的变革，他们则表示欢迎。[73]

评论性反思

变革并不是什么新事物，它只是生活中一个很简单的事实。一些人积极地面对新挑战和不断的变革，而另一些人则安于现状并强烈抵制所有变革。你认为这完全取决于个体的个性吗？尽管管理者非常关注人们对于变革的抵制，但他们还是拿这种抵制没有什么办法，你认为是这样的吗？

组织变革的管理

显然，对组织而言，成功的变革管理对实现持续的经济绩效及竞争力是必不可少的。组织成员不应把新想法和创新看作是威胁。管理层为保持“社会技术体系”的平衡所付出的努力会影响员工的态度、个体和群体的行为，进而影响组织的绩效以及组织工作的有效性。

斯图尔特及其他学者指出了技术和国内政府政策上的变革如何影响许多公司和公共服务组织中的管理者。

管理者面对的最棘手的问题之一就是迅速的变革。英国管理人员如何对变革做出回应将会对英国未来的经济产生重要的影响，这对公共服务行业、工业和商业的管理者来说的确是事实。变革的速度加快了，因此对管理者计划变革、适应变革的要求也提高了。所有变革都需要以上两方面的能力。[74]

组织对变革的回应

科里斯坦森（Christensen）与奥弗多尔夫（Overdorf）提出了一个框架，以帮助管理者了解组织能够或难以处理的变革类型。他们指出了以下三种因素，这些因素会影响组织对不同类型的变革做出回应，并且会影响组织应对变革的能力。

- 资源，指利用大量的、高质量的资源增加组织应对变革的机会。
- 过程，指员工在将资源转化成产品或服务过程中所利用的交往、合作、沟通及决策模式。过程可以是正式的、有明确规定和充足根据的；也可以是非正式的、常规的或在一段时间内形成的工作方式。
- 价值观，指员工在确定优先考虑事项时所依据的标准，依据这些标准员工可以判断订单是否吸引人、顾客是否重要、有关一项新产品的想法是否重要。

决定组织应对变革能力的因素是随时间不断发展起来的。这些因素首先是资源，然后转向可视的、清晰的工作过程和价值观，最后移向企业文化。科里斯坦森和奥弗多尔夫指出，当组织面临的问题与其过程和价值观所试图解决的问题属于同一类别时，可以直接对变革进行管理。然而，当组织面对的问题从根本上不同时，这些因素就会削弱组织应对变革的能力，尤其当组织能力存在于过程和价值观当中时。管理者可以通过三种方式来发展应对变革的新能力。

- 在企业内部建立新的组织结构，发展新过程。
- 从现有组织中分离出一个独立的组织，并发展新的过程和价值观。
- 收购一个不同的组织，该组织的过程和价值观最符合新的要求。[75]

保障有效变革的行动

许多书籍和文章都指出了保护成功的、可持续变革的行动和步骤。[76]例如，科特和科恩指出了成功进行大规模变革的八个步骤。

1. 无论组织的本质和规模如何，组织都要在有关人员间建立一种紧迫感。
2. 建立一支拥有诚信、技能、联系、声誉和正式职权的指导团队，来领导变革。
3. 建立一些可感觉到的、清晰的、鼓舞人心的愿景以及一系列战略。
4. 对愿景和战略进行沟通，从而获得员工的理解和承诺。
5. 对行动进行赋权，并扫除阻碍人们实现愿景的障碍。
6. 创造短期收益，帮助建立整体工作的可信度和声誉并提供资源和动力。
7. 不要放松，要保持工作动力，巩固早期变革，并不断进行新的变革。
8. 通过培养一种新的文化、发展群体行为规范和共同价值观来稳固变革。[77]

使变革中的问题最小化

只以技术效率为基础去管理组织活动不可能使组织绩效得到最佳的改善。抵制变革的主要来源之一是组织需要适应新的技术发展。下面以信息技术的影响为例，探讨如何将变革中的问题最小化。然而，这些原则也同样适用于对由其他因素所引起的变革进行管理。

- 首要问题是创造一种信任和共同承诺的环境，并让员工参与对他们有影响的决策和行动。大量的研究和经验表明，员工参与会起到十分积极的作用，员工会充分理解组织实施变革的原因。组织应当避免为了变革而变革，因为这会造成混乱，并导致员工对组织的不信任。然而，由信息技术的进步所产生的变革需要是不容忽视的。
- 最好在引进新设备或实行新体制之前，尽早让所有员工真正地充分参与变革。组织应将有关变革的信息、其含义和潜在利益清楚地传达给相关部门及人员。组织还应积极地鼓励员工提出他们的观点、建议和经验，坦率地说出他们担心和关心的问题。管理者应直接与员工就问题进行探讨，解决一切在工作实践或人际关系中可以预见到的问题，并尽力寻找相应的解决办法。工作小组、联络委员会、指导小组和共同商议有助于开展讨论及员工参与，并使组织在整个变革过程中拥有足够的动力。
- 团队管理、员工和部门间的合作精神以及一种真正的共同参与感有助于员工更愿意接受变革。参与式管理风格会鼓励管理者和下属之间建立一种互相支持的关系。此外，组织、决策以及监督的群体方法会持续改善工作绩效。如果让员工参与制定工作目标，他们中的大多数人都自愿地进行自我指导和自我控制。
- 作为新技术前期计划的一部分，组织应精心设计一个“人力资源管理行动计划”。这一计划应审查以下一些问题：人才招聘和甄选；员工的自然减员；培训、再培训和开发新技能的潜力；其他一些用于减少裁员并降低其他有害效应的战略。在适当的时候，缩短员工的周工时，对员工进行工作调动，并对其调动给予充分的财务支持，与相关人员就这些计划进行商议。如果裁员在所难免，组织则应制定公平、平等的裁员方案，以及有关提前退休的条款，保护退休人员享受退休金的权利。组织应尽可能地给予员工经济上或其他方面的支持，以帮助他们找到其他合适的工作。
- 制定有激励作用的薪酬方案，通过对由引进新技术和提高效率而节省下来的资金，进行合理的利用以激励员工。激励方案可以根据员工的个人努力和绩效向员工分发奖金，或根据群体的整体绩效向群体成员分发奖金。组织还可以采用一种“核定日工作量”的奖励体系。在新设备和新体系下，员工完成一定数量和质量的工作，作为回报，这一体系将保证员工的工资率固定不变。管理层还可以与工会就生产率进行协商。通过接受工作方式和实践中的变革，员工会获得很多经济利益。这些利益来源于由信息技术和自动化系统引起的工作效率的提高。
- 组织变革必须要维持“社会技术体系”的平衡。技术和自动化的不断进步会增加工作的重复性和乏味感，并且只能为员工提供有限的挑战和满意度。因此，组织应努力尝试改善工作质量，消除员工在工作中的压力和挫败感，使他们对工作更加负责，并且使工作变得更有乐趣。实际的工作安排在很大程度上取决于非正式组织和有效的团队工作。群体和团队是组织生活的一个主要特征，并会对变革的成功实施造成重大的影响。新的工作实践应考虑如何通过行为科学的实际应用来最大程度地满足人们在工作中的需求和期望。

- 组织应该认真关注工作设计、组织工作方式、开发有凝聚力的群体以及工作本质、工作内容和任务职能之间的关系。新技术的引进需要组织关注更宽泛的组织背景，包括技术设计、改善工作设计的更宽泛的方法、员工参与和赋权、发展技能并提高解决问题的能力、有效的变革管理等。

管理行为的风格

成功实施组织变革的最重要因素之一是管理行为的风格。实际上，一些员工更偏好和服从控制指导型管理风格（例如，回顾第 8 章中关于管理行为风格的 X 理论和 Y 理论的内容）。

然而，在大多数情况下，参与式管理风格能够使变革更有成效。如果组织始终让员工全面了解变革方案，鼓励员工采取积极的态度并亲身参与变革的实施，员工就更有可能接受变革。但是，赖斯（Reis）和潘那（Pena）认为，管理者经常忽视人们对于变革的抵触以及在实施计划中指出这些问题的必要性。

任何变革的成功都依赖于雇员愿意满怀热情地接受并谨慎地实施变革。然而，有时人们在实施商业变革时并不了解人员因素对项目成败的影响。公司在制订惊人的技术计划时，常常想当然地认为会发生技术或组织变革。然而，这种计划的困难之处和经常被忽略的部分是与那些直接接触新技术或计划的人一起领导和变革管理行为。[78]

麦克裘（McHugh）、欧布莱恩（O' Brien）和拉蒙德（Ramondt）指出，许多公共部门组织已经开始实施一些影响深远的战略性变革计划。他们认为，这些由高级管理人员发起的、缺少员工参与的变革计划不可能取得成功。当由一线员工领导变革，并由高级管理人员担任组织转型的促进者时，组织更可能成功地实施变革。[79]

克服对变革的抵触

变革的有效管理必须以清晰地认识人们在工作中的行为为基础。大多数人并没有从他们的工作中脱离出来，而是通过作为组织的一名员工来对工作进行情感上的参与，他们面对变革的挑战会感觉受到威胁和茫然。常见的情感反应有不确定感、挫折感及恐惧感等。因此，人们常常采取一种自我保护和消极的态度，并表现出对变革的抵触心理。要记住：变革是一种复杂的、强有力的心理经历，人们会对变革予以心理回应。

阿特金森认为，组织变革中的一个主要问题是处理和管理人们对于变革的抵制，但是，组织应将这种抵制视为一种健康的反应，并对其表示欢迎。抵制是自然的，并且不应只被当作对于变革的消极反应。当变革没有带来真正的积极利益时，组织可以接受人们。

> 变革没有招致人们的抵制是不正常的。即使是在前瞻时期、计划制订前期以及变革需求背后显而易见的道理，你也应当预料人们会抵触变革，这种抵触是正常的。人们应当将抵触看作是一种健康的回应以及一种对所有可能性进行公开讨论的机会，并对其表示欢迎。此外，人们还应将抵触视为一种对学习过程起促进作用的因素。
>
> 菲利浦·阿特金森（Philip Atkinson），《管理对变革的抵触》[80]

人是变革中的关键因素

新工作方法和工作实践的成功实施取决于员工与管理人员及部门进行自愿、有效的合作。人是成功变革管理中的关键因素。如果要使变革有所成效，变革就必须要改变人们的知觉、态度和行为。

然而，卢卡斯提醒我们，很大一部分变革计划会以失败告终，而导致失败的因素是：人。

鉴于变革已成为企业生活中的一个现实，许多变革管理计划都未能成功发挥其潜能这一事实则令人担忧。专家一致认为，人员因素导致了变革失败。简单地说，组织知道应该向什么方向发展，但它们并没有带领其成员一起行动。[81]

高层管理者的职责

对变革的成功管理是实现组织绩效和组织工作有效性的一个关键因素，并应当由组织的高层管理者发起。组织的高层管理者有责任帮助组织形成其内在的哲学理念和态度，负责营造和维持健康的组织氛围，并建立适宜的支持性组织过程。变革的成功实施要求高层管理者采取积极的行动，并拥有一种变革型领导风格，从而获得管理层对变革的承诺。[82]

然而，恰姆皮（Champy）指出，最大的挑战之一并非出现在中级管理层或组织底层，而是出现在高级管理层。

> 我不同意“员工抵触变革”这种陈词滥调。我认为，员工在不了解变革目标时会惧怕变革，但是当他们了解了整个变革运营的方向时，就会热烈欢迎变革。[83]

变革的领导者

在一项对英国及其他国家的 25 名高级主管的研究中，胡珀（Hooper）和波特调查了成功的变革领导所具备的特质。他们指出，实施有效的变革领导并非易事，并且发现以下因素和行为对高层管理者来说非常重要：

- 有效地传达变革的原因，并发展一种开放式的沟通文化；
- 释放变革所涉及到的所有成员的潜能，拥护创新和创造力；
- 以身作则；
- 自定进度以避免不必要的压力。[84]

管理大师德鲁克提出了一个有趣的建议，他主张“人不能管理变革，人只能引导变革。我们不会再听到很多‘克服对变革的抵制’这样的说法了。”现在，大家都已经承认变革是不可避免的。

但在企业动乱时期，变革是一种正常的现象。这期间肯定既痛苦又有风险，但最重要的是需要大量艰苦的工作。除非组织将领导变革视为一项任务，否则不管何种组织，包括企业、大学、医院等都难以生存。在组织结构迅速变革期间，唯一可生存下来的就是变革的领导者。因此，在21世纪，管理者所面临的一个挑战是，组织要成为一名变革的领导者。变革的领导者将变革视为机遇。他们要寻求变革，知道如何发现正确的变革，了解如何使变革在组织内部和外部行之有效。这要求：

1. 制定政策，从而规划组织的未来。
2. 采取系统的方法来寻求和预见变革。
3. 在组织内部和外部采取正确的方式来引进变革。
4. 制定用以平衡变革和连续性的政策。[85]

评论性反思

“有关组织开发的研究可能不会帮助我们解决在组织生活中所面临的所有新问题，但却能够帮助我们解决一些老问题！”你的看法如何？你认为组织开发的价值和重要性是什么？

从新闻中学管理

做善事的商业

萨纳姆·桑格拉（Sathnam Sanghera）

我所认识的快到三十岁的人几乎都会突然有种不实际的危机感，他们都想辞去伦敦的高收入工作，转而做一些压力较小并且有意义的工作。这总会让我觉得不痛快，因为我的兄弟是一家房屋慈善机构的经理，这些年我了解到：

- 在慈善机构工作的压力要比在企业工作更大。现在，似乎在城市工作的人都认为，志愿服务行业的工作会减缓他们的生活节奏。但事实并非如此，起码不是因为企业目标比慈善机构的目标更简单。例如，确保税前利润增加7%的目标要易于创造贫困史。而且，虽然对于一个对工作感到厌倦的主管而言，事实可能并非如此，但是企业的权力结构通常很简单：首席执行官向董事会汇报，员工向首席执行官汇报。在一家慈善机构中，主管往往要向多个利益相关者进行汇报：从被援助者到援助者、从志愿者到权力很大的受托人董事会（顺便说一句，他们并不总是按委托人的指示办事）。这种工作真的很难。

- 慈善机构并不一定使人们在办公室的勾心斗角中得到喘息的机会。人们的另一种想法是：因为慈善机构的工作人员把自己的心思放在拯救世界上，所以他们没有时间往别人背后捅刀子。实际上，因为他们都对自己的事业热情十足，所以他们更有可能去做那种事。BT集团的主席克里斯托弗·布兰德先生在《金融时报》的一篇采访中很好地解释了这个问题。他指出，根据他的经验：“一个组织中背后中伤、内讧及欺诈行为的数量与其目标的高尚程度成正比。”他补充道：“在做管理顾问的七年中，我发现的最恶劣的行为发生于伦敦北部的一个残疾儿童收容所，其次是一所很大的感化院。与那相比，英国美洲烟草公司算是表现好的。”
- 慈善机构不一定会让人完全脱离企业文化。社会变革理事会理事长阿尔科克·泰勒撰写了《高处不胜寒》一书，在书中他对这一问题进行了最佳的解释。社会变革理事会是一家慈善培训机构。这本指导手册定位于志愿服务行业，但是其中的图表和关于“行动中心型领导”的论述，就像多数定位于私人部门组织的管理手册一样。造成这种现象的一个原因是：英国慈善机构的年收入为263亿英镑（492亿美元），这些机构要从捐款中获取经济收益，而随着这一压力的不断增长，他们在运营方式上与企业越来越相似。
- 你在慈善机构工作，并不代表雇佣你的慈善机构会对你仁慈。在英国，虽然有290多家慈善机构的年收入在一千万英镑以上，但还有56%的机构年收入低于一万英镑，所以很多此类机构只能削减在员工身上的投资，员工自己也经常为了生存而甘愿减少工资。“作为慈善机构主管的困难之一是：员工们希望你能对他们慷慨些。”泰勒女士说，“但筹款的残酷现实意味着你慷慨不起。”

当然，我并不是建议人们不应该考虑为慈善事业工作，那其实是一件很有意义的工作。我的兄弟非常喜欢他的事业，而且最近的一项调查显示，95%的英国慈善机构工作者认为他们的工作是有价值的。但是这一行业并不适合作为那些对自身职业失望的人的栖身之所。

也许这么说已经过时了，但你可以提醒你自己，企业也会对社会做出贡献，而且还会为你创造财富和机遇。

资料来源：Sanghera, S.,"The business of doing good", *Financial Times*, 25 May 2006. Copyright © 2006 The Financial Times Limited, reproduced with permission.

讨论题

1. 分析并回顾这篇文章对雇员承诺的本质的揭示。

2. 在慈善组织中存在哪些冲突根源？通过与企业中的管理者进行对比，指出并解释慈善机构中的管理者运用哪些战略来解决冲突。

本章概要

• 组织开发是个通称，包含了一系列干预组织社会进程的策略。一般来讲，组织开发涉及改善组织的整体绩效和组织工作的有效性。然而，组织变革的广义本质意味着在这个大标题之下应包括很多相互联系的主题。组织开发利用很多干预策略来实施有效的变革，它以行动为导向，并有针对性地满足组织的某些特定需求。组织开发的两个核心和关键是：组织文化与组织变革。

• 组织行为的应用和人力资源的有效管理依赖于组织的文化和氛围。组织文化有助于解释不同的组织是如何以不同的方式运营的。然而，文化是一个普通概念，很难对其进行准确的解释。组织文化的分类方式繁多。文化是随时间逐渐形成的，并受很多复杂因素的影响。人们可以以许多不同的方式来理解组织文化的构成。

• 组织行为的应用和人力资源的有效管理依赖于组织的特征及文化。文化的普遍本质对于个体的行为和行动、管理的过程以及组织绩效都有重要的影响。它描述了一个组织的全部内容。文化有助于解释国内和国际组织及其管理者的多样性。

• 组织氛围以成员对组织的知觉为基础，它可以被看作是组织成员间相互信任和理解的状态。组织氛围影响组织成员对工作绩效和人际关系所采取的态度。形成健康氛围的因素包括员工对组织的承诺及心理联系的程度。

• 组织的运营环境日益多变，组织处于不断的变革中。变革会产生普遍的影响，并且是社会和组织生活中不可或缺的一部分。作用于组织的一系列力量使组织变革不可避免。组织变革可以影响组织运营和运行的各个方面，计划性组织变革涉及行为调整的过程。变革是相互的，并且组织变革会影响管理工作的本质。

• 尽管组织变革具备潜在的积极影响，但是它常常受到个体和组织的抵制。抵制变革有很多种方式，并且查明确切的原因一直都很难。因此，管理者需要选择一个明确的战略来成功地实施变革，包括关注管理行为风格、变革中的人员和社会因素。变革的有效管理是组织绩效和竞争力的关键因素，而且应该由组织的高层管理者发起。

> 利用 www.pearsoned.co.uk/mullins 这一网站上的网络资源来进行知识更新与在线研究。

复习与讨论题

1. 充分解释你如何理解组织开发（OD）的意义和本质。
2. 指出你如何解释组织文化这个概念。哪些因素会影响文化的发展？
3. 批判地讨论组织文化对于有效组织运营的重要性，根据你所在的组织列举实例。
4. 解释你如何理解组织氛围，你认为它有哪些主要特征？根据你所在的组织，列举一些有助于形成健康组织氛围的特征，或者破坏形成健康组织氛围的特征。
5. 解释雇员承诺这一概念，并指出如何在实际中建立雇员承诺。根据你自己的经历，列举出一些有助于员工建立组织承诺的因素。
6. 列举当今管理中出现的重大变革，以及它们对于你所选择的组织可能存在的含义。
7. 为什么个人和组织往往要抵制变革？你认为人们可以在多大程度上有效地克服这种抵触？
8. 充分解释你认为组织变革的有效实施具有哪些重要的特征。

作业

测评你的组织是否为变革做好了准备

测验

左边一栏中列出了 17 个应对变革的要素，对应每一项对你们的企业做出评估。给你们有优势的方面（我们在这方面很擅长；或我对这方面的能力很有信心）打 3 分，做得一般的（我们在这方面是有缺点的；或我们还需要改进并积累更多的经验）打 2 分，较差的方面（我们在这方面存在问题；或这对我们的组织是全新的概念）打 1 分。一定要诚实作答。不要只信赖自己的看法，也要综合组织中处于各个层级的其他人的看法来对自己的企业进行评估。Symmetrix 公司的管理咨询顾问们相信，有必要请一个局外人和你们一起做评估。

准备打分

打分方法：高 =3 中 =2 低 =1

类别		分数
发起	变革的发起者并不一定就是日常的领导者，这个人可以是有愿景的人、抢着付账的人、啦啦队队长。这个人是团队在前进途中遇到阻碍时有能力帮助团队实施变革的人。如果发起者是高层管理人员，如首席执行官、首席运营官、自治型商业组织的最高领导人，打3 分。最无力的变革发起者是中层主管或参谋型管理人员。	
领导	这里指的是平日里的领导，即召开会议、制定目标、工作到午夜的人。如果领导水平高，拥有“所有权”（即对变革对象直接负责），并且很清楚其商业结果，变革就更有可能成功。低水平的、没有联系起整个组织（各个部门）的领导或参谋型领导不太可能取得成功，应该打低分。	
激励	要给管理高层强烈的紧迫感（这种紧迫感为全体员工所共享）以及强调持续进步的企业文化打高分。扣分：墨守成规的经理和员工，他们中有很多人在同一工作岗位上的工龄超过 15 年；不愿承担任何风险的、保守的企业文化。	
指导	高层管理者是否坚信企业的未来应该与现在有所不同？管理层对未来的设想有多清晰？管理者是否能调动一切相关的群体，包括雇员、董事会、客户等？如果对这些问题的答案是肯定的，打高分。如果高层管理者认为只需作一些小的改变，这可能导致根本没有进行任何变革，那么打低分。	
衡量	用管理顾问们的话来说，即“度量”。如果你们已经使用了诸如全面质量管理（次品率、上市时间等）这类方法来对员工绩效进行测评，并且这些测评体现出了企业的经营效果，打 3 分。如果使用了一些测评方法，但薪酬和奖励机制并没有使其效果得到明显增强，打 2 分。如果你们没有适当的测评方法或根本就不懂我们在说什么，打 1 分。	
组织环境	变革的努力与组织环境中的其他行为具有怎样的联系？（例如，变革的努力是否与某个持续的全面质量管理过程相吻合？它是否与收购或采用新的生产线等战略行为相适应？）如果变革的努力是孤立的，或者虽同时存在多种变革力量，但它们之间并没有战略上的联系，变革就会遇到麻烦。	

（续表）

类别		分数
过程/职能	重大的变革几乎都要求对企业过程进行重新设计，这超出了购买、应付账款、营销等职能。如果职能主管非常死板、斤斤计较，变革就会非常困难。如果你们的职能主管以及整个组织愿意对一些关键过程进行变革，并且为了团体的利益牺牲津贴或权力，请给自己打高分。	
了解竞争对手	无论处于所在产业的领先地位还是落后地位，如果你们不断对自己与竞争对手的绩效进行客观的对比，并对市场变革进行系统化的分析，请给自己打高分。如果对竞争对手能力的了解基本上仅限于销售人员在酒吧里谈论的轶闻趣事，打1分。	
关注客户	公司里的每个人对于客户的了解越多，整个组织就越可能在通过进行变革来更好地为客户服务这一问题上达成一致。如果每一位在职员工都知道他们的客户是谁，了解他们的需求，并且与他们有过直接的联系，打3分。如果对于这些的了解仅限于组织的“口袋”（即市场营销部门、高级主管），要扣分。	
奖励	如果管理者和员工都因愿意承担风险、具有创新精神、寻找新的解决方案而获得奖励，那么变革就会容易些。对整个团队的奖励比只奖励个人成就要好。如果你所在的公司像大多数公司那样对墨守成规而不是变革进行奖励，要扣分。如果管理者精通预算，即使你想要他们承担风险他们也不会。还有，如果员工认为他们会因失败受到惩罚，要扣分。	
组织结构	最好的情况就是组织具有灵活性，但却没有剧烈的动荡。此时，组织极少进行改组，但改组能够得到很好的认可。如果组织结构非常固定，已经五年多没有进行任何变革或者经常重组却不见起色；如果组织结构传达了这样一种愤世嫉俗的企业文化：用等待变革结束的方式与其抗争，请给自己低分。	
沟通	如果公司在所有层级中都拥有一种双向的沟通途径，并且所有员工都能理解并利用这种途径，组织就能够迅速地适应变革。如果缺乏沟通媒介，下级呈交的方案上级根本没看就丢进了垃圾箱，从来都只有上级命令下级这种单向的沟通方式，变革就会非常困难。	

（续表）

类别		分数
组织层级	组织中的层级越少，员工级别的层级越少，变革成功的可能性就越大。过多的中层管理人员和员工不仅会减慢决策速度，还会使大量的人拥有阻碍变革的权力。	
应对变革的经验	如果组织在不久前成功地实施了重大变革，打 3 分。如果没有应对重大变革的经验或者变革失败了，或是变革招致了人们的气愤或怨恨，打 1 分。多数公司会得到 2 分，承认不确定以往的变革是否取得了成功。	
士气	如果员工喜欢在公司中工作，并且每个人都很负责，变革就会容易些。未准备好应对变革的迹象包括：较弱的团队合作精神、不会自愿地进行额外的努力以及相互间的不信任。不信任的两种类型分别为：管理者和员工之间的不信任；还有各部门间的不信任。	
创新	最佳状况：公司一直在进行各种尝试；新想法可以轻而易举地得以实施；员工可以轻松地在组织的不同部门中工作。不好的迹象包括：有许多繁文缛节；尝试新想法前需要经过各种繁杂的程序；员工做任何工作都必须循规蹈矩；组织不鼓励员工与其他部门或分公司的同事进行合作。	
决策	如果你们能够广泛听取不同建议并很快做出决策，而且很清楚决策者是谁，请给自己打高分。如果你们决策缓慢，而且员工搞不清是哪些神秘人物在做决策；决策的过程中有很多冲突、非常混乱，而且决策宣布之后大家都指指点点，请给自己打低分。	
总　分		

完成总分的计算之后，和同事比较并讨论一下你们的评估结果。

资料来源：Stewart，T. A，“Rate your readiness to change”，*Fortune*，7 February 1994，pp. 63－4.

案例分析

海尔公司

海尔的崛起是中国近20年经济飞速增长中最引人瞩目的成功案例之一。海尔的成长故事说明了强有力的企业文化、精心制定的企业战略、关注运营管理和产品质量的重要性。

1984年，海尔还是一家效益不佳的小型国有企业，它座落于有着七百万人口的中国东部城市青岛。当时，海尔只有600名员工，年收入为421 000美元，并以每年178 000美元的速度递减。[86]然而，20年后，该企业已经盈利丰厚，年销售收入达近百亿美元。在这期间，海尔将产品出口至160个国家，并建立了一系列制造企业和联盟企业，在世界各地广泛投资。海尔的产品种类，从原来单一的电冰箱，扩大到现在国内家电市场上的几十种电器，数千种产品。2001年，《福布斯》杂志的一篇文章指出，不像中国的其他制造企业，海尔集团是通过采用真正的国际化发展战略得以如此迅猛发展的。例如，海尔在贸易中坚持自己的品牌，而不是默默无闻地为其他企业贴牌生产。[87]同时，海尔也在其他国家开展生产，并一直努力寻求机遇使自己的产品符合当地消费者的喜好。例如，在美国，海尔美国公司的总裁成功地设计了一种存放葡萄酒的电冰箱。令许多西方人意想不到的是，出身于发展中国家的海尔，似乎正在成长为一家羽翼丰满的大型跨国企业，成为那些老牌企业强有力的竞争对手。

张瑞敏的大锤

但是，海尔集团远远算不上是一个标准的无个性、无国籍的跨国公司。海尔的文化、风格以及运营方式都反映出了中国的传统，而且它的成功与企业的几位主要领导者有着非常密切的关系。2005年，海尔总裁杨绵绵被《财富》杂志评选为世界排名第15位的、最具影响力的女商人。她的“一低（价格）三高（价值、增长、质量）”战略被称为海尔取得持续成功的关键基础。[88]然而，该企业的“超级明星”当属首席执行官张瑞敏。在1984年海尔处于低谷时，张瑞敏接手海尔，并凭借他的干劲、想象力和个人哲学极大地推动了海尔成为一家真正的全球企业。1985年的一天，张瑞敏用一柄大锤毁掉了76台排成一排的海尔残次冰箱，使站在一旁看到这一幕的全体员工极为难过（当时，一台冰箱相当于两年的工资）。[89]这个故事多次出现在各媒体的报道中。张瑞敏在解释其令人吃惊的举动时说：

如果我们现在不毁掉这些冰箱，将来被市场淘汰的将是整个企业！[90]

据说，这柄大锤被陈列在海尔集团的展览大厅里，它象征着张瑞敏坚决反对以前公司容忍残次品并打算将其折价售出的态度。或许这个故事十几年来已经有所理想化，但它的重点在于海尔是一家有灵魂的企业，一家自己创造故事并讲述故事的企业，一家有着独特且强有力文化的企业。

海尔文化的一些独特性体现在其外部关系的本质之中。正如上述所说的那样，海尔的全球战略致力于最大限度地利用当地人力资源和资本，这一战略也帮助海尔为顾客和经销伙伴提供了快速的送货和优质的服务。海尔总是抓住各种机遇来使自己的产品适应当地人的喜好和生活习惯（例如，葡萄酒冰箱），这会在复杂性和物流方面带来很高的成本。海尔的全球战略一直倾向于先打入竞争激烈的市场。这一战略的依据是：相对于占领弱竞争市场而言，要想在竞争激烈的市场中取得成功，企业需要进步更快。[91]当然，在庞大且快速发展的国内市场中，海尔是一家非常强大的企业，而且已经在国内建立了令人羡慕的销售网络。这有利于海尔控制中国市场，但张瑞敏还是设法通过跨国联盟来扩展这一销售网络。比如，2002 年海尔与日本三洋公司签订协议，约定三洋产品经海尔在中国销售，同时海尔产品以同样的方式打入日本市场。[92]

海尔强大的文化大部分体现在其内部关系中。海尔积极地使自己的产品适应当地消费者的喜好和需求，但其在企业内部事务处理方式上的灵活性却小了很多。和许多拥有强大文化的组织一样，海尔拥有自己明确的办事方法，其新职员必须适应这些方式。公司在网站上详细地列出了企业的哲学理念和价值观，其中包括一些相当权威的有关追求卓越与创新的口号。[93]

海尔精神：我们坚持不懈地为国家服务，在创新中追求卓越。

管理职责的80/20原则：管理部门为下属的错误行为承担80%的责任。

质量观：优秀的员工生产高质量的产品。

团队精神——10/10原则：前10%的优秀员工应该帮助后10%的员工，从而改善公司的竞争优势。

海尔应该像大海一样，永远真诚地为人类做出贡献。与此同时，海尔将为了人类的利益长存，并成为整个社会的一部分。[94]

这套哲学理念和价值观还包括一系列为人称道的、奇妙的隐喻和表述，这使任何一家新成立的富有创造性的广告商为之自豪（例如，在海尔公司网站上可以查到对“休克鱼”和“鲨鱼”在饮食和行为方面的差异的相关讨论）。

然而，对于西方人来说，这些奇特的、富有诗意的观点并不与海尔的

OEC管理控制体系相抵触。海尔人力资源总监王英民将OEC定义如下：[95]

- O代表Overall（全方位）；
- E代表Everyone，Everything，Everyday（每人、每件事、每天）；
- C代表Control，Clear（控制、清理）；
- OEC意味着每一名职工每天必须完成既定任务。OEC管理控制体系的目的在于，对每天每名职工所完成工作量进行全面的控制，实现每天的工作量都比前一天提高1%。

OEC体系通过一套包括详细罚款措施在内的奖惩制度，从而确保公司的运营具有高度的纪律性。例如，未进行日常的设备检查与维护（罚款5元），未清理工作环境（罚款2元），上班迟到（罚款2元），聚众取乐或在工作时间闲聊（罚款2元）。奖励包括对节省原材料的员工发放奖金，其金额相当于所节省原材料价值的5%。为了使劳动力集中于为顾客创造优质产品并推进创新，在20世纪80年代和90年代初海尔不景气的一段时间里，张瑞敏曾用这一方法使海尔的经济有所好转，并且得到了工作人员的积极支持。如今，OEC体系成为海尔国际化战略的一部分，并且将被应用于企业在全球的运营之中。它以一套复杂的目标定位与监控系统为依托，并辅以一系列对绩效出色者的激励性奖金。

传播海尔文化

在世人的瞩目下，海尔集团在美国南卡罗莱纳州建立了一家制造厂，从而满足美国市场的需求。起初，来自当地劳动力市场的职工对海尔的运营方法感到陌生。但是，《人民日报》的一篇报道指出：

……双方进行了友好的交流，不同的文化背景并没有在工作中造成中国工人与美国工人的疏远，反而提高了他们互相了解的兴趣。[96]

起初，美国工人并不愿意主动加班来完成一天的既定工作，但（据报道）他们都承认海尔体系的重要性，甚至有时愿意在独立日这一天工作，以便为第二天的任务做准备。从这些对于雇员这一特殊资源激动人心的报道来看，海尔的确已经在该地区享有优秀雇主的美誉。

海尔在其短暂的企业生涯中表现极其优异。它创立了强大的立足于高品质、高价值的国际品牌，并已凭借强大的文化背景走向国际化。海尔文化展示了企业的办事方式，其中包括迎合当地消费者以满足其需求的承诺。海尔在如此短暂的时间内变得如此强大，作为一个国际企业，如今，它面临着新的挑战。先于海尔创立的一些西方品牌不仅在欧洲和北美市场与其竞争，同时也在积极抢占海尔快速发展的国内市场。当今的许多大品牌都起源于日本，这些企业成功的出口体系树立并巩固了其在国际市场中的地位。海尔或许可以采用同样的方式，但这并不是那么容易的。正如首席执行官张瑞敏以其特有的口才所述：[97]

对于中国企业而言，另一个很独特的挑战就是我们起步太晚，因此，我们必须在很短的时间内追赶上来。让我来打个比方：就像建一座十层的大楼，我们的国外竞争者已经建好了九层，中国市场就是他们的第十层。一旦他们成功打入中国市场，就会完成这座大楼的修建。但是在中国，我们只建好了第一层，还有九层需要建造。

你的任务

1. 海尔拥有一种怎样的组织文化？本章所讨论的文化影响可在多大程度上解释它的组织文化？第 1 章中提到的民族文化的思想将如何补充这种解释？

2. 利用约翰逊等人的文化网络（见图 12-1），批判性地评价海尔公司在其发展过程中的文化因素。

3. 考虑到海尔在全球市场中的重要地位，在未来几年内，哪些外部因素可能会对其文化产生重要影响？这会使海尔的管理者面临怎样的挑战？为迎接这些挑战，海尔需要采取哪些重要的管理手段？

注释与参考文献

1. French, W. L. and Bell, C. H. *Organization Development: Behavioral Science Interventions for Organization Improvement*, Sixth edition, Prentice-Hall (1999), pp. 25 – 6.
2. Ibid., p. 29.
3. Hamlin, B., Keep, J and Ash, K. *Organizational Change and Development*, Financial Times Prentice Hall (2001), p. 13.
4. Maier, D., Leban, B. and Orr-Alfeo, D. 'A values statement on OD: An interview with practitioner-scholar Dr Allan Church RODC', *Organization Development Journal*, vol. 19, no. 3, Fall 2001, pp. 69 – 74.
5. Patching, K. *Management and Organisation Development*, Macmillan Business (1999) p. 27.
6. Blake, R. R. and Mouton, J. S. *The Managerial Grid Ⅲ*, Gulf Publishing Company (1985).
7. Naylor, J. *Management*, Second edition, Financial Times Prentice Hall 2004, pp. 645 – 6.
8. See, for example: Smircich, L. 'Concepts of Culture and Organizational Analysis', *Administrative Science Quarterly*, vol. 28, 1983, pp. 339 – 58.
9. See, for example: Brown, A. D. *Organisational Culture*, Second edition, Financial Times Management (1998).
10. Atkinson, P. E. 'Creating Cultural Change', *Management Services*, vol. 34, no. 7, 1990, pp. 6 – 10.

11. McLean, A. and Marshall, J. *Intervening in Cultures*, Working Paper, University of Bath, 1993.

12. See, for example: Oswick, C., Lowe, S. and Jones, P. 'Organisational Culture as Personality: Lessons from Psychology?', in Oswick, C. and Grant, D. (eds) *Organisation Development: Metaphorical Explorations*, Pitman Publishing (1996), pp. 106 – 20.

13. Cartwright, J. *Cultural Transformation*, Financial Times Prentice Hall (1999), p. 34.

14. Schein, E. H. *Organizational Culture and Leadership: A Dynamic View*, Third edition, Jossey-Bass (2004).

15. Harrison, R. 'Understanding Your Organization's Character', *Harvard Business Review*, vol. 50, May/June 1972, pp. 119 – 28.

16. Handy, C. B. *Understanding Organizations*, Fourth edition, Penguin (1993).

17. Deal, T. E. and Kennedy, A. A. *Corporate Cultures: The Rites and Rituals of Corporate Life*, Penguin (1982).

18. Deal, T. E. and Kennedy, A. A. *The New Corporate Cultures*, Perseus Books (2000).

19. See, for example: Handy, C. B. *Understanding Organizations*, Fourth edition, Penguin (1993); and McLean, A. and Marshall, J. *Cultures at Work*, Local Government Training Board, October 1988.

20. Kransdorff, A. 'History – A Powerful Management Tool', *Administrator*, October 1991, p. 23.

21. See for example: Beckett-Hughes, M. 'How to Integrate Two Cultures', *People Management*, vol. 11, no. 5, 10 March 2005, pp. 50 – 1.

22. Roddick, A. *Body and Soul*, Ebury Press (1991) and Roddick, A. *Business As Usual*, Thorsons (2000).

23. Blackhurst, C. 'Up Front at Pearson', *Management Today*, May 1997, pp. 50 – 7.

24. Gerstner, L. V. Jr. *Who Says Elephants Can't Dance?: Inside IBM's historic turnabout*, HarperBusiness (2002).

25. Johnson, G., Scholes, K. and Whittington, R. *Exploring Corporate Strategy*, Seventh edition, Financial Times Prentice Hall (2005).

26. Wilson, F. *Organizational Behaviour and Work: A Critical Introduction*, Second edition, Oxford University Press (2004), p. 185.

27. 'Effective Organisations: The People Factor', Advisory Booklet, ACAS, November 2001.

28. Naylor, J. *Management*, Second edition, Financial Times Prentice Hall (2004).

29. Charters, J. 'Are You a "Woodentop?"', *The British Journal of Administrative Science*, May/June 2000, p. 20.

30. Oliver, J. 'Losing Control', *Management Today*, June 1998, pp. 32 – 8.

31. Harrison, R. and Stokes, H. *Diagnosing Organizational Culture*, Pfeiffer & Company (1992), p. 1.

32. Reigle, R. F. 'Measuring organic and mechanistic cultures', *Engineering Management Journal*, vol. 13, no. 4, December 2001, pp. 3 – 8.

33. Egan, G. 'The Shadow Side', *Management Today*, September 1993, p. 37.

34. Egan, G. 'Cultivate Your Culture', *Management Today*, April 1994, pp. 38 – 42.

35. Meudell, K. and Gadd, K. 'Culture and Climate in Short- Life Organizations: Sunny Spells or Thunder-storms?', *International Journal of Contemporary Hospitality Management*, vol. 6, no. 5, 1994, pp. 27 –32.

36. Peters, T. J. and Waterman, R. H. *In Search of Excellence*, Harper & Row (1982), pp. 75 –6.

37. Heller, R. *In Search of European Excellence*, Harper Collins Business (1997), p. 229.

38. Goldsmith, W. and Clutterbuck, D. *The Winning Streak Mark II*, Orion Business Books (1998).

39. Cummings, T. G. and Worley, C. G. *Organization Development and Change*, Eighth edition, Thompson South- Western (2005), p. 509.

40. Chatman, J. A. and Cha, S. E. 'Culture of Growth', Mastering Leadership, *Financial Times*, 22 November, 2002, pp. 2 –3.

41. Stewart, R. *The Reality of Management*, Third edition, Butterworth-Heinemann (1999), p. 123.

42. Naylor, J. *Management*, Second edition, Financial Times Prentice Hall (2004), p. 79.

43. 'Inspired Leadership: Insights into people who inspire exceptional performance', DTI, August 2004.

44. Potter, C. C. 'What is Culture: And Can It Be Useful For Organisational Change Agents?', *Leadership and Organization Development Journal*, vol. 10, no. 3, 1989, pp. 17 –24.

45. Siddall, P. 'Working With Cultural Differences', *Chartered Secretary*, February 1998, p. 30.

46. Schneider, S. C. and Barsoux, J. *Managing Across Cultures*, Second edition, Financial Times Prentice Hall (2003).

47. Cheng, T., Sculli, D. and Chan, F. 'Relationship dominance – Rethinking management theories from the perspective of methodological relationalism, *Journal of Managerial Psychology*, vol. 16, no. 2, 2001, pp. 97 –105.

48. Francesco, A. M. and Gold, B. A. *International Organizational Behavior*, Second edition, Prentice Hall (2005).

49. Moran, E. T. and Volkwein, J. F. 'The Cultural Approach to the Formation of Organizational Climate', *Human Relations*, vol. 45, no. 1, 1992, p. 43.

50. Tagiuri, R. and Litwin, G. H. (eds) *Organizational Climate*, Graduate School of Business Administration, Harvard University (1968), p. 27.

51. Rentsch, J. R. 'Climate and Culture: Interaction and Qualitative Differences in Organizational Meanings', *Journal of Applied Psychology*, vol. 75, no. 6, 1990, p. 668.

52. Whitmore, Sir John 'Breaking Down the Barriers to Management Creativity', *The British Journal of Administrative Management*, September/October 2002, pp. 24 –5.

53. Walton, R. E. 'From Control to Commitment in the Workplace', in Steers, R. M. and Porter, L. W. (eds), *Motivation and Work Behavior*, McGraw-Hill (1991), p. 448.

54. O'Reilly, C. 'Corporations, Culture and Commitment: Motivation and Social Control in Organizations', in Steers, R. M., Porter, L. W. and Bigley, G. A., *Motivation and Leadership at Work*, Sixth edition, McGraw-Hill (1996), p. 374.

55. See, for example: Thornhill, A., Saunders, N. K. and Stead, J. 'Downsizing, Delayering – But

Where's the Commitment?', *Personnel Review*, vol. 26, no. 1/2, 1997, pp. 81 – 98.

56. Guirdham, M., *Interactive Behaviour at Work*, Third edition, Financial Times Prentice Hall (2002), p. 341.
57. Altman, W., Cooper, C. and Garner, A. 'New Deal Needed to Secure Commitment', *Professional Manager*, September 1999, p. 40.
58. Galunic, C. and Weeks, J. 'Survey – Mastering People Management', *Financial Times*, 12 November 2001.
59. Gratton, L. 'The Democratic Enterprise', Financial Times Prentice Hall (2004), p. 184.
60. Watson, T. J. *Organising and Managing Work*, Second edition, Financial Times Prentice Hall (2006).
61. For a discussion of change in relation to the complexities of organisational life, see: Senior, B. and Fleming, J. *Organizational Change*, Third edition, Financial Times Prentice Hall (2006).
62. Czerniawska, F. 'From Bottlenecks to Blackberries: How the relationships between organisations and individuals is changing', MCA/FT, September 2005.
63. See, for example: Henderson, H. (Squadron Leader) 'Flying High', *The British Journal of Administrative Management*, January/Febuary 1998, pp. 10 – 13.
64. Fenlon, M. 'The Public Spirit', Mastering Leadership, *Financial Times*, 22 November 2002, p. 4.
65. Worrall, L. and Cooper, C. 'Managers just soldiering on', *Professional Manager*, vol. 15, no. 3, May 2006, pp. 30 – 2.
66. 'Effective Organisations: the People Factor', Advisory Booklet, ACAS, November 2001.
67. Lewin, K. *Field Theory in Social Science*, Harper & Row (1951).
68. French, W. L., Kast, F. E. and Rosenzweig, J. E. *Understanding Human Behavior in Organizations*, Harper & Row (1985).
69. Stewart, R. *Managing Today and Tomorrow*, Macmillan (1991).
70. Crainer, S. *Key Management Ideas: Thinkers that Changed the Management World*, Third edition, Financial Times Prentice Hall (1998), pp. 144 – 5.
71. Gratton, L. *Living Strategy: Putting People at the Heart of Corporate Purpose*, Financial Times Prentice Hall (2000), p. 191.
72. Toffler, A. *Future Shock*, Pan Books (1970), p. 27.
73. Cunningham, I. 'Influencing people's attitudes to change', *Professional Manager*, vol. 14, no. 3, May 2005, p. 37.
74. Stewart, R. *The Reality of Management*, Third edition, Butterworth-Heinemann (1999), p. 161.
75. Christensen, C. M. and Overdorf, M. 'Meeting the Challenge of Disruptive Change', *Harvard Business Review*, vol. 78, no. 2, March – April 2000, pp. 67 – 76.
76. See, for example: 'Mapping an Effective Change Programme', *Management Checklist* 038, Institute of Management, November 2001; and Covington, J. and Chase, M. L. 'Eight steps to sustainable change', *Industrial Management*, vol. 14, no. 6, November/December 2002, pp. 8 – 11.

77. Kotter, J. P. and Cohen, D. S. *The Heart of Change*, Harvard Business School Press (2002).
78. Reis, D. and Pena, L. 'Reengineering the Motivation to Work', *Management Decision*, vol. 39, no. 8, 2001, pp. 666 – 75.
79. McHugh, M., O'Brien, G. and Ramondt, J. 'Organizational Metamorphosis Led by Front Line Staff', *Employee Relations*, vol. 21, no. 6, 1999, pp. 556 – 76.
80. Atkinson, P. 'Managing resistance to change' *Management Services*, Spring 2005, p. 15.
81. Lucas, E. 'Riding the Change Roller-coaster', *Professional Manager*, September 2002, pp. 27 – 9.
82. See, for example: BBC, *Building Tomorrow's Company*, *Leadership – Supporting Notes*, BBC for Business; and The Centre for Tomorrow's Company and William Tate, 1999.
83. Champy, J. *Reengineering Management: The mandate for new leadership*, HarperBusiness (1996) p. xxi.
84. Hooper, A. and Potter, J. 'Take It from the Top', *People Management*, vol. 5, no. 16, August 1999, pp. 46 – 9.
85. Drucker, P. F. *Management Challenges for the 21st Century*, Butterworth-Heinemann (1999), p. 73.
86. Lin, T. W. (2005) 'OEC Management-Control system helps China Haier group achieve competitive advantage', *Management Accounting Quarterly*, Spring 2005, available online at: www.allbusiness.com.
87. Flannery, R. (2001), 'China goes global', *Forbes*, 6 August 2001.
88. 'The 50 most powerful women in business', *Fortune*, 14 November 2005.
89. Other versions of the story suggest that Zhang had some help: those who made the faulty fridges were obliged to smash them in front of their colleagues.
90. *Chinese Peoples' Daily*, Opinion, 8 August 2001.
91. *Business Week*, 31 March 2003.
92. http://www.sanyo.co.jp/koho/hypertext4-eng/0201/0108-e.html.
93. http://www.haier.com/abouthaier/CorporateCulture/index.asp.
94. Lin, T. W. (2005) 'OEC Management-Control system helps China Haier group achieve cometitive advantage', *Management Accounting Quarterly*, Spring 2005, available online at: www.allbusiness.com.
95. Quoted in Lin, T. W. (2005) 'OEC Management-Control system helps China Haier group achieve competitive advantage', *Management Accounting Quarterly*, Spring 2005, available online at: www.allbusiness.com.
96. *Chinese People's Daily*, 19 February 2002.
97. *Business Week*, 31 March 2003.

术语表

A

问责（accountability）管理者最大的职责，不可被授权。虽然管理者可能会将职权授权，但他们仍可对其下属的决策和行动进行问责。

成就导向型领导（achievement - orientated leadership）涉及为下属设定具有挑战性的目标，努力提高下属的绩效，对下属的能力充满信心。

行动中心型领导（action - centred leadership）该理论的重点是领导者的行为。领导者工作的有效性取决于对工作群体三种需求的满足：完成一般任务的需求、团队维护的需求以及群体成员的个体需求。

解体（adjourning）群体由于完成任务、成员离开组织或接受新任务而解体或解散。

行政（administration）属于管理的一部分，与执行管理体制和程序的具体职能有关，并且以一定的规则或程序为依据。

议程制定（agenda - setting）管理者的活动会涉及一组条目或一系列与目标、计划、战略、想法、决策和行动的优先次序有关的议程。

疏离（alienation）指人们从他们的工作中独立出来。

疏远式参与（alienative involvement）成员的参与是非自愿性的。成员拥有强烈的消极组织取向。

人类学（anthropology）其研究对象是文化体系。例如，整体的人类行为和人类科学。

态度（attitudes）指一种“意愿”状态或以某种特殊的方式进行反应的趋势。态度在生活中形成，并在社会化的过程中得以体现。

归因理论（attribution theory）指个体对他人行为的理解方式。个体凭借过去的知识及与其他人的比较来判断他人的行为和企图，归结他人的特点。

权威型领导风格（authoritarian style of leadership）管理者是权力的中心。他们为确定政策、程序和工作分配而独立地进行决策并行使职权。他们拥有奖励或惩处的权力。

职权（authority）下属采取行动或进行决策的权力。若下属不行动，管理者则会亲自处理。

B

平衡计分卡（balanced scorecard）试图将绩效的量化和质化指标相结合，识别各种利益相关者的期望。

行为控制（behavioural control）其基础是对任务的特殊需求、管理者的能力以及组织规范做出反应的直接个人监管。

行为主义（behaviourism）心理学的一个学派，由有关学习的研究发展而来。研究对象是行为以及那些能够被人们观察、测量并控制的行动。

头脑风暴（brainstorming）群体采取“随心所欲”的态度来产生尽可能多的想法。其重点是可以自由地表达想法，注重的是想法的数量，而不是质量。

官僚结构（bureaucracy）指存在于许多大规模组织中的一种结构形式。其基础是任务专门化、职权和决策的等级、规章和规则体系。官僚结构中的官员比较冷漠、缺少人情味。

官僚取向（bureaucratic orientation）一种个人工作取向，指个人把工作当作一个首要的生活问题。个体对组织的工作有种义务感。

企业伦理（business ethics）应用伦理学的一种。试图探索一般伦理对企业经营和管理的启示。

C

计算式参与（calculative involvement）成员的参与受外在奖励的激励。

集权式网络（centralised network）沟通网络的一种。联系人位于网络的中心，是活动和信息流的中心，也是群体任务的协调人。

命令链（chain of command）即等级命令链，指组织结构中层级的数目。

古典管理理论（classical approach to management）从组织的目标和正式结构两个方面来对组织进行研究。其目的是识别工作方法如何提高生产率。强调工作计划、组织的技术要求、管理原则以及对理性和逻辑性行为的假设。

经典条件反射（classical conditioning）指由巴甫

洛夫创立的一条学习理论。他通过对狗所进行的实验发现本能反应可以被“制约”，从而对新的情况或刺激物进行反应。

教练式辅导（coaching）指一种以建立理解、制定方向、产生行动为目的的支持性关系。教练使用演绎技巧进行辅导，他们并不一定是某领域的专家。

强制性权力（coercive power）其基础是恐惧以及下属认为领导者有能力对那些不服从指挥的人进行处罚（如拒绝给予晋升或特权）。

学习的认知理论（cognitive theories of learning）识别人们学习的方式和原因。这些理论考虑到了一些个体因素，不只是个体通过学习过程所表现出的行为。

实践社群（communities of practice，COP）指组织中鼓励新知识、激励创新、分享内隐知识的群体。

制度层面［community（institutional）level］指组织的一个层面，与组织的宽泛目标和整体工作有关。

概念能力（conceptual ability）指一种能够认识组织整体运营复杂性的能力，其中包括环境影响。概念能力还指决策能力。

冲突（conflict）冲突被视为具有破坏性的、反常的，代表一种需要加以控制与矫正的偏离正轨的行为。冲突可以被看作一股“建设性”力量，在某些情况下，冲突甚至是受到欢迎和鼓励的。

建设性行为（constructive behaviour）指通过解决问题或妥协的方式对实现目标中的障碍所做出的一种积极反应。

内容型激励理论（content theories of motivation）解释了那些在实际中对工作个体起激励作用的事物。其内容涉及识别人们的需求、需求的强度以及为了满足需求而追求的目标。

权变方法（contingency approach）是管理的系统方法的扩展。指组织结构和组织成就取决于任务和环境影响的性质。因此，在组织中不存在一种最佳的组织结构或管理方式。组织的结构和管理方式取决于情境的权变。

控制（control）指组织中激励人们从事组织活动的过程以及为了确保人们发展组织目标而对活动进行监控的过程。

企业社会责任（corporate social responsibility）指出了企业应如何在社会中运营以及企业的目标和行动方式。社会责任产生于组织、社会和环境三者之间相互依赖的关系。

企业战略（corporate strategy）正式确立了组织的目标和政策，同时描述了企业的目的感、长期方向和范围。

创造性（creativity）指想象思维的运用，这些想象思维可以使人们以新的方式来看待事物、解决问题或进行变革。

D

分权化（decentralisation）指对组织的子单元或群体进行专门授权，使其拥有自主性和独立性。

分权式网络（decentralised network）沟通网络的一种。网络中心无联络人，但网络的全体成员可以自由地沟通。

决策方法（decision – making approach）管理方法的一种。其重点是管理决策以及组织在决策中加工和利用信息的方法。

授权（delegation）指将职权和职责委托给组织中不同层级的人的过程。授权在管理者和下属之间创造了一种特殊的关系。

德尔菲技术（Delphi technique）指群体成员以匿名的方式表达不同的看法和观点。管理者负责记录成员的观点和建议，然后将其重新传达给群体的其他成员，从而获取他们的反馈。

民主型领导风格（democratic style of leadership）权力的中心不是管理者，而是整个群体。群体成员分享领导职能，而管理者则是团队中的一员。

命令型领导（directive leadership）给予下属明确的指令和确切的指示。

替代性攻击（displaced aggression）指不对当事人进行攻击，而将不满发泄到无关人身上，使他人成为“替罪羊”。

多样性（diversity）承认个体差异以及人们是不同质的。其重点是人们之间存在的可见的和不可见的差异的多样化。

E

电子商务（e-business）指组织通过内网、外网以及互联网将其主要的业务系统与顾客、员工、伙伴以及供应商直接地联系在一起。

要素职能（element functions）指组织中虽不直接指向确定的结果，但却对任务职能有所帮助的活动。它是管理过程的一个内在的组成部分。

员工承诺（employee commitment）指个体与组织的一种心理契约，包括工作参与感、忠诚以及对组织价值观的信任。

赋权（empowerment）员工享有更大的自由、自主性和对工作的自我控制以及进行决策的职责。

公平理论（equity theory）一种激励理论。强调的是人在与他人进行比较后所感受到的受公平待遇的程度。

伦理（ethics）指对道德的研究。其研究内容为正确和错误的实践和活动、控制这些活动的规则以及与其有关的价值观。

期望理论（expectancy theory）一种激励理论。其基础是人们希望自己对他人所采取的行动能够产生一定的结果。激励是付出的努力、绩效水平以及与绩效相关的奖励这三者之间的关系所产生的一种作用。

专家性权力（expert power）其基础是下属认为其领导很能干并且掌握某领域中的一些专业知识。它是一种基于信任的权力，并且需要领导能够明确地证明自己所掌握的知识或专业知识。

外显知识（explicit knowledge）指易于交流、可量化的、系统化的知识。

外部环境（external environment）指组织外能够影响组织绩效的因素。环境因素主要包括技术因素、经济因素、社会和政府因素。

外在激励（extrinsic motivation）与诸如工资、晋升、工作条件和附加福利等有形奖励有关。这些有形奖励的决定权在组织手上，并且不受个体管理者的支配。

F

固恋（fixation）指有挫败感的个体坚持那种无适应性价值的行为或无积极结果的行动。

扁平的层级结构（flat hierarchical structure）在扁平的层级结构下，组织控制的跨度大，职权的层级少。

正式目标（formal goals）指宽泛的组织目标。

正式群体（formal groups）创建正式群体的目的是实现组织的确切目标，并且与协调工作活动有关。群体成员有明确的角色，群体的突出特点是任务的性质。

形成阶段（forming）指群体的最初形成，是群体发展的第一个阶段。

挫折感（frustration）指个体对实现目标中的阻碍所做出的消极反应，它会导致一种防御性的行为模式。

职能关系（functional relationships）指当某人为组织的所有部门提供服务时，组织中的专家或顾问、直线经理和下属之间的一种正式的关系。

领导职能（functions of leadership）强调的不是领导者的个性，而是领导职能以及领导者的行为如何影响跟随者并被其所影响。该方法认为领导技能可以为人们所学习和发展。

G

目标理论（goal theory）一种激励理论。其前提是人们的目标在决定其行为方面的决定起非常重要的作用。目标会指导人的反应和行动以及工作行为和绩效，并会导致一定的结果或反馈。

群体（group）指任意数量的一组人，他们相互合作、彼此关心并且认为自己是群体中的一员。

群体内聚力（group cohesiveness）指群体成员合作和团结的程度及其工作有效性的大小。一般来说，群体的内聚力越大，成员对在群体中的工作经历就越满意，而且他们取得成就的可能性也越大。

群体规范（group norms）指群体所制定的规则和常规。群体成员通过制定群体规范来建立恰当的群体行为。

群体迷思（groupthink）指由于群体内部的压力，群体成员对那些不合适的或被公认的决定并没有提出质疑，而是“随波逐流”。

H

晕轮效应（halo effect）指人们基于他人身上一个有利的或不利的特质或特点对他人进行知觉，并且不会去注意他人身上其他的相关特点。

骚扰（harassment）一种不合理的、无礼的举动，会使工作环境变得令人恐惧。如果受害人在感情上受到伤害的话，那么骚扰则是一种直接的歧视。

需求层次理论（hierarchy of needs）指由马斯洛提出的一种激励理论。人们的行为由他们满足生理需求、社会需求和心理需求的欲望所决定。

人际关系理论（human relations approach）其基础是注意并考虑工作中的社会因素以及组织中员工的行为。它尤其强调了非正式组织以及通过工作群体来满足个体需求的重要性。

保健因素［hygiene（maintenance）factors］指防止产生对工作不满的因素。与工作环境有关，并且是工作的外在因素。保健因素包括工作保障、工作条件和工资。

I

个人特质研究法（idiographic approaches）指对人格进行研究的方法。其重点是认识个体的独特性。个人特质研究法认为人格是一个可改变的过程。

非正式目标（informal goals）指组织实际追求的目标。产生非正式目标的原因是组织成员的目标与组织整体的、正式的目标相互冲突。

非正式群体（informal groups）非正式群体的作用是满足群体成员的心理需求和社会需求，并且与所承担的任务无关。其基础是人际关系。非正式群体的成员可以打破正式组织结构的限制。

信息技术（information technology）信息技术的影响涉及工作组织的模式、等级结构、决策和控制体系以及管理本质的改变。

激励型领导或愿景领导［inspirational（or visionary）leadership］创建他人能够认同的愿景、与他们相处，并且通过个人品质或号召力来鼓舞他人。

工具取向（instrumental orientation）指个体的一种工作取向。他们并不把工作当成一个首要的生活问题，而是一种达到目的的手段。

互动视角（interactionist perspective）认为冲突具有积极的作用，并且是实现有效绩效的必要条件。鼓励群体中存在一种最小的冲突，从而鼓励自我批评、变革和创新。

内部环境（internal environment）与文化、组织氛围以及组织周围环境中的气氛有关。

内在激励（intrinsic motivation）与心理奖励有关。例如，获得赏识和正面认同，并且有机会发挥自己的能力。这些心理奖励通常由单个管理者的行动和行为所决定。

J

工作满意度（job satisfaction）指一种态度或内在状态，与一种量化或质化的个人成就感联系在一起。

K

知识管理（knowledge management）促进工作场所中的学习并使其正式化。其目的是使培训与企业需求相一致。

L

自由放任型领导风格［Laissez - faire（genuine）style of leadership］指管理者将权力下放给群体中的成员，使他们能够自由地采取行动。群体成员自己可以很好地工作，而且管理者不会干涉他们的工作。

横向关系（lateral relationships）指在组织不同部门中的个体间存在的正式关系，特别是位于同一层级的个体之间存在的正式关系。

领导（力）（leadership）指一种关系，人们可以通过这种关系对他人的行为或行动产生影响。

领导方格（leadership grid）领导方格对不同的管理方式进行了比较，比较的基础是对工作的关心和对员工的关心。

学习（learning）一种相对永久性的变化，能够产生新的行为和行动，或新的认识和知识。人们通过一种正式过程或生活经历来获得这些新知识。

组织的法定性权力［legitimate（organizational）power］其基础是下属认为领导者由于在组织中的角色或职位而拥有支配权。这种权力以职权为基础，并与人在组织中的职位有关。

直线式组织（line organization）与组织中的职能有关，而这些职能又与实现组织目标的确切职责有关。直线式组织还与位于直接命令链上的人有关。

直线式关系（line relationships）指组织中的职位之间的一种正式关系。职权沿这种直线式结构纵向地向下流动。

控制点（locus of control）指个体在多大程度上认为自己的行为对行为所导致的结果有直接的影响。

M

维护功能（maintenance functions）指在群体中与群体情感生活有关的功能。该功能负责建立并维护群体，使其成为一个有效的工作单元。

管理（management）涉及人们超越自我，并对他人的活动和绩效行使正式职权。通过这一过程，组织成员的努力得以协调，并且以实现组织目标为目的。

目标管理（management by objectives，MBO）指一种管理体系或管理风格。其通过位于不同层级的管理者的参与将组织目标与个人绩效和个人发展联系在一起。

管理效果（managerial effectiveness）与“做正确

的事”有关，并与工作输出以及管理者的实际成就有关。例如，组织目标的实现。

管理效率（managerial efficiency）与“以正确的方法做事”有关，并且与输入及管理者的行为有关。

管理方格（managerial grid）见领导方格。

管理层级（managerial level）指组织中与技术层面上的工作协调和融合有关的层级。

管理角色（managerial roles）指与管理者有关的一系列行为。由管理者的正式职权、地位和活动所产生。

矩阵式结构（matrix structure）在矩阵式结构下，职权和职责在组织中有两种流动方式。其形成原因是职权和职能在职能部门中的纵向流动以及在项目团队中的横向流动。

辅导（mentoring）指一种支持性和挑战性的关系。辅导员对辅导对象提供建议、指导和支持，并且通常是某一领域的专家或某一组织中的领导。

使命宣言（mission statement）指当认识到其他利益相关者的利益时，设定组织目标、指导性价值观和原则以及实现目标的方法。

道德式参与（moral involvement）以个体对组织目标的信任以及基于目标所形成的价值观为基础。

激励（motivation）指个体的驱动力，这种驱动力可以使他们为了满足某种需求或期望而去实现某个目标。

激励因子或成长因子（motivators or growth factors）指工作中可以激励个体付出更多努力并取得更高绩效的因素。这些因素与工作内容有关，包括认同、个人成长和成就感。

麦尔斯-吉尔斯个性类型指标（Myers-Briggs type indicator，MBTI）指一种人格指标。可以基于个体的外倾性或内倾性以及他们思考、感受、感觉和直觉的认知功能来识别出 16 种人格。

N

网络建设（network-building）涉及个体与他人合作并建立一种合作关系网络。这些网络在正式结构之外，并提供了一种信息交换的方式。

神经语言程序学（neurolinguistic programming，NLP）由神经学、语言学和程序学三门学科发展而来，这三门学科都与人们之间的交际有关。它强调了知觉过程的重要性以及信息是如何被人们主观地过滤和解释的。

通则式研究方法（nomothetic approaches）指通过对群体数据的分析来对人格进行研究的方法。其研究重点是人。该方法认为人格在很大程度上是由遗传因素决定的，是保持不变的。

规范权力（normative power）依赖于对象征性奖励的分配和控制（例如，自尊和威信）。

规范阶段（norming）指群体发展的第三个阶段。群体成员会建立标准和指导方针，并制定自身的行为规范。

O

组织目标（objectives or organizational）指组织确切的、想要实现的目标和结果。

开放系统模型（open systems model）该模型将组织视为一个开放的系统，这一系统从环境中获取输入，并且通过一系列活动将这些输入转化为输出，从而实现某种目标。

操作性条件反射（operant conditioning）指由斯金纳创立的一条学习理论。该理论表明了奖励和惩罚的作用，并且说明了导致行为反应的原因是其所产生的结果。

组织发展（organisation development）指对多种干预策略的通称。其目的是对个体、群体和组织进行发展。

组织行为（organisational behaviour）指对个体和群体行为以及结构模式的研究。其目的在于提高组织的绩效和有效性。

组织氛围（organisational climate）与组织周围的气氛、士气的水平、感受或归属感的大小以及成员之间的关爱和友善有关。其基础是组织成员对组织的知觉。

组织文化（organisational culture）指传统的价值观、政策、信仰和态度的总和，是我们在组织中行动和思考的普遍背景。

组织目标（organisational goals）指组织想要实现的某种东西、一种对于未来的期望以及一种想要在未来达到的状态。组织目标指导了组织活动的方向。

组织理念（organisational ideology）以个体的信仰、价值观和态度为基础。决定了组织的文化，并且提供了支配组织整体运行的一系列原则。

组织的利益相关者（organisational stakeholder）指对组织的目标、运营或活动或者组织成员的行为感兴趣或（并）受其影响的任何个体或群体。

组织结构（organisation structure）指组织中的职位以及成员之间的关系模式。组织结构规定了任务和职责、工作角色和关系以及沟通渠道。

产出控制（output control）其基础是对产出和结果的测量。目的是满足组织的整体需求。使用产出控制的原因在很大程度上是由于人们需要对组织绩效进行可量化的、简单的测量。

P

帕金森法则（parkinson's Law）帕金森提出了“爬升金字塔”的概念（the‘Rising Pyramid’），并指出：“工作会自动膨胀来填满所有的可用时间。”

参与式领导（participative leadership）涉及与下属进行磋商，并在管理者做出决策前对他们的想法和建议进行评估。

知觉（perception）指个体从环境中筛选信息（刺激），并对其进行解释和翻译，从而获取一种可以决定其行为或思维模式的意义。知觉是一个动态的、复杂的过程。

知觉防卫（perceptual defence）指人们会筛选那些支持自我观点的信息，并选择不承认那些与其观点相反的信息。人们会回避或剔除那些干扰性的或威胁性的刺激。

执行阶段（performing）群体发展的第四个阶段。群体在执行阶段的重点是普通任务的绩效。

个人（非正式）权力［personal（informal）power］个人权力来自于个体，并且取决于那些认为此个体能够对他人或事件造成影响的旁观者的看法。

人格（personality）指个体独特的特点和趋向。人格会影响个体的自我感、行动和行为。

彼德原理［(the) Peter principle］与对工作的不胜任和层级结构有关。彼德原理认为“在一个层级结构中，每个员工都趋向于晋升到一个他所不能胜任的层级”。

“多元化”方法（pluralistic approach）认为工作组织由若干个具有实力且相互竞争的子群体构成，每一子群体都拥有各自的目标和领导者，而且成员都对自己所在的子群体忠诚。

组织政策［policy（organizational）］组织政策是在目标框架之中发展起来的。详细地阐述了行动的方式、地点和时间，采取这些行动的目的是为了实现组织目标。

后现代主义（postmodernism）指近年来一种关于组织和管理的观点。它拒绝接受理性的系统方法以及已被人们所接受的对于社会和行为的解释。强调语言的使用，并试图对“真理”进行特别的描述或假设。

权力（power）指人们对他人行为的影响或控制水平。这种影响和控制不一定要得到他人的同意。

过程型激励理论（process theories of motivation）与如何开始、指导和维持行为有关。例如，激励的实际过程。

项目团队（project team）为完成某项特殊任务而建立的一种临时性的独立团体。任务完成后，团队就会解散，或成员被重新接手另一项新任务。

投射（projection）指将自己的感受、动机或特点反映到他人身上。投射是一种对他人知觉的扭曲。

心理契约（psychological contract）指雇主和员工间的一种非书面契约，包括一系列由人和组织间的关系所产生的对彼此的期望以及对需求的满足。

心理测试（psychological or psychometric tests）指通过个体的选择和感受强度来检验个体对特定情境的典型反应，或是评估个体在标准条件下做出有效表现的能力，其中包括天赋和能力。

心理学（psychology）其研究对象是人的人格系统。例如，人的行为、个体的特质和小型社会群体的成员资格。

Q

领导特质理论［qualities（or traits）approach to leadership］该理论认为领导者是天生的，而不是后天培养出来的。领导力包括某些遗传特点或人格特质，这些特点或特质将领导者与其跟随者区分开来。该理论的重点是工作中的人，而不是工作本身。

R

激进视角（radical perspective）挑战有关冲突的传统观点，从权力和控制中的差异来观察组织。

激励的理性经济概念（rational-economic concept of motivation）基于泰勒等前人的观点，认为员工最想得到的是尽可能高的工资，而且被他们的经济需求所激励。

参照性权力（referent power）其基础是下属对领导者的认同。领导者因吸引力、个人特点、名誉或号召力而行使影响力。

回归（regression）指个体受到挫折并恢复到一种幼稚的或原始的行为方式。例如，自己生闷气、哭鼻子或耍小孩子脾气。

奖赏性权力（remunerative power）涉及对物质资

源和奖励的控制（例如，薪水和工资）。

职责（responsibility）涉及下属履行某些责任或制定某些决策的义务，并且会因绩效不佳而受到上司的训斥。

奖励性权力（reward power）其基础是下属认为领导者具备为那些服从指示的人授予奖励的能力和资源（如报酬或晋升）。

风险转移（risky shift）指群体没有做出保守或安全的选择，而是决定采取风险性更大的行动。

角色（role）指处于组织结构中某一特殊职位的成员的预期行为模式。

角色模糊（role ambiguity）指角色不明确。对角色缺乏精确的要求，个体对自己的任务也缺乏确定性。

角色冲突（role conflict）引起角色冲突的原因是对角色的定义不充足或不恰当。它会导致个体的行为与他们的预期行为模式不一致。

角色期待（role expectations）表明个体的预期行为及他们的责任和义务。

角色不相容（role incompatibility）角色期待之间相互冲突，即对一种角色期待的满足会导致无法满足其他的角色期待。

角色失调（role incongruence）指员工在一个方面拥有较高的职位，但在另一方面却拥有较低的地位。

角色负荷过度（role overload）指个体要面对太多相互独立的角色或角色期待，并且无法满足所有的期待。

角色组合（role- set）指一个人在扮演社会角色的过程中，要同周围人进行一系列不同的联系与接触。

角色负荷不足（role underload）指规定的角色期待小于个体自己对角色的期待。

恶魔效应（rusty halo effect）依据某个负面特征对某人进行整体判断。

S

科学管理（scientific management）由泰勒创立。这种古典管理理论提倡将工作过程分解为若干项相互独立的任务，从而寻求一种以科学的程序最好地完成每项任务的方法。生产率的提高会得到经济奖励。

自我建立型角色（self- established roles）该角色中的正式期待很笼统，成员有机会确定自己的角色期待。

自我实现预言（self- fulfilling prophecy）本质是因为人们做出了预言，所以预言将成为现实。人们努力地去证实自己的知觉，不管现实如何。

自我导向行为（self- oriented behaviour）群体成员的言行以实现个人需要或目标为目的。

情境领导方法（situational approach to leadership）领导者由某一特定情境下最合适的人选来担任。其重点是情境的重要性，领导由群体任命。

社会行动（social action）指从个体的角度对组织所进行的研究。个体的目标以及从满意度和工作意义的角度诠释工作情境都是对行为进行解释的基础。

社会和人际技能（social and human skills）与在工作中同他人的人际关系和对他人的判断有关。

社会学（sociology）指对社会体系的研究。例如，社会行为、社会群体和社团之间的关系以及秩序的维持。

社会技术系统（socio- technical system）系统方法中的一种。主要与心理因素和社会因素、组织中人的需求以及组织的结构和技术要求之间的相互作用有关。

“群体一致”取向（solidaristic orientation）指个体的一种工作取向。个体认为群体活动比组织活动更重要。自我参与意识不是存在于组织中，而是存在于工作群体中。

控制幅度（span of control）指那些直接向管理者进行汇报的下属的数量。

参谋型组织（staff organisation）与向直线式组织提供专业人员和支持的职能有关。它为组织建立了一种咨询关系。

参谋关系（staff relationships）指由为组织中的高级员工委派个人助理而产生的一种正式关系。处于参谋职位的人通常没有直接的职权，但他们的工作是其上级工作的延伸。

利益相关者理论（stakeholder theory）指企业的经营目的是为了满足利益相关者的利益，并且管理行动的设计也应使利益相关者之间的利益得到平衡。

刻板印象（stereotyping）指依据一般的分类和认知到的相似点而认定某人具有某些正面或负面的特点。这种对个体判断的基础是个体所从属的群体。

震荡阶段（storming）群体发展中的第二个阶段。群体成员进行相互了解并提出自己的观点。

压力（stress）压力是紧张和挫折感的来源。当个体感觉某一情况不应存在时，他们通常会感受到压力。

结构主义（structuralism）指将古典管理理论和人际关系理论相结合的一种管理方法。重视组织的正式方面和非正式方面间的关系，尤其是对组织中的冲突的研究。

支持性领导（supportive leadership）指一种友好的、具有亲和力的并对下属的需求和幸福予以重视的领导方式。

SWOT 分析（SWOT analysis）指对组织的优势（strengths）、劣势（weakness）、机会（opportunities）以及威胁（threats）的研究，是进行决策和解决问题的基础。

协同效应（synergy）安索夫在管理学的应用中提出了这一概念。当整体大于各部分之和时，便会出现协同效应。例如，2+2=5。

系统方法（systems approach）系统方法试图使古典管理理论和人际关系理论保持一致。其研究重点是组织的全部工作、结构和行为之间的关系以及组织中变量的范围。系统方法在总体环境下对组织进行研究，并强调了合作中多渠道的重要性。

T

内隐知识（tacit knowledge）不易交流或量化的知识。人们通过各种经历获取内隐知识，在无形中传达给他人。

高层级组织结构（tall hierarchical structure）指组织的控制幅度小，职权层级多。

群体内任务功能［task functions（within groups）］指群体内部的功能。它涉及解决问题、完成群体任务及群体目标。

组织内任务功能［task functions（within organisations）］指与生产过程的实际完成有关的、指向确切结果的基本组织活动。

团队角色（team-role）指一种行为模式。成员之间相互合作，成员的绩效会促进团队的整体进步。

技术胜任力（technical competence）将具体的知识、方法以及能力运用于具体的任务。

技术层（technical level）与具体运营、具体任务、实际的工作或任务以及技术职能的绩效有关。

X 理论（theory X）与人的本质和工作行为有关。该理论认为大多数人都是懒惰的，人们本身都存在着对于工作的厌恶感，而且组织必须通过一个主要的系统和行驶职权来对其进行强制、控制和指导。激励只发生于低级需求之中。

Y 理论（theory Y）与人的本质和工作行为有关。认为大多数人都能在工作中获得享受、具有创造性、能够进行自我指导和控制并且愿意接受职责。激励同时发生于低级和高级需求之中。

沟通分析理论（transactional analysis）最初是由艾瑞克·伯恩提出的。该理论解释了人际交往的动态性，认为个体会储存他们所经历过的所有事情和感受。人格有儿童状态、成人状态和家长状态三种自我状态。

交易型领导（transactional leadership）以组织官僚结构中的法定性职权为基础。其重点是明确目标、工作任务、结果以及组织奖励和处罚。

变革型领导（transformational leadership）以改变企业的绩效和命运的目标为基础。强调创建组织的愿景，强调提升跟随者价值观的领导力，以建立一个公正、忠诚和互信的组织环境。

A 型人格（type A personality）个体通过努力和长时间工作而不断进步和发展。对成就拥有很大的需求、缺乏耐性、具有极大的竞争力和攻击性。易得心脏病。

B 型人格（type B personality）与 A 型人格的人恰恰相反。不易得心脏病。

U

“一元化”方法（unitary approach）将工作组织看成是一个综合的、协调的整体，管理者和其他员工享有共同的利益和目标。

V

虚拟团队（virtual teams）团队成员之间主要通过电子信息和沟通过程进行合作。

精英团队（virtuoso teams）为组织中的重大变革而特别组建的团队，由组织中的精英组成。

W

退出（withdrawal）指个体受到挫折并听任情况发展而不采取行动。

教辅产品及教师会员申请表

申请教师姓名			
所在学校		所在院系	
联系电话		电子邮件地址	
通信地址			
教授课程名称		学生人数	
您的授课对象	本科□ 研究生□ MBA□ EMBA□ 高职高专□ 其他□		
教材名称		作者	
书号		订购册数	
您对该教材的评价			
您教授的其他课程名称		学生人数	
准备选用或正在使用的教材 （教材名称　出版社）			
您的研究方向		是否对教材翻译或改编有兴趣？	是□　否□
您是否对编写教材感兴趣？　是□　否□ 您推荐的教材是：____________________ 推荐理由：____________________			

为确保教辅资料仅为教师获得，请将此申请表加盖院系公章后传真或寄回给我们，谢谢！

教师签名：

院/系办公室公章

地　　址：北京市崇文区龙潭路甲 3 号翔龙大厦 218 室
　　　　　北京普华文化发展有限公司
邮　　编：100061
传　　真：（010）67120121
读者热线：（010）67129879　67129872 转 812
　　　址：http://www.puhuabook.com.cn
　　　话：（010）67129872 转 818
　　　　　puhuabook812@126.com